生田の森—神と人との出会い—

加藤隆久著

国書刊行会

生田の森

甦った生田神社と生田の森

川西　英「生田の森」

川西　英「生田祭」

生田の森の曲水の宴

伊勢神宮　神仏霊場会の聖職者による参進の光景

高野山　金剛峯寺金堂で行なわれた国家安泰世界平和祈願会

ドナルド・キーン博士と（生田神社にて）

シンディー・ローパーさんと（生田神社宮司室にて）

新装成った生田の森の弁財天社にて

生田の森—神と人との出会い—

目　次

第一章　生田の杜の四季

第六章　生田の杜の喜びと悲しみ（祝辞・弔辞）

題字　加藤昌子

第一章　生田の杜の四季

日本人の誇りと気概

新年祝　のどかにも吹きこそわたれ大八島《おほやしま》
　　　　栄《さか》ゆく御代《みよ》の年《とし》の初風《はつかぜ》　　美静

明治維新に活躍した津和野藩出身の国学者福羽美静の歌である。この和歌の如く、日本国が平和でのどかで繁栄する初風が吹く、良き年の美《うま》し歳となってほしいものである。

本年は天皇陛下御即位十年の佳節である。皇室の弥栄と国家の安泰、国民・氏子崇敬者の繁栄と世界平和を年頭に祈念し奉る。

今、日本に一番欠けているのは、日本人としての誇りと気概である。昨年末、フランスの作家オリヴィエ・ジェルマントマ氏の講演を拝聴した。彼は声を大にして左記の如く喝破したのである。この言やよし。この言説の一端を記し、年頭の所感に代えさせていただく。

日本の皆さんは、人類史上最大の精神文化の一つの継承者です。不幸にして一敗地にまみれてとはいえ、まさに奇跡としか言いようのない努力を傾注して、世界第二の経済大国を建立されました。なぜこの気概をあ、ら、ゆ、る領域で積極的に発揮しようとなさらないのですか。何故、もっと重要な役割を国際場裡で果たし、もっと毅然と、千古脈々たる「大和魂」を発揮しようとなさらないのですか。このところ、貴国は経済危機に見舞われていますす。この禍を転じて福となしえないものでしょうか。いっそ、これを奇貨として、日本の伝統に蔵せられた秘宝の何たるかに、もっと目を向けてはいかがなものでしょうか。といって、他の制覇に乗り出すのではなく、世界画一化のもとに喉元を締めあげられた現代世界において、貴国の特殊性をもって貢献せんがために、であります。万人の幸福のために日本民族が果たすべき使命は、まことに大きいのです。日本よ、すみやかに誇りと主権を取りもどされんことを！　日本万歳‼　そして「神道なくして日本はない」と。

（オリヴィエ・ジェルマントマ　一九四三年生。ソルボンヌにて美学博士号取得。フランス国営文化放送プロデューサー、作家として著名。過去五度の来日を通じて、日本の精神文化を広く海外に紹介した功績は大きい。初代ド・ゴール研究所理事長（総裁アンドレ・マルロー）。カトリック文学賞、ヴァレリー・ラルボー賞を受賞。著書に『仏陀─開かれた土地』『ビルマ断想』『日本待望論』など多数。）

（「むすび」No.109号・平成十一年一月）

生き生きとした甦《よみが》えりの社《やしろ》

生田神社の御祭神は御神名を稚日女尊《わかひるめのみこと》と申し上げ、日本書紀に記された稚《わか》く瑞々《みずみず》しい太陽のごとき御女神という御名義であります。

神代の昔、忌機殿《いみはたどの》で自ら機《はた》をお織り遊ばされた大神の故事により、庶民の生業に御心をお注ぎになられ、庶民の生活の安楽になるよう家庭生活をお守り下さる御神徳が、深く崇敬されております。また、神功皇后《じんぐうこうごう》の玉躰をお守りされた神として健康長寿の守護神として広く古今の崇敬を集め、同時に家運繁昌、円満和楽の御神護を仰ぎ奉る縁結びの神としても著名であります。

大同元年（西暦八〇六年）、「生田大神の神封四十四戸」と歴史書に見えており、現今の神戸《こうべ》という地名は、「生田の神を守る神戸《かむべ》」のあった所より出たものであります。したがって、生田神社は神戸の大氏神として尊崇され、生田《いくた》を「生《い》きた」「生《うま》れた」と読み、四月十五日の例祭に斎行され「生田祭《いくたまつり》」は神戸市民に親しまれております。

本社の境内は、源平の古戦場「生田の森」として名高く、種々の旧跡があります。即ち、箙《えびら》の梅は、源平合戦の時に梶原源太景季《かじわらげんたかげすえ》が、境内に咲いていた梅の枝を手折って箙《えびら》に挿して戦ったとして有名であり、このほか、梶原の井《いど》、敦盛《あつもり》の萩、弁慶《べんけい》の竹、神功皇后釣竿の竹、八丁《はっちょう》の梅等があります。現代では、四月初旬に生田の森で「曲水の宴」が斎行されております。

また、大東亜戦争の戦災や阪神淡路大震災に遭遇し、甚大な被害を蒙りながらも、いち早く立派に復興をした「甦《よみがえ》りの社《やしろ》」として、現代の若者からも厚い信仰を受けています。

（「むすび」No.117号・平成十四年七月）

神道の生命観

平成十五年癸未歳の新春をめでたくお迎えになられた皆様に心から新年の寿詞を申し上げます。

年頭に当り、共生の世界を実現するためにはどうすればよいのか、神社神道がいかなる生命観に基づいて行動しているかを申し述べたいと思います。

神社神道では、海、山、草、木をはじめ、太陽、風、雷、岩、動物などすべてのものは神から生まれたものであり、神霊が宿るものと考えられてきました。人も神々の子孫であり神から生まれたものと考えています。神と人と国土自然とは血縁の親子であり、生命においてつながっていると認識しています。これが「神道の生命観」の第一の特徴です。

伊勢神宮では、二十年に一度、御殿を新たに立て替えて、神様にお遷りいただく式年遷宮が執り行われます。これにより、天照大御神は若々しく生まれ変わられ、その力強く甦られた御神徳を蒙り、国家及び民族の生命力も再生更新される。ここに式年遷宮の最大の意義があります。天照大御神は、毎年の神嘗祭と二十年に一回の式年遷宮においてさらに生命力を再生更新されます。それは、天照大御神のみならず、すべての神々も再生更新されます。これが「神道の生命観」の第二の特徴です。

人の生命は親を通じ神々から与えられ、また死を通じて子孫に伝えられていく。人はその生死を全うする中で、やがて子孫が祭る先祖の神となります。このような生命の連続性の思想が「神道の生命観」の第三の特徴です。

生命はその人限りのものではなく、祖先から子孫に続く生命の連続性の中にあると考えますから、われわれは子孫に対する大きな責任を持っています。神道には終末論がなく、むしろ「日本書紀」の神勅に見る〝天壌無窮〟すなわち生命の永遠性を強調していますから、神道の理想とする平和な世界の実現に向けて、いまだただよえる未完成の世界を〝修理固成〟していくことが大きな使命ということができます。

自然に対しても強い同胞感を抱いている神社神道は、日本以外の国や民族についても深い関心を持っています。

明治天皇は「四方の海みなはらからと思ふ世になど波風のたちさわぐらむ」。昭和天皇も「西ひがしむつみかはして栄ゆかむ世をこそいのれとしのはじめに」とお詠みになっていらっしゃることは、このような神社神道のもつ同胞感の表われであると考えます。

したがって、国民の一人ひとりが共生の世界実現のため努力することが何より必要だと考えます。

（「むすび」No.118号・平成十五年一月）

郷土　神戸を愛する心を育てよう

昨年十一月に、教育基本法改正に向けた中央教育審議会の総会が開かれまして、「国や郷土を愛する心、社会形成に主体的に参加する公共心の育成」といった、現行の教育基本法に欠落した価値観などを盛り込んだ中間報告が遠山敦子文部科学相に提出されています。

その報告には、大学進学や核家族化、少子化の進行といった社会状況も踏まえて、大学教育の意義や家庭教育の大切さなども加えられました。

神戸に於ても、郷土を愛する心の教育がこれからは大切になってくるのではないでしょうか。

戦前、いろいろな郷土読本といったものが出されています。その中には、「神戸の歴史、文学、社寺」のほか「神戸港、貿易、工業、務古《むこ》の水戸《みなと》」といった項目や「灘五郷」等の項目まであって芸術文化はもとより経済行政のことまで判りやすく記されています。今こうしたものは全く出されていません。

それに関連して、私が昨年「月刊神戸っ子」（九月号）の「私の提言」に、神戸文学館の新設の事を書きましたら、元神戸市民で、文芸評論家の植村達男さんが、これに対して賛同の投書をされました。その内容は、「私の本籍は東京、世田谷ですが、そこには文学館があり、大岡昇平、海野十三、横溝正史、賀川豊彦、遠藤周作等神戸ゆかりの文学者がぞろぞろ〝世田谷ゆかり〟ということで展示されています。これらの人々の多くは、ただ世田谷に住んだだけです。数多くの文学者が生まれ、育った港町、神戸は文学館を持つべきです。持たねばなりません。横浜や小樽ではすでに立派な文学館を持っています。ぜひとも実現を…」というものでした。神戸にはまだまだ山本通の移住センター（旧移民収容所）を舞台にした小説「蒼氓」を書いた石川達三、神戸一中卒の田宮虎彦とか神戸二中の東山魁夷とか灘中卒の楠本憲吉とか…、竹中郁、富田砕花、足立巻一、俳句の西東三鬼、赤尾兜子、五十嵐播水、須磨寺で堂守をした尾崎放哉とか、神戸ゆかりの文学者は数えあげれば枚挙にいとまがありません。

尤も、昨年十一月十二日に兵庫県立美術館の「芸術の館」ミュージアムホールにインターネットによるバーチャルミュージアムが開設されたようですが、神戸市の中に何としても「神戸文学館」なるものが新設されることが大いに期待されるところです。すでに神戸芸術文化会議ではこれの計画がなされ、議論が展開され担当者もきまって進められているようですが、郷土の文化を振興するために、是非とも「神戸文学館」の早期設立が実施するよう懇望するものです。

（「むすび」No.119号・平成十五年七月）

鏡

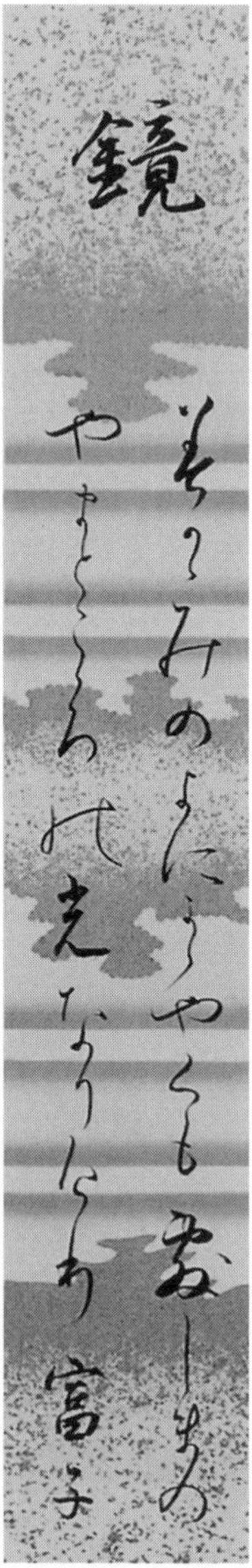

北白川富子　短冊
（神泉亭文庫蔵）

鏡　みかがみのよにかがやくも敷しまのやまとこころの光なりけり　北白川富子

平成丙戌《ひのえいぬ》の新春もめでたく明け、聖寿の萬歳を言寿ぎ奉り、皇室の弥栄と国家の安泰、五穀豊穣、世界平和、氏子崇敬者の御健勝と繁栄を心から御祈念申し上げます。

今年の年賀状は、架蔵する北白川能久親王殿下妃であらせられた北白川富子様の「鏡」と題する冒頭に掲げました御歌の短冊を版におこし、お配りいたしました。

この御歌のごとく、本宗と仰ぐ神宮の御神威が赫々と輝やき、御遷宮に向けて弥益しますさん事を祈念致しております。

伊勢の神宮におかれましては、第六十二回式年遷宮の関係諸儀が昨春より始められ、本年は、私どもも第一次のお木曳行事に、許されて一日神領民として伊勢にて御遷宮御用材を神宮に曳き入れる神事に参加させて戴くことになっており、愈々本年から神宮奉賛の真心を結集して参らねばならないと存じます。

さて、日本人が自らの文化や伝統を顧みますとき、その基層にあるのが「神道」であるということを一般の人達が認識しつゝあり、今や神道文化が見直されています。昨年、兵庫県神社庁では、この事象に思いを致し、わが国文化と神道とのかかわりを考える連続講座「神道と日本文化」を生田神社会館で開催いたしました。本講座は未来に向け、神道がもつ可能性を探り指針とするため、文部科学省の二十一世紀ＣＯＥプログラムのひとつにも選ばれ國學院大学神道学部の教授陣が六回に亘って神道の現代的意義や自然観、死生観についてわかりやすく講義をして戴きました。その結果、こうした堅い講座にも拘らず神社関係者以外の一般人が数多く出席され、毎回満員の盛況で成功を納めましたのは意義あることでした。

生田神社に於きましても、昨年、私が多年調査研究して参りました生田神社研究の一端をまとめ、学生社より「生田神社」の拙著を出版発行致しましたが、本年は御鎮座千八百年記念出版として、本格的な「生田神社史」を宮崎道生博士監修、南啓二（帝京大教授）、西岡和彦（國學院大講師）、嶋津宣史（國學院大講師）、斉藤智朗（國學院大助手）、奥山芳広（国書刊行会編集長）の執筆により、刊行致す予定であります。これにより、生田神社の悠久の歴史の全貌を氏子崇敬者をはじめ学界の皆様方にお知らせ出来るのではないかと思っております。

どうか本年も、氏子崇敬者各位におかれましては、愈々御健勝で世のため人のために御活躍なされ、天災人災の起らない平穏な年でありますよう御祈願申し上げ、年頭の御挨拶といたします。

（「むすび」No.124号・平成十八年一月）

勝海舟の歌

平成十九年丁亥の新春もめでたく明け、聖寿の萬歳を言寿ぎ奉り、皇室の弥栄と国家の安泰国民氏子崇敬者の繁栄と世界平和を年頭に祈念し奉ります。

初暦めくれば月日流れそむ　播　水

新年を迎えるといつも思い出すのが、五十嵐播水先生のこの句であります。生田神社拝殿前の段葛の中にこの句碑が建立されています。元旦、暦をめくると不思議に清新で美しい希望に満ちた月日が流れ込んで来ます。

私は新年の床に勝海舟の書になる次の半切の軸を掲げました。それは、

懸《か》けとめし千引《ちびき》の錨 綱《いかりつな》を無《な》みただよふ船《ふね》の行衛《ゆくえ》知《し》らずも

という絵入りの書軸です。（写真参照） 海舟は神戸と関係があり、黒船の外圧に対抗するには海軍の充実が不可欠との信念で、神戸海軍操練所を設立し、幕府の重臣でありながら、身分思想と問わず、有為な若者を教育しました。坂本龍馬もその一人で、神戸で勝海舟の人材養成塾の塾頭をしていました。この間彼の「船中八策」の自由広大な構想力と行動力が養われたのであります。

いまわが国家の行末が問われており、社会は教育改革が叫ばれています。わが日本には美しい伝統的な品格のある国家・国体・国柄があります。これを守りつづけて行かなければなりません。勝海舟がいみじくもこの和歌の中で記しているように、国体こそこの書軸の船の錨であります。これが切れて無くなってしまうと、漂う船の行衛がわからなくなるように、国家の行衛が方向を見失い、やがて沈没してしまいます。我々はしっかりと錨の綱をつなぎとめておく事が重要です。

年頭に当り勝海舟の書軸を床に掲げ心を引きしめているのであります。

（「むすび」No.126号・平成十九年一月）

生田神社崇敬会の設立

生田神社の御祭神は御神名を稚日女尊と申し上げ、日本書紀に記された稚く瑞々しい太陽のごとき御女神という御名義であります。

神代の昔、忌機殿《いみはたどの》で自ら機《はた》をお織り遊ばされた大神の故事により、庶民の生業に御心をお注ぎになられ、庶民の生活の安楽になるよう家庭生活をお守り下さる御神徳が、深く崇敬されております。また、神功皇后の玉躰をお守りされた神として健康長寿の守護神として広く古今のす。

崇敬を集め、同時に家運繁昌、円満和楽の御神護を仰ぎ奉る縁結びの神としても著名でありま

とりわけ、昨年末に陣内智則さんと藤原紀香さんが、生田神社で結納式を執り行い、二月十七日に神前結婚式並びに生田神社会館で披露宴を行ったことから、全国のマスメディアによって大々的に報道され、爾来、連日若いカップルが縁結びの神としての御神慮を得ようと参拝に列をなし、神戸の名所となっております。また、阪神淡路大震災に遭遇し、甚大な被害を蒙りながらも、いち早く立派に復興した「甦《よみがえ》りの社」として現代の若者の共感を呼び、若者たちからも厚い信仰を受けています。

日銀神戸支店が今年三月、陣内智則君・紀香さんの結婚に伴う兵庫県内への経済効果を「最大百二十億円」と試算しました。

先日も青葉会の席上、全国各地の宮司から「生田神社の神前結婚式の波及効果で、地方の神前結婚式もふえて来ましたよ」との報告と受け、私も御神威のいやちこなることを伺い大変有難く思ったことでした。

しかるところ「生田神社の崇敬会に入会したい」という申し込みが相次ぎましたが、当社として未だ崇敬会の組織がなく、宮司として恥じ入った次第であります。

而してこの度、氏子総代会の満場一致の御賛同を得て、来る八月三日、生田大海神社宵宮祭

の良き日に「生田神社崇敬会」を設立発足する運びとなりました。御関係各位に御案内を申し上げたいと存じますので、設立の暁《あかつき》には是非とも「生田神社崇敬会」に御入会賜りますことをお願い申し上げ御挨拶といたします。

（「むすび」No.127号・平成十九年八月）

生田神社式年造替奉讃会の設立

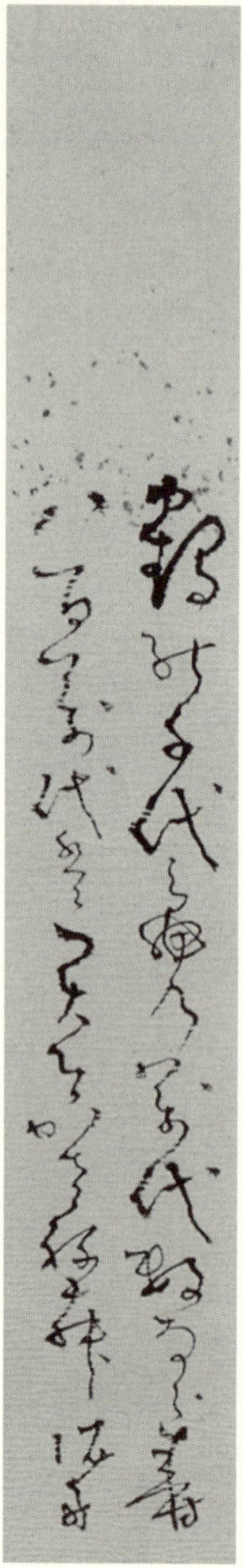

私は今年の年賀状に冒頭の写真に掲げた架蔵の高橋泥舟の筆になる和歌を版におこし、辱知各位に送りました。その歌は「鶴の千代亀の萬代数ならず八百萬代は君ぞかさねむ」というものです。

高橋泥舟は、幕末の幕臣で槍術に秀で、国事に通じ、講武所教授となり、文久三年新徴組を統率しました。江戸城明渡し後は、徳川慶喜を護衛した人物です。泥舟は、勝海舟、山岡鉄舟と共に幕末三舟と称せられました。

年頭に当り、聖壽の萬歳と皇室の弥栄、国家の安泰、国民・氏子崇敬者の繁栄と世界平和を祈念し奉ります。

そして本年は、いよいよ第六十二回神宮式年遷宮の盛儀完遂の決意を胸に、奉賛活動に邁進する秋を迎えます。神社人は一致団結して国運の隆昌と発展を祈念し、「皇室第一の重儀、神宮無双の大営」の達成に向け、最善の努力を尽し、わが国の文化伝統を伝えてゆかねばなりません。氏子の皆様方の御奉賛を切にお願い申し上げます。

さて、私が御奉仕する生田神社のご祭神は稚日女尊と申し上げ、日本書紀に記された稚く瑞々しい太陽のごとき女神様であります。神代の昔、忌機殿で自ら機をお織りになられた大神の故事により、庶民の生業にみ心を注がれ、庶民の生活が安楽になるよう家庭生活をお守りくださるご神徳が、深く崇敬されております。また、神功皇后の玉躰をお守りされた神様として健康長寿の守護神として広く古今の崇敬を集め、同時に家運繁昌、円満和楽のご神護を仰ぎまつる縁結びの神としても著名であります。

とりわけ、昨年、陣内智則さんと藤原紀香さんが、生田神社で神前結婚式を執り行ったことから、全国のマスメディアによって大きく報道され、連日若いカップルが縁結びのご神徳を得ようと参拝に列をなし、神戸の名所となっております。また、阪神・淡路大震災に遭遇し、甚大な被害を蒙りましたが、新神戸土地株式会社の千原政雄氏を奉賛会長にお願いし、千原氏をはじめ多くの生田神社の復興を願う熱誠溢れる方々の御支援で、いち早く立派に復旧・復興致しました。爾来「甦りの社」として、現代の若者の共感を呼び、若者たちからも生田神社は厚い信仰を受けています。

かかる折柄「生田神社の崇敬会に入会したい」という申し込みが相次ぎましたので、昨年、「生田神社崇敬会」を設立いたしました。貝原俊民氏が会長に御就任戴き、約二百名の役員が決まり、更なる会員の御参加を募っています。

さて、平成二十一年は二十五年毎の生田神社式年造替を迎えます。この度、新たに奉賛会長に、生田神社とは明治時代から関係のある株式会社上組会長ＣＯＥの尾崎睦氏が御就任頂き、愈々平成二十一年の式年造替事業に着手して頂くことになっております。すでに全国からお屋根葺替の御奉賛に良縁を願う約千三百組の男女の方々から銅板の御寄進を戴いております。

平成七年の阪神淡路大震災によって甚大なる被害を蒙りましたが、迅速なる復興により、御社殿をはじめ諸建物の大部分は復興致しました。未だそのままになっています御本殿の御屋根替、御社殿の一部塗り替えと江戸時代末期に建設され、昭和二十年六月五日の戦災、平成七年一月十七日の大震災にも唯一被害を受けず耐え抜かれた末社大海神社の御社殿の再建と兵庫宮御旅所御本殿の御屋根替を主たる奉賛事業として着手して参りたいと存じます。

生田神社氏子崇敬者各位におかれましては何卒絶大なる御支援御奉賛を賜りますよう重ねてお願い申し上げ、年頭の御挨拶といたします。


（「むすび」No.128号・平成二十年一月）

生田祭　―兵庫北部地区―

御鎮座一八〇一年の歴史と伝統を誇る生田祭が、晴天にめぐまれた四月十四、十五日に盛大に斎行されました。

今年の奉仕当番は兵庫北部地区で、有馬英夫名誉綜合委員長、蔵野勲綜合委員長のもと老若男女一体となって絢爛豪華な祭礼絵巻が繰りひろげられました。

宵宮祭の十三日には宮元地区と三宮で賑やかなお囃子に合せて子供神輿と獅子舞が氏子商店街をお祓いして巡りました。

十四日の神幸祭は、絶好のおまつり日和で、本殿で朝九時から発輿祭を行ない、神輿は本年の奉仕当番地区へ向かいました。戦後の生田神社では最多の百五十名による輿丁によって、生田皇大神の御神霊をお乗せして威勢よく金色に輝く神輿が舁がれ、当番地区の神受所でたびたび宙に舞う神輿振りが執り行われました。生田祭の先頭は歴史と伝統を誇る岡方地区奉仕による猿田彦が厳粛に先導し、若く凛々しい梶原武者、可愛い二百人の男女のお稚児さんが会下山小学校から大開通りの御旅所までを巡行し、何の事故もなく滞りなく午後五時半に本殿に宮入りしました。

〝めでためでたの若杉様よ枝も栄えて葉も繁る〟今年初めてという歌姫の音頭により「そーれーさー」「はー」と高く舞う神輿と、それをしっかり受けとめる輿丁の舁ぐ六百キロのみこしは兵庫北部地区に御加護をもたらすが如く勇壮に舁がれ宙に舞いました。

翌十五日、午前十時より本殿で例祭並びに氏子奉幣祭が執り行われました。御神紋の桜の造花を冠や烏帽子に挿《かざ》し、あるいは直垂《ひたたれ》・裃《かみしも》・陣羽織の胸に飾って神職、兵庫北部地区の役員奉仕者が御本殿に参集し県内外の神社界関係者・神戸の官界、政界、財界、地元有力者、神戸在住の外国人、芸術文化関係者約四百五十名が参列。厳粛に祭典が執り行われました。とりわけ本年の神賑いは、平成十三年度神戸市文化奨励賞を受賞した和太鼓「松村組」の五人の若者が勇壮且つ華麗に、和太鼓をベースに、横笛やマリンバ、石笛などを加えて、力強くも美しいハーモニーを奏でて大神様をお慰め致しました。

祭典終了後は、三年前から特別な国際交流を持つ、アメリカ第七艦隊バンドのメンバー二十名が拝殿前で、全員起立のうちに日米両国国歌が厳粛に演奏されたあと、グレンミラー、カウント・ベーシー等の名曲にまじって日本の「青い山脈」等の演奏まであって、国際港都を氏子に持つ生田神社ならではの生田祭の催しとなりました。

茲に、本年の生田祭に対し物心両面に多大の御奉賛御奉仕を賜りました兵庫北部地区の氏子の皆々様に満腔の敬意と感謝を申し上げますと共に兵庫北部地区の弥栄とご隆昌を祈念してご挨拶といたします。

（「生田祭報告書」平成十四年度）

生田祭　―宮元地区―

阪神大震災により生田神社を中心に、神社のお膝元である宮元地区は甚大な被害を蒙りましたが、本年震災から九年を経過し、生田神社の復興と相俟って見違えるように美しく甦った街に変りました。その宮元地区が本年度生田祭奉仕当番を迎えられたのであります。

名誉綜合委員長には、多年生田神社責任役員として御功績のあられた行吉哉女先生の御帰幽により、この度新しく責任役員に御就任いただいた前兵庫県知事で行吉学園理事長兼学園長の貝原俊民氏が奉仕され、また綜合委員長には宮元地区にあって兵庫県商店街振興組合連合会理事長や生田防犯協会長を勤められている元生田地区商店会連合会々長の三條正豊氏が御奉仕下さいました。

とりわけ、宮元地区の生田祭名物となっておりますのは、神戸女子短大生が中心となって舁ぐ華麗で清新な「神女みこし」でありますが、本年も七十名の健康的な美女揃いの女神輿を立派に舁ぎ御奉仕して下さいました。この神女みこしの委員長には、前回の宮元地区奉仕当番の神女神輿委員長となって祭典準備に尽力されながら、御奉仕の直前に外国で帰幽された渡邊浩康氏の遺志を継がれ、御夫人の百合様が、女輿丁をよく纏められ、立派にお勤めになられた事も話題になりました。

本年の生田祭は、歴史と伝統の岡方地区御奉仕の勇壮な猿田彦神役を先頭に、凛々しい若武者梶原源太景季、若い力溢れる輿丁、躍動する獅子頭、可愛い八十名のお稚児さんの参列で絢爛豪華な生田祭祭典絵巻をくりひろげました。

生田皇大神の御神霊が、神輿にお乗りになって、阪神大震災から甦った宮元地区を御照覧なられたのであります。茲に御奉仕下さった生田祭役員並びに御参加下さった皆々様に深く感謝申し上げますと共に、厚く御礼申し上げます。

宮元地区の生田祭を詠める短歌　加藤白鳳
地震《なゐ》ゆりし街も見事に甦《よみが》へり桜咲き満ち祭り賑はふ

猿田彦赤き大きな面《おもて》着け金の矛《ほこ》持ち走る神技《かみわざ》
梶原の武者が天地を祓ふ弓雄誥《おたけ》びの声町にこだます
釆配と笛と太鼓に操られ獅子舞ひ踊る東門筋
化粧せし可愛ゆき稚児が母の手に曳かれて歩《あゆ》む北野坂道
勇みたち輿丁舁きをる金色の神輿《みこし》まばゆし春の日に照り
乙女子の高き掛け声勇ましくやさしき神輿《みこし》宙に舞ひたり

（「生田祭報告書」平成十六年度）

生田薪能「砧」に想う

月残る生田の森に秋ふけて夜寒の衣夜半に擣《う》つなり

後鳥羽上皇の御製である。この御歌から想像される生田の森は洵に奥深い寂寥とした所であったようだ。その名高き生田の森の秋も深まり衣を擣《う》つ砧《きぬた》の音だけが響いてくるという凄みのある静寂の風景である。この御製に出てくる衣を擣つ「砧」をテーマにした能が今年の生田薪能で演じられる。

砧は、きぬいた（衣板）の略で、織物を織りあげたのち織機からおろしたままでは堅くてなじまないので、織目をつぶして柔らかくするため槌で布を打ち、つやを出すのであるが、中国では昔、敵に捕われた夫を想い、遠く離れた故郷の妻が高殿に上って、砧を打つとその音が夫の夢のうちに届いたという故事があった。

衣を打つ砧の音は秋の夜の詩情をそそるものとして、「和漢朗詠集」などの詩歌に採りあげられて有名で、その中の「擣レ衣砧上俄添二怨別之声一」という詩句が、この曲の典拠となったようである。砧之段が本曲の眼目で、砧の作物《つくりもの》が使われ、妻の亡霊がその恨みを述べる後シテの面には、凄味のある泥眼《でいがん》や痩女《やせおんな》が用いられる。もののあわれを感得する秋の一夜を生田の森の白萩の群生を背景に、大曲「砧」を心ゆくまで御鑑賞下されば幸いである。

（平成十四年九月プログラム）

『生田薪能』―生田神社会館三十周年記念―

花鳥風月をテーマに鎮守の社のコミュニティーセンター、カルチャーセンターとして、地域社会に貢献して来た生田神社会館は、本年開設してから三十年という記念の秋を迎えた。

この会館からは、素晴らしい新夫婦が数多く誕生し、また数多くの歴史的で重要な会議や学会が催されたり、国の内外の有名エンターティナーの講演がとり行われて来た。

さて、振返って開館当初の昭和四十八年九月はどうであっただろうか。生田神社会館のオープニングは、祝賀の能「翁」が観世流家元、観世元正師により上演され、神戸市民を幽玄の世界に引き入れ魅了した。

このほか会館では、山田無文師、西山徳氏の宗教講演会、黛敏郎氏、高田好胤師の日本まほろばの会講演会、陳舜臣民、筒井康隆氏の文芸講演会が開かれ、多くの聴衆に感銘を与えている。会館前の車寄せには竣工を記念して、生田神社とゆかり深き箏曲の宮城道雄音楽碑が建設された。また、会館の展示室では、文化勲章、芸術院会員、人間国宝、異色作家の作品の展示と作者写真展などが華々しく開催され、上々のスタートを切った。爾来、大へんな繁昌をみせ、利用者もうなぎ昇りであった。しかるに阪神淡路大震災が発生し、一時、被害による館内修復により業務の中断があったが、これも見事に克服し、リニューアルして、神戸市民や氏子崇敬者に、神戸の名所として愛され、親しまれて今日を迎えたのは洵にめでたく有難いことである。

今、我国では衰退に向いつゝある伝統文化を活性化しようと、伝統文化活性化国民会議が発足したり、鎮守の森を守ろうと「社叢学会」が活動を展開している。

わが生田神社では鎮守の森である源平の古戦場・史跡「生田の森」を甦らせ、森に井戸を掘り、川を流し、毎年春には雅びな「曲水の宴」を斎行している。秋には、恒例の「生田薪能」が執り行われ、本年で二十八回目を迎え、神戸はもとより関西でも有名になっている。また生

田雅楽会を育成し、現在会員が百名を越えるという発展を見せているのは洵に喜ばしいことである。

国際的にも昭和五十二年から、全国に魁けて日本神道民俗芸能団を組織し雅楽・舞楽・神楽・獅子舞・和太鼓・民俗舞踊から武道に到るまで日本の伝統芸能・民俗芸能を世界に弘めようとの壮大な目的をもって、カナダ、ドイツ、エストニア、ラトビア等の諸国で海外講演を行うなど、この生田神社会館から生れた日本の伝統文化を世界に発信している。

本年は、三十周年を記念して、「生田薪能」をかわきりに、九月二十一日夜に開催される生田雅楽会の講演、十月十三日には、朝比奈千足氏の指揮による神戸フィルハーモニックオーケストラの「生田の杜」コンサートが賑々しく催されることになっている。

このようにこれからも神戸の大氏神の氏子崇敬者の会館として神徳宣揚に努めると共にコミュニティセンター、カルチャーセンターとして、「生田薪能」をはじめ、伝統文化の活性化や育成にもつとめて参る所存である。何卒よろしく御支援、御協力のほどをお願い申し上げる。


（平成十五年九月プログラム）

生田神社の能舞台

生田神社には、戦災で焼失する前までは、境内に本格的な能舞台があり、橋懸りも長く立派なものであった。とりわけ、鏡板に「杉」の絵が描かれており、能楽師の間でも特異な舞台として有名であった。

というのは、いずれの能舞台の鏡板にも春日大社の「影向の松」が描かれているのが普通一般であるが、生田神社の能舞台は、古来松嫌いの神様、松がタブーの神社として知られていたので、能舞台にも「松」を描かず、「杉」が描かれていた。したがって、橋懸りの「一の松」「二の松」「三の松」も「一の杉」「二の杉」「三の杉」が立てられた。

戦前の能舞台について、能楽評論家の香西精氏が、昭和五十一年八月二十六日付の生田神社宮司へ宛てた書簡の中で「生田神社の能楽堂は、今も残っていたら市の重要文化財となっているもので、現在のように劇場式でなく、本来の野外式で惜しいものだ。能との関係の深さでは比類のない神社である。能の復興につとめてほしい」と述べている。

生田神社は「箙」と「生田敦盛」という名曲ゆかりのある土地柄であるし、また「生田川」「生田の小野」は、能「求塚」の舞台で能にはしばしば引合に出される場所である。

そこで、当社では昭和五十一年に楼門が竣功したのを記念して、第一回の生田薪能を催した。爾来、毎年九月中旬の秋祭前後の夕方より、境内の能にゆかりの深い「敦盛の萩」の咲く段葛の前に特設舞台を作り、氏子崇敬者や能楽愛好者に観能して頂き喜ばれている。

第二十九回を迎える今年は、生田の森が美しく造成されたのを記念して、能「杜若」と狂言「清水」が演じられる。酷暑の夏も終りを告げ、白萩が咲き初め、秋の虫のすだく、生田の杜で幽玄の一刻をお楽しみくだされば幸いである。


（平成十六年九月プログラム）

生田薪能と神戸ビエンナーレ

秋来ぬと目にはさやかに見えねども

風の音にぞ驚ろかれぬる

残暑未だ酷しい中にも、この古歌のごとく何となく秋の風の気配を感じる今日此頃です。生田神社境内の「敦盛の萩」も可憐な花をつけ初めました。

今秋、神戸ではさまざまなアートがやって来る芸術祭・神戸ビエンナーレが開催されます。神戸ビエンナーレ二〇〇七のテーマ「出合い―人・まち・芸術」。神戸開港百四十年にふさわしく、港の象徴ともいえる輸送用の巨大コンテナ約一〇〇個が配置されたメイン会場のメリケンパークは、それ自体がアート作品となって現代アートからいけばななど伝統芸術や最先端のロボットアートなどさまざまな展示が繰り広げられます。私もこの神戸ビエンナーレ組織委員会の会長に推され、神戸に於けるはじめての芸術祭への皆様方の御支援と成功を願っております。

さて、本年の生田薪能も神戸ビエンナーレ記念として、わが国の伝統芸能の粋、能・狂言を御高覧戴きたいと思います。

能「羽衣」は、私が中学二年生の時に、大阪の大槻能楽堂ではじめて能楽に接した思いで深い番組です。駿河の国の三保の松原で漁夫白龍が羽衣をみつけたのを、天人が呼びとめて返して貰い、そのお礼に舞を舞って昇天するという羽衣伝説から採られた洵に優美な能であります。

ところで、最近の生田神社は、昨年末にお笑いタレントの陣内智則さんと天下の美女藤原紀香さんが結納式を執り行い、二月十七日に神前結婚式ならびに生田神社会館で披露宴を行ったことから全国のマスメディアによって大々的に報道され、爾来連日若いカップルが縁結びの御神徳を得ようと参拝に列をなし神戸の名所となっております。

結婚式の当日、生田の池の中島に鎮座する生田神社の末社「市杵島姫命社」、すなわち「生田弁財天」に陣内さんと紀香さんが芸能向上と夫婦円満を願って一番にお参りされたことから誰云うとなく「紀香弁天」と呼ばれ、崇敬者の参拝が連日続いています。

今宵生田薪能を御観能の際に、芸能向上の神、生田の池に新装なって鎮ります。「生田弁財天」にお参りされることをおすすめいたします。

（平成十九年九月プログラム）

結婚騒動記　―花嫁・紀香さんは素晴らしき大和撫子でした―

結婚するなら生田サンで

さる二月十七日、藤原紀香さんと陣内智則さんが、この生田神社で結婚式を挙げられて以来、

大ブレイクと申しましょうか、毎日、日本全国から沢山の方がお見えになります。この神社は古くより「縁結びの神様」として結婚式が非常に多かったのですが、今年に入ったあたりから、縁結びのお守りを求めにくる若い人やカップルが増え続け、結婚式の申し込みの用紙がなくなってしまったほどです（笑）。これも紀香さん、陣内さんお二人が十二単に束帯、お色直しは白無垢に綿帽子、黒紋付袴で古式ゆかしく、日本のしきたりに則った式をされたことが、皆さんに「いいなあ」と思っていただいたのでしょう。

紀香さんと生田神社とは、じつに以前から浅からぬご縁がございます。紀香さんは西宮（兵庫県）の生まれで、中学校から大学まで神戸の親和女子に通われたんですね。明治二十（一八八七）年、友國晴子さんが女子教育のため創設されたこの学校は、神戸で最も歴史の古い女学校です。友國さんは非常に神仏に帰依した方でもありまして、学校の中に生田神社をお祀りしてありました。旧制時代の親和の校歌は、「生田の神の和魂《にぎたま》を　朝な夕なにおろがみて」という文言が入っており、「洗米奉仕」といって氏子の皆さんにお配りするお米を包むお手伝いに、親和高女の生徒さんたちが来ていらした、そういう校風の学校です。いまも毎年、高校の卒業式の後の謝恩会が私どもの生田神社会館で行われていますが、学生時代の紀香さんも出席されていたわけです。

この後、大学在学中に紀香さんは「ミス日本」になり、芸能活動を始めたころ起こったのが、あの阪神淡路大震災です。当神社の拝殿が倒壊した光景は、何度もテレビに映し出されましたのでご記憶の方もおありでしょう。楼門は傾き、池は漏水し、昭和二十年六月にB29の大空襲により焼夷弾六百発が投下され、社殿や生田の森を一朝にして焼失したときでさえ無事だった石の鳥居も、根元から粉々になってしまった。朱塗りのご本殿だけを残して、すべて倒壊しました。

「うるはしき唐破風《からはふ》持ちし拝殿は　地上に這ひて獣の如し」、「皇神《すめがみ》の鎮まりゐます本殿は涙のにじむ目交《まなかひ》にあり」とその折の心情を私は歌に詠みましたが、この世の終わりもかくやと思われたことでした。

「神戸」という地名は、この神社を守る神の封戸、「神戸《かんべ》」に由来しております。紀香さんのご実家も被災されたにもかかわらず、「あの謝恩会にも行った、美しい生田サンが無残なことになってお気の毒に……」と胸を痛めて下さっていたとお目にかかったとき伺いました。その後、一年半で見事に生田神社が復興なった。それを見て、「もし自分が結婚するなら、あの甦った生田サンでやりたい」と思っていたところ、これまた不思議や不思議、おなじ兵庫県出身の陣内智則さんと出会って、伊勢神宮でプロポーズされた（笑）。では結納式も生田サンでしましょう、という流れで、去年十二月十日の大安に結納式、今年二月十七日に結婚式をお世話するご縁に相成りました。

結納日の脱出劇

結納の前からパパラッチというのですか、マスコミのカメラや取材が来て、神社の周りを撮ったりしていました。結納の当日は、カメラはシャットアウトして執り行われましたが人気者同士の結婚ですから、なんとしても二人を撮りたい。双方の実家まで行って様子を窺っていた取材陣から、紀香さんの西宮の家からお母さんが和服姿で、お父さんの運転する車で生田神社に向かったとか、陣内さんのところは、お父さんがなにやら青い風呂敷包みを持って加古川の家を出たとか、逐一、情報が入っていたようです。

陣内さんは神社の正面入口からタクシーで、仕事があった紀香さんは新幹線で新神戸駅まで来て、そこからタクシーに乗って西北門から入りました。その門は、当然閉めきってあります。にも拘わらず、マスコミはちゃんと調べ上げていて、「この神社には出入り口が五ヶ所あります」と図に描いて説明しよる（笑）。駒井さんという芸能記者は寒い中を六時間半、二人を待って立ちっぱなしだったと話していました。

当節は結婚式を神前でやっても、結納式まで神社でなさる方はほとんどありません。今度のお二人のように、高砂人形を並べてという正式なものは珍しい。紀香さんのお母さんが、またよく娘さんと似ていらして、「ミス和歌山」の最終候補だったそうですが、ご両親ともに和歌山の出身で、それで紀州の「紀」を取って紀香とされたんですね。おみやげに紀州の梅を持ってきて下さり、結婚式の引き出物も梅の柄の皿でしたが、非常に折り目正しいご家庭という印象を受けました。

陣内さんのおとうさんは、おしゃべりな方だそうで普段は何でも話すのに、取材陣に結納の日取りを「この日ですか？　あの日ですか？」と問い詰められ、十二月十日のときだけ否定も肯定もせんと黙っていたので、それで報道陣にバレたんだとか、笑いを交えつつ皆さんで和やかに過ごされ、いいお式でした。しかし問題はそのあと、どうやって二人を外に出すかです。

職員みんなでいろいろ検討した結果、「囮作戦がよかろう」ということになりました。まずタクシーを二台呼んで、紀香さんが入ってきた西北門から入れる。当然、報道陣はダーッとそちらに集まるだろうから、着物を着た紀香さんのお母さんを乗せたタクシーを、同じ西北門から出す。報道陣をそちらに引き付けておいて、反対側にある東門に別のタクシーを待たせておいて紀香さんを外に出し、陣内さんは神輿蔵からおりる細い通路の下で、職員が四輪駆動で待機し、合流したら彼と運転を代わる―と、こういう計画でした。

そして同時にスタート、最初の囮のタクシーが出ると、報道陣は一斉にそちらに走り出す。二台目に乗ったお母さんが顔を伏せて後部座席に乗っていたところ、着物姿を見ててっきり紀香さんが乗っているものと思ったマスコミに取り囲まれてしまった。「紀香じゃないぞ、ダマされた!」と車を蹴られるわ、「これ、おばはんや、おばはんやでーっ」と叫ぶ者もいて、「怖かった」とお母さんが言っておられました。翌日の新聞に、顔を隠して前の座席にしがみついたお母さんの写真が出ていましたね。でも何とか切り抜けた。

その間に紀香さんは、黒のズボンと黒のセーターに着替えてニット帽を被って、私が案内して職員が開けた東門から、なにごともなくタクシーで無事脱出しました。陣内さんもうまく出られた。
裏をかかれた報道陣は、それからターミナル駅の三宮と新幹線の新神戸駅、神戸空港に手分けして、二人を追ったそうです。「ノリが空港に来る!」という連絡が入って慌てて空港に駆けつけると、ノリはノリでもオリックス(当時)の中村紀洋だったとかいう話もありました(笑)。結局、二人が神社のどこから出て行ったのか、みな分からなかったでしょうね。あの日の脱出劇の真相はこういう次第だったんです。

三月三日の各新聞に、日銀の神戸支店が今回の〈紀香さん挙式〉の兵庫県への経済効果を、「最大一二〇億円」と試算していると記事が出ていました。もちろん、われわれ生田神社だけではなく、参拝に訪れる人たちの宿泊費や、二人にあやかって神戸市内で挙式するカップルのブライダル効果やらを考慮にいれた数字です。

たしかに結納の後、フィーバーが起きたという感じでした。例年生田神社の三が日の初詣の参拝客は百五十万人ぐらいです。それが今年は一気に、二十万人近く増えて、百七十三万人がこられました。もう身動きもとれないほどのえらい騒動で………。初詣が終わると、今度は結婚式の申し込みが引きもきらずで、チャペルでの挙式やレストランウェディングが隆盛のいまの時代に、結婚という人生の大事な儀式を、神社で日本の風習でやろうという気持ちが若い人たちの心に芽生えつつあるとしたら、神職としてまことに嬉しいことです。

弁天様にお参りを

二月十七日の結婚式当日、紀香さんたちは午後二時からの式で、その前に式を挙げられたカップルが二組ありました。準備のため、紀香さんが朝八時ごろ到着しました。私が、「今日は紀香さん、お天気や」と声をかけると、「いや、私は雨女ですから分りません。昼からきっと雨になるでしょう」と。果たして挙式のときは、土砂降りになりました（笑い）。

それから「宮司さん、こちらの弁天様はどこでしょう？　お参りしたいんですけど」と言われて、じつは内心驚きました。ご存知のとおり、弁天様は芸能の女神様ですから、女優である紀香さんがお参りしたいと言われるのはおかしいことではありません。ただ、生田神社の弁天様には、私の父がここの宮司だった時代から、我々は特別な気持ちを抱いているのです。

さきほど戦争中、生田神社が大空襲を受け、焼失したお話をいたしました。あの昭和二十年六月五日、警戒警報から空襲警報に変わったとき、父は「神様をお守りしなければ」とすぐに御社殿へ急ぎ、ご神体を御羽車《おはぐるま》にお乗せしたといいます。国民学校の四年生だった私と妹は、母の実家のある愛知県に疎開中でした。父はご神体を安全な場所にお遷《うつ》しするため、あちこち彷徨ったけれども、雨のような焼夷弾が降ってきてどうにもならない。防空壕にも身を隠す場所がない。それで神社に戻ってきて、生田池の傍にある弁天様へご神体を遷して、自分は池の中に身を沈めて、あやうく助かったのです。何もかも焼かれて何もなくなってしもうて、歩いて十分の阪急三宮の駅がポツンと神社から見えたほどの被害でしたが、ご神体と父は無事だった。

その意味でも、この弁天様は生田神社のご神体を救って下さった、大変なご縁のある弁天様なのです。これは内々の者だけが知っている話で、紀香さんが知る由もありません。結局あとからやってこられた陣内さんと一緒にお参りされましたが、結婚式の当日、「まず弁天様にお参りを」と言われたとき、ふとこの戦時中のエピソードが思い浮かび、何かしら不思議な気持ちがいたしました。

挙式当日の警備のため、神社から二百人、吉本興行から百五十人、神戸県警から二百三十人の警備のための人が出ました。大衆とともに歩む生田神社ですから、お二人の姿を求めて皆さんが来て下さるなら、一目見てほしかった。

橋をかけて楼門にあがれるようにできないものかと工務店と検討しましたし、兵庫県知事や神戸市長も大変喜んで、神戸で作ったワインと花束を渡したいと張り切っておったのですが、警察に「そんなことはまかりならん」とストップをかけられました。挙式当日は三万人の人出が予想されており、前日から三宮周辺あたりから大変な状態になる、「下手したら死人が出る」

と言われて、これはあきらめるよりほかない。当神社はご覧のとおり出たとこに東急ハンズがあるような、神戸一の繁華街にありますのでね。

これだけの混雑は平成八年二月三日に、ロックの女王シンディ・ローパーさんが、震災に遭った神戸のみんなを励ましたいと、節分の豆まき奉仕をされた際に一万五千人が集まって以来です。あのときは拝殿もなにも新しいのはまだ建ってなくて、急遽楼門の前に舞台をつくり、青い着物をきたシンディ・ローパーさんが、「福は~内、鬼は~外、ガンバッテコーベ、アイ・ラブ・ユー!」とやったんでした。境内に人が押し寄せて危険な状態になり、私は彼女の隣で、「もうやめ、もうやめてぇ」と声を嗄らして……情けない(笑)。ああのときの大変さを思い出したわけです。

それで挙式当日から関係車両以外の車は、境内から締め出し。テレビクルーが大勢来るというので紅白の幕を急いで用意して、二段がさねで楼門をはじめ神社の境内に張り巡らして、目隠しをしました。外からは一切見えんようにして—まさに猫の子一匹入れんような厳戒態勢でした。それでも後で近所のホテルの上の階から撮ったと思われる挙式のときの映像が出ていましたが、結局、取材は束帯と十二単の短時間での撮影と、白無垢と紋付袴に着替えてから本殿の前でのインタビューのみ。その後、神社内の生田会館で九十名規模の披露宴というスケジュールでした。

大和撫子の所作を見た

今回、紀香さんが十二単を結婚衣裳に選ばれたことが話題になりましたが、去年の十一月に京都の「京かつら今西」へご本人が頼みに行って、おすべらかしの鬘《かつら》が出来上がったのが、今年一月の初めだったとか。実はこういうことは後で聞いたことなんです。こんどの挙式に関しては、外に情報がもれたらいかんということで、職員にも徹底して「緘口令」がしかれていました。その中で「一番危ないのは宮司さんやないか?」とおしゃべり好きな私は、早いうちに蚊帳の外に置かれましてね（笑）。ほんとにしゃべるのは、この取材で初めてなんです。

陣内さんの束帯の着付けは四十分程度で終わるんですが、十二単を着る紀香さんは二時間はかかります。待ち時間が長くて、陣内さんはちょっと退屈じゃなかったかと思います（笑）。でも、結婚式はお嫁さんが主役やからねえ、待つのも婿はんの仕事です。こちらも準備風景を外から覗かれたり、撮られることのないよう部屋に鍵をつけたりして、気をつけました。

外の騒動をよそに、お式はご家族以外どなたも入れずに行いました。陣内さんのご親戚の人は、紀香さんとは初めて会う方も多かったようで花嫁を見て「めっちゃ、きれいやなあ」と感激の様子。

「撮ってもよろしいか？」とひとしきり写真を撮って、それから私が式を始めました。

「如月《きさらぎ》の花々咲きて言寿《ことほ》げる　この喜びを永遠《とは》にあらしめ」

「新しき世の感覚に触れつつも　家の慣《なら》はし守れ妹《いも》と背《せ》　白鳳《はくほう》」

お二人の挙式に際し、お祝いに私が贈りました二首です。「白鳳」は私の雅号です。雨女とおっしゃる紀香さんの予想どおり、挙式のときは土砂降りになりました。濡れないように本殿へ歩く二人に、職員が傘を差し掛けておりました。すると、社殿に差し掛からんとするときに、紀香さんが、「ここまでで結構です」と傘をお断りになり、最後は粛然と神前に進まれました。姿かたちが一幅の絵のように美しかったのはいうまでもないのですが、それ以上にその振舞いに「藤原紀香さんという人は大和撫子そのものといった女性なんだなあ」と凛とした彼女のころを垣間見た一瞬でした。

婚約発表の折でしたか、「芸人さんの嫁になるんで、三歩さがってついていきたい」と、いまどき非常にクラシックなことを話していらした紀香さんならではですね。

この神社の結婚式でつかう「むすびの神曲」は、芸術院会員だった宮城道雄さん作曲のものです。神戸出身の宮城さんは、日本で最もひどい戦災を受けた生田神社が、バラックの御社を建て、御仮殿と大鳥居ができるという復興にさいし、コンサートをして集まったお金をお寄せくださった方です。「むすびの神曲」の詞は、「あなにやしえをとめを　あなにやしえをとこを

八雲立つ　出雲八重垣妻籠《つまご》みに　八重垣つくるその八重垣を」。

「古事記」と「日本書紀」の言葉です。

伊邪那岐命《いざなぎのみこと》と伊邪那美命《いざなみのみこと》の話はご存じでしょう？　最初に女神のほうから「あなたはすばらしい男性だね（あなにやしえおとこ）」と呼びかけ、男神が「あなたはすばらしい女性だね（あなにやしえおとめ）」と応じて結婚したところ、ぐにゃぐにゃの子供、蛭児《ひるこ》ができた。これはいかん、もういちど言い直そうと、今度は男神のほうから呼びかけ、女神が応じて結婚して、淡路島ができました。

神社においでになる方たちを見ていても、いまは女性のほうがずっと元気ではつらつとしています。それでも肝心要の場面ではまず男性が、「あなたは素晴らしい女性ですよ」と呼びかけないと、日本の国では物語が始まらんのです（笑）。

父子二代の復興

「神社は市民のコミュニティー・センター」というのが私の持論です。

先述したように、そもそも神戸という町は大同元年（西暦八〇六年）、生田の神をお守りする四十四戸の「神戸の封戸」を賜ったところから、「神戸」という地名ができたといわれてい

ます。いわば生田神社は神戸という地名発祥の地ですね。最初四十四戸だった氏子も、昭和十二年に私の父が岡山から移ってきたときには八万戸、現在は百五十万人、全国でもいちばん氏子が多いお宮さんでしょう。

あるとき、周りの商店街の店主たちから、「みんなの意見がなかなかまとまらんから、宮司さん、頼む」と乞われて、商店会の会長を数年務めたことがありました。「神様をお守りする仕事をするのが宮司や、商売の頭になるなどとんでもない」と最初は断ったのですが、職員に「あんなに言うてはるのですから……」と説得されて（笑）。商店会の会長をやった宮司は、ほかにはおらんでしょうなあ。

縁結びのほかに、戦争中は「生きた（田）だから縁起がいい」と武運長久を願って、市民が絶え間なくお参りをされ、戦後は「生れた（田）、生れた」とベビー・ラッシュの神様にもなりました。なによりこの神社は昭和二十年の大空襲と、平成七年の阪神淡路大震災の二度の焼失・倒壊から甦った、めずらしい神社なんです。それぞれ父とその二代後の私が宮司をしていた時に起こった災難で、親子二代で同じ神社の復興という仕事を神様から下されたのも、不思議なご縁と思います。

「朝まだき床持ち上ぐる上下動　怒濤のごとき南北の揺れ」―平成七年一月十七日の早朝、まるでお神輿の中に入って揺さぶられたような震動で目が覚めました。「宮司さ〜ん」という禰宜《ねぎ》の呼びかけに、寝室の戸を開けようとしたところが、何か詰まったように開かないのでベランダを開けて、やっと外に出ました。最初にご紹介した歌の通り、昨夕お参りして帰った拝殿が獣のごとく潰れて地に這い、楼門は傾き……その無残な有り様が明るくなってくる朝の日差しに照らされたときは、「もう駄目や―」と心底思いました。本殿だけは建っており、神様がご安泰だったのは不幸中の幸いでしたが、もう茫然自失でした。

そこでどこからともなく聞こえてきたのが、父・鋑次郎の声でした。「あんた、文学博士ももらって大学の先生もして、国際交流やなんやと楽しく人生送ってきましたけど、ひとつ欠けてるものはありませんんか。あんた、神主やと言うとるけど、これまでに神社の建物ひとつ建てましたか?」という幽世《かくりよ》からの声です。

父のころは、官國幣社の宮司は「官吏」でした。父は内務省の神社局の命令で、京都の吉田神社から滋賀県の多賀大社へ出向して、昭和の大工事をやり遂げた後、岡山の吉備津彦神社で前の宮司が失火で御社を焼いてしまい、ほかに適任の者がいないからと言われて、泣く泣く復興のために岡山に参りました。

そうして行ったところが、だれも神社に寄り付かないし、道で会っても目を合わせようともしない。なんと冷たいと思ってわけを調べてみると、前の宮司さんがあちこちに借金をしておったんですね。それで父は、自分の餞別や多賀大社の退職金をもって、借金した先に返して回ったそうです。すると翌日、山高帽に羽織袴姿の氏子総代会長が現れて、このお金を全額、紫の袱紗に包んで差し出し、「宮司さん、これを元手に立ち上がってください」と。つづいて軍隊の工兵隊がどこからともなく現れて瓦礫の片付けをし、婦人会がエプロンがけで手伝いにきてくれ……一つの信用が氏子たちを動かしたのですね。私はこの間に岡山で生れましたが、やがて素晴らしい御社殿が完成して昭和十二年、賑々しくもここ生田神社に移ってきたわけです。

今までの苦労もこれで報われたと思っていただろう父が、戦火に遭い、大空襲で焼け落ちた社殿の瓦礫の中に立ったときの気持ちはいかばかりだったでしょうね。たしか四十八のときでした。

「造営費勧進のため今日もまた　ビル街をゆく汗をふきつつ」、「身は疲れ風寒き街さまよひぬ　勧進のわざ易きに非ず」。父が当時詠んだ歌です。

復興が建てた大柱

戦争直後は、みんなお金がありませんでしたから、募金に行っても追い払われることもしばしばだったようです。神社本庁調査部長でいらした小野迪夫さんの回想によれば、父は「私が生きとるうちは書いたらあかん」と前置きしてこう語ったといいます。

「造営費募財のため、とある羽振りのよさそうな工場に立寄ったところ、そこの社長から『わしは無神論じゃ。この工場を大きくしたのはわしの力じゃ。神社の寄付など出来ない』とどやしつけられ、〝糞神主〟と罵倒されながらもこらえた。何度も気を取り直して、そこを立ち寄るたび、どやされた。訪問も三十回目になったとき、いつもと様子が違う。社長が目に涙を浮かべて『すまなんだ、あんたがこうして暑い中を毎日寄付貰いに歩いている姿を、わしは誤解しとった。あんたは自分のためや無《の》うて、神さんのため、神戸の市民氏子のために歩いとったんや。わしのように自分の儲けのためだけに働いとった穢《きたな》い根性とは違うとったんや。許してておくなはれ』と差し出された小切手には、依頼額の十倍の数字が書かれていた。

寄付集めも、私心を捨てて三十回も通えば何とかなると、調査部長のあんたにだけ話とことと思うて—」

十四年後の昭和三十四年に、父は生涯三度目になる遷座祭を行い、生田神社の再建を果たして「造営宮司」と称されました。あの終戦のときの、よれよれの国民服を着た父の哀れなうしろ姿、苦労して苦労して、バラック建てからご社殿を復興させた、そんな父を見ていながら息子の私は順風満帆、六十になるまで、父親の遺産で食べてきただけだった。気楽なもんや。

「自分はこれまで社殿の造営もせずに、一人前の神主やったんか」そう思ったとたん、頭が真っ白だった茫然自失から、ファイトが燃えてきました（笑）。これは、一人前の神主になれるかどうかのチャンスや、がんばらなあかん。

「かにかくに氏子や父の建てし宮　復興に向け燃え立つ我は」

さっそく竹中工務店に電話して、余震でどんどん傾いてくる楼門を落ちんようにする相談から始めました。老いも若きもみんなそれぞれ被災して大変なときなのに、震災復興に駆けつけて手を貸してくれました。「義捐の水押し戴きて飲み干しぬ　余震の続く暗き厨《くりや》に」—私はヘルメットを被った宮司になりました（笑）。

「さっきのシンディ・ローパーさんは、地震の前の年に神戸でコンサートをしていたんですね。彼女自身、皿洗いなど長い下積みのあと、スターになった苦労人だそうですが、「神戸のお客さんは素晴らしかった、私も何か支援したい」とすぐにダイヤルQ2を通じた支援や、新しいCDの印税を日赤を通じて神戸に送ってくれました。そのうえ、平成八年二月に体が空くので神戸に行きたいと言われても、どこも手一杯で受け入れ施設がないと断っていると聞いて、うちでやることにしたんです。神社のいたるところ工事中でしたが、みんな楽しいものに飢えているのだから、場所を提供するのも神社の務めと思って。

恒例のオリックスの必勝祈願も、選手たちはとても来れませんから、当時の社長の猿渡さんだけが見え、私がいつものように祝詞をあげました。託した七十人分の勝守《かちまもり》をもってすぐに宮古島キャンプに飛んでいかれました。「かんばろう　KOBE」の旗印のもとに戦った。あの年のオリックスのリーグ優勝はどれだけ市民を勇気づけたことか。

マスコミの取材も国内外から、わんさときました。折れながらも拝殿下から咲いた健気な桜のニュースとか、漏水した生田池の水を抜いた底から大きな貝が見つかったといって、すわ「生田の池から巨大貝現わる、復興の吉兆か！」とか何でも好意的に書いてくれはりました。「芸術新潮」では〝天災と闘った美術〟を特集して、倒壊したこの拝殿の屋根を頭で支える狛犬の写真を撮って表紙に使ってくれました。

こうして大勢の人たちの支援を受けながらおかげさまで一年半で、新しい社殿が完成しました。ご祭神「稚日女尊《わかひるめのみこと》」のご神縁により、もったいなくも伊勢神宮さんからは、昭和四年の御遷宮のときの棟持柱で作られた檜の鳥居をご下賜くださり、当神社正面に建つ鳥居になっております。また今度の拝殿には、鋼管の中に耐震性高強度のコンクリートを詰めた「世界一強い大柱」が使ってあります（笑）。震災の翌夏に催した「神戸復興夏祭」では、リオのカーニバル・ナンバー1のダンサーやった方が、本場のサンバを奉納してくれましたし、その次の年の冬には京都の舞妓さんたちが豆まき奉仕に駆けつけてくれたり、海に開かれた町・神戸らしい輪が広がっていきました。震災はほんとに大変な試練でしたけど、そこから生れた絆は大きかった。生田神社が神戸の復興のシンボルとして一翼を担い、復興なったとき、私の中にも決して倒れることのない大柱が建ちました。

日本人の心の復興を

生田神社の社殿は平成二十一年で、式年造替の制の二十五年目を迎えますが、まだご本殿の屋根を葺き替えていなかったんです。今回、葺き替え用の銅板に紀香さんと智則さんが相合傘を書いて、「陣内智則・藤原紀香」と名前を書き込んで寄進してくれました。お二人の幸せにあやかろうと、縁結びを求めるカップルが次々とそれに続いています。

日本というのは、儀式を非常に重んじる国です。赤ちゃんが生れたら必ず、お宮参りをし、七五三をやり十三参りをして、長じて結婚式があって、年を重ねれば、還暦、喜寿、米寿とお祝いをする。節目節目に我々をいつも守って下さっている神様やご先祖様にお参りをする麗しい風習が古来絶えることなく、わが国に伝わっていたわけです。またそういう儀礼を通じて、親が子に、子は親に伝えるものがあって、一つの絆が保たれていった。その風習がすたれて、けじめがなくなり、家族の絆もばらばらになっていった。最近ひんぱんに起きている、親が可愛いわが子を殺す。子供は親を殺す、きょうだい同士も殺戮する事件……こういうめちゃくちゃなことは、わが国にはなかったのです。

震災からの復興も一段落して、私自身、いまの日本の風潮に暗澹たる思いでおりましたところに、このたびの紀香さん・陣内さんの結婚式を通じて、若い人たちが敬神の念を呼び起こしてくれた。毎日若者たちが朝早くから神社に来て、神前でお参りする姿、額《ぬか》ずく姿をみるのは嬉しいものです。最後まで取り残してあった本殿の屋根も、多くの若いカップルの心が込められた銅板を使って完成することでしょう。

日本の国もまた、苦難を乗り越えて甦るときではないでしょうか。私も甦りの生田神社の「復興宮司」として、日本人の精神《こころ》的復興に尽くしていこうと決意を新たにしております。

生田神社の杉盛り

（「むすび」No.127号・平成十九年八月）

生田神社では毎年正月になると、社頭楼門前、正門参道の中央石段下に、杉の小枝を盛りあわせた高さ二・五メートルの「杉盛《すぎもり》」をこしらえ、その頂きにススキの穂で叵塚を組み、十二本〔閏年は十三本〕の注連縄《しめなわ》を張っている。世間に多い「門松《かどまつ》」でなく「杉盛」をしつらえている。

生田神社の神事に松を用いないのは、往古の鎮座地である砂山《いさごやま》は、かつて青松が鬱蒼として繁茂していたが、六甲山系の洪水により松の樹が倒れ社殿を毀し、流失したところから、社地には「松樹を植えるべからず」という託宣によると言い伝えが残っている。今も境内には一本の松の樹もなく、戦前あった能楽堂の鏡板にも松の替りに杉が描かれていた。「羽衣」などを謡う場合にも「これなる松に美しき衣掛かれり」といわず、「これなるところに美しき衣掛かれり」と謡ったほど徹底した松嫌いの神として有名であった。しかし、それ以前には松を用いて何等かのものを建てていたのにたまたま洪水の事件が起り、後から杉を用いる理由にされたものであるか、あるいは後世に何等かの折りに杉盛が作られたものであるのか、その孰れとも定め難い。たまたま旧社地の砂山附近は現在においても松の多い所であり、生田の森は針葉樹よりも、楠・樫・椿等の木の多い所で、それが洪水と結びつき、「生田の神様は松がお嫌いだ」との伝説が生じたものではないかとも思われる。

一方、この杉盛の形は京都の吉田神社において、節分祭の際に設けられる太元宮の前の厄塚から来たものかとも考えられるが、太元宮の厄塚は生田の杉盛の形と異なり、下の部分が短く細長い感じのものになっていて、全体の形において極めて異なって見える。私はこの杉盛はもとは左義長から出たものではないかと思うのである。つまり十二筋の注連縄はトンドを支える綱を思わせるからである。

さて、生田神社の杉盛も太元宮の厄塚もともに一本だけ立てるものであり、いわゆる「門松」の一種とみられよう。

今日、一般に都市を中心として門松といえば、形の大小こそあれ、松・竹・梅を組み合わせたもの、または単に小松だけを主にしたものが多いようである。しかし、全国の農山漁村を通じてみると、必ずしも松に限らず、多くの土地で、楢・椿・朴・栗・榊・楠等各種の木を門に立てている。本来常緑樹なら何でもよかったのであろう。平安末期には門松が身分の差なく行われていたらしく、また門松に竹を添えるようになったのは鎌倉あるいはそれ以後のことと考えられている。もっとも宮中などでは立てなかった。

しかし最近では民俗学者の間でも単なる正月の門飾りと見なすものはなく、本来は年神の降臨する神木の一種、いわゆる「ヒモロギ」としての発生を認めている。したがって男松・女松として門口の左右に立てるものより、一本立てるほうがより古く、しかも現在の門松の代りに屋内に松を立てる風も残っている。

そこで門松本来の意義といえば、やはり正

53　生田神社の杉盛り

月に年神様《としがみさま》を迎え、お祭りをして将来ともに幸福に暮らせるように祈る「神籬《ひもろぎ》」であった。年神様というのは稲の神であり、田の神であり、また先祖でもあり、生産守護の神でもあった。つまり、門松にはいわゆる年木、新木、幸木、十二所書き、門神柱、門木などの要素が混在しているのであろう。

かくみてくると生田神社の杉盛は、左義長から出ていると考えるのが妥当のようである。左義長はしん柱の先に御幣ボンデンを結びつけるところがあり、明らかにこのシン柱は火祭に神の依代《よりしろ》となるものである。ともあれ、生田神社に於て、この杉盛に年神を迎えて新年を祝うという思想は今なお変わりなく、神の依代として現代まで伝承されて来ているのは尊いことといわねばならない。

（「神戸佳族」二〇〇六年一・二月号）

第二章　生田の杜の随想

生田神社三つの話題　―紀香弁天の竣功・生田神社史刊行・生田神社崇敬会の設立―

生田神社のご祭神は稚日女尊《わかひるめのみこと》と申し上げ、日本書紀に記された稚く瑞々しい太陽のごとき女神というご名義であります。

神代の昔、忌機（いみはた）殿で自ら機をお織りになられた大神の故事により、庶民の生業にみ心を注がれ、庶民の生活が安楽になるよう家庭生活をお守りくださるご神徳が、深く崇敬されております。また、神功皇后《じんぐうこうごう》の玉鉢をお守りされた神様として健康長寿の守護神として広く古今の崇敬を集め、同時に家運繁昌、円満和楽のご神護を仰ぎまつる縁結びの神としても著名であります。

とりわけ、昨年末に陣内智則さんと藤原紀香さんが、生田神社で結納式を執り行い、本年二月十七日に神前結婚式ならびに生田神社会館で披露宴を行ったことから、全国のマスメディアによって大々的に報道され、爾来、連日若いカップルが縁結びのご神徳を得ようと参拝に列をなし、神戸の名所となっております。

結婚式の当日、生田の池の中島に鎮座する生田神社の末社「市杵島姫命社」すなわち「生田

二月十七日に行われた陣内さんと紀香さんの神前結婚式の様子

生田の池の中島に鎮座する「弁財天」

弁財天」に陣内さんと紀香さんが芸能向上と夫婦円満を願って一番にお参りされたことから「紀香弁天」として崇敬者の参拝が連日続いています。また、阪神・淡路大震災に遭遇し、甚大な被害を蒙りながらも、いち早く立派に復興した「甦《よみがえり》の社《やしろ》」として、現代の若者の共感を呼び、若者たちからも生田神社は厚い信仰を受けています。

日銀神戸支店が今年三月、陣内さんと紀香さんの結婚にともなう兵庫県内への経済効果を「最大一二〇億円」と試算しました。全国各地の宮司から「生田神社の神前

八年がかりで刊行した「生田神社史」

結婚式の波及効果で、地方の神前結婚式も増えてきました」との報告を受け、縁結びの神、生田神社のご神威の灼然《いやちこ》なることを伺い大変ありがたく思ったことでした。

　また、このたび八年がかりで、編集刊行の運びとなりました、ご鎮座一八〇〇年の歴史を解明した「生田神社史」を学界、神社界、図書館や氏子崇敬者に頒布しております。八〇〇ページにおよぶ大著で、各方面に反響を及ぼし好評をいただいております。生田神社の歴史は、神戸の歴史でもあり、各時代の暮らしぶりを知る資料としても役立てていただきたいと思います。なお、非売品ですが、入手ご希望の向きは、生田神社総務部へお問い合わせください。

さて、このところ「生田神社の崇敬会に入会したい」という申し込みが相次ぎましたので、このたび「生田神社崇敬会」を設立いたしました。国の内外を問わず、全国各地の生田神社崇敬者の方々のご入会をお待ちしております。

（「神戸佳族」二〇〇七年九・十月号）

生田神社の句碑 ―平成十六年新年例会講演から（大意）―

一

文化庁長官の河合隼雄さんが関西元気文化党で「もう少し文化力を、あらゆることに元気を出して行こうではないか。特に、文化の面で元気を出すことが、経済にも、社会にも波及する。」という構想を打ち出されたわけですが、私も全くそのとおりだと思うのでございます。

神戸も大いに力を発揮して文化力を高めるよう元気を出すことが大切ではないかと思っています。

来年はNHKドラマで源義経をとりあげるようですが、そうしますと神戸が舞台となりまして、生田の森、須磨などの源平の遺跡がとりあげられるのではないかと思っています。

こうしたなか昨年、和田の笠松の碑が移転されました。これは神戸史談会が発会七十周年記念行事の一つとして、昭和五十年に小河公園内に建立したものですが、「兵庫津の道」に面した位置がふさわしいということで、兵庫津の文化を育てる会の人達により移転されました。これは非常によかったことだと思っています。

我々は歴史と伝統文化というものをもういちど見直し考えていかなければならないと思います。

栄光教会のところに「梶原二度の魁石」がございました。これは生田の森の合戦で梶原景時はいったん引き上げたが、その子梶原源太景季の行方がわからなくなったので引き返し、奮闘してかろうじて難を逃れた。これを梶原の二度の魁といいますが、その標石が今はありません。震災で栄光教会もつぶれまして、その復興工事にまぎれて誰かがクレーンで何処かへ持ち去ったものと思われます。

それから、清盛塚のところに子日庵一草が兵庫八景を詠んだ句碑がありました。これも現在はどこかへ運び去られてなくなっています。

あちこちで源平の遺跡といったものが、どんどんとなくなっている。これはゆゆしきことでありまして、一度皆さんで検証して考えてみなければならないと思っています。

二

昭和二十年六月五日の大空襲で、この境内に、六百発の焼夷弾が落ちまして、一木一草残らず焼失しました。ただ石碑だけが難をまぬがれて残っています。それでも平成七年の阪神大震災で正面の石の大鳥居が根元から折れてしまいました。今あそこに建っているのは伊勢皇太神宮内宮の棟持柱で出来た鳥居です。これは昭和四年ご遷宮の時建てられた、あの内宮の唯一神明造りの棟持柱ですが、それが二十年ごとのご遷宮ののち、宇治橋の鳥居となり、更に二十年を経過して、外されて、鈴鹿の関の入口の鳥居に、もう一基は、桑名の津の入口に建てられ、六十年後、鈴鹿の関の入口の鳥居が今生田神社の正面の鳥居として建っているのでございます。

三

ところで、この生田神社に歌碑がいくつあるかご存じですか。

社務所すぐそばにある「えびらの梅」の玉垣の中に一米数糎の円柱状（多分鳥居か玉垣の断

片であろう）の御影石で作られた一風変った句碑があります。その碑面には、

神垣や　又とをらせぬ　梅の花

とあり、裏面に「文化元甲子春　子日庵一草」とあります。この句はいうまでもなく、かの源平合戦の際に源氏の若武者梶原源太景季が折から咲きほこる梅の一枝を手折って箙にさし、獅子奮迅の働きをした故事をふまえて作られたものです。「ここは神社の境内であるから、もう二度と梶原源太のように戦いの時であっても梅を折らせない」という意味であります。

一草は文化文政期の俳人で、岩手県和賀郡黒沢尻の人ですが、諸国の神社仏閣名所旧跡を遍歴行脚し、終焉の地を摂津兵庫に求めて、文政二年十一月十八日兵庫津の鶴路亭において八十九歳で歿した郷土に関係の深い俳人です。芭蕉や蕪村のような偉大さはありませんが、各地を遍歴して数々の句を残し、就中、神戸において名句をものし、兵庫俳壇に貢献した点は我々にとって忘れる事の出来ない人物です。この句碑を見ていると一草が生田神社にもやってきて、その頃この地に咲きほこる箙の梅をめでて詠んだ様子が彷彿とするのであります。

さて次に一草の句碑から二十米ほど東に離れた「かぢはらの井」脇に一米数十糎の古ぼけた石に次の句が刻まれています。

遊ぶたね　一樹見のこす　桜か那　桃室

平家物語、源平盛衰記、謡曲などで有名になった生田神社の箙の梅も江戸時代になると専ら

櫻にお株をうばわれ、爛漫と咲き誇る櫻の下で杯を傾けて花見を楽しむ人で賑わい、一方子供たちは遊びに興じて満開の桜も見のこしたのでしょう。作者桃室はこの感慨を一句詠じたものです。「たね」は桃室の娘の名です。

裏面には「嘉永七甲寅春　葉山氏　梅宥　茶村　建之　其鄰書」とあります。作者桃室は土佐廻船問屋を家業とする葉山八五郎の四男として神戸二ツ茶屋村に生れましたが、のち大阪平野町三丁目に移り住んで大坂で名を残した人です。これを立てた梅宥、茶村はいずれも土地の俳人であり、碑面を書いた其鄰とは兵庫富屋町に住んでいた両替屋北屋義助（喜多宜義）です。

四

戦後建てられたものとしましては、昭和三十五年八月、生田神社神徳館の横に、ふあうすと川柳社によって建てられた椙元紋太氏の

よく稼ぐ　夫婦にもある　ひと休み

という句碑があります。戦後復興期のあの当時は夫婦共よく働きよく稼いだことがうかがえます。（写真①）

昭和四十年三月、生田の森の入口、楠の大樹の根元に

ほのかなる　土の香たちて青葉なす

生田の森に　雨晴れわたる　　　白魚

というのがございます。白魚は生田神社の先々代宮司加藤鋑次郎、私の父親でございますが、神社本庁副総長に就任した記念に建てられたものです。（写真②）

昭和四十九年四月、書芸公論三百号を記念して建立された桑田笹舟の揮毫による、上田秋成が生田の桜を詠んだ

汐馴れし　生田の森の櫻花

春の千鳥の　鳴きてかよへる

の書碑があります。（写真③）

昭和四十八年九月、神戸生まれの世界的箏曲者、宮城道雄さんが作曲された「むすびの神曲」の碑が生田神社会館正面の植えこみのなかにあります。歌詞は古事記からです。

あなにやし　えをとめを　あなにやし　えをとこを

やくもたつ　いつもやへがき　つまごみに

やへがきつくる　そのやへがきを

いざなぎ・いざなみ国生みの神話にちなんだもので、結婚式の際、演奏されます。元の神戸銀行本店のところに宮城道雄生誕地の碑があります。北野に住んでおられた中島検校に師事しましたが、その際、異人さんの家から流れるピアノの音がいつも耳にはいり、宮城先生の作曲に影響を与えたと云われています。従って春の海、越天楽変奏曲、水の変態等はオーケストラにあうのです。（写真④）

昭和六十年七月、池の脇に、書道研究誌「一東」百号記念碑が深山龍洞先生の筆による順徳院の御製が、一東書道会会長の小山素洞理事長により建てられました。

秋かぜに　またこそとはめ　つのくにの
　いくたのもりの　春の曙
　　　　（順徳帝御製）

平成六年九月、生田神社会館東側に兵庫県の有名なホトトギスの俳人五十嵐播水氏の句碑が俳誌「九年母」九百号を記念して建設されています。（写真⑤）その句は、

①川柳　椙元紋太

②和歌　白魚

③和歌　桑田笹舟筆

④むすびの神曲

⑤俳句　五十嵐播水

⑥和歌　白鳳

初暦　めくれば　月日ながれそむ

平成十二年一月十七日、生田の池のほとりに阪神淡路大震災復興記念といたしまして、私が詠んだ歌で

うるはしき　唐破風もちし　拝殿は
地上に這ひて　獣のごとし

朱に光る　唐破風今ぞ　聳えたち
　羽を拡げし　真名鶴のごと　白鳳
とチタンの板に彫られています。（写真⑥）

（文責　松本）
（「神戸史談」二九四号・平成十六年七月）

震災後初の提灯奉迎と生田神社の再建
―天皇皇后両陛下、兵庫国体にご臨席―

震災後十一年にして実現した提灯奉迎

――天皇皇后両陛下は九月二十九日～十月一日、第六十一回国民体育大会のため、兵庫県へ行幸啓になりました。

平成七年の阪神・淡路大震災で大きな被害を受けた兵庫県では、これまで提灯奉迎は控えられてきましたが、この度、震災後初めて一千名の県民による盛大な提灯奉迎が行われました。

特に皇室奉迎兵庫県委員会の委員長として、約一年前より奉迎の準備に取り組んでこられた加藤宮司様の感慨は一入だったと思いますが、震災後十一年にして提灯奉迎が実現したことへのお気持ちをお聞かせ下さい。

加藤　平成七年一月十七日、私たちは阪神・淡路大震災という大変な災害に遭遇したわけですが、「災いを転じて福となす」とでも申しましょうか、それを契機に神戸に甦ってきたものがいろいろとありました。その大きな一つに、皇室敬慕の思いがあります。震災以来、今回を含めて五回も天皇皇后両陛下の行幸啓を仰ぎ、お励ましをいただきましたことは、みんな非常に有り難く思っていると思います。

また、両陛下だけでなく、皇太子殿下をはじめ他の皇族方にもたびたび被災地にお越しいただき、平成十三年の六周年までは、一月十七日の震災復興の追悼式にも、毎年皇族のご出席をいただいておりました。

平成七年の阪神・淡路大震災以来、両陛下にはすでに四回、兵庫県にお越しいただいておりましたが、「復興が落ち着くまでは地元に負担をかけるのは忍びない」との思し召しも漏れ伺い、提灯奉迎を行うことはできませんでした。それが今回、ようやく実現することになったわけです。国体が開催できるまでに復興した神戸の街を両陛下にご覧いただき、両陛下への感謝の誠を表そうと、今回の奉迎活動に取り組ませていただきました。

——沿道での小旗奉迎も大変盛大に行われたそうですね。

加藤　国体には両陛下の他に、皇太子殿下、秋篠宮殿下、常陸宮殿下、桂宮殿下、高円宮妃殿下にもお越しいただきましたが、皇室奉迎兵庫県委員会では全体で十四万本の小旗を準備し、井戸敏三知事、矢田立郎神戸市長に奉迎委員会の名誉顧問に就任いただき、奉迎の呼びかけに関しては県からの協力をいただき、各地で盛大な沿道奉迎が実現しました。

九月二十九日に両陛下をお迎えした三木市では、市の人口の五分の一に当たる二万人もの人々が沿道で奉迎し、両陛下も大変お喜びになられたそうです。また、皇太子殿下をお迎えした明石市では約七千人が沿道に立ち並び、奉迎線がどんどん延長されたそうです。

どちらの自治体でも、沿道附近の小学校や幼稚園に声がかかり、特に三木市では教師が日の丸の小旗の束を持ちながら、隊列を組むランドセル姿の子どもを先導する姿が見られ、微笑ましい光景だったと聞いています。

天皇皇后両陛下と神戸市民が「ともしび」を通じて一つに

——九月三十日に行われた提灯奉迎では、ご宿泊のホテルオークラ神戸前のメリケンパークに一千名の人々が集まりました。

加藤　提灯奉迎に先立っては、生田神社からセンター街、元町通りを練り歩いての日の丸の旗行列が行われたのですが、これも大いに盛り上がりました。

「天皇皇后両陛下、ご来県ありがとうございます」の横断幕とともに、「天皇皇后両陛下、皇太子殿下、皇族方を報謝と真心で奉迎しましょう」の幟を約五十本立て、全員で「天皇皇后両陛下、ご来県ありがとうございます」「悠仁親王殿下、ご誕生おめでとうございます」を繰り返し唱えながら、アーケード街を行進しました。途中、店の外に出て日の丸の小旗を振ってくれるご婦人がいたり、飛び入りで行進に参加する方もいたりして、行列の人数も段々と膨らんでいきました。

――メリケンパークに集まった人々に対し、両陛下はホテルの三十三階のお部屋から八階まで降りて来られ、午後七時二十分から約十分間提灯を振ってご答礼になりました。

加藤　両陛下は、ゆっくりと上下左右に何度も提灯をお振りになり、私たち約一千人もそれと軌を一にして提灯を振りました。提灯を通して両陛下と私たちが一つになった感覚をしみじみと感じました。奉迎者の中から「天皇陛下、皇后陛下万歳」の声が澎湃として湧き起こり、提灯の他に日の丸の小旗も打ち振られました。君が代を何度も斉唱し、本当に感無量でした。

提灯奉迎終了直後、私どもの事務局に宮内庁を通じて「提灯の明かりが綺麗でした」とのお礼のお言葉を賜りました。当日が月が煌々と照り、神戸港のポートタワーやホテルのイルミネ

皇室の兵庫県御来県（阪神・淡路大震災関連）

天皇皇后両陛下	7年1月31日	被災地御見舞
皇太子同妃両殿下	7年2月26日	合同慰霊祭御参列
皇太子同妃両殿下	7年3月5日	合同慰霊祭御参列
紀宮殿下	7年4月30日	被災地御見舞
常陸宮同妃両殿下	7年5月25日	被災地御見舞及び御激励
秋篠宮同妃両殿下	7年7月7日	被災地御見舞及び御激励
皇太子同妃両殿下	8年1月17日	一周年犠牲者追悼式御参列
秋篠宮同妃両殿下	9年1月17日	二周年犠牲者追悼式御参列
秋篠宮同妃両殿下	9年4月24日	阪神・淡路大震災シンポジウム
秋篠宮同妃両殿下	10年1月17日	三周年犠牲者追悼式御参列
秋篠宮同妃両殿下	11年1月17日	四周年犠牲者追悼式御参列
皇太子殿下	12年1月16・17日	五周年犠牲者追悼式御参列
紀宮殿下	13年1月16・17日	一・十七ひょうごメモリアルウォーク及び震災六周年追悼のつどい
天皇皇后両陛下	13年4月23〜26日	阪神・淡路大震災復興状況御視察
皇太子同妃両殿下	14年4月20・21日	「人と未来防災センター」開館記念式典
天皇皇后両陛下	17年1月16〜18日	阪神淡路大震災十周年の集い及び国連防災世界会議開会式
天皇皇后両陛下	17年8月21〜22日	第十八回世界心身医学会議開会式及び地方事情御視察

ーションも映え、両陛下がご覧になった提灯の波はさぞ美しい光景だったものと思います。

兵庫では、五十年前の昭和三十一年の第十一回秋季国体の際にも、提灯奉迎が盛大に行われたことがありました。そのときは、人々は神戸港の「港まつり」として、神戸港に停泊する船から提灯を振り、両陛下に奉迎の意を示し、昭和天皇、香淳皇后は、当時のオリエンタルホテルから提灯でご答礼になりました。

そして、昭和天皇は翌年の「ともしび」という御題の歌会始で、そのことを次のようにお詠みになりました。


　港まつり光かがやく夜の舟にこたへてわれもともしびをふる

この御製の歌碑は、今回の奉迎場所の近くに建てられています。

両陛下と神戸市民の「ともしび」を通じての通い合いが、同じ神戸の地で今回五十年ぶりに実現したわけです。この提灯奉迎によって、私たちは有り難い大御心をいよいよ戴いて、これからの街づくりに一層励んでいかなければならないと強く思いました。

兵庫国体で震災に寄せられた支援への感謝を

――今回の兵庫国体は、特に「〝ありがとう〟心から・ひょうごから」をスローガンに、阪神・淡路大震災の被害に対して全国から寄せられた支援に感謝の意を表する機会として位置づけられ、陛下も開会式で「六千四百余人の命が失われた阪神・淡路大震災から十一年、被災地の人々は全国からの支援を受けつつ、励まし合い、助け合いながら復興への努力を続けてきました。今日、被災地が緑のある街として蘇り、この大会がこれまで支援の手を差し伸べてきた全国の人々への感謝の気持ちを込めて開催されることは極めて意義深いことと思います」とお述べになりました。

加藤　国体の開会式には私も出席しましたが、その日は雲ひとつない快晴で、神戸の総合運動競技場は超満員でした。陛下より兵庫県の復興ぶりを称える有り難いお言葉をいただき、この有り難い大御心にお応えするよう心を込めて奉迎させていただこうと改めて心に誓いました。開会式のセレモニーに当たる式典前演技では、兵庫の街が震災に遭い、そこから復興していく様を千三百人の高校生たちが演じました。復興に携わる人々を励ましてきた「翼を下さい」の歌とともにコウノトリが大きく羽ばたく様を演ずる最後の感動的なシーンでは、皇后陛下も会場の歌声と合わせて歌っておられました。

——お言葉の中で、陛下が兵庫の復興について「緑のある街として蘇り」と述べられていることが印象に残りました。

加藤　両陛下には平成十三年四月にも、復興状況ご視察のためにご来県いただきましたが、その際、「グリーンネットワーク」という復興事業の一環として、淡路島で植樹をなさいました。そのことを、陛下は翌年の「春」という御題の歌会始で次のようにお詠みになっています。

園児らとたいさんぼくを植ゑにけり地震ゆりし島の春ふかみつつ

両陛下が毎年ご出席になる植樹祭という行事がありますが、君主が自ら木をお植えになるという行事は、世界各国を見渡してもわが国にしかありません。国づくりの根本は自然と人間が共生するわが国古来の伝統精神にあり、それは延いては世界的な環境問題の解決にも繋がると思います。その植樹を、天皇陛下御自らなさっていることは、国づくりの上で本当に素晴らしいことだと思います。

皇后陛下の御歌碑建立

――皇后陛下は今年一月、「笑み」と題する歌会始で次のようにお詠みになりました。

笑み交はしやがて涙のわきいづる復興なりし街を行きつつ

この御歌の歌碑が九月二十五日、神戸市役所横の東遊園地に建立されました。加藤宮司様は、皇后陛下御歌碑建立委員会の会長として、この御歌碑建立にも尽力されました。

加藤　両陛下には平成十七年一月、阪神・淡路大震災十周年追悼式典及び国連防災世界会議

皇后陛下の御歌碑

開会式のためにご来県いただきました。先ほどの皇后陛下の御歌はこのときにお詠みになったもので、十年を経て復興し、立ち直った街を笑みを交わされながらお歩きになり、しかしかつての被災者の苦労を思われて「やがて涙のわきいづる」とお詠みになった、素晴らしい御歌です。

震災で大変な被害を受け、復興の苦労をしてきた私たち被災者への思いやりに溢れるこの御歌に、私は深い感動を覚えるとともに、災害に強い町づくりに取り組むという決意を忘れないために、この御歌を歌碑として永遠に残したいと思いました。そこで宮内庁の許可を得て、神戸市役所の東遊園地に建立する運びとなりました。縦一メートル、横二・四メートルの能勢の黒御影石で製作し、賛助金も瞬く間に集まり、九月二十五日の大安の日に完成しました。

先代の父の姿を支えに生田神社を再建

――宮司様は平成十三年四月の両陛下ご来県時に、皇后陛下から「神社の復興はできましたか」とお言葉を賜ったと伺いましたが。

加藤　両陛下をホテルオークラでお出迎えした際に、皇后陛下が私のところで足をお留めになったのですが、両陛下にはそこまで御心に懸けていただいていたのかと深い感銘を受けたことを、今もありありと思い起こします。

――生田神社も阪神・淡路大震災で大変な被害を受け、その復興には並々ならぬご苦労があったのではないでしょうか。

加藤　生田神社は「神戸」という地名の発祥の地で、日本全国で一番大きな氏子を持っている神社です。御祭神の稚日女尊は稚く瑞々しい女神様で、伊勢神宮にお祀りされる天照皇大神の和魂《にぎみたま》とも伝えられています。

阪神・淡路大震災では、マグニチュード七・二という大地震が神戸の町を襲ったわけですが、崩れた玉垣や塀を乗り越えて境内に入ると、まるで獣が這ったように無惨な姿の拝殿が目に飛び込んで、頭を殴られたようなショックを受けました。それで、どうしようかと呆然としていると、涙の中にぼうっとご本殿が建っているのが浮んできたんですね。それを見て、「ああ、拝殿は落ちたがご神体はご安泰だった。これなら復興はいける」と思いました。そのときの感動を、私は次のように詠みました。

ありがたや皇神《すめがみ》います本殿は森をそびらに輝きて立つ
ありがたや皇神《すめがみ》います本殿は涙のにじむ目交《まなかひ》にあり

そして、神社の再建に取り組むに際し、心の支えになったのは、戦災から神社を再建した先代の父の姿でした。

私の父は、多賀大社や岡山の吉備津彦神社の造営をやって「造営宮司」と言われていましたが、昭和十二年に生田神社へ来ました。しかし、昭和二十年六月五日の神戸大空襲で、六百発の焼夷弾が落とされ社殿は全焼し、森まで焼けてしまいました。父は粒々辛苦してバラックの社殿から立て直しておき、終戦後はＧＨＱの神道指令で神社は本当に極度の疲弊をした時でしたが、それでも何とか社殿を木造で建てたいと、歯を食いしばって造営募金に努めました。

身は疲れ風寒き町さまよひぬ勧進のわざ安きにあらず
造営費勧進のため今日もまたビル街をゆく汗を拭きつつ

という父の歌が残っていますが、神社の復興をするために毎日毎日募金活動を進め、ついに昭和三十四年、以前よりも立派な木造の社殿を建てたのです。

そのときの父の苦労を考えたら、「今度は自分が頑張る番だ。耐震性のある立派な拝殿を建てよう。もう後へは引けない」と覚悟を決めました。

私自身は、大学の教授などもしながら、気楽に高度成長の時代を過ごして来ましたが、人生分からないもので、震災で大変な目に遭遇しました。しかし、考えてみるとこれは一つのチャンスではないか、生田神社を復興することは自分の使命ではないか、そう思うと復興の苦難は喜びに変わっていき、「よし、一番に復興しよう」と奮起しました。ヘルメット姿で陣頭指揮をとり、多くの人々の協力を得て、震災の翌年六月には、最先端の耐震建築構造と伝統的工法を巧みに取り入れた拝殿の再建を成し遂げ、そのことは全国にも知れ渡りました。

そして、生田神社の再建は神戸復興のシンボルともなりました。そもそも神社というものは、地域のコミュニティーセンターの役割を担っています。落ち込んでいる人たちを励まし、力づけるのが神社の役目です。ですから、震災後はコンサートや演劇をたくさん開催しました。

今年の四月十五日には、江戸時代から続く生田神社の春祭り「生田祭神幸祭」が三宮地区で十二年ぶりに行われ、大震災後では初めてみこしが三宮センター街を練り歩きました。生田神社を神戸っ子の心の故郷にしたいですね。

甦った歌枕「生田の森」

（「祖国と青年」十二月号・平成十八年十二月）

愛子内親王さまのお誕生の喜びに湧《わ》く宮中では、まもなく御歌会始めが行われます。今年の御題は「春」であります。私は、これにあやかって年賀状に香川景樹が詠んだ「旅泊春暮」と題する架蔵の短冊を版におこし、知友に送りました。その歌は「みなと川うきねの春や暮ぬらむ生田のもりの花も残らず」というもので、江戸時代後期の桂園《けいえん》派歌人として著名な香川景樹が旅の途次、晩春の生田の森を訪れて歌ったものと思われます。

古来生田の森は歌枕《まくら》として名高く、三百首くらいの歌が詠まれています。順徳院の「秋風にまたこそ訪《と》はめ津の国の生田の森の春の曙《あけぼの》」や上田秋成の「汐馴《しほな》れし生田の森の桜花春の千鳥の鳴きて通へる」が有名であります。しかし、この生田の森もその歴史を振り返ると源平合戦をはじめ第二次世界大戦の空襲、阪神大震災と数々の天災、人災に遭遇しています。とりわけ、七年前の大地震の時、生田の森の中にある生田神社の社殿が倒壊し、私は「うるはしき唐破風もちし拝殿は地上に這《は》ひて獣の如《ごと》し」と悲しみの歌を詠みました。しかし、懸命の復興で「朱に光る唐破風いまぞ聳《そび》えたち羽を拡《ひろ》げし真名鶴《まなづる》のごと」と喜びの歌が詠めるようになりました。

昨年御鎮座千八百年を迎えた生田神社では歴史に名高い生田の森を何とか甦《よみがえ》らせたいと思い、造成を行い、森の中に井戸を掘り川を流し、昨春神戸で初めて「曲水の宴」を開くことが出来ました。兵庫県歌人クラブの人達や神戸在住の芸術家・文化人に奉仕して貰《もら》い、宮中御歌会始めの披《ひ》講《こう》として著名な坊城俊周さんをお招きして朗々と披講して頂きました。私も「千年の森の大樹の幹肌に光あたりて香り満ちくる」の歌を詠みました。

その甦った生田の森はいま、初詣《はつもう》での善男善女で連日賑《にぎ》わっています。

（「読売新聞」・平成十四年一月九日）

神戸と生田神社の歴史をめぐって

生田神社ご鎮座千八百年の歴史をひもとくと、神功皇后《じんぐうこうごう》によってお祀《まつ》りされてより今日まで、神戸の大氏神《おおうじがみ》としてこの地に鎮まられたので、神戸も兵庫も生田神社との由縁《ゆかり》によっているところが多くあります。神戸の歴史風物は生田神社との関係によって変遷していますので、神戸の歴史は「生田さん」の歴史でもあります。

古代には、六甲山系の大洪水により、創祀の鎮座地砂山《いさごやま》の崩潰《けっかい》により、現在の生田の森にうつされたとあり、中世には源平生田の森の合戦や湊川の戦い以来、生田の杜《もり》は兵火戦場のちまたとなって、古記録の散りうせたものが多く、歴史資料の提供は、郷土史家や旧家などの理解や援助によるところが大きかったのです。

さて、慶応三年（一八六七）十二月七日神戸開港当日、沖合では二十一発の祝砲が響き新時代の到来を告げました。それ以前に、港を開くために三ヵ所の波止場、三棟の倉庫が突貫工事で造られ、またビードロ（ガラス）張りの運上所（税関）がひときわまばゆく輝いていました。しかし、生田神社の馬場先の居留地はまだ建設中で、各国の領事は民家にそれぞれの国旗を掲げて開港を祝いました。

神戸村など近隣の村々からは、そろいの緋縮緬《ひじりめん》の法被《はっぴ》を着た連中がくり出し、居留地の工事用の車を引いて、当時大流行の「ええじゃないか」踊りを踊り狂ったといいます。

イギリスは旧海軍操練所の建物に、アメリカは鯉川尻の波止場前にそれぞれ領事館を開設しましたが、フランスは生田神社の境内に領事館を設けました。神社はだいたい保守的な体質をもっていて、外国の領事を境内に入れるというようなことは考えられないことでありますが、その点生田神社の後神《ごこう》神主は進んだ考えの持主でありました。そこで生田神社の東隣の土地に競馬場をもってくることを許し、明治四年十二月には、外国人による第一回の神戸競馬が行われました。

神戸に居留地が設置されるや、それまでの石油ランプに代って、明治七年（一八七四）十一月、居留地内にガス灯が輝きました。

そのガス灯が本殿前に明治時代に設置されたのは、生田神社が全国で最初であったようです。

そこで、神戸と生田神社の歴史をめぐって以下の内容でお話をしたいと思います。

㈠　稚日女尊《わかひるめのみこと》と生田遺跡
日本書紀と生田神社／生田神社の鎮座地／延喜式の生田神社／遷座当時の伝説／砂山《いさごやま》／生田遺跡の発見／出土した紡錘車

㈡　天照大御神と稚日女尊
稚日女尊とはどんな神か／神功皇后と生田神社

㈢　杉盛（すぎもり）
門松でなく「杉盛」／洪水による砂山の社地の流出／松と杉／松嫌いの神

㈣　生田神社の社家と氏子
海上《うながみ》・村田・刀禰《とね》・後神《ごこう》家／生田神社の台所／生田神社の氏子とその範囲

㈤　生田神社の酒造と特殊神饌「へそだんご」と「へそ」の意味

㈥　生田の森の植物
生田と花・桃、梅、桜／生田の森の巨木群

㈦　生田神社を彩《いろど》った有名人
村社講平／鳳蘭／イチロー／佐藤パンチ／シンディーローパー／朝原宣治・奥野史子／玉岡かおる／藤原紀香

（平成十五年度講話レジメ）

古ハガキ・生田神社

「古キ歴史ニ富ム生田ノ森ト神苑・神戸官幣中社生田神社」と説明書のある昔の写真は、入母屋造で寛永三年九月に欅材をもって造営された拝殿である。大正五年十二月に桧皮葺の屋根を銅板葺に改められている。官幣中社に列せられたのは明治二十九年の事であり、別の一枚の写真の本殿前にガス灯が写っており明治三十八年アメリカの建築家ライトが来日し、写した本殿の前にもガス灯が建っているので、桧皮葺のこの写真はおそらく明治三十年代のもの。しかし昭和二十年六月大東亜戦争の空襲で社殿全てを焼失。昭和三十四年角南隆・松本芳夫氏の設計により木造切妻入母屋造、唐破風付、丹塗極彩色、銅板葺で新しく建立。この美しい拝殿も平成七年一月十七日の阪神大震災で倒壊。同八年六月六日全く同じ設計に綱管コンクリート柱を採用、耐震神社として前以上に立派に再建。この社殿は、今、陣内智則・藤原紀香両人が結

婚式を挙げた縁結び生田神社として連日若きカップルの参拝で殷賑をきわめている。
（「神社新報」二〇九〇号・平成二十年三月三日号）

神戸再発見

勝海舟と神戸

　慶応三年十二月七日、外国船が放つ二十一発の祝砲が六甲連山に響きわたる中、神戸港は世界に向けて開港しました。それから百四十年、本年は神戸開港百四十年記念として、さまざまなイベントが繰り広げられます。

　この開港にあたり、忘れてはならない人物に勝海舟をあげることが出来るでしょう。海舟は欧米列強の侵略から日本を守るためには、アジア諸国が一丸となるべきだと考え、挙国一致で海軍を築くという構想を持っていました。そして、神戸に海軍操練所を建設したのです。

　文久三年四月、第十四代将軍徳川家茂は、摂海防備のため蒸気船に乗って大阪から播州に至る海浜を巡視し、兵庫から神戸の小野浜に上陸した時、軍艦奉行勝安房（海舟）はこの地に海軍操練所を建設する必要を申し立て、ついに許されました。その場所は元の居留地京橋入堀東畔、旧神戸商工会議所前でありました。海舟の『氷川清話』には「海軍練習所は、今の神戸税

旧海軍操練所跡

関のある所にあった。おれは生田の森の方に家を構えて、沢山の塾生を置き、また少し見込みがあったから地所をも段々買入れた。今兵庫県庁が建って居る辺も、当時はおれの所有地だった。」と記しています。この建設は当時の庄屋であり、元居留地開設埋立工事を請け負っていた生島四郎太夫らの尽力によるものでありました。

ところで、この神戸海軍所を維持するため、坂本龍馬が奔走しているのも面白いことです。龍馬がこの海軍塾に入ったのは文久三年一月でありますが、この年の五月に彼は海舟の委嘱を受けて福井に赴き、松平春嶽に会って神戸海軍操練所の維持資金五千両の援助を受けています。そして龍馬が神戸海軍操練所の塾頭にあげられたのは同年十月のことであります。

当時、海舟の主張は単なる開国論でなく攘夷を根底に置く興国開国論であって、挙国一致を条件としたものでありました。この操練所は海軍営、海軍局、海軍所ともいって、海軍兵学校、海軍機関学校を兼ねたものでありました。ここに入門した者は坂本龍馬をはじめ、土佐の望月亀弥太、千屋寅之助、高松太郎、また龍馬の紹介で入門した陸奥宗光らがいました。神戸海軍操練所は、海舟が国内における蝸牛角上の争いを嘆いて、志士をして海外へ雄飛せしめんがために遠大なる計画のもとに設けられたものでありました。しかし、幕府に反対する者まで入所させたので、これが原因で幕府の嫌疑を受けるようになり、元治元年十月、海舟は江戸に召しかえされ、さらに翌月、軍艦奉行も免ぜられて慶応元年三月には操練所も閉鎖の憂き目を見ることになりました。ともあれ、一ヵ年余りの短い開所期間でありましたが、この操練所は日本海軍建設に寄与する所が大でありました。

さて、海舟は江戸を去るにあたり、将軍家茂の神戸上陸を記念し、且つ又日本海軍発祥の地を残さんがため、海軍営碑を建設しました。それはなかなか格調ある碑文で、海舟が自筆で記し神戸港に建設されていましたが、維新当時しばしば倒壊が企てられ、その所在が判りませんでした。しかるにこの碑はかつて海舟が一時寓していた奥平野村の祇園神社近くにあった生島四郎太夫の別邸にひそかに保存され、明治十五年、これを邸内に建設し、その当時を偲んでいました。この碑陰には幕末に大飛躍を試みた越前藩主であった松平慶永（春嶽）の詠んだ次のごとき和歌一首と、同藩臣本多敬義の文が側面に彫られてあります。

碑陰の和歌

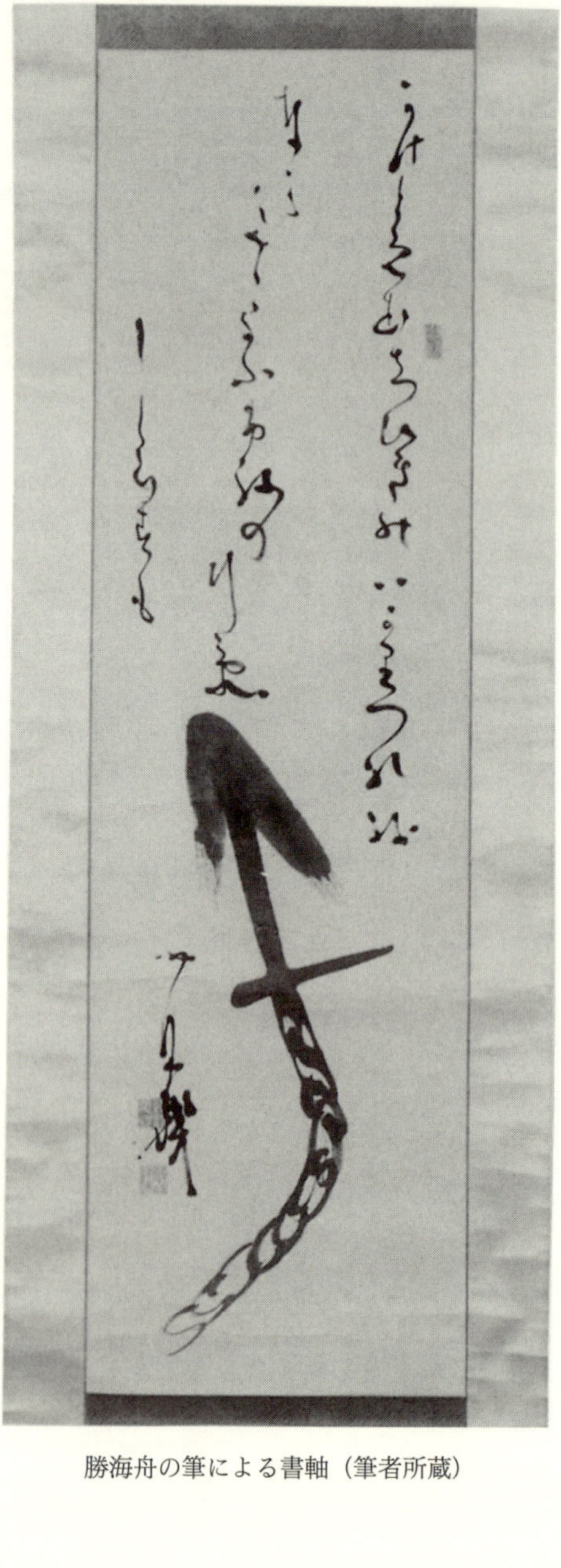

勝海舟の筆による書軸（筆者所蔵）

そのかみ神戸の港に勝大人の建てられし石ふみの有るか無きかに埋もれしをこのたび生島氏の庭に建てられしを聞いてよめる

君なくば世に遠永く石ふみの
　ときは堅磐に残らざらめや

源　慶永

ところで海舟の娘婿である男爵目賀田種太郎がこの事を聞き、適当なる地点にこれを建設したいと考えていた折柄、四郎太夫の子四郎左衛門が、これを神戸区へ寄贈することにしました。そこで神戸区は大正四年十一月に目賀田男爵の撰文を刻んだ碑石とともに諏訪山金星台の景勝の地に建立され、爾来今日に至っています。金星台という名称は、明治七年十二月にフランスの天文学者ジャンセン博士がここにおいて太陽面通過の金星を観測した由縁から、当時の県令神田孝平がこれを記念して石碑を建てています。この金星通過を示す記念標柱のすぐうしろの松樹の傍らに建っているのが、勝海舟の海軍営の碑であります。

なお、本稿に掲げた架蔵の勝海舟による絵入りの書軸の歌は「かけとめし千引の錨綱をなみただよふ舟の行方知らずも」であります。

尾崎放哉の須磨寺の句碑をめぐって

「秋来ぬと眼にはさやかに見えねども風のおとにぞ驚かれぬる」という古歌があるが、九月の声を聞いてもまだまだ残暑の酷しい日が続いている。しかし、月の美しい季節を迎える。月で思い出す私の好きな句碑が、神戸の須磨寺の大師堂前に建立されている。

それは、大正十三年から十四年にかけて、須磨寺大師堂の堂守をしていた自由律派の俳人、尾崎放哉《ほうさい》（一八八五〜一九二六）の「こんなよい月をひとりで見て寝る」である。放哉は明治十八年鳥取で生まれ、鳥取一中から第一高等学校に入学し一高俳句会に参加、一年先輩の荻井泉水《せいせんすい》と知り合い私淑する。「ホトトギス」にも入選し、東大法学部政治学科を卒業後、東洋生命（現・朝日生命）に入社するが退職。酒におぼれ妻とも別居し、西田天香が主宰していた修養団・一燈園に入るが体が続かず、知恩院の寺男となり、ここでも酔余によって寺を追われ、大正十三年神戸の須磨寺に入り、大師堂の堂守となる。しかし、須磨寺での内紛のため同寺を去り、各所を転々として、大正十五年讃岐小豆島に四十二歳の若さで亡くなった。エリート奇人として名高い孤絶の自由律派の俳人である。

須磨寺に建立されている放哉の句碑は、昭和三十四年四月七日、神戸の文化人、加藤盛男氏

須磨寺の大師堂前に建つ放哉の句碑

等によって、石工小西氏が建立したもので、句碑は荻原井泉水の書による「こんなよい月をひとりで見て寝る　放哉」が彫られてある。建碑式の当日は放哉の無二の親友、内島北朗も臨席していた。

さて、本稿で紹介したいのは、私が架蔵する尾崎放哉の句稿の書軸をめぐってである。この句稿は放哉の直筆で、

汽車の窓からみんな顔出して梅林
池の氷が厚くて梅は匂ひ
昼空冴えたる音楽学校
橋の処の梅が早くて

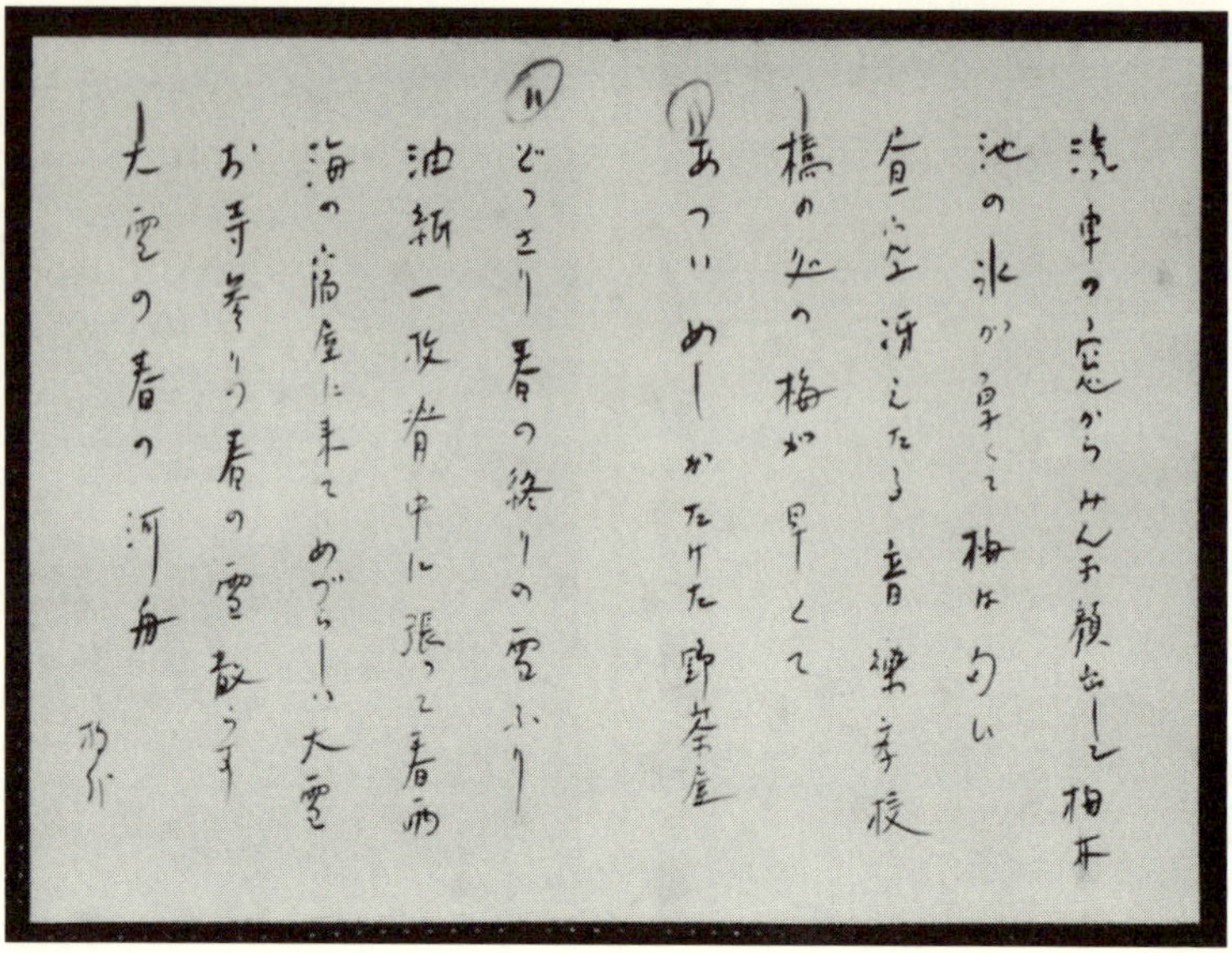

放哉の句に井泉水が朱を入れている（筆者所蔵）

あついめしがたけた野茶屋
どっさり春の終わりの雪ふり
油紙一枚背中に張って春雨
海の宿屋に来てめづらしい大雪
お寺参りの春の雪散らす
大雪の春の河舟

放哉

の十句が記されており、それぞれに朱で荻原井泉水が評点をつけている。この句稿の表装は放哉が小豆島で着ていた絣の着物の端切れが利用されている。この書軸はいわく因縁のあるもので、村尾草樹著「放哉」の資料編で、昭和三十一年二月二十三日に行われた座談会「東洋生命時代の尾崎放哉」の中で、荻原井泉水が次のように語っている。

放哉が小豆島で酔っぱらって、どぶの中に落っこちて、着物を泥だらけにしてしまった。それを小包にして、※飯尾星城子《せいじょうし》のところへ送った。星城子は放哉のところから何が来たかと思って封を切ってみたら臭くってしょうがない（笑）。どぶへ落ちたままのを自分で洗うのがめんどくさいから、小包にして星城子のところへ洗ってくれといって送ってやったわけです。

とある。（この間の事情については、昭和十四年十二月二十四日・春秋社発行の荻原井泉水輯「放哉書簡集」所収による南郷庵より放哉から星城子にあてた手紙に詳しい）。それが私の所蔵する句稿の書軸の表装に使われている久留米絣の着物である。さらに井泉水はさきの座談会の中で、

放哉が亡くなってからその久留米絣で放哉の書いたものを表装して掛物にしております。それを私は箱根で見たことがあります。そう言う因縁つきのものですが、なかなかおもしろいものですよ。

と述べているが、実はその因縁つきの掛物を今、私が所蔵しているのでる。しかも、この軸先は「北朗」と記された陶器で作られ、まさに放哉の親友、俳人で陶工の内島北朗が作ったものである。また、書軸の入った桐の箱の箱書きには「放哉居士詠草」と記され、放哉の師匠、荻

原井泉水の直筆によるものである。

放哉は、大正十五年四月七日小豆島土庄町南郷庵で死去したが、小豆島の西光寺近くの墓地に埋葬され、戒名は「大空放哉居士」という。

先年、私はロータリークラブが毎年開催している小豆島余島の青少年指導者育成セミナーに出席した際、放哉記念館や尾崎放哉の眠っている南郷庵跡近くの墓地を訪ね、ほんの小さな

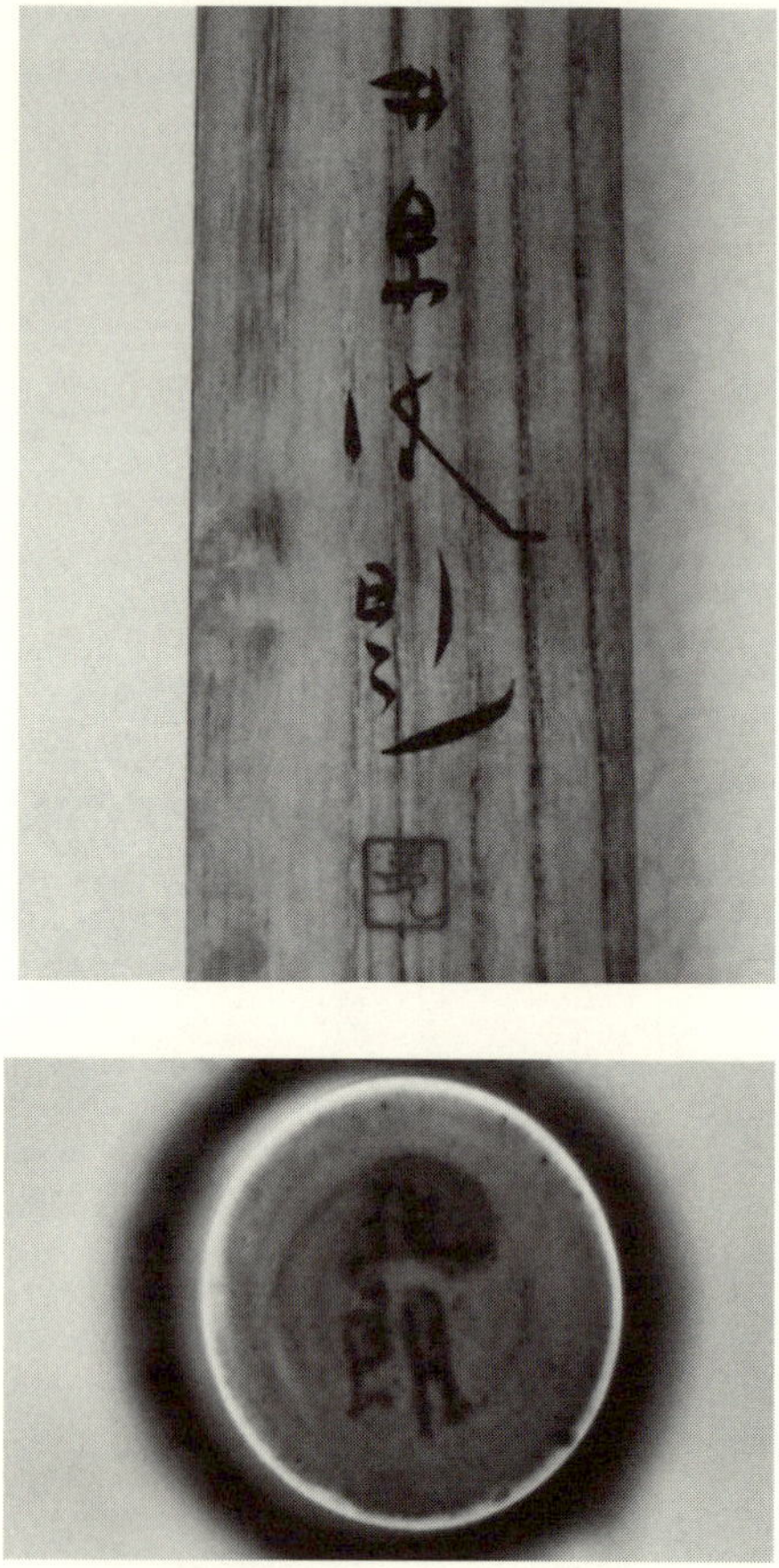

箱書きには井泉水の、軸先には北朗の名が

「大空放哉居士」の墓にお詣りしてきたのである。

※飯尾星城子　荻原井泉水の主宰する『層雲』の同人で、剣道の師範。放哉と書簡を頻繁にやりとりをしていた。福岡・八幡在住で、種田山頭火とも交流があった。

華僑が信仰する神戸の諏訪神社

今秋神戸で初めて開かれる総合芸術祭「神戸ビエンナーレ」が始まった。テーマは「出合い――人・まち・芸術」で神戸メリケンパークをメイン会場に、十月六日より十一月二十五日まで、現代アート、いけばな、陶芸、書、日本画、洋画、ユニバーサルデザインポスター、こども絵画、おもちゃ等多彩な展示が行われる。先々月神戸ではこのイベントの前に、第九回世界華商大会が開かれた。世界各地で活躍する中国系企業経営者（華商）約二五〇〇名が神戸に集い、さまざまなイベントが行われて賑わいをみせた。この間、華人・華僑の信仰する関帝廟も多数のお参りがあったという。

こうしたなか、神戸には華僑が熱心に信仰している「神社」がある。それは中央区の諏訪山にある諏訪神社である。エキゾチックな朱塗の惣門をくぐると、他の神社ではあまり見かけな

諏訪神社の社殿

い「答謝神恩」とか「有求皆応」（求めあらば必ず応ず）とか、「恵我華僑」（華僑を守護たまわらんことを）などと書いた献額が掲げられ、参拝者の八十パーセントまでが中国人・華僑であるという。拝殿の中には神社では珍らしい叩頭台《たくとうだい》・跪拝座《きはいざ》が置いてある。これは神社で座る胡《こ》床《しょう》や円座《えんざ》ではない。中国人が参拝するとき両膝をつく。つまり跪拝《きはい》するための台なのである。中国では神に対して「一跪三叩頭」の礼を行なう。一回ひざまづき、三回頭をさげる。こんな中国ふうの跪拝座を置いてある神社はおそらく日本では、神戸の諏訪神社だけであろう。しかもその跪拝座に畳表《たたみおもて》の敷いてあるのは、日本ならではのものである。台湾などの廟でみかける跪拝座はほとんどレザーか布が敷いてあるからだ。さらに楼門横には煉瓦づくりの塵埃焼却炉のようなものが設置され、時折、中国人が赤や金色の四角い紙をこの炉の中に放り込んで何やらお祈りをしているのを見かける。これはゴミ焼場ではない。「紙銭」を焼くための炉なのである。紙銭というのは葬送の時、鬼神を祈るために用いた紙の銭のことで、漢時代には副葬品として本物の銭を埋めたといわれている。本物の銭をのちに紙に変えたわけで、赤色の紙に金箔で、関羽（財と武の神）や媽祖《まそ》（航海と漁業の女神）の像が描かれたものや、紙に四角い金箔や銀箔が貼られたもので、炉の中で燃やして祖先の冥福を祈るのだ。

ちょうど金亭で紙銭を焼いていた老婦人に「どうして紙銭を焼くのか」とたずねてみると、「神に誠心誠意をあらわすものです」と答えてくれた。そして、そんなことを質問するのは愚問であるといいたげなまなざしで見つめられて恐縮した。また、ここには拝杯《パーポエ》という半月形の木製あるいはプラスチック製の赤い一対の杯がある。これは土間に落して、その裏・表の出た目によって占《うらない》をする。日本でいう「おみくじ」にあたるものである。願いごとが神に通じて叶うとき、拝杯では（裏表）（表裏）と出る。願いごとが叶わなければ（表表）（裏裏）と出るという。表・表が出ると「神様が怒ってござる」。裏・裏が出ると「神様が軽蔑《けいべつ》して笑ってござる」として物事の吉凶を占うのである。

諏訪神社の惣門

では、一体どうして神戸の華僑・華人が諏訪神社を尊崇するのか。私はその信仰のルーツを調べてみた。それはどうも長崎の諏訪神社との関係にあるらしい。長崎中心街のおくんちの龍踊《じゃおどり》で有名な石段を昇ったところに鎮座する諏訪神社を信仰していた華僑が、明治のはじめ神戸へ移り住むことになった。しかし、心の安寧なく神戸で日々を送っていたそれらの華僑が、山のぼりの途中、神戸の街中に長崎の諏訪神社と同じく石段を登りつめたところに同じ名の「諏訪神社」と出会ったことから、これはまさしく華僑を守って下さる神様だと信じるようになり、華僑の

紙銭を焼く金亭・紙銭亭

献額

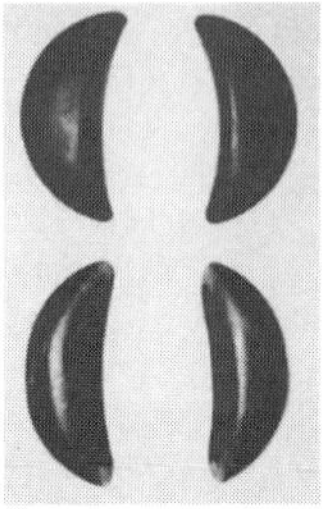

拝杯

紙銭

叩頭台・跪拝座

間に信仰が弘まり、赤い鳥居を寄進したり、楼門を寄進したりして尊崇を深めていったと思われる。

陳舜臣さんは、その著「神戸ものがたり」のなかで、「建築などで、コロニアル・スタイルということばがある。植民者が本国ふうの住居を建てようと思っても、風土や建築材料の関係でまったくおなじものはつくれない。やむをえず、現地の同類のものと妥協する。それがコロニアル・スタイルなのだ。諏訪神社を華僑が拝むのは、信仰の面にあらわれたコロニアル・スタイルといえよう」と述べておられる。

ともあれ、日本でただ一つ、神戸で発見した中国人・華僑の信仰する神社を紹介して、一度諏訪山へ登られることをおすすめする。

（「神戸っ子」No.550・552・554号　二〇〇七年七月・九月・十一月）

源氏物語千年紀に思う　―神戸に伝統文化の振興を―

神戸という街はモダニズムで名高い。開港一四〇年を記念して昨年は神戸ビエンナーレが開催され、メリケンパークをメイン会場に現代アートを中心に「出合い―人・まち・芸術」のテーマで多彩な展示が行われました。

しかし、「神戸」の地名は大同元年（八〇六）「生田の神の神戸《かんべ》四十四戸を賜わる」というところから起ったといわれ、千年以上もの歴史がある古典の街でもあります。

「源氏物語」の作者・紫式部による「紫式部日記」の寛弘五年（一〇〇八）十一月一日の条に、源氏物語がこの時すでに宮中で読まれていたと考えられる記述があることから、ことし平成二十年（二〇〇八）は、「源氏物語千年紀」といわれています。王朝文学の最高傑作である「源氏物語」が生まれ、愛されつづけて千年という節目の年を迎え、昨年あたりから源氏物語千年紀のプレイベントが各地で行われています。

わが兵庫県に於ても「源氏物語」の中で大きく物語が展開してゆく舞台のひとつに須磨・明石があります。光源氏が都を離れて移り住んだ須磨、そしてのちの中宮を産むことになる明石の君と出会った明石と、源氏物語とのかかわりの深い土地柄を考えなければなりません。とりわけ、須磨は平安の昔から海と山の自然環境に恵まれた風光明媚なところでありましたが、当時としては都から遠く離れた宮廷貴人が配流される辺鄙な土地でもありました。源氏物語が完成する一〇〇年程前に光源氏のモデルの一人といわれる平安貴族の在原行平が侘び住まいをした場所でもあります。また源平合戦の古戦場としても名高く、須磨に憧れを抱いた多くの文人墨客が訪れ、多くの和歌や俳句に残された歴史文学のメッカでもあります。

明石も万葉時代「明石の大門《おおと》」と呼ばれた都から離れ、いよいよ海外へ向うという拠点で、柿本人麻呂や紫式部、松尾芭蕉など幾多の文人により明石を舞台とした著名な作品が残されている、いずれも古《いにしえ》のロマンの漂うところであります。

こうした折柄、本年の神戸文化の振興や街の復興活性化をはかるため、伝統文化を考え、古典を見直し、郷土の歴史を思考することによって、古《いにしえ》のロマンを次世代へ引き継ぐべく、千年の時空を越えて、様々なイベントを催してはどうでしょうか。

私が奉仕する生田神社では、モダニズムと対極をなす「雅《みやび》」の復権を願って文化の振興を計っています。昨年兵庫県加古川市出身のお笑いタレントの陣内智則さんと同じく兵庫県西宮市出身の日本有数の美女藤原紀香さんが、衣冠束帯とお垂髪《すべらかし》に十二単衣《ひとえ》の純日本古典風の衣裳で生田神社に於て結婚式を挙げたことから、若者の間で神前結婚式がふえ、一種の和風古典ブームをおこしております。

生田神社では十数年前から日本古典音楽である「雅楽《ががく》」の振興に力を入れて参りました。近畿地方を見渡すと、奈良には春日大社を中心とする雅楽の南都楽所《なんとがくそ》があり、京都には平安神宮を中心とする平安雅楽会があり、大阪には四天王寺を中心とする雅亮《がりょう》会があって、雅《みやび》の音楽世界を現出しています。わが兵庫県には雅楽の集団がなく残念に思っていましたので、私が提唱し、若き同好の士を募って「生田雅楽会」を立ちあげました。今では二〇〇名くらいの若き愛好者が参加し、毎年秋、生田神社で演奏会を開き、雅楽・舞楽等日本の古典音楽の普及につ

とめています。
また、春には清少納言が「枕草子」に「森は生田の森、信太《しのだ》の森、糺《ただす》の森」と記した源平合戦の古戦場でもある旧史蹟「生田の森」に井戸を掘り川を流し、「曲水の宴」を行っています。幸い毎年、宮中御歌会始の披講会会長の坊城俊周先生が御来臨の上、生田神社の曲水の宴に披講《ひこう》をして下さっています。昨年は井戸敏三兵庫県知事も歌人として奉仕され、素晴らしい和歌を披露して下さいました。
秋には「生田薪能」が、すでに三十二回を数えて、兵庫県下の古典芸能愛好家に定着し、毎年楽しみにされ、常に満員の盛会となっております。本年は源氏物語千年紀に因み、相応しい演目を用意したいと思っております。
「神戸」は文明開化以降のモダンな土地柄

だけでなく、古い歴史をもった雅びなる地域である事に思いを馳せ、八年かかって、昨年八〇〇頁に及ぶ大冊の「生田神社史」を刊行いたしました。これにより生田神社の歴史はもとより、神戸や兵庫県の歴史の新事実があらたに解明されたと自負しております。ご希望の方はお申し出下さり、ご高覧いただき神戸の歴史や文化の振興に役立てて下されば幸甚であります。ともあれ、本年は源氏物語千年紀に因み、わが兵庫県、神戸市にあって「古典」や「歴史」に目を向けて、伝統文化の振興に力を注がれてはいかがかと思います。

（「WAVES」No.26・二〇〇八年冬号）

ヌナブット準州バフィン島紀行

先住民・イヌイットを訪ねて

日本に沖縄が返還された日、私は波照間島に居た。ソ連が崩壊しバルト三国が独立して間もない頃、私はエストニア共和国のサーレマ島を探索していた。当時サーレマ島を最初に訪問した日本人として現地で取材を受けた。何故か私は離島が好きであり何処の島にも不思議な魅力

加藤夫妻（後ろはオタワの上院議院）

がある。

さて本年四月一日、史上初のイヌイット（エスキモー）による地方政府がカナダ北極圏に誕生した。カナダ国には、これまで十の州と二つの準州があったが、今度新たに発足したのが「ヌナブット準州」である。イヌイット語で「われらが大地」を意味する。日本の五倍余りの広大な土地に、住むのはわずか三万八千人、八十五％がイヌイットである。グリーンランドの対岸、バフィン島に州都イカルイットがある。これまで神戸・カナダ友好会長として神事芸能団を引率して、たびたびカナダを訪れ、またカナダインディアンとは交流があったが、イヌイットとの交流はなく、北極圏へは未だ足を踏み入れていない。バフィン島への思いは募り、七月四日から十五日迄、カナダの極北バフィン島のイカルイットとペンガートンを訪ねることにした。

北極圏一帯を生活の場としている民族「エスキモー」の呼称を最近「イヌイット」と呼んでいる。「エスキモー」という呼称は、もともと北米大陸の隣接する他民族クリー人がつけた渾名《あだな》で「生肉を食べる人」を意味する。エスキモーの主食は正に生肉であり、生肉により壊血病にもならず健康を保っている。しかし、世界的に反差別運動や先住民族・少数民族の自覚が高まる中で、民族名も自称を尊重する傾向が強まりカナダではエスキモーも自称の「イニュイ」（イヌイット語で「人間たち」）が使われるようになったのである。

さて七月七日、一行三十四名はオタワのサーチョンマクドナルド空港を午前九時四十分カナディアン航空四三六便に搭乗。空は澄み渡り、あくまで美しい。私の隣の席にはヌナブット政府やイヌイットの事を記した本を熱心に読んでいる、半パンツにサンダル履きの軽装の若いカナダ女性が座っていた。飛行時間約二時間五十五分、バフィン島の首都イカルイットについた。

黒き土白き氷が綾をなす北極圏は縞馬のごとし

摂氏八度南東の風吹きてをりバフィンという名の草木なき島

赤茶けた土に真白き雪の縞湾のはずれにイカルイットの街

イカルイット到着後最初に見学に行ったのはハスキー犬の飼育場である。地衣類が芽吹き、意外にもつくしの群生している細い谷川の上の丘に、十数匹のハスキー犬が吠えていた。夏場は海豹《あざらし》の骨つき赤身の肉を二日に一度食べさせる。だんだん寒くなり犬橇《いぬぞり》の季節になると、毎日、脂身が多くカロリーの高い肉を、分量を増やして与えるのだそうである。

丘の上にイヌシュク五つ並びたり迷ひし人や狩人のため

カリブーを引き寄せるため建てるてふ謂《いは》れのありし石のイヌシュク

舗装されていない砂埃の町を歩いていると丘の上に奇妙な石組の灯籠状のモニュメントが建っている。これはイヌシュクというもので、イヌイットのシンボル的石造物である。この石造物の謂《いわ》れは、(一)道しるべ、(二)狩猟の役に立てるもの、(三)カリブー(トナカイ)等を引き寄せるための囮《おとり》の代りをするもの、(四)宗教的な道祖神など、イヌイットに聞いてもさまざまな説があった。しかし、本年四月一日に設立されたヌナブット準州の州旗は、この「イヌシュク」が図柄となっているし、記念バッジもこれである。

白夜で明けた翌日は、イカルイット空港から五十人乗りプロペラ機をチャーターして、我々仲間三十四人が乗り込み、約一時間でペンガートンに到着した。その間、パイロットがサービス精神の旺盛な、陽気なカナダ人で、「今日は稀に見る好天だから山と海すれすれに低空飛行してあげよう」との事。グランドキャニオン渓谷の飛行よろしく、氷雪の残る山々、氷河の残る海面すれすれにサーカス飛行さながらペンガートン空港に着陸した。滑走路は舗装されてい

イヌイットの象徴イヌシュクが並ぶ

イカルイットの部落風景

ない地道の簡素な空港からは所どころ氷雪の残る海辺の宿泊ロッジ迄歩いて行ける。到着後すぐイヌイットの操縦する五隻のモーターボートで極北の海のクルージングである。全員赤いライフジャケットを着せられて、ホンダのエンジンのついたボートに分乗する。海には氷はなく冷たい紺碧の海に水しぶきをあげて風に向って進んで行く。何処までも何処までも北極の海である。約一時間半たって、やっと氷塊に洗われ角がとれて円くなった岩の集まった岬に着岸した。此処では休憩、昼食となる。

イヌイットは早速われわれの昼食の準備にとりかかった。昨日、対岸の島で撃って来たというカリブーの肉が今日のメインディッシュである。カリブーの肉塊を鋭利な小刀で切り、時々その生肉を食べながら我々の食事を用意している。じっとそれを見ていると「カリブーの生肉を食べよ」とナイフで切ってすすめてくれた。おそるおそる口に入れると、意外にあっさりしていて赤身のまぐろの味がした。イヌイットはカリブーの脂身はほとんど捨てている。大きな金属鍋にカリブーの肉とジャガ芋、にんじんなどの野菜を入れたシチューを作っている。イヌイットのパイロット夫人が家庭で作った、油であげた心づくしのパンと熱々《あつあつ》のシチューが昼食である。紙コップに一杯シチューを入れて貰いパンを取った途端、熱いシチューが溢れ出て中指を大やけどした。カリブーの祟りかと恐ろしくなった。

お腹が膨れたところで岬の散策に岩を昇っていると、メンバーの一人が「ブラックベリーが成《な》っている」と叫んだ。早速そこへ行ってみると、地を這うようにして生えている低い植物に小さな黒い実が一面に成っていた。二つ三つ採って口に入れると甘酸っぱい味がして、指先が赤黒く染まった。こんな所でブラックベリーに出会うとは――と一種の感動を覚えた。イカルイットで「つくし」を、ペンガートンで「ブラックベリー」を見つけるとは世界も狭いものである。イヌイット達は、このブラックベリーをよく採って食べるそうであるが、我々はお腹を壊すおそれがあるから「食べるのはほどほどにしなさいよ」と注意してくれた。カリブーは地衣類は食べるが、このブラックベリーは食べないそうである。

船を操るイヌイットは、日本語とイヌイット語で似ている言葉があると教えてくれた。それは「姉妹」の事を「アネ」といい、「乾肉」のことを「ニク」というのだそうである。

岬からの帰路は「鯨」と「海豹《あざらし》」のウォッチングのクルージングである。いま何処までも静かな北極の海に目を凝らして鯨の出没を願う。広い広い海に何も考えず、見つめるのは海面のみ。これも頭の休養には良い。しかし鯨は見えず、海面に時々顔を出すのが、海豹であった。二時間余り海面を見つめただけでペンガートンの素朴な港に帰ると、一艘のボートの舳先に子供の海豹が討ちとられ、船縁から頭を海面に垂らしていたのは哀れであった。

一九九九年四月一日発足したヌナブット準州議会場を訪う

今回の旅の目的は、カナダの極北ヌナブット準州の先住民・イヌイットと、我々神道人との懇談を深め、互いの生活習慣や自然と人間との共生について考えることであった。

空港から真黄色のスクールバスに乗って建設中のヌナブット準州議会議事堂を訪ねた。

近代的ドーム型の議事堂は、ヌナブットの自然と生活をコンセプトとして設計されている。したがってイヌイットの人達の老人から若者に至るまでの希望をとり入れ、その思いがこの議場に込められている。ドアや長いテーブルはすべて伝統的な橇《そり》の型であり、イスや衝立《ついたて》には海豹《あざらし》の毛皮が貼りつけてあり、議場の内部は雪の家イーグルの形になっている。後方二階のガラス窓の内部には、英語・フランス語・東部イヌイット語・西部イヌイット語の四ヶ国語の同時通訳の施設があり、テレビカメラを入れ、常に議場の様子を市民に伝えられるようになっている。

秋に発足するイヌイット議会のすべての議事は全員一致で決定することになっており、政争よりも色々な考えの人々が代表でコンセンサスを得られるようにされている。半月型の議場は二列で対峙しない。ヌナブットには政党というものがない。今年二月ヌナブット準州議会の選

ヌナブット準州議会議事堂

挙が行われたが、十九選挙区で選出された十九人の議員がこのイカルイットの議会場に集まることになっている。選挙は小選挙区制である。

選挙の情況は公開の会場と傍聴者にテレビ放映され閣僚を互選した。会議場で、首相と議員の候補者がスピーチを行い、質問に答えて討議のあと投票が行われた。議会の方法はオタワの連合政府や英国議会と同じ形で、政府首相閣僚が片側に、閣僚でない人達が片側に着席し、質問を受けることになる。政府側は首相一人と閣僚九人から成り、閣僚でない人は九人で、閣僚の人数が多いのは、責任をより多くとらねばならぬからである。十閣僚の所轄の省の中で特異なのは、「文化言語長老青年省」というのがあって、イヌイット社会では長老がいつも大きな役割を荷担っているのが判る。十九人の議員

イカルイットの風景。氷片の残っている真夏（7月）の海面

の大半はイヌイットで、他に白人のカナダ人と、大蔵大臣は中国系のカナダ人が選ばれている。首相指名と組閣が終ったのは本年三月八日のことである。

ヌナブット準州の首相に選ばれたポール・オカリック氏は三十四歳。まだ奨学金の返済に追われる身だという。首相公邸も公用車もなく、自宅から愛車を運転して通えばそれで十分だという。

海豹のチョッキを着けし州知事は髭たくはへし若者
なりき

ポール・オカリック首相には当日昼すぎ、長老センターの「エルダース・ファシリティー」でお目にかかった。痩身でハンサムな髭を生やした若者であった。

日本側の久邇邦昭神宮大宮司とオカリック首相が見守る中、神職代表団とヌナブット・ツンガヴィック・インコーポレーティッド合同組織（ＮＴＩ）は相互理解のための覚え書きに調印する式を行った。調印式に先立ち、イヌイットの英国国教会の牧師による世界平和への祈りが捧げられ、イヌイットの女性が鯨の油で聖火を灯した。神道代表宮崎義敬氏とNTIのレイモンド・ニンジェオチーク氏とにより調印された確認書は、「太古より培ってきた自然観には両者に共通のものがある」とし、かつ「科学的、技術的発展は人類に恩恵をもたらしたが、自然環境には負の影響を与えた。環境問題は早急にとり組まなければならない重大な問題である」と述べている。

そして神道とイヌイットは、それぞれの文化、価値観を更に学びあうことを約束した。レイモンド・ニンジェオチーク氏は挨拶の中で、神道と共通するものとして「長老が師となり導いてくれること、大地を守ることを使命とすることである」と語ったのが印象的であった。イヌイットの社会は何事によらず長老重視の社会である。イカルイットの刑務所の裁判の裁定は長老によるものであったし、議事堂には海豹の敷きつめられた長老席が特設されてあった。調印式場は長老センターであり、長老が前列にずらりと見守る中で式が進められ、挨拶の冒頭の言葉は長老への感謝から始まったのである。

祖先・人・自然と共に生きて来し極北の人は静謐なりき

（「センター」No.534・535号・平成十一年九・十月）

ギリシャ・イタリア宗教事情視察にあたって

神道国際友好会の海外宗教事情視察旅行は、今回第三十回という節目を迎える事になりました。本年三月二日から十二日間ギリシャとイタリアを訪ねました。三年後にオリンピックを控えるアテネでは、アクロポリスの丘に建つパルテノン神殿やリカビトースの岩山の頂上にあるアギオス・ヨルギオス教会を視察したほか、ギリシャ正教の中心的教会たるミトロポレオス教会を訪問し、ギリシャ正教の信仰について司祭の説明を受けました。また日本大使公邸を表敬訪問して大久保基特命全権大使に直接面談すると共に日本大使館領事部で在ギリシャ日本大使館一等書記官伊田俊雄氏よりギリシャの宗教事情について詳しく御教示を戴きました。とりわけ今回の旅行の圧巻は、ペロポネソス半島のオリンピア、スパルタ、ミケーネ、デルフィー等の遺跡を丹念に見学し、ギリシャ神話に出現するギリシャの神々の活躍を目のあたりにすると共に日本神話との比較研究に大いに参考になりました。

ギリシャ正教は、キリスト・マリア・聖霊の信仰から成り立っています。更に土俗的な信仰が色濃く残っており、各地に点在するイコノスターシと呼ばれる交通安全の道祖神やイコンの描かれた教会内に、日本の絵馬に類する月桂樹の枝の下に吊るされたアルミ箔の祈願札など、民俗信仰を研究する上に於いても団員の関心を呼びました。

また、アテネでは「無名戦士の墓」を参拝し、戦没者の慰霊行事を行うと共に、ギリシャ正教の主要教会ともいうべき、ミトロポレオス教会を訪問し、ガブリエル司祭・レミトリアス司祭の歓迎を受け、ギリシャ正教について司祭より直接お話を伺うことが出来ました。ギリシャは国旗にも十字架が象徴的に表されているごとく、国民の九十七%がギリシャ正教の信者で、憲法第三条によって国教と規定されている一方、個人の信仰の自由も第十三条によって認められています。ギリシャ正教会の聖職者は冠婚葬祭だけではなく、大統領の宣誓式や学校の入学式など公式行事にも参加、地方教区の聖職者は妻帯が認められ、国庫から給料が支払われています。現在ギリシャの宗教界で議論を呼んでいるのは、国民の身分証明書になるＩＤカードに設けられた宗教欄の必要性についてであります。ＥＵの加盟で、信仰は個人の権利の問題だから、公的なＩＤに記載するのは如何なるものかということになり、宗教欄をやめようという事になりました。しかし、国教ともいうべきギリシャ正教には必要だというのが大方の意見でありました。

次にローマ法王ヨハネ・パウロ二世によるギリシャ訪問についての賛否が議論されている最中でありました。我々の帰国後、五月四日から九日まで、ローマ法王のギリシャ・シリア・マルタ三カ国の歴訪が実現しましたが、法王のギリシャ訪問は、東西キリスト教会の一〇五四年の正式分裂から約一千年の歴史を経て初めての画期的なものとなりました。今回の訪問は、国民の約九十七％が信者であるギリシャ正教の最高機関である主教会議が「ローマ法王の訪問には反対しない」と決定したことから実現の運びとなりましたが、ギリシャ正教会とローマカトリック教との対立の歴史は十数世紀の長きにおよび、今回の法王のギリシャ訪問にもギリシャ正教内部の保守派から根強い反対が続いていて、我々の訪問の時にも「ローマ法王は反キリスト。この訪問は世界の終末につながる」と主張する保守派の激しい反対運動のあった事も伺い知る事が出来ました。

また、本年は「イタリア年」に当たるところからルネッサンス美術のメッカ、フィレンツェへも訪問し、ミケランジェロやレオナルド・ダ・ビンチ・ボッティチェリィなどルネッサンス美術の世界的名画や彫刻の数々を堪能する事の出来たのも感動的なことでありました。

このように第三十回の記念すべき海外研修旅行は各方面で大きな収穫を得て、全員「仲良く、楽しく、健康で」をモットーに規則正しい行動で終始し、すばらしい「旅」となった事を団員の諸兄姉に感謝すると共に岡田重精顧問、二橋一彦副団長、田中恆清幹事長をはじめ、本報告書の編集に携わって下さった鈴木寛治編集長以下スタッフの皆様に満腔の敬意と御礼を申し上げます。そして毎回綿密周到にして快適な旅の行程で引率して下さるＩＴＰツアーズ入江君枝社長に深謝し、団長としての挨拶にかえさせて戴きます。

（「第三十回　神道海外交流・ギリシャ・イタリア宗教事情視察団記録」・平成十三年）

信仰に生きる

神道と生命

神社神道には「人は神の子」という信仰があって、人間の生命は神から戴いたものと信じられています。

神から戴いた生命を持ち、その本質を受け継いでいるがために、本来、人は神聖で清らかな存在とされています。このことは、自分自身がそうであるだけでなく、周囲のいかなる人もすべて同様であるとします。

そうすれば、自己と他者の双方の生命と人格を互いに尊重しなければならなくなります。

神社神道は個性を保ちながら全体の調和を強調しますが、これは神道だけの問題ではなく、日本文化全体の理想の一つであります。

神の恵みのもとに生かされている人間が、個性的にも集団的にも互いに調和して、すこやかに国際的にも集団的にも共存共栄することが大切なのであります。

敬神生活の綱領の一節に「大御心をいただきてむつび和ぎ、国の隆昌と世界の共存共栄とを祈ること」とあるのも、こうした意義が含まれているのだと思います。

神道と環境保全

神社神道では、自然を兄弟のように見ています。伊弉諾尊《いざなぎのみこと》・伊弉冊尊《いざなみのみこと》という男女二柱の神からこの国土や山川が生まれたと考えられています。同じ神から、また諸氏族の祖先となった多くの神々も生まれております。すなわち、自然はわれわれと兄弟であったはずであります。

神社はこんもりとした森に囲まれていなければなりません。森は神々の住みたまう場所なのです。

日本の心のふるさと、神宮の杜《もり》は、日本人全体の鎮守の森であります。したがって、緑化をはじめとする環境保全の出発点は、神社の杜とすべきであります。

自然との一体感のなかで、神社の祭祀の本質と啓発とその厳修は地球環境の保全意識昂揚の第一歩にあげるべきものです。

昭和天皇をはじめ今上陛下の御聖蹟の一つである植樹祭は、世界にも類を見ない国土緑化運動であり、この有難い御聖蹟を人々はよく認識して、皇室の尊厳を守っていかねばなりません。

（「神道を知る本」・二〇〇一年一月）

世界宗教者の祈りとフォーラム　提言

共生の世界を実現するためにはどうすればよいのか、神道がいかなる生命観に基づいて行動しているかを説明したいと思います。

神典『古事記』の冒頭には「是のただよえる國を修理固成《かため》せ」という天つ神の神勅により、伊邪那岐命、伊邪那美命が日本の国土を生み、その国土を司られる神々をお生みになったことが記されています。

この神話が語るように、神道では、海、山、川、草、木をはじめ、太陽、風、雷、岩、動物などすべてのものは神から生まれたものであり、神霊が宿るものと考えられてきました。人も神々の子孫であり神から生まれたものと考えています。すなわち、神と人と国土自然とは血縁の親子であり、生命においてつながっていると認識しています。これが「神道の生命観」の第一の特徴です。

神社本庁が「本宗」と仰ぐ伊勢の神宮において最も大切なお祭は、十月に行われる神嘗祭です。神嘗祭は、その年に収穫された米を天照大御神に捧げるお祭で、大御神が新米をお召し上がりになることによって、新たなる生命を得られ、広大な御神徳をいよいよ豊かにされることを真義としています。

米は日本人にとって生命を養う最も大切な食べ物とされてきました。一年という意味の日本語「トシ」は、もともと米または米の実りを意味する言葉でした。米は人の生命を維持する原動力となってきたところから、生命力の根源とされてきました。その中でも生命力の強い新米を食されることで、神は生命力を回復されるわけです。

秋に収穫された新米を神々に捧げ、感謝する祭りは、神宮の神嘗祭だけではありません。神道の祭りとしては秋祭りがそれにあたり、最も普遍的なものということができます。宮中では十一月二十三日に天皇陛下御自らがご奉仕になり、新嘗祭が執り行われますし、全国の神社でも同日に新嘗祭が斎行されます。

伊勢の神宮では、二十年に一度、御殿を新たに建て替えて、神様にお遷りいただく式年遷宮が執り行われます。今から一三〇〇年以上も前から、二十年に一度というサイクルでこの伝統は現在に至るまで固く守られています。

式年遷宮は、毎年の神嘗祭をさらに丁重にしたもので「大神嘗祭」とも表現されます。殿舎はもとより、御装束・神宝などの調度品にいたるまですべて新調しお遷りいただき、神嘗祭を奉仕する。これにより、大御神は若々しく生まれ変わられ、その力強くよみがえられた御神徳を蒙り、国家及び民族の生命力も再生更新される、ここに式年遷宮の最大の意義があります。

このように天照大御神は、毎年の神嘗祭と二十年に一回の式年遷宮においてさらに生命力を再生更新されます。それは、天照大御神のみならず、すべての神々も再生更新されます。これが「神道の生命観」の第二の特徴です。

そうした祭りにかかわる人々もまた、神々の御神徳を蒙り、生命力を回復させることになりますが、人の場合は神と違って死をまぬがれることはできません。しかし、祖先から享けた生命を発展させ、子孫に受け継がれることは可能です。

『古事記』や『日本書紀』によれば、われわれの歴史は、まず神々の時代があり、その連続として人の歴史が展開します。それは、大いなる生命の流れでもあり、われわれはその流れの中にいるのだと考えられています。人の生命は親を通じ神々から与えられ、また死を通じて子孫に伝えられていく。人はその生死を全うする中で、やがて子孫が祭る先祖の神となる。このような生命の連続性の思想が「神道の生命観」の第三の特徴です。

それでは、以上のような生命観を持つ神道が、共生の世界実現にどのように参与できるのでしょうか。

自然に対しても強い同胞感を抱いている神道は、日本以外の国や民族についても、深い関心を持っています。

明治天皇は「四方の海　みなはらからと　思ふ世に　など波風の　たちさわぐらむ」。昭和天皇も「西ひがし　むつみかはして　栄ゆかむ　世をこそいのれ　としのはじめに」とお詠みになっていることは、このような神道の持つ同胞感の表れであると考えます。

このような尊い大御心を体して神社本庁は、昭和三十一年に制定した「敬神生活の綱領」に「大御心をいだきて、むつび和らぎ、国の隆昌と世界の共存共栄とを祈ること」との綱領を設け、機会あるごとに唱和しています。

また昭和五十五年に制定された「神社本庁憲章」にも、第一条に「神社本庁は、伝統を重んじ、祭祀の振興と道義の昂揚を図り、以て大御代の弥栄を祈念し、併せて四海万邦の平安に寄与する」と規定されているところです。

また、生命はその人限りのものではなく、祖先から子孫に続く生命の連続性の中にあると考えますから、われわれは子孫に対する大きな責任を持っています。神道には終末論がなく、むしろ『日本書紀』の神勅に見る〝天壌無窮〟すなわち生命の永遠性を強調していますから、神道の理想とする平和な世界の実現に向けて、いまだただよえる未完成の世界を〝修理固成〟していくことが大きな使命ということができます。

以上のような考え方によって、神道人の一人ひとりが、共生の世界実現のために努力するこ

とが、何より必要だと考えます。（要旨）

ドイツ連邦共和国アーヘンに於けるセントエディジオ共同体主催の世界の平和集会「戦争と平和―対話における信仰と文化」の神社神道代表として参加。十四名の団員の団長としてケルン・アーヘン・ベルリン・ポッダム等研修。アーヘンの「第二回世界宗教者の祈りとフォーラム」で意見発表。平和の祈りに代表として参列。玉串奉奠した。

（「第二回世界宗教者の祈りとフォーラム」平成十五年九月）

Proposal（英文資料）

I would like to explain how Shinto activities based on perspectives of life can contribute to realization of a world of coexistence.

According to the opening passages of the Japanese myth Kojiki, or Record of Ancient Matters,the heavenly God ordered the divinities Izanaginomikoto and Izanaminomikoto to "Give shape to the unformed chaos." As commanded, they then created the land of Japan and the various divinities who would rule the land. By this myth, in the Shinto religion, the seas, mountains, rivers, grasses and trees, the sun, the wind, lightning, rocks, animals and all other things were created by the gods. Divine spirit is therefore thought of as being present in all things. People, also, are considered descendants of the gods, having been originally created by the gods. In other words, divinities, people, land and nature are all kin, and recognized as being connected through life. This is the first feature of the "Shinto Perspective of Life."

The Association of Shinto Shrines reveres Ise Jingu Shrine as the most holy place in Shinto. The most important festival at this shrine is the Kannamesai, in October. The Kannamesai is a festival for dedication of newly harvested rice to the divinity Amaterasu Omikami. By partaking of new rice, Amaterasu Omikami receives new vitality and enriches the many divine blessings. This is the real meaning of the festival.

For the Japanese people, rice has long been the most important food for the sustaining of life. The Japanese word toshi, which now means "a year,"originally meant "rice"or"rice crop." Because rice was recognized as having the power to maintain the life force of people, it became associated with the source of vitality. Therefore, by eating new rice, which has a strong life force, the divinities could restore their own vitality.

The Kannamesai Festival at Ise Jingu is not the only thanksgiving festival for offering rice harvested in autumn to the deities. In Shinto, autumn festivals are thanksgiving festivals, and the most universal of Shinto festivals. At the Court, the Emperor himself makes offerings to the divinities, during the Harvest Festival on November 23rd. Harvest Festivals are held on the same day at shrines throughout the country.

The shrine structures as Ise Jingu are rebuilt every 20 years in a ritual known as Shikinen sengu. The deity is transferred to the new buildings. This tradition has been carefully maintained and practiced on a 20-year cycle for over 1, 300 years. Shikinen sengu is a more reverent form of the annual Kannamesai Festival, and is therefore also known as O-Kannamesai (Great Kannamesai).

In addition to the shrine buildings, all apparel, divine treasures and accessories are also renewed and transferred to the new premises. This is followed by the Kannamesai. By these means, Amaterasu Omikami regains youth and vigor, and is able to wield divine virtues and blessings with renewed strength, thereby revitalizing the life force

of the nation and the people. This is the most important element of the Shikinen sengu.

The divinity Amaterasu Omikami thus revitalizes life force through the annual Kannamesai and the Shikinen sengu held once every 20 years. This applies not only to Amaterasu Omikami, but to all divinities. Here we have the second feature of the "Shinto Perspective of Life."

People who are involved in such festivals also receive divine blessings in the form of revitalized life force. However, unlike divinities, people cannot escape death. Even so, we can develop the life force received from our ancestors and pass it on to our descendants.

According to the Kojiki and Nihon Shoki, our history begins with the age of the gods, and continues on into the history of people. This history is likened to a great flow of life, and we are in the midst of that flow. People receive life from the gods through their parents, and through death pass it on to their descendants. In completing the life and death cycle, people ultimately become ancestral divinities revered by their descendants. This concept of life continuity represents the third feature of the "Shinto Perspectives of Life."

How, then, can these Shinto perspectives of life contribute to realization of a world of coexistence?

Shinto, which has a strong affinity with nature, also has a deep interest in lands and peoples outside Japan.

In his poetic writings, the Meiji Emperor asked why it is that wars

and strife occur, even though the people in all the lands around Japan are thought of as brothers and sisters. Similarly, the Showa Emperor urged us to pray at the start of the year for goodwill among East and West, and the coming of prosperity for the entire world. They were expressions of the sense of affinity that runs through Shinto. Endeavoring to give form to the spirit behind such writings, in 1956 the Association of Shinto Shrines established a set of principles for reverence of the divinities in daily life. These principles urge us to adopt the spirit of peace expressed by Emperor Meiji and Emperor Showa, to dwell on friendship and peace, to pray for the prosperity of nations and the coexistence and advancement of all the world. In Shinto, we strive to promote and practice these principles whenever possible.

Furthermore, the first article of the Charter of the Association of Shinto Shrines, which was enacted in 1980, declares the Association shall 'revere tradition, encourage reverence for the divinities and elevation of moral principles, pray for the long and glorious reign of the Emperor, and contribute to peace in all corners of the world.'

We consider life not as belonging exclusively to an individual, but as part of a continuous flow of life from ancestors to descendants. For that reason, we have great responsibility towards our descendants. Shinto has no theory concerning the end of the world or of humankind. Rather, as shown in the divine decrees found in Nihon Shoki, Shinto stresses Eternalness of Life. Therefore, perfection of the incomplete world is a great mission in "Giving shape to the un-

formed chaos"and realizing the world of peace that is the ideal of Shinto.

Based on these concepts, each person of the Shinto faith recognizes that effort directed towards achievement of a world of coexistence is crucial. (Extract)

第三章　生田の杜の学問と研究

神道とケルト文化

㈠

自然破壊がすすむなか鎮守の森が見直されているようです。日本は永らく開発優先で自然を破壊することをやってきましたが、それでも全国のお寺の森や鎮守の森のセレモニーが残っていて、なお息づいているところがあります。これらの森は単なる自然ではなかったので、例えばこの生田神社でも源平合戦などがあり、第二次世界大戦の空襲で生田の森が焼失したということもあったが、その後の努力によってこれだけの森になって残っています。井戸を掘って川を流して、森を整備して、雅の世界を作ろうと、ここ何年かは曲水の宴などを催すようになりました。

森が単なる自然でなく、鎮守の森といわれるように、神が留まるところ、神を祭るところであるのです。祭りを営む寄り合い、自治の森であり、文化の森ともなり、また動植物を含む自然と人間の調和の森ともなっているので、日本の森の象徴となっているわけです。

ところで外国をみますと、森を大切にした種族に古代のケルト人がいます。ケルトの文化は最近のミュージック歌手にも取り入れられるなど、現代にも息づいていることが知れます。

ケルトという言葉は、紀元前三千年から二千年の間にアルプスの北、ドナウやライン川にはさまれた中部の森で文化を形成し、その後各地に移動し、最盛期にはイギリス、スペイン、フランス、北イタリア、バルカン半島にまで勢力を拡大し、ゲルマン民族とともに、ヨーロッパ文化の基礎を築いたといわれています。

ケルト人の宗教は、緑の森や、川とか湖など、自然の中に神聖なものを見出す自然信仰で、ケルト神話では多くの妖精が活躍する話が多いようです。ケルト人は古代人のように自然現象や自然物を素朴に崇拝しました。太陽・月・大地・雨・風などのように自然現象に神聖性を認めて、動物・植物・岩石、とくに樹木に自然の力を感じ崇拝しました。例えば太陽への崇拝の気持を石や金属に模して彫像を作ったり、装身具にしたりして、自然と人間とのかかわりを神話や伝説のなかであらわしたのであります。古代においては自然現象は説明しがたい不合理な面をもたらします。人間にとっては神秘的で不可思議極まりないものであったのだが、そうした太陽など絶対的なものが人々の心の中に宗教的な意味合いを持って崇拝の念を植え付けられたと思うわけです。

古代のケルト人は樹木を神聖視しました。生田神社にも五百年以上の樹齢の楠がありますが、大きな樹には圧倒的な不死の印象があり、常に緑に覆われている樹木には、不老成ということが言われます。土の中に根を張って枝が広がり、樹木に生命力とか更新力を感じるわけで、樹木の持つ永続的な生命力の中に、ケルト人は林や森を聖域としまして、ここで、祭儀を行ったわけです。特にｏｒｋ柏の木…日本人はｏｒｋをすぐに樫とするが、柏とか楢とかを総称してｏｒｋというのであって、ケルト人はこのｏｒｋを崇拝していたのであります。儀式はｏｒｋの樹の下、あるいはその周辺で行っています。ケルト人がｏｒｋの生える場所を聖なる森と定め、儀式をするときには必ずｏｒｋの枝を用いています。

㈡

日本ではどうか、ということですが、柏、楢という樹を考えてみると、奈良の神武天皇をお祭りしている橿原神宮がありますが、あのあたりを調べてみようと、遺跡等に関する書物をみますと、古い時代の柏の森の景観などが偲ばれるわけですが、奈良教育大学の金原先生が調べられたのですが、奈良各地の花粉の遺跡の分析からは、奈良盆地は弥生時代から古墳時代にかけて柏林を中心とする常葉樹林が分布していたと考えられるそうです。橿原神宮のあたりも橿の林であったろうと思われるわけです。

お伊勢さんには米の信仰、稲の信仰というのがありますが、では稲や米を食用とする前は何だったのかを考えると、三内丸山古墳からみても、古代では柏、どんぐり、栗などを食べていただろうから、器材の材料でも栗の木を使ったり、樫の木を使ったりしていたのではないだろうかと思うわけで、これは重要なことであったように考えるわけです。

たとえは、アイルランドは緑の国といわれるようにアイルランドの祭りは緑一色です。海に囲まれたアイルランドまではキリスト教がなかなか布教できないで、ケルト文化が残っているのですが、アイルランドのダブリンにあるセントパトリック寺院の建物にはやたら柏の葉、どんぐりの絵が一杯描かれている事を見ると、キリスト教はケルト文化を組み込みながらキリスト教を広めていったとおもわれ、それがセントパトリック寺院として残っているのではないか、と思うわけです。アイルランドにグリーンマンというか葉守の神というのがあります。日本でも「柏木に葉守の神のましけるを知られでぞ折りし祟りなさるな」(「大和物語」より)」という歌や、清少納言の『枕草子』三八段には「柏木いとおかし　葉守の神のいますらむも　かしこし」と述べています。現代では葉守の神というのはほとんど忘れられているかのごとく見えるわけですが、自然を守り人を幸福にするこの神は最も古いグリーンマンでないかと思うわけです。日本列島で北海道から九州まで生えているどんぐりの木、その中に最も重大な神がいると考えられていました。源氏物語の柏木の巻の主人公である柏木は督の位であり、衛門の府における将校なのであり、「柏木に葉守の神はまさずとも人ならすべき宿のしづえか」の歌に柏木を見ることができます。「ならの葉の葉守の神のましけるをしられど折りしたたりなさるな」（藤原仲平）もあります。こういうどんぐりの木に葉守の神がいたということが歌われているわけです。そういうことで柏というのは重要なものだと思うのです。

柏というのは重要なものだということがこれまで神道を研究した人の中ではあまり云われていませんでした。御参りするとき、柏手を打ちますね。拍手（はくしゅ）は柏手（かしわで）なんですよ。柏というのは一杯出てくるのですが、たとえば柏餅。柏餅を五月五日に食べるのはなぜか。また鶏肉のことを「かしわ」というでしょ、それは柏葉の色が鳥槲の肉と同じ色です。柏に関する字を調べると、非常に数多くある。柏って何なのかということを考えてみたわけです。

㈢

これに関して私は『食物と健康』（神戸女子大）という雑誌に「かしわ考」という論文を載

せております。

古代の宮廷で食べ物の調理に従った人のことを「膳夫」(かしわで)と呼んでいます。カシワデの名は槲葉(かしわのは)をお椀の代用にもちいたことに由来するといわれています。「膳夫」と称する古代の豪族は、大化前代、諸国の膳部を率いて天皇や朝廷の食事のことを奉仕した人たちのことでありました。また膳氏が、将軍や施設として朝鮮半島に派遣されたものや半島使節の接待役に当たったものなど膳氏の活躍は多方面にわたっていたようです。「膳職(かしわでのつかさ)」は、天皇の食事や朝廷の宴会の調理を担当する職業をいい、大和朝廷時代には諸国の膳部の民が、食品を貢献し、中央の膳氏が膳夫(かしわで)を率いてこれを調理したわけだが、天武朝の頃には、中央の調理部門が膳氏ら世襲的な管理者から切り離されて官職化されて膳職と呼ばれています。

神に供える神饌や供御や饗膳といった供え物を調理する建物のことを「膳殿(かしわどの)」といっています。伊勢神宮の内外両宮には斎内親王御膳殿がありました。平安時代、天皇が即位されるときの重要な建物の大嘗宮には悠紀・主基両殿の北部にそれぞれ東西棟の膳屋があり、その内部には椹《しもと》棚を構え、建物の半分を仕切って盛膳所としたとあります。

食物の調理人、食物を盛る器、食物を調理する建物、食物を調理する職業など、古代においてはすべて「かしわ」と読んでいたことが分ります。この「かしわ」は植物の「柏」・「槲」・「樫」・「橿」・「檞」等のブナ科コナラ属の常緑高木の一群の総称です。

『松屋叢考』という書物の三樹考によりますと、「柏は炊葉にて、上古は甑（こしき）に葉を敷て、飯を蒸たるより然いひ、食物を盛りもし、食物の上にもおほひ、下にも敷きたるなど、みな柏といへり」と記しています。

本居宣長の『古事記伝』にも、「加之波と云は、もと一樹の名には非ず、何樹にまれ、飲食に用る葉を云り。」とあり、古より、食べ物を盛ると言うことを云っている。「上代には、飲食の具に多く葉を用ひしことにて」としている。万葉集巻二の「家にあれば笥に盛る飯を草枕旅にしあれば椎の葉に盛る」の歌を挙げ「飯を炊くにも檞に葉を敷もし、覆いもして炊きつるから、炊葉の意にて加志波と云るなり。比羅傳と云う器も、書紀に葉盤と書かれたる如く、葉以て造れる物なり、又膳夫と云も、飲食の葉を執あつかふからの名なり。伊勢物語の梅松を高杯に盛て、柏をおほひて出しけるとある類も、古のさまの遺れるなり」と記しています。

柏と神道についてこれまで調べたのが西宮神社の関連で今津の国学者野田忠粛と言う人で、京都の堂上家竹内維庸が口授してあらわした「かしわ伝」を元禄三年に増補して記した「柏傳余考」と言う巻子本に、かしわの葉を描いた絵がしるしてあった。さらに、大嘗祭（天皇陛下が即位をされた時にも行われたが、これをしないと天皇になれない。）に関する論文を私は幾つか書いたりしていたのですが、大嘗祭の時に供えられるお供物に柏葉を使われることがまったくわからなかったのです。それが東寺の伊藤信興氏旧蔵の「大嘗祭由加物雑器私圖」という和本の中に掲載されている挿図に説明書がしてあって、天皇が即位後、初めて行う新嘗祭である大嘗祭においての御供は、すべて「柏葉」で覆うしきたりであることがこれで判ります。「柏葉」こそ神聖なる植物であり、かつ実用的には保存するためには柏葉で以ってするのが最もよい方法であったのだろうことを暗示しています。柏には毒消しの効能、保存の効能等があったものと考察されます。柏の葉椀（くぼて）というのは、食物を盛るために、カシワの葉を細い竹針で縫い合わせて作った器物をいい、後世では、大嘗祭の神饌などに用いられている。兼葭槲御膳あるいは槲御供を説明して、槲葉を筥のごとくに折って細い竹で釘製したものと図示しています。

伊勢神宮では、平素のお祭りの時の御供をするとき、「とくらべ」というゆずの葉を敷いて供えるのだが、（塩は御塩田といって海から取った岩塩、米は神田で作ったもの、野菜は楠部で作られ、すべて神宮の職員が禊斎をして清浄に作ったものである。）とりわけ、天照大神にお供えする。

神宮祭典の中でも最も重要な神嘗祭だけは、何故か今でも「あかめがしわ」の葉が用いられている。牧野富太郎の『職物図鑑』によると、「アカメガシワはアカメガシワ属でゴサイバとも呼ばれ、本州秋田県以南、四国、九州、琉球及び、朝鮮、台湾、中国に分布し、山野に普通に見られる落葉高木で、高さ十米くらい、生長が非常に早く、若い枝や細かな褐色の星状毛が密生する。葉の裏に黄色の腺点があり、花は夏、雌雄異株で、和名は赤芽槲で芽が赤いことによるという」。昔、この葉に食物を乗せたことで別名「五菜葉」「菜盛葉」とも呼ばれている。従ってこの供え物にする葉は「アカメガシワ」ではなかったのかと思われるが、この「柏」は一名「みつの柏」ともいわれたようである。前述した架蔵の「かしは傳」に次の如く記している。「是は伊勢のみもすそ河の岸に生る柏也。是を取て神供に備へ、または占をもする也。又ミツのカシワとは、三葉柏といふ事也。（中略）今は志摩の国とくしの島といふ所にあり。木の上にかつらのようにおひたるを登りて切おろす。時にひらにふして落たる斗をとる。其落やうにて、とふ事の有とや言傳たり」と記されている。この葉が占いに使われていたという事にも注目すべきである。私もいろいろ調べてみて、伊勢神宮では稲穂の生育に最も大切な時期にあたる五月十四日と八月四日、その年に風雨の災害がなく五穀の豊穣を祈るために内外両宮はじめ、摂末社に至るまで「風日祈祭」という祭りがとり行われます。…私は昭和三二年、国学院大学院で神職の資格を取るのに、神務実習があり、風日祈祭に奉仕をしたものだが…その祭りを調べる中で「皇太神宮年中行事」に年占が行われていたことが記されている。すなわち「柏取七月四日是水流、豊年時静流浮流悪シト云々」とあり、みもすそ川の清流に浮枕する三角柏葉によって、その年の稲作の吉凶を定める「柏卜」が行われていたのであります。

今はそんなことはやっていないのですが。「柏」というのをそういう意味で見ると重要なものだということが分ります。

そこでアイルランドに行ってケルト文化に触れるにつけ日本の神道と合い通じるものがあるということが知れてくるわけです。

㈣

古代ケルト人は、樹木に霊性を認め、神聖視した。常に緑で覆われている樹木に不老性が宿っていると考え、樹木に生命力や更新力、神秘性を感得しています。また、樹木は果実を実らせ、生命の糧を与える樹木から受ける恩恵は計り知れない。自然の脅威と畏怖と偉大さ、感謝の心を感じていたようです。

従って神社神道と同様、ケルト人は村や森を聖域とみなし、その中の特定の場所で祭儀を行っている。祭司職能者ドルイルドは、オークの木（かしわ、なら、カシなどの樹木の総称）を特別に尊崇していたので、儀式はオークの木の下、あるいはその周辺で行われています。

大プリニウスの『博物誌』によりますと、「ドルイドの持ち物の中で、宿り木とその宿主となる樹木ほど聖なるものはない。但し樹木はオークの木でなければならない。刈り取りの儀式は盛大に祝われる。ドルイドは樹木の下に犠牲と饗宴の準備をし、白牛二頭をつれてくる。まず、内の角同士を結びあわせる。白衣の司祭が樹上に登り、黄金の鉈で、宿り木を切り取り、白の戦衣にそれを受ける。犠牲獣は、それを神にささげることで慈悲を得られるよう祈りながら屠る」とあります。

ケルト人は、神聖な儀式を行うときには必ずオークの木を用いる。オークの木の実（どんぐり）は古くは人間の食料であり、また家畜の餌としても重要で、オークの木の持つ生命力、生産力を崇めたのでありましょう。神道とケルトのドルイドの儀式には五穀と生贄などの違いはあるが、「柏」の木を媒介とする点に何か共通性を見出すのであります。

「かしわ」については面白い故事伝があります。古事記（下）の仁徳天皇三十年九月の条に、皇后の磐之媛命が豊楽をなさらんとして、御綱柏を採られるため紀の国に遊行された御不在の間に、天皇が八田皇女を宮中に召し入れられましたが、その帰途、難波済（船着場）でこのことを知られた皇后は、お怒りになり、御船に積んでいた紀の国で得た御綱柏をことごとく海に投げ入れられたといいます。それによってこの海を柏葉済（かしわのわたり）と呼ぶようになったという故事がでています。

こうしてみると、食物に関係の深い「かしわ」には種々の意味がこめられていることが分ります。食物をいただくときにわれわれは柏手を打ちますし、食べ終わった後もまたそうします。柏手を打つわけです。

滋賀県の多賀大社では、筵寿といって柏葉は、延命長寿の植物として崇めています。五月五日の端午の節句に男子の成長を祈って食べる餅は、柏の葉でくるんだ「柏餅」と呼びます。国家「君が代」の歌詞の中の「さざれいし」は柏であるという説もあり、大御酒柏は、酒を受けて飲む葉であるといい、酒を柏に受けて飲むことは古代の風習でありましたが、それが定まって、豊明節会などには必ずその事が行われたといいます。

柏のことをいろいろ調べると実にいろんなことが出てきます。

神主のかぶる冠の後ろのエイというものをはさむものこれを〝柏夾〟といっていますが、皆さんの家で式服などで槲の葉を紋にしているところがありますね。古代では槲は食器として用いられた甑をもって食べ物で敷いたり、上に覆ったりしている。鎌倉時代には武士の文様に三ツ輪槲といって使っている。槲の葉は神官に好まれてカシワの葉を紋所にとり合わせたものが多く、抱き柏・違い柏・三つ柏・三葉柏など多くの種類があります。

拍手、神拝のときの柏手、神饌など盛る器、材料のこういったことを挙げていくと、皆さんの生活の中にも柏にかかわるいろいろなものがあると思いますね。

いままで米のことばかりが食べ物の象徴となるのでなく、確かに食べ物の中で米が一番うまい、米がはいってきたことで、どんぐりなどや栗、樫は放逐されていくが、食べ物を食べるときの器として柏を用いたことは非常に重要な意味を持っていたと思われるのであります。

（「生活文化」No.235・平成十五年十二月）

かしわ考 ―食物と柏葉―

(一)

古代の宮廷で、食物の調理に従った人の事を「膳夫《かしわで》」と呼んでいます。カシワデの名は槲《かしわ》葉《のは》をお椀の代用に用いたことに由来するといわれています。「膳氏《かしわうじ》」と称する古代の豪族は、大化前代、諸国の「膳部《かしわべ》」を率いて天皇や朝廷の食事のことを奉仕した人達でありました。膳氏は、将軍や使節として朝鮮半島に派遣された者や半島使節の接待役に当った者など膳氏の活動は多方面にわたったといいます。「膳職《かしわでのつかさ》」は天皇の食事や朝廷の宴会の調理を担当する職業をいい、大和朝廷時代には諸国の膳部の民が、食品を貢献し、中央の膳氏が膳部を率いてこれを調理しましたが、天武朝の頃には、中央の調理部門が膳氏ら世襲的な管理者から切り離されて官職化されて膳職と呼ばれています。

神饌や供御や饗膳といった神様にお供えする供物を調理する建物のことを「膳殿《かしわどの》」といっています。伊勢神宮の内外両宮には斎内親王御膳殿がありました。平安時代、天皇が即位をされる時の重要な建物の大嘗宮《だいじょうきゅう》には、悠紀《ゆき》・主基《すき》両殿の北部にそれぞれ東西棟の膳屋があって、その内部には楉棚《しもとだな》を構え、建物の半分を仕切って盛膳所としたとあります。

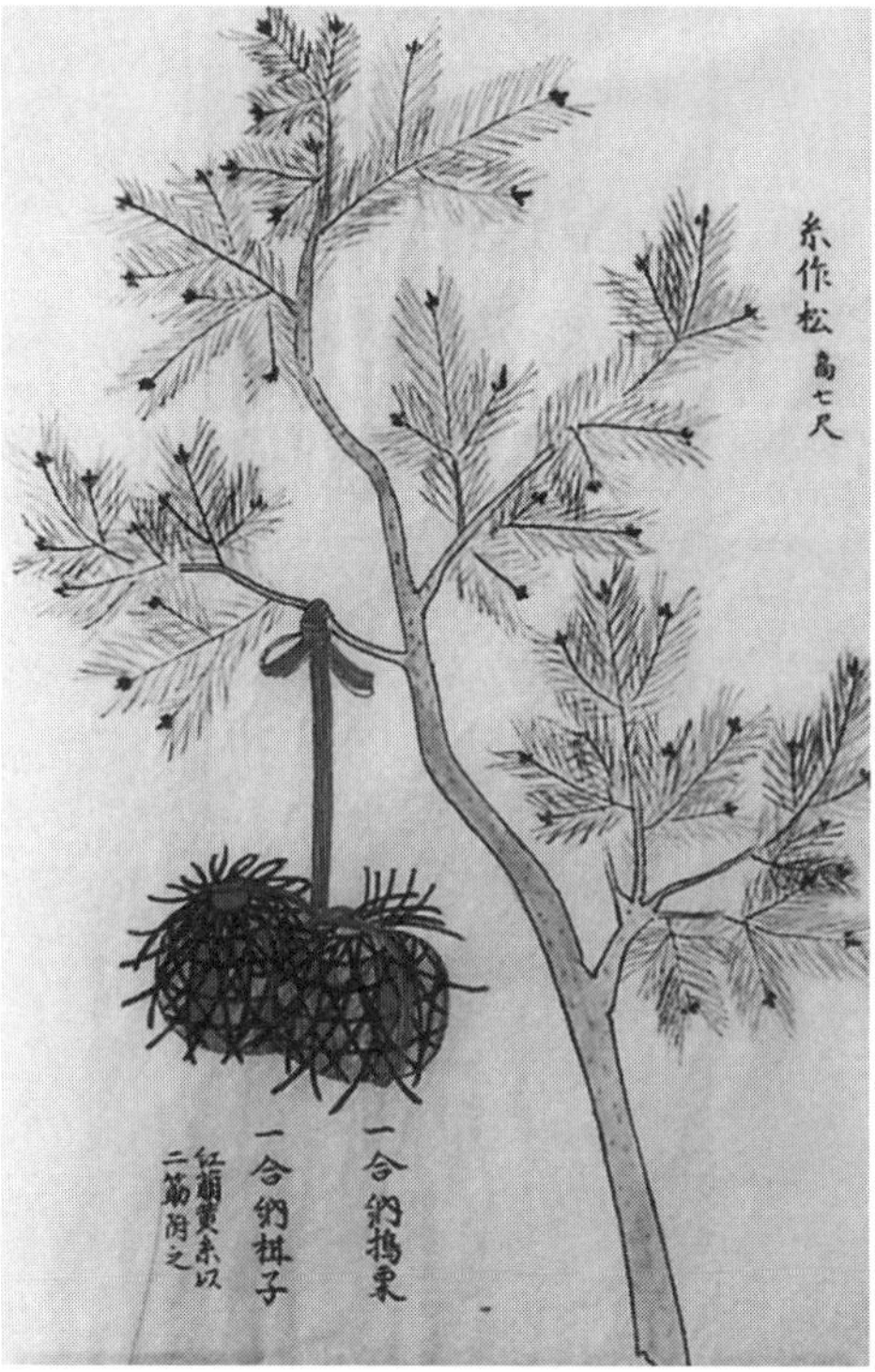

（二）

さて、食物の調理人、食物を盛るうつわ、食物を調理する建物、食物を調理する職業など、古代に於てはすべて「かしわ」と呼んでいたことが判ります。この「かしわ」は植物の「柏」・「槲」・「樫」・「橿」・「檞」等のブナ科コナラ属の常緑高木の一群の総称であります。晩春から初夏に小花を密生した穂をつけ、雌花と雄花とがあり、果実（どんぐり）は食物とされ、材は堅く、器具材その他として重要にされています。シラカシ、アラカシ、ウラジロガシ、ロガシ、アカガシ、ツクバネガシ、イチイガシ、ウバメガシなどがあります。「松屋叢考」という書物の三樹考によりますと、「柏《かしは》は炊葉にて、上古は甑《こしき》に葉を敷て飯を蒸たるより然いひ、食物を盛もし、食物の上にもおほひ、下にも敷たるなど、みな柏といへり」と記しています。本居宣長《もとおりのりなが》の記した古事記伝にも「加之波と云は、もと一樹の名には非ず、何樹にまれ、飲食に用る葉を云り。故書紀仁徳巻に、葉字を書て此云二箇始婆一とあり、然るに又某《ナニ》賀《ガ》志《シ》波《ハ》と名負たる樹も、古より彼此とあるは、あるが中に常によく用ひたるどもを、然は名づけたるなり」と記し、古書に加志波は「柏」を用い、和名抄には「槲」と記して加志波と読ませ、一体いかなる木かと疑問を呈しています。そして「凡て上代には飲食の具に多く葉を用ひしことにて」として、万葉集巻二の「家にあれば笥《け》に盛る飯《いひ》を草枕旅にしあれば椎《しひ》の葉に盛《も》る」の歌を挙げ「飯を炊くにも甑に葉を敷もし、覆ひもして炊きつるから、炊葉の意にて加志波とは云るなり。比羅傳《ひらで》と云器も、書紀に葉盤と書かれたる如く、葉以て造れる物なり、又膳《かしわで》夫と云も、飲食の葉を執あつかふからの名なり。伊勢物語の海松を高杯《たかつき》に盛て、柏をおほひて出しけるとある類も、古のさまの遺れるなり」と記しています。

（三）

京都の堂上家竹内維庸が口授してあらわした「かしは傳」を、西宮今津の国学者野田《のだ》忠粛《ただのり》が元禄三年に増補して記した「柏傳　餘考」という巻子本を私は所蔵していますが、その冒頭にかしわの葉を描いて写真（一）のような絵が記してあります。また、私が同じく架蔵している嘉永四年九月二十九日の奥書のある「大嘗祭由加物雑器私圖」（東寺伊藤信興氏旧蔵）という

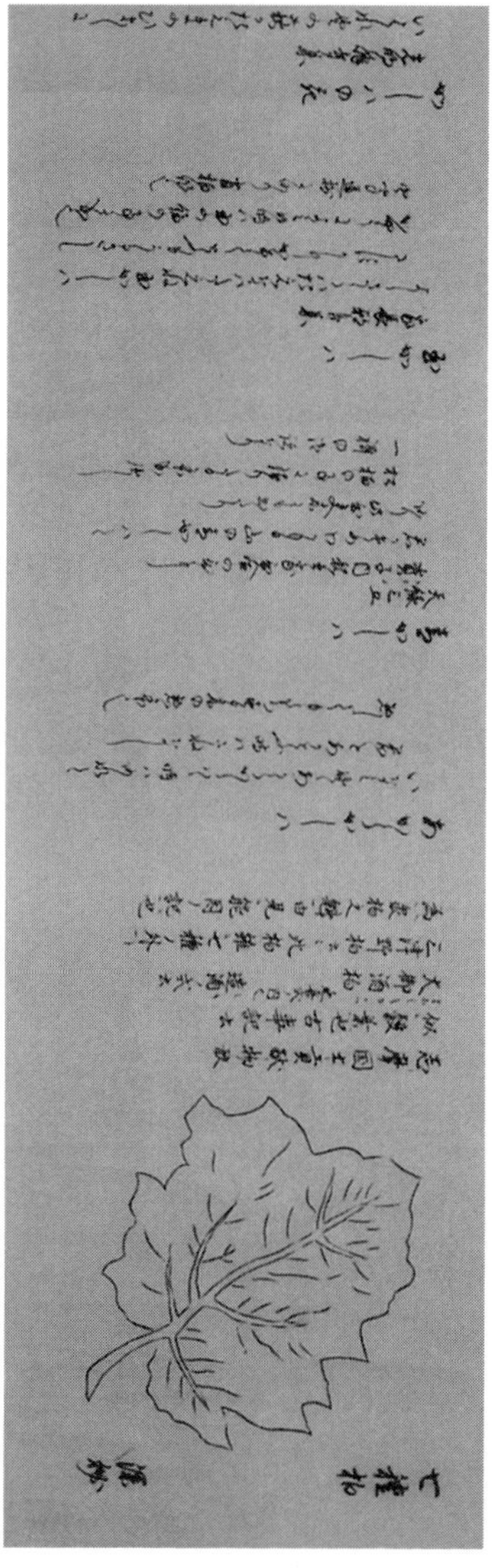

写真（一）

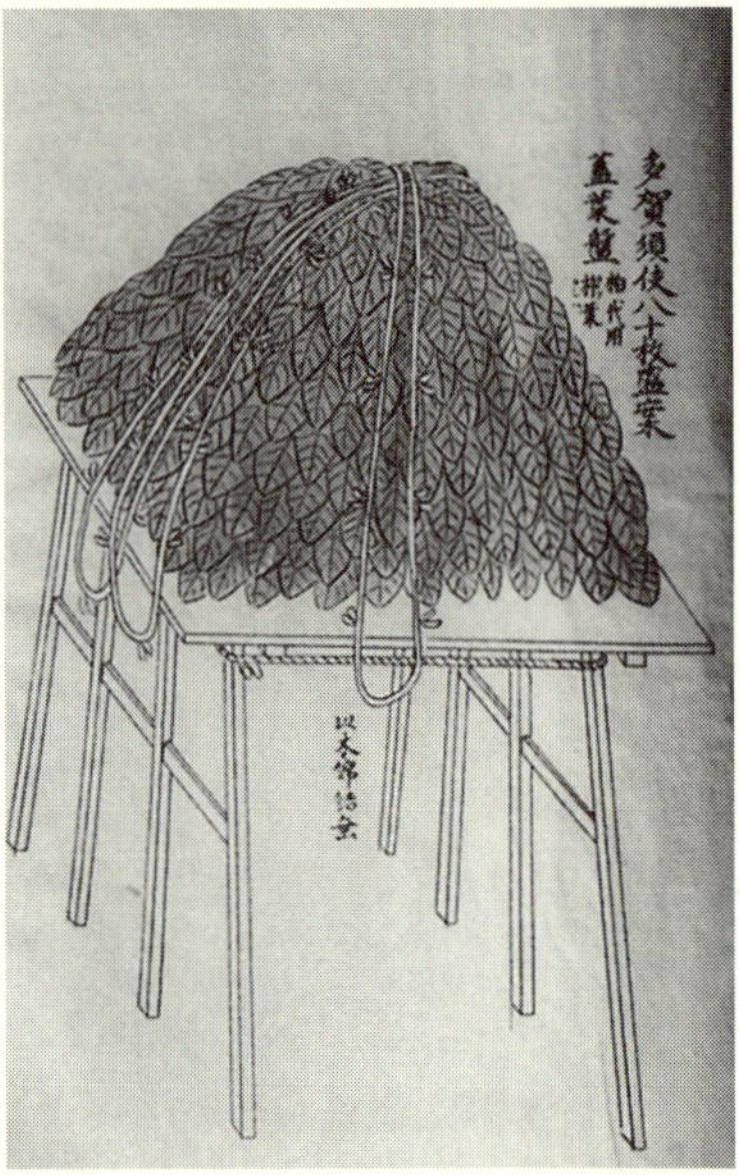

写真（二）

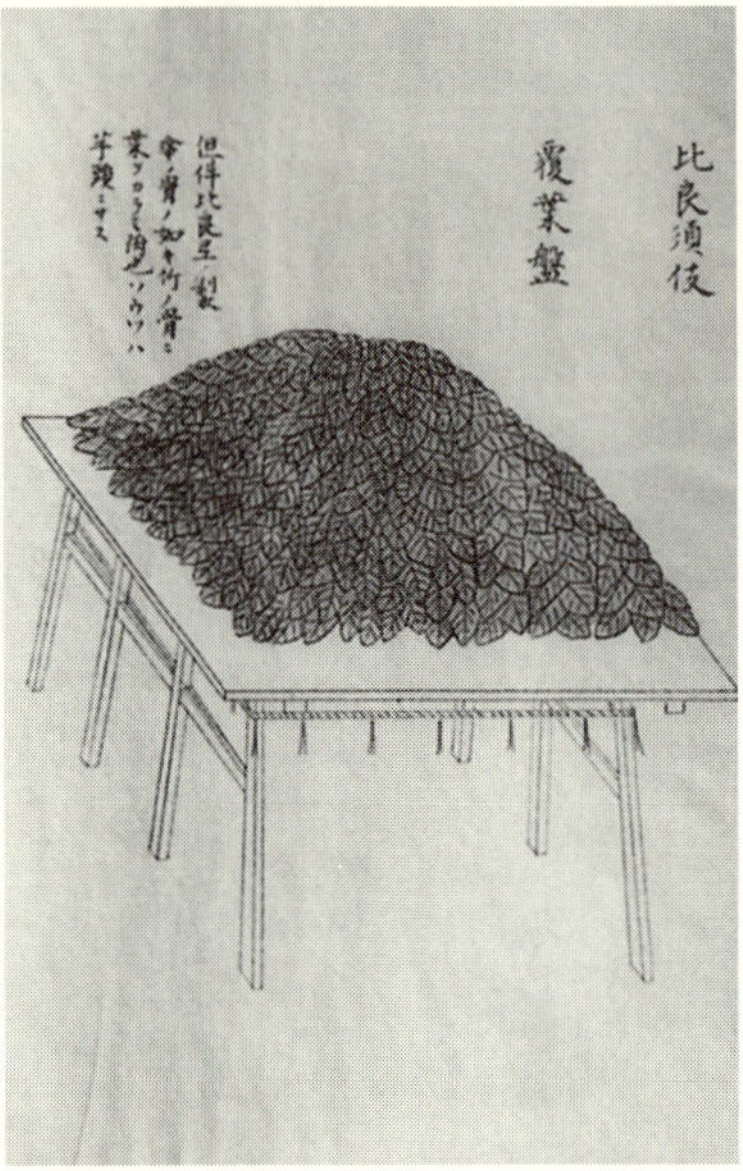

写真（三）

和本の中に掲載されている挿図（写真（二）（三）（四）（五）には説明書がしてあって、「多賀須伎八十枚盛案　蓋葉盤　柏代用朴葉」（写真（二））、「比良須伎　覆葉盤　但件比良弖ノ製　傘ノ骨ノ如キ竹ノ骨ニ葉ヲカラミ附也　ソウツハ芋頭ニサス」（写真（三））「覆葉盤　挟白木取柄以木綿覆之」（写真（四））「御食筥二合　長一尺一寸五分　廣八寸五分　高六寸五分　生物筥二合　長一尺一寸五分　廣八寸五分　高三寸　干物筥二合　寸法同断　菓子筥二合　寸法同前　御箸筥二合　長九寸五分　廣三寸　高二寸　各蓋柏」（写真

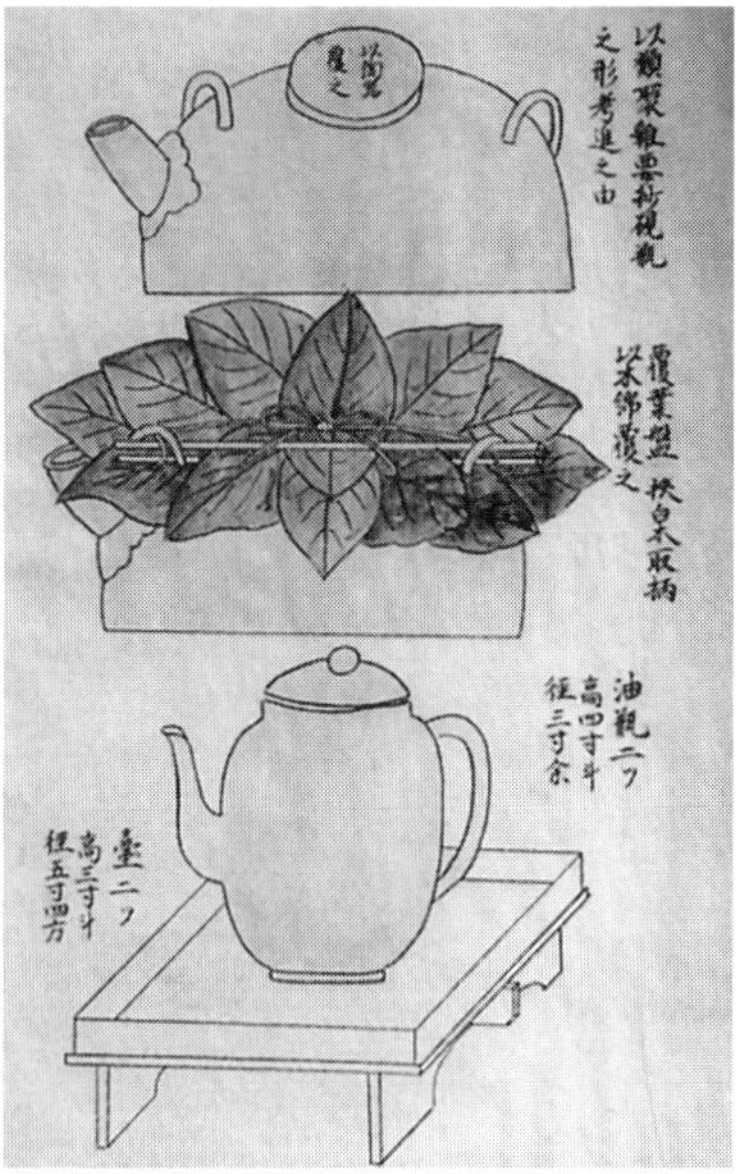

写真（四）

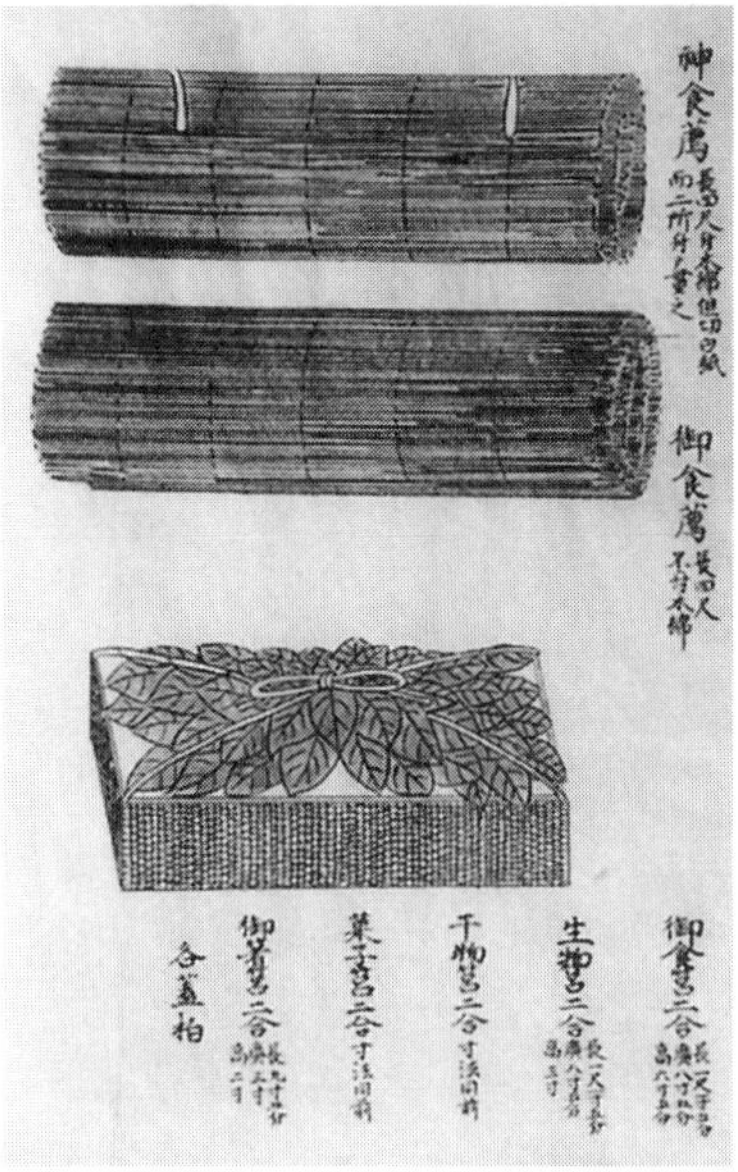

写真（五）

（五））とあります。

天皇が即位後、初めて行なう新嘗祭である大嘗会《だいじょうえ》に於ての御供は、すべて「柏葉」で挿図のように覆うしきたりのあった事がこれで判ります。これはおそらく「柏葉」こそ神聖なる植物であり、且つ実用的には保存するためには柏葉でもってするのが最もよい方法ではなかったのか。柏には毒消しの効能、保存の効能等があったものと考察されます。柏の葉椀《くぼて》というのは、食物を盛るために、カシワの葉を細い竹針で縫い合せて作った器物をいい後世では大嘗祭の神饌などに用いられています。兼葭堂雑録には、槲御膳《かしわのみけ》あるいは槲御供《かしわのごく》を説明して、槲葉を筥のごとくに折って細い竹で釘製したものと図示しています。

（四）

伊勢神宮では、平素の祭りの御供物は、土のかわらけの上に「とくらべ」の葉を敷いてお供えするのですが、神宮祭典の中で最も重要な神嘗祭《かんなめさい》だけは、何故か、現在でも「あかめがしわ」の葉が用いられているのです。牧野富太郎の「植物図鑑」によると、「アカメガシワは、(Mallatus japonicus Muell, Arg.) アカメガシワ属でゴサイザとも呼ばれ、本州秋田県以南、四国、九州、琉球および、朝鮮、台湾、中国に分布し、山野に普通に見られる落葉高木で、高さ十米位、生長が非常に早く、若い枝や細かな褐色の星状毛が密生する。葉裏に黄色の腺点があり、花は夏、雌雄異株で、和名は赤芽槲で芽が赤いことによるという」。昔この葉に食物をのせたことで別名「五菜葉《ごさいば》」「菜盛葉」とも呼ばれています。したがって、この供物にする葉は「アカメガシワ」でなかったのかと思われます。この「柏」は一名「みつの柏」ともいわれたようであります。前述の架蔵の「かしは傳」に次のごとく記しています。「是は伊勢のみもすそ河の岸に生る柏也。是を取て神供に備へ、又ハ占をもする也。又、ミつのかしハとは三葉柏といふ事也。（中略）今ハ志摩の国とくしの島といふ所にあり。木の上にかつらのやうにおひたるを登りて切おろす。時にひらにふして落たる斗《ばかり》をとる。其落やうにて、とふ事の有とや言傳たり」と記されてあります。この葉が占いに使われていたという事にも注目すべきであります。伊勢神宮では稲穂の生育に最も大切な時期にあたる五月十四日と八月四日、その年に風雨の災害なく五穀の豊穣を祈るために内外両宮はじめ、摂末社に至るまで「風日祈祭《かざひのみさい》」という祭りがとり行われます。中世の「皇太神宮年中行事」では、この祭りに「柏流神事《かしわながししんじ》」という年占《としうら》が行われていたことが記されています。すなわち「柏取七月四日是水流、豊年時静流浮流悪シト云々」とあり、みもすそ川の清流に浮枕する三角柏葉によって、その年の稲作の吉凶を定める「柏卜」が行われていたのであります。

（五）

さて、話は少し飛躍しますが、私は今春、ケルト文化を調査するため、アイルランド・イギリス・フランスを旅して来ました。その旅行中、ケルトと神道には何か相通じるものがあるのを感じました。古代のケルト人は、樹木に霊性を認め、神聖視しました。常に緑で覆われている樹木に不老性が宿っていると考え、樹木に生命力や更新力、神秘性を感得しています。また

写真（六）
オークの木にとりついた宿り木
（フランス・ランスにて撮影）
平成十四年三月

樹木は果実を稔らせ、生命の糧を与える樹木から受ける恩恵ははかり知れない自然の驚異と畏怖と偉大さ、感謝の心を感じていたようです。したがって、神社神道と同様、ケルト人は村や森を聖域とみなし、その中の特定の場所で祭儀を行っています。祭司職能者のドルイドは、オークの木（カシワ、ナラ、カシなどの樹木の総称）を特別に尊崇していましたので、儀式はオークの木の下、あるいはその周辺で行われています。大プリニウス「博物誌」によりますと、「ドルイドの持ち物の中で、宿り木とその宿主となる樹木ほど聖なるものはない。ただし樹木はオークの木でなければならない。刈り取りの儀式は盛大に祝われる。ドルイドは樹木の下に犠牲《いけにえ》と饗宴の準備をし、白牛二頭を連れてくる。まず、牛の角同士を結び合わせる。白衣の司祭が樹木に登り、黄金の鉈《なた》で宿り木を切り取り、白の戦衣にそれを受ける。犠牲獣は、それを神に捧げることで慈悲を得られるよう祈りながら屠る」とあります。

ケルト人は、神聖な儀式を行うときには必ずオークの木を用いています。オークの木の実（どんぐり）は古くは人間の食糧であり、また家畜のエサとしても重要で、オークの木の持つ生命力、生産力を崇めたのでありましょう。神道とケルトのドルイドの儀式には五穀とイケニエ等の違いはありますが、「柏」の木を媒介とする点に何か共通性を見出すのであります。（写真（六））

「かしわ」について面白い故事伝承があります。古事記（下）の仁徳天皇三十年九月の条に、皇后の磐之媛《いわのひめのみこと》命が豊楽をなさらんとして御綱柏《みつながしわ》を採られるため紀の国に遊行された御不在の間に、天皇が八田皇女を宮中に召し入れられましたが、その帰途、難波済《なにわわたり》（船着場）でこのことを知られた皇后は、お怒りになり、御船に積んでいた紀の国で得た御綱柏をことごとく海に投げ入れられたといいます。それによってこの海を柏葉済（かしわのわたり）と呼ぶようになったという故事が出ています。

こうしてみると、食物に関係の深い「かしわ」には種々の意味が込められていることが判ります。滋賀県の多賀大社では、筵寿といって柏葉は、延命長寿の植物として崇めています。五月五日の端午の節句に男子の成長を祈って食べる餅は、柏の葉でくるんだ「柏餅」と呼びます。国家「君が代」の歌詞の中の「さざれいし」は柏であるという説もあり、大御酒柏《おおみけのかしわ》は、酒を受けて飲む葉であるといい、酒を柏に受けて飲む事は古代の風習でありましたが、それが定まって、豊明節会《とよのあかりのせちえ》などには必ずその事が行われたといいます。

かくのごとく、「食物と柏」とは切ってもきれぬ関係があることは明らかであります。

「食物と健康」誌への執筆依頼に当り、平素考えている「かしわと食物」の関係について、その一端を記し、更なる資料の御提供と御叱正を乞う次第であります。

（「食物と健康」No.128・平成十四年十二月）

生田神社の鎮座地と生田遺跡をめぐって

生田の地名が古典に最初に現われるのは、日本書紀巻九の神功皇后摂政元年二月の条の「稚日女尊誨之日、吾欲レ居二活田長峡國一。因以二海上五十狭茅一令レ祭。」の記事で、生田は初め活田とされており、祭神稚日女尊の神誨により名付けられたとされている。生田が活田という文字を用いているのは、福原潜次郎氏（会下山人）によると、活の字は円形物に用いる字で、活田とは円玉のことを示し、円き田を意味するという。すなわち今の敏馬《みぬめ》の丘陵から摩耶山麓を伝って、熊内《くもち》北野、花隈の宇治野山高城の所までを海から見ると丁度半円を画しているところから生田と名付けられたもので、その生田の長峡《ながお》とは、今の中尾熊内の辺りの山の尾崎を云うとしている。

しかしながら、廣田・長田・生田といずれも田の字のついているところからすれば、廣・長・生の美称もしくはその田の状態を示すもので、古代の農耕生活から来た地名とみなすのが妥当かと思う。さすれば、この辺りの地は農作物のよく出来る肥沃な生き生きとした田圃のあった地と解することが出来るであろう。また、長田、廣田、生田の三神は、共に最初に祀られた地より遷られた伝説を有していて、旧地と伝えられている処が、いずれも云い合わせたように川に近く独立した特殊な山で、すなわち、長田の神は刈藻川の上流である名倉の北の丸山、俗にいう天神山に、また廣田の神は手洗川に近く高隈原であったといい、生田の神は生田川の上手の砂山《いさごやま》に祀られていたと伝えられていることは無意味に見逃せない事象である。

生田神社は、延喜式巻第九・神名　上によると、『摂津国八部郡生田神社〔名神大。月次・相嘗・新嘗。〕』となっており、八幡宮本紀三上には、『神名帳ニ摂津国八部郡生田神社一座云々、此社ハ兵庫の艮《うしとら》一里にあり』と記されている。日本書紀により後の古書旧記には、生田庄・生田郷・生田村・生田宮村等の名が見え、生田宮村というのは現在の所在にあたっており、明治維新の際には人家わずかに十二戸に過ぎなかったといわれている。摂津名所図会八部郡によると、

生田神社。生田宮村にあり。延喜式に曰く、名神大、月次、相嘗、新嘗。近隣廿四箇村の生土神とす。例祭七月三十日、又八月二十日。古は生田川の水上砂山にありて、地名を生田長峡国と称す。

とあり、遷座当時の伝説が今でも残っている。それによると、往古布引《ぬのびき》の渓流が大洪水で砂《いさご》山《やま》の麓が崩潰して生田神社が極めて危険にさらされた折、刀根七太夫なる者が馳せつけて御神躰を背負って自分の家まで帰り、庭石の上に御神躰を据え置いたが、なお洪水の危険があるというので、再び背負って現在の地までやって来た時、一歩も進む事が出来なくなって、此処に

鎮座したといわれている。それ故、昔の生田神社の祭礼には七度半の神事という儀式があって、洪水の時に刀根七太夫が生田の神の所へ行く時の困難な様子をうつしたものだと伝えられている。それかあらぬか、現在も御幸《ごこう》通という地名が残っているが、その地は布引砂山から現在の社地に遷座した時の道筋とするに相応しく、熊内《くもち》という地も、往古その神領内の一地であったものが地名となったものと考えられる。熊内というのは神内ということで、砂山の鎮座説を示すものと考えられる。熊内に旭の鳥居という古い鳥居が、現在も神戸市立雲中小学校の校庭近くに残っていて、これは昔の生田神社の鳥居ではなかったかといわれている。しかし、これとてはっきり確定づける資料は未だ見出されていない。

砂山の西北隅の土中から古代祭祀に用いられたと推考される祭器の破片が多数発掘されており、同地において相当大規模の祭祀が執行されていた事実は証明出来ると思う。

昭和十五年には、当時生田神社史の編輯委員であった岡田米夫氏と神戸史談会の川島禾舟氏が、砂山の実状について実地踏査した結果、(1)砂山に於て古代祭祀執行の形跡歴然たること。(2)生田神社の故地を求めるとすれば、矢張り布引付近を適当とすべきものなること。という結論を出しておられる。更にまた、同地には砂山太神宮と称する神祠が残っており、生田大神を祀っていたこともわかり、この説を裏書きするものであるといえよう。

それでは、砂山の地から生田の森の現在の地に何時頃遷って来られたのかについては確たる

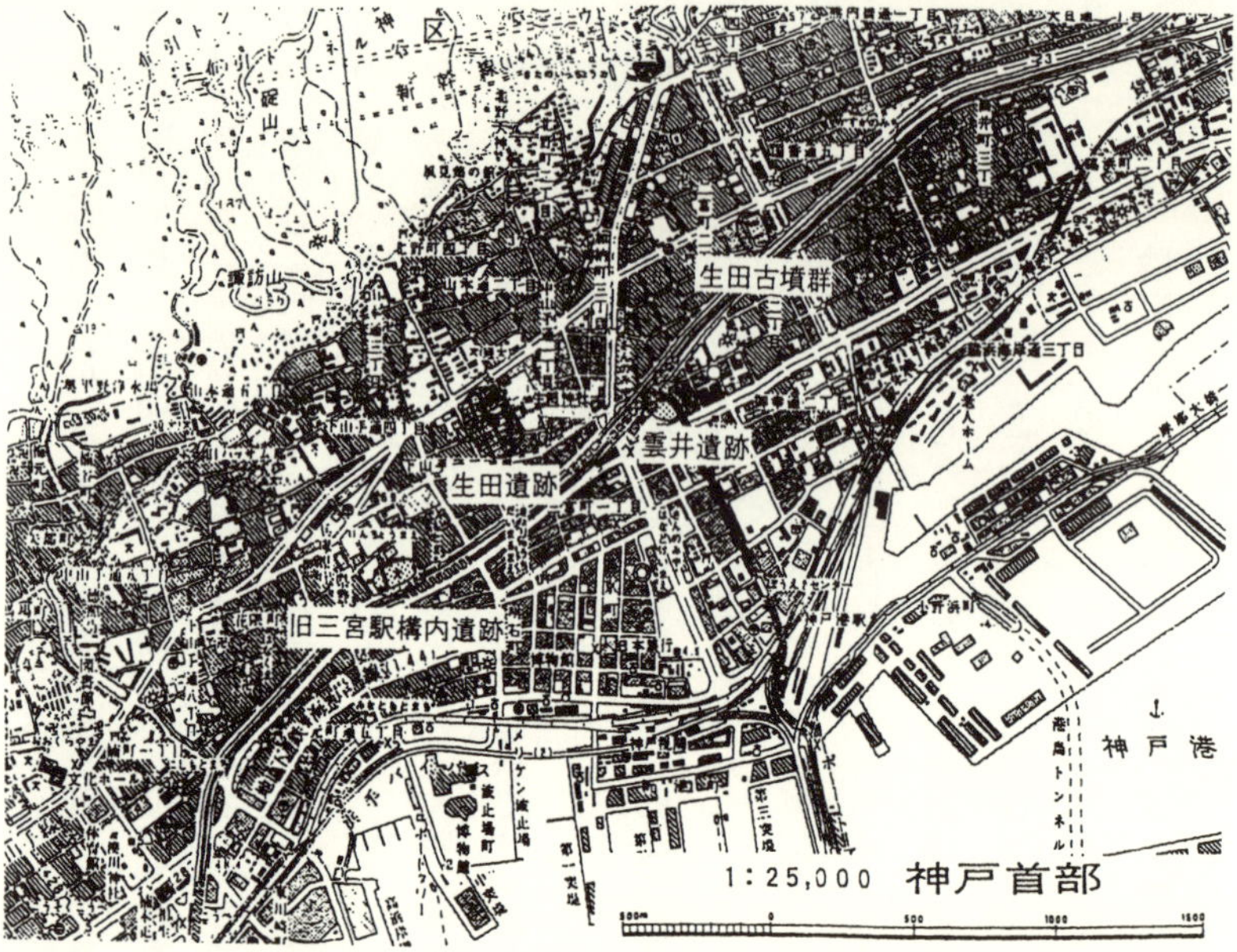

発掘調査地点図

資料も発見されずにいた。現在の生田神社の境内地から、これらに関係する資料が発見されず、ただ少数の古文書と伝承によって多年推移して来たのである。

　ところが、昭和六十三年一月末、生田神社の西側のホテル建設予定地を発掘していた神戸市教育委員会は、五世紀前半から六世紀後半のものと推定される住居跡を発見した。この遺跡は、古代に生田神社を祀っていた豪族の館跡と推定され、「生田遺跡」と名付けられた。同年一月三十一日には、現地説明が開かれた。

この遺跡からは、柱建物六棟と竪穴式住居跡二棟、かまどの跡、その他、祭祀具や土器類が出土しており、五世紀のものでは、県下でも最も古い遺跡の一つであると発表された。生田神社周辺の三宮界隈で遺跡と云えば、それまで皆無であった。それが、ＪＲ三宮駅前の雲井通で見つかり、すなわち、縄文時代末から弥生時代前期の雲井遺跡である。それから一年も経たずに生田神社のすぐ近くから生田遺跡が見つかった。これまで、この辺りに遺跡があるだろうと予測はされていたが仲々発見されなかった。ただ、この付近には古墳が存在し、生田神社のすぐ側《そば》であり、古くは「生田の森」に包括されていた地域であった。

発掘調査地は、生田神社の西南約百米の数年前まで、啓明女学院の学校用地であった。最初に手をつけたところは校舎の建っていたところで深く掘り下げられ殆ど何も残っていなかったが、引続き調査した部分は学校のグラウンドで荒らされることなく昔の地表が残されていた。最初、夥しい数の焼夷弾が、地表一米程の所に突き刺さっていた。それは、昭和二十年六月五日、生田神社の建物を悉く焼き尽くした時にＢ29より落とされたものである。そのあとから多くの土器が出て来た。いずれも古墳時代のものである。径七〜八十糎の穴も百個以上ある。これは掘立柱建物の柱を建てた時に掘った穴である。柱の直径は三十糎もある。掘立柱建物とは、柱を地中に埋めて固定した建物で、今日では伊勢神宮等に見られる。

この建物は、規模・形態などから、倉庫であろうと考えられている。古墳時代の一般的な集落に見られる倉庫に比べて立派で、しかも整然と三棟並んでいる。恐らく豪族の館に付随した米倉群であろう。校舎建築で掘り返されたところにも、多くの建物があったに違いない。

ここで思い起こされるのが、日本書紀の神功皇后の条に見える「稚日女尊誨之曰吾欲居活田長峡国以海上五十狭茅令祭之」の記事である。この「活田長峡国《いくたのながおのくに》」と呼ばれる地域がこの辺りに存在していたことは確かであろうし、この地域を治める生田神社に関係する豪族のいたことも確かであろう。この附近に現存する地名「長狭《ながさ》」をも考え合わせると、その可能性は十分にあるといえよう。そのような豪族の居館に附属する米倉として、この生田遺跡にみられる倉庫群は相応しい。

古い時期の遺構は、須恵器出現直後で、五世紀中頃のものである。また、新しい時期の遺構はやや時を経て、六世紀初頭と推定されている。古墳時代中期の遺構は方形の竪穴式住居一棟で四本柱である。北辺にカマドが検出された。カマド周辺には、甕・甑・高杯等の土師器が多量に残されていた。その中から当時食糧にした動物の骨片や植物種子、製塩土器が出土している。製塩土器は全て細片であり、このカマドで焼き塩が行われ、散状塩がつくられたと考えられる。なおカマドから掻き出された炭・灰層中に滑石製の臼玉四点が含まれていた。住居中央には浅い窪みが存在し、そこには底部を上にした状態で甕が残されていた。この遺構から須恵器は一片も含まれていないが、須恵器出現の遺構として、竪穴住居一棟、掘立柱建物六棟、溝

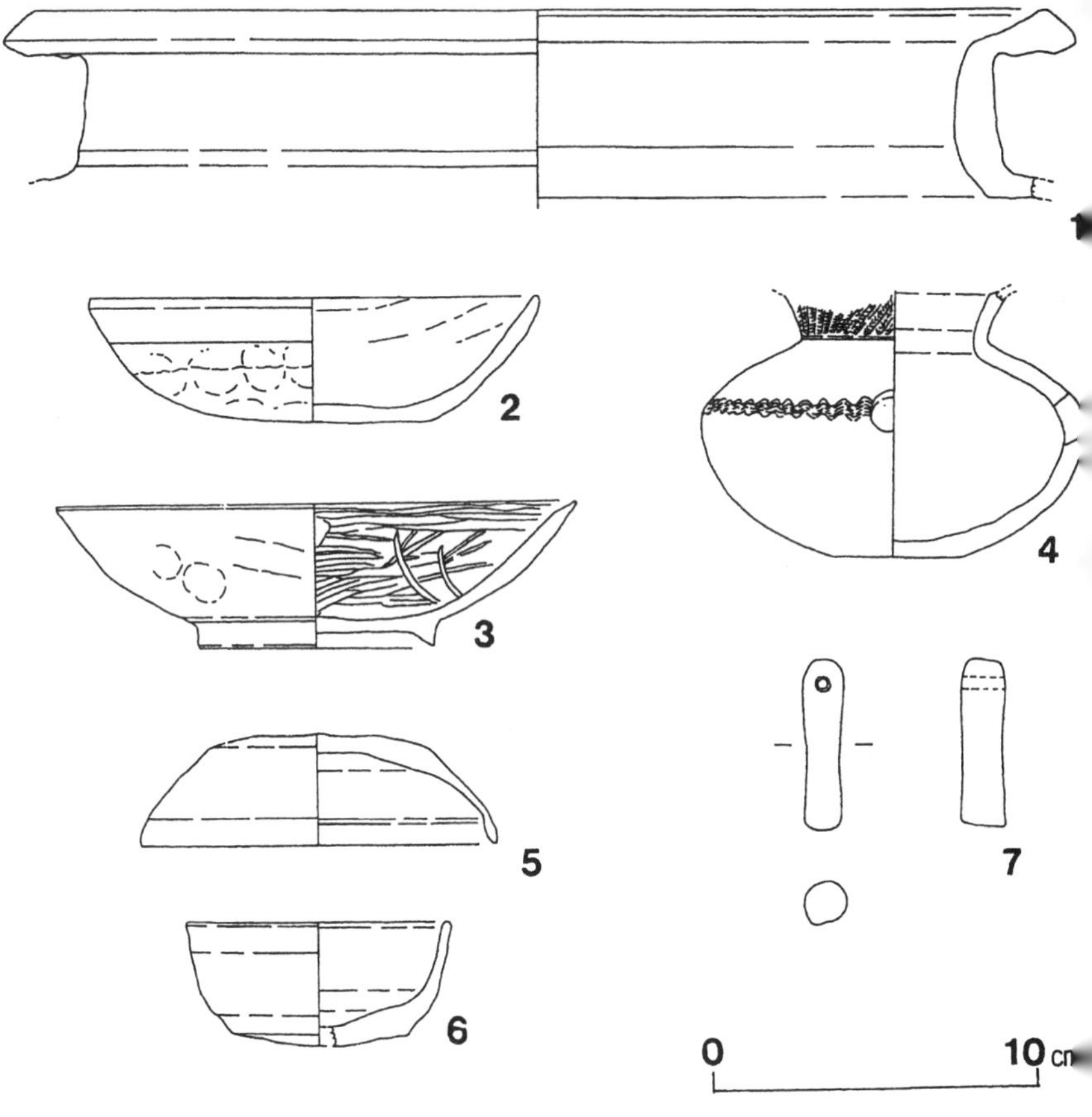

出土土器

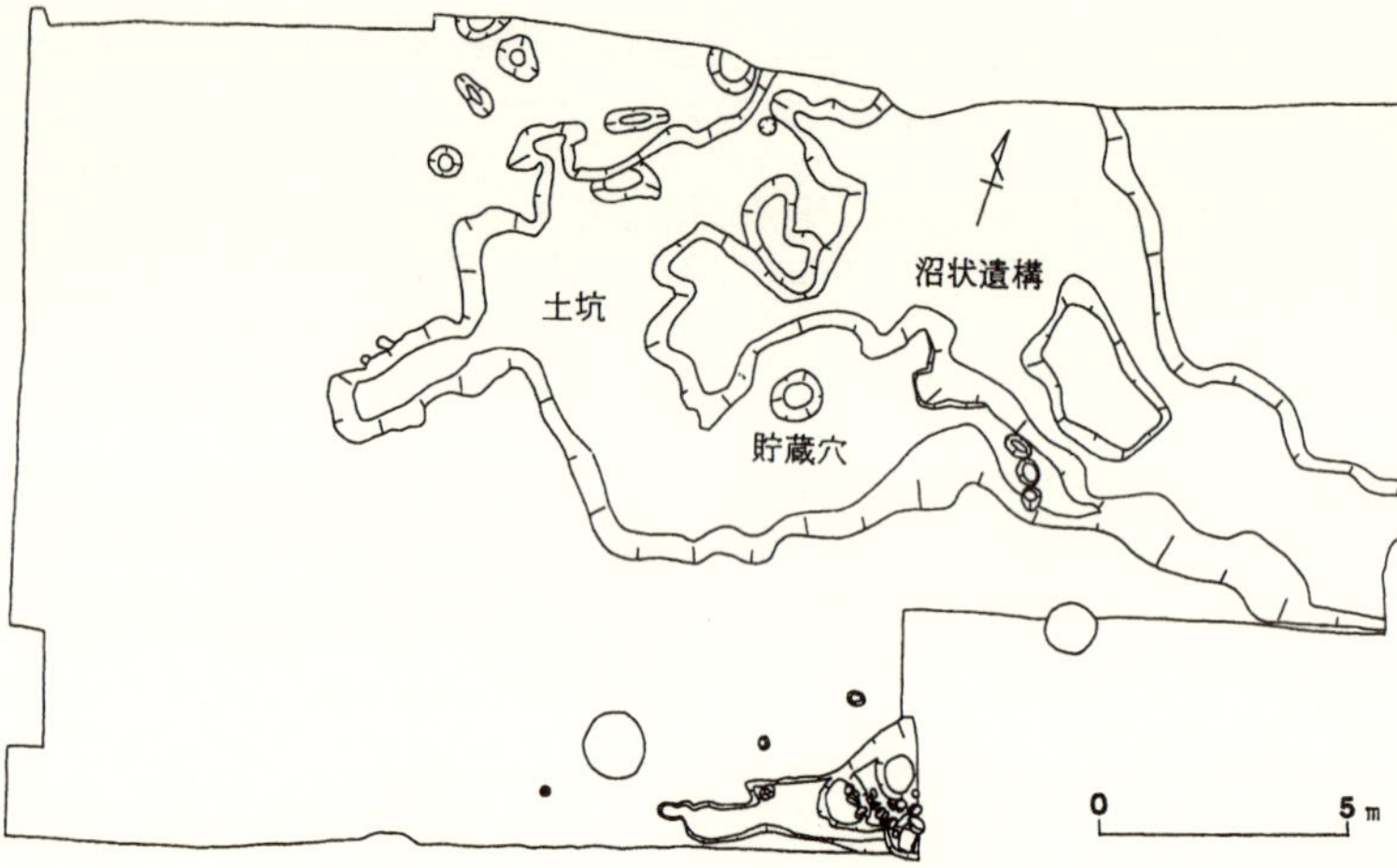

遺構平面配置図

状遺構五条などが存在する。ただ柱掘形内からの遺物の出土は極めて少なく、おおよそ六世紀初頭ないし前葉と考えられる。特異な遺物として、柱穴から数多くの滑石製品が出土している。小さな玉、鏡の形代である有孔円板、糸を紡ぐ際に用いられた紡錘車の形代など、いずれも祭祀に関わる遺物である。

ここで注目しなければならないのは、生田遺跡から何故糸を紡ぐ際に用いられた滑石製の紡錘車が出土したのかということである。

日本書紀神代巻上、第七段の一書に「稚《わか》日女尊《ひるめのみこと》、斎服殿《いみはたとの》に坐しまして、神《かむ》之御服《みそ》織りたまふ。素《す》戔嗚《さのをのみ》尊《こと》見そなはして、則ち斑駒を逆剝《さかはぎ》て殿《みあらか》の内に投げ入る。稚日女尊、乃ち驚きたまひて、機《はた》より堕ちて、持たる梭《ひ》を以て體《み》を傷《やぶ》らしめて、神退りましぬ」と記されているが、生田神社の祭神の神徳の一つは、機織《はたおり》の神であったという故事である。さすれば、生田遺跡から稚日女尊の御神徳の機織に因んで、糸を紡ぐ紡錘車の形代が納められていた事も生田神社との関わりを強く示唆するものがある。

さて、平成十六年四月には、三度目の生田遺跡が発見された。生田神社の西約三百米の地に共同住宅が建設されることになり、四月五日より五月三十一日迄に事前調査が行われた。調査面積は四一八平米であったが、そこからまた生田遺跡が出土したのである。

生田遺跡は、過去の調査では古墳時代中期（五世紀の中頃）の竪穴住居が一棟、古墳時代後期（六世紀初頃）の竪穴住居一棟、掘立柱建物六棟の他に古墳時代の自然流路などが検出されている。また、周辺には縄文時代末期から弥生時代前期の雲井遺跡、古墳時代の生田古墳群、奈良時代から平安時代にかけての旧三宮駅構内遺跡がある。

今回の調査では、古墳時代から奈良時代にかけての比較的大きな土抗が複数切り合う状況で検出された。また、自然河川につながる沼状遺構も検出された。土抗の規模はそれぞれ長さ約一米、幅約八十糎のものが多く、埋土は粘土と砂の互層になっていた。また、土抗の上には人頭大の石をいくつか置いてあるのが目立った。これらの状況から各土抗は貯蔵孔の可能性があると思われたが、ドングリやその他の自然遺物が出土していないことに加え、古墳時代から奈

生田遺跡から検出された土抗跡や沼状遺構

良時代の遺物が中心に出土していることから、一概に貯蔵とは断定できず、現状ではなんらかの排水のための集水施設もしくは土器の廃棄場所であるとも考えられている。これらの遺構は、調査区の東側で検出された沼状遺構に続いており、この遺構に水を溜め沼状遺構に排水していたことが考えられる。ただ検出された遺構の性格については不明な点が多く、更に今後周辺での発掘が進められると、より生田神社との関係が明らかになるのではないかと期待される。

出土遺物は、上層で中世の羽釜、須恵器、土錘。下層では、土抗と沼状遺構からは、古墳時代後期の須恵器の甕、杯蓋、古墳時代末の須恵器の杯、奈良時代の須恵器の甕、土師器の杯、黒色土器の杯、土錘、蛸壷の破片等が出土している。

生田遺跡から出土した祭祀具や土器の破片など

とりわけ、私が注目しているのは、今回の生田遺跡からは、蛸壷の破片や魚釣りの錘などが出土しており、このことから、海を職業とする水夫《かこ》、揖取《かんどり》、漁師の長《おさ》である海上五十狭茅が奉斎する土着の国津神系の海洋部族が、天津神を奉持する神功皇后御一行に服《まつろ》い迎え、一たん神躰山砂山《いさごやま》に稚日女尊を奉祀し、更にこの活田長峡国《いくたのながおのくに》の生田の森の聖地に遷し祀られたのが生田神社ではなかったのかと思考するのである。そして軈て、この生田の森周辺の生田川の流れる東側を避けて、特に西側の域に、生田大神を祀る崇敬者の家、神戸《かんべ》が建てられ集落が形成されて行ったのではないか。

　したがって、最近の考古学的調査から生田神社の創祀の問題も再検討しなければならなくなってきた。思うに、これまで旧社地と考えられていた砂山《いさごやま》は聖なる神躰山として崇敬して祭られ、神功皇后御創建当初から生田神社は、活田の長峡国の生田の森に祀られていたのではなかろうか。今後の更なる研究が待たれるのである。

（「神戸史談」第二九五号・平成十七年一月）

大鳥神社流記帳

大鳥神社流記帳は巻子仕立てで、大鳥大社に所蔵されてゐる。「平安遺文」古文書編第一巻ならびに「堺市史」続編第四巻所収の「大鳥神社文書」の中にも掲載されてゐる。ただ、「平安遺文」の編者竹内理三博士は、この大鳥神社流記帳が「後世の書き入れが加っている様子である」として、史料としての取扱ひについて、いささか疑義をもって居られる。この巻子には卍の朱印が三十八押されてゐる事も注意すべきである。（但し「平安遺文」には卍の朱印が「卅五アリ」と記されてあるが、私の調べたところでは、三十八であった。）

流記帳に掲載された大鳥五社明神とは、大鳥大社のほかに大鳥神社（鍪靸）、大鳥美波比神社、大鳥井瀬神社、大鳥浜神社の延喜式内社を併せてかく総称されてゐる。

さて、大鳥大社は、大阪府堺市鳳北町一丁一番地に鎮座し、大正十三年の神社明細帳には、

社殿曰景行天皇四十三年癸丑使本國大野里（今之大鳥神社是也）其後孝徳天皇御幸之事
文武天皇慶雲二年官符正一位勲八等官幣朝使菅生朝臣小村奉幣云々　于流記帳
爾来沿革不詳天正年間兵燹之後僧某就社傍創立一寺名神鳳寺而稱別當職祭紀之後陽成天皇
慶長七年壬寅十二月豊臣秀頼再造神殿

「大鳥神社流記帳」六月廿六日　御祓戸の條

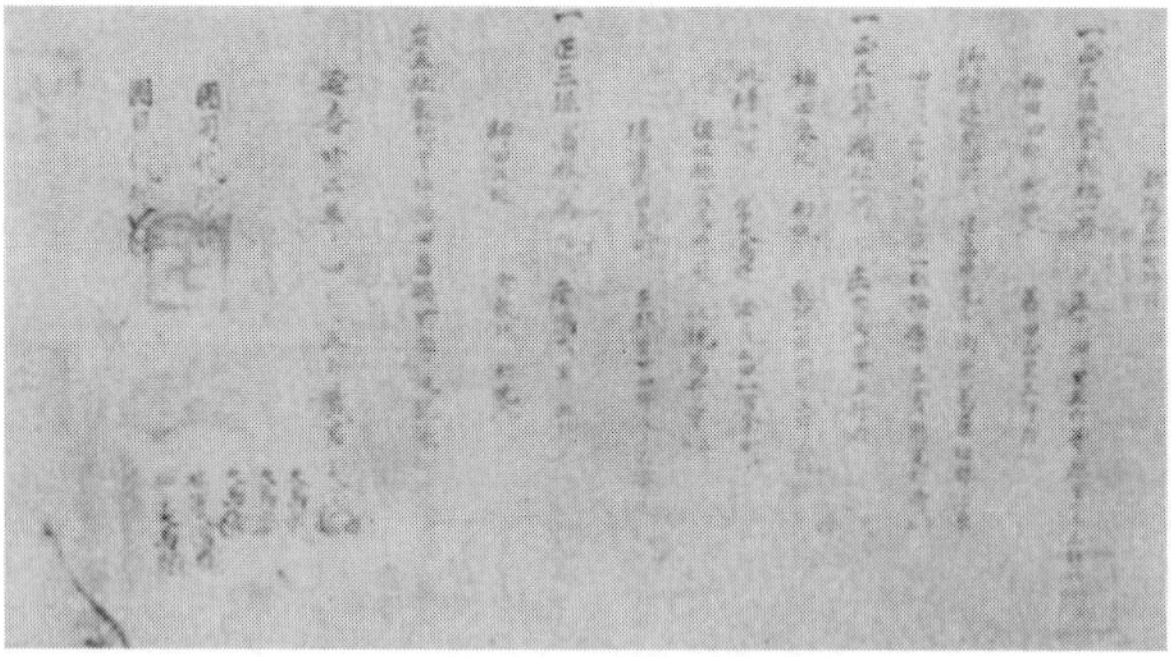

「大鳥神社流記帳」巻尾

後西院天皇寛文二年壬寅三月徳川家綱使石河利政于時堺刺史土佐守造營神殿
東山天皇元禄十四年辛巳十一月徳川綱吉使柳澤保明武蔵国川越城主左近権少将兼出羽守修繕社殿
明治四年五月十四日被列官幣大社同六月十三日堺縣大参事藤井千尋参向告奏
（註）當社祭神元日本武尊ト称シ奉リシガ明治九年一月教部省ヨリ上奏セシ官社祭神考證ニ依リ大鳥連祖神ト確定ノ旨明治二十九年十月三日内務省社寺局長ノ通牒ニ依リ訂正ス

とあり、延喜の制、名神大社に列なり、祈年月次、新嘗の案上官幣及び祈雨の幣帛に預かった大社である。「平治物語」によれば、平清盛等熊野よりの帰途本社に立寄り、その子重盛は神馬を献じたと記されてゐる。本流記帳には「正一位勲八等大鳥大明神」とあるが、國内神名帳には「正一位大鳥神社」と記されてゐる。

古来、祭神は日本武尊であったが、明治九年の教部省より上奏された官社祭神考證によって、大鳥連祖神とされ、明治二十九年の内務省社寺局長の通牒以後は、祭神を大鳥連祖神とするが、昭和三十六年六月二十八日、日本武尊増祀の許可を得て、爾来日本武尊を主祭神とし、大鳥連祖神を合せ祀られてゐる。「特選神名帳」に「今按本社祭神、社伝に日本武尊と云れど、こは大鳥を白鳥の故事に思ひよせて後人の云出たる説と聞え、又大鳥明神縁起帳にも日本武尊を祭る由に云れど、此縁起は後人の偽造なること著ければとらず。（中略）思ふに此神社も大鳥連の祖神なること明か也。故今社説を許せり」と記してゐる。従来日本武尊祭神説が通説となってゐたのは流記帳と共に本社に伝承されてゐる「大鳥五社明神并別當神鳳寺縁起帳」に「日本武尊遊化之叢祠大日靈貴降臨之霊地（云々）日本武尊示白鳥形、鎮座于曾禰里、大日靈貴現白鳳質飛鳴於千種森　是故三妃合祭號大鳥五社大明神」と記述されてゐるのが根拠となったやうである。

現在大鳥神社の例祭は八月十三日に行はれてゐるが、特殊神事としては四月十三日の花摘祭がある。この祭の起源は不詳であるが、流記帳によると、「毎年四月七日御祭一日、但御花摘在花薗一所」とある。古くから行はれゐた祭であらう。往時は、浜寺公園内の御旅所への神輿渡御があり、堺の乳守遊郭より花摘女が供奉し、花笠を着け、花車を索き、花籠を神前に供へたといふ。現在は花笠を着けた稚児約三十名が行列をなし、花車一台が供奉して、本社の神前に花籠十台を供へて参拝する習はしとなってゐる。

大鳥大社の建造物は、本殿の様式は「大鳥造」と称する特殊な構造で妻入り、方形で内部は板扉により、内・外陣に分れてゐる。出雲大社の「大社造」に類似した古式を遺してゐるが、「大社造」に見られる外縁・勾欄がなく、戸口も前面中央に取付けられてゐて、むしろ「住吉造」に類似した様式をもってゐる。現在当社の境内は方八町「千種の森」と称し、南北に長く、ほぼ矩形をなしてゐる。古くは相当広い境域をもってゐたものであらう。

流記帳に出て来る石津川は『大日本地名辞書』によると「二源あり、一は鉢峰《ハチガミネ》より発し、上ニ神谷《ハタニ》川と云ひ、一は陶器村に出で、相合して北流、石津に至り海に入る。長凡六里とす」とある。また石津郷は「神石村（上石津）、浜寺村（下石津）の二と為る。鳳村の北なり。東は百舌鳥野にして、海浜は堺浦と高石浜に続く。石津川此地にして海に入る」と出てゐる。また流記帳に「鳥居肆基　立峰田阾一基」とある峰田郷は「今八田《ハンダ》荘村是なり。和田郷久世村の北にして大鳥郷の東なり。大字八田《ハンダ》八田寺等あり。行基菩薩の誕生地とす」とあるところである。

大鳥神社五社の一つ、流記帳記載の「正一位爾波比社」は延喜式の古写本九條家本・金剛寺本・吉田家本には「大鳥美波比神社」と記され、九條家本には「ミハヒノ」吉田家本には「オホトリミハヒ」の訓がつけられてゐる。「神社覈録」には「美波比は仮字也」とあり、また「和泉志」には「美屋比」と記されてあって「美」と「爾」は通音であるので「ミハヒ」「ニハヒ」あるひは「ミヤヒ」と呼称されたやうである。現在では「大鳥美波比神社」と称されてゐる。

流記帳には、「大鳥社庄中宮是也」とあるが、現在の鎮座地は、堺市鳳北町一丁一番地の大鳥神社境内で、その地は、旧神鳳寺本堂址と伝へられるところで、本社の東北隅に位置する。祭神は天照大神を主神とし、菅原道眞公を相殿に祀ってゐる。ところが、「神社覈録」では「按るに、当社こそ大鳥連祖天児屋命なるべけれ」と述べてゐるが、「和泉國式神私考」では「両道入姫命」として、今の大鳥濱神社の祭神に比定してゐる。「神祇史料」では、「爾波比」

から「庭津日神」と考へ「庭津日神は盖庭を守り坐神也」と述べ、「神名帳考證」も「庭津日神」としてゐる。

要するに「ミハヒ」の義については未詳であるが、「ニハヒ」から「庭津日神」「庭火神」に比定されたのであらう。

「大鳥五社大明神并神鳳寺縁起帳」によると当社の祭神は「地神第一代天照大日靈貴也」とあって、垂仁天皇二十八年に白鳳の姿に化して「鉢峯」に降臨するが、景行天皇二十四年勅命によって武内宿禰が霊鳥を求めて、この地に来り、天照皇大神の託宣を聞かれて同五十四年、今の千種森に白鳳が止住した故事をもって、この地を「高天原」として奉斎したとある。しかし前述の明治六年三月二十六日の教部省通達によって大鳥神社境内へ遷座され今日に至ってゐる。

さて、流記帳記載の「正三位鍪靭社一所」は「国内神名帳」には「従三位大鳥鍪靭社」と記され、九條家本・金剛寺本・吉田家本には、いづれも「大鳥神社鍪靭」と書かれてゐるが、本社の大鳥大社と区別するため「鍪靭社」と略称されたと考へられる。

現在の鎮座地は、堺市浜寺元町三丁目二三九番地であるが、「和泉志」には「在二西下村一」と記され、「和泉國式内社目六稿」にも「在西下村」と書かれてゐて、明治以前この地が西下村と称してゐた事が判る。

祭神は、現在「吉備穴戸武媛命」とされてゐる。しかし「大鳥五社大明神并神鳳寺縁起帳」には「大鳥鍫靭神社者垂仁天皇之皇女両道入姫命也　則日本武尊之后妃而仲哀天皇之皇母也　鍫謂農具靭是兵器並是祭具　以此等具祭此神故以為名也」と記述して、祭神を両道入姫命とする。吉備穴戸武媛命、両道入姫命・弟橘姫命は、いづれも日本武尊の后妃であり、神鳳縁起帳はこの三后妃を鍫靭社、井瀬社、濱社と神名式記載順に配祀して、伝記として記載してゐる。「鍫靭社」も「和泉國式内社目六稿」には「維新以来稱大鳥北濱社」と記されて居り、大鳥五社明神の一つ「大鳥濱神社」と混同してゐた事があったやうである。従って祭神にも鍫靭、井瀬、浜の三社では異説、錯誤異伝がしばしば生じてゐる。またこの三社とも流記帳に記載されてゐるごとく、神位が共に「正三位」であった事も異同の生じ易かった原因となってゐる。

例祭は、往古は本社と同様八月十三日であったが、現在は十月五日となってゐる。

さて流記帳記載の次なる「正三位井瀬社」は、「神社覈録」には「井瀬は為勢と訓べし」と記され、社名の由来については「神名帳考證」に「春水霊　井瀬者堰和名井世木也　言春水為レ東」と記述してゐる。これによると堰との関連を示してゐるが、将に流記帳にも「川堰一所　字大鳥井」とあって、堰を守る神としての意味が強くなって来る。更に大鳥濱神社の「西」に対し、東に位する事が「神名帳考證」より判る。社伝によると「井瀬社」の旧社地を「泉北部八田荘村大字堀上」とするが、「神祇志料」や「和泉志」では「平岡村大明神山」としてゐる。また

「井瀬社」の社名より「井」に由来を求める説もあるが、おそらく石津川流域の「川堰」の守護神として奉斎されたのが「井瀬社」ではないかと考へられる。

　現在の鎮座地は、堺市宿院町東二丁目一番地である。

　祭神は日本武尊の三后妃のうちの弟橘姫命を祭神とするが、「泉州志」には、「餘按ニ神名帳ニ井瀬社外別有多治速比賣命神社　然則井瀬社者弟橘姫之荒魂耶」と記述されてゐて荒魂説をとつてゐる。「大鳥五社大明神并神鳳寺縁起帳」には「大鳥井瀬社者吉備武彦之女、吉備穴戸武姫命也、是亦日本武尊之后妃也」とあって吉備穴戸武姫命として、先の蟄靭社と混同してゐる。これは、前述した蟄靭、井瀬、浜の三社の祭神の異同混乱から来るもので、のち〳〵までこの三社の祭神には日本武尊の三后妃として共通性があったものと見られる。ただ注目すべきは、「和泉國式神私考」では「天兒屋根命十一世孫大野主命ハ大鳥連之祖大野ノ堰《ヰセキ》之邊ニ祝祭神也」と述べ、大野主命を祭神としてゐる。まさしく、大鳥連の祖として、「堰を祭る神」として述べてゐる点にこの説は聞くべきであらう。

　例祭日は七月三十一日で、大鳥大社より神輿の渡御がある。

流記帳の最後に記載されてゐる「濱社」は「神社覈録」には「濱は波麻と訓べし」と出ており、「今井戸森明神と称す」と記してゐる。流記帳には「正三位濱社一所　座嶋木里五坪内」とあって、嶋木里が何処なのか論議があり不明であるが、元禄四年七月寺社改帳（「堺市史」

続編第四巻所収）には「泉州大鳥郡今在家村　井戸守明神社　勧請年號不知　無神主社平地除地此境内貳千八百拾八坪」とある井戸守明神をさす説もある。「和泉志」にも「大鳥濱神社在二今在家村一　稱二井戸森明神一」とある。

現在の鎮座地は、高石市羽衣五丁目二番六号である。社前には深さ五十尺を越える井戸があって、海浜で飲料水が得られるといふことでこの井戸が神聖視されたらしい。したがっておそらくこの社地の井戸水が神水として尊崇され井戸を守護する神として「井戸守明神」としての信仰を高めて行ったのであらう。

現在は、祭神を両道入媛命とする。「大鳥五社大明神并神鳳寺縁起帳」は、弟橘姫命を祭神とするが、神社明細帳や「和泉国式内社目六稿」は両道入媛命としてゐる。一方「泉州志」・「和泉国式神私考」は大鳥連の祖である天兒屋根命を祭神としてゐる。

要するに、大鳥神社の主祭神を、日本武尊にするか、大鳥連の祖神にするかによって、それ〴〵の五社の祭神の神格が変ってゐる事に注意すべきであらう。

この延喜廿二年四月五日の大鳥大神宮五社流記帳の内容から判断すると、大鳥神社は大鳥連の祖神を祀る神社であり、尓波比社は大鳥氏の氏子地域を守る神、鏧靭社は農具祭具武具を始め食物に関する生活を守る神、井瀬社は堰を守り災害を除去する神、浜社は人間と深く関はる水を守る神として古代の氏人達の信仰を集めた尊貴な神々であったのではなかからうか。

最後に花押の押してある大鳥氏は、「平安遺文」に於ては「氏名及花押追書ノ如シ」と記して疑義を挟んで居られるが、「新撰姓氏録」に記載された「大鳥連、大中臣朝臣同祖。天兒屋根命之後也」であらう。栗田寛博士の考證に次の如く記されてゐるのが参考となり、現時点ではこれをもって結論づけてよいのではないかと思ふ。「延喜二十二年大鳥神社流記の連署に職事大鳥云々と見えて、名は記さざれど、この社に仕ふる神官の多くは、天兒屋命の裔にて大鳥連なる事知るべし。然れば、神名式大鳥郡大鳥神社、各神大月次新嘗とある神社の神も同神にますこと著く、泉州志に昔、大鳥大明神禰宜神主皆大鳥氏也。神鳳寺縁起帳云、天古移禰命十一世孫大野臣従二筑紫一来住、観レ此則大野臣來二大鳥里一斎二大鳥神一自稱二大鳥姓一奉二祖神一耶といへるも、古伝のままと聞ゆるを、この後に成れる和泉志には、大鳥明神縁起帳といふを引きて、日本武尊の白鳥に附會したる説を挙たるは誤なるを、今に至ては、その説世に弘まりて、泉州志をとり見るものなければ、大鳥神社の天兒屋命を祭れりとも知らざるは、いと歎かしき事なり、されど古書をよく見たらむには、その惑は忽ち開けぬべし」と。

和泉國大鳥神社流記帳

□□①大神宮五社　流記帳事

一正一位勲八等大鳥②大明神一所

社敷地壹處

大鳥里一坪二坪　同原里卅四五六坪

在大鳥郷③

四至 限東道并神田 限西大道 限南野田村并道 限北榎本村并小道

神田貳町貳段三百四十歩　巳勅施入

大鳥里一坪百歩　二坪六段　十一坪二段自北一二長

高槻里十二坪二段大　同廿一坪貳段　菅町里廿坪町

濱貳浦　四季御贄料

葦田浦

九月宣日④御放生料

高磯浦

四至 限東公田 限西海 限南日下刀壊(ママ)⑤ 限北小溝

上限津川、所謂石津者、難波長柄豊前朝廷之御領、伊岐宮造料石従讃岐國運置津也、仍名者

下限 益鏡小川、所謂益鏡者、同朝廷為陵所、御賢行幸、其間従輦件小川、落入御鏡也、仍為名、是則上道昭者令進野祭料細(網カ)曳者鳥居前令進御勢(ママ)也⑥

御封肆烟

當國二烟　阿波國二烟

鳥居肆基

立蜂田於⑦一基　濱一基　社前後各一基

毎年四月七日御祭一日、但御花擿（摘カ）在花薗一所字厩原、是國内人民等奉仕之中、日根参箇郡、依巡々者、十烈預、細男預田楽并参種預差定御供預、大楽両色預、差定大鳥郡

六月廿六日御祓戸　在葦田浦

所領田畠伍佰拾餘町

在阿波國郡（ママ那カ）賀郡平方嶋者

御榊葉山参所

在上神郷　字八峯　稲持　冨庄峰等也

一正一位尒波比社一所　大鳥社内庄中宮是也

神田参段　勅施入

葦田正里卅五坪一段　布施屋里卅六坪　水合里一坪

郡里六坪并三ヶ坪二段　畠地貳佰歩　赤坂里廿七坪内

一正三位鍫靫社一所　庄下神里五六并原里十二三坪
神田四段　勅施入　葦田正里三坪内
御狩迮《（庭カ）》野四所　字西原瓦山　南原葛原伊勢治原
四月以上子日、自上原一松持廻、下居貫懸究折骨云云

一正三位井瀬社一所　庄大鳥里廿五坪内
神田参段　勅施入　敷地一段同廿三坪二段
川堰一所　字大鳥井　法尻《（マヽ）》公田一百余町
但以祢宜為井司　以祝為井守云云
堰迮《（庭カ）》料田壹町　在郡里卅四坪人々不寄作

一正三位濱社一所　座嶋木里　五坪内
神田二段　即敷地　勅施入

右五社敷地并神領田畠曠野等　流記帳如件

延喜廿二年四月五日　職事　大鳥⑧（花押）
　　　　　　　　　　　　　大鳥（花押）
國司代弥（花押）　　　　　大鳥（花押）
國月代弥（花押）　　　　　大鳥（花押）
　　　　　　　　祢宜大鳥（花押）
　　　　　　　　神主大鳥（花押）

（註）① 二字欠となつてゐる。大鳥と入るのであらう。「平安遺文」（古文書編第一巻）の編者は、この部分を「故ラニ破損シタリ」と記してゐる。
② 「平安遺文」の編者は、この大鳥に疑義をはさみ、「擦消シテ改メ追書」と注をしてゐる。
③ 「平安遺文」の編者は、この部分も「追書ナラン」と疑義をさしはさんでゐる。
④ 「平安遺文」では、この部分が「宣旨」となつてゐる。「堺市史」続編第四巻所収の「大鳥神社文書」では、この部分を「寅日」としてゐる。
⑤ 「平安遺文」では、「塿」の字を「堺」と読んでゐる。
⑥ 「堺市史」では、「勢」を「贄」としてゐる。
⑦ 「平安遺文」では、「阾」を「路」としてゐる。
⑧ 「平安遺文」では、「以下氏名及花押追書ノ如シ」と注をして疑義をもつてゐる。

（「神道及び神道史」第三十六号・昭和五十六年四月）

兵庫県ゆかりの神道人の書・大國隆正筆「ひょうたんなまず」

なまづおさへたぬらくら武士が　武術文学精出し給へ
ぶらりぶらりと身はなり次第　君の御ため民のため
太平の代は駒も不出
もしも出たらばなんとしよ

185　兵庫県ゆかりの神道人の書・大國隆正筆「ひょうたんなまず」

百なり子なり取身はまして　【二七㎝×八九㎝】

大國隆正が江戸時代の泰平の武士を揶揄した面白い書画軸である。「江戸時代の腰抜け武士が、太平の世にぶらりぶらりと仕事もせずに怠けっぱなし。馬を出す戦もない。もしも戦いでも勃発したらどうするのか。ましてや百も千もいる若年寄の配下で鳥取組頭に属し、将軍の遊猟や鷹場を巡見して鳥の所在を調査する役のとりみのさむらいは、この太平の時期に天皇のため国民のために武術や文学に精を出して文武両道に励みなさいよ」と解釈すればよいのであろうか。隆正は能筆家であると共に絵画もよくした。生田神社に所蔵の「へそだんご」の書軸にもこうした絵が描かれている。

○

大國隆正は、石見国津和野の藩士今井秀馨の子である。のち、野之口氏を称し、晩年、大國と改めた。隆正は早くより五十音図（いろはうた）に着目し、音韻学の研究を志した。而してこうした戯歌《ぎれうた》にもその影響が伺える。文化七年、昌平黌を退学し、本居宣長の門人村田春門についた。文化十四年、父のあとを受けて家を継いだ。ついで翌文政元年、長崎に遊学。当時の長崎は西欧の学問・文物を学ぶ唯一の窓口であった。隆正はここに数ケ月滞在し、西洋の理学とインドの梵学をも学び、来日していた清国人について書法の指導を受けている。帰途、石州津和野へ立ち寄り、江戸へ帰ってからは、さらに皇朝諸名家の筆跡を研究した。したがって、隆正の書が一家の風をなしているのは、かかる結果である。

江戸時代の三百年は、歴史上、空前の泰平続きであった。それだけに武士は怠け、一方学問・文化の繁栄は盛んであった。諸侯の中には、早くから藩学を設け、藩内子弟の教育をはかるものがあったが、文化・文政の頃はそれがピークに達した。播磨国小野藩一万石の藩主一柳末延も、これを自藩に設けたいと考えていたが、たまたま隆正を紹介するものがあったので、参勤交代帰途、大坂で面接し、即座に採用をきめて小野へ連れかえった。隆正が藩主一柳末延に建言し、興した藩学は「帰正館」と呼ばれた。加東郡南端の市場の大庄屋近藤亀蔵は文化愛好の心があつく、殊に隆正が小野へきてから、その学問と人となりを愛し、色々なものを書かせている。隆正は、小野へきて、思いがけぬパトロンを得たというべきである。隆正が帰正館を興し、その教授となってから、藩士の間に歌会が始まった。作品を短冊や懐紙に書くことも活発であった。やがて、この風は近隣に波及し、しだいにその輪をひろげた。ここに掲げた隆正の「ひょうたんなまず」の書軸は、曽根天満宮架蔵であるが、おそらく帰正館在任中に書かれたものと思われる。このようにして東播周辺に隆正を慕う人が年と共に増えていったのであろう。

嘉永六年、アメリカのペリーがきて開国をせまったとき、隆正は「文武虚実論」六巻を著して海防を説き、また、「梓物語」を著して報国の至誠を説いた。さらに、主唱する学問の要旨を「本学挙要」二巻におさめ、わが国体の秀れていることを説いて人心の作興をはかった。本稿に掲げた「ひょうたんなまず」の書画は、一見何でもない戯《たわむ》れの書画に思えるが、決してそうではなく、彼が唱えた警世の書であると言えよう。

慶応三年、徳川慶喜は大政を奉還し、王政復古の世となった。このとき、政局の中心となって活躍した岩倉具視の構想には、隆正の門人玉松操より得たものが多かった、という。隆正は、維新後、徳大寺実則より所見を問われ、「神祇本義」を著して呈上した。明治元年七十七歳の高齢ながら新政府の徴士となり、内国事務局権判事に任ぜられたが、三年後の明治四年八月十七日、八十歳で帰幽した。

（「兵庫神祇」第五五四号／平成十一年一月）

兵庫県ゆかりの神道人の書・鈴木重胤書「幽宮賦」

「幽宮《かくりのみや》」と称せられる伊弉諾神宮は、兵庫県津名郡一宮町多賀に鎮座し、伊弉諾尊を祀る。

当社は伊弉諾尊が淡路島を生み、群神を生み終えて「幽宮」を淡路之洲に営んだとする。

この長歌「幽宮賦《かくりのみやをうたふ》」は、鈴木重胤の書の中でも格調高く、心を籠めた筆致で記された雄渾の大作である。

淡路は伊弉諾・伊弉冊二尊が最初に産ませ給うた所であるが、伊弉諾尊が種々の神業を終えさせ給うた後、幽宮を造らせてお隠れになられ、その御霊・日之少宮《ひのわかみや》を常宮と鎮まりましたのが、また淡路である。

そして今もなお多賀にましまし、あめつちのあらん極み坐します。したがって、産みの親であらせられる伊弉諾尊様並びに、その直系であらせられる天照大御神様以下の至尊に仕えまつって、生きとし活ける者はこの聖業を翼賛し奉るべきである——と詠じたものである。

鈴木重胤は文化九年九月淡路国津名郡仁井村の庄屋勝左衛門の二男に生まれ、姓を穂積朝臣、幼名を雄三郎、後ち勝左衛門と改め雅号を厳橿本《いつかしがもと》（始め橿廼舎といった）、橿の家と号した。本長歌には「穂積重胤」と正しい姓名で揮毫している。

天保初年大阪に出て、鴻池家に見習となり後ち、橋本邦直、大国隆正等に学び、国典、和歌、筆算、俳諧等にも及んだ。

天保十四年平田篤胤の声明を慕って秋田に赴いたが篤胤すでに歿後五十日を経ていたので、その墓前に於て師弟の礼を行い、留ること四ケ月、更に出羽の庄内に在ること半年に及び、門人すこぶる多かったが、のち江戸に帰り本所小梅に寓居した。この時、緒大藩の子弟が来り学ぶ者が多かった。この間、諸国を遊歴してその足跡国中に普く、奥羽、九州にも及んでいる。

重胤は夙に敬神の念厚く、殊に深く神代史を研究し、とりわけ「日本書紀伝」と「祝詞講義」とは、その半生の努力を捧げたもので、平田篤胤とその声名を均しくしている。その主張するところは、

敬神尊皇は我建国の大本なり。日本臣民たるものは須《すべか》らく此の国体を会得し、以て日本魂を鞏固にし、皇恩の万分の一に報ひ奉るべし。而して此の大義を明にするには、神典の講究に俟たざるべからず。

と喝破している。

重胤は皇典のみならず、經書、歴史、天文、地理、医算にも精通し、日本書紀伝、祝詞講義のほか、古始大元図、開闢図、経緯歌、古今和歌、幼学等々著作がすこぶる多い。

江戸小梅に仮寓していた或日の夕方、松平山城守の使者と称する二人の凶漢の来訪を受け、

突如凶刃に斃れた。それは幕吏の仕業であるとか、或は平田門下の忌嫉してなす所とか云われているが判明されていない。時に文久三年八月、享年五十二であった。

重胤は常に橿は霊木なりと称し、自ら橿の家と号した程であるが、これに因んで庄内の門人一同から「道足別嚴橿根大人」の霊号を贈られた。

また津名郡仁井村へ帰郷の時、嚴橿神社を建立し、自らその縁起を書いている。重胤の邸宅跡の背後の丘上に嚴橿神社と道足別嚴根大人の碑が建っている。

「幽宮」たる伊弉諾神宮と仁井村の嚴橿神社は同じ郡内の近距離に鎮座している。因に仁井村は阪神淡路大震災の震源地野島断層の北淡町にある。

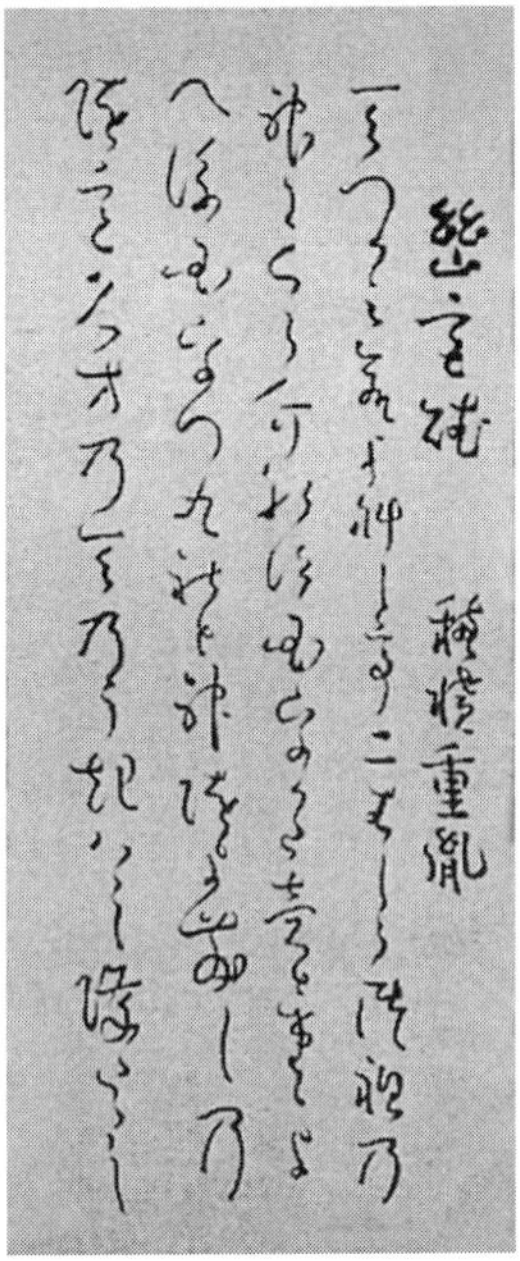

〈釈文〉　幽宮賦《かくりのみやをうたふ》　穂積重胤
【一】天《あま》つかみ　命《みこと》よさして　二はしら（柱）　御祖《みおや》の

神に　くらげなす　国をかた《(固)》めて　ただよ《(漂)》
へる　国をつくれ《(造)》と　神随《かむながら》　よさしの
随寔《まにまに》　久方《ひさかた》のうきはし《(浮橋)》　降りたたし

【二】おのころしま《(島)》に　八《や》尋殿《ひろどの》　みたて《(建)》たまひ
御いもせ《(妹背)》と　相とつがし《(婚姻)》て　国土を
うみなし《(生成)》たまひ　八百萬《やおよろず》　国つみ神
をあれいで《(生出)》て　うづの御子をも　生《あれ》
たまひ　ことなし《(事成)》たまひ　大こと《(事)》を

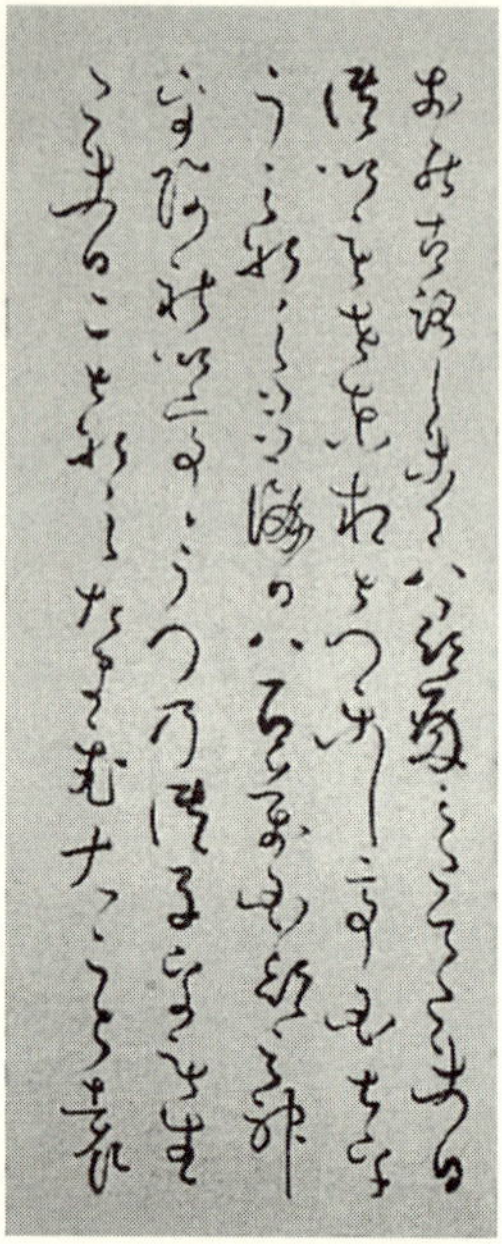

【三】すでに竟《おへ》まし　徳亦《いさをまた》大にまして
かへりごと《(返事)》　天上に奏すと　みけむか《(御餞向)》

ふ淡路洲に　大神のかくり《(幽)》の宮
をつくら《(造)》せて　かくり《(隠)》ましけれ
そのみたま《(御霊)》　日《ひ》之《の》少宮《わかみや》を　とこ《(常)》宮

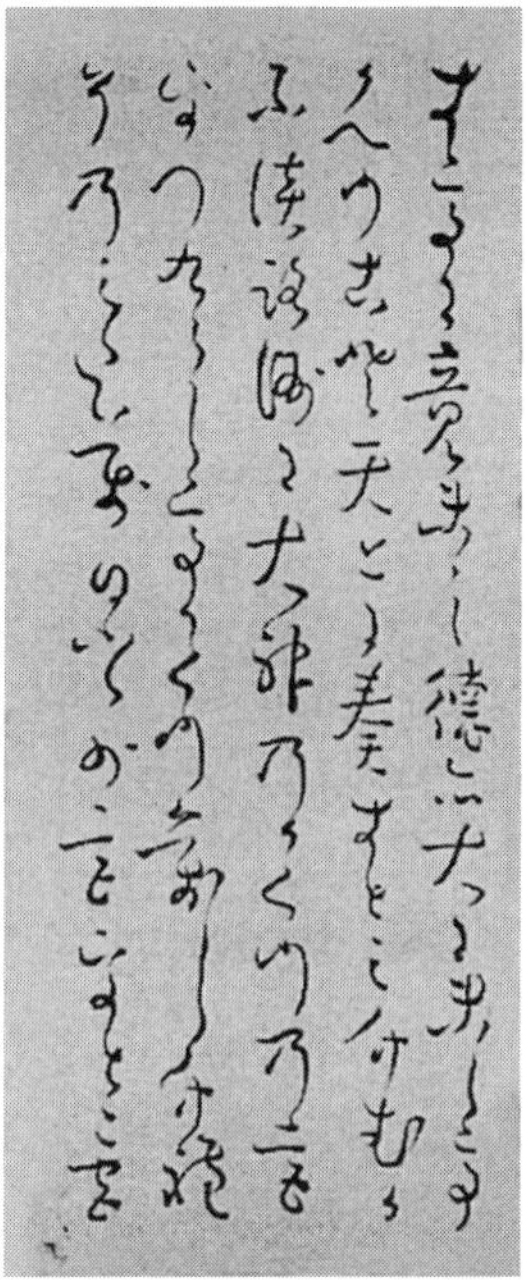

【四】と　しづ《(鎖)》まりませり　大神の現《うつし》御
身はし　この宮に　在《(おは)》すもしるく
明石の海　そこ《(底)》つしら《(白)》珠　その神
の　乞はしたまひ　うまかひ《(馬飼)》が　め《(鯨)》
さきの疵《くせ》を　にくましし　御稜《みい》
【五】威《つ》　くす《(奇)》はし　天雲《あまくも》の　下《もと》なる国

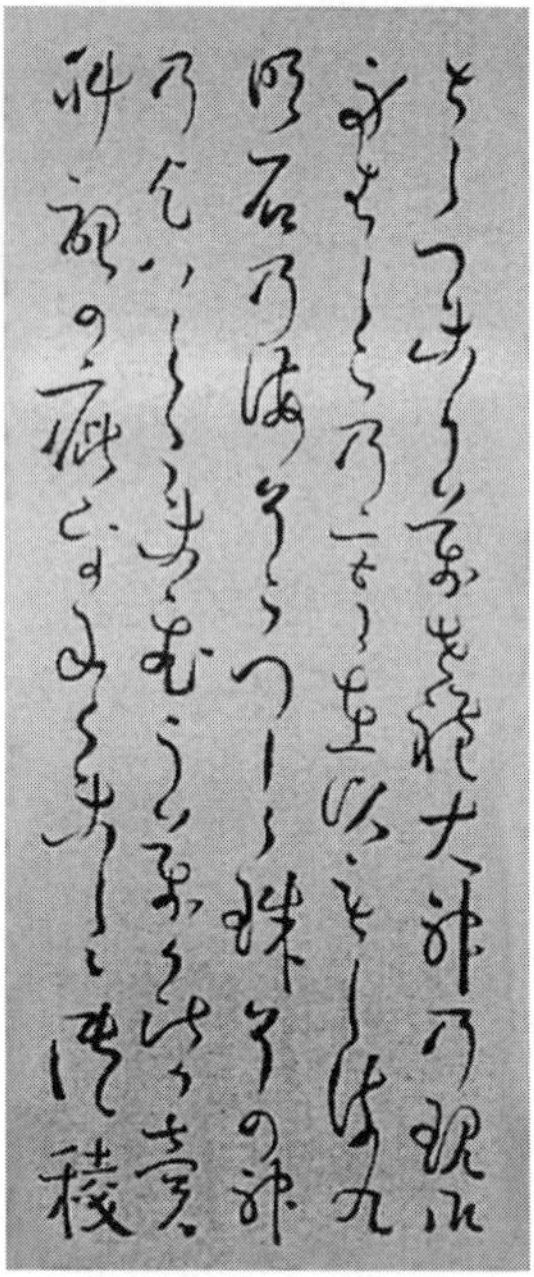

の　日月をば　載くきはみ　世中に
生《いく》とし活《いけ》る　人草は　云《いふ》もさら
なり　いささけの　木草と云へど
造化《つくら》る　みたま《（御霊）》かがふり　生《あれ》

【六】

出《いづ》る　みかげ《（陰）》をうけ《（受）》て　国土を
あらむかぎり《（限）》は　祖神《おや》と　仰ぎ敬
ひ　ちちはは《（父母）》の　思をなして
朝夕に　齋《いつ》くみかみ《（神）》ぞ　於保《おほ》
にな　思ひそ

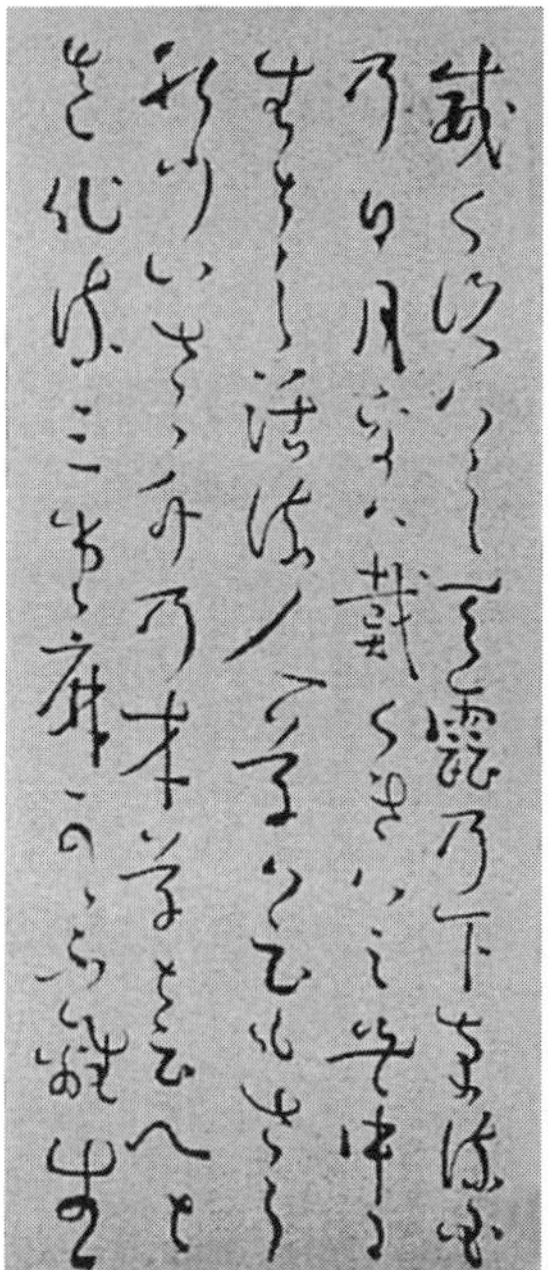

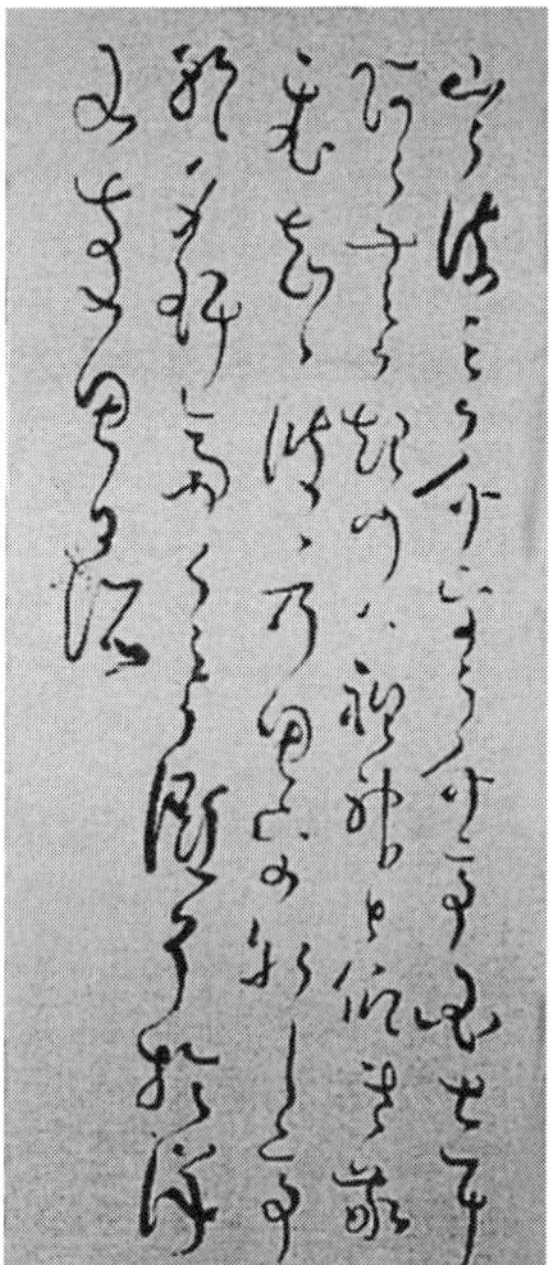

（『兵庫神祇』第五五五号・平成十一年六月）

兵庫県ゆかりの神道人の書・本居大平

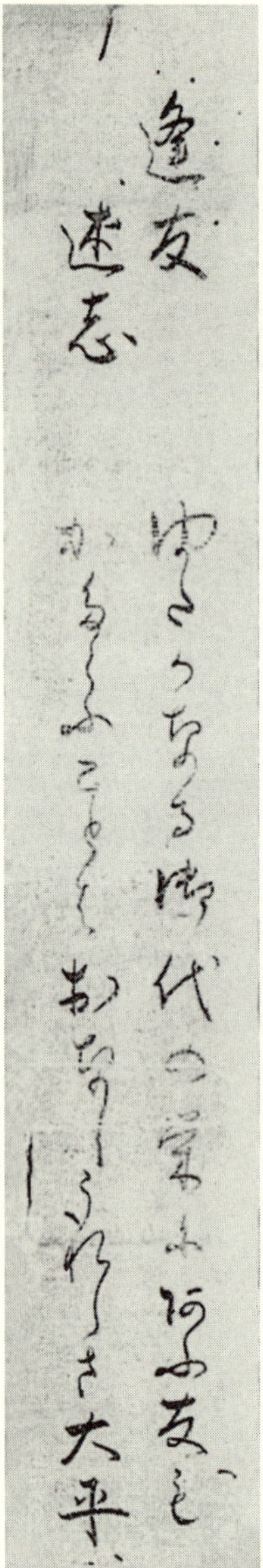

逢友述志　ゆたかなる御代の栄にあふ友もかたらふことはおなじうれしさ　大平

この短冊に詠まれた書は本居大平のもので曽根天満宮の所蔵である。この歌を拝見しても判るが、大平の歌は元来が穏やかな、そして物を理づめに考える人だけに、どちらかというとその歌も技巧にとらわれた作品が多い。

本居大平は宝暦六年二月十七日、伊勢の松坂で生れた。もとは稲掛棟隆の子で、幼名を常松、後に十蔵、十太あるいは十介と改めている。十三歳の時、父と共に本居宣長の門に入り、茂穂と称した。のち重穂と改め、いくほどもなく、また大平と改めた。家の名を藤垣内《ふじのかきつ》といった。

したがって、大平の歌は今風古体に詠み分けて、今体は「藤垣内歌集」に、古体は「稲葉集」

に収めてある。
享和元年宣長歿するに及び、長男の春庭が瞽であったので、養子をとり、代って入門して学統を継いだ。大平は、本居氏を名乗り、通称を三四右衛門と改め、紀州侯に仕えて、しばしく松坂と和歌山とに往復し、御前で講義を行っている。また、「紀伊風土記」撰進の命を蒙って、紀州侯の寵寓も厚く、晩年には格禄共に大いに進んだ。時には京の都へも上り、学問を講義している。

しかし、大平は学者としては、そんなに業績を残していないが、人となりが篤実温厚で門弟から重んじられ、宣長の学問をよく守り、これを普及するという功績は大であった。門人も千名以上にのぼり、その中でも、名をなした人として、近藤芳樹、加納諸平、中山美石、足代弘訓、中島広足、斎藤彦麿、伊達千広等がいる。曽根天満宮に写真の如き「逢友述志」の短冊を架蔵されているところを見ると、おそらく曽根家の御先祖の関係者が本居大平の門人であったか、さもなくば、鈴屋門にかかわりのある方が姻戚関係にあったからかも知れず、この短冊を手に入れられたものと考えられる。

大平の歌には、

影みえて雫ちそふ池水はそこにも梅の香や匂ふらむ

といった面白い作品もあるが、繊巧の謗りを免れ得ない。恋の歌にしても、

真葛原おなじ恨をうちかへしこなたかなたに騒ぐ秋風

といった技巧にとらわれた作品で、新古今集の慈鎮和尚の作「我恋は松をしぐれの染かねて真葛原に風さわぐなり」の流を追ったもので、真率とか力強さとかがやや乏しいといえる。大平の娘の藤子も多く歌を詠み、その夫となって本居家の家業を承け継いだ内遠《うちとお》もまた歌をよく詠み、多くの門人を指導した。本居家の門流には新古今風を庶幾したものと、萬葉風の古調のものと二つに分けて見るべきであり、同時にこれを兼ねたものもあった。

大平は天保四年九月十一日紀州和歌山で歿している。享年七十八歳であった。和歌山湊吹上寺に葬られ、笏の形をした霊牌と影像とをもって大平の家に祭られた。諡して、「国足八十言霊大人」といった。著書に萬葉集合解、萬葉集山常百首、玉鉾百首解、百人一首梓弓、神楽歌新釋、古学要、三大考辨、古言類聚、姓氏録考、八十浦の玉、夏己路毛、関のうまや、有馬日記、名草の濱づと、己未紀行、吉野の若葉、名兒屋の日記、和屋紀行、折竹三四辨、よひもりの考、馬名合解、近世三十六人撰、草枕の日記、おかげまうでの日記、答村田春海書、倭心三百首、藤垣内答問録、藤垣内之集等がある。

大平と兵庫との縁をあげるならば、天明元年二十六才の時、八月二十七日に旅だちをして、摂津の国有馬に湯あみして、九月二十五日に帰省し、のちに「有馬の日記」を著している。門人としては養父郡に北垣和兵衛方照、赤穂に中村孫四郎良臣、平福に神吉新右衛門弘範、姫路に上月外記為彦、宍粟郡に稲岡秋平がいる。

（「兵庫神祇」第五五八号・平成十二年六月）

摂播路と岡熊臣

こたびの旅立は、年頃のねがひ満ちぬべき時のゆければ、みづからは更なり、父母家人こぞりて、よろこびの色の折に合ひて、櫻舎の花盛に、朝とく、我が大御社に詣でて、御幣奉り、暇乞ひて出づ。

といふのよりはじめて、

ふる郷に帰りつきける日、よめる祝の歌しげりゆく木ずゑをかけて古郷に若葉の錦けふぞ着て来し

みづからかかる歌よむも、このたびよろこびにえ堪へてなむ

文化といふ年十まり二とせ卯月廿九日

熊臣　自記

とあるやうに、いかにもたのしく、心地よい旅日記である。したがって、その間の播磨から摂津を過ぎ行く途次に感じた紀行の一文を本誌に掲載してみたい。

前半の山陽道をのぼって京都に着くまでの日記は、まづ整ってゐるものの、京都では用事が多く、繁忙で日記をしたためる暇もなかったと見えて、その後のものは筆執り損ったものか、

後半は文章を成してをらぬやうである。ただその多忙な間でも、風景に対し人に接し、神に詣でなどした時には、ただちに情感起り、感動して長短の歌がほとばしり出てゐる。この中に掲載されてゐる長歌としては、兵庫の湊川を過ぎて楠公を懐慕したものや、京都での御所の盛大を讃嘆したもの、伊勢の両宮の御稜威を祝ったもの、本居宣長の墓の前を過ぎて敬服の情を叙べたものなどがある。

左記は、その中から播磨路から摂津に向ふ名所旧跡を見学しつゝ威佩して記した日記風の一文である。

○

廿四日　晴

よべにもこりず、けさも夜ぶかく宿を出でて舟越嶺といふをば、まだ夜をこめて越ゆ。月いと暗うして、ものすごき心地す。

白浪のたつと聞きこし此の山ぞうべ船ごえの名にはおひける

わかさ川といふをわたるほどぞ、やう〳〵夜も明けはなれぬる。有年・片嶋などいふ駅は、みな播磨国なりけり。正條川といふを舟にてわたり、しばらく行けば、姫路の城の出居など、はるかにこなたより見ゆ。此のわたりには名高き処々もおほけれど、例の馬にていそぎ行けば、みな見残しつるぞ口をしき、こよひは加古川といふすくにやどる。

廿五日　晴

けさは夜あけて宿をいづ。明石にいでて、まづ人麿の御社にまうづ。昼のかれひなどくひて、町中にくだりてそこここ見ありく。此のほど日をへて馬にのりたれば、尻いたくて今はいとくるしければ、いかで舟もがなと思ひて、船場にいづる所の右のかたに、なにがし寺とか門前に源氏の舊跡明石入道の何くれしるしの石建てたり。あまりに片腹いたければ、立ちよりても見ず。そもそも此の物語よ、近世のものしり人たち、いかに心得られけむ。ひたすらの作物語とは見つつも、ともすれば、紫の筆のあやめに心まどひて、みづから誠なきゆかりの色にぞ染めなされ給へるもありて、つひには、かかる事をさへ作りいでて、世の人まどはしとはなりにける。

尋ねても世になきものを紫のふかきこころの水茎の跡

風あしくて船のたよりなければ、せむすべなくて、また馬にのりて行く。大蔵谷・舞子の浜・垂見・一の谷など過ぎゆけど、道いそぐとて須磨寺にはえ立ちよらず。遅桜のちりしきたる木のもとに馬をとどめて、

大かたの花のあらしのさそはずばあはれ若木はのこらましもの

かくいふほどに、兵庫駅をも過ぎぬ。

弔楠公墓

かぐはしき名こそ朽ちせね楠の世にかくれなき跡の石文

湊川懐古

そのかみもかくや流れしみなと川にしよりよする沖の白浪

とはいひつつ、猶心ゆかねば、

いかなりし　神のあらびぞ　大君の　御言かしこみ　たふれらを　ふせぎいむかふ　御軍は　弓弦もゆるび　太刀の緒も　とけて乱れし　いそのかみ　ふるき世おもへば　此の川の　水もはかなし　此の海の　浪もうらめし　かしこくも　我が大君を　かくかくに　なやめまつりし　足利の　醜の醜臣　後の世に　名こそそけがせれ　末の世に　身こそはふれれ　其の世には　国の御民を　我がものと　犯し奪ひて　年毎の　御調もせずて　さかしらに　世をあざむきし　時のかなしさ

反　歌

禍つ日の神のうらめししかすがに天つ日嗣はたえずぞありける

日ははや西の海に落ち入る頃、岩谷村とかいふより馬にのりて、西宮駅につきしは夜の子の刻なるべし。夜もすがら馬をあゆませつつ、やうやう暁がたに難波津にいでぬ。まだ朝とく江戸堀なる我が国君の御やかたに着く。ここに石見屋といふは、むかしより知るものなれば、はやう起き出でて、何くれ心づかひす。よべの道七八里もあるべし。雨すこしふり出でぬ。

廿六日　曇

宿の柱に見しれるやうなる手して

　石見屋ときくもなつかし古郷ののどけき空の心地こそすれ

と書きつけたるなむ。こは如何なる人の手にかと問へば、をととひなるべし、児玉氏の老人はじめ十人ばかり此の屋にやどりて、きのふ大和路をへて伊勢のかたにまうでられしと語りき。そもかかる旅やかたにして、さること聞き知りけるも、誠や言の葉の道しるべあればこそと、いと嬉しきものから、いかに行きたがへてや、あはでやみなむと、ことこと家あろじにあつらへ言しつつ、彼の歌のかたへに書き添へし

　なつかしき人の言の葉見てしより旅の心ぞなぐさまれける

　ことの葉の道したがはぬものならば行きめぐりても逢はむとぞおもふ

夕つかた淀屋橋のもとより川舟にのりて、伏見駅にのぼる。三十斛とかいへる小き舟に多く乗りたれば、いといたう狭くて、膝をだにもえくつろげあへず。こゝに難波の者とて、伊勢詣するものにや。いとろうたげなるむすめども十人ばかり、老いたるをのこひとりふたり添ひて、人目しのぶやうなり。曹洞宗にや。年若き修行者も八九人うちまじりて見ゆ。えもいはぬことどもいひしろぎつつ、かしがましさ言はむかたなし。いづこの人にか枚方といふ所にて、

　淀ふなも鯉も無常も押しあふて身はひらかたのすしになりけり

といへるもをかしや。おのれも口真似に

焼いひの袂にあるも乗合の膝にしかれてくはれざりけり

といへば、皆わらひぬ。やう〳〵夜明けて、淀の橋のもといふに着きて、ここより八幡にまうでまくおもへば、舟よりおりつ。けはしき山坂のぼりて、雄徳山の大御社の御前にいたる。此の御社いとおごそかなり。御幣など奉り、麓にくだる。

○

「都路の若葉」は紀行文ではあるが、幕末の播磨から摂津に至る旅程の一端がしのばれ興味をそそられる。

文化十二年三月二十四日の早朝に備前国三石の宿を経ち、船にてわかさ川、正條川を渡り、馬で姫路城を遠望しつつ、二十五日の夜、加古川で泊ってゐる。この間、わかさ川、有年《うね》、片嶋、正條川、姫路、加古川と地名が登載され、翌二十六日には、明石の人麿社、(註三)明石入道源氏の旧跡、大蔵谷、舞子の浜、垂水、一の谷、須磨寺、兵庫へとつづく。彼は勤皇の士、国学者で楠公の崇拝者だけあって、特に楠公の墓を詣で涙を流し、長歌を詠じてゐる。神戸の灘の岩屋村から馬で西の宮へ着いたのが夜の子の刻（午後十一時から午前一時の間）であったとある。

この行程を見ると播磨から摂津への海岸線を上る当時の旅がしのばれて、短文ではあるが歴史地理の研究の貴重な一資料となるものといえよう。また、彼は歴史学者であったため、歴史事実に忠実なる事を旨としたため、紫式部の筆になる源氏物語がフィクションであるにも拘らず、明石入道なにがしの旧跡として、(註四) 史跡の如く取扱はれてゐる事に批判の筆を記してゐるのも、歴史家としての態度を知る上でも参考になるものである。

(註)㈠ 拙著「神道津和野教学の研究」並びに拙編「岡熊臣集（下）」参照。

㈡ 紀行文の五種とは「若葉の雫」・「つくし櫛の日記」・「萩が花ずり」「都路の若葉」・「夏衣日記」である。

㈢ 熊臣は柿本人麿をいたく尊敬し、石見益田、高津の柿本神社を深く信仰してゐた。彼自身「柿本人麿事蹟考辯」なる書物も出版してゐる。したがって、明石に到着するや、まづ、人麿社へ参詣した事もそのあらはれといへよう。

㈣ この紀行文に出て来る明石入道の碑については、平野庸脩編の「播磨鑑」に次の如く記されてゐる。松平忠國御建立　御自詠ノ和歌を石碑に刻み玉ふ

いにしへの名のみ残りて有明のあかしの上のおや住しあと

采邑私記云　大化年中釋法道之開基法道事載有元亨釋書正暦元年恵心僧都詣二書寫山一歸路来二于此寺一彫二虚空藏像一今在實相教院　保元年中平相國清盛營二諸堂寺院一以二地藏像一安置于本堂今本尊是也　寄二附寺領五百石一以レ故清盛滅後養和二年之春寺僧為立二五輪石塔一皆施供毎年不怠云　天文八年夏罹二冠火一　爾後住侶相尋創建事詳二于寺記一　小笠原忠政建二山

王社及十王堂　安置本落十三體　松平光重安置大日釋迦多寶之像于塔中　今寺中有
三坊　松平忠國立明石入道之碑于此寺　刻自詠和歌　源氏物語明石巻　所謂浜之館此
邊也　故有此擧云々善楽寺屋敷貳反三畝廿四歩　諸役免許ノ御黒印　御地頭御代々御黒印
有之不載之

（「摂播歴史研究」第八号・平成三年五月）

神道津和野教学と現代

現代社会において最も大きな関心事として論議を呼んでいるのは教育問題であろう。昨年末成立し施行された新教育基本法は、六十年ぶりの全面改正で、まさに戦後教育史を劃する出来事であった。教育の目的はこれまでは「個人の尊厳」「人格の完成」を期すという抽象的項目であったが、今後は公共の精神を尊び、伝統を継承しつつ、日本国家の一員として振る舞うことが出来る「国民」に子供達を育てることになった。

さて、教育の淵源をたどってみる時、江戸時代から明治にかけて各藩において行われて来た独自の特色ある教化活動にはみるべきものがあり、現代の教育制度を考えるに当っても、それらの藩黌教育をこの際もう一度見直す必要があろう。各藩にはそれ〴〵の教学があり、その根本精神を探ることによって藩の性格なり指針なりが解明できると思う。

幕末という激動期にあって小藩ながら藩黌を充実させ、一つの教学を打ちたてて藩の教化を行った津和野藩もその例である。津和野教学思想の根源とみられる岡熊臣の「学本論」には見るべきものがある。また津和野藩から輩出した明治の元勲の一人、福羽美静も注目すべき人物である。

福羽美静は島根県鹿足郡津和野町木園の人で、津和野藩の藩黌養老館で国学や兵学の修業を志し、岡熊臣の教えを受けていたが、更に京都で大国隆正について国学を専修し、律令格式に精通するに至ったので、安政三年十月十日には養老館の教師に任ぜられた。文久より元治にかけては国内紛争が急を告げて来るので、単なる学究者たる事を許されず、京都にあって上国の情勢を察知し、或いは元治元年四月には多胡兎波と共に毛利家へ遣わされて、藩が朝廷や幕府に建言した趣旨に対する同意を求めたり、或いは山口にあっては外国船襲来の実情を調査し、湯田にある三条実美公ら七卿の近況や長州藩の形勢を津和野へ報告し、或いは椋木弥輔らと幕府の討長について成否に関する意見を藩主に答申するなど周旋に努力することが多かった。また築後の真木和泉と共に孝明天皇の勅問に答え奉ったこともあって、藩の興廃を双肩に担っていた。この間、美静は神葬祭・霊祭式の案を立てて藩の儀礼を整えるなど上下のために抜群の才能を発揮した人物である。明治の御代になってからは、元年三月徴士として呼び出され、神祇事務局権判事となり、御前に召されて「古事記」を進講した。また天皇が即位の大礼をあげさせ給う際、即位新式の調査の立案の実務を執った。明治三年八月神祇少副の職を勤め、御系図取調をも兼務し、大嘗祭御用掛を承わるなど、明治維新の功業を翼賛し勲労が多かった。とりわけ、靖国神社の源流とも見られる招魂社の設立に尽粋した。著書に「古事記神代系図」「遭遇時事記」「神官要義」「忠孝本義」「一夢の記」などがあり明治の神道教化や神社行政に携った重要な人物の一人として評価されるべき人である。

この美静の学んだ養老館の特色は、他藩の藩黌と異なり、儒学・医学・数学・兵学などのほかに、後年、国学部を新設し、国学を諸学の首位に置き、国学教師に岡熊臣を抜擢して学則を撰ばしめたことである。学則の冒頭に「道は、天皇の天下を治め給ふ大道にして、開闢《かいびゃく》以来地に墜《おち》ず、人物の因って立つ所にして、今日万機即ち其道なり。古語曰惟神《かむながら》とは神の道に随《したが》ふも亦おのづから神の道あるをいふなり」と述べ、その学則の根本精神は「尊皇」「敬神」「愛国」の三ヶ條であった。これが全館塾生の教育の指針となり、津和野における教育の根本精神ともなった。その養老館の学則の賛に書いた福羽美静の歌に、

　　ながれ出しそのましみづのみなもととおもへばふかきかげぞこもれる

とあるが、この岡熊臣の「尊皇・敬神・愛国」の思想こそ津和野教学の源流をなしたとみなしてよいであろう。したがって、津和野地方一帯の神職に熊臣が如何なる神道教化をしたのかを現存する著述よりみると、第一、古典研究類　第二、兵制研究類　第三、心霊研究類　第四、教育研究類　第五、祭祀研究類　第六、文学語学研究類　第七、創作類　第八、雑著類となっている。

この目次の内容を更に大別すると、㈠神道の根本精神は何かという問題、㈡霊魂の問題、㈢神職並びに祭祀の問題、㈣古典研究とその態度について、㈤師匠の問題、㈥詠歌の問題、㈦異

教（儒教、仏教、基督教）の問題であり、以上七つの問題が「学本論」中に織り込まれている。
熊臣が唱えた神道の根本精神は「学本論」一の巻の冒頭の「学問せざる者の心得」ならびに「皇国の道」に次の如く述べている。

神道と称ふるものは、禰宜、神主が行ふ祭祀神事のみと申す事の様に存じ候ふ族のみ之有候。笑止千万の事に候。時世に神道と申し候は、天皇の天下を治め給ふ大道の事にして、ただ御国其の侭の治乱盛衰を押し込めて、世間に行はれゆく人道と称ふる名目と御心得なさるべく候。

と述べ、天皇が天下を治め給ふ事は博愛の心なくして出来ることでなく、私利私欲による人道を越えたところにある道を仰がねばならぬと諭している。そして、神道は教訓とか流儀のある芸術の「図《かた》」ではなく、行住坐臥これ皆神道である。すなわち、現世の自分の勤めを精一ぱいに勤め挙げ、その上で足らざる所を神の御意にまかせることである。日本の古代より培われて来たバイタリティーある生活心情そのものが神道の根本であると述べている。
就中、熊臣は安心立命論を重要視して説いている。我国にも本来の安心立命というものがある。古学によって、君や親に対する道を知り、これを行えば、そこに安心立命せられる道理をわきまえた者として惑わぬ境涯があるとする。これがわが国人としての安心立命で、本居宣長が山室山に墓を造って、永久に住処としたのも、この道理からだと説明している。

熊臣は若くして心霊研究に熱意を以って当り、神道人として我々が死すれば如何なる状態となるかという事を深く研究していた。つまり、神道における霊魂観というものについて一家言を持っていた。人間が生きて行く上において、生死の問題というのは最も大切な宗教問題として、人々を教育する場合にもこれを解決しておく事が肝要だったといえる。

神道は古来より尊く伝わったまま万世一系のままにまに伝えるのであって、外の宗教のごとくに一道の教化に流れたり、一道の学術となってしまったものではないという意見であり、これは神職として彼の神学的態度ともいえよう。

神道の神は、上古の人であって形象があり、常体の人間である。それ故、尊卑、善悪、強弱、または活《い》きたる現人神、または霊神など、様々な神が存在する。しかしながらこれを常人とは異なる徳行、威力、怪異等のある神人であるからこそ、神と称えるのである。したがって、これは外国で謂わゆる聖人と申す「格」と全く同じ考えである。聖人には違いないが、常人の及ばざるところがあるから聖人というのである。神道の神も人に違いないが、常人ではない故、神と言っているにすぎないと、岡熊臣は神観念について論述している。

さて、本紀要は、「日本人の霊魂観と慰霊」をテーマとしての特集号なるが故に、本稿に於ても、神道津和野教学の中から、岡熊臣の生死観、霊魂観を抽出して述べてみよう。岡熊臣は、死を「夫世間の悪事は其極み死をもって終りとす。死より甚しき凶悪事はなきなり」と、彼の著「千世乃住處」に記しており、死を悪事や禍いの最たるものととらえている。そして、人間の生成は、産霊神の働きによって、火水土風を結び合わせ、天つ神の御魂を付加して可能となるもので、死はイブキとしての風が火土水から離散することによって起るものであると説いている。死後の霊魂は、この世に永遠に留まり、神となって君主、親子、孫を幸わう働きをもつものである。死後黄泉国へ行くのは、霊魂の中の「本ツ霊」であって、「幸魂奇魂」は永遠にこの世に留まるものである。つまり、人間の霊魂は、本ツ霊、幸魂、和魂、奇魂、荒魂などに分かれている事を認識すべきであると述べている。

熊臣の死後の世界や霊魂観は、人間は、火水土風の四種の元ノ気に神魂が付加されて生れるものである。火水土の気を結びつけている神魂が離脱すると、水土の骸だけになる。産霊神から賦与された本ツ霊は、根底国を経て月夜見国へ去り行くものである。而して、本ツ霊は、見る事も聞く事も識る事もなき霊魂であって、この世とは断絶した存在なのである。一方、本ツ霊に対して、死後も活動する霊魂は、奇魂・幸魂であり、この霊魂は、この世にある幽冥界に永久に隠れて住むものである。霊魂の留まる幽冥界とは、骸を葬り隠している墓処である。この世界は測り知り難きものではあるが、幽府の境界には衣食住の道も万事備わってある。しかも、其の霊魂は神となり、祭れば、其処に来臨し、祭りの御贄を受け、子孫をも君父をも幸ひ守るべきものと考察している。更に世界の人の死したる霊は、貴も賤も、善も悪も、悉《ことごと》くに幽冥界の盟主大国主神の御臣となって仕えてあるべきものである――と岡熊臣独自の死生観、幽冥観、霊魂観を論述しているのである。

また、熊臣は神職並びに祭祀については如何に考えていたのか、見てみる必要があろう。彼は実践神道学者であったために、神道に関しては、実際の祭儀についても亦日常の神まつりについても古典に拠って正確に教化しようとした。これについて最も簡潔にして要を得たものとして、神職の子弟のために文政三年に書き記した「神家童子訓」がある。これは変体漢字で書き記した短い文であるが、神職の子弟が守らねばならぬ、あるいは知っておかねばならぬ基本的な問題の数々を要領よく纏め上げたものである。それによると、

そもそも神職之家は五六歳の時よりまづ神拝の式よろしくこれ勤むべし。およそ神拝には本式と略式あり。毎朝顔を洗ひ口を漱ぎ、神前に向ひて柏手一揖すべし。

という言葉にはじまり、

手習学問の始は、すべからく先ず読み習ひ五十音、平仮名は便に任せて、之を書き習ふべし。元日、五節供定例の祭日は烏帽子、浄衣を着け、身体清浄にして、社登、昇殿、御開、御神供、神酒の献上、御祓、祝詞、奉幣、御神楽、太鼓、唱行等専ら其の宮その社の古実、仕来りの法《のり》に随ひて執行すべし

と説き、

それ我が国の人たる者、忠を以て先と為し、孝悌信義之に次ぐ、是神国神教の大本なりと諭している。更に神職の職分階級の問題から、神職の子弟としては虚言、博打、窃盗、大酒、淫乱等の事柄は強く戒しめ、慎まなければならぬ問題だとしている。

時々和歌の道心懸くべし。それ歌道は神道の羽翼、人情の根元を知るべきなり。神職たる者、神道歌道の大意を知らずば奈何ぞ、神霊感応の境に到らむ

と述べ、神職たる者歌を詠む事の必要性を説き、神職が最小限知っておかねばならぬ事柄を要領よく纏めあげている。最後に神職の子弟たるものは、

平生堪忍を以て心となし、柔和をもって体となし、正直を以て道となし、剛毅を以て行となし、他人の悪を尤とせず、吾身の善を挙げせず、人の薄情を憤るべからず

と結んでいる。実践神道家の子供達の守るべき要諦が示されており、熊臣は、これをもって津和野地方の神職子弟の教訓書として教育の任に当ったのである。

現代に於ても必要なのは、このような具体的な教化教育法なのではないだろうか。

（「明治聖徳記念学会紀要」復刊第四十四号・平成十九年一月）

神社祭祀関係規程の検討に思う

二十世紀最後の昨年、衆参両議院は現行憲法について「広範かつ綜合的に調査を行う」ため憲法調査会を設置し、それぞれ二月から活動をスタートさせた。岸、池田両内閣当時に内閣に憲法調査会が設置された例はあるが、改憲の発議権をもつ国会に設けられたのは初めてである。憲法をめぐる政治状況は施行後半世紀を経て改憲を視野に置いた「論憲」の時代に入った。今後国会での論憲はいよいよ活潑化しそうである。

神社本庁でも政局での憲法論議を見据えて神道政治連盟や日本会議などの友好団体と連携して、現行憲法改正による自主憲法制定に向けた気運の醸成に一層努めると共に従来からの方針である「新憲法の大綱」に基づき、我が国の歴史、文化、伝統に則した憲法論議がなされるよう世論喚起に努め、自主憲法制定に向けて運動を展開し、情報の収集にも努めて行く必要があろう。

こうした折柄、参議院憲法調査会は平成十二年五月二日、連合国総司令部（G・H・Q）で日本国憲法草案の起草作業に携ったアメリカ人二人を招いて参考質疑を行った。国会でG・H・Q関係者が憲法改正過程を証言したのは初めてである。

さて、神社界にあたっては、神社本庁にいま神社祭祀関係規程検討委員会が設置され、教学、祭式等に関係する委員十一名が選出され検討に入っているが、この委員会にあっても終戦時、GHQの占領政策の重圧によって廃止を余儀なくされた「式」のある事が問題になっている。

たとえば、「遙拝」と「大祓」とは、明治八年四月十三日式部寮達「神社祭式」には、官国幣社通式の中に定め、明治二十七年五月九日内務省訓令第三百二十七号には「公式ノ祭祀」の中にこれを定めた。いずれも祭祀の部類に入れたのである。ところが、大正三年一月二十四日官国幣社以下神社祭祀令（勅令第十号）制定の際に「遙拝と大祓とは性質上、祭祀といふべきものにあらず」として、これを祭祀より削除、大正三年三月二十七日内務省訓令第二号「神宮並官国幣社以下神社ニ於テ恒例トシテ行フ式」第二条に、遙拝の種目と大祓とを定め、同日内務省訓令第四号を以って式次第を定めたのである。

ついで大東亜戦争に敗れた昭和二十一年二月三日、神社本庁が設立され、祭祀規程に於てもこれを踏襲し、神社本庁庁規第五章第一節祭祀第六条にこれを定めたが、GHQにより「遙拝は皇室国家と密接な関係がある」として削除を指示してきた。したがって翌昭和二十二年三月神社本庁庁規を改正し、遙拝を悉く削除し、昭和二十三年五月十五日制定神社祭式第四諸式に、「式次第のみを掲げる」こととした。昭和四十六年六月十五日、神社祭祀関係規程改正のときは、規程第八号「神社に於て行ふ恒例式」として「式次第を移す」にとどまっている。

いま、国会でも憲法改正が論議されている時、昭和二十七年我が国が独立し、GHQの圧力が解消したにも拘らず神社祭式に於て恒例式の旧儀が未だ復活されぬまま、各神社で斎行されず放置され、恒例式の名称すら若い神職達や氏子崇敬者に忘れ去られようとしているのは洵に遺憾なことである。現在、本庁でGHQの圧力によって削除された祭祀関係規程の事項について検討に入っているが、儀礼文化学会に於てもこうした神社祭祀関係規程の不備を考えてみる必要があるのではなかろうか。

さて、もう一点重大な事項は、「神社基本問題研究会」に於て指摘された「皇室・神宮・国家に対する基本姿勢に基づき、神社祭祀の位置付けを明確にした上での整備が必要」の報告を承けて、検討を重ねている「公共性の強い神社祭祀」と「諸祭儀」を「別に定める制規」としていかに制度化するかということである。

この問題は、戦後に始まった問題ではなく、国家神道時代からの本質的根本問題であった。「国家的な神社祭祀」以外は「祭祀」ではなく、それは「諸祭儀」であるとしたわけではないが、神社は「国家が之を尊崇すると同時に、国民個人個人が之を信仰す」という二面性を有している事を思考すべきである。つまり「官祭」と「私祭」を問わず神社の祭祀はこの二面性によって構成されていると考えるべきであろう。この二面性は神社の古今不易というべき本質である。従って神社本庁憲章第六条の「別に定める制規」とは、憲章第八条にいう「皇運の隆昌」、すなわち公的側面を祈念する祭祀と、戦前は国家の関与しなかった「氏子、崇敬者の繁栄」を祈念する祭祀を有機的に制度化、規定化したもので、憲章は「公共性の強い神への祭祀」のみならず、「諸祭儀」を含む「神祇の祭祀を継承するに遺漏なきを期す」ために制定された事を二十一世紀を迎えた今日、認識することが大切であると思う。

（「儀礼文化」第二十九号・平成十三年六月）

神戸居留地の食物と健康

はじめに

日本という国は、古来、外来の文化を積極的に摂取し、それを同化して全く新しいものに作り替えるという手法で発展をつづけて来ました。それゆえ、外来文化をどのように対処し、どのように受容したのかというテーマが日本文化を考える上での主要な課題となるのであります。

神戸という町は、古代以来の港町であります。加えて、幕末の開港と共に西洋人の居留地が建設され、またその周辺に西洋人のほか条約締結国の人々も住むことが許された雑居地というものが設定されました。まさに神戸は西洋と東洋の接点、即ち世界と日本の接点となったため、西洋あるいは世界の新しい文化はストレートに神戸に伝播いたしました。したがって、此処での外来の文化への対処がいかなるものであったのか、神戸は日本文化の実験場ともいえるのであります。

日本人が吸収した数ある西洋文化の中で、神戸の地がその先駆けをなした例は、かなりの数

開港当日の神戸港
（イラストレイテッド・ロンドン・ニュース）

にのぼりますが、本稿では、文明開化の時代に、神戸の日本人がいかにして五感を働かせて外国人を見詰め、食物と健康に留意してきたかを振り返ってみたいと思います。

（二）居留地と雑居地

慶応三年十二月七日。太陽暦でいいますと明治元年（一八六八）一月一日、神戸が開港された日であります。この日、沖合で二十一発の祝砲が轟きました。港を開くため三カ所の波止場、三棟の倉庫が突貫工事でつくられ、ビードロつまりガラス張りの運上所（税関）が一きわまばゆく輝いていたといいます。この年は、春は「菜《な》種《たね》梅雨《づゆ》」で居留地の工事が進まず上陸して来た外国人はぬかるんだ道に平素磨かれた美しい靴がドロンコで台なしであったといいます。

神戸村など近隣の村々からは、揃いの緋チリメンのハッピを着た連中が繰り出し、居留地の地盛り工事用の車を曳き、当時大流行の「エエジャナイカ」を踊り狂ったといいます。この日イギリスは旧海軍操練所の建物に、フランスは生田神社境内に、アメリカは鯉川尻の波止場前にそれぞれ領事館を開設いたしました。居留地はまだ工事中で、各国の領事は民家や特定の場所にそれぞれの国旗を建てて開港を祝いました。

海岸どおりの道端や砂浜に風呂敷をひろげて物を売る人。その商品は絹織物、漆器、小間物の類で、上陸して来た異人さんと身ぶり手ぶりのにわか取引きが始まります。港は開港したものの貿易とは名ばかりでありました。しかし、さびしい漁村に過ぎなかった開港場周辺の神戸村、二ツ茶屋村、走水《はしうど》村は大きく変って行きました。外国人が沢山おります。港には仕事があります。そんな不思議な魅力が人々をとらえ物珍しさと好奇心とが相乗効果となってどんどん足を向けさせたようです。最初は言葉も習慣も違う異国人とは、周辺の神戸っ子にもすぐにはなじめなかったようですが、日が経つにつれて違和感が解消されて行きました。特に居留地商館に雇われた番頭や蔵番人は外国語のカタコトが判るというので羨望でみられるようになって行きました。

神戸の地名は、大同元年（八〇六）生田の神の神戸《かんべ》四十四戸を賜ったところから出て、中世には神辺又は紺部と書き、天正の検地帳には上部（かむべ・かみべ）と記してあります。徳川時代、西は元町三、四丁目の間を流れた境目川という溝川を以って二ツ茶屋村と境をなし、東は生田川迄、北はほぼ鉄道線路を限る大きな村で、元録年中三百戸に過ぎなかったのが、天保年中には六百七十戸に増加し、慶応の末には減少して五百戸となりました。

明治元年十一月、神戸、二ツ茶屋、走水の三村を合併して「兵庫津」のごとく一区域として神戸の町名がはじめて起ったのであります。出来たばかりの神戸は、町を東西に貫く西国街道に沿った元町を中心に、やっと千戸ばかりの家が建ち並びました。

お隣りの兵庫地区が商家約二万人、古くから栄えているのに対して砂浜が続くこの地区は、北を見れば街道に点在する数軒の藁屋根、その向うに生田森、まわりは田畑が山すそまで続くといった鄙びた町でした。色とりどりの国旗をひるがえした各国領事館や商館が建ちはじめると、商取引を目指す人、職を求める人がどっとやって来て周辺の雑居地はにわかに賑わいを見せ始めた。

ボンネットにレースの服。踵《かかと》の高い靴で散歩する西洋人。大声で客を呼ぶ人力車。大阪から舶来品を買いに来て、横文字の看板に首をひねる商店の主人がいるといった風情であります。その頃、県知事の命令で「西洋風」を普及させるため、フロックコートを着て髭《ひげ》をひねりながら行くお役人。一方褌《ふんどし》一本で荷役に忙しい港の労働者といった風俗がみられます。

明治中頃の神戸海岸通の居留地風景
（神戸市立博物館蔵）

やがて「都市計画」の議が起り、まず道路整備、西国街道と海岸通りの間に東西に一本。山本、上山手、中山手、下山手通。南北に生田、三宮、諏訪山、再度筋を明治五年末にそれぞれ着工し、二十年代までかかって現在の原型がつくられたのであります。

そして同じ時期にお茶・マッチ・製紙・ガラス工場が盛んに仕事をはじめました。これまでの石油ランプに代る近代の明かりをなげかけたものはガス灯でありました。明治五年、外人達が兵庫ガス商会を設立し、同七年十一月から居留地内に限りガス灯が輝きました。このガスはイギリス人H・J・ブラウンが小野浜に建てたガス会社から配管されたものでした。居留地のガス灯の明るさに驚いた人びとが、ガス灯を引きはじめるのに対抗し、今度は電灯会社がアーク灯をつけて明るさを競うなどハイカラ風俗は、元町、三宮を中心に連鎖反応を引き起こして行きました。日本で最初のO・Lを雇ったのは神戸で、それはこの電灯会社でありました。明治三年十月二十九日に外人居留地東寄りに神戸電信局が開設されました。「風の便りに聞いたは昔、今は針金物を言う」と唄われまして便利がられたといいます。当時カナ文字一字が十六文《もん》と大へん高価だったようです。

さて、開港当時、事実上の治外法権地域であった居留地は、明治二十七年の条約改正によって三十二年七月に日本の管理に戻りました。当時神戸市民は「日本の体面を全うした」と喜び、元居留地内に進出して行きました。治外法権地域の時には「日本人と犬は入るべからず」という屈辱的な看板が立っていたといいます。それが明治、日清戦争により日本の国力を充実したとみてとった欧米が居留地の治外法権を撤廃して日本人が自由に居留地に出入り出来るようになったのであります。

今でも変った喜劇的な三枚目の格好をしている人は、神戸の年寄は「なんやチャリみたいな格好して」といいますが、これは居留地に外人の芝居小屋があり、チャリーネという喜劇役者がいて人気を呼んでいました。そこからチャリーネがチャリとなったらしいのでこれも居留地から起った言葉であります。明治六年、開港して六年目の頃、居留地に遊歩道が出来、外国商社や異人館が建ち並びました。明治六年頃の外国人の人口は約六百人で英国人が最も多く、ドイツ、アメリカ、オランダ、フランス、イタリアがこれに続いています。

開港に伴って外国人の居住する地域が必要であります。そこで東西は生田川、今のフラワーロードから鯉川筋、南北は西国街道、今の大丸前の三宮神社前から海岸までを「外国人居留地」として町づくりを行い競売したのであります。ところが間もなく西の区域が宇治川筋まで拡張されました。当時この地域には華僑の異人館が多く、ペンキ塗りの欄干付き二階建てが特徴で、海産物を天日に干して異様な匂いが立ちこめていたといいます。元居留地と神戸村の間に鯉川（当時の地図には戀川と記されてある）と称する小川がありました。この鯉川は明治八年一月に外国人技師ボンクル・ブロゾルに委嘱してこれに覆いをしたために神戸村と居留地の境界が失われてしまいました。

当時の条約で居留地に入らない清国即ち中国人やその他の外国人と日本人が住んでいるところを「雑居地」といいました。しかし、この雑居地の名は明治七年六月に新しい町づくりが進んで消滅することになります。この各国人の雑居地は居留地のような特権はありませんが、居住地や遊歩区域の制限を受けていた外国人がこの地区に住んでいました。中でも清国人が多く、この人達とつながりのあったのが元町一丁目、栄町一丁目の境になる通称「南京町」でありまして、この通りは食料品、日用品を売る露店が出て賑やかでありました。戦後一時さびれましたが、数年前から大丸周辺の整備、町おこしの運動により南京町が甦り、入口に華表が出来たり、旧正月に蛇踊りや獅子舞が演ぜられたりして、だんだん盛んになり最近では異人館と並ぶ神戸の観光の名所となっています。居留地と隣合った元町通は開港場の目抜き通りで看板の横文字もハイカラで、兵庫地区とはガラリと趣が変っていました。西国街道と三宮筋の交わる今の大丸前は居留地の入り口であって、人力車のたまり場でありました。明治三十二年居留地返還のあとも三宮神社横には人力車のたまり場があり、メリケン波止場前、中山手一丁目の三角丁場とともに人の往来の盛んなところでありました。

(一) トアロードの由来

居留地から急な坂道を登りつめたところに洒落たホテルがありました。「トアホテル」といいました。そのホテルには日本を象徴する鳥居のマークが付いていました。その起点の入口には三宮神社の鳥居が建っており、鳥居と鳥居を結ぶ道路からその通りを「TORII ROAD」(トリイロード)と呼ばれていました。ところが外国人は「TORII」の「II」をとってドイツ語の「TOR」門を表わす言葉として「TOR」が呼び馴らされ、「TOR ROAD」となったといいます。戦時中、横文字は敵性語という事で「東亜道路」と書かれました。阪神大震災で大きな被害を受け昔の面影はなくなりましたが、神戸を代表する通りの一つであります。

（二）　お茶と居留地

さて、居留地とお茶について述べてみます。「さあもう五人、もう五人、誰でもエエ。給金は十銭や。グルームの一〇一番やでー」

という風にまだ夜の明け切らない薄明りの中で、思案顔が並んでいます。居留地の入り口には、毎朝四時頃から商館の仕事を求める人達が集まっていました。その数はおよそ千数百人。仕事は輸出するお茶の選別、精製、包装などであります。商館の中国人の支配人が配下を使ってその日必要な人数を集めて行きます。所謂「手配師」であります。お茶の輸出は、開港以来、明治中期まで常に最高の金額を占めていました。近畿はもとより四国、九州産の美味で健康によいとされるお茶がどっと神戸に持ち込まれて来ました。もとはといいますと明治の初め、大阪からきた荷を在神のブローカーが横浜から移って来たばかりの英国の一〇一番、一〇三番館に売り込んだのがきっかけでありました。居留地商館は敷地内にお茶の精製工場を設け、輸出用に加工しました。明治二十年頃、八十二番館モルフ商会でのお茶の選別の写真が残っておりますが、それを見ますと、主として御婦人が頭に日本手拭をかぶってお茶を選別しています。

写真①　諏訪山からみた神戸市街（明治中期）　横浜開港資料館蔵

勿論着物姿であります。お茶は明治四年、米国の輸入税免除で、ニューヨークなどへの輸出が好景気をまき起しました。そこでサンフランシスコからの船の手紙で、外国商人達はひそかにお茶の産地へ人を走らせ輸出用の上等茶を買占めました。産地での集荷や売り込みを扱っていた日本商人がそれを知った時は「あとの祭り」であり、後手にまわって買い叩かれ、口惜しがることもしばしばあったといいます。今でいう情報の戦いに日本が破れたのであります。こんな経験が、茶業組合を作る動きとなり、日本商人を団結させて行きました。しかし、その後中国、セイロンなど強力なライバルが出現します。また外国為替相場の変動で一時不景気時代を迎えます。明治十八年の不況では、製茶作業の賃金が四キロ当り七銭と約二十％のベースダウン、一日に十三キロをこなすのは大へんな重労働であったといいます。それでも職を求める人は、一日去りもやらず付近をうろつく毎日でありました。やがて日清戦争が起り、上海、香港の品不足で値段は高騰し、賃金は倍近くにあがります。仕事はいくらでもあるので少々物価が上っても「どうってこともない」という好景気を呼び起します。ひとり質屋さんが「こんな不景気では……」と嘆く始末でありました。

明治二十四年六月、神戸の茶商と居留地商館の間に大争議が起りました。その原因は、明治十年頃から日本茶がアメリカで異常な売れ行きを見せ、おかげで神戸の茶商はうけにいります。ただここで、お茶の選別の仕方で商人と商館の間でトラブルが起ったのであります。それはお茶を納入する時に「篩《ふるい》」という器を使うのと「箕《み》」という器を使うのとでは目減りの量が違うというのであります。この選別方法を日本の商人側は「篩」、居留地の商館側は「箕」でと対立が続いたのでありましたが、やがて商館側が折れて、お茶の騒動は商人側の篩のやり方が通って一件落着いたしました。

お茶倉で思い出されますのは、旧居留地の今の神戸播磨町のさくら銀行本店（現在は、三井住友銀行）の所に、箏曲の世界的名手であります宮城道雄さんの生家跡の碑が建っています。宮城さんはこの茶倉で生まれ、六才くらい迄目がうっすらと見えて、北野町の中島検校《けんぎょう》のところへお琴を習いに通っていました。その途中異人さんの家からピアノの音が聞こえてくるのを聞きエキゾチックな気分になったとのちに述懐しておられます。宮城道雄さんの作られるお箏の曲は西洋人にも通用するものがあるのは、こうした神戸の影響があるものと考えられます。

昨年春、生地のあったさくら銀行本店で生誕百年の記念式典がとり行われました。

さて、海辺の居留地だけでなく、港を見下す山手の高台にも洋風の住宅が建ち出しました。鎧戸《よろいど》のついた出窓、広いベランダ、付近の家とは全く違った様式であります。しかも靴のままズカ〳〵と居間へ踏み込むのはただ驚きでありました。人々はこの家を「異人館」と呼びならわしました。やがて山手に東西南北の道がいくつかついた頃から北野町、山本通などにこの異人館が立ち並ぶようになります。坂道を馬に跨って居留地の事務所へ出勤する外人。「アマさん」（修道女）に連れられて町へ行く青い目の坊や、息を切らせて登って来る人力車。神戸の山手に独特の雰囲気を醸し出していた異人館の風景でありました。

（三） 食物と居留地

このような異人館において食物や食事の方がどうであったか気になるところであります。昨年秋、私はポルトガル、スペイン、フランス等を旅して来ましたが、毎日毎日肉料理で西洋人は如何に肉が必需品であるか思い知らされました。西欧人は肉がなくては一日も生活が出来ない肉食人種であります。神戸肉は明治元年の神戸開港をきっかけに、まず外国人によって一番美味しい肉「コーベ・ビーフ」として国際的に認められ、現代に至るまで日本の代表的な美味として広められています。しかし、当時はまだ日本人一般に牛肉を食べる習慣はありませんでしたし、特別に高級な肉牛を飼育する技術も確立していませんでした。神戸開港に先立つ安政六年（一八五九）には長崎、函館、神奈川（今の横浜）の三港が開港されています。その中で、神戸は近くの京都に天皇の御座所があったため、外国船の入る港の開港が一番遅れました。横浜では文久三年（一八六二）に日本で最初の牛肉店「伊勢熊」が開業しています。しかしそれでもヨコハマビーフやナガサキビーフでなくコーベビーフが有名でありました。それは慶応元年に横浜のアメリカ八十五番館が神戸から三丹州（丹波・丹後・但馬）の牛を三、四十頭購入したところ、これが大変よい肉だったので神戸牛の名声が上ったという記述が横浜の記録に載っています。つまり、神戸開港の二年前にすでに神戸の牛肉の品質が日本の他の地域で評価されていたという事が判ります。したがって、その本場神戸の居留地に於て早速牛肉好きの外国人はこれの供給にとりかかった事は当然であると思います。牛肉を供給するには、まず屠畜場が必要であります。神戸で最初に屠畜場を作ったのはイギリス人のキルビーでありました。彼は横浜で雑貨とマッチを輸入する貿易会社を経営した人で、神戸開港当時「ハンター邸」で有名なE・H・ハンターを連れて神戸にやって来ました。キルビーは海岸通りの酒造用倉庫を借り受けて、屠畜場とともに肉店を開業し、外国人に牛肉を販売しました。しかし、英国人のキルビーは、生田川の東側で土地を借りて屠畜場として使用しましたが、地代を全く支払わなか

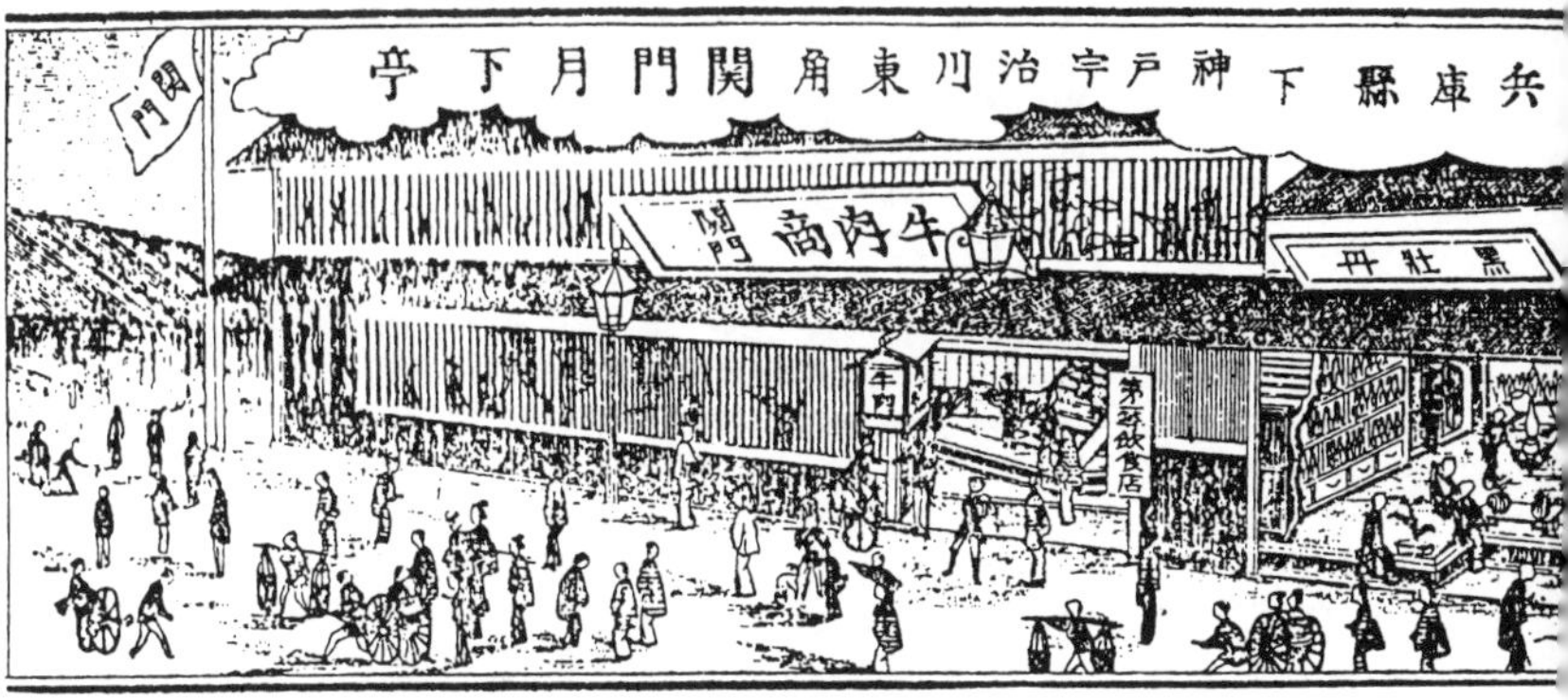

図版②　開港まもなく、居留地に露天風の牛肉屋が出現。明治二年今の元町六丁目ホテルシェレナ北側に関門月下亭がスキヤキ屋を開業、人気を呼んだ。
（「豪商神兵湊の魁」より）

ったので、地主はそのためずい分泣かされたといいます。このキルビーは小野浜に造船所を作り、ハンターは日立造船の前身である大阪鉄工所を創設いたしました。明治元年には、生田川尻にイギリス人のテボールが新しい屠畜場を開設いたしました。当時の生田川は今の加納町から阪急三の宮駅横JR三宮駅高架下を通りフラワーロードを流れておりました。この屠畜場は今の神戸市役所から東へ二、三百米のあたりと推定されています。この生田川はよく氾濫して居留地が浸水し苦情が絶えなかったので、後に加納宗七をして開削され、東側に川をつけ替えることになります。このように当初は外国人によって供給されていました神戸肉でありますが、明治四年には日本人の「鳥獣売込商社」が設立されて、六社がそれに参入しました。明治八年にはほとんど日本人の業者によって居留地への牛肉が供給されて行きました。神戸肉は元町七丁目の大井肉店が明治四年に、また元町一丁目の森谷商店は明治六年に創業しています。明治二年に元町六丁目にすき焼レストラン「関門月下亭」が開店し（図版参照）、牛肉のすきやきが評判で大へん人気が高かったのであります。神戸での牛肉の生産頭数は明治十二年（一八七九）には三千百九十二頭にのぼったとの記録があります。明治二十二年には西欧人はすべて精肉店の業務から手を引き、二十七年には食肉はすべて日本人業者によって運営されたのであります。神戸の国際化によって世に出るチャンスを得た神戸肉が短い年月に名声を高め、そして日本人の手にそれをおさめた史実をみますと神戸人の進取の気性、国際的センスの高さを物語っています。

さて、肉にはソースがつきものであります。そのソースを日本ではじめて製造販売したのが安井敬七郎という人物であります。安井は仙台藩の漢方医の家に生まれ、成人後製薬学を学び、医師と薬剤師の両方の資格を得ています。この人は器用な人物で、明治十八年東京でソースを製造いたしました。そしてソースの普及は洋食からと考えて、明治二十九年既に評判の高かった神戸肉の地元兵庫区荒田町に初めてソース工場を造りました。そして輸入ソースを見本として、ニンジン・トマト・リンゴ・コンブなどを煮込んで酸味をおさえた独特の日本人好みのウスターソースを開発販売しました。これも居留地の味覚からの産物といえましょう。

（四）　ラムネとコーヒー

清涼飲料水として人気の高かったのがラムネであります。あの独特の瓶の形が夏の風物詩の一つであります。ラネムはレモネードが訛って「ラムネ」となったもので、明治十七年頃、神戸居留地のシム商会が日本で最初につくり始めました。今でもカナダの水は甘い炭酸入りのものですし、西欧のミネラルウォーターは味のついていないガス入りのもので、これにレモンと甘味を入れるとラネム、レモネードになります。当時は栓を抜く時の「ポン」という音から神戸では「ポン水」とも呼ばれ、最初外国人が主として水がわりに飲んでいたのが、明治二十年頃から一般にも広く普及するようになりました。このラムネを最初に作ったシム商会を設立したアレキサンダー・キャメロン・シムさんは居留地外国人のスポーツ団体、ＫＲＡＣの指導者であり、居留地の消防隊長として活躍した人物であります。

もう一つ飲物として忘れてはならないのが、コーヒーでありましょう。我国にコーヒーが紹介されましたのは、徳川時代の将軍吉宗の頃といわれています。しかし当時は鎖国時代でありますから、長崎の出島に滞在していたオランダ人が持参し、通司つまり通訳などに飲まれた程度だったといいます。神戸で最初に飲まれたのは、おそらく居留地内であったと考えられますが、その資料がまだみつかっていません。ただ明治十一年十二月二十六日付の読売新聞に神戸元町三丁目の茶商芳香堂がコーヒーの広告を出しています。これは「豪商神兵湊の魁」という和本に元町三丁目の芳香堂の図が出ておりまして、その看板に「印度産珈琲芳香堂」の字が見えます。そしてその広告には「焦製飲料コフィ弊店にて御飲用或ハ粉にて御求共に御自由」とあります。この広告から推測してこの店がコーヒーを飲ませたもののようであります。わが国最初の喫茶店は明治二十一年四月六日、東京上野の黒門町に開店した「可否茶館」で、コーヒー一杯が一銭五厘、牛乳一杯二銭といわれていますが、それより前に神戸ではコーヒーを飲ませていた事が判ります。ともかく明治十年代に居留地の外国人から日本人へと嗜好品として普及していったようであります。

(五) 洋菓子

コーヒーと共にお菓子は洋の東西を問わず欠かせないものです。神戸における洋菓子も開港と共に外国人居留地に入って来ました。外国でホームスティをしますと、いつも必ずその家の奥さんが腕を奮ってケーキやクッキーを作って食べさせてくれます。一昨年六月に訪ねた南ドイツ、バーリンゲンのブリギット・ブラウンさんの家でもそのお母さんが得意のケーキを作って私共をもてなしてくれました。居留地においてもおそらく外人自らの手でクッキーを焼き、クリスマスケーキ等を作って食べていたに違いありません。

神戸で最初に出来た洋菓子店「二宮盛神堂」は明治十五年（一八八二）元町三丁目にオープンしました。最初は外人のするのを見よう見まねで作っていました。前述の「豪商神丘湊の魁」の中にも「三国堂義高」の看板に「不老仙菓カスティラ」と見えますし、このほか元町三丁目「祥瑞堂」の看板に「加須天以羅」の文字が見えます。神戸の初期の洋菓子は居留地に住む外国人や船員、旅行者のため必要にせまられて作られるようになって行ったのです。特に居留地で社交界の舞台となったオリエンタルホテルで作られる洋菓子は有名でした。

（六）　オリエンタルホテルと食物・人力車・居留地の町名

オリエンタルホテルは、明治十五年京町筋の居留地七十九番にあり、明治二十一年南隣の八十番に新たに建てられたといわれていますが、最近発見された資料によりますと、もっと早く明治二年に七十九番で営業していたという事が判明しています。当初の名は「居留地ホテル」といい、明治二十六年「オリエンタルホテル」と改められました。当時、六甲山の開祖アーサー・H・グルームらの経営で、当時自家発電を備えていたといいます。度々経営者が変りましたが、神戸市民が自由にヨーロッパのムードに浸れる所で、バーには玉突きやピンポンの設備があり、明治の中頃、玉突き一ゲーム四十銭、ビール一杯十五銭、ウィスキー・ブランデーが二十五銭、葉巻が十銭という値段がついていました。この頃の居留地商館でお茶を選別をする女性の賃金が、一日二十五銭くらいだったといいますから、オリエンタルホテルでの飲料は高かった事が判ります。

このほかメリケン波止場前の現在郵船ビルのあるところに明治十五、六年頃に落成した兵庫ホテルというのがあり、安値で気易く泊まれて大衆的という事で人気がありました。明治十七年、このホテルが出した「人力車」の英文の運賃表には、このホテルから

生田神社へは四銭
長田神社へは十一銭
一の谷へは十七銭
舞子へは二十一銭
有馬へは八十五銭

と出ておりまして、当時お米一升の値段が七銭であったといいますから、それより概算すれば当時の人力車の運賃がどれくらいかお判りになると思います。人力車は明治二年、東京で和泉要助、高山幸助、鈴木徳次郎が西洋馬車からヒントを得て考案し、翌年日本橋河畔の高札場の

駕籠・馬車・人力車の行き交う居留地
—1876（明治８年）に描かれたもの—

近くで営業を始めました。車体は座席、蹴込《けこ》み、梶棒、車、幌《ほろ》から出来ており、当初は木製でその後色々と改良されて鉄製となりました。車輪も鉄輪からゴム、タイヤとなり、車を引く人を車夫《しゃふ》と呼び、特徴のあるスタイルをしていました。人力車は庶民の足として利用され、その後東南アジア各地にも輸出され「リキシャ」の名で世界的な庶民の足となりました。人力車は居留地でも人気があり、商館から商館へと威勢よく走り、商売にいそがしい居留地はよい稼ぎ場所であったようです。人力車の製造所も多聞通五丁目、三宅保次郎の「三新店」という店が有名でした。

ところで居留地にも町名がつけられました。明治元年から六年かけて永代借地権の競売が行われました。一区画約百坪から二百坪で、坪当たり一円から五円でありました。明治六年には、イギリスが六十四区画を取得して最も多く、続いてドイツの二十三区画、オランダの十五区画、フランス・アメリカ各十一区画、イタリア一区画と会所用が一区画で、百二十六番が会所用に宛てられました。

「マスターは○○番館の旦那ハン」と尊敬されました。例えば六甲山を開き、ゴルフを日本で最初にプレイしたイギリス人のアーサー・H・グルームは「百一番館の旦那」で通っていました。居留地には町名がついていますが、これについて居留地の研究家土居晴夫さんは「名称の典拠はなく、東にあるから東町、西にあるから西町であり、江戸、京、浪花の都市名や播磨、明石など語呂の良い地名をそのまま用いたのに過ぎない。伊藤町は居留地開設の責任者であった伊藤俊介（博文）が自分の姓をつけたものであって、のちに当局が伊藤の功績を讃えて命名したものでない」と述べています。しかし、一方郷土史研究家の荒尾親成さんは「一番東が東町《まち》、西の町が西町《まち》、縁起をかついで江戸の如く、大阪、京都の如く栄えてほしいと祈念して江《え》戸《ど》町《まち》・浪花《なにわ》町《まち》、京町《きょうまち》、明石《あかし》町《まち》、播磨《はりま》町《まち》とつけられ、この居留地設定に功績のあった初代知事伊藤博文を讃えて伊藤町《いとうまち》と名付けたのだ」と言っています。どちらが本当なのかよく判りません。また、海岸通り、前町通り、中町通り、裏町通り——と明治三年に名付けられて今日まで生きているわけであります。「町」はすべて「ちょう」でなく「まち」と読みます。

居留地七十九番にあったオリエンタルホテルは明治二十一年頃、南隣の八十番を手に入れこ

オリエンタルホテル（居留地80番）と人力車—明治中期—

こを本館としました。地下に大食堂があり、二階に客室が十八室あったようです。責任者はビゴとなっていますが、この人がオーナーであったのか支配人であったのかはっきり判りません。しかし、ビゴは腕利きの料理人であったらしく、オリエンタルホテルは旨い料理を食べさせるというのが評判で、大へん繁盛していました。特にホテルの洋食が旨いというので、時々日本人のグループが食事をしに来ました。ある時、そのグループの一人が手当り次第料理を注文し、料理を五重の重箱に入れ風呂敷に包んで持ち帰ろうとしました。それを見付けた支配人が驚いて、ボーイを呼んで怒鳴りつけたところ、ボーイは日本の宴会では食べ残しを折り詰めにして持ち帰る習慣があるという事を説明して、支配人を宥めると共にお客にもホテルではそんな事をしないように言ったという話が残っています。当時、オリエンタルホテルの食事代は朝食が五十銭、昼食が七五銭、夕食には赤ワインがついて一円であったといいます。オリエンタルホテルは明治二十六年に八十七番を手に入れ、イギリス人の建築家アレキサンダー・N・ハンセルの設計監督になる別館が建ちました。その頃日本では洋食向きの洋野菜が栽培されていなかったので、オリエンタルホテルでは生野菜の自給を計画して、グルーム社長が神戸の東にある大石村、現在の灘区の大石町の辺りに所有していた相当広い土地に菜園を開きました。そこでは色々な野菜の種子を外国から取り寄せ、「レタス」「セロリ」「カリフラワー」等も失敗しながら栽培しました。また豚や鶏は南京町の市場で調達されましたが、仔豚や雛鶏が仲々手に入らなかったのでホテルの残飯を利用して大石の菜園でそれを飼料にして養豚から養鶏まで手がけています。

メリケン波止場前、いまの郵船ビルのところには、明治一五〜一六年頃に落成した「ヒョーゴ・ホテル」というのがありました。ここは少し値段が安く、気軽に泊まれる大衆的なホテルというので人気があったようです。

明治一七年（一八八四）にこのホテルが出した英文の人力車の運賃表というのがあって、これを見ますと、このホテルから生田神社まで四銭、長田神社まで一一銭、一ノ谷まで一七銭、舞子まで二一銭、有馬まで八五銭ということになっています。米が一升七銭ほどの時代でした。

ところで、人力車というのは明治二年（一八六九）、東京で和泉要助、高山幸助、鈴木徳次郎という三人の人物が西洋の馬車からヒントを得て考案し、翌年、日本橋河畔の高札場で営業を始めたものです。車体が座席、蹴込《けこみ》（客が足を置く部分）、梶棒、車、幌の五つの部分から

A Handbook To Central And Northern Japan by John Murray
Pub. London 1884 (Meiji 17 Nen)

Kuruma Fares (one coolie) from the Hiogo Hotel. - These are the legal fares for Japanese passengers, with whom it is usual to add a small gratuity to the coolie. In bad weather or at night half as much again is charged. An increased charge is also payable for greater speed. Charge for waiting, 5 sen per hour. For long distances, 5 sen per ri. At least 50 per cent, advance on these rates is expected from foreigners :-

Hiogo Hotel to : -	Sen		
Anywhere in the settlement	3	Wada no Misaki (Hiogo Point)	11
The Waterfalls	9	Nagata Temple (from which the ascent of Takatori Hill is made)	11
Ikuta Temple	4	Suma-dera	14
Ono	4½	Ichi no tani	17
Sumiyoshi	18	Maiko	21
Arima	85	Akashi	25
Shin-gawa Canal	9½	Kakogawa	55
Kiyomori's Tomb	10	Himeji	75

Copied from the second edition of Murray's Guide to Japan. 1884

ヒョーゴ・ホテルの人力車運賃表（明治17年）

できていて、当初は木製でしたが、その後だんだんと改良されて鉄製となりました。車輪も鉄の輪から、やがてゴムタイヤのものに改良されました。

車を引く人は「車夫」と呼ばれ、特徴のある独特のスタイルをしていました。ともかく、人力車は庶民の足として大いに利用され、東南アジアの各地にも輸出されて、「リキシャ」という名で世界的な庶民の足となりました。

人力車は居留地でも非常に重宝がられ、商館から商館へと威勢よく走って、商売に忙しい居留地はよい稼ぎ場所であったようです。

そういえば、『湊の魁』では、多聞通五丁目の三宅保治郎さんは「人力車製造所」でした。

明治三年（一八七〇）、居留地内の通りに町名がつけられました。東町、西町、江戸町、京町、浪花町、播磨町、明石町、そして伊藤町。海岸通、中町通、裏町通がそれですが、これらがどのようにしてつけられたかについては説が分かれます。土居晴夫さんは、東にあるから東町、西にあるから西町で、その他は語呂のよい都市名、地名をそのまま用いたにすぎない、と言っておられます。また、伊藤町については、居留地開設の責任者であった伊藤博文が自分の姓をつけたもので、のちに当局が伊藤さんの功績を称えて命名したのではない、と言われます。

一方、荒尾親成さんは、町名というのはやはり縁起をかついでつける場合が多いのだから、江戸町、京町、浪花町などは当時非常に栄えていた江戸、京都、大阪などにあやかって繁栄していくことを祈念してつけたものだろう、と言われます。また、伊藤町はやはり伊藤博文の功績を称えて命名したものだろうと言っておられます。

しかし、どちらの説も確実な根拠はないようで、いまの段階では断定的なことはいえないようです。

（七）　居留地の娯楽とスポーツ

さて当時、娯楽の第一は映画でした。明治二九年（一八九六）一一月二五日、神戸・花隈の神港倶楽部で公開されたのが最初で、その映画は活動写真と呼ばれ、アメリカのエジソンが発明したキネトスコープという機械を一人ずつのぞき込む方式のものでした。公開に先立って、関西方面に旅行中だった小松宮殿下が一一月一七日、神戸の宿舎で初めてご覧になり、また二〇日には有栖川宮大妃殿下もご覧になりました。この時の様子について一一月一九日付および二一日付の「神戸又新《ゆうしん》日報」は、「殿下は（中略）同夜活動写真御覧」（一九日付）、「エヂソン新発明の写真活動機を御覧あり」（二一日付）と記し、「活動写真」という言葉を初めて使って報道しています。この「活動写真」という言葉は、こののち一般化して使われるようになりました。

このキネトスコープを居留地一四番館のイギリス商リネル商会から輸入したのは高橋信治という人でした。この人は、相生町三丁目で明治初年から鉄砲店を経営していた高橋熊七さんの長男で、大正四年（一九一五）に六四歳で亡くなっています。大変なハイカラ好みで、西洋パイプを手にして山高帽をかぶり、鼻の下にはひげをたくわえていたそうです。高橋鉄砲店は内国博覧会から褒状を受けているほどの信用のある店で、また居留地の商館との関係も深かったようですから、こういう関係でキネトスコープを輸入することができたのでしょう。

先ほどもいいましたように、当時の映画はまだスクリーンに映し出されるものではなく、箱の上からのぞき込む「のぞき眼鏡」のようなもので、「電気作用写真活動機械」と呼ばれていました。フィルムは「たすき」と名づけられた一連の輪になったもので、同じ場面が何度も何度も連続して映るという幼稚なものでした。

神港倶楽部で公開された活動写真のプログラムは、二五日が「西洋人スペンセール銃ヲ以テ射撃ノ図」、二六日「西洋人縄使用別ケノ図」、二七日「西洋人旅館ニテトランプ遊興ノ図」、二八日「京都祇園新地芸妓三人晒布舞ノ図」、二九日「悪徒死刑ノ図」などでした。これらの題名からおよそその内容は想像がつくと思います。それでも、当時としては大変珍しいものでしたから、一二月一日まで上映が日延べされています。

いまのようなスクリーンに映し出す活動写真が登場したのは明治三〇年（一八九七）二月のことで、大阪・南地の演舞場で初公開されました。ついで東京で公開、神戸は三番目でした。相生町の相生座で同年四月八日に公開されたのですが、入場料は上等が六〇銭、並等が三〇銭でした。米一升が五〜六銭の時代ですから、かなり高額だったことがわかります。

この時の映写機を輸入したのは、北長狭通五丁目に住んでいた光村利藻という人でした。彼は明治二四年に居留地のトムソン商会からカメラを買い入れ、元町通二丁目の市田左右太写真師の指導を受けて、神戸の町の風景を数多く撮影しました。それらの写真は、当時の神戸の貴重な記録として現在も残っています。

このような外国人の居留地と地元神戸とを結ぶパイプ役をつとめた人物や商店が、ハイカラ趣味とも相まって次々と輩出し、神戸の町には次第次第に西欧の文明が入り込み、発展してきました。

ところで、旧居留地のほぼ中央にさくら銀行の本店があり、その東側に箏曲家として有名な宮城道雄さんの生誕地の碑がありますが、宮城さんは明治二七年（一八九四）、居留地五八番館で生まれました。そして、ここから北野町の中島検校《けんぎょう》のところへ琴を習いに行く道すがら、異人館から流れてくるピアノの音を聞き、非常にエキゾチックな気分になった、といいます。

「宮城道雄生誕の地」の碑

宮城さんには「春の海」「数え歌変奏曲」など数々の名作がありますが、それらが日本人だけでなく、広く世界の人々の心を打つのは、宮城さんが神戸で、それも居留地の真ん中で生まれて、幼い頃から異人さんのピアノの音を聞いて育ったことと無関係ではないと思います。

のちに神戸が日本におけるジャズ発祥の地になり、神戸から全国に広まっていったのは、こうした居留地における西洋音楽に神戸の人々が親しんでいたからではないでしょうか。神戸には新しい西洋音楽を受け入れる素地が、居留地時代に培われていたといえます。

神戸に最初にジャズバンドが出現したのは、大正一二年（一九二三）四月、井田一郎というバンジョー奏者が率いる「ラッフィング・スター・ジャズ・バンド」が旗揚げしたのが初めだといわれています。井田は、当時世界最大級の豪華客船「天洋丸」の音楽部長として乗船し、アメリカの港に入港する機会をとらえては、本場のジャズを聞いて勉強したといいます。

明治から大正・昭和にかけて、太平洋航路の東の終点であった上海には世界最大の租界があり、欧米文化をそのまま持ち込んだ世界ができ上がっていて、アメリカのミュージシャンたちは、本国はもちろん、太平洋航路の客船の上に、また上海のナイトクラブに活躍の場を見出して腕を振るっていました。したがって、神戸に当時最新のジャズやその他の西洋音楽が入ってきたとしてもふしぎではありません。

神戸で最初のジャズの演奏が行なわれたのは、当時のオリエンタル・ホテルだったといわれています。

明治二八年（一八九五）には救世軍が初めて日本に上陸しました。クラリネットとトランペットによる新しい形の布教・宣伝ぶりが話題を呼びましたが、文明開化的なものの宣伝にはこういう音楽が効果的だったようで、これなども西洋音楽と日本人との接触の一つの形でした。

さて、当時のファッションはどうだったのでしょうか。外国人の婦人はトランペットスカートというのをはいていました。これは流行に敏感なアメリカの婦人が、明治三〇年頃のヨーロッパのファッションを採り入れたものでした。

日本人の男性も、外国商館に勤める番頭さんなどは、派手なチェックの背広に山高帽をかぶり、チョッキに金の鎖をつけていました。明石町の三〇番館にあったスキップウォース・ハーモンド商会で作る服は、栄町でオーダーするのにくらべて三〜四倍の七〜八円もしたといわれています。

近代の洋服の発祥地は神戸で、明治二年（一八六九）にイギリス人のカベルドウが居留地一六番館に洋服店を開業したのが始まりといわれています。以来、神戸にはすぐれた洋服店が次々にできました。本町通の柴田音吉洋服店などはその代表的なものです。

居留地は事実上の治外法権の地域でしたが、その反面、外国人が自由に出歩ける範囲は当初は厳しく制限されていました。そのため、外国人が娯楽を求める場所は主に外人クラブ（旧米総領事館）、オリエンタル・ホテルのバー、ダンスクラブ（明海ビル）などに限られていました。外人クラブのほかは日本人も出入りして、一杯二〇銭ぐらいのビールを飲み、一本一〇銭ぐらいのシガーをくゆらせながらビリヤードなどを楽しみました。好プレーが出ますとお祝いに五円のシャンペンを、しかしこれはもったいないというので、三〇銭のハイボールが配られたといいます。

そのうち、野外でレクリエーションやスポーツを楽しむ外国人の姿が見られるようになりま

明治二〇年二月九日（朝）
神戸に於ける踏舞会の景況

一昨夜九時ヨリ神戸居留地劇場ニ於テ内海建野両知事ノ催サレシ踏舞會ニ臨席ナリシ人々ハ有栖川両宮、北白川宮、伏見宮、三條内大臣、伊藤總理大臣、高島陸軍中將、伊藤海軍少將、中井北垣両知事、遠藤造幣局事務長、児島控訴院長、犬塚検事長、飯田技師、野田鉄道事務官、山縣海軍造船所長、今井當府書記官、馬屋原裁判所長、頴川税関長、村野兵庫縣書記官幷ニ各国領事其他紳士、淑女等無慮百七十人余此内ニテ踏舞ヲナセシハ、有栖川両宮、北白川宮、伏見宮、中井知事ノ夫人、建野知事及夫人、内海知事ノ夫人、伊藤伯爵夫人、高島中將ノ令嬢、今井書記官ノ夫人幷ニ英国領事ツルーフ氏及夫人、米国領事ゼルニガン氏及夫人、同副領事ニンスデッド、獨領事エフクリイン氏其ノ他内外紳士淑女等ニテ其ノ間ニハ扶桑艦乗組楽隊奏楽シ其踏舞ノ名ハ左ノ通リ

ウオルツ、ポーカー、ランサース、マヅルカ、タンペーテ、ガロツプ

ノ六種ニテ凡四十餘番アリ又立食ノ饗應モアリ又建野知事ノ御馳走ニテ同夜十二時三十分別仕立ノ汽車ヲ発セラレタレバ此ノ汽車ニテ當地ニ帰ラレタル人々アリ

又残ラレタルモノモアリ

全ク退散セシハ同夜三時過ギニテ頗ル盛會ナリト云フ

（西村旅館年譜より）

した。最初に登場したスポーツは狩猟、乗馬、散歩といった個人的な娯楽で、これらは主として居留地周辺で行なうことができました。また、居留地内では前町公園のパブリックガーデン、海岸遊園のプロムナードなどが整備され、日常のレクリエーションのための場所もつくられました。

東北部の砂地では競馬が催されました。競馬は居留地の外国人たちの最大の娯楽の一つでし

摂州神戸西洋人馬駆之図（長谷川小信画　明治初期　神戸市立博物館蔵）

た。先に、生田神社の東側にあった競馬場の写真をご紹介しましたが、そこで第一回の神戸競馬が催されたのは一八六八年のクリスマスのことでした。その後、大いににぎわったということですが、当時の競走馬は、外国人が交通の不便をカバーするために中国から取り寄せた馬であったり、日本国産の馬でしたから、サラブレッドなどにくらべると小さく、競馬そのものも「ポニー・レース」と呼ばれていました。それでも、私設の馬券売りなども出現していました。そのうち阪神間に鉄道が開通し、また人力車の普及などによって馬が次第に少なくなり、やがて神戸競馬は消滅していきました。

この競馬については、浮世絵師の長谷川小信（二代貞信）が「摂州神戸西洋人馬駆之図」を残しています。これを見ますと、競馬場のまわりには各国の国旗が並び、騎手の服装は現在と同じく色とりどりで美しく、また見物人のなかには日本人も弁髪の清国人も混じっています。

ちなみに、長谷川小信は幕末から明治にかけての激動の日

摂州神戸新建西洋館市街賑ひ之図
（長谷川小信画　明治初期　神戸市立博物館蔵）

本をみごとなタッチで描き続けた人で、いまでいえばニューイラストレーターともいうべき人物です。「馬駆之図」以外にも、「摂州神戸新建西洋館市街賑ひ之図」「摂州神戸西洋館大湊の賑ひ」「摂州神戸海岸繁栄図」など多数の開化錦絵を描いており、それらは当時の風俗や景観、また開港場のにぎわいぶりを伝える貴重な資料となっています。

「西洋館市街賑ひ之図」はメリケン波止場付近のにぎわいを描いたもので、馬車に乗る西洋人の夫婦、その馬を御するチョンマゲに洋服姿の〝別当〟と呼ばれる日本人の馬丁、日本人の旅人や武士、美しい洋服の外国婦人、弁髪の清国人、コンプラドールと呼ばれる商館の中国人の番頭、また古い形の人力車などがいきいきと描かれています。背景にはアメリカ、フランス、イギリスの国旗がはためいています。アメリカ国旗の建物はアメリカの総領事館でした。

スポーツとして、レガッタ、クリケット、スケート、フットボール、ラグビー、野球などが行なわれました。「兵庫レースクラブ」「兵庫クリケットクラブ」「ＫＲＡＣ」「神戸野球クラブ」というようなスポーツ集団が組織され、それによって競技が行なわれました。とりわけ野球は、ＫＲＡＣでクリケットとともに行なわれ、明治二六年（一八九三）神戸クリケットクラブ（ＫＣＣ）が指導していた兵庫師範と練習試合を行なったのが最初といわれています。明治三三年（一九〇〇）には、神戸クリケットクラブと神戸一中の試合が行なわれ、二〇対九で神戸一中が大勝して神戸っ子を驚かせました。四〇年代には慶応大学の野球部が神戸にやって来て、外国人チームと試合をし、有名になりました。

日本のゴルフは六甲山から始まりました。当時、六甲山はイギリス人の茶の貿易商Ａ・Ｈ・グルームが中心となって開発が進められていました。山上には六〇軒余りの別荘が建ち、一種の外国人村を形成していました。ある外国人の集まりでグルームが友人たちと談笑中、「ゴルフをやろう」という話が出ました。そこでグルームは数人の友人を誘って山上に四ホールのゴルフ場をつくりました。これが明治三四年（一九〇一）のことです。二年後には九ホールに拡張され、会員も一二〇人にふえて、日本初のゴルフクラブ「神戸ゴルフ倶楽部」が誕生しました。

明治三二年（一八九九）七月一七日、午前一〇時、居留地の行事局で居留地の返還式が行なわれました。外国人代表はA・C・シム、日本側の代表は大森鍾一《しょういち》兵庫県知事。そして、一〇年来フランス領事を勤め、市民に親しまれたド・ルシイ・フォサリュウが感慨をこめて挨拶しました。

この日をもって居留地の治外法権は解消し、日本のなかの異国はなくなりました。以後、外国人と日本人、神戸っ子はまったく対等のつきあいを始め、日本の商社がどんどん旧居留地に進出していきました。

時代は大きく変わり、いまでは神戸のビジネスセンターとして活気あふれるまちとなっていますが、それでもどことなくエキゾチックな雰囲気は残っており、神戸っ子は「もと居留地」と愛着をこめて呼んでいるのです。

（神戸女子大学「食物と健康」第二十五巻一号、二号、三号・平成七年三月、六月、九月）

（神戸居留地の3／4世紀（のじぎく文庫）・平成五年四月）

第四章　生田の杜と神社庁

神社界・兵庫県神社庁の現状と課題

平成九年度から今日に至るまでの一年間を振り返りますと、未来を託すべき青少年の凶悪犯罪の多発、政治家、官僚の汚職の頻発、企業経営者の背任や総会屋への利益提供など政官界を問わない腐敗の蔓延など道義国家たるを誇りとして来た我が国の変貌ぶりは目を覆うばかりであります。かかる折柄、参議院議員選挙に於いてよもやの自民党の大敗などに加えて首相の辞任とそれに伴う小渕恵三新首相の誕生がありましたが、底割れのした経済不況と相俟って暗いニュースばかりの社会情勢の只中にあります。

本年は、天皇陛下御即位十年の佳節に当たります。このような国難ともいうべき社会情勢の中、天皇皇后両陛下は昭和天皇の御精神を受け継がれ、国民と共にこの難局を克服しようとなされて懸命に努力を傾けていらっしゃるお姿を拝し、我々神職は敬神と尊皇の誠を尽くさねばならぬと存じます。しかし、一方皇室への関心が薄れ新年や天長節の皇居参賀の人数が減少傾向にあるなど、日本の伝統でもある皇室敬慕の心、君民一体の精神にも今や影がさし始めているとの危機感があります。我々は大御心にお応えするべく、御即位十年を心から奉祝すると共に皇室のお姿を広く正しく国民に伝えて行くことによって危機感を払拭する一つの転機にしなければなりません。

斯様なとき、神職の資質を再確認することから始めなければなりません。神職たる者は「皇室・神宮・神社・国家」に奉仕する敬神・尊皇・愛国の持ち主であるべきであります。神社人として敬神生活の綱領を体得し、神社本庁憲章を遵守して神明に奉仕する使命を遂行する事を目指して神意奉行に勤める者であるべきであります。而して神職の資質向上を再確認し、日々研修に努めなければなりません。

昨年、一年半に及ぶ歳月をかけて作成した兵庫県神社庁五十年史を繙き、先人達が兵庫県神社庁で活躍され活動された歴史をもう一度ふり返りこれからの指針の一つにしたいと思います。

さて、神社庁の財政にあって、ここ数年これまでの予算に較べ大幅に増加を見たものは神宮大麻の本庁交付金であります。しかし乍ら平成九年度の神宮大麻交付数、頒布数についてみますと、今年度の神宮大麻頒布数は九百二十八万六千三百九十五体、神宮暦は六万六千五百四十三部となり、平成八年十月に実施されました国勢調査をもとに世帯数比の頒布率を算出しますと全国平均の頒布率は二一・一%であります。本年度の頒布状況をみます時、戦後神社本庁を通じて神宮大麻が頒布されて以来、三年連続減体となったのは初めてのことであるとの報告がありました。このような時期にあり乍ら、阪神淡路大震災の影響が未だ色濃く残り、被災家屋の多い中、また底割れのした経済不況の中で神宮大麻について前年より二七八体増の二〇七、五〇二体を頒布し、神宮暦については一五部増の九五八部の頒布で、洵にわずかの増加とはいえ、兵庫県神社関係者各位に感謝すると共に、本年は更に一層の増頒布に向けて努力して参らねばならぬと存じます。而して、私共が託されている神宮大麻の頒布は、神社関係者として最も大切な奉務であり、神宮への御奉賛は勿論のこと皇室と神宮、そして氏神様と氏子の人々をつなぐ心の絆である事を認識し、これが増頒布の方策や神宮大麻の意義等宣布する広報等も考えて検討しこれからの庁務に生かして行きたいと存じます。

あの未曽有の阪神・淡路大震災から三年半を経過し、かねてより物故者慰霊祭並びに震災復興祈願祭の斎行が提案されて来ましたが、本年一月十七日三年祭を斎行する事が出来、胸のつかえのおりるのを覚えました。しかし乍ら先般淡路北淡町を訪ねましたが、未だ復興途上の所もあり、神戸市内に於いてもまだまだ復興の遅れている神社もいくつかございます。この状況の折ではありますが、震災復興のための指定寄付金免税期間のうちに一層の募金の御努力と復旧復興へ前向きに尽力あらん事を勧奨し、被災神社への対策を続けて参りたいと存じます。

平成八年八月から過疎化の著しい但馬地区の神社を対象に調査を開始し、その調査結果の報告書が刊行されましたが、この調査報告に洩れた神社の補遺や反省をふまえ、あらたに不備な箇所を補完した調査を行い、今後、丹波地区、淡路地区等の役員とも相計り、これを継続して行きたいと計画しています。ただ過疎地域が日々刻々と変貌を来し、過疎の概念も変化している今日の現象を見届けながら調査を進めて行かねばなりません。

後継者並びに現任神職。中堅神職の養成研修は常に継続して実施すべきであります。

兵庫県神社庁は昨年より近畿二府四県の当番県に当たり、石清水八幡宮青少年文化体育研修センターに於いて、当庁が主催して二回に亘り研修会を開催しましたが、いずれも七十名を越える盛況で、これまで講座になかった書道や俳句の講義をとり入れて新機軸を示し、好評を博した事から更に兵庫県神社庁ならではの講座や講師陣の陣容を整え、講師の発掘や各地研修会に派遣の出来る講師の選定などにも取組んで参りたいと存じます。

昨年は権正階の検定講習会を開催しましたが、本年は検定講習はなく、その代わり夏期に行われます現任神職研修会に於いて「奉仕の現場から直面する神社運営を巡る諸問題について」をテーマに各地区で熱心な論議の展開されることを期待するものであります。そして各地区で発表されたこの問題の結果を報告して貰い、兵庫県神社界に於ける神社運営を巡る問題点を検討し、神社庁業務施策に生かして行くべく計画を立てています。

扨て、本年から庁務で重要課題として取り組んで行きたいことは、家庭祭祀の振興と神宮大麻神札奉斎の推進勧奨、そして兵庫県管内三千八百三十九神社の隆昌と活性化を図る方策であり、そのために委員会組織の整備と役員庁務の分掌を明確にし神社庁業務運営に支障を来たさないよう努め、役員指導のもとに職員の事務向上をはかって行きたいと思います。

今、最も声を大にして叫ばれているのは、「心の教育」であります。中央教育審議会は神戸市の連続児童殺傷事件をきっかけに昨年八月に諮問され「心の教育」のありかたについて審議を進めて参りました。更に神政連顧問の小山孝雄参議院議員によって国会で検証された如く「荒れる学校」や犯罪の低年令化などが増加の一途をたどっている事であります。中教審では家族一緒に食事をとることの大切さなど、これまで国があまり触れてこなかった「家庭の躾」の重要性を九二項目で提言し、「家庭内の年中行事を見直そう」「伝統的な祭り行事など積極参加を」と子供の情操教育に神社を含む地域社会の参画を期待しています。特に答申では日本人の宗教観や倫理感は、日常生活と深く結びついているとしたうえで、「伝統的な家庭行事は、例えば初詣や節分で無病息災を祈ったり、家族一緒に墓参りをして先祖と自分との関係に思いを馳せることなどを通じて、人間の力を越えたものに対する畏敬の念を深めるなど、宗教的情操をはぐくむ貴重な契機となって来た」として、おろそかにされつつある家庭内行事の再評価を促しています。将に我々神社人は今こそ家庭のまつりが「心の教育」に欠かせないものであることを啓発し、神棚奉斎家庭の増加に努めるチャンスと受けとめて、運動を推し進めて行く必要があろうと思考するものであります。

神社庁の機構について申し述べたいと思います。かねてより委員会制度の見直しと組織の充実をはかりたく存じておりましたが、新役員スタートと同時に組織づくりを行い、教化・渉外委員会と総務・経理・福祉委員会の二つの委員会を副庁長が分担し、それぞれの役員に教化・渉外・総務・経理・福祉の特異の分野に適材適所の役員を担当配置し、必要な部署には協議員の中からも委員を選出して頂き、神社庁機構の活性化に努めて行きたいと存じます。すでに各委員会で会合が持たれ活動が始まっております。

兵庫県神社庁理事庁務分掌は左記の如くであります。

神社庁の業務の中でとりわけ重要なのは教化であります。昨年再発足して新風を起こしつつある教化委員は、本年新役員のもと、兵庫県神社庁の教化活動のスタートが切られ新世代会議「明日の神道を見つめて」のテーマのもと我が国の将来を担う若い世代のバズセッションにより、これからの神社のあり方を探って教化資料にするべく計画されているのも大いに期待の出来るものとして、教化委員会の熱心な取り組みを支援し協力して参りたいと存じております。

神社庁は、各指定団体とも連絡を密にし、各指定団体が活溌に独自の活動を展開出来るよう担当役員と相諮り物心両面に於いて出来るだけ協力をして行く所存であります。神道政治連盟兵庫県本部・兵庫県神道青年会・兵庫県敬神婦人連合会・兵庫県神社保育連盟等は現在活溌に活動を続けておられますが、「心の教育」の要であります停滞気味の全国神職教職員協議会兵庫県支部の活動も何とか活性化をはかって頂く方途を考えて行くべきでありますし、神社神道スカウト協議会もかつての兵庫県神S協として名を馳せた如く活溌化させて頂きたいと思います。更に兵庫県で熱心な神職保護司会、教誨師会、女子神職会と神社庁との連携を強くして参りたいと念願しております。

担当	副庁長	分担内容		担当役員
教化	山本安彦	教化	氏子教化 各種研修会・講習会 青少年問題 過疎問題対策 広報等	吉井貞俊 生浪島堯 笹部敏行
渉外		渉外	時局対策 指定団体・宗教連盟 同和対策	松井秀夫 武田和郎 山西乙平
総務	藤巻孝正	総務	本宗奉賛・神宮大麻 庶務・法人事務	澤弘隆 古森博澄 森本政利
経理		経理	予・決算等会計関係 負担金等調整	藤田謦司 日岡幾朗 久保田梅継
福祉		福祉	神職の待遇調査 職員共済・各種保険 税務等	中村和正 大谷正之 近藤公博

尚、協議員より提案のあった件案について報告しておきます。一つは神社庁会計の複式簿記化であります。既に総務・経理委員会で検討され、複式簿記実施について事務を進め、新たに神社庁会計を点検して貰うべく顧問に指名した税理士の指導を受けながら本年四月に遡って、目下神社庁事務職員によって整理中である事を申し述べておきます。

また兵庫県神社庁の「宗教法人」化について、協議員会で要望があり、これも総務委員会に於いて検討中でありますが、何分にも湊川神社の御好意により拝借した土地の上に、名目上とは申せ、神社本庁名義で保存登記されている神社庁の建物でありますから、種々研究・検討を重ねて対処して参りたいと考えております。

さて、本年は宗教法人法改正に伴う備え付け書類の提出初年度という事もあって、各神社の宮司各位には繁雑な事務手続の業務で御苦労をおかけしていますが、神社庁事務職員各支部長や役員の協力のもと、すべての神社よりの提出がなされますよう願ってやみません。兵庫県神社庁に於いても、かかる会計事務を専門職より指導を受けるべきことを考慮し来年から顧問税理士を委嘱して、万全を期するよう努めている事を申し上げます。

一昨年あたりから環境問題、特に大気汚染に関わる問題の一つとして神社の神札神符等焼却のとんど焼神事のダイオキシン発生問題が浮上し、これの対策にも検討がなされて来ましたが、新たに今、起こって来た問題に社頭で授与している一部の「おみくじ」に極めて不適切な表現がなされているものがあり、早急に「おみくじ」をはじめとする社頭頒布品の内容を再点検すると共に、差別を助長するような項目・内容を含む「おみくじ」等一切授与する事のないよう指導していかねばなりません。今日社会の基本原則に抵触する内容を含んだ「おみくじ」を神社が授与するような事があってはならないことで、神明に対しても洵に申し訳ないことであり、こうした内容の含まれていることが判明した神社にあってはただちに中止すると共に、内容の見直しを行い神社として相応しいものに改めることが急務であるといえましょう。大方の調査を願うものであります。

終わりに当たり、今後も各委員会や教化委員会からの提案や提言、各指定団体からの要請事項、各地区支部長から提出される案件や要望を謙虚に受け止め、あらゆる検討を加えて、実行の出来る案としからざる案をよく見極めて神社庁運営を誤らぬよう見直し聞き直しして、兵庫県神社庁の業務を推進して参りたいと思っております。

以上、神社界ならびに兵庫県神社庁の現状と課題の一端を申し上げました。

（「兵庫神祇」五五三号・平成十年九月）

平成十二年庚辰歳・年頭所感

波立たぬ世を願ひつつ
　新しき年の始めを迎へ祝はむ

天皇陛下が、平成六年のお歌会始めにお詠みになられた御製である。この大みうたに詠まれた大御心のごとく、本年も国の内外の平和を年頭に当り心より祈念申し上げる。

さて、私は今年の年賀状に明治の元勲岩倉具視の「萬民祝」とする「六十年あまり四に分れてくにたみのにぎはひあへる御代はかしこき」といふ架蔵の短冊を印刷してお配りした。この歌は、明治の大御代を言祝ぐ国民の姿を素直に詠じたものである。

昨年は今上陛下の御即位十年奉祝の年であった。去る十一月十二日、兵庫県神社庁長として「天皇陛下御即位十年奉祝国民祭典」に参列し、皇居前広場での式典行事を見守った。

全国各地の民俗芸能のパレードや神輿渡御など国をあげての奉祝行事は多くの若者が参加して祝意を示すといふかつてない祭典となった。式典にも政財界はもとよりスポーツ界、芸能界からも若人が参加、奉祝式典歌曲をYOSHIKIが作曲し、荘重典雅な曲を、オーケストラと共にピアノ演奏したのも感銘を受けた。とりわけ、夕刻、天皇・皇后陛下が二重橋にお出ましになるときは、雨もぴたりとやみ、日の丸と提灯の列に「萬歳」の声が幾度となくこだます中、両陛下のお答へになる提灯の光が印象的で、お慶びの御様子がひしひしと伝はって来て、大いに感動した。

昨年は全国各地でも奉祝行事が執り行はれていたが、わが兵庫県神社庁に於いても千四百名の神社関係者が神戸ポートピアホール並びにポートピアホテルに打ち集ひ、盛大な式典ならびに奉祝行事を斎行出来たのは、洵に喜びにたへないところであった。

本年も年頭に当り、まづもって皇室の弥栄と国家の安泰・五穀豊穣・兵庫県神社関係者並びに氏子崇敬者の御健勝と御多幸を乞ひ祈ぎ奉るものである。

ところで本年は、阪神淡路大震災が発生してから五年目を迎へる。

平成七年一月一七日未明、兵庫県南部を震源地とする大地震が発生し、わが兵庫県の阪神・淡路地方は甚大なる被害を蒙り、六千を超へる人々の命が失はれたのは、いまだ記憶に新しい。天皇陛下は、当日朝、六時のニュースでいち早くこれを御覧になり、侍従に被害状況を逐次届けるやう指示された。一月一九日には亡くなられた方々の遺族に対し哀悼の意を表されるとともに、厳寒の中で不自由な生活を続けてゐる被災者や、救援のために尽してゐる人々の労苦に対しておねぎらひのお言葉を賜はり、一月三一日には天皇皇后両陛下お揃ひで神戸に行幸啓になられた。交通もままならない中でヘリコプターを乗り継いで幾つかの避難所を廻られ、床に御膝をお着きになり被災者の手をお取りになって直接お声をかけられ励まされたのであった。とくに大火災によって多くの人々が亡くなり焼け野原となった長田地区では、両陛下は焼け跡に向って深々と礼を捧げられ、皇后陛下はその朝、御所のお庭でお摘みになった水仙の花束をお供へになった。

なゐをのがれ戸外に過ごす人々に
雨降るさまを見るは悲しき

この阪神・淡路大震災にお見舞になられた時の大みうたである。
あの被災による動顚と混乱の状況の中で、両陛下のお言葉で、どれだけ多くの人々が明日への希望と生きる力を頂戴したか計り知れない。

かくして復旧から復興へと立ち上がる事が出来、歳月を経過して兵庫県下の被災地もほぼ元の姿に立ち戻る事が出来た。

震災復興五年目の年頭に当たり、まう一度この事実を深く認識し、その大御心に感謝の誠を捧げなければならない。

○

いま、「心の教育」が叫ばれてゐる。兵庫県でも教育委員会が実施してゐる中学生が一週間、地域の職場―とりわけ神社に於て―体験学習を行ふ「とらいやる・ウィーク」の実践などを通じて、総合的な学習の時間のあり方を通じて討議検討されてゐる。それには、学校と地域、保護者の三者が一体となって取り組んで行く必要があり、地域はこれまでの学校まかせの体質から、学校はオブザーバー的にかかはり、地域が参加していくといふ考へ方に変革しなければならないと指摘されてゐる。特に子供たちの心の教育については、日本人が本来持ってゐる美しい心を大切にし、心が育つ共同体作りをいかに進めて行くかが課題とされてゐる。

「心の教育」について、「日本の教育」第四六八号に大阪大学名誉教授であり甲子園短期大学長の加地伸行氏が講演された要旨が掲載されてゐたが、洵に適切な御意見と思ふので、茲にその抜粋を載せて年頭所感の一端に代へさせて戴く。

―『こころの教育』を考える―

まともな常識に立つということが今日一番大事だと思う。日本はそれを五十年失って来た。五十年間の非常識は簡単に消えるものではない。（中略）二十世紀は人権が中心だった。人権の二十世紀は自由と平等を極端に唱え、自由は勝手気侭、平等は無責任でどうにもならない時代となって二十一世紀に入って行く。二十一世紀はというとコンピューターの時代だ。我々はコンピューターに支配されつつある。十年後には人間並みのコンピューターが出来るだろう。これに勝つには機械が出来ないことをするしかない。そういうことを考えておかないと心の教育といっても太刀打ち出来るだろうか。

教育とは不自然なことである。人間は社会を作って人間として生きていくためのルールを重視した。これは不自然なことである。（中略）今世間で人間らしくというのは殆ど自分勝手、野放しと思う人が多い。我々が人間らしくというのは不自由にすることである。自由な教育というのは矛盾であり、不自由な教育というのがまともな在り方なのである。何故か。不自由な教育というトレーニングを積んでそれががっちり出来たあとに個性が花開くのである。個性教育というのはきちんと学ぶべきことを学んだ上で自分の持ち味を出して行く。昔の教育は暗誦した。暗誦してその言葉を消化しつつその先に自分独自のものを出して行く。百人一首も前はカルタ取りで覚えたが、今は受験勉強で覚え、カルタ札をとる快感が消えつつある。教育というのは先ず型を覚えるということを徹底することにある。画一教育とは違う。こういうことは学ぶべきだということを遠慮なくやることだと思う。

「心の教育」ということ自身が伝統的でない。これはヨーロッパ的である。心はどこにあるか。昔の日本人は、心は体のどこにもあると考えた。（中略）我々は心と体は重なっていて切り離せないというのが伝統的な考え方。それを心と体を切り離すから、心の教育と言い出す。心と体の教育、人間の教育と言い直すべきである。心と体と合わさったもの即ちいのち（命）、命の教育というのが本来ではないか。（中略）

我々は大変な状況に置かれて行き詰っている。これに対しては、自分たちがこれまでどういうものを大事にして来たかを振り返ってみることが必要で（温故知新という言葉がある）。伝統とか文化とか今まで保って来たものを振り返って、使えるものは使うというのが、行き詰った時の処方箋である。そういう反省の時期に来ていると思う。

（「兵庫神祇」五五七号・平成十二年一月）

庁長に再選されて

去る平成十年に庁長に選任され、近年とみに、鎮守の森を仲立ちに、伝えられ、守られてきた文化や伝統が、安易な形で崩れて行くという、まことに由々しい現象が散見されますところから、これを阻止し麗しい国風を取戻すことが喫緊の課題であると考え、皇室の尊厳護持、家庭祭祀の振興、教育の正常化問題等々を神社庁の業務の中心に据え、各位と共々に手を携えて、一期三年を事に当たって参りましたところ、去る三月二八日に開催された定例協議員会に於いて、図らずも引続き庁長を務めるようにご決定を戴き、今更ながらその責任の重大さに身の引き締まる思いがしております。

幸い、山本、藤巻両副庁長をはじめ役員、支部長、そして協議員の皆さんが、問題意識を共有し、真剣且つ熱心に問題解決に取組んで下さり、着々と庁務が進捗しておりますことは、誠にありがたく、感謝に堪えないところであります。

なお、この度、神社本庁の役員改選に伴い、私、本庁常務理事の大役を仰せつかりました。まさに青天の霹靂の思いでございます。これも雄県兵庫の各位のご懇情の賜ものによることと存じます。この上は統理、総長の命に従い、全国神社を結集した神社本庁の運営にも全力を傾注したいと考えております。

設立五五年目を迎えた記念すべき年に、我が兵庫県神社庁の、そして神社本庁の枢要な職に就かせて戴きましたことを感謝し、なにとぞ倍旧のご支援ご協力をお願い申し上げ、就任のご挨拶と致します。

（「兵庫神祇」五六一号・平成一三年七月）

平成十四年壬午の年の初めに

新年おめでとうございます。

年頭にあたり、先ず以て皇室の御安泰と弥栄を祈念申し上げます。

さて、昨年は、低迷した国内情勢を一新してくれるものと国民期待の裡に小泉内閣が誕生したのでありますが、ご自身が明言された靖国神社への八月十五日の参拝問題や聖域なき構造改革といった問題が実現を見ず、外国では同時多発テロが起こって今も収拾がつかない状態にあり、なんとも重苦しい、前途に光明を見出せないままに終わろうとしていた十二月一日、大内山に鶴が舞い降り、内親王殿下の御誕生という、まさに吉報が日本国中を湧かせました。

わが兵庫県神社庁は、神道政治連盟兵庫県本部、日本会議兵庫県本部と歩調を合わせ、命名の御儀が執り行わせられ、敬宮愛子《としのみやあいこ》さまと命ぜられた、十二月七日の夜、六百を超す市民と共に提灯行列を繰り広げ、この慶事を心からお祝い申し上げたところであります。

同日、国会は、天皇制に批判的な共産党も「（党の方針は）将来的に天皇制をなくしていくことだが、現段階は憲法を守る立場。憲法上に根拠をもつ象徴の家族のお祝いだ」として賛成をし、全会一致で「賀詞」を議決し、天皇皇后両陛下と皇太子同妃両殿下に奉呈したと報ぜられましたが、この皇室のお慶びを、一億二千万の大多数の国民が我が事のように喜ぶ様子を見て、やはり皇室はかけがえのない御存在であり、皇室を中心に日本の国はあるのだと実感しました。

ここに、新しい年が皇室と共に幸多き年になりますよう、只管お祈りし、新年の御挨拶と致します。

（「兵庫神祇」第五六三号・平成十四年一月）

平成十五年癸未歳・新年のご挨拶

平成十五年の初春を迎え、謹んで皇室国家の弥栄と県下神社関係者各位の御隆昌をお祈り申し上げます。

お蔭様で、神社庁運営の諸般が順調に進捗しておりますことは、各位の絶大な御協力によるところと深く感謝しているところでございます。

さて本年は、平成二十五年に御斎行予定の、次期第六十二回神宮式年遷宮まで後十年という節目の年になりました。実質的な奉賛活動は、これまでの例から申しますと、八年前から始まっておりますが、我々の大きな責務は本宗奉賛にあることに思いを致し、次期御遷宮完遂を常に念頭に置いて、これからの活動を推進して参りたいと考えております。

折りしも、来る四月二十三日には、近畿地区での「一日神社本庁」が本県で開催され、本宗奉賛への施策が検討されることになっております。詳しくは、近畿神社庁の合意を得て御案内を差し上げますが、是非とも御参会戴き、御意見を御開陳願いたいと存じます。

本年が、皆さまにとって麗しい年になりますよう祈念し、念頭の御挨拶と致します。

（「兵庫神祇」第五六六号・平成十五年一月）

平成十八年丙戌歳・年頭の御挨拶

鏡　みかがみのよにかがやくも敷しまの
やまとこころの光なりけり　富子

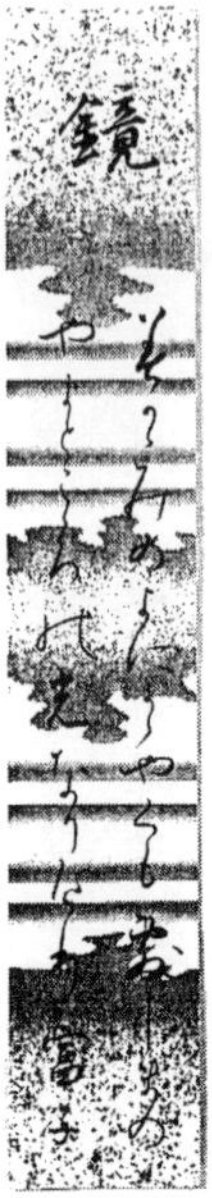

平成丙戌歳の新春もめでたく明け、聖寿の萬歳を言寿ぎ奉り、皇室の弥栄と国家の安泰、五穀豊穣、世界平和、県下氏子・崇敬者の御健勝と繁栄を心から御祈念申し上げます。

私は、新年に際し、年賀状に、冒頭に掲げた北白川能久親王殿下妃であらせられた北白川富子様の「鏡」と題する架蔵の短冊を版におこし、知人友人にお配りしました。この御歌の如く、本宗と仰ぐ神宮の御神威が赫々として輝き、御遷宮に向けて弥益しますよう祈念致してをります。

伊勢の神宮におかれましては、第六十二回式年遷宮の関係諸祭儀が昨春より始められ、本年は、兵庫県神社庁でも、第一次のお木曳行事に許されて一日神領民として御遷宮の御用材を神宮に曳き入れる神事に参加させて戴くことになってをり、愈々本年度から神宮奉賛の真心を結集して参りたいと存じます。神宮大麻奉斎運動もモデル支部制度が展開される事になり、本県では西播地区姫路支部がモデル支部となって運動が開始されてをりますのは有難いことでありります。

さて、日本人が自らの文化や伝統を顧みますとき、その基層にあるのが「神道」であるといふことを一般の人達が認識しつつあり、今や神道文化が見直されてゐます。昨年、兵庫県神社庁ではこの事象に思ひを致し、わが国文化と神道とのかかはりを考へる連続講座「神道と日本文化」を開催致しました。即ち、本講座は未来に向け、神道がもつ可能性を探り指針とするため、文部科学省の二十一世紀ＣＯＥプログラムの一つにも選ばれた國學院大學神道学部の教授陣が六回に亘って神道の現代的意義や自然観、死生観について判りやすく講義をして戴きました。その結果、かうした硬い講義にも拘らず、神社関係者以外の一般人が数多く出席され、毎回満員の盛況で成功を納めました事に、兵庫県神社庁教化委員各位並びに関係者に深く感謝を申し上げます。

本年は、この講座を一本に纏め、兵庫県神社庁設立六十周年の記念出版にしたいと計画致してをります。

兵庫県神社庁関係者各位におかれましては、「ふれあひ学び神道のこころ育み実践を‼」を合言葉に本年も御健勝にて御活躍あらんことを祈念して、念頭の御挨拶といたします。

（「兵庫神祇」平成十六年一月）

平成十九年丁亥歳・年頭所感

平成丁亥歳の新春もめでたく明け、聖寿の萬歳を言寿ぎ奉り、皇室の弥栄と国家の安泰五穀豊穣、世界平和と兵庫県内各神社並びに各氏子崇敬者の御健勝と繁栄を心から御祈念申し上げます。

さて、昨年は、わが兵庫県に於きまして、「のじぎく兵庫国体」に天皇皇后両陛下を始め、皇太子殿下、宮様方の御奉迎をする事が出来、兵庫県神社関係者並びに崇敬者の皆様方に広く格別の御協力を賜わり洵に有難うございました。約二週間の開催期間中、特に沿道奉迎では、三木市での二万余名の両陛下のお迎え、明石市での七千余名の皇太子殿下のお迎え、更に県下各地で皇族方をお迎えする事が出来ました。沿道いっぱいに日の丸の小旗を打ち振り、震災後の度重なるお見舞いの御心に対する県民の感謝の御礼をいささかなりとも表すことが出来たものと思う次第でございます。

また、天皇皇后両陛下の行在所前では、千数百名による、天皇皇后両陛下の御奉迎に併せて悠仁親王殿下の御誕生もお祝いして提灯奉迎が実現し、両陛下の御懇篤なる御答礼を賜わり奉迎者一同感激と感動の極みでありました。予定を超える十分間ものお応えは終生忘れられない体験となったのであります。

また、神戸市役所の南隣に拡がる東遊園地に、昨年秋、皇后陛下の御歌を記した御歌碑が完成し、九月二十五日大安の日に、井戸敏三県知事、矢田立郎神戸市長など約五十人が参列して除幕式がおこなわれました。

笑み交はしやがて涙のわきいづる復興なりし街を行きつつ

昨年正月、宮中歌会始での皇后陛下の御歌で、平成十七年一月に「阪神・淡路大震災十周年のつどい」御臨席のため、天皇陛下とともに神戸市に行幸啓遊ばされた際にお詠みになられたのであります。この御歌は、皇后陛下が神戸の街で出会う人々と笑みを交わし、復興の喜びを分かち合われながらも、それぞれの人が越えて来た苦難を思い涙ぐまれた御記憶をお詠みになったものであります。

御歌碑は、不肖私が「皇后陛下御歌碑建立委員会」の会長を仰せ付かり、井戸知事、矢田市長、稲垣神戸新聞社々長、新野神戸都市問題研究所理事長など有志で組織され、「皇后陛下の御心を後世に伝えるとともに、改めて災害に強い街づくりに取り組む誓いとしよう」との呼びかけが結実しました。そして能勢産の黒御影石製の縦一メートル、横二・四メートルで、神戸生れの芸術院賞などを受賞し日本かな書道界の第一人者である井茂圭洞氏が揮毫され、遊園地内の震災犠牲者の氏名を刻んだ「慰霊と復興のモニュメント」の北側に建てられました。

この御歌碑の建立は、復興に思いをお寄せになられた御心を後世に伝えるとともに、この歌碑により被災地の市民は一層勇気づけられるものと存じます。

今年もまもなく十二回目の震災の日がやってまいります。

さて、本年は、いよいよ本宗と仰ぐ神宮の第六十二回式年遷宮の奉賛会の地区本部が、全国都道府県に設立され、いよいよ国民総奉賛の全国的活動が始まります。

わが兵庫県に於きましては、来る二月二十六日に、生田神社会館に於て、「第六十二回神宮式年遷宮奉賛会兵庫県本部」の設立総会が開催される予定に相成っております。

皆様こぞって御出席賜ります事をお願い申し上げまして、年頭の御挨拶といたします。

（「兵庫神祇」第五七六号・平成十九年一月）

兵庫県神社関係者大会庁長式辞

秋雨に煙る稔りの秋の本日、田園風景も長閑《のどか》なここ丹波篠山に於きまして、平成十五年度の兵庫県神社関係者大会を開催致しましたところ、神社本庁統理の御代理として神社本庁監事で奈良県神社庁長、橿原神宮宮司の伊勢美登《いせよしのり》様、また、神宮大宮司の御代理として、神宮参事の慶光院利致《けいこういんとしかず》様を初め、近畿各府県神社庁の御代表、そして県下各地から、このように大勢の方々をお迎えして開催できますことを、まず以って厚く御礼申し上げます。

この大会は、平成十一年に今上陛下の御即位十年を奉祝して神戸で執り行いましてから、阪神、西播《せいばん》、淡路と続き、今回の丹波での開催となった次第でございます。このように県下各地を巡《まわ》って大会を開こうとしましたのは、申すまでもなく本県は、南は太平洋から北は日本海まで、実に広い県域を持っておりまして、ややもすれば、阪神間中心に行事を行い勝ちになってしまいますが、そう致しますと、どうしても御参加戴くのは阪神間の方が多くなってしまいます。

県下三千八百三十七という、全国で二番目に神社数の多い本県には、それ〴〵熱誠溢《あふ》れる氏子総代崇敬者の方々がいらっしゃる、その方々にお一人でも多く神社界の願いを知って戴きたい、そのためには、神社関係者大会をそれぞれの地域で開催すればお集まりになりやすいのではないか、そのように考えまして、各地での開催をするように致したのであります。

本日の大会に御参加下さいました三〇〇名を越《こ》す方々の三分の一は、当地区から御参加下さった方々でございます。どうか主催者として意のあるところを御理解賜りまして、本会が意義あるものになるよう御協力をお願い申し上げます。

さて、阪神タイガースが十八年ぶりに優勝をして、関西は賑っておりますが、果して浮かれてばかりいて良いのでありましょうか。確かに若干経済効果もあったようでありますが、現下の日本を見ますと、とても安閑としてはおれない状態にあると言うべきでありましょう。長期化した経済不況、外国人や若年層の凶悪犯罪に代表される治安の乱れ、学級崩壊、はたまた地球規模での天候不順等、憂うべき問題が山積しております。

折りしも、第二次小泉改造内閣が成立し、本県から二人の方が入閣され、それはそれで喜ばしいことではありますが、何卒わが日本国《にっぽんこく》の為に道統を誤ることなく大いに活躍して頂きたいものであります。

現今、何よりも大切なことは、日本の麗しい文化と伝統に根ざした、しっかりとした国を思う心を、国民一人一人が喚起して団結し、私たち先人が遺してくれた美風を踏襲して行くことが大切であると思います。

その意味において、町々里々の神社には、まだ〳〵麗しい文化も伝統も継承されております。どうか、皆さんのお力で、これを次代にお伝え下さいますよう心より乞い願うものであります。

日本再生への遠くて近い道は、日本の心を回帰すること、これに尽きると私は思います。そして、わが日本の神社の本宗と仰ぐ、伊勢の神宮の第六十二回神宮式年遷宮もあと十年に迫って参りました。まさに、日本の心の象徴である式年遷宮を立派に完遂することこそ、私たちの責務であると確信致します。

やがて、時が参りましたら、神宮奉賛につきましてよろしくお願い申し上げる次第であります。

とりわけ、今、我々神社と氏子とが一丸となって取り組まねばならぬことは、神宮大麻の減体をくいとめることであります。ここ丹波地区は昔から、神宮大麻増頒布に実績をあげた地区であります。この大会を機に県下、各支部、各部会、各氏子総代会に於かれまして、今一度、神宮大麻の増頒布に一層の御尽力を切にお願い申し上げ、平成十五年度兵庫県神社関係者大会の冒頭に当たり、所懐の一端を申し述べ、庁長の式辞と致します。

平成十五年九月二十五日

兵庫県神社庁長　加　藤　隆　久

兵庫県神社庁設立六十周年記念式辞

本日茲に兵庫縣神社庁設立六十周年記念、神社関係者大会を開催いたしましたところ、卯月二十五日という御多用な中にも拘りませず、かくも盛大にとり行う事の出来ましたことをまずもって御参集の皆様方に厚く御礼申し上げます。

又本日は昨年本県の尼崎に於けるJR脱線の大事故の起こった日でもあり先刻《まず》黙禱を捧げましたが兵庫県神社界を代表致しまして冒頭に犠牲者の御霊《みたま》に心から御冥福をお祈り申し上げるものであります。

さてこの六十周年という佳節に当り、兵庫県神社庁の歴史を繙《ひもと》いてみますと、昭和二十一年二月三日GHQによって解散させられた大日本神祇会・皇典講究所・神宮奉斎会の三団体を一つに結集して神社本庁が設立され、地方もこれに呼応して、大日本神祇会支部や皇典講究所分所等を廃止し、各都道府県にそれぞれの神社庁が設立されましたが、本県では、昭和二十一年二月二十日に兵庫県神社庁が設立され、同年四月十八日に湊川神社七生館の一部を借用して、事務所を県庁より移して庁舎がおこされたのであります。その後昭和二十六年三月、同神社より旧宝物殿を買いとり、内部の改装を終えた十五畳の広さの事務室、六畳の応接室と十五畳の和室、会議室、宿直室、炊事場等付属建物からなるささやかな庁舎より出発したのであります。

そして昭和二十一年二月十三日の設立総会に於て承認されました庁規の事業は、一、惟神道《かんながらのみち》の宣布、二、神宮大麻奉賛の普及、三、祭祀及禮典に関する調査並びに指導、四、神社の維持経営の助成、五、神職の教養研修、六、教育機関の経営及助成、七、民間神事の普及奨励、八、斯道に関する功労者の表彰、九、神職の共済並に其の子弟の育英、十、神社用品の調達斡旋、十一、社会教化事業の指導援助、十二、図書及機関紙の発行、十三、その他本庁の目的達成に必要なる事業となっており、今もそれほど変ることなく今日に至るまで敬神・尊皇・愛国を旨に神社活動を展開して参って来たのであります。そして昭和五十一年六月二十五日に待望久しき庁舎が湊川神社の境内に竣工致しまして、同年十月二十日には県神社庁設立三十周年記念大会も行われ今日に至っているのであります。

こうした中にあって、元号が昭和から「平成」に改まり、新帝が践祚され、皇位継承の儀式である大嘗祭が翌年執り行われる事が決定しますと、活動の活発化してきた所謂「過激派」が全国各地で、皇室関係及び全国神社に対してテロ活動を行うようになって参りました。神社庁においても兵庫県警と連絡を密にし、各神社では夜間の見廻りや所轄の警察への警備依頼を行い自衛に努めたのであります。しかし、県下においても兵庫県神戸護国神社で時限発火装置による火災が起り、境内建物の一部を消失する事件が発生いたしました。神社庁では、こうした過激派による全国各地の被災神社に対し、募財活動を行ったのであります。

一方、県下各地の研修会に於ては、大嘗祭についての勉強会が数多くもたれ、氏子への皇室啓蒙に大変役立ったのであります。

翌、平成二年十一月の即位の礼に続き大嘗会が執り行われますと、全国民がテレビにくぎづけとなり、新帝の御即位を奉祝したのであります。また、神社庁や各支部に於て、奉祝記念大会を開催すると共に、県下の各神社に於ても奉祝祭や記念の御造営事業、記念植樹・神具等の備品調製など氏子と一体になって執り行ったのであります。さらに、この大嘗祭における宮中祭祀は、一般の国民がマスメディアを通して見聞きし、神道や神社について我が国古来の伝統文化や信仰としてあらためて興味を抱き、親近感を覚えるに至ったのであります。

ところが、こうしたとき、平成七年一月十七日未明、兵庫県南部を襲った「阪神・淡路大震災」により未曾有の被害を被り、一瞬にして瓦礫の街と化してしまったのであります。一般市民の被害はもとより、古くからその地域のシンボルと信仰の対象でありました神社建設まで甚大な被害を被るに至ったのであります。

兵庫県神社庁も例外ではありませんでした。庁舎に大きな被害はなかったものの、交通は寸断され、通信手段の中心でありました電話回線もマヒし、地震による被害状況の把握さえも儘ならなかったのであります。この時に活躍したのが若き兵庫県神道青年会であり、地震直後から被災地に入り、神社の被害状況を把握すると共に、全国の神道青年協議会と連絡を密にとり、被災地への物資の搬入や御社殿の復旧に尽力されたのは刮目に価するものがありました。そして、以後の神社復興への「寄付金免税措置」については、神道政治連盟が政府に働きかけ、実現致しました。神社本庁では、全国の神社庁に働きかけ、募財活動を始めるとともに、被災復興神社には、神宮御用材の下賜等迅速に事を運ぶ事が出来たのであります。

こうした兵庫県神社庁の災害の経験と対策が、全国神社に於けるその後の災害対策や危機管理への警鐘となった事も注目すべき事であります。

扨て、本宗と仰ぐ、神宮式年遷宮が来る平成二十五年に第六十二回を迎え、御斎行される事と相成っておりますが、兵庫県神社庁にあっては、昭和二十四年十月四日、第五十九回式年遷宮奉賛会が設立され、昭和二十五年二月二十一日に兵庫県奉賛会本部設立準備委員会開催され、翌月十三日、湊川神社儀式殿に於て第一回設立神職議員会が持たれ、宮崎彦一郎氏の奉賛会本部長が就任し、式年遷宮兵庫県本部が設立され、御遷宮に向けての奉賛活動の第一歩が記されたのであります。

戦後これまで御遷宮は三回行われておりますが、第五十九回の前後には、多数の参拝が見込まれました。昭和二十六年、七年頃より兵庫県神社庁で参宮を奨励し、各支部で参宮団を組織して神社庁が旅行斡旋を行っております。御垣内特別参拝もその時から始められました。

昭和四十一年は式年遷宮の前儀二年目に当り、第一回のお木曳行事が行われました。兵庫県からは、神社庁及び氏子有志一九〇名が参加奉仕しました。また第六十一回式年遷宮に向けて、神宮では、シンボルマークと標語の募集やポスターの配布などで幅広く一般の関心を喚起し、参宮の奨励が行われました。平成五年三月には、伊勢神宮所蔵近代美術展が兵庫県神社庁と姫路支部の後援により、姫路ヤマトヤシキに於て開催されました。

また、平成五年同年八月、第六十回式年遷宮の時と同様にお白石持行事奉仕の一日神領民が募集され、兵庫県から三十団体二千人が出仕しております。奉祝行事としては、淡路人形浄瑠璃と浜坂町（久谷《くたに》）ざんざか踊りが奉納されました。御遷宮が斎行されましたあと、旧内宮御正殿の特別拝観が許されましたのは初めての事でありました。

平成八年には皇大神宮御鎮座二千年奉祝行事への参加を勧奨し、兵庫県からは五十七団体一九〇五名が参宮しております。

本年は第六十二回御遷宮の御木曳行事として兵庫県神社庁の第一陣三百三十余名が来る五月

六日、七日の両日浜参宮並びにお木曳行事に一日神領民として参加御奉仕をする事に相成っております。

かくのごとく本年は、神社庁設立から干支の廻り一巡という激動の越し方を顧みて、悲壮なる覚悟を以って我々神社人の先人達が取り組み、苦悩し、雄々しく乗り越えて来た神社本庁設立の理念と将来への理想に思いを致し、先賢達の偉業と御労苦に感謝の誠を捧げると共に、新たなる検証の統括と敬神・尊皇・愛国を旨に悠久の国体と国風を仰ぎ、更なる斯界の弥栄と発展を冀《こいねが》い式辞とするものであります。

尚本日は、会場が手狭なため、多くの希望者を入場して頂く事が出来ず代表者の集いのみとなったのは申し訳ありませんが、この佳節に相応しく、京都大学名誉教授、秩父神社宮司の薗田稔先生の「森に生きる日本文化」と題する時宜に適った記念講演を拝聴されますと共に、清興として地元須磨寺に伝承されます兵庫県の無形文化財「須磨琴・一絃琴」の演奏でお楽しみ頂き、また記念品として昨年夏兵庫県神社庁教化委員会が主催し、大変好評でありました國學院大學の著名な先生方によります連続講座「神道と日本文化」と題する兵庫県神社庁設立六十周年の記念出版をいたしました書籍をお土産にお持ち帰り頂きたいと存じます。ご静聴有難うございました。

（「兵庫神祇」第五七四号・平成十八年七月）

庁長退任に当って思い出すこと

兵庫県神社庁を三期九年勤め、この度退任させて戴いた。この間大過なく庁長を勤める事の出来たのも兵庫県神社関係者各位の御支援、御協力、御教導のお蔭であり、茲に厚く御礼を申し上げる。

私が庁長となって、まず行った事は、兵庫県神社庁の「宗教法人化」であった。多年、名目上とは申せ、神社本庁名義で保存登録されている兵庫県神社庁の建物を、宗教法人として独自の宗教活動の行える建物にしたい事であった。お蔭様で私の庁長時代にやっと宗教法人化が出来、毎月月次祭を役員が祭主となって神社庁舎の神殿で斎行出来るようになり、名実共に宗教法人として活動することが出来るようになった事である。

神社庁の機構改革を行い、委員会制度の見直しと組織の充実をはかるため、新役員スタートと同時に組織づくりを行い、教化・渉外委員会と総務・経理・福祉委員会の二つの委員会を副庁長が分担し、それぞれの役員に教化・渉外・総務・経理・福祉の得意分野に適材適所の役員を担当配置し、必要な部署には協議委員会の中からも委員を選出して、兵庫県神社庁機構の活性化に努め、活潑な活動が展開するようにした。また、教化委員会を独自の発想で教化活動を展開するよう指示したのである。これが実って教化委員会が活潑化され、昨年には國學院大学神道文化学部と提携し、兵庫県神社庁が主管し、神道連続講座「神道と日本文化」を開催し、多くの一般聴衆の参加を得、盛会となって内外に大きな反響を及ぼす事が出来た。

兵庫県は雄県であり、最も有力な神社関係者の集まっている神社庁でありながら、他の都道府県と異なり、開催されていないのが神社関係者大会であった。昭和二十一年に設立した兵庫県神社庁として五年目毎の周年に三百人規模の記念大会が開催されているのみであった。而して、折から天皇陛下御即位十年・御成婚四十周年の嘉節にも当り、是非とも県内三八三七社の神職・総代・崇敬者が一堂に会して、皇室敬慕の気運を高め、斯道興隆のために団結を図ることを目的に、神戸市中央区ポートピアホール並びにポートピアホテルを会場に神社本庁工藤伊豆総長、久邇邦昭神宮大宮司、宮崎義敬神政連会長、藤本和弘兵庫県副知事をはじめ、近畿神社庁の各庁長・参事を来賓に迎え、千四百名の参加者を得て、雅楽師東儀秀樹の独奏、関西マンドリン合唱団二十四名のプレイトラム合奏等の清興も併せて盛大に執り行うことが出来た。爾来、毎年神戸地区・阪神地区・西播東播地区・淡路地区・丹波地区・但馬地区とそれぞれ六地区持ち廻りで特色を持った神社関係者大会が開催される事になったのは、私の庁長時代に始めた事だけに、今もって喜びにたえない。

その間、神社本庁の役員改正に伴って兵庫県からはじめて神社本庁常務理事として、本庁の枢要の大役を仰せ付かることになった。即ち、設立五十五年目を迎えた記念すべき年にわが兵庫県神社庁長に再選され、それに伴って神社本庁の枢要の職に就かせて戴いたことも忘れ難い事であった。また神社庁に於ても事務のＩＴ化に踏み切ったのも思い出深い。

私の在任中には皇室の御慶事が相次ぎ、敬宮愛子様の御誕生による六百を越す市民と共に提灯行列を行ったことや、昨年「のじぎく兵庫国体」に、天皇皇后両陛下をはじめ、皇太子殿下、宮様方の御奉迎をすることが出来、兵庫県神社関係者並びに崇敬者の皆様方に広く格別の御協力を賜ったことも有難き幸せであった。とりわけ、天皇皇后両陛下の行在所前では千数百名による、天皇皇后両陛下の御奉迎に併せて、悠仁親王殿下の御誕生をもお祝いしての提灯行列が実現し、両陛下の御懇篤なる御答礼を賜った事も終生忘れられない体験であった。

兵庫県神社庁設立六十周年の記念大会を私の手によって斎行し、記念講演会や清興に併せ、『神道と日本文化』と題する連続講座を纏めた記念図書を刊行する事が出来たのもうれしい事であった。

そして第六十二回式年遷宮の第一次のお木曳行事を一日神領民として、兵庫県各地より三百二十四名が参加し、宿舎鳥羽小涌園を借り切って懇親を深めて団結し、兵庫県神社庁奉曳団団長としてお木曳行事に奉仕する事の出来たのも感激一入であった。

本年二月二十六日、生田神社会館で第六十二回式年遷宮奉賛会兵庫県本部の設立総会を開催

し、水越浩士神戸商工会議所会頭を兵庫県本部長として立ち上げ、私の三期九年に亘る兵庫県神社庁長の任期を思い通りすべて勤め尽すことが出来、いま満ち足りた気持ちで退任することになり、こんな幸せなことはない。

茲に改めて、これまで私を支援し、御協力を賜った兵庫県神社庁はもとより各方面の神社関係者や友人知人の皆々様に厚く厚く御礼申し上げるものである。

むすびに当り、兵庫県神社庁の弥栄と、藤原正克庁長、日岡幾朗・西井璋両副庁長をはじめ、新しく選任された役員の方々の益々の御活躍を祈念し、退任の御挨拶にかえさせて戴く。

（平成十八年三月末日）

「兵庫神祇」目録完成に当って

兵庫県神社庁に於いて、全国の神社界のなかで最も古い歴史をもつ庁報ともいうべき「兵庫神祇」の大部分が欠陥している事を常々私は残念に思っていた。多年念願として来た「兵庫神祇」が纏って、丹波大神宮宮司日置春弘氏から寄贈された事はこの上ない喜びであった。勿論一部の欠落はあるものの、御尊父の日置春良大人より受継いで架蔵されて来られたものだけに、兵庫県神社庁にとって洵に有難い貴重な資料である。

而して、私の庁長在任中にこの貴重な資料が散佚しないように是非とも巻子に纏め、目録の編纂をして戴きたい旨、教化担当理事の泉和慶氏にお願いした。

早速兵庫神祇目録編纂委員会が組織され、これらの事に秀れた技と才能を持っておられる教化委員長の曽根文省氏が、目録編纂委員会委員長となって、調査を進められ、この度立派な冊子となって目録編纂が完結した。

茲に泉和慶氏ならびに曽根文省氏をはじめ、兵庫神祇目録編纂に携わって下さった諸氏に対し深甚なる謝意を申し上げるものである。爾後、兵庫県神社界の歴史や庁誌を調査研究する人達にとって座右に置くべき必備の目録であるといえよう。

私もこの目録が完成した事を自祝して「兵庫神祇」発刊に至る経緯と近代の兵庫県神社界の動向について茲に論述しておく。

○

明治五年の神祇省廃止・教部省設置にともない、神官・僧侶は教導職を兼補することとなった。教導職は「敬神愛国」・「天理人道」・「皇上奉載・朝旨遵守」の「三条の教則」の趣旨を国民に教化する役目を担い、東京の増上寺に置かれた大教院を中心に、各府県を統轄する中教院、各区・郡に小教院を各々に置いて活動を行った。現在の兵庫県に相当する地域は、当時明治四年の廃藩置県により兵庫・飾磨・豊岡・淡路の四県に分かれており、うち八部・菟原・武庫・

川辺・有馬の五部から成った兵庫では、明治七年八月十五日に浄土宗藤之寺に神殿を設けて中教院を開院し（明治八年一月三十一日に天台宗能福寺に移転）五郡の十九行政各区に小教院を設置した。

神仏合同の国民教化運動は、この後神道色の濃い行事や教説に反対した浄土真宗による大教院分離運動を受けて明治八年四月に大教院が解散し、神道と仏教とが分かれて教導職活動を行うこととなった。全国の神官は東京有楽町に創設された神道事務局を本拠地に、地方に神道事務分局を設置して活動を続けた。分局は地方庁との協力の下、当該地域の神社や教義、神官職分身分、教導職、国民指導教化などの事務を管掌し、分局の下には各郡に支局、その区内教会所・講社があった。当時の兵庫では四県に各々分局を置いたが、その後の合県を受けて淡路を除く三分局は明治十一年三月に合併して他の分局は分局出張所となった。

しかし、神道事務局に設けられた神殿の祭神をめぐり神道界を二分した祭神論争が生じた。この論争は明治十四年二月に直裁によって終結したが、神道界の紛糾を憂いた政府は明治十五年二月に神道事務局の生徒寮を分離して独立させた。国文・国史などの古典研究とともに神官神職を養成する新たな機関である皇典講究所が設立される。皇典講究所は神職となるための試験や認可・資格の授与を担い、明治二十三年には國學院（現在國學院大學）を設立し、『古事類苑』編纂事業にも一時期関与した。さらに三十八年の「神社祭式行事作法書」の作成、『神祇全書』全五輯や『校訂延喜式』全三冊の編集など、神職の学識や資質の向上を図るとともに、祭式制度の確立や古典研究の発展にも寄与した。

また皇典講究所では、神道事務局が地方に分支局を設置したと同様、各府県に皇典講究分所を、その下に支所を置いた。兵庫県では同年九月、神戸区和田岬町の和田神社境内に兵庫県皇典講究分所が創設され、その後明治二十七年に生田区山本通二丁目（後に北野町四丁目六十四番地と地名変更）専用の会館が竣工するまで各地への移転を繰り返し、明治二十年八月から翌二十一年五月までは、生田神社境内に一時置かれた。またこの分所の下の支所として、兵庫県の各郡には後に皇典研究会所が設置された。

兵庫県皇典講究所では、帝国憲法発布から四ヶ月後の明治二十二年六月、神徳宣揚・皇道発揮を目標に機関誌の発行を計画した。しかし、この時には実現せず、当時神戸明道館が発行していた『日本魂』と題する日刊新聞と特約し、その一欄に講演・論説を掲げて神職に購読せしめた。その後、明治三十六年一月になって独立した機関誌である「本県神職管理局公報」を発行、四十一年四月の兵庫県皇典講究分所の組織改正を経て、同年八月、『皇典講究分所彙報』を発行するに至った。この『皇典講究分所彙報』は、翌々月の十月の第二号より『皇典講究雑誌』そして昭和四年三月（第二三二号）から『兵庫神祇』と改称した。この間の明治三十一年十一月に神祇特別官衙設置を期して全国神職会が発足、その三ヶ月前に兵庫県庁内に移転していた兵庫県皇典講究分所と併置され、昭和十年十一月には兵庫県神社界の中心が神職会へと移行したことにより、『兵庫神祇』の発行も兵庫県神職会が担った。なお、この兵庫県神職会は昭和十六年七月に全国神職会が大日本神祇会に改組したのを受けて、翌十七年五月、同会の兵庫県支部に改称している。『兵庫神祇』は大東亜戦争開始後の昭和十六年十二月（第三八三号）以降、戦時中は休刊となり、終戦後の昭和二十一年に神社本庁の開庁と呼応して、兵庫県神社庁が設立されると、昭和二十二年五月（第三八四号）より翌二十三年九月（第三九一号）までは『兵庫県神社本庁報』として刊行され、昭和二十五年（第三九二号）に再び名称を『兵庫神祇』へと復した。現在（平成十九年一月）『兵庫神祇』は五七六号を数えるまでになった。

以上、兵庫県神社界の動向と兵庫神祇刊行に到る経緯を訳して「兵庫神祇」目録完成の挨拶にかえさせて戴く。

（『兵庫神祇　分類目録』・平成十九年三月）

兵庫県神社庁六十周年記念出版『神道と日本文化』刊行の辞

平成十七年、兵庫県神社庁は、県神社庁設立六十周年記念として、「神道と日本文化」と題する講座（出版）を企画し、神社庁内に委員会を組織しました。

我が国の文化・文学、あるいは歴史の語義というものは、神道を抜きに捉えがたいのではないかと思うのです。神道は古来、「自然と共生する」という来し方を理想として参りました。その点では未来の循環型社会のあり方を示唆しているのではないでしょうか。まさにこの神道文化は幅広くて様々な諸相があります。そこで今回、神道文化とは何かを考え、神道と日本文化の関わりにつきまして講座を持ち、神道の現代的問題や現代日本の諸問題まで考えてはと講座開講を決断いたしました。

それというのも、幸い、國學院大學が文部科学省から二十一世紀COEプログラムの研究と教育の拠点に採択されたことであります。この二十一世紀COEプログラムとは、わが国の大学に世界最高水準の研究教育拠点を各学問ごとに形成し、研究水準の向上と世界をリードする創造的な人材を育成し、国際競争力のある個性輝く大学を形成することを目的としており、プログラムの名称も「神道と日本文化の国学的研究発信の拠点形成」であります。國學院大學は神道を中核とする日本文化の調査研究を行い、世界最高水準の研究教育拠点の形成を目指して努力し、一方では日本文化の基礎になっている神道的文化の研究教育拠点としての存在を、国際社会へと向けて発信されております。

そこで、県神社庁では「神道と日本文化」に関する講座開催を企画しましたところ、國學院大學神道文化学部の諸先生方より本講座に対し全面的にご賛同、ご協力をいただきました。國學院大學長・安蘇谷正彦先生をはじめとする神道文化学部の著名な先生方を講師に迎え、県神社庁と國學院大學の共催の形で本連続講座「神道と日本文化」全六回を開催することになりました。現代の我が国において、このことは時宜にかなったものと自負しているものであります。

本講座は予想以上に好評で多くの方々から受講のお申し込みをいただき、平成十七年六月二十六日を皮切りに九月十一日までの間、開講されました。

今回発刊した『神道と日本文化』は、連続講座を集大成した書籍で、兵庫県から日本文化の一基層としての神道を国際社会へ発信する事を目指しております。兵庫県は、昔の淡路、播磨、但馬の国々に丹波、摂津の国の各一部が加わった雄県であります。日本海、瀬戸内海、太平洋の三つの海洋に面しており、他の府県に比べてその広さは極めて大きく、また地域によって著しく趣を異にしております。即ち本県は色々な顔をもった複合県でもあります。したがいまして神社数も三千八百三十七社（平成十八年三月現在）という全国で二番目の数を有し、各地に鎮まります神社もさまざまな特色がみられます。

兵庫県神社庁・神職会・神道青年会では、かつて『兵庫縣神社誌』、『神祇史年表』、『兵庫県神社界誌』（上巻）、『神々と共に―現代に生きる兵庫の祭』、『兵庫県神社文化財図鑑』等の秀でた書物を出版してきました。今回発刊する本書は、これまでに出版されてきた兵庫県神社関係者による書物の姉妹編というべきものであります。神社関係、氏子崇敬者は勿論のこと、学校関係、地域社会はじめ広く各方面の方々に読まれ、神社、歴史、古美術、文化財研究の資料としても広く活用されん事をお願いいたします。

（『神道と日本文化』刊行の辞・平成十八年四月）

現代祝詞・諸祭雑感

神職として神明奉仕にいそしむなか、最も重要で欠くことの出来ないものがある。それは祭式と祝詞作文である。とりわけ神社人にとって祭祀の厳修というものが使命である。祭祀の厳修につとめる事は、とりもなおさず、祭式を正しく整え、祝詞を厳しくうるわしく奏上する事である。従って神に申す詞であるから正しい祝詞作文が重要である。祝詞とは、祭で神に申す詞であるから、その発生は祭祀と共にある。

わが祖先は、自分たちが生かされている自然の恩恵に神々の働きを認め、その神々に感謝し、また、願いや望みを叶えてもらおうと神をお迎えし、歓待申しあげたのである。その厳粛な祭の場で読みあげられたのが祝詞である。神に奏上する修辞は聞く人の心に響く荘重典雅な格調を備える日本語の古態であって、その背景には言霊信仰があった。

上代には「のりと」に当るものは用途別の呼び名を持っていた。即ち神々の霊力を讃える夕タヘゴト、願い事を成就させようと忌み籠って唱えたイハヒゴト、祭に先立って一切を祓ひ清めたハラヘコトバ、ト占の結果を文字に現したノリト、そして天皇の長寿を讃えたヨゴト、葬儀で死者を弔ったシノビゴト等がある。奈良時代には、制度や技術などの先進国である中国に倣うことが多く、「祝詞」も中国の「祝文」を手本として日本独自の呼称を定めようとして「祝辞」と「祝詞」のうち後者の「祝詞」に落ち着いたのである。

現代の祝詞を見ると、その構成要素として（一）神々を讃える（二）神々を祀る旨を言う（三）神々に感謝する（四）神々に経過・結果を報告する（五）願いごとを言う、などが認められる。このほかにも祓えのために唱える祓詞や死者や祖先の魂をまつることばである葬祭祭詞（誄詞）などが単独で行われている。

私は予てより現代の祝詞に関心を抱き、大方の要望に応え、「現代諸祭祝詞大宝典」（昭和六十三年一月十一日）「平成版・諸祭祝詞例文集成」（平成十一年八月二十日刊）を櫻井勝之進、金子善光氏と共編で国書刊行会から出版した。是非御高覧願いたい。

さて、祝詞と諸祭式について戦前と戦後で大きく変った点は、「神道葬祭儀礼の問題」についてである。兵庫県神社庁の祭式研究会では早くからこの問題をとりあげて、全国の神社界に魁て問題を提起して来た。従って、今回の兵庫神祇合併号特輯『現代祝詞考』に於ても、この問題を知らせておくのが妥当だと思い、私はあえて神葬祭儀礼の諸問題を記しておきたい。

神道は現世の具体的な問題にのみ関連し、死後の生活や個人救済に関係しない宗教と見做されがちである。しかし、生の問題ばかり重視して死の問題を無視してよいはずはなく、人が死にそれを送る神道葬祭儀礼は人生の悲しみであり、穢にかかわる行事であるが、この悲しみ不幸を禊や祓によってとり除き、清らかな御霊にかえして行く儀礼にも神道の一面があるといわねばならない。

最近神社界では神道葬祭儀礼をめぐる問題に関心が高いといわれている。特に昭和天皇の御大喪の諸儀式を拝見して、改めて日本の葬送儀礼について思いをめぐらした人は決して少なくない。「神社新報」でも平成二年三月から十数回に亘って、「神葬祭―その歴史を探る―」というシリーズものの特集を編んでいた。神社新報に掲載された神葬祭の関連記事をみても、神葬祭の問題意識は多岐にわたり、多数の識者が発言している。かかる中で最も多いのが、神道葬祭儀礼の充実を望む、あるいは、神道葬祭の調査、研究を望むというものである。また実際に神葬祭に携わっている神職から神葬祭式に関する質問か、あるいは葬儀執行に関連して、さまざまな慣習が存在するわけであるが、そうしたものへの疑問が提出されているという。就中、その代表例は葬儀に当り修祓をしてよいかどうかというものである。現代死に直面した場合、家族の悲しみや驚きの中で実に多くの儀式や手続があり、そうした中で手際よく、しかも亡き人の霊が安らかに鎮められねばならぬ。その場合奉仕する神職の見識と判断に多くは委ねられている場合が多い。神社本庁に於ても、昭和五十六年三月本庁制度運営に関する審議委員会や平成十八年の神社祭祀検討委員会に於ても神道葬祭儀礼研究の具体的対策を講じられたいとの要望がなされている。

而して、神道葬祭儀礼について、全神社人が他人まかせでなく、自らの手でこうした諸問題に取り組むことこそ今日以後の神社神道の道があるといえよう。そこで、本稿に於ても、神道葬祭儀礼の中で、神道の根本にもかかわる問題として修祓の問題をとりあげておきたい。

現今の神道葬祭は古来よりのものでなく、江戸時代の中期より始まったと見做してよい。神職自身の神葬祭が許可されたのは安永二年（一七七三）以降であり、更に神職とその嫡子以下の家族まで共々許可されたのは明治元年以降のことである。そして神職以外の一般衆庶に至るまで願いによって許可されるようになったのは、明治三年以降のことである。かくて神道葬祭や神葬祭式次第が研究されだしたのは明治以降のことといってよい。

神社神道が戦後一宗教法人となり、すべての神職が葬祭に関与出来るようになったものの、このように立遅れた神葬祭に関しての神社界の研究はまだまだ未熟である。現在各地の研修会で神葬祭がテーマにとりあげられるのもかかる証左である。とりわけ、神葬祭に於て修祓を行うべきか否かについて一定するところがない。斯界の長老や重鎮の葬儀に参列しても修祓の行われる式、行われぬ式などまちまちで、神職自身とまどいをみせている。近代神道家の著述に於てもこれが現れており、修祓を式次第の中に入れるものと入れないものがあり、また各地の従来の習慣も区々である。而してこの問題は神社界でも放置出来ないものであった。兵庫県神社庁では昭和五十年春、教化委員会に於て之が提案発議され、かかる方面に造詣深き神職、神道学者、祭式指導者の関係六十九名に「神葬祭における修祓の可否」を論ずるアンケート式論文を依頼した。そのうち次の十八名の方々から回答があった。

小野迪夫（元神社本庁調査部長）、長谷晴男（元愛知県神社庁祭祀委員会委員長・皇學館大學祭式教授）、岡田米夫（元神社本庁調査部長）、篠原四郎（元熊野那智大社宮司）、伊達巽（元礼典研究会会長）、白井永二（神社本庁総長）、大宰府天満宮社務所、西川仁之進（富良野神社宮司）、好崎安訓（兵庫県神社庁祭式顧問）、井出岩多（元賀茂別雷神社宮司）、伊藤喜六（北海道神宮権宮司）、出雲大社教学研究室、大崎定一（金刀毘羅本教宗務課長、金刀毘羅宮禰宜）、河野八百吉（元宇佐神宮権宮司）、吉川正文（日宮神社宮司）、森田道三（大阪府神社祭式講師）、二宮正彰（元生国魂神社宮司）、小野祖教（元國學院大學教授）

○

神社本庁に於ても、神葬祭に修祓の事を入れるのがよいかどうかの問題は、昭和四十五年刊行の「神葬祭の栞」を編輯の際に一つの問題として取り挙げられた。当時、本庁調査部長であられた小野迪夫氏の論考によると、これについては「諸祭式要綱」の神葬祭には既に修祓が入ってゐるため、若しも除くとすれば相当根拠が必要であるといふことでありました。そこで、故八束清貫先生をはじめ、諸方の意見を伺ひましたが、マチマチで纏まりませんでした。特に地元の東京都の神職は、すべて修祓を行ってゐるといふことで、それには困りました。さて、振返って考へてみると、神葬祭そのものが民間で行はれるやうになり、これが一般的になったのは幕末のことに属します。すべてに〝復古思想〟が流行し、特に津和野藩などの神葬祭式などが契機となって諸国の大名家が取上げるやうになると、やがて下士、一般にまで及ぶやうになりました。その頃に神葬祭の研究が発達した訳です。但しその中でも修祓のことについては、殊更にやかましく言ってゐる向きと、さうでないものがあって、これも亦一定したものではありませんでした。神葬祭に修祓が必要かどうかについては、その立脚点をはっきりさせることが前提となります。神葬祭のうち、遺体に対する祭を行ふ場合にそれを死穢とするかどうかの考へ方が、この修祓の可否を決定する根本となるものと考へられます。もしも死穢とするならば、古事記にある伊弉諾《いざなぎ》尊《のみこと》のやうにあとで禊祓を行ふのが本義ではあるまいか。そして、葬祭の納棺から火葬斂葬までは、あくまでも追悼の誠意をつくすべきであって、その場に(遺体のある場合に)神霊の降臨を願って修祓を行ふことは、はたしてどうであらうか。神霊に対して恐れ多いとして、御遠慮申上げるべきではなからうか。

これが、死穢の場に敢て神聖なる神霊の降臨をいただいて修祓を行ふのが筋だとする考へに立つ場合は、これは前の考へ方とは全く逆になることになります。しかし、これらは、葬祭にあたって神棚に貼紙などをして神霊に御遠慮することは意味がなくなりはしないか。また、すべて慎み忌籠るとする意味はどうなるのか、あれこれ考へた末に、これは歴史的な資料に拠る外に方法はないといふことになりました。

と述べ、幕末から現代まで神葬祭関係の書籍を調べて「神葬祭に於ける修祓」の有無の一覧表を作成されました。

これに対して神葬祭に於ては「修祓を行ふべきである」とする意見があります。大宰府天満宮社務所からの回答では、

神式による一般の葬儀に於いて必ず厳修してゐる修祓は、神道の本旨とする清浄を保持する目的を以って祭儀の始めに当り先づ執行するものであるが、神道に於ける基本的な観念に於いて、死は穢であり、死骸は穢れの最大のものであり不浄であると考へられてゐる葬祭に於いて修祓を行ふことについて疑義をもつ意見があるやうであるが、生ある人の死は免れることの出来ない必然的なものであり、その霊は神霊として霊界に入る死者に対し遺族や参列者と共に誠心を以って敬弔の意を表する儀式を執行するものである。死者の穢れ、死骸の穢れを、修祓により浄めて不浄なものを除き去ると共に葬祭場や、遺族並びに

参列者をも祓ひ清めて悲嘆と愁傷の中にも、心の本性を汚すことなく、只管に謹慎と敬弔の意を表明して葬儀を執行すべきものであると思考するのである。神道的理念により死者の霊は幽界の神の府に昇り給ふと考へられるので修祓を以って浄められた神霊として安らかに幽界に鎮り給ふことを願ふのは遺族を始め関係者一同の衷心よりの祈りである。この観点より神葬祭に於いても修祓を行ふことを可とするものである。

以上、神葬祭に於ける修祓の可否について、神社界の有識者のこれに対する代表的な意見を記してみたが、これらを対比してみると、神葬祭を行うに当っては、要するに、遺体に対する祭を行う場合にそれを「死穢」とするかどうかの考え方が、この修祓の可否を決定するキーワードとなったようである。

修祓を「否」とする意見は、死穢たる遺体を前に祓戸の神の降臨をいただいて修祓することは慎むべきで、死体が神格化され浄化された霊になるまで修祓はいらぬのではないかとする意見である。つまり、遺体そのものは所謂「きたなきもの」であって、遺体は祓っても清浄になるものではないとして、祓を「否」とする立場をとっている。即ち、神葬祭の中でその祭場に遺体があるかどうかが「修祓」の有無を決定する根本で、そこに遺骸がある場合は、「修祓ナシ」とする考え方が「否」とする立場の代表的な意見である。

一方、修祓を「可」とする代表的な意見は葬儀の際「まがごと」を祓い除け、招かざる諸霊を祓い却り、殊に他人の魂や邪霊悪霊が祭られることを求めて「なきがら」に向い寄り、肉体を得て納まろうと潜み寄る「まがもの」に侵される事の無い状態を防ぎ護るために、修祓は是非とも行うべきである。更に御霊代とその祭りの場は清浄で他に侵されざる修祓の対象となるとして、葬儀に際しては幾重にも修祓を行うべきだとする意見である。

特に死者の霊は幽界への神の府に昇り給うと考えられるので、修祓を以って浄められた神霊として安らかに幽界に鎮り給うことを願い、「なきがら」も修祓によって悪霊に侵されることなく土にかえることを願って行うべきだとする意見が「可」とする代表的なものである。したがって、「否」と「可」の意見は相対立したものになっている。

これ等の詳細については、是非とも「兵庫神祇」四九三号(昭和五十二年三月三十一日刊)の「神葬祭特輯号」を御参照願いたい。

さて、私見であるが、この修祓の可否を論ずるに当り、私は「祓戸の神」の神格について充分考察する事が、この問題を解決する一つの鍵になるのではないかと思考するのである。これについては拙稿「現代に於ける神葬祭と服忌をめぐる諸問題」(『神道と現代』所収・昭和六十二年十二月)を御参看戴きたい。

これまで神葬祭における修祓の問題がなおざりにされていたのは、神社の正式の祭式が内務省において官国幣社以下諸社に到るまでの神社祭式を決定して施行せしめられ、神葬祭などは

「雑祭式」として自由に行い得るものとされたことも、この問題をあいまいなものにして来た理由の一つであろう。

本庁の規定が定められたのは、神社祭式のみで、神社以外の諸祭には規定を設けずに、地方の実情に即し、また慣例によらしめた事にも原因があったといえよう。しかし、あらゆる祭式を統一するのはどうかと思うし、それぞれの習慣や地方の実情にまかせる事も大切なことだと思う。

神道葬祭儀礼の形を定めようと思えば、まず神学理論を確立せねばならない。しかし、神社本庁は、設立以来、これまで、神学あるいは教学を、特定の一教義に統一しない態度を堅持して来ている。かつて敬神生活の綱領が定められた時にも、これは生活の実践綱領であって、これをもって神社神道の教義を限定するものでないとした。神社本庁憲章制定に際しても、教義の統一や信条の統制を図る意図のものでないことを明示している。従って、神葬祭などは諸式であるので、一社の故実や地方の慣習にまかせているのであろうが、神葬祭を行う神職自身の神学や神道理論、霊魂観など、研究せずに慣習のみで行うというのは儀礼の本質を忘却したものであり、儀礼についてはそれぞれ正しい理論の上に立って行われるという根本理論を認識しておくことが最も重要であると痛感するものである。

兵庫県下の神社界の重鎮が帰幽された時、神葬祭の斎主を勤められる方が尠く、私は若輩の頃から著名なる先輩宮司方の葬祭を奉仕させて戴いた。福本賀光大人命、日置春良大人命、山森要大人命、長山幸夫大人命、福本賀弘大人命、吉田智朗大人命、長山昭典大人命、原田博雄大人命、桜井崇尚大人命、井上正巳大人命、別所諄一大人命、等である。

そこで、故神社本庁長老、湊川神社名誉宮司であられた吉田智朗大人命の葬儀告別式で奏上した誄詞を記して本稿のむすびとさせて戴く。

故　神社本庁長老・湊川神社名誉宮司　吉田智朗大人命　葬儀告別式　誄詞

阿波礼言はまくも悲しく、御名を呼ぶも慕はしき、故神社本庁長老・湊川神社名誉宮司、吉田智朗大人命の御霊の御前に、兵庫県神社庁長・生田神社宮司加藤隆久、謹み敬ひも白さく。阿波礼汝命や、鎌倉に桜咲き揃ふのを待ち兼ねるが如く、去し卯月十三日にお指数へて御齢九十五歳を一世の限りと身退り岩隠れ給ひしかば、家内の者寄り集ひて神葬の式を彼の地で執り行ひしも、汝命が五十年が間この神戸の町に遺し給へる著き御功績を仰ぎ称へむ数多の人の、神戸で御別れの式をとの望みの声も在り、吉田の家の後継がふ茂穂い又湊川神社の宮司継ぐ栃尾泰治郎い相議り、今日しも斯く御祭仕奉らむとす。

そも汝命や、明治四十一年五月十二日、山口県熊毛郡平生町尾国なる戦国大名大内氏の流れを汲む旧家に、「をみな四代嗣き来し家にをの子われ生まれて曽祖母の大きな慶び」と家人の喜びの裡に生れ出で給ひ、後に「山口の地にしみとほる感傷ありわれに大内の血伝ふれば」と詠み給ひしが、まさに勤皇に励み文化を尊ぶ長州人の高き誇りと熱き心を生れましながら身に添ひまして、大正十五年に山口県立柳井中学校を卒へ、第五高等学校に進み給ふも、肺に翳りのみ病を得て学舎を退き給ひ、四年に亘り病に打ち克たむ強き心もて、只管氏神の社に詣で、本つ健やけき身に立返へることを乞祈み奉りし甲斐も著く、病癒へて昭和の七年、東京の皇典講究所神職養成所に入らせ給ひ、翌る八年、学術優秀により総裁・閑院宮賞を授けられて世に出でて、長野県の官幣大社諏訪大社に勤め給ひぬ。この頃詠ませ給ひしに「注連張れる大杉の下を通るとき真幸くぞおもふ吾が宮仕へ」「神によりて生かされたりと知るときしいよよ生命を崇ばむとす」とあるも、明け暮れ神仕へし給ふが中に志を立てて勉学に勤み給ひて昭和の十四年、神職高等試験の高き階を昇り給ひ、十六年には、東京府祭務官補、十七年十月には官幣大社橿原神宮にと移り給ひぬ。この年、四月十五日には御子茂穂の君を挙げさせ給ひしも、十六年暮れには先の大聖戦の起こりしが、日毎に不意も戦況悪しくなり、十九年の末には汝命も戦場に召され給ひぬ。「戦ひはゆゆしきかなや虚弱なるこの吾さへも洩らし給はず」「益荒男といでたつ吾に挙手の礼をあ子はおくれり母にだかれて」と詠ませ給ひしが、二十年の八月に戦敗れ、九月に復員、翌る二十一年に橿原神宮の禰宜、御齢三十九の二十二年に権宮司と進み、かくて二十三年七月に戦災復興に立ち上がらむとする湊川神社に仕へ給ふこととは成りぬ。

斯く仕へ奉りし御社は、悉く戦火に焼き曝さへてその往古を偲ぶよすがとてなく、萬の物質に事欠く中、時の藤巻正之宮司を助けつつ、先づは御社殿の御復興に力を注ぎ給ひ、昭和二十五年、権宮司に任けられ、二十七年には今の御社の佇まひに整へ修め給ひ、四十八を数ふる三十一年に、遂には宮司に就かせ給ひぬ。

然は在れ、御垣内西南の隅、四百坪の境内地を戦の後、已む無く他に貸し与へて在りしが、そが場所に銀行のビルが建つてふ噂の出で来て、これを憂れたみ、同郷の、時の総理大臣岸信介氏、大蔵大臣佐藤栄作氏の力を得て、神社への土地返還の話を進め、塩田組・塩田富造社長に心の限りを尽して御社の尊厳護持を申し述べ、遂には昭和三十六年、塩田氏が財を捧げて御社に戻すと共に大楠公に御縁深き品々を納める宝物館をも建て設けしは、げに著き御功績にこそ。

更には、昭和四十一年には御鎮座百年を期して楠公会館と能楽殿を、又、五十九年の大楠公六百五十年祭の記念にと社務所を夫々新たに建て築き、御垣内の装ひを美はしく厳しく整へ給ひぬ。

神社界に在りては、昭和四十九年より三期九年を神社庁長として県内神社を取り総ね、五十二年には神社本庁の理事にも選ばれて在りければ、昭和六十一年に神職としての最高の名誉なる長老の敬称を授けられ、御社の名を高々に挙げしめ給ひき。

斯く申すは、神仕への道の御功績に有れど、汝命は、年久しく読書を好み絵画を賞で、和歌作りに励み給ひて保田與重郎、三島由紀夫、志賀直哉、吉川英治、司馬遼太郎らと交誼を重ね、絵は棟方志功、ピカソ、モディリアーニ、ビュッフェらを美しとされ、和歌は前川佐美雄に習ひ、歌集『蒼い星』を編み、これらが人々の書を蒐めては『琅玕の道』なる書物をも著はし給ふも亦、神職は社会の師表たるべし、との固き信念に拠る所ならむ。

然は在るに、御齢八十路を数ふる頃より、後に続く者に道譲るべく、志高く御社の事を託するに相応しき人をと、心を配り探し求め給ひが、漸々に平成六年に神社本庁事務局長を務めゐし、栃尾氏を迎へ一先ずは御心安く成り給ひし僅かに二十日ばかり後の平成七年一月十七日、あの忘らえ難き阪神・淡路大震災の起こりて、御社も大き被害を受け、その御復興の目処も立ちし米寿の歳、平成八年三月の末、御社を退き給ひて六月に名誉宮司に就かせ給ひ、新神戸駅に程近き熊内に家居を移して、「幸ひにも糟糠の妻とともにあり残りの生を大切にすべし」と老いの坂を御妻薫子刀自と何時までも健やけくあらむと思ひ坐せしも、日に月に身体優れ給はず成り行き給ひ、鎌倉の鶴岡八幡宮の宮司として仕へる御子の予てよりの誘ひに応へ給ひて、平成十一年の夏、茅ヶ崎に移り住み、「死ななくても済むかと感じゐる我の青春の夢を年老いて見ぬ」と、なほも意気軒昂の日々を送り給ひしが、如何なる枉神の枉事にや。先つ頃より御病の床に臥り給ひ、遂に去し卯月の十三日と言ふに命の炎焼え尽きて、逝きて還らぬ高天原の神の廷に隠ろひ給ひしは、口惜しとも口惜しく、悲しとも悲しき事の極みにこそ。

今は只、汝命が処世訓として常に言の葉に上らせ給ひし宮本武蔵が言ふ「われ事に後悔せず」の一世を違ふことなく送り給ひしを称へ奉るばかりなる。

御子に恵まれ給ひし折、「これの世に生命を受けて生れし子よ汝が人生はすばらしくあれ」と慶びの歌を詠ませしが、茂穂いには皇子の君を迎へて一博いを挙げさせ、今は明治神宮に仕へてあると聞くに、まさに「すばらしく」子孫の後継がへ行くは、これも御功績の一つなり。

御社に在りても去年には十七年振りに賑はしく大楠公行列を執り行ふなど、汝命の蒔き育み給ひし種は、愈々雄雄しく立栄え行くを幽界ながらも阿奈嬉し阿奈喜ばしとこそ聞食せ。

今日しも、永久の御別れ告げ奉らむと、心尽しの味物献奉り、遠方近方より参き拝む諸人等の悲しみの心々の仲執り以ちて、拙き歌

長州の訛り懐かし大人偲ぶ芸術文化語る言の葉

この一首を添えて謹み敬ひも白す。

（「兵庫神祇」第五八〇・五八一号・平成二十年九月）

第五章　生田の杜のロータリー活動

二六八〇地区ガバナーの活動

ロータリーについて

ロータリーは、一九〇五年の四人の会合から、ロータリー・クラブ結成、ロータリー・クラブ全米連合会、ロータリー・クラブ国際連合会、国際ロータリーへと発展して行きました。

それでは、ＲＩは、現在ロータリーはどのように定義をされているのかを申し上げます。

ロータリーは、人道的な奉仕を行い、あらゆる職業において高度な道徳的水準を守ることを奨励し、そして世界における親善と平和の確立に寄与することを目指した、事業および専門の職務に携わる指導者が世界的に結び合った団体である。

と定義しています。

ロータリーは二〇〇五年九月現在一六八の国に三二、三〇〇以上のクラブがあり、約一二〇万人の男女会員がおります。日本はクラブ数二、三〇〇以上、会員数およそ一〇二、〇〇〇人であります。世界の会員の八・五％は日本人であります。

（ただ日本の会員数は、七月一日の人頭分担金支払時には会員数十万人を割りました。）

さてロータリーは、人種、宗教、政治的信念を異にする人々を友好的、民主的で公平な雰囲気の中に包み込みます。この親睦のきずなが、他者に奉仕する出発点となりまして、個人、職業、地域社会の生活において口ータリアンに充足感を与えます。インドの詩人のラビンドラナート・タゴールという人は次のように記しています。すなわち「眠りにつくとき、幸福な人生を夢見た。目覚めたとき、人生は奉仕だと知った。奉仕してみて、幸福は奉仕にあると知った。」奉仕という言葉について味のある言葉であります。

アメリカ・シカゴの弁護士ポール・ハリスが、ロータリーを創始《そうし》したとき、世界を変えようなどと思ったわけではありませんでした。アメリカの農村部のニューイングランド出身の若いこの弁護士は、二十世紀の初頭、世紀の変り目のシカゴの産業の隆盛に追い付いていくのに必死でありました。「風の強い町」として知られているシカゴは労働争議の絶えまない嵐の吹き荒れるところでありました。雨に濡れ、つるつる滑る道路に油がこぼれ広がっていくかのように、シカゴの町の境界が拡張していき、それに伴って、人口も爆発的に増えていきました。このように乱雑に拡張した大都会の生活は、テンポが速いものの、孤独でありました。ポール・ハリスは、シカゴに到着早々、「どこにも人はいる。だがしかし、友達はどこにもいない」と嘆いていました。

ポールは、この疎外感を克服しようとしまして、三人の知人を誘って、これまで温めてきた考えを話し合いました。この三人のうちの一人、鉱山技師のガスターバス・E・ローアの事務所で、一九〇五年二月二十三日の夕刻に会合を開くことで意見が一致しました。ほかの二人は、石炭商のシルベスター・シールと、服の仕立業のハイラム・ショーンでありました。四人は、ノース、ティアボン街一二七にあるユニティー・ビルディングの七一一号室のガスターバス・ローアの事務所で会合を開き続けました。私は昨年シカゴに於ける国際ロータリーの世界大会に出席しましたが、その折りシカゴのエバンストンにありますＲＩ本部を訪ねましたが、この建物の中に、ポール達が最初の例会場を作り直した七一一号室が復元されてありました。又その後マウントホープにねむるポール・ハリスのお墓にも参って来ました。さて、この四人は互いの事務所で「輪番」に、会合を開くことを決定いたしました。四人は、この羽ばたこうとしているグループの名称を「ロータリー」とし、会員を「ロータリアン」と呼ぶことを決めました。

　しかし、まもなく、ロータリアンたちは気づきました。親睦と相互の利益だけでは、多忙な職業人のクラブで毎週会合を開き続けることが出来ません。それよりも、恵まれない人の生活を高めるために手を差し伸べることのほうが、会合を開き続けるための強力な動機になることが分かりました。そして、会員が増《ふ》えるにつれて、例会場は、ロータリアンの事務所からホテルやレストランに移りました。現在も多くの例会場はホテルやレストランや商工会の会議所等であります。

　一九〇七年にシカゴＲＣは最初の社会奉仕プロジェクトを実施いたしました。シカゴ市役所の近くに公衆便所をつくったのであります。

ロータリーという団体の奉仕活動が世に広く知られますと、奉仕の理想はたちまち歓迎されまして、各地で導入されるようになりました。二年後には、二番目のロータリー・クラブが、アメリカ・カリフォルニア州サンフランシスコで結成されました。アメリカ以外の最初のクラブは、一九一〇年にカナダのマニトバ州、ウィニペグで設立されました。一九一一年にロータリーは大西洋をわたり、北アイルランドのベルファストとアイルランドのダブリンにクラブが設立されました。その年、ロータリーの機関誌、ロータリアン誌の前身のナショナル・ロータリアンが発刊されています。

ポール・ハリスはロータリー・クラブ全米連合会の会長を二期（一九一〇—一一年度と一九一一〜一二年度）務めました。ポール・ハリスを引き継いだ二人目の一九一二—一三年度会長はグレン・C・ミードという人です。グレンはペンシルバニア州の農村で生まれました。父は南北戦争の負傷から早く亡くなり、貧困のなかで成長して、弁護士になり、一九一〇年にフィラデルフィアRCを結成して、創立会長になりました。一九一二年には新たに改称されましたロータリー・クラブ国際連合会（これは一九二二年ロサンゼルス国際大会でRIという名称になりました）の会長に選ばれました。ロータリーの初代事務総長のチェスリー・ペリーは『当時最も必要とされた現実的な良識をもたらしました』とグレンさんを評しました。

さて、一九一一年の国際大会で、ミネアポリスＲＣの会長のフランク・コリンズという人が、『無私の奉仕』サービス・ノット・セルフという言葉を最初に使いました。後に超我の奉仕サービス・アバウブ・セルフに修正されました。ロータリーの第二標語であります『最もよく奉仕する者、最も多く報いられる』という言葉は、一九一〇年にアーサー・シェルドンが、ロータリー・クラブ全米連合会の晩餐会の席で、道義心のある実業人を『自分の仲間に最もよく奉仕する者は最も多く報いられる』と表現したものを、翌年のポートランド国際大会で少し文言を替えて述べたものであります。二〇〇四年に開かれました規定審議会でHeをTheyに修正する決議案が採択されました。二〇〇五～二〇〇六年度の会長カール・ヴィルヘルム・ステンハマー氏はＲＩテーマとして『超我の奉仕』を二〇〇五年国際協議会で発表されました。本年度(二〇〇六年～二〇〇七年度)はニュージーランドのパクランガＲＣ所属の会長ウィリアム・ビル・ボイド氏はＲＩテーマとして『率先しよう』を二〇〇六年度国際協議会で発表されました。

一九一二年には、イングランドでロンドンＲＣが設立されました。一九二〇年代に、ロータリーは、国境、人種、言語、宗教を越えて、世界に広がりました。ヨーロッパ、中南米、オーストラリア、アフリカ、アジアで、続々とクラブが設立されました。アジアで最初のロータリー・クラブとして一九一九年マニラＲＣが設立されました。

ところで、日本のロータリーについてみますと日本のロータリー創始者と呼ばれる米山梅吉は、一九一八年一月、目賀田種太郎男爵を団長とする財政調査団に加わって、渡米いたしまして、最初の日本人であるダラスＲＣの会員の福島喜三次《ふくしまきそじ》と出会いまして、ロータリーに深い関心を抱きます。一九二〇年には福島喜三次も帰国し、在日米国人の実業家ウィリアム・ジョンストンの協力を得まして、一九二〇年十月に創立総会を開きまして一九二一年四月に東京ＲＣが加盟認証されました。これが日本で最初のロータリー・クラブです。次いで大阪ロータリー・クラブが一九二三年二月に加盟認証され、次いでわが神戸クラブが一九二五年（大正十四年）四月十五日に承認され、ついで名古屋・京都・横浜にもロータリー・クラブが結成されましたが、第二次世界大戦が勃発いたしまして、ドイツ・オーストリア・イタリアのロータリー・クラブが解散し、一九四〇年には日本のロータリー・クラブも相次いでＲＩを脱会いたしました。東京ＲＣの解散に際して、米山梅吉は『重い足を引きずって私は今ここに立っています。こんなつらい気持ちで皆様に語らなければならぬのは二〇年来はじめてのことであります。私はただこのような結末になったことをお詫びしたい。しかし、われわれとしても時の流れにいたずらに手をこまねいておったのではありません。日満ロータリーの建設のごときもその現れであります。しかし時代の流れはあまりに急激でありました』と述べました。ＲＩ脱会後はロータリークラブは、京都水曜会、東京水曜クラブ、神戸木曜会、福岡清和会、横浜同人会、北海道では職能協議会などの名称で存続いたしました。

RIは一九三七年から五カ年の間に、ドイツ、イタリア、日本その他枢軸《すうじく》国の軍隊の侵入または圧迫で三十三ヵ国において四八四クラブと一万六七〇〇名の会員を一時的に失いました。日本は一九四九年にRIに復帰いたしましたが、日本の復帰に尽力されたジョージ・ミーンズは一九五三年七月から一九七二年六月三十日まで事務総長を努め、二〇〇〇年八月三十日に亡くなられました。

第二次大戦後は、ロータリーは、ロータリー財団の教育的、人道的プログラムや他の奉仕活動を通じて国際理解を推進して参りました。

ロータリー財団又国際奉仕につきましては、次に米谷収ロータリー財団委員長のお話しがありますので私は割愛させて頂きます。

冷戦終了後、一九九〇年にモスクワRCが加盟したのを始めとして中欧中部ヨーロッパおよび東欧の多くのクラブがロータリーに再び加盟をいたしました。

さて、世界中の地域や国でロータリー・クラブとロータリアンを特徴づけるものは何でありましょうか。それがロータリーの奉仕プログラムであることは間違いありません。

ロータリーの奉仕を導く羅針盤は、ロータリーの綱領と呼ばれる原則であります。

ロータリーの綱領は、有益な事業の基礎として、奉仕の理想を鼓吹し、これを育成し、特に次に掲げる各項を鼓吹育成することにあると云われています。

その第一は、奉仕の機会として知り合いを広めること―であります。

その第二は、事業および専門職務の道徳的水準を高めること―あらゆる有用な業務は尊重されるべきであるという認識を深めること―そしてロータリアン各自が業務を通じて社会に奉仕するために、その業務を品位あらしめること―であります。

その第三は、ロータリアンすべてが、その個人生活事業生活および社会生活に常に奉仕の理想を適用すること―であります。

その第四は、奉仕の理想に結ばれた、事業と専門職務に携わる人の世界的親交によって、国際間の理解と親善と平和を推進すること―の四項目であります。


このロータリーの綱領の歴史は大変古く、その原型はロータリーが誕生した一九〇五年の翌年に早くも作成されています。一九〇六年にシカゴ・クラブがスリー・ボインツ・プログラムを採択《さいたく》いたしました。これが最初の綱領と言えます。一つ目は会員の事業上の利益の拡大、二つ目は親睦、三つ目はシカゴ市への貢献です。その後ロータリーの発展につれましてこの綱領は、奉仕の対象がシカゴから米国全土となり国際的にと変化し、項目の数も五つになったり六つになったり何度も変わりました。

そして今の綱領の四項目が四大奉仕部門に相当します。

クラブ奉仕は、効果的なロータリー奉仕の中枢に位置します。他のすべての奉仕部門が効果を上げるためには、クラブ奉仕が円滑に運営されていかねばなりません。クラブ例会に出席したりクラブ・プログラムに参加したり、委員会活動に加わったり、会員増強を推進したりすることは、どれもロータリー・クラブの役に立ちます。

すべての奉仕部門の重要な要素は親睦であります。親睦があればこそ、クラブ会員は高い出席率を維持し、力を合わせ他者への奉仕に最大限の成果を達成しようという意欲をもつものであります。

また、ロータリークラブの金看板といえる職業奉仕はロータリーの第二奉仕部門です。以前はそれぐ〵の事業または専門職務において、またこれらを通じて他者に奉仕するのは、ひとえにロータリアン個人の義務でありました。しかし、一九八七年にＲＩ理事会は、職業奉仕をロータリークラブの責務でもあると再定義いたしました。

さらに、ロータリアンとロータリー・クラブは四つのテストと呼ばれる職業奉仕の水準を守るよう奨励されています。これは、一九五四―五五年度ＲＩ会長のハーバート・Ｊ・テーラーの考案したものでありまして、次のような簡単な設問から成るテストであります。これは、職業奉仕だけでなく、すべての奉仕部門、実質上あらゆる生き方に直ちに応用することができます。

言行はこれに照らしてから、

㈠真実かどうか

㈡みんなに公平か

㈢好意と友情を深めるか

㈣みんなのためになるかどうか

であります。

社会奉仕は『ロータリーの心臓の鼓動』と呼ばれることがあります。社会奉仕は、ロータリーの第三奉仕部門として、ロータリアンがクラブの所在地域内のすべての人々の生活の質を高めるために実施しているすべての活動にわたるものです。実施中の多くの社会奉仕プロジェクトが世界中のロータリーの特徴を顕示《あらわ》しています。実際のところ、他者に奉仕するというロータリーの声価に影響を及ぼすのは、大抵社会奉仕プロジェクトなのであります。

このように、ロータリーは、世界中で奉仕プログラムを遂行するために、クラブ・レベル、地区レベル、国際レベルで組織されています。この広大な国際ボランティア運動を円滑に運営し続けて行く鍵は、簡素ということであります。襟ピンとしてロータリーの徽章、歯車を着用することを考えてみて下さい。この襟ピン一つで、ロータリアンということが世界中で判ります。二十四の輪歯《りんし》六本の輻《ふく》、一つの楔穴《くさびあな》のある歯車は、いざ他者への奉仕となるロータリアンが『活動する人』であることを象徴しています。同様に、歯車は、組織としてロータリーの機構の真髄を象徴しています。ロータリー運動の各部分は他の部分と連結するように設計されています。ですから、すべての人に最もためになるように全体が動くのであります。

以上、ロータリーの概要についてお話しさせて頂きました。

ガバナー就任挨拶

二〇〇六年七月よりいよいよ私達の年度が始まります。七月は七夕《たなばた》の月です。七夕は天の川の両岸にある牽牛星と織女星とが年に一度「出会い、ふれあう」という星を祭る記念すべき月として、古来親しまれてまいりました。私は「ふれあい・出会い」という言葉が好きです。ロータリーの活動もあらゆる「ふれあい・出会い・親睦」から始まるのではないでしょうか。今年一年「ふれあい、学び、ロータリーのこころ育み、行動を―率先しよう」を合言葉に第二六八〇地区のロータリー活動を進めてまいりたいと存じます。

本年二月、アメリカのサンディエゴで開催された国際協議会の席上で述べられたRＩ会長エレクト、ウィリアム・ビル・ボイドさんの言葉は、私がガバナー就任に際して皆さん方に伝えたい挨拶にふさわしいものと思い、そのお話を参考として申し述べましょう。

この七月からの一年間は、非常に大きな責任と多くの素晴らしい機会が伴う年となる事でしょう。一年はあっという間に過ぎてしまいます。その一年を振り返る時、あなた方ロータリアンは次のように自問するでしょう。それは「私は何を成し遂げただろうか」「できることをすべてやり尽くしただろうか」「私の努力によって、クラブや地区は前よりも良くなっただろうか」「地区内の会員がロータリアンとして成長するのを助けることが出来ただろうか」「ロータリアンとして、私はクラブや地域社会を導くことが出来ただろうか」ということです。

そこで七月からの一年間、ロータリーを通じてよりよい未来を築いていくために、ウィリアム・ボイドRI会長と共に「各クラブ純増一名、毎年あなたも一〇〇ドルを、会長賞の奨励と五つの強調事項を率先しよう」を実践していただきたいのです。そしてそれは言葉ではなく、行動によって人々を導くことによって、真のロータリーの指導力を世の中に示してほしいと思います。とりわけ、ロータリアンの皆さん方は、新会員となる見込みのある人々を惹きつけ、現会員を末永くとどまらせることのできるよう、クラブの充実に向けて率先していただきたいのです。クラブが充実すれば、皆さんがロータリアンとして迎え入れたいと思う会員を惹きつける可能性が一段と高まるはずです。

また仕事を行う上で、あるいは地域社会の人々と接するありとあらゆる機会に「率先しよう」を実践してください。地域社会の人々の目に映るロータリアンが、誰しも誠実かつ寛大で、礼儀正しく、品格を備えた人物であるよう常に心を配っていただきたいのです。これこそロータリアンが地域社会の公共イメージを高めるに相応しいロータリアンの資質であるからです。

さて、ロータリー財団への支援においても自ら模範を示すことによって「率先しよう」を実践してほしいのです。もし財団がなかったなら、現在、私達の知るロータリーは決して存在し得なかったからです。財団の力を維持することが出来るかどうかは、私達すべてのロータリアンにかかっています。皆さんが財団に惜しみない寄付をしていることを地区や各クラブのロータリアンが知れば彼らもまた同じことをしてくださるでしょう。

ロータリーとは、世界に対してより良いやり方、すなわち善意を示していくことです。自分が話すよりも、まず人の話を聞き、行動を起こす前にまず考え、利益や利便性よりも高潔さや無私、無欲を重んじる人々―それが私たちであると地域社会に約束するのがロータリーなのです。この意義を私達はまず認識する事が大切です。

皆さん、「ふれあい、学び、ロータリーのこころ育み、行動を!」をテーマに地区の掲げたガバナー諮問事項を実践し、親睦と奉仕に満ちた素晴らしい一年にしていただくようお願い申し上げ、就任の挨拶といたします。

(「No.1」JUL・二〇〇六)

「GOVERNOR'S MONTHLY LETTER」2006-2007

石井直前ガバナーに感謝をこめて

「超我の奉仕」という概念に基づき、意義ある活動や奉仕プロジェクトを実施するよう呼びかけられたステンハマーRI会長の言動をそのまま第二六八〇地区のガバナーとして、忠実に実行されたのが、石井良昌さんではなかったかと、あなたのガバナー年度のご活躍振りを、今振り返って思い浮かべています。

あなたと私とは、阪神淡路大震災の時のクラブ会長でしたね。あの時のRI会長は本年ご逝去になったビル・ハントレー氏で「友達になろう」がテーマでした。お互い、未曾有の震災時のロータリークラブの状況と活動とは筆舌に尽くせない体験であったと思います。

二〇〇五—〇六年度ガバナーとしてあなたは「ひとりでは何もできない。しかし、ひとりが始めなければ何もできない。そのひとりになろう」というテーマを掲げ、文字通り当地区において、八面六臂の活躍をされました。とりわけ高校生の東南アジア・スタディ・ツアーの実施、識字率向上に役立つCLEプロジェクトの支援活動、更にあなたのガバナー年度に「超我の奉仕賞」を当地区から初めて二人も輩出されるという快挙を成し遂げられたご功績に対し深い敬意と感謝を申し上げます。

今後ともロータリー活動に一層のご指導ご鞭撻をお願い申し上げますと共に、内助の功に尽くされました奥様にもよろしくご鳳声下さい。

この一年間本当にご苦労さまでした。

次年度活動方針について

まず本年二月アメリカ、サンディエゴで開催されました国際協議会の閉会にあたって述べられましたRI会長エレクト、ウィリアム・ビル・ボイドさんの言葉は、本日の地区協議会の次年度活動方針を述べるにふさわしい挨拶であったと思います。

『今から三カ月後の七月には新たなロータリー年度が始まり、皆さんと私はいよいよ新しいロータリーの職に就くことになります。私たちと皆さんにとって七月からの一年間は非常に大きな責任と多くのすばらしい機会が伴うこととなるでありましょう。一年はあっという間に過ぎてしまい、今予想されるよりも早くその一年を振り返るときがやってくるでしょう。そのとき皆さんは次のように自問されると思います。―私は何を成し遂げただろうか。できることをすべてやり尽くしただろうか。私の努力によってクラブや地区は前よりもよくなっただろうか。地区内の会員がロータリアンとして成長するのを助けることができただろうか。ロータリアンとして私はクラブや地域社会を導くことができただろうか―ということであります。七月からの一年間ロータリーを通じてよりよい未来を築いていくために、私と共に“LEAD THE WAY”（率先しよう）を実践してくださるようお願いしたい。そして、言葉ではなく行動によって人々を導くことによって真のロータリーの指導力というものを世に示してください。また新会員となる見込みのある人々を引き付け、現会員を末長く留まらせることができるよう、クラブの充実に向けて率先してください。

クラブが充実いたしますと、皆さんがロータリアンとして迎え入れたいと思うような会員を引き付ける可能性は一段と高まるはずです。仕事を行う上で、また地域社会で人々と接するありとあらゆる機会に「率先しよう」を実践してください。地域社会の人々の目に映るロータリアンが誰しも公共イメージを高めるに相応しいロータリアンの資質、すなわち誠実寛大で礼儀正しく品格を備えた人物であるように常に心を配りましょう。

次にロータリー財団への支援においても、自ら模範を示すことによって「率先しよう」を実践してください。ロータリーの力を維持することができるかどうかは、今ここにお集まりのリーダーの皆さんをはじめ、すべてのロータリアンにかかっております。財団に惜しみないを寄付してくださるよう皆さんのクラブにも伝えてほしいのです』と呼びかけられました。

ボイドＲＩ会長エレクトが皆さんに「率先しよう」と呼びかけるとき、地域社会のニーズを見据えそれに取り組むためにより広い国際的な視野に立ち、自ら努力し、人々に模範を示すことを通じて、より安全、より健康的、より明るい世界へと率先して行動されるよう願っておられます。人に話を聞き、行動を起こす前にまず考え、利益や利便性よりも高潔さや無私無欲を重んじる人々、それが私たちであると地域社会に約束するのがロータリーであります。この意義を私たちはまず認識することが大切であり、ロータリーにおいて皆さんのようなリーダーであるということは、他人に意思を押し付けるのではなく、クラブを傍らで支えることであり、クラブが成功すれば共に喜びを分かち合い、もしクラブが誤ちを犯せばそこから学ぶよう力を貸すことであります。それには皆さんが人々の声に耳を傾け、広い視野でものごとを捉え、よりよい方向へと変化していけるような人々を導くことを意味するのであります。また人々の真のニーズを捉える力は、ロータリアンとしての極めて重要な資質であることをクラブに再認識してもらわなければなりません。以上ロータリアンの心構えや資質についてお話をいたしました。

今度は管理・運営についてであります。二〇〇六―〇七年RI会長のテーマは“LEAD THE WAY”（率先しよう）であり、各クラブ一名の純増をお願いしたいこと、また、毎年「あなたも一〇〇ドルを」の寄付をお願いすることです。強調事項としては、⑴継続性、⑵水の保全、⑶保健と飢餓、⑷識字率の向上、⑸ロータリー家族でありますことは何度も申し上げたことですが、ロータリアンとしての管理・運営の面に一つの示唆を示すものですので、このことをお話したいと思います。

ロイドさんの所属クラブであるニュージーランドのパクランガロータリークラブでは、外国の非識字問題ばかりに熱心に取り組んでいたのですが、翻って考えてみて、今度は自分たちの地元社会でも非識字プロジェクトを実施すべきではないかと感じ出しました。そこで低所得地区にある学校を特定して、校長先生にボイドさんたちの考えた計画を持ちかけ、本やコンピューターの寄贈、ボランティアの手配などを提案されたのです。ところが校長先生は本やコンピューターよりも警備と学校運営に力を借してほしいと言ったのです。そこでボイドさんたちは、退職した大工であるロータリー会員を学校へ派遣しました。彼は警備の問題を調査し、わずか一日のうちに日本円にして一万五千円ほどを自己負担して問題を解決することができたといいます。また事業経営から退職したもう一人のロータリー会員が、学校の運営委員会に毎回出席し、学校の管理運営がスムーズにいくように援助しました。このようにしてこの荒れた学校ではあらゆる面で改善が見られたのです。もし、ただ本やコンピューターを寄贈しただけなら、これらの品は一週間のうちに盗まれてしまっていたでありましょう。しかし学校のニーズにこのロータリアンたちが耳を傾けることによって、子どもや教師たちの生活に後々まで残る成果をもたらすことができたのです。これこそが「耳を傾ける」ことを強調する理由であるとボイドRI会長エレクトは言っておられます。

私もまったくこの例が大切だと思いました。つまり支援を望む人々の声に耳を傾け、真のニーズを見定めることがわれわれロータリアンが持ちうる力を最大限に活かす方法だと思います。真のロータリアンとはまさにこれなのだと思います。ボイド氏はさらに、「ロータリアンとして私たちは政府や主な資金支援団体といった他の団体との共働を通じて力を拡大することによって物事を大きく考える必要があります。また一方、時には小さく考えることも必要です。すなわち、一人の人間の生活を明るくすることができたなら、それだけで私たちはすばらしいことを成し遂げたことになるといえます。さらに慎重に考えることも必要であります。ロータリーの資金には限りがあり大変貴重なものではありますが、その需要は無限に存在しているので、最大限に活かすことができ、その影響が末長く続くところにしぼって資金を費やすべきではないか」と強調されました。

また、ロータリアンとして私たちがいかに振る舞うべきかを常に考える必要のあることも忘れてはいけないと呼びかけておられます。私たちのロータリー活動が可能となるのもロータリーが一世紀にわたってゆっくりと着実に築いてきた信頼があればこそといえます。よい行いも悪い行いも私たちの行うことはすべてあらゆるロータリアンに影響されます。ですからよいことだけを行い、それをお互い楽しもうではありませんか。ここにお集まりの皆さんが就任年度によい仕事を残されたなら、二〇〇六―〇七年度の地区のガバナーが誰であったかを人々が忘れ去った後も、皆さんのロータリーとして残された仕事の影響は人々の生活の中に息づいているに違いありません。

国際協議会の本会議で、元地区ガバナーのスティーブン・ウォルコックさんがこういうことをいわれました。クラブとは皆さんのリーダーシップと指導力を通じて空高く上っていく風船のごときものであり、効果的なリーダーシップは風船が高く舞い上がるための条件を整えるといっております。そしてポール・ハリスはかつて次の言葉を述べられました。ロータリークラブは世界中にロータリーを繁栄させるための研究所及び新しいアイディアの試験場としてその成果を実証してきました。ロータリーとは懐古主義の組織ではありません。過去の業績ではなく、むしろ将来の活動にその価値と目的を置いているのであります。また私たちは有為転変の世の中に生きている以上、ロータリーも同様に変化する心構えが必要だともいっております。聞くべき意見だと思います。私の地区のガバナーのこれからの仕事はわずか一年で終わりますが、ここにいらっしゃる皆さんの仕事は何世代にもわたって恩恵をもたらしていくのでありま す。そこで皆さん、「率先しよう」を実践し、親睦と奉仕に満ちたすばらしい一年でありますよう祈念いたします。

それでは続きまして、二〇〇六—〇七年度国際ロータリー第二六八〇地区のテーマと地区活動方針についてお話をさせていただきます。第二六八〇地区における私の提案するテーマは「ふれあい、学び、ロータリーのこころ育み、行動を！」です。ロータリーの基本は親睦と奉仕です。まずロータリーではロータリアンがふれあい、親睦を深めることが第一です。それには毎回例会に出席し、例会での会合内容をよく把握し、卓話を聴き、それぞれの委員会に出席し、ふれあい学ぶ中にロータリーの哲学なりロータリーの精神、心が育まれてまいります。そこでそれを"LEAD THE WAY"率先して行動に移していただく、これが私の提唱する「ふれあい、学び、ロータリーのこころ育み、行動を！」という地区のテーマであります。

さて、二〇〇六—〇七年度の地区委員会は、クラブ奉仕委員会、職業奉仕委員会、社会奉仕委員会、新世代委員会、国際奉仕委員会、ロータリー財団委員会、米山奨学委員会、増強・拡大委員会、情報企画委員会の九委員会で構成いたします。さらにそれらの委員会はそれぞれ必要な小委員会を設け、各委員長、小委員会委員長、委員の皆様をご委嘱させていただいたのであります。

まずクラブ奉仕委員会ですが、クラブ奉仕小委員会ではクラブ・リーダーシップ・プランを取り上げていただきたいと思います。クラブ・リーダーシップ・プランはＲＩが推奨するクラブの管理構成で既存のロータリークラブのベスト・プラクティスすなわち最善の実践方法に基づいています。ロータリアンはボランティアであり、多忙な人々がほとんどであること、ロータリークラブの指導者は毎年交替すること、従って効果的なクラブに継続性を支える運営手続きが必要であります。こうしたクラブ・リーダーシップ・プランの目的は、効果的なクラブの管理の枠組みを提供することにより、クラブのレベルでロータリーの充実を図ることにあります。それぞれのロータリークラブは独自に異なる存在であるために、成果を挙げているロータリークラブの監修に基づいたクラブ・リーダーシップ・プランは世界中のクラブの個々のニーズに対応する柔軟性を備えております。そこでクラブ奉仕小委員会では、各クラブに適したクラブ・リーダーシップ・プランを考えてその枠組みを作成し検討し、その情報をインターネットで流す作業を行っていただきたいのであります。クラブ・リーダーシップ・プランのマニュアルはＰＥＴＳのときに各会長エレクトに資料をお渡ししてありますのでそれをご参考にしていただければと存じます。

次にインターネット・広報小委員会では、ロータリーのイメージを高めるためのあらゆる広報の方策を検討していただきたいのです。それには人類のために活動すると銘打った世界公共イメージ推進キャンペーンをクラブと地区がこの資料をどう利用できるかを理解し、クラブや地区内で公共イメージ活動をどのように推進するかを話し合っていただき、特に報道機関と協力する方法も検討し、地元の報道機関と良好な関係を築くよう活動をしてほしいのです。また直接記者や編集者と連絡をとり、ロータリーの公共イメージを高める行事や、記事があれば流せる態勢を取る方策を考え、ロータリーの活動を時勢のニュースに関連づける広報のあり方を模索していただきたいと思います。

次に職業奉仕委員会についてです。この奉仕部門の目的は、事業および専門職務の道徳的水準を高め、あらゆる有用な業務は尊重されるべきであるという認識を深め、あらゆる職業に携わる中で奉仕の理想を活かしていくことが含まれています。クラブの役割としては、クラブ会員の手腕を活かして社会のニーズに応えられるようなプロジェクトを開発することです。またロータリーの原則に沿って自らと自分の職業を律し、あわせてクラブが開発したプロジェクトに応えることも含まれます。そこでクラブ会員がその職業関係における諸々の職務を遂行し、各会員それぞれの職業における慣行の一般水準を引き上げる上に役立つ指導と援助を与えるような方策を考案していくべきであると考えます。今年度は、建築耐震偽装等の問題が起こり、社会問題となっている今日、企業におけるコーポレーティッドカルチャーつまり企業文化、企業風土について検討し、情報を提供すると共に、これらの問題を中心に企業セミナーの開催の実施を願いたいと思います。また各クラブのテリトリーの企業あるいはクラブのメンバーの属する企業は、それぞれの綱領や社訓を持っておられます。それらを取り上げて、職業奉仕と倫理との関係について調べてみるのも職業奉仕について考えさせられる一助となるものがあると思います。

本年二月に開かれました国際協議会の本会議の席上でタイのビチャイ・ラタクル・ロータリー財団管理委員が、「来年シカゴで開催される規定審議会では標準クラブ定款に四大奉仕部門を組み込む件を審議する予定です。今日の全体的な傾向を通観いたしますと、ロータリーの会員基盤を適切に発展させ、職業奉仕の原則を遵守し、会員それぞれの事業や職業において高い道徳水準を推進することが切に求められている課題である、どうか地区のロータリアンの皆さんにご理解いただけるようお力添えください」とこのように国際協議会の席上述べられたこともここに申し添えておきたいと存じます。

次に社会奉仕委員会では、ロータリアンすべてがその個人生活、事業生活および社会生活に、常に奉仕の理想を掲げて通用することが重要であり、クラブの所在地域または行政区域内に居住する人々の文化的生活環境基準を向上させるために、ときには他の団体と提携して活動を展開すべきであります。特に今関心の高い国の内外の社会奉仕活動として、㈠環境保全、㈡地球の保全のプログラム、㈢識字率の向上、㈣薬物濫用およびアルコール過飲防止、㈤高齢者への

心遣い、㈥エイズ教育などがあります。地域社会のニーズに対して、政府および民間の諸団体が活動していますが、ロータリークラブやロータリアンが地元地域社会において効果的かつ重複しない奉仕を引き受ける各種のやりがいのある機会が存在しています。当地区は、昨年一昨年と台風や大雨により、但馬地区の円山川、出石川の氾濫、あるいは揖保川、夢前川など西播地域の被害、淡路島の風水害による崖崩れ等、またこの神戸においても毎年起こる水の被害、こういうことを考える時に水保全と防災教育についてのテーマの検討と関連する問題について、人と未来防災センターや水の科学館とも連携して、相対的状況を総合的に調査分析し、地域社会のニーズを確認してはいかがかと思います。

また社会奉仕小委員会では、ロータリー財団の人道的プログラムの一つでもあります地区補助金は、社会奉仕に関連のある財団補助金でロータリークラブが地域社会または国内で奉仕プロジェクトを実施する際の補助金のことですが、これについての効果的な使用についてよく研究をしてみる必要がありますので、これらについてもこの委員会で取り上げていただきます。

また社会奉仕委員会の中に継続の小委員会として、教育問題小委員会を設けます。この小委員会は、ＬＤ児（Learning Disability・・理解力や運動機能の発達に対する遅れであるとか偏りがあって学習面でつまずきやすい子ども）すなわち学習障害児の教育問題を前年度に引き続き取り上げていただきます。

またプロバス小委員会を設けます。プロバスは、専門職務 professional と事業 business に携わっていた引退者の関心に沿った組織で、毎月会合を開いて、引退者が活動的であり続けることができるように講演や討論、見学会などを行っています。このプロバスクラブの交流と情報の交換の推進のお手伝いをすることも社会奉仕委員会として意義ある奉仕事業です。

次に新世代委員会です。ロータリークラブでは地域社会レベルで新世代が地域の指導者と関心事を話し合い、希望と夢と抱負を表明し、自分と居住地域社会の問題の解決策を探るための討論の場を提供するものです。新世代のための会議の目的は、地元レベルで地域の指導者と若い人たちの対話の場を作ることです。立派な地域社会を作ることは新世代の責任であるという自覚を植え付けなければなりません。そのためにインターアクト小委員会ではインターアクトクラブとスポンサークラブとの連携強化と拡大の方策を考えていただき、そして実施をしていただきたい。ローターアクト小委員会ですが、ローターアクトの目的は青年男女が個々の能力の開発にあたって役立つ知識や技能を高め、それぞれの地域社会における物質的あるいは社会的なニーズと取り組み、親睦と奉仕活動を通じて全世界の人々の間によりよい信頼関係を推進するための機会を提供することです。したがいましてローターアクト小委員会ではロータリーアクト活動に対する指導と協力ならびに拡大に努力し推進していただきたいと思います。

さてＲＹＬＡ小委員会ですが、他の地区に比べまして第二六八〇地区はこのロータリー青少年指導者養成プログラムが盛んで、第二六七〇地区と共催して活発な活動が毎年行なわれております。ＲＹＬＡとは二十歳以上の若い人々のための養成プログラムであり、地区内の若い人々とロータリアンが参加する地区プロジェクトで、若い人々の指導者および善良な市民としての資質を伸ばすことを目的としています。こうした優れたＲＹＬＡセミナーに、もっともっと参加者が多くなることを促進すると共に各ロータリークラブの協力を願います。

国際青少年交換小委員会においては、高校生の年齢層の男女学生が国際理解と親善を推進するために一学年度または休暇中海外に勉学または旅行するＲＩプログラムです。そこで青少年交換の情報の提供と充実策についてよく検討し、実施できる態勢を整えていただきたいと思います。また国際青少年交換の派遣ならびに受け入れについての現状の検証と問題点を検討し、その対応をよく考えて実施への足掛かりを考察していただきたいと思います。

次に国際奉仕委員会について、ロータリアンが国際理解、親善、平和を推進するために実施できるすべてからなります。

世界社会奉仕小委員会（WCS）についてですが、WCSプログラムは国際奉仕に属する活動で、ロータリアンはこのような活動を通じて人々の生活を改善し、人々のニーズに応えるプロジェクトを実施します。そして物質的、技術的、専門的援助を通じて、国際理解と親善を推進します。そこで援助を必要とするプロジェクト、それに援助を提供したいという申し出について情報の交換の機会を効果的に提供することが大切です。またRIと財団の関係プログラムと活動の参加者にWCSプログラムを提供するサービスを利用することや、ロータリー財団その他からWCSプロジェクトに授与される補助金についてロータリアンに知らせることも重要です。したがってWCSプロジェクトに関する情報の提供と補助金助成の手続き等の対応を図るべく研究をすることが必要です。また同時に地区レベルとクラブレベルのWCS活動の対応と検討との実施について小委員会活動を推進していただきたいと思います。

次にCLEによる英語教育プロジェクトの継続支援についてです。CLEはConcentrated Language Encounter の略で、語学集中講義による識字教育方法の一つです。オーストラリアの言語学者のウォーカー博士の提唱する手法を教育現場で実践して定着させるのに貢献したのは、タイのロータリアンですが、わが地区は全国に先駆けてこのCLEによる英語プロジェクトをフィリピンで二回実施しています。そしてこれの仮申請も認可されることとなっていますので、二〇〇六―〇七年度も継続支援をしていきたいと思います。先般私もサンディエゴの国際協議会の席上、第三八〇〇地区（フィリピン）のガバナーエレクトと面談いたしまして、彼のほうからも継続支援してほしいという要請がありました。

また、国際理解、親善、親睦や交流のための必要な親睦活動・交流小委員会を設けて、チャリティーゴルフコンペやIYFR、ヨット競技の交流、国際囲碁同好会の実施案、親睦活動の実施に向けての対応を準備する必要があります。国際囲碁同好会につきましては、二〇〇六―〇七年度は韓国において執り行われることが決まっていますし、また日豪チャリティーゴルフ大会は、本年は九月五日から九月十日までオーストラリア、ブリスベンで行うことが決まっています。

次にロータリー財団委員会ですが、ロータリー財団は最も重要な部門であり、この後ロータリー財団部門のカウンセラーでありリーダーの米谷収パストガバナーよりお話を伺うことになっていますので、ロータリー財団につきましては、私の報告は割愛いたします。ただ、二〇〇六―〇七年度のこの委員会には年次寄付・恒久基金小委員会と国際親善奨学金・ロータリー財団学友小委員会、GSE小委員会、地区補助金小委員会を設けたことを申し述べておきます。

ＧＳＥについては、二〇〇六—〇七年度ＲＩ第一八三〇地区すなわち南ドイツのシュツットガルトのエリアと実施することが決定しています。来年の三月十日、十一日の第二六八〇地区の年次大会をはさんでドイツの研修生に来日してもらい、環境問題をお互いに学んでもらうよう要請しています。日本からは第一八三〇地区の年次大会が来年の五月二十一日、二十二日に南ドイツで開催される予定ですので、その頃ドイツを訪問する予定です。このＧＳＥにあたっての取り組みや日程方針等については、この小委員会で具体的に進行していただきたいと思います。

次に米山奨学委員会です。ロータリー米山奨学金の財政はすべてロータリアンの寄付が支えています。しかし年間二十億円に達しておりました寄付金も、一九九六年をピークに下降を続けています。こうした厳しい資金状況にありながらも、社会からの強い要請や期待に応えるために特別積立金を不足分に充てながら年間一千名の規模の採用を維持してきました。しかし特別積立金を充当し続けての支援に危機の声が上がり、ついに二〇〇五学年度からは採用数や奨学金額が縮減されたのです。今後は寄付金の収入に見合った支援規模として、二〇〇五年度は特別積立金の取り崩しはしないといっています。情報・寄付小委員会では財政の健全化に努め、ロータリアンが求める支援活動を実現するためになんとか米山記念奨学会に対する寄付を皆様方に大いに推進していただき、その具体策を考えていただきたいのです。よりよき米山奨学生を選考するために本委員会に米山奨学生選考小委員会を設けました。米山奨学生の受け入れ世話クラブとカウンセラーにつきましても良好な方策を打ち立てるとともに、各クラブにおける米山奨学生の例会時の卓話の促進を進めていただきたいと存じます。学友・PHD小委員会では、米山奨学学友会（兵庫）との交流ならびに支援を図るとともに、学友の属する分野別の優れた特性や特色を活かした情報や活動を調査し、ロータリークラブの諸活動や会合に、学友の才能の発表の機会を与える方策を考えていただきます。

さて、この次年度活動方針の中で最も声を大にして皆様に呼びかけたいのは、増強・拡大委員会についてです。会員増強はおよそ三つの分野から成り立っています。新会員の勧誘、現会員の退会防止及び新クラブの結成すなわち拡大です。一人でも多くの適格者にクラブに入会したいという興味を与えるために、またクラブ会員の減少を防ぐために、クラブは内部の拡大のために現行の規定を十分にかつ意図的に利用し、地元地域社会への奉仕を維持し、改善し、個々の会員を効果的に参加させて、その関心を絶えず引き付けるような活動を行うべきです。特に会員増強委員会は、絶えずクラブの充填・未充填職業分類を検討して、未充填の職業分類を充填するよう積極的に努めなければなりません。新会員を推薦し、クラブの会員増強に寄与することは各会員の責務です。なぜ会員増強が切実に必要かというと、毎年会員の自然減が五パーセントから十パーセントですので毎年新しい会員の補充が必要なのです。クラブ活性化のためには、老年、壮年、青年のバランスを保って若返りが必要です。会員増強と拡大は毎年RI会長の最重要課題となっており、先に申し述べましたようにRI会長エレクトのボイドさんは、各クラブに純増一名を要請されています。

また会員増強は、財政や奉仕活動推進のために大きなプラスにもなります。ガバナーの任務の最大課題は会員の増強と拡大であるとされています。ロータリーは創始以来一貫して会員増強に努めてきました。また奉仕活動の上にもプロジェクトの数や規模にとっても有利となります。地域社会にあっては職業的な横断面を表すべきで、可能な限り地域に存在する職業分類を網羅することが必要であると思います。会員の少ない地域には会員増強によって奉仕の理想を推進することができます。また既存のクラブでは世界の平均は減少傾向にあり、ぜひとも会員の増強が必要なのであります。そこで増強・拡大委員会に、増強・退会防止小委員会と拡大小委員会を設け、関係のセミナーを開催するとともに、会員増強の具体策、退会の原因の調査と防止対策、会員増強と少子高齢化の問題等について検討を加えていただきたい。また拡大小委員会では、新クラブ開設の新方策について、地区内の市町村合併等によるテリトリーの調査と増強拡大の方策についての考察をして、会員増強、退会防止、拡大に関する地区セミナーを実施してほしいと思います。

残るは情報企画委員会です。規定情報小委員会は規定審議会の情報の整理ならびに各クラブへの伝達を執り行う委員会です。二〇〇七年四月二十二日にアメリカのシカゴで行われる三年に一度の規定審議会に、第二六八〇地区からも代表の派遣が決まっています。先ほど職業奉仕委員会の中で少し申し上げましたが、本年二月に開かれました国際会議の本会議の席上でタイのビチャイ・ラタクルロータリー財団管理委員が、来年シカゴで開かれる規定審議会で標準ロータリークラブ定款に四大奉仕部門を組み込む件を審議する予定だと発表されました。今日の全体的な傾向を通観しますと、ロータリーの会員基盤を適切に発展させ、職業分類の原則を遵守し、会員それぞれの事業や職業において高い道徳水準を推進することが切に求められている課題であると、地区のロータリアンの皆さんにご理解いただけるよう力添えくださいと述べられたことも、本情報企画委員会における一つの情報としてつけ加えさせていただきたいのであります。

最後になりましたが特別企画小委員会では地区のクラブの活性化の諸方策の検討をしていただきます。特に地区内のクラブで隘路となっている諸問題ならびに各地で起こっている不満や改正したい諸問題を調査検証し、それぞれの洗い出し、その検討と対策ならびに提言を行う小委員会です。

以上申し述べました地区委員会のガバナー諮問事項、それぞれのクラブが「ふれあい、学び、ロータリーのこころ育み、行動を！」これをモットーに活発なクラブ活動や委員会活動を展開していただくことをお願いいたします。

（「№1」ＪＵＬ・二〇〇六）

会員増強および拡大月間に思う

梅雨も明けいよいよ本格的な夏がやってまいりました。ロータリーも新年度に入って、新役員のもと七月はあっという間に過ぎ去り八月の会員増強および拡大月間を迎えます。

去る七月二日、ローテックスの総会に出席しました。若々しく活気に満ちた会合でした。ローテックスも新年度を迎え、中西美樹子会長から三輪瑛子新会長に引き継がれ、今年度はメキシコ・フランス・台湾・ブラジル・アメリカの五ケ国から国際青少年交換の来日生を受け入れると心をひきしめ、価値観の違うそれぞれの国の人々が、日本の文化にいかにスムーズに溶け込めるかを課題として、張り切ってサポートしていきたいと決意を語ってくれた若者たちを頼もしく思いました。その上、更に次年度の派遣生にロータリー青少年国際親善大使としての心構えなどを伝授していかなければならぬとその責務を痛感しているとも語り、未来を背負うローテックスの言葉を心強く想いながら激励をしてきました。

さて、会員増強について、本年度ＲＩ会長ウィリアム・ボイドさんはこんな話をされました。

新しいロータリアンが毎日クラブに入会しています。また同時に毎日去ってゆくロータリアンもいます。しかし、各クラブの集会において会員の増強について話し始めますと、きまって興ざめしたようなロータリアンの眼差しがここに見られるといいます。われわれもこうした傾向がなきにしもあらずです。しかし、いかにして新会員を惹きつけるかについて話すことに時間を費やすのは賢明でないとボイド会長は云われるのであります。つまりそんな時間があればクラブの充実に費やしたほうが遥かに効果的と云えます。何故なら、ロータリーは適切に機能していれば現会員を維持し、新会員を惹きつけるに十分な魅力を備えているからであると喝破されました。そして、あらたに会員がクラブを離れていくのは、その原因がリーダーシップの弱さや費用の問題や奉仕の機会が与えられていないことが原因なのではないかと、退会した人の偽らざる意見を述べ、このように指摘されました。そこで、この原因を解消するには各自の地区内のクラブにおいて三つの原因に力を注いではどうかと述べておられます。

その一つ目はクラブの管理運営をしっかりと効果的に行うこと。二つ目は会費に十分見合う価値を提供すること。三つ目は会員の意欲を喚起するような有益で実り多い種々のプロジェクトを地元地域だけでなく、海外のクラブと協同して実施することの三点を主軸に率先しようと呼びかけられたのであります。さらに新会員にとってロータリーをもっと身近で親しみやすい存在にすることが大切で、その方法はいくらでもあると云われました。耳の痛い話ですが、ホテルで食事を囲まなければ例会が開けないわけではありません。それより朝食例会のほうが費用を抑えることもでき、多忙な人々にとって都合のつきやすい時間帯でもあります。会員の声に耳を傾け、クラブ会員の意見を尊重するような各クラブの会長に呼びかけてはどうでしょう。―と、なかなか具体的な提案をされました。これも平素ロータリアンとして会員増強・拡大に苦労されているRI会長の生《なま》の声なのだと思いました。

ところで、わが第二六八〇地区に於いても七月二十九日に増強・拡大セミナーが開催されました。基調講演を姫路南ロータリークラブの小林一夫会員にお願いしました。当日のテーマは「職業奉仕に徹することこそ会員増強」でした。ロータリーの根幹は一人ひとりの『会員』です。会員増強・拡大の主題は、単に人数の多さを求めるのではなく、現有メンバーを最大限大切に、お互いに宝物として認識し、知恵と知性の相互扶助、この輪を広げたいというところにあると理解しています。各クラブ純増一名というRIも、また地区をも含めた具体的な目標達成のための手法について、各クラブのアイディアが披露され、地区全体に大きなエネルギーとなって広がることを期待しますというもので、その後各グループでのバズセッションが行われました。この報告は次号の月信に掲載したいと思います。

今月の私のむすびの言葉は「現状維持は退歩につながる」であります。各クラブにおいて一層の会員増強・拡大に思いを致し、率先して当たっていただくよう祈念してやみません。

（「№2」AUG・二〇〇六）

若人に未来を托す新世代に寄せて

つくつく法師が鳴き出し、残暑未だ酷しい今日この頃ですが、新世代のための月間を迎えました。

かつて、米国シェイズバレー・ロータリークラブに所属され、RI会長もされたグレン・E・エステスさんが「次の世代に希望とよりよい生活」と題して次のようなメッセージを送られました。『ロータリーは常に青少年向けのプロジェクトを支援し、子どもたちのニーズに応えるというすばらしい伝統があります。私たちは障害を持つ若者たちを救うというロータリーが始まったころの活動からポリオ・プラスを通してポリオの悲劇から子どもたちを守るという現在の活動に至るまで、過去の一〇〇年間に成し遂げてきたすべての業績を誇りに思うことが出来ます。世界中の子どもたちの生活水準を向上させようというロータリーの活動やプロジェクトを支援していく必要があります。私たちが世界の子どもたちに投資するということは、私たちの未来に投資していることになるのです』と述べられ、ロータリーの青少年のプロジェクト支援の重要性を力説しておられます。さらにエステスさんは『ロータリーの最も古く、最も成功しているプロジェクトの一つが、青少年交換です。毎年、約八、〇〇〇人の学生たちが異なる文化を学び、新しい生活を経験するために外国へ出かけていきます。青少年交換は草の根レベルの国際理解と協調をもたらすために、世界に向けて開かれた窓なのです。私は多くの交換学生たちが、その後、国際関係や教育、それに人道支援などの仕事に就いていることを知り、うれしく思っています。今日の若者たちが明日のリーダーであるということを、心にとどめておくのは大切なことです』と。

そしてエステスさんはまずインターアクトクラブをたちあげることを提案しておられます。『自分たちの地域にインターアクトクラブがなければ、それをスタートさせることを各クラブに提案します。インターアクトは若い人たちにロータリーの奉仕活動を紹介する第一歩となり得ますし、ローターアクトへの布石にもなります。自然に奉仕活動を身につけることは、やがてロータリークラブ会員へ、さらに生涯を通してロータリーの理想を追求する方向に若い人たちを導いていくことでしょう』と述べ、未来を託す新世代活動においてインターアクトクラブをスタートさせることを、まず提案されたのであります。

さて、第二六八〇地区の明石ロータリークラブの柴田達三会長は、早くからこのインターアクトクラブを東播第一グループに立ち上げようと計画をたて、このたび名門の兵庫県立明石高等学校に明石では二番目となるインターアクトクラブを設立されました。私のガバナー年度において最初のこのすばらしいプロジェクトを率先して実行してくださったことに心から感謝するものであります。八月三十日には明石グリーンヒルホテルにおいて午後五時から認証状伝達式が行われました。メンバーは七名のスタートとなりました。明石クラブが一丸となって柴田達三会長、井筒豊久幹事のもと情熱をもって明石西高等学校インターアクトクラブの成長を見守ってくださることを心から祈念申し上げます。

ところで、インターアクトクラブの歴史は一九六二年にアメリカ・フロリダ州メルボルンのメルボルン高等学校の二十三人の生徒が集まったのが最初であります。その後、世界的にひろまり現在では世界の約一〇〇国、六、五〇〇ものクラブを有し、インターアクターは十五万人を超えています。当二六八〇地区では、その二年後の一九六四～一九六五年度に滝川高等学校に最初のインターアクトクラブができ、このたびの明石西高等学校を加え二十二クラブができました。ロータリーは、インターアクトクラブの活動を通してロータリーが望む良い倫理観をもった人を育てることが目的なのであります。このたび設立した明石西高等学校インターアクトクラブの成長と発展を心から祈念してやみません。

新世代月間にあたって、私の今月のむすびの言葉は、陶淵明の「盛年不重来　一日難再晨」(血気盛んな若い時は二度ありません。一日も二度ありません。今を大切にして無駄の無い暮らしをしなければなりません) であります。

（「No.3」SEP・二〇〇六）

「ロータリーのバッジ」と「四つのテスト」に想う

萩の花が咲き乱れ、月の光が美しく感じられる好季を迎えました。今月は職業奉仕月間です。私たちロータリアンは、襟にロータリーのバッジ（徽章）をつけております。このバッジについてロバート・R・バース元RI会長は、次のようなメッセージをバッジは発信しているのだと述べています。（一）私を信用することができます。（二）私を頼りにすることができます。（三）私は信用に値します。（四）私は受け取るよりも多くを与えます。（五）私はいつでもお手伝いしますーと。

ロータリーのバッジが、このようなメッセージを送っているという事実は、長年にわたってロータリアンの勝ち得た信用の証しです。今日のような実業界の風潮においては、世間から信用され続けることが、ロータリアンとしての私たちの責任であることを今まで以上に肝に銘じておかなければなりませんと、ロータリーのバッジ佩用の意味を説明してくれています。今、私共ロータリアンは襟のバッジをもう一度見つめ直してください。

さて職業奉仕の行動規範となるものは何といっても四つのテストであります。この四つのテストについて、二〇〇五～〇六年のRＩ会長ステンハマーさんと二〇〇四―〇五年のグレン・Ｅ・エステスさんの言葉からその意義を見つめてみたいと思います。

これまでロータリアンたちは悪しき商習慣をやめさせ、人々の信頼を回復させてきました。それぞれの地域社会や企業のリーダーとして、ロータリアンたちは地域の人々や仕事仲間の尊敬を勝ち得てきました。近年、企業の不祥事や信用のおけぬインターネット上の取引が増加する状況下にあって、ロータリアンたちは人々が信用するに足るサービスを提供することができます。

倫理は、私たちのどのような行動にも必要ですが、特に事業において重要です。今こそ私たち全員が「四つのテスト」を本気で採用すべきです。（一）真実かどうか（二）みんなに公平か（三）好意と友情を深めるか（四）みんなのためになるか、どうか―という四つの質問を注意深く読めば成功に必要なすべての要素がそこにあることを私たちは見つけ出すことでしょう。

この四つのテストは、世界的に最も広く印刷され、引用されている職業倫理の声明なのです。これは後にRＩ会長になったロータリアンのハーバート・Ｊ・テーラーが、破産の危機に直面していた企業再建を引き受けた一九三二年に提唱したものといわれています。二四の単語から成る倫理基準を示した「四つのテスト」は一九四三年にRＩに採用されました。一〇〇以上の言語に翻訳され、さまざまな形態で出版されています。一見簡単な文ですが、これは私たちが日常遭遇する倫理問題の九十九％に適用できると考えられております。すなわち、「四つのテスト」は私たちの倫理面におけるジレンマの九十九％に適用できます。一〇〇％とは言っていません。「四つのテスト」は一つの道具です。私たちには何が正しいかを決めることができないこともあります。一生懸命に努力しても、好意と友情を深めることができない場合もありますし、誰もが満足できないような決意を下さざるを得ない状況もあるわけです。それでも、私たちは、物事の決定について「四つのテスト」に照らしてみる責任がありますし、また私たちは職業生活にロータリーの善意をあてはめるように最善を尽くす責任があるのです。

さてこの「四つのテスト」の精神にみられるロータリーの職業倫理について、わが二六八〇地区では去る九月九日に職業奉仕セミナーが開催されました。テーマは「ロータリーの環境変化と職業奉仕」でありました。このテーマでセミナーを行うに至ったことについて植村武雄職業奉仕委員長は次のような考えを披瀝しています。

ここ数年来の経済社会の紊乱があります。親が子を殺し、子が親を殺すといった目を覆いたくなる痛ましい事件が数多く起こっております。かけがえのない無垢の命が失われ、世の中の不安が増すなか、経済界においても安全軽視としか思えない事故の頻発があります。詐欺、横領、検査記録の改ざん、個人情報の漏洩などがあります。これらはコンプライアンスとか表面的な企業の社会的責任といったレベルの問題ではありません。ロータリアン自身も大いに自戒、自省しあらためて事業および専門職務の道徳水準を高め、個人生活、事業生活および社会生活において影響力を行使して「世直し」に積極的に関与すべきです。ここにロータリー本来のミッションがあるといえましょう。キーワードは綱領にある「その業務を品格あらしめること」に集約されるように思います。まさにロータリアンの出番なのです。

今月のむすびの言葉は、新島襄の「人知らずとも我が良心これを知る」です。

（「№4」OCT・二〇〇六）

「絆」と「愛情」と「四つのT」—ロータリー財団月間に寄せて—

六甲の山並のもみじも色づき初め、はやくも立冬を迎えます。十一月はロータリー財団月間です。

『奉仕の一世紀、国際ロータリー物語』の著者チャールズ・ケラー氏は「奉仕の理想は人々をつなぐ真の絆です。奉仕とは、単によいことをするだけでなく、人々の役に立つことです。世界では人々が異なる言語を話し、異なる食事をし、異なる衣服を着て、異なる宗教を信奉しています。こうした人々を結び付けるには絆が必要です。ロータリーでは、その絆が必要です。

ロータリーではその絆が超我の奉仕という理想なのです。」と述べ、「絆」の役目すなわち他の人々の役に立つ具体的活動をしているのがロータリー財団であると言っています。

さて、本年二月サンディエゴで開かれた国際協議会で、ロータリー財団の管理委員会のフランク・J・デブリン委員長は、我々ガバナーエレクトに向けて『今日における私たちのロータリー財団』と題して次のように呼びかけられました。

ロータリアンが誇りに感じ、ロータリーに末永く留まりたいという動機につながるよう例会やプロジェクトの質を高めるよう努めることは、ロータリーへの愛情を示すものと言えます。また、私たちがロータリー財団に個人的な財政支援を行ったり、財団を推進したりする行いも愛情の表れであります。

ロータリアンがロータリーの心と精神であるとするなら、私たちロータリー財団はそのバックボーンです。私たちの素晴らしい仕事が可能になるのは、財団によるところが大きいのです。マッチング・グラント、人道的補助金、三―H補助金、国際親善奨学金、研究グループ交換、ロータリー・センター、そしてポリオプラスの主な資金は、すべてロータリー財団の資金によってもたらされています。「毎年あなたも一〇〇ドルを」は、全世界のすべてのロータリアンが、毎年、財団に米貨一〇〇ドルの寄付を行うというシンプルな発想です。もちろん、国によっては一〇〇ドルという寄付が大金であることを、私たちが知らないわけではありません。しかし同じ一〇〇ドルが比較的楽に寄付できる額であるという国も世界には存在します。そこで、平均一〇〇ドルの寄付と申し上げているわけです。重要なのは、すべてのロータリアンに毎年、できる範囲内での財団への寄付をお願いすることです。何故重要かと申しますと、毎年、全ロータリアンが平均一〇〇ドルを寄付するという目標が達成できれば、毎年、ロータリーのプロジェクトに一億二千万ドルの資金がもたらされることになるからです。

すなわち、この一億二千万ドルで、飢餓を軽減し、識字率を向上させ、病魔と闘うプログラムを実施することができるのです。さらに失明救済のための治療を充実させ、きれいな水保全や放置されている女子の教育に取り組むプロジェクトを増やすことができるのです。つまりは、多くの人々の生活の改善を意味するのです。以上のようなことをデブリンさんは述べられました。

そして、地区ガバナーの仕事というのはつきつめていえば、ロータリーの繁栄に加担することではないでしょうか。そのためにはロータリーに自分自身を捧げる必要があるのです。―と喝破され、ガバナーが捧げるものは「四つのT」であると言われました。四つのTとは"Thinking" すなわち知恵、"Talent" すなわち「才能」、"Time" すなわち「時間」、"Treasure" すなわち「富」の四つです。

この「四つのT」を用いれば、一〇〇ドルよりもっと多くの寄付を行う余裕のあるロータリアンを探すことが可能になるはずですと。

目下、私は二六八〇地区の公式訪問で「四つのT」を働かせながらガバナー講話を続けております。しかし、四つのTを同時に働かせることはなかなか難しいことです。

ロータリー財団の父と呼ばれるアーチ・クランフは、一九一七年に米国ジョージア州アトランタの国際大会で、「ロータリーが基金をつくり全世界的な規模で慈善、教育、その他、社会奉仕の分野で、なにかよいことをしようではないか」と提案しました。数ケ月後にこの新しく誕生した基金は、米国ミズリー州カンザス・シティーRCから米貨二十六ドル五十セントの最初の寄付金を受け取りました。その基金がやがてロータリー財団に発展していったのです。

アーチ・クランフは「われわれはこの財団を今日明日の時点ではなく、何年、何世代の尺度で見つめるべきです。なぜなら、ロータリーは幾世紀にもわたる運動だからです」と述べていますが、われわれもこの言葉をよく噛みしめて、ロータリー財団を見つめ直していく事が大切だと思います。

今月のむすびの言葉は、吉川英治の「行き詰まりは展開の一歩である」にいたしました。

（「No.5」NOV・二〇〇六）

家族雑感　―家族月間に寄せて―

師走に入り何かとあわただしく感ぜられる今日此頃です。神戸の街にも間もなくルミナリエの光りが輝きます。今月は「家族月間」であります。この機会に家族という諸問題について考えてみたいと思います。

家族は人類における最も普遍的な、且つ何人にとっても最も親しみの深い社会集団であるといわれています。また家族は夫婦を中核として、その近親の血縁者によって営まれる生活共同体であります。その類語としての「いえ」が系譜を中心として理念的に考えられた伝統的事実であるのに対しまして、家族は現実的な集団概念であります。もっともそのような集団に属している近親者を家族と呼ぶ場合もあります。また、生活の場をあらわす家庭という言葉をもって、家族に対する親しみやすい表現として用いることもあります。さらに家族を統計的に取り扱うような場合には、住居および生計をともにするものの小集団としての世帯を概念をもって、これに代用する場合も少なくありません。

ところで、今世界の各国で「家族」の問題が重要視されています。国連においても一九八九年に第四四回総会で、国際家族年の決議が採択され選定されました。それは家族の重要性を強調し、家族問題に対する政府や国民の関心を高め、それによって家族の役割や機能への理解や家族の関心事、現状および問題に対する認識を深めるのが目的であります。各国政府には家族の福利を支援、促進するための施策を講ずることを求めており、七十三カ国（一九九二年十一月現在）が国内委員会を設定し、日本政府も一九九三年、十八省庁からなる「国際家族年に関する関係省庁連絡会議」を設けました。各省庁には「家族からはじまる小さなデモクラシー」を共通のスローガンに、記念シンポジウムや家族教育に関する国際比較調査など四十七を越す記念行事や関係事業を実施しました。家族の問題は開発途上国、先進国を問わず世界共通の問題となっています。これら家族が抱える問題の多くは社会的背景をもっています。アジア、アフリカの多くの国々では子供の出生率が高く人口問題が大きな課題となっています。一方、先進国では核家族化の問題をはじめ出生率の著しい低下による少子化や高齢化が一段と進んでいます。

我国では、昨年末「少子化社会白書」が閣議決定されましたが、白書によりますと、平成十六年の出生数は一一一万一千人で前年比で約一万三千人減少しました。十六年合計特殊出生率は一、二八九で過去最低だった平成十五年一、二九一を下回りました。「人口動態統計速報」によりますと、十七年上半期の速報値は死亡数が初めて出生数を上回り、十九年からと予測されていた総人口の減少が早々に始まる可能性も指摘しています。

白書は「社会全体で若い子育て世帯を支援し、少子化の流れを変えなければならない。」と提言しています。また地方自治体が独自に実施している事業などを紹介しています。

こうした高齢化や子供の減少という人口構造の変化は、社会の最小単位である家族に大きな影響を及ぼしています。つまり具体的には家族の規模が縮小しているにも拘らず、家族のふれあいが希薄化しているということであります。したがって今こそさまざまな家族が存在することを認め、家族とは何かをもう一度考え、家族の絆や団結を深めていくべきことが問われている時代であります。

日本の現状を見ましても、核家族や少子化が進むと共に世界に例のない勢いで高齢化が進んでいます。古来、我が国は家族制度的伝統や文化を背景に、家族の団結の強い社会構造をなした国でありました。特に高齢化問題については、アジアの多くの国々と同様に家族が協力してお年寄りの面倒をみたり介護するという伝統的なうるわしい土壌がありました。しかし、近年、青少年の非行や離婚などによる家族の崩壊、女性の社会進出や経済的自立による晩婚化や未婚化、結婚や家族に対する価値観の変化が起こっています。また、高齢化社会の進展に伴い、老親扶養の問題が深刻化しています。最近では夫婦別姓問題まで起こっております。働く女性の増加に伴って、「男は仕事、女は家庭」といった従来の性別役割分業の意識改革と共に、子供中心から夫婦中心の家族観をいかに構築するか等々、日本の家族の崩壊につながる大きな問題を含んでいます。これら家族の問題とされていることの大半は、社会の問題でもあります。家族は社会の基本的基盤であり、国家はその保護を行う義務があります。世論調査によりますと、家族機能のうち、最も求められているものは「心の安らぎを得る情緒面」であるとされています。

さて、翻ってロータリーにおいては、ロータリー家族の重要性を強調したのは、二〇〇三—〇四年の元RI会長ジョナサン・マジィアベ氏で、その次の二〇〇四—〇五年度もグレン・E・エステス元RI会長によって「ロータリー家族への心づかい奨励グループ」をつくる構想が引き継がれました。この二人のRI会長は、クラブと地区に対してロータリー家族委員会を設けるよう力説しました。

ロータリー家族は、一般的な家族の枠組みを越えた存在であります。このことはこの組織のいろいろな局面に顔をのぞかせます。RI理事会は国際ロータリー家族の一員であります。それぞれのクラブや個々の地区にも同じことがいえます。各GSE（研究グループ交換）のチームもロータリー家族の一員であります。ローターアクターとインターアクターもそうですし、外国で学ぶ青少年交換学生たちもそうです。RI研修リーダーやすべての委員会、推進グループなども、バラエティーに富んだロータリー家族の一員なのであります。また、ロータリー財団は大きなそして重要な、ロータリー家族の一員であるともいえます。

我がガバナー年度のＲＩ会長ウイリアム・ビル・ボイドさんも強調事項に「ロータリー家族」を選びました。そして選んだ理由について次のように述べています。〝長期的に関与するのがロータリーであります。ですから、ロータリーのリーダーとして私たちは、数週間先、数ケ月先、数年先といった将来だけでなく、何十年先をも考えなければならないのです。私たちが去った後に、私たちが今いる席に就くことになるのは、今ロータリアンになったばかりの会員です。これらの若き職業人の多くは、親として子育ての義務を背負っており、仕事と家庭の両立に奮闘している人たちです。共稼ぎの家庭が当たり前となり、多くの人々が時間に追われる生活を送っている今日、自分の家族もロータリーの一部として受け入れてほしいという会員の切望を、私たちは無視するわけにはいきません。そこで、ロータリー家族を強調事項として選びました。〟—とその理由を語ってくれました。

私たちがロータリー家族に関心をもつことは大切であります。ガバナー公式訪問をしていますと、わが地区においても家族委員会をつくっているところがいくつかあります。まだ家族委員会のないところは、是非この際そのクラブに合った委員会をつくられることをお勧めいたします。

今月のむすびの言葉は、デール・カーネギーの「家族は幸福を見い出すべき所ではなく、むしろ幸福を作り出す所である。」

どうか、よいお年をお迎え下さい。

（「No.6」DEC・二〇〇六）

ポール・ハリスと神戸と「三つの宝」―ロータリー理解推進月間に寄せて―

初暦めくれば月日流れそむ　播水

新年を迎えますといつも思い出すのが、かつて神戸ロータリークラブに所属されていた五十嵐播水さんのこの句であります。生田神社の拝殿前の段葛の中にこの句碑が建立されています。元旦、暦をめくると不思議に清新で美しい希望に満ちた月日が流れ込んで来る気がいたします。どうか今年も率先して親睦と奉仕に活発なロータリー活動が展開されますよう新春に当ってご祈念申し上げます。

一月はロータリー理解推進月間でもあり、またポール・ハリスの追悼記念週間でもあります。そこで、ガバナー月信では、ポール・ハリスと神戸との関わりについて述べてみたいと思います。

ポール・ハリスが神戸へ来る事になったのは、昭和十年（一九三五）のことであります。太平洋ロータリークラブの第五回大会が、マニラで開催され、国際ロータリーのヒル会長

(Robert・E・Lee Hill) とロータリー創始者ポール・ハリス夫妻もこれに出席しました。そのあと、日本に立ち寄る予定で、神戸クラブに於て二月二十三日の創立記念家族会で盛大に歓迎会を催すことにしていました。ところが荒天で船が遅れて予定が変更となり、二月十日の新大阪ホテルに於ける京阪神三クラブ合同の午餐会に迎える事になったのであります。その時の出席者は百五十名ということでありました。見るからに精悍な風貌のヒル会長と対照的に温厚なポール・ハリスの様相は会員に大きな感銘を与えたといいます。そしてその夜一行は神戸港から乗船し、上海経由でマニラに向いました。その船内では、神戸ロータリークラブの川崎芳熊氏の令嬢敏子さんと小曽根貞松氏（当地区ガバナー補佐小曽根有氏の祖父）の令孫涼子さんから花束と絵日傘をヒル夫人とハリス夫人に贈り大へん喜ばれたのであります。

さて、今、神戸ロータリークラブに三つの宝（次ページ写真）として大切に保存されているものの一つに、ポール・ハリスの襟章があります。このポール・ハリスの襟章が何故神戸クラブにあるのかについても記しておきましょう。

日本のロータリー復活に会長として署名した元国際ロータリー会長のアンガス・ミッチェル(Angus Mitchell) 氏が来日したことがあります。それは昭和二十五年四月、京都で開催された復活第一回六〇地区年次大会に会長代理として出席することになったのでありましたが、その前に神戸を訪れたのであります。ミッチェル会長は、折から開催していました神戸博覧会を見学ののち、御影の嘉納純邸で、歓迎晩餐会に臨まれたのであります。この席で手厚い歓迎を受け、記念に嘉納氏より檜扇を贈られました。一方ミッチェル氏はお返しに、自分が着けていたロータリーの襟章をはずして嘉納氏と交換し「これはポール・ハリスと私が交換したものです」と述べました。かくしてロータリーの創始者ポール・ハリスが胸に着けていた襟章が嘉納の胸に着けられたのであります。そして、のちに嘉納はこれを神戸クラブに寄贈いたしました。これがその後「三つの宝」の一つとなり、歴代の会長が公式の会合の時には、これを胸に着けることになったのであります。因みにあとの二つの宝とは、ポール・ハリスの生家の絵と国際ロータリーの認証状であります。前者は昭和三十六年（一九六一）ロータリークラブの世界大会が東京で開催されたとき、当時の神戸ロータリークラブの末正久左衛門会長が、アメリカのバーモンド州ウォーリングフォード地区のガバナーから贈られたもので、以後末正氏から神戸ロータリークラブに寄贈されたものであります。後者は、昭和二十四年（一九四九）四月十三日付の国際ロータリーミッチェル会長とラブジョイ事務総長が署名した認証状ですが、承認番号は、一九二五年四月十五日に認証を受けたときの一九八六番を引継いだものであります。神戸ロータリークラブとして、一九二四年八月十三日に我が国で三番目に、神戸市のオリエンタルホテルを例会場として創立され、翌一九二五年四月十五日に国際ロータリーのヒル会長、ベリー事務総長から承認番号一九八六番として認証を受けました。この一九二五年四月十五日付

ポール・ハリスの生家の絵

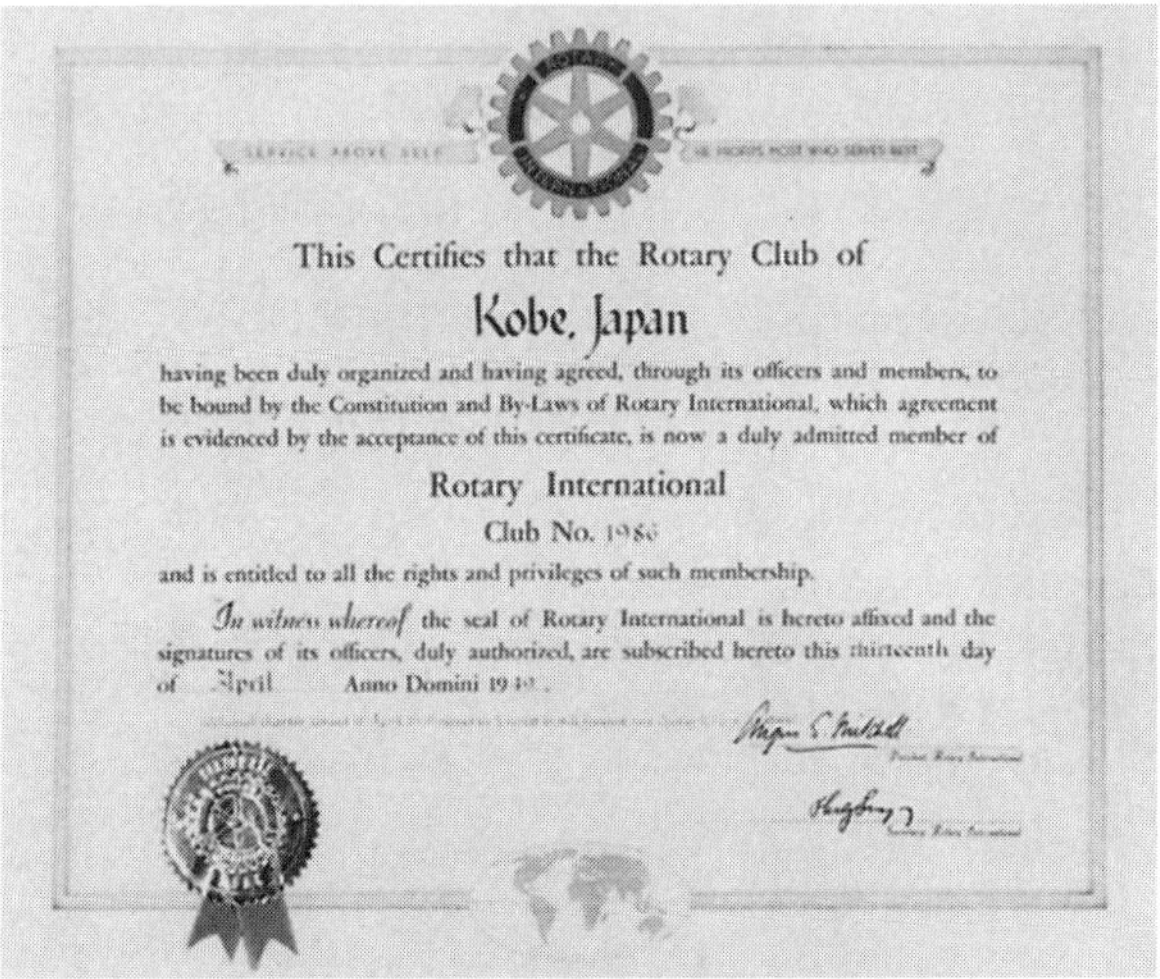

SERVICE ABOVE SELF

This Certifies that the Rotary Club of

Kobe, Japan

having been duly organized and having agreed, through its officers and members, to be bound by the Constitution and By-Laws of Rotary International, which agreement is evidenced by the acceptance of this certificate, is now a duly admitted member of

Rotary International

Club No. 19[illegible]

and is entitled to all the rights and privileges of such membership.

In witness whereof the seal of Rotary International is hereto affixed and the signatures of its officers, duly authorized, are subscribed hereto this thirteenth day of April Anno Domini 194[illegible].

国際ロータリーの認証状

ポール・ハリスの襟章

の認証状は、昭和二十年（一九四五）六月、空襲に遭いオリエンタルホテルとともに焼失してしまいました。したがって今残っているのは終戦後のものであります。この「三つの宝」は、代々の会長が就任する時、大切に受け継がれてきたのであります。

しかるに私が神戸ロータリークラブの会長在任中の平成七年一月十七日未明に発生したあの未曾有の阪神淡路大震災でオリエンタルホテルが大被害を受けて閉鎖となり、同ホテルの九階にあった神戸RCの事務局も崩壊してしまったのであります。困ったことに「三つの宝」も部屋の中に閉じ込められてしまいました。しかしこの「三つの宝」を身の危険も顧みず搬出したのが当時の中尾襄幹事と三人の女性事務局員でした。これによって私は会長としての面目を施し、「三つの宝」を引き継ぎ保存することが出来たのであります。今ガバナーを務めることの出来たのもこの「三つの宝」を受け継いだからであります。間もなく十二年目の阪神淡路大震災の記念日が巡って来ます。

今月の言葉は、「一年の計は元旦にあり」と淮南子の「人間萬事塞翁が馬」であります。

（「No.7」JAN・二〇〇七）

平和のためにアジアで行動する女性との出会い―世界平和月間に寄せて―

二月のことを昔の人は「きさらぎ」と呼んでいます。一年中で最も寒い月でありますから、着物をもう一枚重ね着をする。すなわち「更に着る」―「着更着（きさらぎ）」と言ったものと考えられます。

さて今月は世界平和月間であります。かつて、私は平和のためにアジアで行動する一人の女性と出会って感銘を受けた事があります。その人は、インドで出会ったマザー・テレサであります。

「おお神よ」―デリーにあるマハトマ・ガンジーの墓所に彫り刻まれた翁の最後の言葉であります。かつてインドを旅して感じたのはガンジーのこの言葉のあとに「貧しい人々を救い給え」の語句を加えたかったのです。

二十五年前、私はアジア宗教者平和会議に参加するためにニューデリーを訪れましたが、それに先だってカルカッタにあるマザー・テレサの「死を待つ人の家」を訪れ、簡素なベッドに痩せ衰えた体を横たえている行路病者のうつろな眼差しを目前にして、強いカルチャーショックを受けました。したがって、この「家」を訪れてから後にニューデリーのアジア宗教者平和会議の開会式で聞いたテレサの言葉には説得力がありました。「人を愛することは神を愛することであり、神を愛することはお互いを愛することであります。それには、まず家庭から実践を始めましょう」と述べ、言葉と行動は伴わないと意味のないことを強調されたのであります。

マザー・テレサはマケドニア生まれのカトリックの修道女であります。しかし、宗教や教団を超越した聖女で、インド・カルカッタのスラムに住み、孤児や極貧の人々に癒しの灯火を燃やし続けました。そして、ついにインドに帰化し、名実共に現地の人々に同化して、生涯を見捨てられた底辺の人に捧げたわけですが、その言葉やその行動の軌跡には東洋的な資質を思わせるものがあります。テレサは一九九七年の九月に八十七歳の生涯を閉じましたが、私がテレサに出会ったのは一九八一年の秋のことでした。

世界中から訪れるボランティアが感動のあまり、自分も何か手伝ってあげたいと思い、「マザー私たちは何をしたらよいのでしょうか」とたずねることがよくあるそうです。すると彼女は決まって次のように答えます。「すぐお国にお帰りなさい。そして皆さんの最も近いところから愛の行為、人を大切にすることを始めて下さい。愛は最も近いところから始まるのです」「私たちの最も近いところといえば、それは日常生活の場である家庭であり、職場であり、学校です。そこで本当の意味で大切にされていない人がいるかも知れません」―更に「愛の反対は憎しみと思うかもしれませんが、実は無関心なのです。憎む対象にすらない無関心なのです」と語られました。

私がカルカッタの「死を待つ人の家」を訪れた時にも、マザーの行動に共感しボランティアとして、遥かインドに馳せ参じ活動していた健気な逞しい日本の女性がいました。それは東京都出身の梶山朋子さん、愛知県出身の松本和子さん、新潟県出身の伊藤典子さんの、当時いずれも二十三歳のさわやかな女性達でありました。

RI幹部と共に
(前列中央) ボイド会長、(右) ジアイ元会長 (96—97)、(左) フタ事務局長、(後列) 加藤ガバナー夫婦

彼女達とカルカッタで会食する機会がありましたが、そのうちの松本和子さんの言葉が特に印象に残りました。彼女は「インドの、貧しいという事がどういう事なのか実際に自分の目で見てみた

い」と思ってやって来たといいます。親の脛《すね》をかじって大学を出、物質的に何ら困らない豊かな日本に於て、ふと自分の身辺を考え、これでいいのかと反省した時、真の貧しさが知りたかったといいます。第二次世界大戦から敗戦を経て貧しさを体験して来たわれわれ昭和一ケタ生れと異なり、今の若者には「貧しさ」というものが判らないのでしょう。インドに来て「今まで多くの物を捨てていましたが、物を捨てて貧しい事が見えるでしょうか。今、ミッショナリー・オブ・チャリティー（M・C）のブラザーハウスへ行っていますが、そこに居る人達は物を持たぬ生活をしています。自分の持物を持たぬ生活は何とすばらしく身軽であり、自由になれることかと感じとることが出来ました。そこから貧しいという事をまた見つめ振り返りたい」と話してくれました。

翻ってわれわれロータリアンも、外国の貧しさのみならず日本の足元を知るため、我国に残存している心の貧しさをもこの世界平和理解月間に考えてみる必要があるのではないでしょうか。大いに反省するところであります。

今月の言葉は、昭和天皇の御製

天地の神にぞいのる朝なぎの
海のごとくに波たゝぬ世を

とさせて戴きました。

地区大会を迎えるにあたって

春弥生《やよい》花咲きそめし港町　神戸に集ふ地区大会は
よき友のふれあひ学ぶ地区大会　率先しようの言葉とともに

今月は愈々第二六八〇地区の地区大会が開催されます。この地区大会にウィリアム・ビル・ボイドＲＩ会長は、会長代理として二〇〇二—〇三年度ＲＩ会長のビチャイ・ラタクル氏を当地区に派遣されます。私が最も尊敬するロータリアンです。ラタクル氏はバンコクと香港で教育を受けられ、バンコクのラムカムヘーン大学ならびにカリフォルニア州のケンジントン大学で政治学の名誉博士号を取得されました。一九六九年よりタイ議会の議員として九回の任期を務められ、民主党の指導者、外務大臣、副首相、下院の議長および委員長を歴任されました。外務大臣時代にカンボジアの危険なジャングル地帯に入り込み、勇気と誠実さをもってクメール・ルージュのゲリラと対面しました。また、これまでにタイの国からの最高位の栄誉を受けられ、日本の天皇、フィリピン、韓国、オーストラリア及びニカラグアの大統領から数々の勲章を受章されています。

私は昨年二月、ガバナーエレクトとしてアメリカ・サンディエゴで開催された国際協議会に出席いたしまして、RＩの役員からガバナーとなるための種々の研修を受けました。そのなかでとりわけ感銘を受けたのは、ビチャイ・ラタクルロータリー財団管理委員の「リーダーシップと意欲の源」と題する講演でした。その講演の中で悟らされた公式訪問に臨んでのガバナーの演説と姿勢について心得るべき事柄について次のように述べられました。

『いよいよ公式訪問のクライマックスとも言える、例会におけるクラブ全体を前にして行う公式の演説に入ります。この機会を軽んじることなく厳かな姿勢で臨み、ぜひとも意義深いものにしていただきたいものです。効果的なスピーチには、念入りな準備と明確な目的が不可欠です。話される時に、心に留めていただきたい重要なことは、謙虚にして自信を持つことです。自信なくして謙虚な態度というのは、ただの臆病にすぎません。その逆に謙虚さなくして自信満々というのは、傲慢以外の何ものでもありません。（中略）謙虚さと自信、この両方を調和することができるなら、精神にゆとりを持って、聴衆と一体となり、話を進めることができるでしょう』と。

私は第二六八〇地区の七四クラブの公式訪問をビチャイ・ラタクルさんのこの言葉を胸に秘め臨みました。お蔭で大過なく公式訪問を終えることが出来たと思っています。

本地区大会に於いて、ビチャイ・ラタクルRＩ会長代理の語られる講演並びに国際ロータリー現況報告を拝聴するのが今から楽しみです。

さて、本地区大会の記念講演は、本年一月二十五日に北京五輪の日本代表監督に正式に就任が決まった星野仙一氏にお願いしました。演題は“LEAD THE WAY”であります。この度の日本代表監督に就任した際の心構えについて語られた星野仙一さんについて、サンケイスポーツの堀啓介さんは次のように記しています。『「金《きん》しかいらない」。日本の期待と敗戦の許されない重い〝十字架〟を前に、闘将星野仙一のハートに火がついた。北京五輪の代表監督就任会見。無数のフラッシュを浴び新指揮官の眼光は鋭さを増した。「この壇上にいる以上は、金メダルしかいらないと、それでいいんじゃないでしょうか」。生半可な覚悟ではない。金の難しさも、北京を率いる責任の重さも十二分にわかっている。最後の野球の素晴らしさを改めて世界に発信し、日本の強さを知らしめるべく、プロ・アマが全面協力〝何としても金メダル〟を絶対条件に送り出される厳しい舞台だ。「プレッシャーだなぁ」。ニガ笑いと裏腹に、期待が大きいほど、乗り越える壁が高いほど、燃える男。「野球は〝国技〟。ロンドン（十二年）ではなくなるが、次はぜひ開催を取戻したい。そういうのも背負って、一丸となって野球界のために決意を新たにしました」。十六年開催での五輪野球復活の大目標もブチ上げた。「いま自分があるのは野球のおかげ。もっと感謝したい。恩返しのチャンスを頂いたのかも知れない」。ONの後を継ぎ、初めて背負う日の丸の重み、尽きることのない野球への情熱が、闘志をかき立てる。世界一へ、目指す野球は変わらない。(中略)国を代表する誇り。野球界への責任。大荷物を背負った闘将が、再び、〝戦闘態勢〟に入った』

今回の言葉は、昨年国際協議会の講演の中でビチャイ・ラタクルさんが示唆された、オットー・フォン・ビスマルクの「偉大な人物の三つの資質とは、計画における寛大さ、実行における人間味、成功における謙虚さである」にいたします。

識字率向上月間に寄せて

ウィリアム・ビル・ボイド会長は「水の保全」と「保険と飢餓」「ロータリー家族」のほかに「識字率の向上」を強調事項に加えられました。ボイド会長が識字を特に大切に考えてきた要因の一つには、ボイドさんの実家が本屋さんであったことにも起因します。それはボイドさんが識字力がどれほど大きく家族や地域社会を変える力を持っているかを示す例を数知れず見てきたからであります。即ち識字力こそが貧困の連鎖から逃れる道と考えています。識字力は特に地域社会において正当な評価を受けていない女性達に社会的な力を与えるといいます。識字は、また地域社会が水資源や保険と飢餓の問題と連動し、これらを取り組むことは次世代を教育することを可能にすることにもなります。「識字は目標であると共に初めの一歩である」

とボイド会長は説き強調事項の一つにあげました。

国連では一九九〇年を国際識字年と定め、世界から非識字者をなくすための活動を始めるための活動を採択いたしました。一九九五年のユネスコの統計によりますと、世界では約八億八五〇〇万人が非識字者と推定されています。

非識字人口の大陸別割合は、アジア七十四%、アフリカ二十%、アメリカ五%、ヨーロッパ一パーセント、オセアニア〇・一%、となっております。これは世界の成人の二十三%に当たります。国連ではユネスコとタイアップしながら一九九〇年から十年間の二〇〇〇年までは「万人に教育を」をスローガンのもと非識字者を0にする取り組みをしております。しかし、今尚、外国の識字率をみますと中国は九十・九%、インドでは五十八%、アフガニスタンでは三十八%と低くニジェールに至っては十七%だといわれております。

翻って日本の識字率は九十九・八%といわれています。そのうち男性が九十九%女性が九十九・七%でほとんど一〇〇%でありますから、日本人にとって識字率などといってもピンと来ない人が多いと思います。しかし、日本人の識字率が高といって喜んでばかりにはまいりません。今、日本人の識字率がワープロなどで低下しているといわれています。特に計算能力が低く、機能的識字率が低いということがいえるのであり、今後こうしたことも考えなければなりません。

旧臘十二月十二日付けのサンケイ新聞朝刊の一面に「パソコン使用漢字力低下実感」という見出しで次のような記事が出ていました。『「大人世代の八十五％が漢字力の低下を実感」―ゲームソフト会社のロケットカンパニー（東京）が実施した漢字に関する意識調査で、漢字を読み書きする力が落ちてきたと感じる人が増えていることが明らかになった。その理由として、八十七・四％の人が「頻繁にパソコンを使用するため」と指摘し、加齢による記憶力の低下四十一・九％を大きく上回った。漢字力の低下は手紙などで漢字を書くとき九十四・七％に実感する人が多く、四人に一人が子供に聞かれた漢字が読めなかった経験があったと回答した。調査は十一月、インターネットを通じ三十五才～四十才の男女四百人を対象に実施』と記事を掲載していました。

さて、目下日本に於いて考えなければならないもう一つの識字率の問題があります。それは、国際的にみますと、世界には十億人に近い非識字者がいるといわれていますが、そのうち何と四分の三はアジアであるといわれています。一方日本国内に目を転じますと、外人登録者が二百万人を超え、不法滞在者も三十万人から四十万人いると言われます。そして日本語指導の必要な児童数は、すでに二万人を超えており、この数も年々増しております。我が国は少子高齢化が進んで、一昨年度の合計特殊出生率は、一・二五と最低値を示しました。こうしたことから将来、我が国では労働力の慢性的不足に悩まされることは火を見るより明らかであります。

つまり、産業構造の下支え的労働力の不足を外国人の労働力に依存しなければ成り立って行かないという現実があります。知的労働者につきましても、アメリカ・イギリス・カナダなどでは、すでに看護士の四割は外国人であるといわれております。したがって、やがて日本もこれら知的労働者を受け入れざるを得ないということが考えられます。そこで、これらの外国人労働者が、日本において、友人として、その力を発揮していくためには、まずこれらの外国人に日本語を教え、日本語を習得して貰わなければなりません。ところが、その実情は程遠いものがあるといわれています。私達は在日外国人及びその子弟に対して日本語の識字教育に積極的に参加し、将来、彼等が日本語を話せるよきパートナーとなってくれる事を期待しなければなりません。

県によっては「多文化共進推進プロジェクト」を組んで、識字活動を展開しているところがあります。ロータリー財団では、国際的識字率の向上のために、制度として「マッチンググラント」があり、国内的には「地区補助金」制度があります。

こうしたことから識字率一〇〇%の日本に於ける別な意味の識字率の問題を考えてみる必要があろうかと思います。ひとつわが第二六八〇地区においてもこうした識字率の問題についてプロジェクトを組んで活動を展開して頂いてはいかがでしょうか。識字率向上月間にあたりガバナーから提案させて頂きます。

（「№9」MAR・二〇〇七）

地区大会決議「信頼と友情の絆」

第二六八〇地区の地区大会の決議第五号では『「絆」の旗印の下に、ロータリアン各自の主体的参加による奉仕活動を推進する件』が採択されました。

ロータリー活動は「ふれあい・出会い・親睦」から始まります。親睦と奉仕が補完しあって、ロータリアン相互の「信頼と友情の絆」が強まり、奉仕の心が共有されます。私たちは、ロータリーの奉仕活動の原点を再確認し、絆を強め、奉仕のこころを育み、その実践に臨むことを、地区大会で決議したのです。

「絆」といえば、去る三月二十二日から二十五日迄、香川県余島の神戸ＹＭＣＡ野外活動センターで開催された第二十九回ライラセミナーのテーマも「絆」でした。現代社会の歪み、家庭での躾の欠如、子育て不安、地域社会の崩壊、豊かさの中での希薄な人間関係、社会の歪みなどが重複する背景がある今日、青少年は悩み苦しみ、自爆的な衝動に駆られ、荒々しい行動に走り、様々な事件を起こしています。ロータリアンや指導者が、何を考え、何を成していくべきかをある時間をかけて研鑽し、日本の将来を託したいものです。それがまさしく、ライラの目指すところであるとして、現青少年が「主体的に生きる」という視点から「絆」のテーマの下「人間・家庭・地域・国際」の諸問題にいかに関ればよいのかを時系列的に考え合わせていこうと受講生たちが真剣に議論し、研修したのです。

私はこのライラセミナーに参加して次のような短歌を詠みました。

余島の夜今忘れをる幾千の星の光のまたたきを知る
朝まだき余島の海辺散歩する波の音にぞ母の声聞く
去年《こぞ》の生きる今年の絆《きづな》テーマは若者達の思考ゆさぶる
若き友出会ひ学びて語り合ひ奉仕の理想求め歩《あゆ》めよ

「絆」は、紲とも書き、もともと馬や犬、鷹などの動物をつなぎとめる綱のことをいいました。それから転じて、断つにしのびない恩愛とか離れがたい情愛を意味するもの、係累とか繋縛に使われてくるようになりました。

人間として生まれて最初の「絆」は「へその緒」ではないかと私は考えています。臍帯《さいたい》といわれ、胎児と胎盤とをつなぐ柔らかな索状の器官で、内部に動脈・静脈をいれ、胎盤を介して、母体の血液から酸素および栄養物を胎児に送り、また、胎児の体内における不要物および二酸化炭素を母体血液に移すという重要な親と子のつながりの器官です。

私は子供の頃、箪笥の引き出しに入っていた私の名前の書いてあるねずみの尻尾の干からびたような奇妙なものの入った紙包みを見つけたことがあります。それが、実は私の「へその緒」だったのです。昔は、産婆さんが赤ちゃんの「へその緒」を大切に母親に渡してくれたのです。人生にとって「絆」のはじまりは「へその緒」だったのかも知れません。

私が学生時代から親しくして頂き、兄のように敬愛してやまなかったのは、今は亡き奈良薬師寺管長の高田好胤師でした。好胤師がよく話をされた中国で作られた経典に「父母《ぶも》恩重経」があります。父母の恩の広大なことを説いたもので、中国や日本で広く読まれ、流布本の種類も多いのです。

先日、私の親友で高砂青松ロータリークラブの廣瀬明正君が、この「父母恩重経」の内容を判りやすくまとめた小冊子「感恩の歌」を贈って下さいました。「感恩の歌」は、修養団の講師で婦人運動に多大の功績を残された竹内浦次氏が「父母恩重経」を訳されたものといいます。

今、世の中で忘れ去られようとしている親のめぐみやいつくしみの心の読み込まれた歌として感銘を受けたので、今月のガバナーズレターに以下転載させていただきます。

感恩《かんおん》の歌

あわれはらから　心せよ
　山より高き　父の恩
海よりふかき　母の恩

知るこそ道の　始めなれ
子を守《も》る母の　まめやかに
　わがふところを　寝床《ねどこ》とし
かよわき腕を　枕《まくら》とし
　骨身をけずる　あわれさよ
美しかりし　わか妻も
　おさな子一人　育つれば
花のかんばせ　いつしかに
　衰え行くこそ　悲しけれ

身を切る如き　雪の夜も
　骨さす霜の　あかつきも
乾《かわ》けるところに　子を廻《まわ》し
　ぬれたる処に　己《おの》れ伏す
幼きものの　がんぜなく
　ふところ汚し　背をぬらす

不浄をいとう　色もなく
　洗う日日《ひび》に　幾度とや
己れは寒さに　凍《こご》えつつ
　着たるを脱ぎて　子を包み
甘《あま》きは吐《は》きて　子に与え
　苦《にが》きは自《みずか》ら　食《くら》うなり
幼き子乳を　ふくむこと
　百八十石《こく》を　越すとかや
まことに父母の恵みこそ
　天のきわまり　なきが如し
父母は我《わ》が子の　ためならば
　悪業《あくごう》をつくり　罪かさね
よしや悪趣《あくしゅ》に　落つるとも
　少しの悔《く》いも　なきぞかし
もし子　遠くに行くあらば
　帰りてその面《おも》見るまでは

出でても入りても　子を思い
　寝てもさめても　子を思う
髪くしけずり　顔ぬぐい
　衣《ころも》をもとめ　おびを買い

美しきは　皆子に与え
　父母は古きを　えらぶなり
己《おの》れ生ある　そのうちは
　子の身に代わらん　ことを思い
己れ死に行く　その後《のち》は
　子の身守らん　ことを願う
よる年波《としなみ》の　かさなりて
　いつしかこうべの　しも白く
衰《おとろ》えませる　父母を
　仰げば落つる　涙かな
ああありがたき　父の恩

子はいかにして　酬《むく》いべき
ああありがたき　母の恩
子はいかにして　報《ほう》ずべき

今月のむすびの言葉は、ローレンス・スターンの「人生の幸福は、やさしい愛情ある表情や、ささやかな心遣いによって示される。ちょっとした思いやりによって、大きく増進するものである」といたします。

（「No.11」MAY・二〇〇七）

親睦活動月間に寄せて　―私の国際交流―

今年度のGSE（研究グループ交換）は、国際ロータリー第一八三〇地区、ドイツ南西部シュツットガルト周辺のチームとでとり行われ、マルティン・ヴァイト団長以下五名の団員が来日し、当地区の淡路、東播第三、但馬、神戸第一各グループが研修受け入れを担当して下さり、環境問題をテーマに工業・技術に対する強烈なイメージと体験中の日本文化の違いなどを研修し、地区大会にも出席し、素晴らしい友情と成果を抱いて無事滞りなく研修を終えドイツへ帰国されました。また、目下わが地区のGSEチームは、藤井恵一団長をはじめ五名の団員が、四月二十一日にドイツへ出発し、ドイツ南西部の第一八三〇地区の各所でホームステイをし、楽しく且つ有意義な研修を終え、五月二十日に無事帰国しました。

そもそも、私がガバナー・エレクトとなって、まず行なった事は、GSEの相手国を探す事でした。幸い私は、ドイツ・神戸民俗芸能友好会の会長をしており、これまで度々ドイツ南部地区と民俗芸能を通じて交流をもって訪問していた関係があり、ドイツのフローンメルン民俗舞踊団のメンバーが我家にホームステイをしたことがありました。その夫妻の尽力により、今回のドイツ南部第一八三〇地区とGSEプログラムを結ぶことができました。

そこで、今月のガバナー月信は親睦活動月間に当たるところから、私のドイツとの国際交流について記してみたいと思います。

国際化時代の中にあって、神社神道の国際交流もだんだん盛んになってきています。生田神社ではかねてより神道民俗芸能を海外に紹介することにより、国際交流をはかってきましたが、平成二年にはドイツから招聘を受け、国際交流基金の援助のもとに二週間に亘り、ドイツ南部のバーリンゲン・バードウーラッハ・オストフィルダン・ローテンブルグ・ノイハウゼン等で神道民俗芸能の公演を行いました。そもそも生田神社の神事芸能団体がドイツとの関係を持つきっかけとなったのは、昭和四十四年に「世界青年友の会」日本支部の招きにより、南ドイツのフローンメルン民俗舞踊団の団長マンフレッド・スティンゲル氏が来日し、神戸へやって来て、たまたま生田神社の神事芸能団の演舞を見たことに始まります。その時の印象が強く、爾来彼はいつか日本の神道民俗芸能の一団をドイツに招きたいとの希望が叶い、バーリンゲンに本拠を持つフローンメルン民俗舞踊団結成二十五周年を記念して、私たちが招聘されることとなりました。記念日には、バーリンゲン市エッケンフェルト・ホールで開催された第四回国際民俗舞踊祭には生田神社神事芸能団のほかにフランスのドーニス・セントーニュ民俗舞踊団とチェコスロバキアのツァヴァドカ歌舞団が招待されていました。このドイツ公演に当たり、生田神社では、神楽・舞楽・雅楽・弓道・獅子舞・太鼓のほかに、沖縄舞踊、島根県益田市の石見神楽、さらに高知県池川町に古くから伝わる国の重要民俗文化財指定の池川神楽にも参加を呼びかけ、日本神道民俗芸能団を組織し、総勢四十五名のドイツ公演となったのであります。

ヨーロッパで行われている民俗舞踊は、おおむね楽団の伴奏による地方民謡の歌と民俗衣裳を着けてブドウの収穫等を祝って踊るものが中心でありますが、それらとは全く異質の神事の中で執り行われる日本の神道民俗芸能の数々は、ドイツ人達に神秘性と宗教的雰囲気と日本独特のエネルギーが強烈な印象を与えたようで、大いなる喝采をもって迎えられました。日本の神事芸能団は、連日現地の新聞に大きく採り上げられて報道されましたが、民俗舞踊祭を実際に見聞した「ゾレン・アルブ・クライス」紙に掲載されたゲルト・シュナイダー記者の感想は次のごとくであります。

「約千四百名の民俗音楽と民俗舞踊の愛好者は、日曜日にバーリンゲン市民会館での第四回国際民俗舞踊祭でまさしく興奮した。感激は立ったままの拍手、数分間にわたるリズミカルな喝采で頂点に達した。

会場は異国風な響き、宗教儀式で、心ゆくばかりの喜びで満たされた。生田神社のグループが登場すると、火を吐く龍が舞台を踊りまわり、獅子が吠え、剣の刃が鳴りひびき矢がとんだ。それに太鼓の連打と宮廷音楽が加わった。絹の芸術的な衣裳をまとった日本人の出し物は東アジアの最も貴重な文化財の一つである。仮面と衣裳は素晴らしく、その下には恐怖をかき立てる精霊がいる。生田神社の神事芸能団は音楽と舞踊で国民の幸福への感謝と母なる大地への愛を表現する。バーリンゲンで上演された舞踊のいくつかは、日出づる国で「文化保護」を受けており、今なお宗教的祝祭の構成には欠かせぬものである。」

と述べています。このようにドイツでも神道民俗芸能公演は多大の歓迎を受け、彼らに強い印象を残しました。とりわけ、我々日本のメンバーはフローンメルン民俗舞踊団の家庭に宿泊させて貰って、ドイツの家庭の仕組みや無駄のない合理的な生活を垣間見て強い友情を深めることができました。

かくして二年後にはドイツフローンメルン民俗舞踊団が来日し、神戸を訪れたいと希望を申し出、今度は我々が彼らを受け入れる事になりました。「神戸まつり」「生田祭」への参加や、新神戸オリエンタル劇場での公演、兵庫県立美術館のイベント広場への出演等を計画し、民俗芸能を通じての国際交流は深まりました。神社神道を海外に知らしめ、国際交流の進め方や方法も種々ありましょうが、神道民俗芸能を通して、「神社神道の心」「日本の心」を外国人に知らしめることができたと思います。

私の家にホームステイをしたフローンメルン民俗舞踊団のユルゲン・シェンプ夫妻は、日本がとても気に入り、交流を深めていましたが、ロータリーのガバナーエレクトとしてドイツへ赴き、GSEの相手方を探していることを聞いて、マンフレッド・スティンゲル団長と共に、第二六八〇地区に相応しい第一八三〇地区のガバナーエレクトのクラウス・リヒター博士を紹介して下さり、自ら車を駆ってシュヴァービッシュ・グムンドにあるご自宅に案内して下さいました。リヒター氏は四十年のロータリー歴を持ち、かつては物理学と化学の大学教授でしたが退職され、今は経済倫理を地域社会の人々に教えると共に教会の仕事に就かれている温厚実直なすばらしいロータリアンでした。チュービンゲン大学院で目下哲学を学んでいる東大出身の才媛青山みき嬢が通訳をつとめてくれ、リヒターさんは職業倫理の重要性を説きながら、趣味で集めた「ベル」（鈴）の数々を見せてくれました。そしてすぐGSEを引き受けてくれました。

この素晴らしいガバナーを擁する第一八三〇地区とGSEプログラムを持てたことも、私の国際交流の一寸したきっかけであったことに思いを馳せ、わが地区の国際交流が今後益々盛んに行われることを祈念してやみません。

今月のむすびの言葉は、イギリスの政治家バークの「一度信用を得れば進路はおのずと開ける」といたします。

（「No.12」JUN・二〇〇七）

〝ふれあい、学び、超我の奉仕・わかちあいの心育み、行動を、率先しよう〟

平成十九年六月三十日をもって、私のガバナー任期は終わります。この日に、国際ロータリー会長ウィリアム・ビル・ボイド会長から次のようなメッセージが届きました。

二〇〇七年六月三十日
RI第二六八〇地区ガバナー
Takahisa Kato 様
拝啓

二〇〇六―〇七年度のロータリーのリーダーとして、貴殿はロータリーの未来に向けた前身を確かなものとすべく特別な貢献をされました。私たちはそれぞれ与えられた役割がありますが、貴殿は地区ガバナーとしての役割を立派に果たしてくださいました。心よりお祝い申し上げますとともに、ロータリーが世界でさらに存在力を増していくにあたって、皆さまのご功績に深く御礼を申し上げます。今日のロータリーの強みは、一〇二年という歴史を土台に、将来を築き上げていくことができることにあります。この土台は、親睦、職業奉仕、一人ひとりの倫理、また、長きにわたって確立されてきた奉仕の伝統によるものであり、この土台の上にロータリーの未来が築き上げられるのです。

ロータリーは、「率先する」ことのできる組織としてその存在を実証してきました。ロータリーが世界中のすべての問題を解決できないことは、誰でもが承知しています。会員はわずか一二〇万人しかいない一方、世界が抱えているニーズは莫大です。しかし、だからといって私たちは努力を止めてしまうわけではありません。次のマザーテレサの言葉は、私たちが追い求めている行動を如実に表しています。「私のすることをあなたがすることはできません。あなたがすることを私がすることはできません。ニーズはあまりにも大きすぎて、私自身も含め、誰しも偉大な業をすることはできません。しかし、私たちは誰しも、大きな愛をもって行動することはできますし、力を合わせれば素晴らしいことができるのです」ロータリアンとして「率先しよう」を実践するとき、私たちは世界に違いをもたらしているのであり、力を合わせて素晴らしいことを行っているのです。

私たちは強力な会員組織をもって引き続き飢餓と闘い、きれいな飲み水を確保し、誰もが読み書きのできる世界を実現させ、すべての人に教育を提供していかなければなりません。より良い世界に向けて活動するという私たちの夢を実現するために、同じ問題に取り組んでいる他の団体と協力することを検討しましょう。これからも「率先しよう」を実践しながら、超我の奉仕を通じて国際ロータリーの素晴らしい指導力を世界に示していこうではありませんか。

素晴らしい一年となった今年度の皆さまからいただいたご支援と友情に、妻のローナと私より重ねて深く感謝申し上げます。

敬具

ウィリアム・ビル・ボイド
国際ロータリー会長

素晴らしい総括の言葉を頂戴いたしました。

さて、私は七四クラブを公式訪問し、その印象なり、各クラブの会長テーマなり、活動状況などを扶輪短歌集「ふれあい」に纏めてお配りしました。また、毎月発行の「ガバナーズ・マンスリー・レター」の誌上に毎月のロータリー活動方針や行動計画やロータリー精神について私なりの考えを申し述べさせていただきました。

二〇〇六年七月には「就任挨拶」、八月号は「会員増強および拡大月間に思う」、九月号は「若人に未来を託す新世代に寄せて」、十月号は『「ロータリーのバッジ」と「四つのテスト」に想う』、十一月号は『「絆」と「愛情」と「四つのT」』、十二月号は「家族雑感―家族月間に寄せて」、二〇〇七年一月号は『ポール・ハリスと神戸と「三つの宝」―ロータリー理解推進月間に寄せて―』、二月号は「平和のためにアジアで行動する女性との出会い―世界平和月間に寄せて―」、三月号は「地区大会を迎えるにあたって」、四月号は「雑誌月間に思う」、五月号は『地区大会決議「信頼と友情の絆」』、六月号は「親睦活動月間に寄せて―私の国際交流

―」であります。もしお時間があれば、これらの拙文に目を通していただければ幸甚であります。そして併せて六月三十日発行の地区大会記録誌をご高覧願いたいと存じます。

かくして、愈々ガバナーの退任に当たっての言葉でありますが、感謝をこめて次の十首の短歌を詠ませていただきました。

この一年《ひととせ》疾風《はやて》のごとく過ぎたれど友の心は永遠《とわ》に変らじ
ビルボイド唱へしテーマ率先しようこの言《こと》の葉《は》を忘れるなゆめ
よき友と出会ひふれ合ひ学び合ひ奉仕の理想受継ぎてゆけ
あの顔もこの顔もまたあのクラブの友との握手忘れ難くて
四季折々のクラブ訪問思ひ出す歓迎の歌耳に残れり
摂津播磨丹波但馬と淡路には土地の特色ありてよろしき
七十四のクラブ訪問すべて終へロータリアンの心を悟る
ガバナーの補佐の手助け有難くこの一とせは満ち足りてをり
友といふは茶飲み酒呑む友はあれど奉仕する友ぞまことわが友
つひにいま退任のときを迎へたりすべての友に感謝唱ふる

最後に総括の言葉として

ふれあい　学び　超我の奉仕・わかちあいの心育み　行動を　率先しよう

をもって結びといたします。

（「№13」ＡＵＧ・二〇〇七）「年次報告」

地区大会記録誌・二〇〇六―二〇〇七年度

大会第一日・地区大会直前地区指導者会議　加藤隆久ガバナー挨拶

皆様こんにちは。本日第二六八〇地区二〇〇六―二〇〇七年度地区大会直前地区指導者会議の開催にあたりまして、私が平素より敬愛して止まぬＲＩ会長代理ビチャイ・ラタクルさんのご臨席を賜りましたこと、厚く御礼を申し上げます。ビチャイ・ラタクルさんは一九六九年よりタイ議会の議員として九回の任期をお務めになり、外務大臣、副首相などを歴任された偉大なるお方であります。これまでにタイの国王から最高位の栄誉を、日本の天皇やフィリピン、韓国、オーストラリア、ニカラグアの大統領から数々の勲章を受章されていらっしゃいます。ロータリー関係ではタイ、バンコック、トンブリロータリークラブに入会の後、ロータリー財団管理委員、RI理事、RI国際大会委員長などを歴任されて、二〇〇二—二〇〇三年のRI会長を務められました。後ほどご講演をいただくことになっておりますので、ここでは簡単なご紹介に留めさせていただきます。

なお本日第二回本会議のパネルディスカッションの中でパネリストとしてご指導くださいます二〇〇六—二〇〇七年度RI研修リーダーの関場慶博さんが本席に出席されておられますのでちょっとご紹介させていただきます。関場慶博さんです。（拍手）

なお本日は多くの日程がつまっておりますので、本指導者会議がなるべく速やかに進行されますようお願い申し上げましてご挨拶に代えさせていただきます。

加藤隆久ガバナー挨拶及び地区現況報告（第三回全体会議）

ウイリアム・ビル・ボイドRI会長は、私共第二六八〇地区の地区大会のために、私が敬愛してやまない、二〇〇二年〜二〇〇三年度のRI会長であられたビチャイ・ラタクル様をRI会長代理として、またラタクルRI会長代理の秘書スペンソン智江美様を派遣して下さいまし

た。心から感謝申し上げます。

また、御来賓としてＲＩ理事、重田政信様、同令夫人の晴子様の御臨席を賜りました事、誠に有難く厚く御礼申し上げます。

また他地区のわが同期のガバナー、そして地区内外のパストガバナー、そしてその御家族の皆様、海外姉妹ロータリークラブ、プロバスクラブの皆様、ロータリーの諸団体の皆様をお迎え出来ました事は大きな喜びでございます。

本年度ＲＩ会長ウイリアム・ビル・ボイドさんは、ロータリーが各個人にもたらす事の出来る可能性、そして個人がロータリーにもたらす事の出来る可能性を中心に取り組み、成功に向けて「率先しよう」と呼びかけられ、RI会長テーマを「LEAD THE WAY」とされました。そして強調事項として（一）水の保全、（二）保健と飢餓、（三）識字率の向上、（四）ロータリー家族、をあげられ、各クラブ一名の純増と一〇〇ドルの浄財の寄付をすすめる運営を示されました。

このRIのテーマに基づき、私は地区のテーマを「ふれあい、学び、ロータリーの心育み、行動を」とし、わが第二六八〇地区の摂津・播磨・丹波・但馬・淡路の七十四クラブを公式訪問し、この訪問の現況報告の一端として扶輪短歌「ふれあい」を作り三、二八五名の会員に送らせて頂きました。

さて、地区の現況を御報告いたします。

ロータリーの基本は親睦と奉仕であり、ロータリアンがふれあい、親睦を深める毎例会に出席し、例会での会合内容をよく把握し、卓話を聴き、それぞれの委員会に出席しふれあい学ぶ中にロータリーの哲学なり、ロータリーの精神が育まれて参ります。それを率先して行動に移して頂く、これが私の提唱する「ふれあい、学び、ロータリーの心育み、行動を」という地区のテーマであります。

地区の委員会は、クラブ奉仕、職業奉仕、社会奉仕、新世代、国際奉仕、ロータリー財団、米山奨学会、増強・拡大、情報企画の九委員会で構成いたしました。

まずクラブ奉仕委員会はCLP（クラブ・リーダーシップ・プラン）を重点的にとりあげ、クラブ奉仕セミナーを開催。CLPの理念と細則の適合性について地区としての考えをまとめ、各クラブの現状調査を行いました。その報告によりますと、当地区内において、七十四クラブ中、五クラブが実施されており、十五クラブが取り組みの進行中にあって、四十二クラブが関心をもち、今後検討するとの報告がなされております。インターネット・広報小委員会ではインターネットの有効活用として、ホームページの指導や地区ホームページの管理、パワーポイントの活用によるクラブやロータリアン個人の利用普及による活動拡大を呼びかけております。

職業奉仕委員会では、新野幸次郎神戸大学名誉教授を招き「ロータリーの環境変化と職業奉仕」をテーマに職業奉仕セミナーを開催し、大きな反響を呼び、実りあるセミナーとなりました。ここ数年来、経済社会の紊乱は目に余り、経済界においても安全軽視としか見えない事件事故の頻発があり、これらはコンプライアンスとか表面的な企業の社会的責任といったレベルの問題でなく、改めて事業及び専門職務の道徳的水準を高め、個人生活、事業生活及び、社会生活において影響力を行使して、ロータリー綱領にある「その業務を品位あらしめること」を集約し、ロータリーの出番を訴えられたのであります。

社会奉仕委員会は、ロータリー財団・社会奉仕の合同セミナーを行い、社会奉仕委員会では、地区補助金プロジェクトの審査と環境問題のアンケートの実施をいたしました。

教育問題小委員会は、日本の教育問題をとりあげました。不登校、いじめ、学級崩壊、虐待の占める割合の非常に大きいのが現状であります。中でも最近注目されておりますのが、不登校、いじめ、虐待の背景に軽度発達障害とよばれるLD（学習障害）、ADHD（注意欠陥多動性障害）、高機能自閉症が存在することであります。日本の小学校、中学校における、現在の不登校対策は「学校にいかない、いけない」子供達にフリースクールや、保健室登校などを勧めるいわゆる「不登校後どうやって勉強させるか」が中心です。現在第二六八〇地区の社会奉仕委員会でとり組んでおりますのは、軽度発達障害の児童生徒が学校で適応するにはどのような教育が必要か、すなわち、不登校、いじめ、虐待を未然に防ぐ、または少なくする基礎に戻った教育プログラムで、竹田契一小委員長をはじめ六名の委員が講演し活動を展開しております。

プロバス小委員会では兵庫プロバス合同例会や全日本プロバス協議会等に大いなる支援をしています。現在プロバスクラブは全国に九十四クラブありますがそのうち、わが第二六八〇地区にはプロバスクラブが二十クラブあり地区としては最も多く、活発な活動を行っております。

新世代委員会では、第二十四回インターアクト年次大会を三木市の協同学苑で開催し、インターアクター百六十九名及びロータリアン九十三名の参加を得て「人のために生きてこそ人」

とのテーマのもと、市民救命士講習や心臓マッサージや人工呼吸の方法を学び、当地区スタディーツアーの参加者がリーダーとなり「ボランティア」「異文化理解」のテーマに添った討論や分科会が行われました。また薬師寺執事長村上大胤師の「生きる」と題する講演会を開くなど感動的で意義ある年次大会が開催されました。

また、当地区で二十二番目の兵庫県立明石西高等学校インターアクトクラブが設立され、昨年八月三十日には、明石ロータリークラブがスポンサーとなり、認証伝達式が行われ、茲に輝かしい次世代の担い手が一つ増え、支援の輪を広げることができてうれしい事であります。

また、当地区と第二六七〇地区合同でこれまで行われて来たライラ・セミナーは本年二十九回目となりますが来る三月二十二日から二十五日まで、香川県余島にて「絆—家庭・地域・世界の諸問題に如何に関わるか—」をテーマとして開催いたします。楽しい友人を作りながら人間・家庭・地域・世界の問題について討議し、指導力を磨いていくプログラムが作成され、目下資料も出来上がり、着々と準備が整えられています。更にライラ学友会の設立も検討されている事も付け加えておきます。

国際青少年交換小委員会ではフランスより二名、メキシコより二名、アメリカより一名、ブラジルより一名、台湾より一名の計七名の国際青少年交換学生が来日し、それぞれカウンセラーやホストファミリーや世話クラブのもと楽しく意義ある学生生活を送っているとの報告を受けていますし、又当地区からもそれぞれ派遣され、無事で活発に外国での学生生活を送っている事の報告が次々と参っております。

又、二〇〇七―〇八年度の派遣学生四名もすでに選考をすませております。

さて、RIは「青少年交換プログラム」に於て「虐待とハラスメント」の予防対策設定として二〇〇五年シカゴ大会の前に世界の各地区に主要対策の要請をしました。それを受けて、今回第二六八〇地区に危機管理委員会を設定いたしました。ライラ、インターアクト、ローターアクト等の青少年関係活動を始め、あらゆるロータリー奉仕活動に危険・責任・告訴等の危険が内在する可能性を持っていますから、それらに対し、いわば危機管理に対して、ロータリーは真剣に考えなければならい時期にさしかかっている事が認識されました。当地区に於ても国際ロータリー第二六八〇地区危機管理規定を策定し、平成十九年一月一日から施行する事になりました。更に危機管理委員会の組織も作成され、本山新三パストガバナーを委員長として十名の委員と、外部委員四名、うち三名の女性委員で構成されております事も御報告を申し上げます。

次に国際奉仕委員会についてであります。世界社会奉仕委員会では、WCSワークショップを行い、WCS活動の説明やMG（マッチング・グラント）の手続等の説明を行って参りました。ロータリー活動とその精神は、会員が自我を超え、国境の先に視点を向け、人類に奉仕することにあります。したがって、ロータリアンは国際プロジェクトに参加して、はじめてロータリーの意味を本当に理解することが出来るといいます。ロータリーの最も活発なプログラムは「希望の静かな革命」と称せられるＷＣＳであります。

当地区からの補助金のマッチング・グラント案件は、フィリピン三八〇〇地区との結核児童治療支援。タイ三三四〇地区の毛布配布支援。タイ三三四〇地区の学童眼鏡供与。タイ三三六〇地区との職業訓練所支援。ネパール三二九〇地区の公立学校ＩＴ教育支援。タイ三三四〇地区の就学前児童支援等七つの案件であります。

更に、二〇〇六—〇七年度のマッチング・グラントの案件に、二六八〇地区がフィリピン三八〇〇地区の共同スポンサーとしてマニラ首都圏のナボタス学校区、公立小学校十五校の五年（五、〇〇〇名）、六年生（四、五〇〇名）の識字率向上のためのＣＬＥ（コンセントレイテッド・ランゲッジ・エンカウンター）方式によります集中語学研修実施を支援するプロジェクトがあります。ナボタスロータリークラブ（一〇〇ドル）フィリピン三八〇〇地区（ＤＤＦ五、三〇〇ドル）わが二六八〇地区（ＤＤＦ二、〇〇〇ドル）台湾三四六〇地区（ＤＤＦ五、〇〇〇ドル）をそれぞれ拠出しまして、財団補助金（一二、三五〇ドル）を加えて（総額二四、七五〇ドル）の資金で教師の研修教材費用を支援するものです。フィリピン三八〇〇地区主宰のこのＣＬＥプログラムは二〇〇三—〇四学校年度から始まった継続事業であり、今回のマッチング・グラントは、その第三段階に対応する事を御報告しておきます。

更にWCS地区アンケート補助金としてフィリピン学校給食ミルク支援プロジェクト、ネパール保育所トイレ支援プロジェクト、カンボジア医療機材支援プロジェクト、タイ義肢装具士研修支援プロジェクト等の活動が展開されております。

このほか、明石北ロータリークラブの熊谷正彦国際奉仕委員長がフィリピン・マバラカットロータリークラブを訪問し、医学的、外科的プログラムに関する口唇裂、口蓋裂および、水頭症の患者児童宅を訪問し、病状の把握に努める等、目を見張る活動を行っているところであり、昨日の表彰式の際にもこの事につき発表して頂きました。

これらについては本地区のWCS小委員会が発行しています、WCSニュースを参照頂きたいと存じます。

国際奉仕委員会の親睦活動交流小委員会では、日豪交流学生、小林晴香さん、藤井公輔さん、信永万季子さんの三名をオーストラリアのサンシャインコースト大学での約一ケ月の短期語学研修に派遣しました。第四回チャリティー親睦ゴルフ大会を百四十三名という過去最大のロータリープレーヤーで淡路・洲本ゴルフクラブで行い、そのチャリティーの資金でオーストラリアからジョアンナ・スミスさんとカルメン・パブワースさんを受け入れました。ホームスティをして、日本の文化や芸術に触れ、喜んで帰国しました事も付け加えさせて頂きます。

ロータリー財団委員会では、八月二十八日に社会奉仕委員会と合同セミナーを行いました。ロータリアンが、ロータリーの心と精神であるとするなら、ロータリー財団はそのバックボーンであり、我々ロータリアンの素晴らしい仕事が可能になるのは財団によるところが大きいのでありまして、マッチンググラント、人道的補助金、三H補助金、国際親善奨学金、研究グループ交換、ロータリーセンター、そしてポリオ・プラスの主な資金は、すべてロータリー財団の資金によってもたらされています。地区補助金は十一件で供与金額の合計二九五万三、〇〇〇円にのぼっています。詳しくは、地区補助金ニュースを御照覧頂きたいと存じます。

第四回全体会議・加藤隆久ガバナー謝辞

敬愛するRI会長代理ビチャイ・ラタクルさんをお迎えいたしまして、ふれあい、学び、ロータリーの奉仕の心を胸に抱き、「率先しよう」のテーマの下、昨日から二日間にわたり地区大会の本会議が熱心に執り行われました。皆様方の絶大なるご協力によりまして、誠に実り多き大会となりましたことに深く感謝と敬意を表しますと共に、さらなるロータリーの発展と充実を祈りつつ閉会にあたったのお礼のご挨拶といたします。

ここで結びにあたり一首申し上げます。（笑）

かにかくに地区大会は終わり告げ
明日への奉仕心新たに

ありがとうございました。（拍手）

（二〇〇七年三月十日・十一日・於：神戸ポートピアホテル）

「KOBE Rotarian」（加藤隆久第二六八〇地区ガバナー特別寄稿）

「ふれあい、学び、ロータリーのこころ育み、行動を―率先しよう」

神戸ロータリークラブ加藤隆久さんが、二〇〇六―二〇〇七年度二六八〇地区のガバナーに就任されました。加藤ガバナーは、「ふれあい、学び、ロータリーのこころ育み、行動を―率先しよう」を合言葉に活動を進めておられます。そこで、今号から四回にわたり、それぞれ「ふれあい」「学び」「ロータリーのこころ育み」「行動を」についての特別寄稿をお願いしました。

①「ふれあい」

昭和四十四年（一九六九）の暮れに、私の大学時代の後輩が一人のカナダ人を連れてやってきた。その人はカナダ・ブリティッシュ・コロンビア州の人でジョン・サウワースといった。翌年万博に樅の木で作ったBC州館というパビリオンを展示し、彼はそのコミッショナーであった。そのパビリオンの中にサンドウィッチのコーナーを設けるにあたり、パンを求めて神戸にやって来たのだ。

私の神社へやって来るや、日本の古い文化に興味を持ち目が輝いて来た。私との「ふれあい」を持った瞬間である。種々話をしてみると、学生時代から日本に興味を抱き、太平洋を隔てた隣組として日本とカナダはもっと友好を深め、相互理解につとめるべき事を力説するのであった。BC大学での卒業論文も「日加経済交流について」がテーマであったほど日本贔屓の人であった。私も彼の情熱にほだされて、この人なら真の日本の文化や神社神道の姿を理解してくれる人だと思い、会うたびに日本の思想やまつりの精神を詳しく説明し、祭典には必ず招待して参列してもらった。

そのうちに彼は、私にBC州館の相談役として、BC館の開館式を神式でしてほしいと要請した。さらに万博期間中カナダ館で神式の結婚式をも斎行させられた。自分自身も西宮の日本人の家を借り切って、畳の部屋に住み、琴を習って相当の腕前を示した。

お蔭で私も万博へ三十三回も訪ねることになった。そしてBC館の閉会式も勿論神式で行い、生田神社の獅子舞と香港館の獅子舞が広場で競演するといったことまであって、親善これつとめたのである。

このふれあいが機縁となって、万博終了後も交流と友好が続いていたが、日本人カナダ移住百年祭に観光産業大臣グレース・マックアシィー名でカナダ・ブリティッシュ・コロンビア州政府から招待状が舞い込み、私が団長となって三十一名の「日加親善神事芸能使節団」を組織しカナダへ乗り込む事になった。

ともあれ、一寸したふれあいがきっかけとなって、発展して、サウスワースさんの熱意が実り、政府を動かして、カナダBC州バンクーバー市、ビクトリア市でわが神事芸能を披露し、日本の伝統芸能の一端をカナダの人達に披露することになったのである。

カナダ人と日本人との心と心のふれあいに端を発し、終に政府の心を動かし、神社神道を理解させて、招聘にまでこぎつけてくれたことが何よりもうれしく、いかなる事でも、お互いの真のふれあいがあれば、国境を越えて真の友好を打ち立てることができるという確信を深めたのである。

②「学ぶ」ということ

今から二十五年前に遡るが、私はバンコクのクロントイスラムを訪ねたことがある。クロントイとは運河の意味で、運河に入って来る船の荷役をする人達のために、湿地帯に汚水と泥水の上にスラムの建物が肩を寄せ合って建っていた。風呂場のゲス板のような粗末な橋が、スラムの建物に通ずる道路の役目を果たしていた。そのスラムには五万人、八、〇〇〇世帯の人達が住んでいた。その中で、プラティープ・ウンソンタム女史が活動していた。プラティープさんは、そのスラムの出身者で十八歳の時、初めて寺子屋式の幼稚園を作って、その後幼稚園のほか小学校、中学校合せて約九〇〇人の子供の教育に携わった当時二十八歳の仏教徒であった。スラムの中の子供達は、何の背景もなく保障もなく自己主張もない。したがって子供達は盗みをしてでも食べて行かねばならぬ。衣食住や薬はスラムにあっては最も必要である。しかしプラティープさんは、それ以上にスラムに於ける人間教育の重要性を感じとった。人間は生きて行くためには衣食住が必要だ。だが如何に人間らしく生きるかを考えた時、そこに教育の重要性があった。スラムの中にあっても、スラムを恥としない光ある人間になるために教育が必要だと感じたのである。そして、彼女は私にこう語りかけた。「私どもの仕事は、すぐに成果が出るというものでなく、長い年月を経て成果が出るものと思います。この仕事も十年やって、やっとその成果が見えて来ました。教えるという事は植物を育てるのと同じで、少しずつ成果が出るものです」と。プラティープさんは子供の頃、母親が「スラムにいようとも、社会に行動し貢献する人物になりなさい」と常々言い聞かせたそうであるが、スラムから一歩も退かず、スラムの人達を救うため日夜努力を重ねておられる姿に美しきものを感じた。彼女にとって「悪」とは、また「善」とはの質問に、「悪とは自分の欲望に従うことであり、善とは自己を去って自分を捧げることだ」と述べられたのは、すばらしい言葉だと思った。

③　「ロータリーの心育み」

第二六八〇地区の地区大会が三月十日、十一日ポートピアホテルで盛大に開催されました。今回の地区大会の圧巻は何といってもビチャイ・ラタクル元RI会長が、RI会長代理として出席され、「世界に広がるロータリー」と題して感動的な講演をして下さったことであります。その講習の内容はまさに「ロータリーの心育む」話でありましたので以下その講演抄を記します。

昨年、学童に自転車を渡す式に出席した時のことを今でもはっきり思い出します。タイ北部の貧しい農村地域では、最寄の学校へ行くのに子供が何キロメートルも歩かねばなりません。それはとても無理という子も沢山います。そのために教育が受けられなくなります。そして教育がなければ、自分たちの環境を改善するチャンスを断たれてしまうのです。しかし日本からの恵まれない子供たちにリサイクル自転車を支給して下さるプロジェクトによって、一五、〇〇〇人以上ものこうした子供が、自転車に乗って学校に行けるようになったのです。

とある小さな町で、私は忘れることの出来ない一人の少女と出会いました。十歳くらいの少女で、もらったばかりの自転車をしっかりと握り、胸にぎゅっと押しあてていました。こんな高価なものはもらったことがないというように、私の目には映りました。話しかけようと近づいてみると、彼女が怖がって震えているのが分かりました。おそらく私に自転車をまた取り上げられてしまうとおもったのでしょう。少女の側に先生が立っていて、その子の話をしてくれました。両親はＨＩＶ、つまりエイズで数年前に亡くなり、今は伯父と弟と一緒に住んでいるとのことでした。数ケ月前に、タイ政府が支援するプログラムを通じて自転車を申し込んでいましたが、彼女は最寄の学校から三キロのところに住んでいて、資格を得るには学校から四キロ以上の所に住んでいなければならなかったため、申請を却下されていたのでした。

そのせいで、少女は夢を信じられなくなってしまっていました。学校へ行くための自転車を手に入れるという夢を。しかしそこで、少女はロータリーのプロジェクトのことを耳にし、先生に励まされて申し込みをし、自転車を受け取ることができたのです。そして彼女はそこにいました。弟と共同で使い、二人で一緒に学校まで乗って行こうと考えていた大切な自転車を握りしめて。夢が実現したということが、彼女にはとても信じられなかったのです。

この少女のことを思うと、彼女のありふれた話がいかに私に影響を与え、もっと何かしてあげたいという気持ちにさせたかということを考えます。皆さんにも同じように感じて頂ければと心から思います。

○

この話を記し、「ロータリーの心育む」の一助となればと思い抄録させて頂きました。

④「行動を!!」

最近の神戸に於ける明るい話題は何といっても藤原紀香さんと陣内智則君の結婚であった。藤原紀香さんは天下の美女であるが、奉仕の精神をもった行動家でもある。日韓親善大使として両国の親善友好に努めたり、東チモールやカンボジア、アフガニスタンで貧しい子供達を支援しようと、地雷の埋まった危険な地帯にも赴いて幸せ薄い子供達に愛の手を差しのべようと女優やタレントの超多忙な仕事の合間を縫って奉仕の心を行動に移している事で、天下の美女がひときわ美しく輝き大衆から人気のある要因となっている。

かつて私は神道国際友好会の一員として旧ソ連から独立して間もないエストニア共和国を訪ねた事があった。その時バルト諸国滞在中、親身になって我々一行を案内して下さったのが、日本や神社神道に理解のあるエストニア共和国参事官タリン工科大学教授のヘイキヴァレステ氏であった。ヘイキ氏はエストニアの復興は日本の復興に学ぶ事であるという信念をもっておられた。現在経済交流ばかりが先行して叫ばれているが、経済の基礎は文化であると考え、秀れた文化を守っていない国は経済的に成功していない。日本は今、経済は発展しているがその原因は本当の文化があるからだという。その文化の基礎は教育であり、日本文化を学ぶためには、言語、即ち日本語を知らねばならない。したがって、独立後のエストニアを建て直すために、また日本と経済交流を盛んにするためにもその基礎となる文化交流をまず行うべきだと考えられた。しかもその文化交流の基礎は日本語を知る事であり、日本語の勉強から始めるべきだと考え、タリン大学に日本語科を新設された。しかしエストニアには日本語を教える装置も教材もない。装置はやっと日本財団から二千万円の援助を受けたが教材がない。この事を聞いて私共は早速行動に出た。全国の神社に呼びかけて日本語のLL（ラングウェッジラボラトリー）の教材の費用を調達し、ただちに教材をエストニアに送ってあげた。これにより新学期からエストニアの日本語学級は順調にスタートを切る事が出来たとたいへん喜ばれ感謝された。

エストニアの復興の一助として新設された日本語学級への教材の贈呈は、我々のささやかな行動から出たものであった。

今、エストニア共和国は旧ソ連時代から解放されて見違えるような明るい活発な国になっている。

（「KOBE Rotarian」二〇〇六年七・八・九月〜二〇〇七年四・五・六月）

対外活動（二一六八〇地区ガバナー）

国際ロータリー第二六七〇・二六八〇地区・ＲＹＬＡ運営委員会「第二十九回青少年指導者育成セミナー報告書」

国際ロータリー第二六八〇地区ガバナー　あいさつ

皆さんこんにちは。

先ほどお話をされた飯忠悟さんは二六七〇地区のガバナーでございまして、私は二六八〇地区のガバナーです。二六七〇地区のエリアは四国の全県で、二六八〇地区のエリアは兵庫県でございます。私の職業は神職でございまして、神戸の生田神社の宮司をしております。

この間、地区大会も盛会のうちに無事済みまして、皆さん方もやれやれですね。ガバナーとしては、このＲＹＬＡセミナーが地区大会後の重要事業というわけであります。私もここへやってきて、皆さんとすばらしい先生方の講義を拝聴できることを期待しております。二六八〇地区の地区テーマは「ふれあい、学び、ロータリーのこころ育み行動を！」としたんですが、ＲＹＬＡもそのとおりだと思います。友人や先輩先生方とまずふれあうということが、私は大切だと思うんですね。そして、立派な先生方の話を聞かれて、何か学ぶ。学んでいるうちに、一体ロータリーというのは、ロータリーの精神とかロータリーの心って何だろうといったようなものを見つけ出していただいて、そして地元へ帰られて、学んだことを行動に移していただく。これがＲＹＬＡセミナーの目的だと思います。

私はここへ来て実に感心しましたのは、夜、外へ出て天を見上げた時でした。すばらしい、私がこれまで気づかなかった星空ですね。私は去年ここへ来て、こういう歌を詠んでいるんです。「余島の夜　今忘れゐる幾千の　星の光の輝きを知る」と。ほんと星がきれいです。それから朝には、早く海へ行きました。ここの海は本当に穏やかなんですね。それで、そのときに、「朝まだき　余島の海辺散歩する　波の音にぞ母の声聞く」と詠みました。ここの海の音は、怒涛のような荒々しい波でなくって、ほんとに優しい、何かお母さんのような波の音がするんですよ。これもひとつ皆さん、聞いていただきたいと思うんですね。

ＲＹＬＡのテーマはおととしは「命」、去年は「生きる」、今年は「絆」となっています。絆というと、へその緒からお母さんのことを思い出します。そこで私は、今日ここに皆さんに、「感恩の歌」をお渡ししたいと思います。この感恩の歌というのは、父母恩重経という、中国でできた経典の一つなんであります。それが日本にも入ってきまして、この父母恩重経という経典を、竹内浦次という九十五歳まで生きた方が、訳したんですね。ちょっと皆さんにとっては難しいかもしれませんが、今ならさしずめ、私の友人で芥川賞作家の「千の風になって」の訳詩者の新井満君なんかにこれを訳させたらもっといいんじゃないかと思います。この機会ですから、これを読んでみます。

感恩の歌。

あわれはらから心せよ　山より高き父の恩　海よりふかき母の恩　知るこそ道の始めなれ
子を守る母のまめやかに　わがふところを寝床とし　かよわき腕を枕とし　骨身をけずるあわれさよ　美しかりしわか妻も　おさな子一人育つれば　花のかんばせいつしかに　衰え行くこそ悲しけれ　身を切る如き雪の夜も　骨さす霜のあかつきも　乾けるところに子を廻し　ぬれたる処に己れ伏す　幼きもののがんぜなく　ふところ汚し背をぬらす　不浄をいとう色もなく洗うも日日に幾度ぞや　己れは寒さに凍えつつ　着たるを脱ぎて子を包み　甘きは吐きて子に与え　苦きは自ら食うなり　幼な子乳をふくむこと　百八十石を越すとかや　まことに父母の恵みこそ　天のきわまりなきが如し　父母はわが子のためならば　悪業つくり罪かさね　よしや悪趣に落つるとも　少しの悔いもなきぞかし　もし子遠くに行くあらば　帰りてその面見るまでは　出でても入りても子を思い　寝てもさめても子を思う　髪くしけずり顔ぬぐい　衣をもとめおびを買い　美しきは皆子に与え　父母は古きをえらぶなり　己れ生あるそのうちは

子の身に代わらんことを思い　己れ死に行くその後は　子の身を守らんことを願う　よる年波のかさなりて　いつしかこうべのしも白く　衰えませる父母を　仰げば落つる涙かな　ああありがたき父の恩　子はいかにして酬ゆべき　ああありがたき母の恩　子はいかにして報ずべき

今、世の中、子を親が殺し、子が親を殺しといったような非常に絆を断たれたような世の中になっているわけでありますけれども、どうかこのテーマであります「絆」を、一つじっくりとここで学んでいただけたら、すばらしいセミナーになるんじゃないかと、思っております。

どうぞひとつ頑張って、この三泊四日をお過ごしくださいますようお願い申し上げまして、私のごあいさつといたします。ありがとうございました。

（二〇〇七年三月二十二日～二十五日）

国際ロータリー第二六七〇・二六八〇地区・ＲＹＬＡ運営委員会「第二十九回青少年指導者育成セミナー報告書」

「第二十回ＧＳＥプログラム実施報告書」《第一八三〇地区（ドイツ南西部）・第二六八〇地区》」

「発刊の辞」ＧＳＥの成功を祝って―感動的で実り多き国際交流を深められて―

二〇〇六―〇七年度の研究グループ交換（ＧＳＥ）プログラムは、ドイツ南西部シュツットガルト周辺の第一八三〇地区との間で、派遣と受入れの両方が実施され、無事成功裡に終了いたしました。

米谷収地区財団委員長、伊藤明彦ＧＳＥ小委員長を始めとする地区ＧＳＥ小委員会の皆さん、また来日した南西ドイツＧＳＥ団のお世話を頂きました沖俊作ガバナー補佐の淡路グループ、八馬康祐ガバナー補佐の東播第三グループ、大植正俊ガバナー補佐の但馬グループ、小曽根有ガバナー補佐の神戸第一グループの皆様方、その他多くの関係各位に厚く御礼申し上げます。

思い起こせば私ガバナーエレクトになってまず行った事は、ＧＳＥの相手国を探す事でした。

幸い私はドイツ・神戸民俗芸能友好会の会長をしており、これまで度々ドイツ南部地区と民俗芸能を通じて交流をもって訪問していた関係があり、ドイツのフローンメルン民俗舞踊団員が我が家にホームステイをしたことがありました。その夫妻の尽力により、今回のドイツ南西部第一八三〇地区とGSEプログラムを結ぶことができました。私の家にホームステイをしたフローンメルン民俗舞踊団のユルゲン・シェンプ夫妻は日本がとても気に入り、交流を深めていましたが、ロータリーのガバナーエレクトとしてドイツへ赴き、GSEの相手方を探していると聞いて、マンフレッド・スティンゲル民俗芸能団長と共に、第二六八〇地区にふさわしい第一八三〇地区のガバナーエレクトのクラウス・リヒター博士を紹介してくださり、自ら車を駆ってシュバービッシュ・グムンドにある自宅に案内してくださいました。リヒター氏は四十年のロータリー歴を持ち、かつて物理学と化学の大学教授でしたが退職され、今は経済倫理を地域社会の人々に教えると共に教会の仕事に就かれている温厚篤実な素晴らしいロータリアンでした。出会って話をするや否やわが地区とのGSEを引き受けてくださいました。

幸いなことに当地区の団長の藤井恵一氏は篠山RCに属し、ドイツへ留学されたドイツ語に堪能な方でありましたし、私の親友で日本人と結婚し、私のドイツ友好会の通訳を常々してくださっているアニタ・ウィズラ・メェインヒさんにドイツへ赴く日本の団員へのオリエンテーションやドイツの国や家庭への助言をしてくださったのも成功をもたらす要因であったと思います。二月十八日にドイツからマルティン・ヴァイト団長（ニューティンゲン・キルヒハイム

／テックRC）以下五名（男性三名・女性二名）の団員が来日し、環境問題をテーマに工業・技術に対する強烈なイメージと体験中の日本文化の違いなどを研修し、地区大会にも出席し、素晴らしい友情と成果を抱いて無事滞りなく四週間にわたる研修を終え、ドイツへ帰国されました。また、わが地区のGSE団は藤井団長以下、小島洋一（地方公務員・神戸西RC推薦）・小山直美（自然保護団体職員・神戸東RC推薦）・坂本成彦（地方公務員・豊岡、豊岡円山川RC推薦）水島豪士（地方公務員・神戸RC推薦）・宮脇明人（介護士・西脇RC推薦）の団員が四月二十一日にドイツへ出発し、ドイツ南西部の第一八三〇地区の各所でホームステイをしながら、環境問題の先進国であるドイツ各地で有意義な研修を終えると共に楽しく且つ親善友好を深め、ドイツのロータリークラブを訪問してプレゼンテーションを行って五月二十日に無事帰国しました。先日その報告会も盛大に開催されました。

ここに今回の感動的で実り多き国際交流を深め、互いに多大の成果を上げられたGSEプログラムの成功を心から祝福申し上げますと共に、ご関係各位のご協力を心から感謝申し上げます。

（『第20回GSEプログラム実施報告書』第一八三〇地区（ドイツ南西部）・第二六八〇地区派遣：二〇〇七年四月二十一日（土）～五月二十日（日）／受入れ：二〇〇七年二月十八日（日）～三月十七日（土）／二〇〇六～二〇〇七年度国際ロータリー第二六八〇地区ロータリー財団委員会GSE小委員会）

429　「第二十回GSEプログラム実施報告書」《第一八三〇地区（ドイツ南西部）・第二六八〇地区》」

宝塚ロータリークラブ・創立五十周年記念式典祝辞

新緑鮮やかな風薫る皐月の今日の良き日に宝塚ロータリークラブが創立五十周年をお迎えになられましたことを心からお慶び申し上げます。

宝塚ロータリークラブは、昭和三十二年（一九五七年）五月十日に宝塚ホテルで創立総会を執り行なわれました。大阪・西宮・池田の三ロータリークラブがスポンサークラブとなられ、二十九名の創立会員でスタートされました。国際ロータリーによります承認は六月五日にジャン・パオロ・ラング会長よりRIの加盟認証状を受けられ、第六十三地区に属されました。

宝塚ロータリークラブが創立されました時のRI会長、ジャン・パオロ・ラング会長はイタリアのリボルノRCに所属され、当時国際ロータリーは、クラブ数が九一四〇クラブ、会員数は四十三万三千七百九十八人、加盟国数は九十二か国でありました。この時のRI会長のテーマは三つありました。①「ロータリーは簡潔に」、②「ロータリアンはもっとロータリーを」③「お互いにもっと知り合おうと」いうものでした。

それから五十年、現在の全世界のロータリアンの総数は一二〇四六九四人、地区数は五百三十地区、加盟国数は百六十八ヶ国、クラブ数は三二六八一クラブとなっております。

御高承の如く、現在のＲＩ会長はニュージランドのウィリアム・ビル・ボイド氏で「水の保全・保健と飢餓・識字率の向上・ロータリー家族」を強調事項に掲げ、「率先しよう・リードザウェイ」をテーマにロータリー活動を展開されております。

私は当地区ガバナーとして「ふれあい・学び・ロータリーの心育み・行動を！」をテーマにして当地区の各クラブを公式訪問して参りました。

この五十年を迎えられようとしておられました山崎之嗣《やまざきゆきつぐ》会長・中村三和《みつかず》幹事を擁する宝塚ロータリークラブを、私は昨年八月二十八日に公式訪問致しまして次のような十二首の短歌を詠み、五十周年を予祝いたしました。それを茲に再度詠ませて頂きます。

名にし負ふ宝ジェンヌの集ひたる街は華やぐ秋立つ今日も
雲雀ヶ丘学びの園のインターアクト交流かはす指導教師は
ＷＣＳ（世界社会奉仕）ラオスの民に暖かき毛布贈れる国際奉仕
新世代作文会《コンクール》を実施して若者育成支援の倶楽部
町づくり家庭づくりと力作の編まれてありし作文集は
ＣＬＰ《クラブリーダーシッププラン》検討をして改善の工夫をこらすクラブ奉仕は
女性会員増強せんと会員に宝ジェンヌに呼びかけてをり

十名の増強めざし来《く》る年《とし》の五十年《いそとせ》の祝ひ迎へる企画

インターアクトロータリーアクトと交流をもちつつ未来の資質高める

ふるさとを思ひ環境守らんと市民意識の昂揚図る

来る年の五十周年記念をば成功願ひ行事模索す

伝統と品格ありし良き倶楽部プロジェクト持ち活気はかれや

以上のような短歌を詠ませて頂きました。

宝塚ロータリークラブにおかれましてはこの栄ある五十周年を迎えられるに当り、創立当時の原点に立ち帰り、更なる活力ある親睦と奉仕に努められる事を御期待申し上げます。「ロータリーは奉仕が衰退した時、衰退する」と申します。この精神を維持し、五十周年の歴史と伝統を基礎に強力で活力ある未来をになう青少年のためのクラブ活動を推進して行かれる事をご祈念申し上げ、お祝いの言葉とさせて頂きます。

おめでとうございました。

（平成十九年五月十九日）

来賓祝辞（「西宮ロータリークラブ」七十周年記念大会」）

新緑鮮やかな武庫の山脈を背に甲山に風薫る皐月の今日の良き日に、西宮ロータリークラブが創立七十周年をお迎えになられ松本善實会長。太田博実行委員長のもとに盛大な記念例会を開催されましたことを心からおよろこび申し上げます。

西宮ロータリークラブは、昭和十三年（一九三七年）七月五日に甲子園ホテルで発会式を挙げられました。国際ロータリーによります承認は、七月五日に大阪クラブのスポンサーにより発会され、七月三十日付で国際ロータリー四三五九番として正式に承認されました。当時、当地区の七十地区は、平壌・西宮クラブを加えて三十九クラブとなり、更にその年松山ロータリークラブが七月七日に発足して四十クラブとなっております。現在当二六八〇地区は七十四クラブあります。

当時西宮クラブは日本で二十九番目のクラブとして誕生されましたが、不幸な戦争のため一時我国のロータリーは国際ロータリーを脱退し、西宮クラブも「西宮火曜会」として奉仕の灯をともしつづけられました。戦後、昭和二十四年（一九四九年）八月十九日に大阪・神戸両クラブのスポンサーにより、早くも再承認されまして、ロータリー活動が再び西宮の地に於いて復活されたのであります。そして様々な苦難を乗り越えられ幾多の素晴らしい秀れた先輩ロータリアンに導かれまして、今日までその歴史と伝統を保持され、親睦と奉仕を積み重ねて来られました事に対し深く敬意と感謝を申し上げます。とりわけ、当クラブからは、今田恵、難波紋吉、執行孝胤様という素晴らしいガバナーを輩出されているクラブでありまして、平素からこれらのパストガバナーの御業績を我々常に参考にさせていただいているものでございます。

さて、七十年と申しますと人生儀礼に譬えるなら「古稀」であります。西宮ロータリークラブが創立されました時のRI会長はアメリカ・ナッシュビルRC所属のウィル・R・メーニア・ジュニア（Will. R. Manier. Jr.）であり、当時国際ロータリーはクラブ数が四〇〇四クラブ、会員数は約十七万、加盟国数は八十一ヶ国でありました。このウィル・R・メーニァ・ジュニアRI会長の時に、かの有名な決議二十三―三十四が制定されているのであります。

それから七十年、現在の全世界のロータリアン総数一二〇万四六九四人、地区数が五三〇地区、加盟国数は一六〇八ヶ国、クラブ数は三二六八一クラブとなっております。

現在のRI会長はニュージーランドのウィリアム・ビル・ボイド氏で「水の保全・保健と飢餓・識字率の向上・ロータリー家族」を強調事項に掲げ、「率先しよう（Lead The Way）」をテーマにロータリー活動を展開されております。私は当地区ガバナーとして「ふれあい、学び、ロータリーの心育み、行動を！」をテーマにして当地区の各クラブを公式訪問して参りました。

そして当クラブは「そして道」という立派なテーマを掲げておられます。

この七十周年を迎えられようとしました西宮ロータリークラブを私はガバナーとして昨年九月十九日に公式訪問し、その時十四首の短歌を詠み、七十周年を予祝いたしました。それを本日再度詠ませていただこうと思っておりましたら、松本会長よりクレームがつきまして、今日の歌を詠んでほしいと要請がありました。そこで早速即興にて西宮ロータリークラブ七十周年を言寿ぎて詠める扶輪短歌三首を御披露したいのであります。

・芸術にスポーツにはた酒処　名高き人を生み出せる町
・良き友の集ひ楽しみ語り合い　七十年を言寿ぐ例会
・親睦と奉仕の道を七十年　誉は高し西宮クラブ

西宮ロータリークラブに於かれましては、この栄ある七十周年を迎えられるに当たり、創立当時の原点にたち帰り、更なる活力ある親睦と奉仕に努められる事を御期待申し上げるものでございます。

「ロータリーは奉仕が衰退した時、衰退すると申します」この精神を維持し、よき先輩を輩出された七十年の歴史と伝統を基礎に、活力あるクラブ活動を更に推進して行かれます事をご祈念申し上げ、お祝いの言葉とさせて頂きます。本日は誠におめでとうございました。


（『西宮ロータリークラブ　七十周年記念誌』・二〇〇七年（平成十九年）十一月）

ガバナー祝辞（「神戸ベイロータリークラブ十五周年大会」）

神戸ベイロータリークラブは、平成四年（一九九二）六月三十日に設立されまして、本年十五周年を迎えられました事、心よりお慶び申し上げます。

昔、十五歳といいますと元服といって、男子が成人になったことを示して祝う儀式が行われました。まさに神戸ベイロータリークラブでは元服の年を迎えられた事になり愈々ロータリーの親睦と奉仕の活動に率先垂範して行かれます事を祈念申し上げるものであります。

ロータリーの世界での基本概念は何といっても親睦と奉仕であります。ロータリーの本体は親睦と奉仕との調和の中に宿るのであります。ロータリーは、親睦のエネルギーを世のため人のために放流するものであります。したがって親睦と奉仕とは密接な関係にあります。「ロータリーは親睦に始まって親睦に終わる」とも言われていますように、親睦はロータリーの出発点であり、且つ終着点でもあります。

国際ロータリー会長のヒュー・M・アーチャー氏は、ロータリーを楽しむということの意味は、ロータリアンが毎週例会に出て来て、親睦の内に例会を楽しみ、己の足らざるところを他のロータリアンに学び合いながら成長していくのを見るのが楽しいことであり、ロータリーを楽しもうと言うことであると云っています。

ロータリーの親睦は会員達が仲良く助け合って職業を営むことであり、例会又は各種行事への出席であると考えます。例会又はロータリーの各種会合に出席することによりコミュニケーションが図られ楽しいひと時が得られます。

貴クラブの所在地六甲アイランドで毎年秋に行われる「六甲アイランド収穫祭」なる行事は素晴らしいものであります。島内外の住民にだんじり三基を披露し、だんじり囃しの解説の後、子供たちにだんじりを曳かせ、地域在住の外国人にも日本文化の広報や国際親善が交され大変喜ばれていると伺っています。クラブ全員参加で、会場内や周辺道路、またパレード通過交差点等で事故防止のための警備を行ったり、また地域の方々と交流を深め、ロータリー活動の広報にも大いに貢献されています。

また、夏のカーニバルで子供向けのイベントの企画、スーパーボールすくいなど地域行事に参加したり、年一回、水上消防署六甲アイランド出張所の指導で島内の消火栓のペンキ塗りなど社会奉仕活動にも尽力されて来られました。

今後も親睦と奉仕に更なる御活躍と御発展を祈念して、祝辞にかえさせて頂きます。

（「神戸ベイロータリークラブ　創立十五周年記念誌」）

祝辞（「新竹ロータリークラブ四十周年例会」）

本日茲に新竹ロータリークラブ姉妹クラブ提携四十周年記念例会をお迎えになりましたことを心からお祝い申し上げます。

私は二〇〇六〜七年度第二六八〇地区ガバナーを勤めさせて頂きました、神戸ロータリークラブ会員の加藤隆久と妻の昌子であります。

私のガバナー年度の二〇〇七年三月十日、十一月に神戸ポートピアホテルに於きまして、ビチャイ・ラタクルＲＩ会長代理をお迎えして、第二六八〇地区の地区大会を開催させて頂きましたが、貴クラブより鄒　正秋二〇〇六―七年度会長、許　戎永二〇〇五―六会長、郭　信宏会員、林　清河会員、彭　文瑞会員、王　新氏にご出席賜り、わが第二六八〇地区の地区大会に花を添えて下さいました事に対し、その友愛に感謝申し上げますと共に、あらためて厚く御礼を申し上げます。

思い起こしますと、一九九三年六月十二〜十五日台北市で開催された国際大会に参加した時、新竹ロータリークラブを訪れ、大歓迎を受けた事が思い出されます。そして私が神戸ロータリークラブの会長（一九九四―五年）をしておりました一九九四年八月十八日の創立記念例会に

は楊　明堯会長をはじめ八名の会員が、わざわざ台湾から神戸のオリエンタルホテルに来てくださり、交流と友情を深めてくださいました。

ところが、その五ヵ月後の一九九五年一月十七日未明に、あの未曽有の阪神淡路大震災が発生し、例会場のオリエンタルホテルをはじめ、神戸の街は壊滅状態となり、当クラブの会員も一名亡くなるという悲劇に襲われました。

しかし、その際にも貴クラブからいち早くお見舞いを頂き、会長の私をはじめ会員一同、その温情に感謝感激し、大いに励まされました。現在、神戸クラブで使用しています震災の義捐金で作られた演台に新竹ロータリークラブの名も刻し、その感謝の気持ちを表しております。

爾来、毎年十二月に新竹ロータリークラブ姉妹提携記念例会として例会をとり行い、昨年も十二月十三日の卓話を台湾綜合研究院・顧問、劉　宏成先生をお招きして、台湾や新竹ロータリークラブの現状と理解と更なる友好を確かめあってまいりました。

パスト・ガバナーとしては、昨年度「日台ロータリー親善会議」が設立され、本年五月十二日に第一回の会議がパシフィックホテル東京で開催される事となり、私もこの会議に出席する予定にしております。

今後、新竹ロータリークラブ提携四十周年を機会に更なる友情と親睦と奉仕の精神を互いに率先して、わかちあうことを申し上げますと共に、新竹ロータリークラブの益々のご発展と会員各位の御健勝、御多幸と御活躍を御祈り申し上げ、祝辞といたします。

（二〇〇八年一月二十二日）

第六章　生田の杜の喜びと悲しみ（祝辞・弔辞）

祝辞・序文

年頭所感　―神道美術について―

平成十三年辛巳歳、二十一世紀幕開けの新春をめでたくお迎えになられた会員の皆様方に心から新年の寿詞を申し上げます。

神戸史談会が明治三十八年（一九〇五）に郷土史家福原会下山人が中心になって会員約十人で発足して以来、本年九十六年を迎えます。この間、天災人災の波瀾に満ちた神戸の歴史の中で、地方史研究、史跡保存調査などの活動を続け、講演会・展覧会や史跡探訪などを行う例会を次々と開催。史談会誌「神戸史談」も今回で通算第二百八十七号を数えました。

百周年まであと四年と迫った本年もお互いに達者で郷土の歴史研究に調査や史跡探訪に、親睦を深めつつ活動を展開してまいりたいと存じます。

さて、昨年末、兵庫県神社庁神戸支部が「神戸のやしろ」（神戸新聞出版センター刊）という神戸の神社史を出版されました。而して、私が日頃関心をもって調査をしている神道美術の歴史について、所感の一端を述べてみたいと思います。

神道はその原始期においては、古墳あるいは神籬《ひもろぎ》、磐境《いわさか》などと称せられる自然物に主点を置く施設によって崇敬の対象または宗教的行事を行う場とされ、その行事形態は伝承的な生活慣習の中に素朴な伝統を持ち伝えて来る事が多かったのです。奈良時代の終わり頃には、それ自体の宗教的な発展と形成に伴い、また仏教文化の影響を受けて、次第に神道の世界にも、いわゆる美術的要素が加わり始めて来ます。

殊に平安時代に入ると密教の影響を受け、前代末以来の本地垂迹思想に基づく神仏習合の傾向が濃くなり始め、仏像に準じた礼拝像として神像が生まれ、特に顕著な美術的躍進をとげるようになります。そこには宗教的、歴史的な特徴をあらわし、神像独特のユニークな発展をみせ、兵庫県に於いても各地に御神像が遺存しています。

また、中世に於きまして仏像に準じて礼拝の対象となった神像画や、護伽藍神の思想に基づいた神道曼陀羅が発生して来ます。神社や寺院に於いて説法などに用いる目的から発生した特殊な神社縁起とか祭神の霊験譚など、いわゆる説法画の出現も神道美術史の上で重要な意味をもちます。

祓えの思想から「気枯《けが》れ」を嫌い、常に清明正直を重んじる神道にあって、神殿の造営とこれに伴う遷宮に際しては、必ず伝統的な御神宝・御装束が新調されるというのも神道のもつ古い宗教的なしきたりであります。したがって、そこに工芸技術の発展や特殊な伝統的技術の保存にも寄与して来た点が多く、有職故実的な伝統もまた、こうした遺宝のうちに見出されるものが多いのです。

これらの文化財の中から、神道美術史に於ける工芸的な部門の資料を多くさぐり、それらを特異な宗教的意義の上において把握する事が出来ましょう。そして神社建築等の歴史的な変遷も日本建築の歴史的な変遷も、日本建築史に於いて常に特色ある一分野を占めて来ますが、ここでも、神道の宗教的な特殊性が反映されています。

また祭りに伴って執り行われる民俗芸能の数々が各神社に伝承され、これも民俗無形文化財として貴重なものであります。現今、環境問題が社会に大きくとりあげられている時、神社が守って来た鎮守の森は極めて大切なものであり、鎮守の森として崇拝されて来た神苑や神の降臨したまう聖なる神木が、天然記念物という名のもとに一つの文化財として保存されています。神社文化財とは、神道思想の歴史的宗教的な発展に伴って発生し、次第に育成され、変遷をとげて来た日本に於ける宗教芸術の一分野であって、その資料は広く、彫刻、絵画、工芸、建築、庭園、芸能、天然記念物等、日本美術民俗芸能史の各部門に亘って宗教的な反映をしつつ、一つの類型的な存在を示しつづけて来たものであります。

かくの如く神社文化財は、日本文化史に於ける一つの盲点を明らかにするものであり、その発生の本質と発展の過程から見て、それは民族性を中心とした宗教的要素を有する精神文化であると言えましょう。

年頭に当たり、日本の基層文化の一つ神道美術の歴史について一言申し述べ、新年の御挨拶にかえさせて頂きます。

（「神戸史談」第二八七号・平成十三年一月）

年頭所感　―神戸市制の揺籃期を思う―

平成十四年壬午歳の新春をめでたくお迎えになられた会員の皆様方に心から新春の寿詞を申し上げます。

本年の御歌会始の御題は「春」であります。而して、私は年賀状に香川景樹が詠んだ「旅泊春暮」と題する架蔵の短冊を版におこし、知友にお送りしました。その歌は、

「みなと川うきねの春や暮ぬらむ生田のもりの花も残らず」

というもので、江戸後期の桂園派歌人として著名な香川景樹が旅の途次、晩春の生田の森を訪れて詠んだものと思われます。

さて、神戸史談会も百周年まであと三年に迫りましたが、本年もお互いに健康で、地方史研究に、歴史地理調査や史跡探訪と親睦を深めつつ、活動を展開して戴きたいと存じます。

先年、生田神社の収蔵庫に保管されていた旧兵庫津の岡方惣会所の古文書の中から、神戸市兵庫区中央部の区画整理地図が見つかりました。

その地図は縦一メートル、横三メートルの和紙製で、東西は現在の新開地にあたる湊川から長田区境まで、南北は羽坂通から中道通まで描かれています。町名は色分けされており、黄色は中道通、青色は水木通、赤色は大開通、緑色は塚本通、紫色は羽坂通となっています。新道、溝渠、小河堤防、新橋、群界などが記され、都市化の波が押し寄せ、道路や宅地の開発が進むなど、今の神戸のまちづくりの原点がうかがえて興味深いものです。

この地図は標題に「兵庫港地方新道地域更生地図」と記され、市制の敷かれた明治二十二年八月に測量されたものであります。測量した人は技術長斉藤正之、技手工藤健夫とあり、明治二十三年十二月一日付で区画整理に同意する契約の文面が、当時の地主総代や旧家の代表二十四名の押印とともに記載されています。この中には神戸財界の重鎮で湊川改修事業や神戸築港に大きな功績を残した小曽根喜一郎や、南蛮美術館を創設した池長孟、映画評論家淀川長治さ

架蔵の短冊「旅泊春暮」
香川景樹の歌

んゆかりの池長通、淀川又七といった人の名もみられます。こうした地図をみているうちに市制の敷かれた頃の神戸はどうだったか調べてみたくなって、神戸の歴史書を繙いてみました。

市制が実施される前後の神戸の概況をみてみますと、明治元年十一月、神戸・二ッ茶屋・走水の三村は兵庫と同様、町として神戸町と総称されていました。したがって港もおのずから神戸港の名で呼ばれ、兵庫とともに神戸市の発達の基本をなしています。

そして各方面の政務が軌道にのるや、明治四年四月には戸籍法が改正され、これによって六月以降は第一区（兵庫岡組）、第二区（兵庫北組）、第三区（兵庫南組）、第四区（神戸上組）、第五区（神戸中組）、第六区（福原）となり、名主を戸長と改めて行政に携わらせることにしています。さらに七月に廃藩置県の令がくだり、そのために八月にはこれらの区画が廃止されて村落もあわせて十区が設けられる。街衢《がいく》（まち）だけの区には戸長二名もしくは戸長、副戸長がおのおの一名あて置かれ、村落の区には戸長または副戸長一名だけを置いています。十一月になって私領の処分がおわると、明治五年二月には前のように区の分合が行われ、戸長の配置が改められました。

ついで五年六月にはさらに区の分合が行われ、葺合区の村々が灘区の村々とともに菟原《うばら》郡の第五区に属し、須磨区の村々は八部《やたべ》郡の第二区および第三区に、村田区の村々は第二区という風に属し、明治十二年には灘、葺合の村々は菟原郡に、そのほかは八部郡にはいることになりました。

以来改正が何度も行なわれ、その間、旧称を改正して新町名をつけたり、また合併しあるいはあらたに道路をつけてから新町名が生れるといったものも少なくなく、試行錯誤のうえ明治十二年に郡区町村編成法によって一月から、旧第一区の神戸全部と旧第二区の中兵庫の市街および坂本村をあわせてあらたに神戸区と称せられたのであります。

そして北長狭通四丁目に神戸区役所が置かれ十八日に開庁になり、武井正平が八部郡長を兼ねて区長になりました。しかし武井区長は十三年にやめ、七月には村野山人が区長となり、十四年に区役所を県庁内に移しましたが、十八年六月には渡辺弘が代わって区長になっています。さらに、明治二十一年一月二十八日、東川崎町一丁目に神戸区役所が新築されて移転し、鳴瀧《なるたき》幸恭《ゆきやす》が区長となりました。この間、神戸区会は十三年二月に定まり、十七年七月には神戸区会議員を十名と定め、同二十年一月、二十名に増員していよいよ市制実施の時を待つことになるのであります。

さて、明治二十一年四月、市制および町村制の公布が敷かれるや、ただちに神戸区は兵庫県の指示に従い、市制実施に関する準備に着手し、翌二十二年四月一日をもって、神戸区は莵原郡葺合村および八部郡荒田村をあわせてあらたに神戸市となり、同月には第一回の市会議員選挙が行われました。かくして五月十日には最初の市会が開かれ議長を定め市長候補者を選挙し、

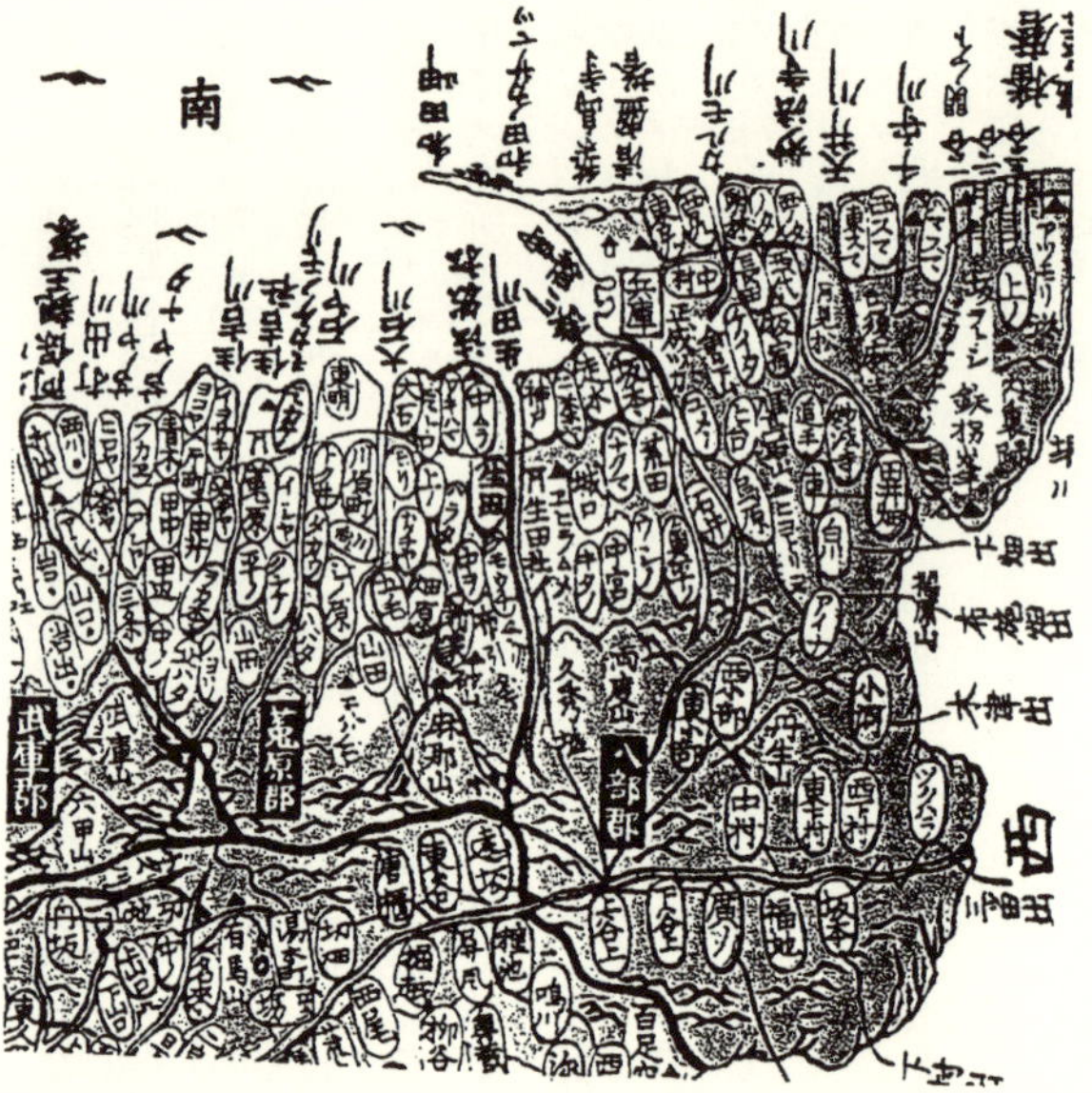

天保八年刊行摂津国地図から抜粋　人文社刊郷土資料辞典より

これによって正式に鳴瀧幸恭の市長就任をみることになりました。

爾来、明治・大正・昭和・平成と経ること百十四年を迎えることになったのであります。この間、市長も昨年十月の選挙で新しく市長に選ばれた矢田立郎市長まで、初代鳴瀧幸恭《なるたきゆきやす》、二代坪野《つぼの》平太《へいた》郎《ろう》、三代水上広躬《みなかみひろみ》、四代鹿島房次《かしまふさじ》郎《ろう》、五代桜《さくら》 井《い》鉄太《てった》郎《ろう》、六代石橋為之助《いしばしためのすけ》、七代黒瀬《くろせ》弘志《ひろし》、八代勝田銀次郎《かつたぎんじろう》、九代野《の》田文一郎《だぶんいちろう》、十代中井一夫《なかいかずを》、十一代小寺謙吉《こてらけんきち》、十二代原口忠 次《はらぐちちゅうじ》郎《ろう》、十三代宮崎辰雄《みやざきたつを》、十四代笹《ささ》山幸俊《やまかずとし》と十五人を数えます。

明治二十二年当時の神戸市の面積はわずか二一・二八平方キロメートル、人口十三万四千七百四人にすぎなかったのでありますが、平成十三年九月一日現在では面積五四九・九八平方キロメートル、人口は一五〇万二七六三人となっています。

ともあれ、年頭にあたり、神戸市制の揺籃期を思いおこしつつ、二十一世紀の神戸市に大いなる希望と期待をもって、行政に携わる人々はあらたなる決意を抱き、内容の充実した多機能複合都市としての神戸市づくりに力を傾注され、われわれ市民もひとりひとりが、心豊かで平和で住みよい幸せな街づくりのために、自覚と責任をもって協力し、新しい一歩を踏み出さねばならぬと思うのであります。

(「神戸史談」第二八九号・平成十四年一月)

年頭のあいさつ　―神戸史談会百周年に向けて―

平成十五年癸未歳の新春をめでたくお迎えになられた会員の皆様方に心から新年の寿詞を申し上げます。

わが神戸史談会は明治三十八年七月に呱々の声をあげました。それ以来、途絶えることなく本年九十八年を迎えます。これほど永い伝統と実績を持つ郷土史研究団体は全国中でもおそらく最古のものであろうと自負している次第であります。

神戸史談会発足一〇〇周年まであと二年の目前に迫りましたが、本年もお互いに健康で、郷土史の研究や史跡探訪と親睦を深めつつ、活動を展開していただきたいと存じます。

さて、一〇〇周年記念行事と致しましては、会誌神戸史談の「特集号」で発足以来の諸先賢の遺稿、明治年間の神戸史談会の新聞記事、会則、役員の変遷、会誌総目録などを収録して平成十七年一月に発行する予定です。また、広く会員の皆様から原稿を募集して平成十七年七月に「記念号」を発行する予定となっています。

平成十五年前半には神戸史談会創立一〇〇周年記念行事実行委員会を立ち上げ、記念式典、功労者表彰、記念植樹、記念碑建立などを具体的に検討するはこびとなっています。

神戸史談会の運営も役員各位の奉仕とご努力によりまして旧にまして充実してまいりましたことは、これひとえに皆様方のご支援あってのものであります。

本年も月次の例会で講演会、史跡探訪、春の四国バス探訪旅行などを考えています。このような行事に多くの友人をお誘いいただき、入会をお勧めするのも史談会を活性化する最も有効な方法でもあります。今後とも一層の温かいご支援とご協力を切にお願いしてやみません。

（「神戸史談」第二九一号・平成十五年一月）

年頭のご挨拶　—神戸史談会百周年記念式典案内—

平成十七年乙酉の新春をめでたくお迎えになられた神戸史談会の皆様方に、心から新年の寿詞を申し上げます。

わが神戸史談会は、明治三十八年（一九〇五）に発足して、本年百周年を迎えます。これほど長い伝統と実績を持つ郷土研究団体はおそらく他には無いものと思われます。これも会員の皆様方の温かいご支援とご協力のたまものと厚く感謝している次第でございます。

神戸史談会の歴史を振り返ってみますと、平清盛の「雪の御所」跡の遺跡の発見を機に、神田兵右衛門・福原潜次郎ほか有志数名が参集し、「自己の郷土に対する知識・研究の交換に止まらず、之を一般に普及して郷土文化を守る事が新興神戸の都市には必要」という趣旨のもとに神戸史談会が設立されました。

明治三十八年七月、日露戦争終結とともに発会し、直ちに対外活動を開始。明治三十八年九月の「第一回郷土歴史参考品展覧会」を最初として、郷土の歴史知識啓蒙のため、郷土歴史展覧会、歴史関係の絵はがき発行、古書宝永版「兵庫名所記」の版木発見と、その上梓。史跡指定や保存の陳情、史跡の整備、石碑石塔の建碑、機関誌特集号の発行や歴史講演会の開催などを行ってまいりました。殊に昭和五十五年には、福原遷都八百年記念碑の建碑や講演会を行ってきました。

大正十五年一月には、会報「兵庫史談」を創刊し、戦災後の短期間の中絶のみで、「神戸史談」と改名、現在通算二百九十五号（平成十七年一月現在）を数えております。

神戸史談会は、明治・大正・昭和・平成と四代に亘り、昭和十三年の神戸大水害、昭和二十年の神戸大空襲、平成七年の阪神淡路大震災と幾多の天災・人災に遭遇しながらも、したたかに会の運営を継続してまいりました。その間、昭和十九年二月から同二十年六月まで、神戸大空襲により焦土となり、一時、会の活動を中絶し、同二十三年七月、復興総会を開催して活動を再開しました。会長に小寺謙吉神戸市長を擁し、以来平成十二年の宮崎辰雄市長まで、歴代神戸市長が会長をつとめられ、現在不肖私が会長をつとめております。

会員数は、現在約三〇〇名で、祖父、親子二代、三代にわたる会員もおり、今後とも、永年にわたる堅実な基礎と会員の深い郷土愛のうえに立って、神戸を中心とする地方文化の跡を明らかにし、文化財の保護顕彰に尽くしてまいりたいと存じます。

さて、百周年記念行事と致しましては、広く会員の皆様から原稿をいただいた本誌「記念号」の発行、さらに、神戸史談会発足以来の諸先賢の遺稿、明治年間の神戸史談会関連の新聞記事、会則、役員の変遷、会誌総目録などを収録した「特集号」を百周年記念式典の際にお渡しする予定になっています。

百周年記念式典は平成十七年六月十二日に当生田神社におきまして、神戸史談会百周年奉告祭、記念碑除幕式、記念植樹、功労者表彰、記念講演、記念祝賀パーティーを執り行う予定になっています。とくに記念講演では、日本歴史研究の第一人者である上田正昭先生にご来駕いただきお話をたまわることになっています。

この記念すべき百周年記念行事が盛大且つ円滑に行われるよう会員の皆様方のあたたかいご支援とご協力をお願いする次第でございます。

（「神戸史談」第二九五号・平成十七年一月）

神戸史談会創立百周年を迎えるに当って

神戸史談会は、明治三十八年九月に創立し、爾来連綿として歴史を重ね、平成十七年六月十二日に百周年を迎えることに相成りました。

神戸史談会の歴史を振り返ってみますと、平清盛の「雪の御所」跡の遺跡発見を機に、神田兵右衛門・福原潜次郎ほか有志十数名が参集し、「自己の郷土に対する知識・研究の交換に止まらず、之を一般に普及して郷土文化を守る事が新興神戸の都市には必要」という趣旨のもとに神戸史談会が設立されました。

明治三十八年七月、日露戦争終結とともに発会し、直ちに対外活動を開始。明治三十八年九月の「第一回郷土歴史参考品展覧会」を最初として、郷土の歴史知識啓蒙のため、郷土歴史展覧会、歴史関係の絵はがき発行、古書宝永版「兵庫名所記」の版木発見と、その上梓、史跡指定や保存の陳情、史跡の整備、石碑石塔の建碑、機関誌特集号の発行や歴史講演会の開催などを行ってまいりました。殊に昭和五十五年には福原遷都八百年記念碑の建碑や記念講演会を行ってきました。

大正十五年一月には、会報「兵庫史談」を創刊し、戦災後の短期間の中絶のみで、「神戸史談会」と改名、現在通算二百九十五号（平成十七年一月現在）を数えております。

神戸史談会は、明治・大正・昭和・平成と四代に亘り、昭和十三年の神戸大水害、昭和二十年の神戸大空襲、平成七年の阪神淡路大震災と幾多の天災・人災に遭遇しながらも、したたかに会の運営を継続してまいりました。その間、昭和十九年二月から同二十年六月まで、神戸大空襲により焦土となり、一時、会の活動を中絶し、同二十三年七月、復興総会を開催して活動を再開しました。会長に小寺謙吉神戸市長を推し、以来平成十二年の宮崎辰雄市長まで、歴代神戸市長が会長をつとめられました。

会員数は、現在（約三百）名で、祖父、親子二代、三代にわたる会員もおり、今後とも長年にわたる堅実な基礎と会員の深い郷土愛のうえに立って、神戸を中心とする地方文化の跡を明らかにし、文化財の保護顕彰に尽してまいりたいと存じます。

○

神戸史談会百周年を生田の杜に迎えて
ふるさとの歴史究《きは》めて百年《ももとせ》の歩みを語る杜《もり》の老樹《おいき》に

白鳳

（「神戸史談」二九六号・平成十七年六月）

年頭のご挨拶　―建築家ライトと生田神社―

平成十八年丙戌の新春をめでたくお迎えになられ、また創立百周年記念大会を昨年初夏に無事執り行い、新たな一歩を踏み出す年となった神戸史談会々員の皆様方に心から感謝申し上げ、新年の寿詞と致します。

神戸がまだ新興の小都市であった頃、郷土文化を守ろうと福原潜次郎や神田兵右衛門等有志数人が集まり、明治三十八年に発足した神戸史談会が、昨年百周年を迎え、その理念と熱意は今日迄受け継がれ、これら同類の団体では全国に例を見ない一世紀におよび伝統を重ねて参りました。

爾来、史跡の指定や整備、展覧会や講演会を定期的に行い、一九二六年一月に創刊され、年二回発行の会誌「神戸史談」（当初は兵庫史談）は、本年一月発行の新年号で通算二九七号に達しました。

昨年六月十二日、生田神社会館で記念式典が盛大に執り行われました。式典行事として生田の森に百周年を言寿ぐ拙詠「ふるさとの歴史究めて百年《ももとせ》の歩みを語る杜《もり》の老樹《おいき》に」の庵治石《あじいし》製の歌碑が森の楠の老樹の根元に建立され、その隣に兵庫県の県木である楠の若木を更なる百年を祈念して植樹いたしました。そして神前では、めでたい舞楽「蘭陵王」の記念舞踊ののち、功労者への感謝状贈呈のほか、上田正昭京大名誉教授の「地域史の再発見―地域学の構築をめざして―」と題する講演がありました。来賓として井戸敏三兵庫県知事、矢田立郎神戸市長をはじめ各界代表が祝辞を述べられ、百周年を迎えた神戸史談会に対し、県、市から感謝状を授与され、盛会裡に創立百周年を祝福して戴きました。

茲に改めて、年頭に当り昨年式典を実行されました委員の方々や御参列下さいました各位に厚く御礼申し上げます。

さて、私は百周年記念大会を終えてすぐ国際ロータリーの世界大会に出席する為、アメリカのシカゴへ参りました。

シカゴではロータリー国際大会行事への出席が主な目的ではありましたが、もう一つ訪ねてみたい所がありました。それは、シカゴ郊外のオークパークにある世界的建築家フランク・ロイド・ライトの記念館であります。此処に百年前にライトが撮影した生田神社本殿の写真が保存されてあり、これを是非この目で確かめて見たかったからなのです。

ライトは、明治三十八年にシカゴのオークパークを出発して四ヵ月に亘る初の日本旅行をしています。当時、日本で刊行された英字新聞の横浜港出船入船欄にある乗船者名簿によれば、ライト夫妻は二月二十一日にカナダのバンクーバー港を発ち、三月七日に横浜に入港しました。そして横浜港出港は四月二十八日で、バンクーバーへ向けて帰国の途についたといいます。したがってライト夫妻の日本滞在は五十三日間でありました。その間撮影した写真が五十五葉残っており、箱根・東本願寺名古屋別院、知恩院、醍醐寺、三宝院、岡山後楽園、屋島及び日光の一連の華厳滝等が写っていました。しかるに、先年ライトの研究をしておられる日本大学工学部の谷川正巳教授が私を訪ねて来られて、どうも神戸の神社と寺院の写真らしいが判らないので教えてほしいと五枚の写真のコピーを持って来られたのであります。見ると写真は、まさしく明治時代の生田神社の本殿であり、正面、左右、横の三方を写した四枚の生田神社社殿と、他の一枚は能福寺の兵庫大仏の写真でした。谷川教授の調査によるとライトは横浜上陸後、箱根、名古屋、京都、神戸、岡山と西下を続け、四国の高松を訪ね終ると、再び東京に引き返し日光の見学を果たしたものらしいです。となると神戸へは明治三十八年三月中旬から四月初旬に訪問している事が判ります。

したがって昨年六月、折角シカゴを訪問する機会を得ましたので百年前にライトが撮影した生田神社本殿の写真を是非見てみたいと心躍らせて、オークパークのライト邸を訪ねたのでありますす。シカゴでは、ライト訪日百周年の祭典が昨年一月十五日から四月十六日迄フランク・ロイド・ライトのユニティーテンプルで開催されていたのです。ライトのすばらしい建築設計の邸宅兼記念館を訪ね写真を探していますと、売店に丁度百年前に訪日した時の五十五枚の写真集が、百周年記念出版として「ライトの日本五十景」と題して（FRANK LOYD WRIGHTS FIFTY VIEWS OF JAPN THE 1905 PHOTO ALBUM）刊行されていました。早速それを購入し、頁をめくると生田神社を撮影した四枚の本殿の写真の中に驚くべきものを発見したのであります。それは本殿を取り囲む透塀の前に左右一対のガス灯が写っていたのであります。

神戸にはじめてガス灯がついたのは明治七年十一月旧居留地内でありました。生田神社のガス灯は、居留地外でも普及した明治二十七年頃から電気に変わるまでの十数年間境内を照らしていたとみられます。しかし、生田神社本殿前にガス灯の写っている写真はなく、史料にもなく、百年前にライトの写したこの写真が唯一であります。したがってこのガス灯の写真は歴史

明治38年、ライトが生田神社本殿を撮影した四枚のうちの一枚。左端にガス灯が写っている。百年前、神社の本殿にガス灯がついたのは、おそらく生田神社が最初ではなかろうか。

に残るものであります。ところがこのガス灯もしばらくして本殿前から撤去されており、同じ場所には、代わって青銅製の神馬像の写真が残っています。全国旧官国幣社の中で明治時代に本殿前にガス灯が設置されたのは、おそらく生田神社がはじめてであったと思われます。これも「神戸はじめ物語」の一つになるのではないでしょうか。

ともあれ、神戸史談会が発足した百年前に、時を同じくして、アメリカのシカゴから世界的建築家ライトが神戸を訪れ、生田神社を参拝し、記念すべきガス灯のある本殿の写真を撮影していた事を知り、不思議な「えにし」に深い感動を覚えたのであります。

（「神戸史談」第二九七号・平成十八年一月）

年頭所感　―神戸と勝海舟―

私は今年の年賀状に架蔵の高橋泥舟の筆になる和歌の短冊を版におこし、辱知各位に送りました。その歌は「鶴の千代亀の萬代数ならず八百萬代と君ぞかさねむ」というものです。高橋泥舟は、幕末の幕臣で槍術に秀でて、国事に通じ講武所教授となり文久三年新徴組を統率しました。鳥羽伏見の戦後、恭順謹慎説を主張しました。江戸城明渡し後は、徳川慶喜を護衛した人物です。この泥舟は、勝海舟・山岡鉄舟と共に幕末三舟と称せられました。

ところで、この三舟の中で神戸と関係のある人は、勝海舟であります。この勝海舟の碑が、神戸市中央区諏訪山の金星台にあります。金星台という名称は、明治七年十二月にフランスの天文学者ジェンセン博士がここにおいて太陽面通過の金星を観測した由縁から、当時の県令神田孝平がこれを記念して石碑を建てております。この金星通過を示す記念標柱のすぐうしろ松樹の傍に立っているのが勝海舟の海軍営の碑であります。

文久三年四月、第十四代将軍徳川家茂は摂海防備のため蒸気船に乗って大阪から播州に至る海浜を巡視し、兵庫から神戸の小野浜に上陸した時、軍艦奉行勝安房（海舟）はこの地に海軍操練所を建設する必要を申し出て、ついに許されました。その場所は元の居留地京橋入堀東畔、元の神戸商工会議所前で、この建設は当時の庄屋であり、元居留地開設埋立工事を請け負っていた生島四郎太夫らの尽力によるものでありました。この神戸海軍操練所を維持するため、坂本龍馬が奔走しているのも面白いことです。龍馬がこの海軍塾に入ったのは文久三年一月でありますが、この年の五月に彼は海舟の委嘱を受けて福井に行き、松平春嶽に逢って神戸海軍操練所の維持資金五千両（壱千両とも云われている）の援助を受けています。そして龍馬が神戸海軍操練所の塾頭にあげられたのは同年十月のことであります。当時海舟の主張は単なる開国論でなく攘夷を根底におく興国開国論であって、挙国一致を条件としたものでありました。この操練所は海軍営・海軍局・海軍所ともいって、海軍兵学校、海軍機関学校を兼ねたものでありました。此所に入門した者は坂本龍馬をはじめ、土佐の望月亀弥太、千屋寅之助、高松太郎、また龍馬の紹介で入門した陸奥宗光らがいました。神戸海軍操練所は海舟が国内に於ける蝸牛角上の争いを嘆いて、志士をして海外へ雄飛せしめんがために遠大なる計画のもとに設けられたものでありました。しかし此所に入所する者は幕府に反対する者まで入れたので、これが原因で幕府の嫌疑を受けるようになり、元治元年十月、海舟は江戸に召しかえされ、更に翌月、軍艦奉行も免ぜられて慶応元年三月には操練所も閉鎖の憂目を見ることとなりました。ともあれ、一ヵ年余りの短い開所期間でありましたが、この操連所は日本海軍建設に寄与する所が大でありました。
さて海舟は江戸を去るに当り、将軍家茂の神戸上陸を記念し、且又日本海軍発祥の地を残さんがため、海軍営碑を建設しました。それは仲々格調ある碑文で、海舟が自筆で記し、神戸港に建設せられていましたが、維新当時しばしば倒壊が企てられ。その所在が判りませんでした。しかるにこの碑は曾て海舟が一時寓していた奥平野村の祇園神社近くの生島氏の別邸にひそかに保存され、明治十五年、これを邸内に建設してその旧事を偲んでいました。この碑文は次のごとくであります。

文久三年歳次癸亥四月二十三日

大君駕ニ火輪船一、巡ニ覧摂播海浜一。至ニ于神戸一、相ニ其地形一、命ニ臣義邦一、使ニレ作ラ海軍営之基一ヲ。夫吾邦方今ノ急務莫ニレ急于海軍一将ニ以此ノ営為一レサン始ト。英旨振起ニス士風一ヲ、実在ニリ于是一。可レ謂ニ当時一之偉図而千載之鴻基ト也。顧ニ大君踞床指画之処一、恐ニ其久而湮没一也、臣義邦謹ンデ勒ニデ二于石一、以テ貽ニスト永世一ニ云フ。

元治元年歳次甲子冬十月八日

軍艦奉行安房勝物部義邦撰

この碑陰には幕末に大飛躍を試みた越前藩主であった松永慶永（春嶽）の詠んだ次のごとき和歌一首と、同藩臣本多敬義の文が側面に彫られてある。

碑陰の和歌

そのかみ神戸の港に勝大人の建てられし石ふみの有るか無きかに埋れしをこたひ生島氏の庭に更に建てられしを聞てよめる。

君なくは世に遠永く石ふみの

ときは堅磐に残らさらめや

源慶永

ところで海舟の女婿である男爵目賀田種太郎がこの事を聞き、適当なる地点にこれを建設したいと考えていた折柄、四郎太夫の子四郎左衛門がこれを神戸区へ寄付することにしました。そこで神戸区は大正四年十一月に目賀田男爵の撰文を刻んだ碑石と共に諏訪山金星台の景勝の地に建立され、爾来今日に至っています。

年頭に当り「神戸史談」の新年号には架蔵の勝海舟の画入りの書軸の写真を掲げさせて頂き、神戸と勝海舟の関係について申し上げました。

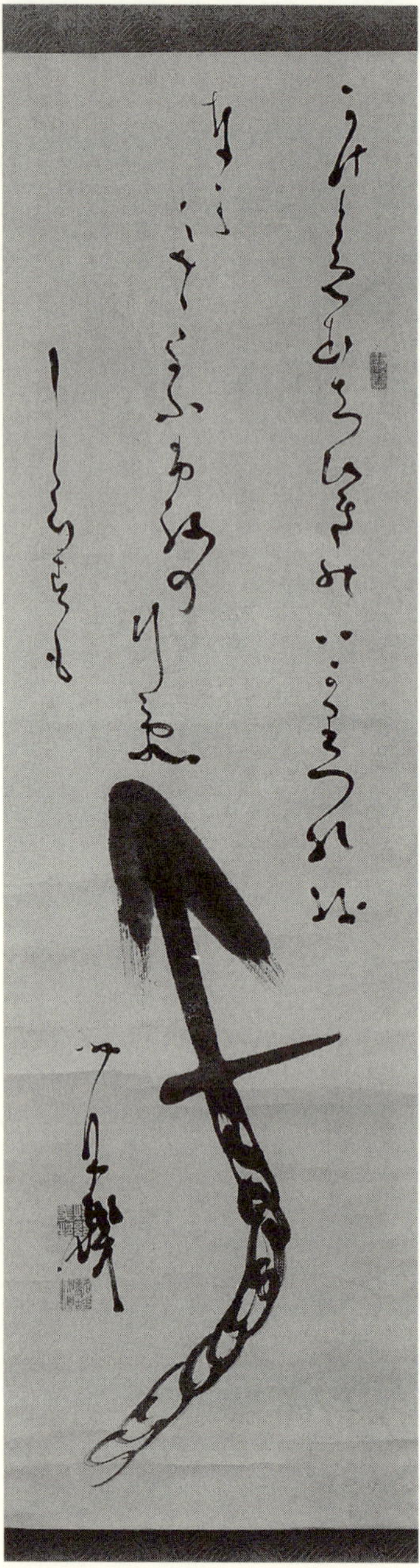

海舟の画入りの書軸（筆者架蔵）

尚勝海舟の書軸の歌は「かけとめし千引の錨綱《いかりつな》をなみただよふ舟の行方《ゆくへ》知らずも」であります。

（「神戸史談」第二九九号・平成十九年一月）

年頭所感　―生田神社の創祀―

生田神社は、昨年御鎮座から千八百年に及ぶ歴史をまとめた「生田神社史」を刊行しました。

度重なる自然災害や戦火を乗り越えて来た生田神社が本格的な神社史を出版するのは今回が初めてであります。

生田神社では、大正十一年の「生田神社誌」一冊と社家の後神家所蔵の近世の古文書を翻刻した「生田神社史―後神家文書」三巻がありますが、幅広い史料や最新の研究調査などを織り交ぜながら歴史を記した神社史はありませんでした。

私の父加藤錂次郎が宮司を務めていた昭和十四年頃から神社史編纂事業を神戸史談会の人達と共に興したものの戦争で中断。その遺志を継いで私が、恩師で岡山大学名誉教授の故宮崎道生博士を監修者に迎えて八年がかりで完成させました。これで私は、父と恩師の霊前に本を手向ける事が出来、やっと心の安らぎを覚えます。と申しますのも、生田神社では、平成七年の阪神淡路大震災以降、社殿、境内の復興に努め、神社史の刊行にまで手が回らずにおりました。しかし、平成十三年の御鎮座千八百年の記念事業の一環として是非刊行したいと思っていましたが、宮崎道生博士の強い後押しがあって軌道に乗ることとなりました。宮崎先生は私に「御尊父が神社史の編集資料を集められ、神戸史談会の会長である宮司が、いまだ神社史を完成されておらず、御社殿は復興されたが、これでは佛作って魂入れずだ」と活を入れられました。

そこで宮崎博士を監修者として私が編集委員長となって執筆に加わり、南啓治帝京大学教授、西岡和彦国學院大學準教授、奥山芳宏京大二十一世紀COE研究員、齋藤智朗国學院大學研究開発推進機構助教、嶋津宣史國學院大學兼任講師のスタッフにより、最近の遺跡発掘の調査結果を取り入れた原始時代から阪神淡路大震災から復興を遂げる現代まで、八〇〇頁に及びました。明治期の神社界の目まぐるしい変遷については他の神社史でもよく取り上げられますが、本書ではあまり触れられることのない大正・昭和初期の生田神社についても言及。生田神社の歴史はそのまま神戸の歴史といわれます。神戸は幕末の開港以降、国際的な都市として発展を遂げてきましたが、生田神社も海外との交流の歴史は古くからありました。本書では江戸時代にシーボルトが参拝したり、明治に入って　境内近くフランス領事館が置かれたことや、建築家のフランク・ロイド・ライトが撮影したガス灯が設置された本殿の写真も掲載しています。

本書は二千部印刷され、大学や図書館、各県の神社庁に寄贈いたしました。

さて、年頭にあたり、生田神社史を繙いて、原始時代の生田神社と生田遺跡をめぐって考えてみたいと思います。

昭和六十三年一月、生田神社西側のホテル建設予定地を昭和六十二年度より試掘発掘していた神戸市教育委員会は、五世紀前半から六世紀後半のものと推定される住居跡を発見しました。この遺跡は、古代に生田神社を祀っていた地方権力者（豪族）の館跡と推定され「生田遺跡」と名づけられました。

この遺跡からは、柱建物六棟と竪穴式住居跡二棟、かまど跡が検出されました。カマド周辺

平成19年に刊行された「生田神社史」

には甕・甑・高坏等の土師器が多量に残されていました。その中から当時食料にした動物の骨片や植物種子、製塩土器が出土しています。特異な遺物として、柱穴から数多くの滑石製品が出土しました。小さな玉、鏡の形《かた》代《しろ》である有孔円板、糸を紡ぐ際に用いられた紡錘車《ぼうすいしゃ》の形代など、いずれも古代の祭祀にかかわる遺物であります。

　ここで注目しなければならないのは、生田遺跡から、なぜ、糸を紡《つむ》ぐ際に用いられた滑石製の紡錘車が出てきたのかということであります。日本書紀神代

開港前の神戸港・生田神社付近

巻上巻七段の一書に「稚日女尊、齊服殿《いみはたどの》に坐しまして、神《かみ》之御服織《おんはたお》りたまふ。素盞嗚尊見そなはして、即ち斑駒《ふちごま》を逆剝《さかはぎ》て殿《みあらか》の内に投げ入る。稚日女尊いと驚きたまひて、機《はた》より堕《お》ちて、持たる梭《ひ》にて體《み》を傷らしめて、神退《かむさ》りましぬ」と記されているように、稚日女尊の御神徳として、神代の昔、齊服殿《いみはたどの》で御親《おんみずか》ら機《はた》をお織り遊ばされたという故事により、生田遺跡から、稚日女尊の御神徳の機織《はたおり》にちなんで、紡錘車が出土したのではないかと推考されます。

生田神社では、毎年四月十五日の例祭に「へそだんご」という神饌を献じています。今は、大国隆正が生田神社の「へそだんご」の歌を詠み、だんごの絵を添えて画讃の軸から、だんごの上に臍《へそ》のごまを模した「あんこ」の乗った小さな餅菓子を沢山供えていますが、昭和十五年くらいまでの「へそだんご」は母親の乳房のような三角錐をしたもので、お餅は少しであんこの沢山ついたグロテスクなものでした。形は機織の反物《たんもの》を織った時にできる綜麻《へそ》をまるめたもので、それを「だんご」の形として献ったものではないかと思うのです。世間でいう「へそくり」の語源は、綜麻繰《へそくり》とも書き主婦などが、機織の時に出る余りものの「綜麻《へそ》」をまるめて三角錐にした糸くずは、自分のものになったので、ないしょでためて「へそくり」にしたことから起ったと言われています。つまり、生田神社の神饌の「へそだんご」は機織に関係のある「綜麻《へそ》だんご」でなかったのかと思うのであります。

また、平成十六年四月には三度目の生田遺跡が発見されました。生田神社の西、約五十メートルの地でありますここに共同住宅が建設されることになり、そこからまた生田遺跡が出土しました。古墳時代中期（五世紀の中頃）の竪穴住居が一棟、古墳時代後期（六世紀初頃）の竪穴住居一棟、掘立柱建物六棟の他に古墳時代の自然流路などが検出されました。出土遺物は上層から中世の羽釜、須恵器土錘、下層の土杭と沼状遺構からは、古墳時代後期の須恵器の甕、杯蓋、古墳時代末の須恵器の杯、奈良時代の須恵器の甕、土師器の杯、黒色土器の杯、土錘、蛸壷の破片等が出土しています。

ここで注目すべきは、第三回の生田遺跡からは、蛸壷の破片や魚釣りの錘などが出土しており、このことから海を職業とする水夫《かこ》、楫取《かんどり》・漁師の長《おさ》である海上五十狭茅《うなかみのいさち》が奉斎する土着の国津神系の海洋部族が、天津神を奉持する神功皇后の一行にまつろい迎え、一たん神体山の砂《いさご》山《やま》に稚日女尊を奉祀し、さらにこの活田長峡国《いくたのながおのくに》の生田の森の聖地に遷し祭ったのが生田神社ではなかったのかと思考するのであります。

そしてやがて、この生田の森周辺の生田川の流れる東側を避けて、とくに西側の地域の鯉川（戀川）までの山麓までつづく長峡の場所に生田大神を祀る祭祀に関わる地方権力者の家が建てられ、集落が出来ていったのではないでしょうか。

思うに、これまで旧社地と考えられていた砂山《いさごやま》は聖なる神体山として崇敬して祭られ、神功皇后御創建当初から、生田神社は、活田長峡国の生田の森に祀られていたのではないだろうか。

生田神社史を刊行して、年頭に当りこんな事をしきりに想うのであります。

（「神戸史談」第三〇一号・平成二十年一月）

年頭所感　―神戸と生田神社と酒造について―

平成二十二年庚寅の新春を寿ぎますとともに、神戸史談会の弥栄と会員各位の御健勝と御研鑽を祈念申し上げます。

新年号に当り、神戸と酒について述べてみたいと思います。神戸で全国的に有名なものの一つに「灘の酒」があります。神戸史談三〇一号に豊田實氏が「江戸でもてはやされた灘の酒」と題する一文を掲載されています。その中で『灘の酒は「灘の生一本」として全国にその名が知られているが、その歴史はそんなに古いものではない。伏見や伊丹、池田の酒造が中世までにさかのぼるのに対し、灘酒はせいぜい江戸時代にまでしかさかのぼれない』と記しています。しかし、神戸に於ける酒造の歴史を調べてみますと、平安時代にまで遡れるのであります。平安初期の禁中の年中儀式や制度などの事柄を漢文で記した律令の施行細則で、五十巻に及ぶ延喜式の玄蕃寮（巻二十一）に次のような規定が記されています。

> 凡《およ》そ新羅の客入朝せば、神酒を給へ。其の醸酒の料の稲は、大和国の賀茂・意富・纏向《まきむく》・倭文《しづり》の四社、河内国の恩知《おんち》の一社、和泉国の安那志の一社、摂津国の住道《すむぢ》・伊佐具の二社、各三十束、合せて二百四十束を住道に送り、大和国の片岡の一社、摂津国の廣田・生田・長田の三社、各五十束、合せて二百束を生田社に送れ。並神部《みわべ》をして造らしめ、中臣一人を差して、酒を給ふ使に充てよ。生田社にて醸める酒は、敏売崎《みぬめ》に於て給ひ、住道社にて醸める酒は、難波館《なにはのむろづみ》に於て給へ。

この玄蕃寮というのは、寺院や僧尼の身分、各種の斎会、外国使臣関係のことを司どる官吏であり、その大部分は仏教関係の規定で占められていますが、最後の条にある外国使臣に関する項目に限り、神道的な行事として規定されています。この条文によりますと、新羅の客人が来日した時には国賓として酒を給わりますが、その醸酒の料稲は、大和国の片岡神社（葛下郡）、摂津国の廣田神社・生田神社・長田神社の四社より、稲束各五十束、合せて二百束の稲を出させ、これを生田神社に送り、生田の神主をして生田神社の境内で酒造りをさせています。即ち生田神社で醸した酒は、敏売崎において外国の客人の給仕させたということであります。

生田神社の神部、いいかえれば、生田神社の神職とその附近の住民とが、醸酒のことに熟達していたことが察せられ、けだし灘の銘酒の起源と関わりがあるのでありましょう。さて、それでは、新羅の客人の入朝に対し、二度にわたって神酒を給仕する真意はどこにあるのかを考えますと、次の二点にしぼられます。

㈠蕃客の日本国土上陸を控えて、まず「お祓い」の意味があったこと。

㈡遠路はるばる来朝したことに対する慰労の意味があったこと。

であります。神酒を給仕することの本来の意味は、「祓い」と「慰労」とが考えられます。

生田神社で醸す神酒に関して、醸酒料の稲を供給する、生田・廣田・長田の三社は、地理的にみて周辺に所在する諸社でありますが、ただ片岡神社一社だけが少々遠隔地の大和国より参画しています。なぜわざわざ大和の社が関係しているのか、一見、不思議に思われますが、片岡神社とは、じつは給酒使として中臣一人を派遣する社で、御食津《みけつ》神すなわち、豊受大神を主祭神とする式内社でありました。とくに中臣酒人達は、中臣氏として祭祀の事にたずさわり同時に神酒を醸造する酒部を統率する職務を世襲した氏であったといいます。したがって生田神社で醸す神酒に関して、とくに遠隔地大和国の片岡神社が加わっていることは、食物に関わりのある祭神、豊受大神を奉斎する社より、醸酒料五十束とともに、神部造として片岡社より中臣の給酒使を特別に派遣させる意図が含まれていたと考えられます。

また、生田・廣田・長田の三社はいずれも神功皇后の三韓征討に直接関係深い社であったことであります。この酒を振舞った場所の敏馬も『能勢郡の美奴売山の神が、皇后の三韓征討の際、「私の山の杉で船を作って行幸なさるならば、きっと無事であろう」と申され、皇后はこの神の教のままに船を作り征途につかれた。そしてこの神の船はついに新羅を征伐し、凱旋の時、この神をこの浦に鎮座させて祭り、船も一緒にここにとどめて神に奉納し、この地を名づけて美奴売といった』というのであります。これはとりもなおさず、この地に鎮座する式内社敏馬神社の地名説話を伴った縁起伝承であります。しかし、これまた神功皇后の三韓征討に関係のある土地柄であったことがわかります。したがって、生田・廣田・長田の三社とともに敏売崎も三韓征討と切り離して考えることは出来ません。

これらの伝承を基盤として考えますと、大和国片岡社に加え、地元三社から提供した醸造酒料稲を生田神社で醸し、しかも皇后凱旋の際、ゆかりのある敏売崎で新羅の使節に対し、難波上陸の寸前にわざ〳〵寄港させて神酒を給うということは、単に神酒によって蕃客を祓うという神道行事のほかに深い理由があったとみなければなりません。それはその昔、皇后三韓征討の勝利を回顧し、征服者が被征服者に対するその優位性を再確認するとともに、新羅に恩威を与えて我が国に手なずけることを示したものであって、この神酒こそ日本にとっては、かつて勝利に酔いしれた酒であり、新羅にとっては屈辱的な苦い酒ではなかったかと考えられています。（元皇学館大学教授　吉井良隆氏の説）

一方、郷土史家の太田敞三氏は、三韓よりの朝貢船が必ず生田大神の坐す砂山《いさごやま》の海浜である敏馬浦に仮泊し、使節の一行が生田大神に参拝し、神酒饗応の儀式を受けるのを恒例としました。この儀式はよほど重大性を帯びたものであったのか、我国独特の威厳を示す外交的措置で、儀式は荘厳華麗をきわめ、もとより侮蔑的観念を抱かせることなく、また勝者的傲慢不遜な態度は微塵もなく、恩威兼ね備えた平和的親善を愛でたまう生田大神の大御心を心として、遠来の賓客を歓待優遇しましたので、新羅の朝貢使一行はこの生田の神酒を心から拝受し、喜び勇んで大和の朝廷に向ったとしています。そして、この恩威ならびに生田大神の親善工作は、やがて平和の国・蓬萊の国を讃えて、三韓から権威ある人々が続々と帰化する好結果となったのではないかと考察しています。（太田敞三稿「生田大神活田長狭国御鎮座の考察」参照）

Ⅰ　松尾神社

私は現代の神戸の国際交流情勢や国際親善に積極的に努めている生田神社の社風や伝統から、まさにこの太田敞三氏の考察の方が正しいのではないかと思っております。

ともあれ、生田神社と酒造はきってもきれぬ深い関係がありましたので、生田神社の境内には、大《おお》山咋《やまくい》神を祭神とする醸造の神として崇敬されている「松尾神社」が末社としてお祭りされています。(写真Ⅰ参照) この神社は生田神社の境内末社として古くから酒造会社の人達の信仰を受けており、松尾神社の入口には、「昭和十年

II　神社入口の石碑

十一月　みなとの祭記念　兵庫酒店　某」と裏面に刻された「酒神松尾神社」の石碑が建っています。（写真II参照）現在、松尾神社を取り囲んでいる石玉垣には、灘五郷の酒造会社の銘酒銘柄の名前や酒店の名が彫られて、ずらりと建立されているのを見れば、昔も今も生田神社と酒とは深い繋がりのあったことがよく判ります。

（「神戸史談」第三〇五号・平成二十二年一月）

日本神戸民俗芸能団とフロンメルン民俗舞踊団との交流について

わが日本神戸民俗芸能団とドイツとの関係は、一九七九年（昭和五十四年）に「世界青年の友」日本支部の招きにより来日していたフロンメルン民俗舞踊団のマンフレッド・シュティンゲル団長が、神戸でわが芸能団の演奏を見聞し、強い印象と感動を受けられ、是非共ドイツで公演を実現してほしいとの依頼を私の親友、中谷嘉宏氏にされた事にはじまります。

そして、一九九〇年（平成二）、ドイツ連邦共和国の南部の都市バーリンゲンに本拠を持つフロンメルン民俗舞踊団が結成二五周年を迎える機会に、その記念事業の一環として国際民俗舞踊祭がバーリンゲンで盛大に開催される事になりました。フランス・チェコスロバキア・ポルトガル等と共にわが生田神社の民俗芸能団が日本を代表として招聘され、神楽・舞楽・獅子舞・太鼓など独特の民俗芸能を披露し、南ドイツ各地で公演して多大なる評価を得ました。

更に一九九二年（平成四）、再度、畏友マンレッド・シュティンゲル団長より招聘を受け、六月三日から二週間の日程で、ロッテンブルグ・バードウーラッハ・ノイハウゼン・チュービンゲンなどドイツ南部で十数回の公演をはじめ、ワンダーフォーゲル文化部世界大会が開催されたボーデン湖畔のフリードリッヒスハーフェン市で賑々しくわが日本民俗芸能の公演を行なったのでした。参加国もドイツ・ポルトガル・スウェーデン・スイス・スペイン・ウクライナ・チェコスロバキア・ハンガリー・ポーランドと日本の十ケ国の代表の集まった盛大な国際民俗舞踊祭でした。

とりわけ、最も好評を博したのが、わが民俗芸能団のヤマタノオロチの出現する石見神楽でした。今回もマンフレッド団長の強い希望もあって、島根県から石見神楽の社中九名が参加致します。

一九九三年（平成五）、神戸市のアーバンリゾートフェアのビッグイベントへの参加と、生田神社春季例大祭に特別出演して頂こうと、フロンメルン民俗舞踊団（マンフレッド団長以下四十九名）を招聘、神戸文化ホールでの公演や生田祭神幸祭での参列など、神戸に於てドイツ民俗舞踊団の印象を強く植えつけました。わが神戸では青少年団体連絡協議会の支援をはじめとし、ホームステイ先の皆様方の協力により二週間の日本滞在は、日本とドイツの友好親善、国際交流の絆を一層強固なものといたしました。

今回は、バーリンゲン市と神戸市の青少年交流三十周年を記念して、バーリンゲン市長エドゥモンド・メルケル博士からの招聘であり、私も快くお引き受けすることに致しました。四月三十日から五月五日にかけて、バーリンゲン・フォークダンスフェスティバルが開催されます。過去の国際友好の輪をより一層広げ、若者にこの素晴らしい交流を継承して行って貰うため、今回、私に替って六車勝昭氏（生田神社禰宜）を団長に小野尊由氏を舞台監督に指名して総勢四十二名を派遣いたします。

若返った日本神戸民俗芸能団がドイツに於て、国際親善と友好に互いに心を通わせ、多大の成果を納めてくる事を期待するものであります。

（「日本神戸民俗芸能団公演」・平成十六年四月）

神戸市政一二〇周年の港で出合う芸術祭・神戸ビエンナーレ二〇〇九

神戸市が誕生して今年一二〇周年を迎えました。時代は明治二十二年六月二十一日。初代庁舎が現在の中央区相生町に開庁してから海岸沿いに製鉄所が軒を連ね、生糸やマッチの輸出でにぎわい、港都神戸が発展して参りました。戦後は高度経済成長の波に乗って、ポートアイランド、六甲アイランド、西神ニュータウンと相次いで新たな町づくりが造成されました。国際港都として世界に門戸を開いたころから急速に発展、海外との文化交流の刺激もあって、神戸で初めて創られたり実施されたモノやコトが他都市に比べて圧倒的に多いのです。近代においても花時計、有線放送、移動便所、生活協同組合、スーパーマーケット、ケミカルシューズ、地方博覧会（自治体主催神戸博）、海上文化都市、ファッションタウン、新交通システム（ポートライナー）等々であります。

一方、阪神大水害、神戸大空襲、阪神・淡路大震災など戦災や幾多の自然災害に見舞われる過酷な歴史も体験してきました。しかしそのたびに自助、共助、公助の絆を結集して困難から立ち上がりよみがえってきたのが文化創生都市・神戸市であります。震災から十四年が経過し、

「デザイン都市」「医療産業都市」「神戸空港」「次世代スーパーコンピュータ」とポスト震災復興を見据えた巨大プロジェクトも進行中です。

こうした中、市制一二〇年の記念すべき年に「みなと神戸」を舞台に開催される二年に一度の総合芸術祭「神戸ビエンナーレ」がいよいよ十月三日から開幕いたします。第二回となる本年は、「平和」「調和」「和み」「環」「輪」などをキーワードとする〝ｗａ〟がテーマです。数々の作品を通して私たちの文化の根底にある「わ」の心を、アートを通して見つけてください。期間中は神戸の四会場で、さまざまな催しが開催されます。メリケンパーク会場ではみなと神戸を象徴する輸送用コンテナに、アート作品が入れ替わり展示されます。兵庫県立美術館会場では、神戸ゆかりの現代アーティスト十二人が最先端の現代アートを展示いたします。神戸港会場ではメリケンパークとＨＡＴ神戸を結ぶ船から潮風とともにアートを鑑賞していただきます。また街中の三宮・元町商店街では関西の大学と商店街が連携して、さまざまなアートプロジェクトを展開します。

「神戸ビエンナーレ二〇〇九」で、出合い、発見、感動体験をされますことを祈念し、みんなで「わ」の芸術祭にお運びくださいますようお待ち申し上げおります。

（「神戸佳族」・二〇〇九年）

秋色の生田の森　―生田神社・秋の行事―

古来、生田の森は〝もののあわれ〟を感ずる秋の季節が名高く、多くの和歌に詠まれて来た。平安時代すでに枕草子に「森は生田」と記されているが、本年は源氏物語千年紀といわれている。源氏物語の中で大きく物語が展開していく舞台の一つに須磨・明石がある。こうした折柄、今秋三十三回を迎える「生田薪能」は、源氏物語の題材からとった「葵上」を敦盛の萩をバックに上演する。

神戸という街はモダニズムで名高い。しかし「神戸」の地名は、大同元（八〇六）年、「生田の神の神戸四十四戸を賜わる」というところから起こったもので、御鎮座一八〇〇年以上も歴史のある古典の街でもある。

「源氏物語」の作者・紫式部による「紫式部日記」の寛弘五（一〇〇八）年十一月十一日の条に、源氏物語がこのときすでに宮中で読まれていたと考えられる記述があるところから、今年は源氏物語千年紀といわれる由縁である。

かかる折柄、神戸文化の振興や街の復興活性化をはかるため、伝統文化を考え、古典を見直し、郷土の歴史を思考することによって、いにしえのロマンを次世代に引き継ぐべく千年の時

生田薪能

空を越えてさまざまな催しを行うことが大切だと思う。

生田神社では、モダニズムの対座をなす「雅」の復権を願って、文化の振興をはかっている。昨年、兵庫県加古川市出身のお笑いタレントの陣内智則さんと、同じく郷土西宮市出身の日本有数の美女、藤原紀香さんが、衣《い》冠束帯《かんそくたい》とお垂髪《すべらかし》に十二《じゅうに》単衣《ひとえ》の純日本古典風の衣装で「縁結びの神」生田神社の御神前で結婚式を挙げられたことから、若者の間で神前結婚式が増え、一種の和風古典ブームを起こしている。

さて、九月二十日の生田神社秋季大祭には、古式四條流家元の奉仕による「古式四條流庖丁道」の庖丁儀式が斎行されることになっている。

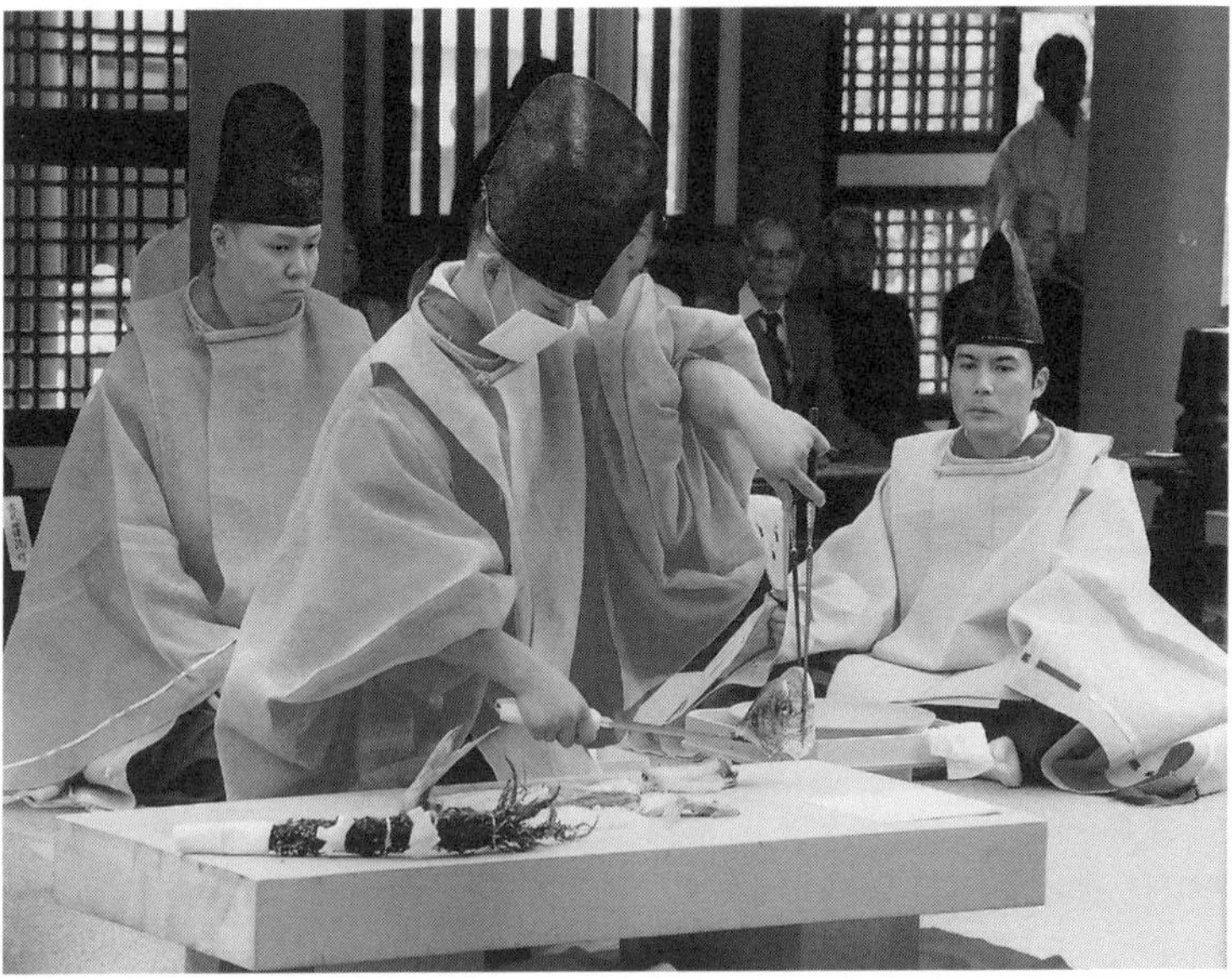

古式四條流庖丁道の庖丁儀式

生田神社では、十数年前から日本古典音楽である「雅楽」の振興にも力を入れ、若き同好の士を募って、「生田雅楽会」を立ち上げた。今では二〇〇名くらいの若き愛好者が参加し、毎年秋、生田の社で演奏会を開き、雅楽・舞楽など日本の古典音楽の普及に努めている。また、この春には、生田の森で恒例の「曲水の宴」を行った。毎年、宮中歌会始の披講会会長の坊城俊周氏が来臨され、生田神社曲水宴に披講してくださっている。本年も兵庫県歌人クラブの役員の方々と井戸敏三兵庫県知事が歌人として奉仕され、素晴らしい和歌を披講してくださった。

生田雅楽会の演奏

「神戸」は、文明開化以降のモダンな土地柄だけでなく、古い歴史を持った雅なる地域であることに思いを馳せ、八年かけて昨年八〇〇ページにおよぶ大冊の「生田神社史」を刊行した。

これにより、神戸や兵庫県の歴史や新事実が、新たに解明されたと思っている。おかげさまで本書は、本年度「神道文化賞」を受賞した。

ともあれ、本年は源氏物語千年紀にちなみ、わが兵庫県・神戸市にあって「古典」や「歴史」に目をむけ、伝統文化の振興を秋色漂う生田の森から発信していきたいと思っている。なお、来年度は、二十五年に一度の生田神社式年造替の嘉節に当たっているので、さまざまな伝統文化の行事を企画し、神戸佳族の皆さま方をご招待したいと、着々と準備を進めているところである。

（「神戸佳族」二〇〇九年）

神戸二紀会と生田神社

〝画《え》の道《みち》に励《はげ》みいそしみ五十回《いそたび》を迎《むか》へし二紀《にき》の集《つど》ひ言寿《ことほ》ぐ〟

かつて生田神社の教化活動の一環として境内の一角に、芸術文化活動の出来る会館を建てる事になりました。会館の名称は源平生田の森の合戦で名高き「えびらの梅」の故事に因み「えびら会館」と名付けました。その第一回の文華展を当時文人知事で有名な阪本勝さんと二紀会の中西勝さんの共通の名前をとって「二勝展」とし、お二人の書や画を展示した展覧会を催して好評を博しました。

これが御縁で中西勝さんを中心として活動を展開しておられる神戸二紀会の二紀展に生田神社も協賛し、特色ある賞として「えびら賞」を出させて貰っています。この賞は、えびら会館に始まり、現在は生田神社会館二階ロビーと会館を使用するロビーを満たし得るエネルギッシュな創作活動と認められる作家に授与する事にしています。また一九七九年から公募によりビエンナーレ形式で、神戸二紀の「女流新人展」を生田神社会館で開催しています。
この度五十回を迎えられる「神戸二紀展」を心からお祝い申し上げますと共に今後益々の御発展を祈念し祝辞といたします。

（「神戸二紀」）

巻頭言・伝統文化の活性化と継承

国際都市、モダニズム都市の生活の変化の中で、ややもすれば忘れ去られ衰退しようとしている神戸の伝統文化を、今のうちに活性化させ、次世代に継承させて行く方策を、神戸芸術文化会議でも取りあげて行くべきであろう。

なぜならば、日本人をして日本人たらしめているアイデンティティーの要素のひとつが、伝統文化であるからだ。

神戸にも山田の農村歌舞伎があり、六條八幡の流鏑馬《やぶさめ》があり、車の翁舞があり、兵庫の木遣り歌があり、生田の獅子舞がある。

伝統文化は、絵画や彫刻など形あるものとは別の、民謡、民俗舞踊、祭りなど、地域の生活共同体の協力の上に成り立つものである。したがって伝統文化がだんだん衰退して行くいま、これを守り伝えていくことの必要性と活性化を指摘したい。

とはいっても、伝統文化というものはただ保存するだけではなく、発展させなければ意味はなく、現代的に展開させて行くことが大切である。古典芸能でも、常に時代とともに変わって来ているからである。

もう一つ、緊急を要するものに、史蹟の保存がある。来年は、NHKテレビ大河ドラマは「源義経」だという。神戸には、源平遺跡が数々あり、来年は一つの観光ブームが起こりそうである。

しかるに、平清盛が福原遷都のとき、条里制を割り出すための基点に作られた差方塚などは行方知らずである。また、清盛塚の近くにあった神戸の名所を読んだ子日《ねのひ》庵一草《あんいっそう》の句碑は、壊されて紛失している。あの阪神大震災のあと、県庁前の栄光教会の玄関の側にあった「源平・生田の森の合戦」にまつわる「魁石《さきがけいし》」が、何者かによってクレーン車で持ち去られてしまっている。神戸の源平遺跡を示す石碑や遺物は、よく調査して大切に保存することが急務である。

いま、社会全般が高齢化して活力が衰えている。これを活性化するには、次世代の若者たちへの継承が重要である。したがって、今後神戸でも「伝統文化こども教室」などの事業を強力に推進して行くべきではないか、と思う。


（「こうべ芸文」№八十九・二〇〇四年四月）

第十六期こうべ芸文役員紹介

第十六期こうべ芸文役員が決定いたしました。神戸芸術文化会議も、昨年三十周年を迎えることができました。設立当時、神戸市が人間環境都市を宣言し、環境、福祉、文化をまちづくりの柱と位置づけ、これを受けて神戸の芸術文化に携わる者が互いに協力し、市民の要望を市政に反映させ、市民のための芸術文化を推進することを目的に約三百六十名の会員でスタートし、今日では会員約七百六十名を擁する総合文化団体に成長いたしました。

総合文化団体の持ち味を生かし、美術展、ＫＡＣＣコンサート、アンソロジーの発行、学術セミナーの開催、神戸まつり協賛の百人色紙展、機関誌の発行等を通じて、市民文化の向上に努めてまいりました。

また、芸文三十周年を記念する集大成として、会員それぞれの実体験に基づくエピソードを集め、パズルのように組み合わせ、芸術家・文化人の見た二十世紀の神戸を浮かび上がらせようという企画で、『二十世紀神戸物語』を発行することができました。これにより多様な文化を受け入れながら時代に応じて変化していった神戸の履歴や魅力が少しでも後世に伝承され、これからの二十一世紀の神戸づくりのヒントなどにも繋がっていくものと期待しております。

執筆・編集にご協力いただきました会員各位、編集委員会委員、神戸市をはじめ多くの方々にこの場をお借りし厚くお礼申し上げます。

最後になりましたが、第十六期こうべ芸文役員一同、引き続き関係各位の一層のご指導、ご鞭撻をお願い申し上げますとともに、会員の皆様のますますのご活躍、神戸芸術文化会議の四十年、五十年と今後一層の発展を祈念しまして、ご挨拶とさせていただきます。

（「神戸芸文」No.九十・二〇〇四年八月）

第三十三回神戸まつり　ごあいさつ

神戸まつりは、今年で三十三回目を迎えます。また、神戸まつりの前身である「みなとの祭」から七十周年にあたります。これを記念して、おまつりパレードでは当時人気のあった「国際大行進」を復活します。神戸にふさわしい国際色豊かな顔ぶれとなっておりますので、ぜひご覧いただきたいと思います。

今年のテーマは「躍れ！　輝け！　みんな笑顔で」です。たくさんの人たちが、笑顔で心と身体を躍らせて、一人ひとりが輝く元気あるまつりにしようという気持ちを込めており、会期中、あらゆる場所で元気一杯の笑顔が見られることと期待しています。

今年二回目となるこの「神戸まつりを踊る」は、会期を二日間に拡大し、内容もさらにパワーアップしています。今回の参加チームは、前回出演したサンバ、よさこい、韓国舞踊、日本舞踊、ジャズダンス、バトントワリングに、新たにベリーダンス、フラダンス、創作ダンス、沖縄民踊、ヒップホップが加わります。これらジャンルの異なるチームが「躍れ！　輝け！　みんな笑顔で」という同じテーマで、趣向をこらした〝踊り〟を披露します。

そして最後には、全チームが参加し、和太鼓松村組による「神戸発」の編曲にあわせて、ステージや客席で一緒になって踊ります。本日ご来場いただいた皆さまも、ぜひ一緒に踊ってください。そして、この「神戸まつりを踊る」を共につくり上げていただきたいと思います。さまざまな踊りの分野で活躍する人たちが自ら企画・運営する舞台で、神戸から夢と感動を発信します。パワーあふれるステージにどうぞご期待ください。

（平成十五年五月十六日・十七日）

島田実恵子リサイタル　震災復興『ようこそ劇場へ』

●朝まだき床《ゆか》突きあぐる上下動《じょうげどう》怒《ど》濤《とう》のごとき南北の揺《ゆ》れ

●マグニチュード七・二てふ大地震《おおなゐ》は神戸の街《まち》を崩《く》えはららかせり

●あのビルもこの家もまたかの店も瓦礫《がれき》となりて蹲《うづ》くまりたり

加藤　白鳳

平成七年一月十七日未明に淡路島北淡町に発生したあの未曾有の阪神淡路大震災からまもなく十周年を迎えます。

今、神戸の街も見事に復旧復興し、見違えるばかりの甦りを見せています。しかし、この間には東京をはじめ国内外より暖いご支援があり、ボランティアの活躍を受けて神戸の街は復活いたしました。このご恩に報いるため、各界の神戸っ子はお礼に各地を廻ってきました。シャンソン歌手、島田実恵子もその一人で、震災復興のお礼のリサイタルを開いて参りました。この度、大東京へ出て「一・十七は忘れない」をテーマにコンサートを開き、東京の人達に震災のご支援の感謝と復興の姿を示したいと計画を立てました。

今回は〝TOKYO二〇〇四「ようこそ劇場へ」〟と題して、第一部は、懐しいミュージカルのヒット曲が歌われ、第二部では、世の中の人情の機微に触れるシャンソンで楽しませてくれるものと思います。

阪神大震災から十周年の記念事業の一環として、元気な神戸の熟女の歌声を心ゆくまでお楽しみください。

（メルパルクホール・二〇〇四年九月二十八日）

皇后陛下御歌碑建立委員会会長あいさつ

皇后陛下御歌碑建立委員会の会長を務めております、神戸芸術文化会議議長の加藤隆久でございます。

このたび、皇后陛下の御歌を刻んだ歌碑が完成し、万感の思いで除幕を迎えることとなりました。

私が宮司を務める生田神社においても、あの震災で大きな被害を受けました。そして今までの間、多くの被災者のみなさまと同様に、復興のための苦難の道のりを歩んでまいりました。そのような折り、皇后陛下のお詠みになられたこの御歌に、私自身の歩みを、被災地の状況を、幾度となく重ねあわせたことか。陛下のお優しいお気持ちに心が洗われるようでした。

この御歌が、被災地神戸の象徴として、除幕を迎えた御歌碑とともに末永く語り継がれ、被災地のみなさまの希望の灯となることを願ってやみません。

(平成十八年九月二十五日)

巻頭言・伝統文化の活性化と継承

国際都市、モダニズム都市の生活の変化の中で、ややもすれば忘れ去られ衰退しようとしている神戸の伝統文化を、今のうちに活性化させ、次世代に継承させて行く方策を、神戸芸術文化会議でも取りあげて行くべきであろう。

なぜならば、日本人をして日本人たらしめているアイデンティティーの要素のひとつが、伝統文化であるからだ。

神戸にも山田の農村歌舞伎があり、六條八幡の流鏑馬《やぶさめ》があり、車の翁舞があり、兵庫の木遣り歌があり、生田の獅子舞がある。

伝統文化は、絵画や彫刻など形あるものとは別の、民謡、民俗舞踊、祭りなど、地域の生活共同体の協力の上に成り立つものである。したがって伝統文化がだんだん衰退して行くいま、これを守り伝えていくことの必要性と活性化を指摘したい。

とはいっても、伝統文化というものはただ保存するだけではなく、発展させなければ意味はなく、現代的に展開させて行くことが大切である。古典芸能でも、常に時代とともに変わって来ているからである。

もう一つ、緊急を要するものに、史蹟の保存がある。来年は、NHKテレビ大河ドラマは「源義経」だという。神戸には、源平遺跡が数々あり、来年は一つの観光ブームが起こりそうである。

しかるに、平清盛が福原遷都のとき、条里制を割り出すための基点に作られた差方塚などは行方知らずである。また、清盛塚の近くにあった神戸の名所を読んだ子日《ねのひ》庵一草《あんいっそう》の句碑は、壊されて紛失している。あの阪神大震災のあと、県庁前の栄光教会の玄関の側にあった「源平・生田の森の合戦」にまつわる「魁石《さきがけいし》」が、何者かによってクレーン車で持ち去られてしまっている。神戸の源平遺跡を示す石碑や遺物は、よく調査して大切に保存することが急務である。

いま、社会全般が高齢化して活力が衰えている。これを活性化するには、次世代の若者たちへの継承が重要である。したがって、今後神戸でも「伝統文化こども教室」などの事業を強力に推進して行くべきではないか、と思う。

（「生活文化」）

神戸文学館の新設を

神戸は開港以来「みなと」と共に発展して来ました。自然環境に恵まれる一方で、幾度かの災害に見舞われながら、これを克服し魅力と活力の溢れた芸術文化都市を築きあげて来ました。とりわけ阪神・淡路大震災により未曾有の被害を受けましたが、市民一人ひとりの懸命な努力と地域・近隣の助け合いや国の内外からの心暖まる支援に支えられ、多くの困難と危機を乗り越えて、神戸はようやく甦ろうとしています。これと同時に、神戸における芸術文化の若返りと活性化が叫ばれています。

いまは文化を文化が変える時代に入ったともいえます。特に日本文化の役割や本領が問われる時代の到来であることが予測されます。更に地域性に富んだものこそ世界に通用するといわれています。かつて、神戸の芸術文化が各ジャンルに於いて独自の特色を発揮して社会に貢献したごとく、神戸の芸術文化関係者が一丸となって、壮大な希望を掲げて、個々の可能性を発揮して、世界に向けて発信して頂きたいと願っています。このところ、神戸の芸術家の重鎮が次々と鬼籍に入られました。洋画家の小松益喜氏、音楽家の朝比奈隆氏、婦人団体の土井芳子氏、詩人の小林武雄氏等です。これらの方々のあとに続く、郷土を愛する多岐多彩なアート関係者たる美術、音楽、文学、演劇、舞踊、学術、評論、芸術文化の愛好者が相集い、異質文化の交流や作品で競い合い、互いに切磋琢磨し、懇親を深めながら視野を広げて行くことが大切です。

一時期、小磯良平、竹中郁、小原豊雲、足立巻一氏らが提唱して、小原会館に芸術文化人が集まった「8の会」に替り、震災後、生田神社会館に「アーティストの集い」が発足し、今年で五回目を迎えます。この集いを企画進行して行く間に、兵庫県洋画団体連絡協議会が設立されたり、王子の県立近代美術館のあとの王子分館のギャラリーの利用法を検討したり、神戸CSの会が新設されたり、芸術文化活動が活発化しつつあるのは喜ばしいことです。

とりわけ、懸案となっている神戸文学館の計画がもっと進捗して行く事が望まれます。まず神戸在住の芸術家文学者達の作品を蒐集することから始めて、それを集成しつつ、箱物を作って行くようにすればどうでしょうか。また、御影の景勝の地に建つ旧乾豊彦邸も芸術文化関係者の研究サロンの場として、もっと活用して頂ければと願っています。

(「月刊神戸っ子」・平成十四年正月号)

ごあいさつ　〝宝塚歌劇九十周年―いま飛翔のとき〟のパートⅥに期待する

神戸でパリ祭が近づいて来ると「愛と夢―永遠のタカラジェンヌ」の公演がやって来るのだなあと思うのである。毎年、パリ祭の頃、神戸文化ホールで、この華やかで懐かしい〝祭典〟が開かれるからである。

私は二〇〇一年の〈パートII〉の公演を見てから、すっかりこの公演のファンになってしまった。神戸で御活躍の風さやかさんが、歌って踊って舞台狭しと大活躍、その上、構成・演出・振付や音楽を担当し、往年のトップスターを神戸の舞台に招かれ、煌くスターたちの懐かしい名場面や、夢のタカラヅカのステージを目前に実現してくれるのである。

神戸は阪神・淡路大震災が発生して来年十周年を迎える。その間、懸命に復興に向けて、市民と行政が一体となって見事に街を甦えらせた。神戸は甦りの街である。

この〝愛と夢　永遠のタカラジェンヌ〟の公演も、神戸の復興と甦りに無関係ではない。本公演に出演される著名なタカラジェンヌが、毎年神戸の復興を願い励まし、いずれも甦った若々しい演技を見せて下さっている。

しかも、本年は宝塚歌劇団が創立して九十周年という記念すべき年である。宝塚大劇場ではすでに記念の大会が開催され、各地でも記念の公演が開かれている。神戸でも、このパートVIが九十周年を祝う催しとなるのであろう。

私は神戸の街が好きなんだ
私は神戸の街が好きなんだ
楠公さんに生田の社《やしろ》
名のみとどめるこれぞ湊川

再度《ふたたび》六甲摩耶《まや》錨《いかり》山
浜辺の松原行けば須磨舞子

高木史朗作詞、中元清純作曲の、この曲を口ずさみながら、今年もパリ祭近づく七月十一日に〝愛と夢　永遠のタカラジェンヌ〟を楽しみたい。

（二〇〇四年七月十一日・神戸文化ホール）

「神戸ビエンナーレ二〇〇七」交流会あいさつ

本日三連休の最終日は、公私共に御多用な中お忙しい中、神戸ビエンナーレ二〇〇七の交流会のため、ここ波戸場町TEN×TENにお集まりいただきまして誠にありがとうございます。今、メリケンパークから見えます神戸港新港第一突堤には「太平洋の白鳥」と呼ばれる世界最大級の大型練習船「日本丸」と「海の貴婦人」の名で親しまれています「海洋丸」が停泊しています。

さて、十月六日に開幕しました「神戸ビエンナーレ二〇〇七」が五十一日間の会期を終え、本日午後五時をもちまして閉幕しようとしております。

まだあと二時間ほど残ってはおりますが、おかげさまで目標の十万人を超える十四万五千人の来場者をお迎えすることができました。

「出合い～人・まち・芸術」をテーマに、現代アートだけではなく、いろんなジャンルの作品展示や、大道芸、ワークショップ、音楽ステージなど多彩な催しにより、美術鑑賞に関心がある方だけではなく、広い客層の方々にお越しいただきまして、芸術文化の裾野を広げ、文化振興、まちの賑わいや活性化につなげてゆくことができたではないか、そして第一回目のビエンナーレとして成功したのではないかと考えているところでございます。開幕した時は、日中汗ばむ程の暑さでありましたが、今では木枯《こが》らしが吹き、夕方などしんしんと冷え込むという時節となりました。しかし、今回は、会期中、台風の上陸が無いなど天候にも概ね恵まれました。とりわけ、大きな事故もなかったことが何よりも幸いでありました。初めての試みながら、意義のある発信ができたのではないかと考えておりますが、当然、単発の、一過性のもので終わってはいけません。これから神戸ビエンナーレの真価が問われるものと思っております。我々、主催者・事務局はいろいろと不行き届きの点があったかと思いますが、神戸ビエンナーレを育てていくために、皆様方にはこれからも叱咤・激励を賜りますとともに暖かいご支援ご協力を賜りますようお願いを申し上げるものであります。そして、二年後、また元気にお会いしたいと思います。

本日は、神戸ビエンナーレにご参画いただいた仲間として、ざっくばらんにご歓談いただき、お互いの労をねぎらうとともに、今後のご健勝を誓い合いたいと思います。
最後に心を込めてむすびの短歌一首を申しあげます。
さまざまな出合いとアート思いつつ今宵幕閉ずビエンナーレよし
—本当にありがとうございました—

（平成十九年十一月二十五日）

御挨拶・神戸芸術文化会議三十周年記念誌『二十世紀神戸物語』の刊行に際して

昭和四十八年八月に設立された神戸市民芸術文化推進会議（現・神戸芸術文化会議、略称「こうべ芸文」）が平成十五年をもって三十周年を迎えました。当時神戸市が人間環境都市を宣言し、環境、福祉、文化をまちづくりの柱と位置づけており、これを受けて神戸の芸術文化に携わる者が互いに協力し、市民の要望を市政に反映させ、市民のための芸術文化を推進することを目的として、当会議が設立されたのであり、約三百六十名の会員での船出でした。それも今では会員七百六十名を擁する総合文化団体に成長しております。

そして今日まで、総合文化団体の持ち味を生かし、美術展、ＫＡＣＣコンサート、アンソロジーの発行、学術セミナーの開催、神戸まつり協賛の百人色紙展、機関誌の発行等を通じて、市民文化の向上に努めてまいりました。また、設立二十周年記念として神戸を代表する詩人故竹中郁先生の回顧展を「竹中郁と神戸モダニズム」と題して実施し、設立二十五周年記念では、演劇部門の会員が中心になって、阪神淡路大震災のなかで報道、新聞発行に生命を燃やした人々の心の軌跡を通して人間の生きる意志、不屈の闘志を描く「0号発刊す」を上演いたしました。

三十周年を迎える今回は、会員それぞれの実体験に基づくエピソードを集め、パズルのように組み合わせることにより、芸術家・文化人の見た二十世紀の神戸を浮かび上がらせようという企画で、「二十世紀神戸物語」としてここに上梓いたしました。これにより多様な文化を受け入れながら時代に応じて変化していった神戸の履歴や魅力が少しでも後世に伝承されるとともに、これからの神戸づくりのヒントなどにも繋がっていけば幸いです。

編集にあたっては、約三百に及ぶ原稿を寄せていただいた会員各位、編集委員会委員、神戸市をはじめ多くの方々にご協力いただきました。ここに厚くお礼申し上げます。

最後になりましたが、引き続き関係各位の一層のご指導、ご鞭撻をお願い申し上げますとともに、会員の皆様のますますのご活躍、そして二十一世紀にも神戸を舞台に素晴らしい物語が生み出されていくことを祈念しまして、三十周年記念誌発行にあたってのご挨拶とさせていただだきます。

(神戸芸術文化会議発行『二十世紀神戸物語』・平成十六年六月一日)

『花もよう』序文・生活の中の忘れられた花々

読売新聞に掲載されている時から楽しみにしていた「たこさんの写真館　花もよう」が、このたび纏まって刊行された。蛸谷さんのカメラアイは、花といっても蘭や薔薇や牡丹といった鑑賞用の豪華な花ではなく、詩歌や物語に取りあげられた四季折々の桜や梅や椿の花でもなく、そうかといっていけばな芸術家の活ける花、茶席に生ける茶花でもない。

イチゴ・ブロッコリー・ソラマメ・オクラ・ゴボウ・ニラ・ニンジン・落花生・ウド・インゲン・ソバといった果物や野菜の花々である。いわば主役でない脇役の花なのである。

蛸ちゃんの優しくもまた鋭いカメラアングルは、これらの花に焦点を当ててはいるが、そのバックには働く人、遊ぶ子供、談笑する人、走る車や電車、花に集まる昆虫などが活動している。いわゆる「生活の中の忘れられた小さな花々」なのである。

その上、これらの写真のコメントが、ジャーナリストらしく、花の原産地や由来やエピソードなどを判りやすく限られた短い枠の中に説明されており、生き生きとした文章が、カラー写真を引き立たせているのだ。

（『花もよう』・平成十六年三月）

山田弘著　運に乾杯・書評

著者は昭和一ケタ生まれ。戦中から焼け跡・闇市の戦後を駆け抜けた男の学生生活、生活観、友情論、職場の仕事や心情が生き生きと描かれたエッセーである。この年代の家族は、兄弟姉妹の多い子だくさんである。著者も七人家族で、少年時代は小学校でなく国民学校で過ごし、遊びも海水浴、模型飛行機づくり、チャンバラごっこ、戦争ごっこ。子供の使う学用品、遊び道具も竹ヒゴ、分度器、コンパス、物差し、うどん粉、七厘《しちりん》など昭和一ケタ生まれの子供時代の生活がよく表現されている。服装も「よそ行き」「一張羅」など、もう死語となった懐かしい言葉が出てくる。先生の教育法も生徒に三十センチの物差しを背中に入れて勉強時の姿勢を正されたり、B29の空襲に遭って防空頭巾《ずきん》をかぶって防空壕《ごう》を右往左往して生き延びてきた少年時代の思い出がありありと描かれている。

長じて神戸新聞社に入社し事業部に在籍。新聞社が企画した数々のイベントに参画。ミュンヘンオリンピックやいけばな国際展に海外出張したときの貴重な体験談が語られ、とりわけモナコを訪問してレーニエ公とグレース王妃との面談の文章は圧巻で、二人の表情、しぐさからファッションまで山田弘さんの見事な観察力に引き込まれて読んでいく。文章の進め方が上手で、エッセーだが一つ一つドラマチックで、つい話に引き込ませるテクニックを備えている。あの阪神・淡路大震災の神戸新聞事業部の神戸震災ルック社員の活動と対応も克明に描かれている。思えば、あの大震災は尊い生命を奪った最悪の天災であったが、恐怖の体験をした人にとっては、またとない災害や事件を教えられた反面教師でもあったのだ。著者のあくなき調査力と記憶の良さやコレクションが、「財布を無くした日」「小さな小さなコレクション」等の文章に記され、咄嗟《とっさ》のときの克明なメモや無駄と思える期限切れの券の効用など、新聞人魂が垣間見られる。とりわけ、地元神戸で起こった特記すべき事象や懐かしい有名人物が、生き生きと描かれて思い出されるのも本書の特色で、絵画・音楽・舞踏・いけばな・書・陶芸など神戸の芸術文化人を網羅した評価集でもある。本書のように人の心情を傷つけたり批判したりしない温情あふれる評論、人物論は、すがすがしくうれしいものであり、巻末のスピーチあいさつ文の特集はスピーチの技法の手本でもある。今後本書を大いに活用させてもらいたい。「昭和一ケタ生まれの幸運男に乾杯」ともいうべきエッセー集である。

（「神戸新聞」二〇一〇年（平成二十二年）二月十四日）

行吉哉女学園長の百賀を祝う会・貝原俊民理事長就任披露の会　祝辞

常日頃敬愛して止まない行吉哉女先生が、この度百歳という洵にお目出たい齢《よわい》をお迎えになりました事に、まずもって心からお祝いを申し上げます。一口に百歳といいましても、この長い道のりを学園長という現役として、御健勝で世の為人の為にお尽し頂いている事は稀有なことで、洵に有難く世の中の亀鑑《かがみ》と申すべきでありましょう。

行吉哉女先生の御業績について私如きものが、申し上げるのは僭越でありますし、又百歳という道のりでのその御業績は、筆舌に尽すことは出来ません。

昭和十五年に神戸新装女学院を創立、空襲による全焼と再起、神戸女子短期大学、神戸女子大学、瀬戸短期大学の開設、さらに神戸女子大学に博士課程の整備された大学院の増設と偉大なる発展を尽げられたその御業績の数々は今更ここで申し上げるのも失礼かと存じますが、その間藍綬褒章、厚生大臣表彰、勲三等瑞宝章、文部大臣表彰、兵庫県文化賞、神戸市文化賞、岡山県瀬戸町名誉町民、勲三等宝冠章、国際ソロプチミストＷＨＷ章、そして本年は遠山敦子文部科学大臣から特別感謝状を授与されるなどその光輝ある御経歴は、その御受賞歴を拝見する中で、その偉大さを伺う事が出来るのであります。そして今尚、教育立国の夢を追い続けていらっしゃる事に満腔《まんこう》の敬意と感謝を申し上げるものでございます。行吉先生の御高著「敬と愛―ひたすらの道」を拝見しますと、先生のお人柄や思想、信条生活の一端を垣間見る事が出来るのですが、その中で、行吉先生は、

教育は私の天命です。先生を志してから、ひたすら、この道を進んで来ました。宇宙万物、国土、社会の恵みを受け、父母、先生のいつくしみを頂き、さらに多くの方々のお力に助けられて、今日まで歩み続けることが出来ました。いくら感謝しても感謝し切れるものではありません。今後も教育への夢を貫き、なお一層推し進めて、そのご恩にお応えしたいと思っております。

私は何かしようと思ったら、ただ一途《いちず》にやります。一生懸命やって、それができたら、「ああ、よかった」と思って、またつぎのことを考えて、それをやります。ですから、いままでを振り返って何が一番嬉しかったか、と聞かれても「みな嬉しかった」と言うよりほかないのです。欲が深いと言いましょうか。望みが大きいと言いましょうか、ただただ、まっしぐらに前進するだけなのです。時代に遅れぬよう心掛けていますが、さりとて新しいもの好きかというと、そうでもありません。夢を心に抱いて前進あるのみです。

と記しておられます。今尚、お心もお体もお健やかで、百歳をお迎えになられた秘訣は、どう

も、こうした前向きで、あらゆるものに感謝され、世の中を明るくポジティブに生きて来られた事ではないかと感銘して拝読したのであります。そして、更に今、日々《にちにち》の報道を見ても、家庭内にも、国内にも、世界にも、いろんな問題が起きています。教育にたずさわる者として考えさせられることが多いのです。私は父にきびしくしつけられ、また実践的なよい先生に恵まれました。昔の先生はえらかったと思います。私などとても及びません。そんな思いを日々《ひび》新たにしています。世の中のためにも立派な先生がこれからも次々と育って行かなければなりません。私もまた、さらに先生の道に精進し続けようと思います。――先生は私の天職です――と喝破されているのであります。この真の教育者としての迫力が百歳をお迎えになられた今もひし〳〵と感じられるのであります。

さて、私ごとになりますが、私は生田神社の宮司として、先生のあまり知られざるお姿を拝見して深い感銘を受けた事がございます。それは、或時、午前五時という早朝に、私が祭りの参籠でたま〳〵神社の清掃をしておりますと、拝殿の石段の下で履物《はきもの》を脱がれて、神前のつめたい石畳の上に正座され、ひれ伏しておられる御夫人の姿を見たのであります。近づいてみますとそれは何と行吉哉女先生でありました。それは私が知らなかっただけで、毎日毎日寒い冬の日も、暑い夏の日もほとんど欠かさずお参りされていたのです。

私は神職としてあるまじきこととは思いましたが、行吉先生にお尋ねしました。「先生、何を毎日お祈りしておられるのですか」と伺いましたら先生は「氏神様と御先祖様に感謝のお祈りを捧げると共に、世界の平和と日本の安泰、そして行吉学園の学生の健康と無事、教育を全うできることを神様にお願いしているのです」という答が返って来ました。それは御自分の健康やら家庭の事やら私的な事を祈るのではなく、常々「世界平和と国家の安泰、学園の学生の健康と無事と教育を全う出来る事を祈願されていた」のでありまして、私はそのお姿に深い感銘を受け、その時から益々行吉哉女先生への尊敬の念が益したのであります。

そして先の「敬と愛――ひたすらの道」のエピローグに次のような言葉で結ばれています。それは、

世界の平和、日本の豊かな発展、そして神戸の復興を思う時、女性の役割はますます大なるものがあります。女性には子供を産み育てる強い力があり、また一方で優しさと美しさが備っています。これが女性の特性ではないでしょうか。知性と共に女性の特性を活かし、個性の花を開かせるのが教育です。先生の道です。

これまでの私の歩みをふり返る時、平坦な道もありましたが、行く手を阻むかのように立ちはだかる険しい道もありました。しかし多くの人々に助けられ、道はいつしか開かれました。天職である先生の道は、私にとっていつも夢に満ちて楽しく、まるで花に包まれている

ようでした。そこには貫かれた一途の思いがありました。

というお言葉でありました。百歳の行吉哉女先生の強いメッセージがここに込められて居ると思いました。

さて、そのメッセージを伝え、実行されて行くに相応しい理事長を行吉哉女先生の一途の思いでお願いされたのが、この度理事長に就任された貝原俊民先生であったと存じます。

これも行吉哉女先生のカリスマ的霊威か、神仏の御加護かどうか判りませんが、貝原俊民前兵庫県知事を理事長に迎えられたのであります。

貝原理事長は、兵庫県知事として一五年間県政に携わられ、全国一の名知事としてその行政手腕は目ざましく、私がここで申し述べるまでもなく、全国で最も強いリーダーシップを持たれた知事として、長期に亘る実践において一つの見本を示された事はあまねく世の人々の知られるところであります。

私が今思い出すだけでも、貝原知事在職時に淡路と本州に分かれていた県を陸路で一つに結ぶ明石海峡大橋の開通、世界の未来を開く播磨科学公園都市の整備、ＳＰＲＩＮＧ《スプリング》８《エイト》の誘致といった構想力と先見性の伴った壮大なプロジェクトから「トライやる・ウィーク」といった明日を担う子供達の自発性を育てるための教育施策まで信念をもって貫き通されました。また演劇・音楽・絵画といった芸術文化にも造詣が深く、「県民の森」を提唱され、「花と緑の博覧会」を大成功に導かれる等、自然環境にも力を示され、我国に仲々定着しなかった地方分権、地方自治の推進に努められるなどその赫々たる業績はあまねく世に知られた知事さんでありました。

とりわけあの阪神淡路大震災という未曽有の大災害に当り、県民の安全に対する責任を全うしようと、その苦難に立ち向われ、震災から復興を目指して陣頭指揮をとられたお姿に私は感動を覚えたのであります。その驚異的な精神力と体力、指導力のあるお方を、行吉学園の理事長にお迎え出来た事に大いなる喜びを感ずるのであります。

すなわち、貝原知事さんが勇退されるという機会に、行吉哉女先生との長いおつき合いと肝胆相照らすお互いの信頼関係により、教育全般に亘って造詣の深い貝原俊民様を理事長にと百歳の情熱を傾けて懇請され、行吉哉女学園長の願いが実を結んで、この度、貝原俊民理事長が誕生した事は、行吉学園教職員はもとより学生一同にとっても洵に有難い事であります。

この学園運営の極めてきびしい「大学冬の時代」の真只中にあって、貝原理事長の御手腕に期待するところ絶大なるものがございます。

ついては、行吉学園全学一体となって貝原理事長を御支援御協力申し上げ、行吉学園の更なる発展向上に自信をもって、すばらしい学園に成長充実して行く陣頭指揮をおまかせしたいと思います。

貝原俊民理事長は、その御高著「美しい兵庫をめざして――二十一世紀へのメッセージ」の中で教育問題に触れられ、

私たちにいま求められているのは、日本人の「内なる自然」である日本文明の美質《びしつ》を心の中に再構築し、日本の将来に自信と誇りを持つことなのです。だからこそ、これからの人づくりにあっては、他者を思いやる心を育てる、社会生活上のルールを身につける、さらには自己責任の自覚を持つといった「心の教育」がより一層大切になってくるのではないでしょうか。

教育は、学校だけでは成り立つものではありません。私たち一人ひとりが、家庭、地域のなかで、明日を担う世代をどう育てていくか、生徒達に何が必要なのかを真剣に考えて行く必要があります。

そのためにも、私たち一人ひとりが、日本の将来に自信と誇りを持ち、よりよい社会をめざして、ひたむきな努力を重ねることが求められているといえましょう。

と述べておられます。洵に卓見、卓説であります。

このすばらしい理事長をお迎え出来ましたことを行吉学園の誇りとし更に一層の充実した学園の振興をめざして、大いに二十一世紀に羽ばたいて頂きたい事を念願いたしまして、行吉哉女学園長の百賀のお祝いを申し上げますと共に貝原俊民理事長御就任歓迎の（御祝辞《ことば》）にかえさせて頂きます。有難うございました。

第三十三回日本民謡二葉会発表会プログラム　祝辞

（平成十四年十一月十一日・ポートピアホテル）

民謡の二葉伸びゆき樹《き》と成りて
花咲く大人《うし》の誉《ほまれ》は高し

ハイヤ節貝殻節の名調子
児玉太鼓も祝ひ轟く　　　白鳳

このたび児玉利夫先生には三つの御慶事が重なり、その記念大会が開催されますことを心からお祝い申し上げます。

すなわち、㈠三十三回目の発表会が開かれること。㈡民謡に入門されて四十五年を迎えられたこと。㈢七十七歳の喜寿を迎えられたこと。更につけ加えますならば、伝統民俗芸能を地域に弘められた御功績により、昨年秋「神戸市文化活動功労賞」を受賞されたことも忘れてはなりません。

生田神社とのかかわりも深く、二十九年前生田の社に於いて神戸太鼓保存会を設立。昭和五十二年には、私が団長として参加した日本人カナダ移住百年祭に日加親善神事芸能団の一員として同行して頂き、カナダで大好評を博し、民謡「カナダ・パシフィックレールウェイ」の名曲を創作され、また昭和六十一年、カナダ・バンクーバーで開催された国際交通通信博にも二葉会の会員を引率されてゼロックス国際劇場に出演。更に平成二年と四年にドイツのバーリンゲン市とフリードリッヒス・ハーフェン市に於いて、フローンメルン民俗舞踊団等外国の民俗舞踏団と競演するなど、日本民謡の真髄を世界の人々に披露して、拍手喝采を浴びられたことなどが、彷彿と思い出されます。

毎年、生田神社の除夜は、児玉先生の御指導による神戸太鼓の打ち鳴らす太鼓によって明け、清々《すがすが》しくも勇壮な新年を迎えるのです。楼門の上で打ち鳴らす太鼓の音を聞いた何万人の善男善女が、その年の幸せを祈念しているのです。

このたび、民謡入門四五年と喜寿の嘉齢を迎えられ、民謡界の重鎮として益々円熟味を増してこられた児玉利夫先生には、今後、青少年への日本民謡の指標と伝承弘布のために御尽力なされますよう祈念してお祝いの言葉といたします。

（平成十四年十月二十日）

「神戸太鼓」創立三十五周年記念　祝辞

毎年生田神社の新年は神戸太鼓のメンバーが打ち鳴らす太鼓の音とともに除夜が明けます。そして元旦の午前零時神戸太鼓と同時に何万人もの善男善女が初詣に訪れるのです。

神戸太鼓は、今から三十五年前の建国記念日に、生田神社に於いて入魂式が執り行われ設立されました。

爾来、児玉利夫会主の情熱的な指導と若き会員達の漲《みなぎ》る演奏と団結により、㈶日本太鼓連盟に所属し、ポートピア81、ユニバーシアード、フェスピックオリンピック等兵庫県の公的行事に積極的に参加すると共に神社の祭典や地域社会のイベントなどで演奏。カナダ、フランス、ドイツ、中国等の海外からの招聘を受けての公演も好評を博して来られました。とりわけ、生田神社の日本神道民俗芸能団の主要メンバーとして、伝統文化を継承宣布すると共に、世界の国々との民俗芸能団と交流し、親善友好を深められている事に深く敬意を表するものであります。

また、阪神淡路大震災に被災した人達を励ます復興演奏や盲導犬支援のチャリティー演奏等、福祉活動にも参画。

後継者の育成にも努められ、平成十五年には神戸太鼓ちびっ子連を作り、六才から十三才のチビッ子二十名が育ち、神戸まつりをはじめ、地域のお祭りや和太鼓ジュニアコンクールにも参加入賞するなど、将来の神戸太鼓の希望の光りを見ることが出来ます。

児玉会主の「一打入魂」の指導のもと、「己を打ち、己を鍛え、太鼓を通じて社会奉仕しよう」という信条で力一ぱい演奏する神戸太鼓の三十五周年を言寿《ことほ》ぐと共に、更なる太鼓道を磨いて行かれる事を祈念いたします。

むすびに拙詠三首の祝歌を贈り祝辞といたします。

三十《みそ》あまり五《いつ》とせを経し太鼓《たいこ》道《どう》
　生田の森の初心忘るな

栄《さか》えゆく神戸太鼓の撥《ばち》さばき
あざやかにして民よろこばす

鳴り響く神戸太鼓を打つ撥《ばち》は
己を鍛《きた》え奉仕に尽せや

「八多保育園創設五十周年記念号」祝辞

（平成二十年四月十三日）

白鳳

八多保育園創設五十周年を心からお祝い申し上げます。

昭和三十年七月一日に八多神社近藤正好宮司が、八多神社の長床で郷土の児童福祉のために本園を創設されてから、今年、めでたく五十年を迎えられました。

本園は八多神社の大神様のご加護の下に敬神愛育の精神で保育に努められ、神社・園舎の清潔と安全管理に留保されて、職員は和を持ってことにあたられ、保護者と一体になって、児童の心身共に健やかにして豊かな発育を目指して、地域社会の要望に応えることを基本方針として保育にあたってこられました。

保育の目標も

1、自然環境に生かした保育

2、地域に溶け込んだ保育

3、動物愛護・音楽リズム等の情操保育

4、スポーツによる心身の健全な発育を目指す保育

という「丈夫な子」・「心の優しい子」・「考えてやれる子」を育成することを保育目標に立てられてこられたことは真に素晴らしく意義のあることであります。この保育目標と基本方針の下、酒井務理事長・棘木恵美子園長と職員が一体となり、情熱を傾けて児童保育にあたられ、今やこの地域において有名でなくてはならぬ保育園として、地域社会に貢献されていることに満腔の敬意を表するものであります。

我が国において少子高齢化の波が押し寄せている今日、保育園の果たす役割は真に重要であります。どうか創立五十周年を機に更なるご発展と一層の充実した保育園に成長されることを祈念して祝辞といたします。

（平成十六年十月）

NPO法人明るい社会づくり運動ひょうご広報紙発刊に寄せて

特定非営利活動法人明るい社会づくり運動ひょうごは、平成二十年三月二十一日付けで、兵庫県知事の認証を頂きここに発足いたしました。

明るい社会づくり運動は、提唱者である庭野日敬先生の、平和な社会や国家を創る「かなめ」は一人ひとりが人間性を確立すること、このために「自らの生き方を正し、社会を明るくしようという志を同じくし、社会の一隅を照らす人を一人でも多くつくろう」という理念を基にして昭和四十四年から始まり、本年で四十年を迎えます。

当時は、高度経済成長の真っ只中、心よりお金や物がという風潮がみなぎっておりましたので、心の荒廃に対する大きな問題提起となり、全国各地域において、お互い持ちつ持たれつの関係で、世のため人のためにという思いやりの実践運動、善意の運動としてあいさつ運動や様々なボランティア活動が展開されてきました。

兵庫県におきましても、東は尼崎・西宮・神戸など、西は姫路・加西など多くの地域において地区明社が発足、ボランティア精神に基づく清掃奉仕や募金活動などが活発に行われ、これら地区明社が参画した明るい社会づくり運動兵庫県協議会も発足し、全県的規模で活動が展開され、全国の都道府県においても同様の活動が行われた結果、全国的な協議会も組織されました。

平成十二年には、時代の要請にこたえる組織づくりを検討し全国協議会と各都道府県協議会が一つとなり特定非営利活動法人明るい社会づくり運動が発足しましたが、平成十九年四月には、全国組織は理念的なものを中心とした活動に、都道府県は地域社会に活動の輪を広げていく組織づくりが求められました。

高度経済成長の中で始まったこの運動も、近年ではバブル崩壊からの長引く経済不況や地球的規模での環境問題など新たな課題への対応が求められる一方、「癒し」と言う言葉が普遍化するように存在感の欠如や空虚感の増大など心の荒廃も深刻になってきており、明るい社会づくり運動も時代の要請に応えていける体制が求められるようになってきました。

このような状況を踏まえて兵庫県においては、提唱者の理念を具現化し明るい社会を実現していくため、今までの草の根的なボランティア活動などは継続して展開しつつ、社会的問題となっている福祉、環境、教育、更には平和といった課題にも目を向け、行政や諸団体等ともゆるやかに連携していける県民運動的な役割を担っていける組織にと考え、平成十七年十一月からＮＰＯ法人全国フォーラムネット兵庫県運営委員会の役員の皆様や支援団体等の有志の方々と準備委員会を発足し検討を続けてきました。組織としては、草の根で活躍されている方々をはじめ、いろんな宗教者の方や学識経験者更には経営者の方々などにも広く参加をお願いし、地域の人々の善意を結集し社会を善導していける団体を目指して、平成二十年十一月二十五日に設立総会を行い、兵庫県に対してＮＰＯ法人の認証を申請し翌年の三月二十一日に認証書を頂きました。

私たちは、この運動を通じて一人ひとりが持っている「人を思いやる心、善意」を結集して、住んでいる地域の方々とともに地域を明るく、社会を明るくしていくための活動を行い、兵庫の地に相応しい県民運動を進めていく母体となることを目指しております。このために人材育成、運動の精神を啓発普及していくためのセミナーや講演会の開催、情報収集や調査研究などの各種事業を行っていく予定です。

自らが心豊かにという理念を清く高く掲げながら具体的な実践は、誰にでもわかりやすく参加しやすいことからはじめていこうと考えており、また県内各地域において活動されておられる団体の方々とも、穏やかで無理のないつながりを図り明るく住みよい社会を築いていくことを考えています。今後とも皆様方のご理解とご協力を頂き活動をしてまいりますのでご支援のほどよろしくお願いいたします。

（創刊号『ＮＰＯ法人明社ひょうご』平成二十一年五月）

ＮＰＯ法人「明るい社会づくり運動」学習会理事長挨拶

皆さん今日は、「ＮＰＯ法人明るい社会づくり運動ひょうご」の学習会にご参加頂きまして有難うございます。

平成二十二年の新春もまたたく間にすぎ去り、早くも如月《きさらぎ》も半ばもすぎ春弥生が近くなってまいりましたが、皆様方には御健勝でお仕事に励んでおられる事と存じます。

本年は、庚寅《かのえとら》の年という事で、「寅《とら》」は、万物が芽生え蠢《うごめ》くということで、両手で曲ったものを伸ばし、正すという意味と、手を合わせて慎《つつ》しむという意味があるといいます。「寅清《いんせい》」という言葉は、身を清め潔《いさぎ》よくする事でありますし、「寅畏《いんい》」は行いを慎み、かしこまるという意味だといいます。今、世界が政治的にも経済的にも課題が多く、困難な状況に直面していますが、「苛《か》政《せい》は虎《とら》よりも猛《たけ》し」で、政治家はわが身を正し、大自然の法に基《もとず》いて徳のある政治を心がけねばなりません。

「虎」といえば、「虎の威を借る狐」のように自己の分をわきまえず、苦情や不当な要求をする人が増えております。責任や義務を果たし、身を慎んでこそ、幸福は訪《おとず》れます。

それは、利己主義でなく、利他主義こそが一人一人の幸せだけでなく、世界の平和、安寧《あんねい》につながるという事を心得るべきでありしょう。そして尚、天笑や人笑への防衛にも油断なく準備を怠ってはいけないと思います。

さて、こうしたなか、明るい社会づくり運動は、提唱者である庭野日敬先生の、平和な社会や国家を創《つく》る「カナメ」は一人ひとりが人間性を確立することであり、このために「自らの生き方を正し、社会を明るくしようという志を同じくし、社会の一隅を照らす人を一人でも多くつくろう」という理念を基にして、昭和四四年から始まったのであります。

当時は、高度経済成長の真っ只中、心よりお金や物が――の風潮がみなぎっておりましたので、心の荒廃に対する大きな問題提供となりまして、全国各地域において、お互い持ちつ持たれつの関係で、世のため人のためにという思いやりの実践運動、善意の運動としての、あいさつ運動や様々なボランティア活動が展開されてきました。

兵庫県でも早くから各地域におきまして、明るい社会づくり運動が展開されてきましたが、提唱から数十年がたち、提唱者の理念である草の根の運動という観点でもう一度見直し、宗教者も含めて各方面の皆様にも、ご参加頂いて新たに「NOP法人」として発足したものであり、一人ひとりが持っている「人を思いやる心、善意」を結集して、住んでいる地域の方々とともに、地域を明るく、社会を明るくしていくための活動を行い、兵庫の地に相応しい県民運動を進めていく母体となることを目指しております。

このような思いで発足《はっそく》しましたので、まず、「明るい社会づくり運動」とは何か、提唱者の「思いはどこにあるのか」ということを広く会員の皆様方を始め、沢山の方々に知って頂《いただ》きたいと考えておるのであります。

私は、明るい社会づくり運動は、同じ時代を生きている私達が、悲しみや苦しみを分かち合い、触れ合い、一人ひとりに思いやりの心をかけ合っていくことの大切さをひとりでも多くの皆様に理解して頂き、それぐ〵の立場で、他の人に喜んで頂くことの出来ることから実践していくことであり、兵庫県において、こうした方々を沢山つくって行くことが、私共「NPO法人明るい社会づくり運動ひょうご」の役割ではないかと思っております。

こうした観点から本日の学習会は、「明るい社会づくり運動の理念と実践から学ぶ」をテーマとして、お二人の講師にお越し頂きました。

本日お集まりを頂きました皆様は、それぞれの地域で清掃奉仕や社会福祉施設などへの奉仕活動など、数々《かずかず》のボランティア活動を実践しておられます。

まず最初に「NPO法人明るい社会づくり運動」の竹島克之《タケシマカツユキ》様から運動の理念をわかり易く御教示頂きたいと思います。

引続きまして、運動の実践事例といたしまして、終末期医療、ホスピスケアの現場で、実際に、末期がん患者の方々への心と体の痛みを和らげる活動に取り組まれております、立正佼成会付属病院院長の林茂一郎《もいちろう》様から色々とご教示を頂きたいと思っております。

終末期医療、ホスピスケアという言葉は、余り聞きなれない言葉かもしれませんが、実際の治療現場《げんば》での取り組みや現状などを学《まな》ばせて頂き、まず、私達が理解をさせて頂き、「私達一人ひとりが何が出来るのか」、「そばでお話しを聞かせて頂くボランティアなどに出来ることがあるのか」、また直接出来なければ、「他の人にホスピスケアのことを、もっと知って貰うために」、伝えていくことから始めて行くことも「明るい社会づくり運動だ」と思っております。

皆様、本日は理念と実践を併せた、初めての試みでありますが、最後まで御静聴をよろしくお願い申し上げ、理事長の挨拶といたします。有難うございました。

（平成二十二年二月二十日）

「建国記念の日」祝辞

主催者を代表致しまして一言御挨拶を申し上げます。

本日二月十一日は「建国記念の日」であります。「建国をしのび、国を愛する心を養う」と祝日法に規定されましたこの日は、戦前の紀元節の日付をそのまま当てております。

紀元節は新年の諸祭礼や儀式、今上天皇誕生日の天長節、明治天皇誕生日の明治節とともに、四大節に数えられておりまして、我が国の歴史伝統において重要な日であります。

紀元節が制定されましたのは神戸の湊川神社が創設されたと同じ明治五年十一月のことであります。私も本日午前十一時より生田神社に於きまして紀元祭をとり行って来たところであります。先刻建国のみことのりの朗誦がございました通り日本書紀の記述によりますと「辛酉《しんゆうの》年《とし》春正月、庚辰朔《こうしんついたち》、天皇《すめらみこと》橿原の宮に即帝位《そくていい》さる。是の歳を天皇の元年と為す」との日本書紀巻第三「神武天皇」の条の一節に基づきまして、初代神武天皇の即位が我が国の紀元と定められたのであります。

神武天皇は日向の高千穂の宮を発せられ、東進せられながら大和を平定されました。即ち、多くの困難を乗り越えながら、日本を安定せしめられたのであります。その大みしわざの前には、君と民とが常に強く結ばれ、天皇は神を祀り、御神意に従って奮闘され給い、国民は忠誠を尽くしたのであります。つまり、我が国の建国の根底にありますこの「君民一致」の精神を今一度見つめ直し、先人達のこの日に傾けた情熱に思いを馳せたいのであります。

あの終戦後、ＧＨＱは祝祭日の改変を強行いたしました。当時の世論調査では九割を超えるほとんどの国民が紀元節の存続を望み、政府による我が国の祝日に関する法案にも、二月十一日を「建国の日」として盛り込まれたのであります。しかしながら、「神話に基づく、紀元節が国家が公《おおやけ》の祝日を祝うことは神道指令に違反する」としてＧＨＱにより、この規定案は削除されたのであります。そして昭和二十三年、国の建国を祝う日を欠いた祝日法が施行されることとなってしまいました。

そのような中にありましても、先人達は、理不尽な占領が終結し、日本の主権恢復すれば、この日を必ず復活させなければという決意を固めたのであります。

かくして、占領中から展開されました紀元節復活運動は、サンフランシスコ講和条約締結に向けた交渉がはじめられた頃から本格化されました。そして実現までには十五年の歳月を要しましたが、昭和四十一年、建国記念の日となる日を定める政令として、再制定されまして、翌四十二年から二月十一日が建国記念の日として復活したのであります。

このように幾多の難関を超えまして、占領いらいの障害を払い除けた先人達の原動力とは何だったのでありましょうか。それは、日本民族の精神の底流に脈々として伝わる祖神《そしん》いらいの伝統精神が、厳然《げんぜん》として、今なお生きづいていたからであります。

さて、教育は国家百年の計と申しますが、教育現場の混乱の一因となっておりました教育基本法が、昨年末、ついに改正されました。改正条文の表現には不十分な点がありますものの国会審議の中で、「伝統と文化を尊重し、わが国と郷土を愛する態度を養うこと」、「宗教教育と道徳教育の充実」、「特定の組合などによる学校現場への不当な圧力の排除」など、法案の趣旨が政府より説明されました。これにより現在の学校教育における最大の問題への解決への道筋がつけられたのではないかと存じます。

しかし、連日報道されます家庭や学校での常軌を逸した事件の数々や、生活規範の欠如した若者の増加を見ましても、日本の教育現場が危機的な状況は明らかであります。一刻も早く教育現場の信頼を回復致しますとともに日本人としての自信と誇りを育《はぐ》くむことからはじめなければなりません。

かかる意味からも、神武創業の我が国の歴史が「国を愛する心」を養うための礎となることは疑う余地もありません。

本日「建国記念の日」に当り、一言所感の一端を申し述べ御挨拶にかえさせて頂きます有難うございました

（平成十七年二月一日）

比叡山宗教サミット十五周年記念「世界平和への祈りとイスラムとの対話集会」を振り返って

今般、比叡山宗教サミット十五周年記念「世界平和への祈りとイスラムとの対話集会」を開催致しました処、国内外より数多くの宗教関係者に御参加戴き、主催者の一人として厚く御礼申し上げます。

今回のサミットは、昨年九月の米国に於ける同時多発テロ事件以降、世に蔓延したイスラムに対する誤解や偏見を払拭するとともに、世界平和に向けての決意を再確認するべく開催されたものです。

記念講演やシンポジウムを通じて、イスラム教が平和を願う宗教であり、あのテロ事件が決してイスラムによる聖戦などと称されるものではないことが御理解戴けたものと存じます。

また、神道や仏教などをはじめ多様な宗教が共存し、寛容な国民性でも知られる日本こそ、

イスラムと他宗教との橋渡し役を担えるとする期待がイスラムの代表者から寄せられましたことは、私どもが深く心に銘記するところです。

残念ながら、今日に於いても宗教や民族の違いに起因する対立や紛争が後を絶たず、世界平和の実現には依然厳しいものがあります。しかしながら、私ども宗教者は、真摯な祈りと対話を重ねることこそが世界平和への最善の道であることを確信し、着実にその歩みを進めて行かなければならないと存じます。

そのためにも、宗教者一人一人がそれぞれの立場から人々に寛容の精神を説き、人類不変のものにまで高めるよう努力されることを願って止みません。

最後に、このサミットの運営に際し、献身的に御奉仕戴いた天台宗御当局をはじめ各宗教宗派の関係者に対し、深甚なる謝意を表して、結びと致します。

（平成十四年七月）

永職会二十周年を迎えて思うこと

永職会が発会して二十周年を迎える。まずもって心からお祝いを申し上げたい。

継続は力なりという言葉があるが、我々神職の勤めは歴史と伝統を世に広め継続するのが使命である。平成二十五年に天下無双の大営、二十年毎に斎行されて来た神宮式年遷宮は六十二回を迎える。天武天皇の御代に制度が決まり、持統天皇の御代から永々と千三百六年続いている。その尖兵たる永職会が二十年を迎える事も意義がある。

二十年という節目の年には深い意味がある。二十年というのは人生の一区切りと考える人も多いだろう。技術を伝承するためにも合理的な年数とされている。また、掘立柱に萱の屋根という素木を活かした神宮の社殿の荘厳さを保つためにもふさわしい年数でもある。式年遷宮の制度が定められた時には、世界最古の木造建築である奈良の法隆寺は既に建造されていた。当時の技術をもってすれば、立派に半永久的な社殿を造る事が出来たはずである。しかし、神宮では、二十年に一度神社を造り続けていく事で「悠久」を目指したのである。つまり、二十年毎に世の中が甦るのである。

我々永職会二十年の中で、私が最も印象深かったのは、制作統括・実行委員長として「ミュージカル・スサノオ」に携った事である。

思えば、第六十一回式年遷宮慶祝の年に、古事記神話が多くの人々に判り易く理解され、より多くの感動を与え、我国の歴史・文化に少しでも誇りを持って貰うようすがになってほしいと願いつつ、五年がかりで制作した古事記を題材にしたオリジナル・ミュージカル「スサノオ」。全国的に数々の話題を残し、七月東京で初日に高円宮・同妃両殿下の台覧を仰いで以来、八月名古屋、九月京都と各三十五回、都合百五回に及び連続公演を十一万八千五百四十五名の観客に観賞され、無事成功裡に千秋楽を迎えた時の喜びは何にも代えがたいものがあった。
永職会の平成六年は「スサノオ」に明け「スサノオ」に暮れた年であったが、翌平成七年、穏やかな正月を迎え、心新たに正月三日に放映されたNHK教育テレビの録画「ミュージカル・スサノオ」を次々と訪ねる初詣客の応対の合間をさいて見納め、これで「スサノオ」ともしばらくお別れと小正月が過ぎて行った。
ところが、一月十七日午前五時四十六分、淡路島北淡町を震源としてマグニチュード七・二という大地震が阪神地区を襲った。
朝まだ床突きあぐる上下動怒濤の如き南北の揺れ
マグニチュード七・二てふ大地震は神戸の街を崩ゑ散らかせり
荒々しい神輿に担がれ振り回されたような激しい揺れで叩き起こされ、崩れた玉垣や塀を乗り越えて境内に入ると朝もやの中、無残に倒壊した拝殿が見えた。鈍器で頭を殴られたようなショックを受け、私は拝殿前に茫然と立ち尽くしていた。
うるはしき唐破風持ちし拝殿は地上に這ひて獣の如し
御社殿も石の鳥居も灯籠もあはれ瞬時に崩し倒れぬ
これから私は一体どうしたらよいのであろう。この時、私の頭をよぎったのはミュージカル

「スサノオ」の制作に実行委員長として事に当って来た体験であった。あの五年に及ぶ「スサノオ」の企画からスタッフ・キャストの決定や対応等、脚本・作詞・作曲・振付けの内容の点検・劇場の選定や交渉、入場券の配布、入場者の動員方法、とりわけ無から出発した制作費用七億五千万円の捻出法、神社界及び社会、マスコミの反響、制作に当って起って来る不測の事故や事件に如何に対処して行くのか等々、その都度起って来る難問に待ったなしで対処して行かねばならぬ決断と実行……。永職会の会員と苦労を共にしてきた経験が次々と思い出され、「ようし！　あの時の体験を活かして震災後の神社の復興をただちに実行しよう！」と決意した時、私の体内から泉の如くほとばしるエネルギーが湧いて出てきた。

かにかくに氏子や父の建てし宮復興に向け燃え立つ我は

早速大手建築業者に依頼。復興計画、資金の調達、スケジュールの設定に到るまでミュージカル「スサノオ」の体験をそのままに職員と共に復興に向け実行に移して行けばよいのだ。そう思うと迷いはふっ切れた。もう後へはひけぬ。前進あるのみである。くよくよする余裕等ない。あの五年がかりで永職会員と共に「スサノオ」公演に向けて出発したと同じ気持が体中に湧いて来た。一日も早く社殿を復興させて神戸っ子の希望の光になり、神戸のシンボルを復興させることが私の使命である。あの「スサノオ」同様、神様が仕事を与えて下さったのだ。

私をこのように阪神大震災の物心両面の大きな傷の痛手からただちに立ち直らせ奮い立たせたのは、ミュージカル「スサノオ」の制作公演に携った事だ。これが私の人生に大きな糧になっている事をしみじみ味わっている。

以上は永職会のお蔭を蒙った二十年の強烈な思い出である。

今、私は全国的に話題になっている「陣内智則君と藤原紀香さん」の縁結びのプロデューサーとして、神前結婚式復権のため日夜奮闘すると共に、国際ロータリー・ガバナーとして東奔西走する毎日を送れるのも永職会での体験があったればこそである。

現在、永職会主催の浅野温子語り舞台「神話への誘い」が全国的に好評である。是非この素晴らしい作品の公演に若き会員が自ら携わって戴きたい。

永職会発足二十周年を迎えるに当り、永職会の更なる発展を願うと共に、若き永職会会員が陸続と輩出されんことを願って筆を擱く。

(「永職会創立二十周年記念会報・平成十九年七月)

「第五十九回指導者神職研究会開講式挨拶」

本日第五十九回指導者神職研修会が、新装なりました神宮道場で開催されますに当り、主催する神社本庁を代表致しまして一言御挨拶申し上げます。

「神職は生涯、勉学を続けなければならない」という言葉は、いい古されていますが、行う事は仲々むづかしいことであります。日々の神明奉仕や参拝者への対応、それに伴う雑務に当っていますと、改めて書物を繙き、新しい知識の習得や疑問の解決に努める時間を見出し難くなってしまいますのが現実でありましょう。

しかし、神職が自らの信仰を堅め、氏子崇敬者の教化を万全ならしめますためには、やはり平時より地道な研鑽を欠かしてはならない必須の要件といえましょう。

ましてや神職を指導する立場の指導神職研修は高度な研鑽が必要であろうと存じます。その自己研鑽を補い、いわゆる生涯教育の実を挙げるために、昭和五十年に設置されましたのが、神社本庁中央研修所と地方（神社庁）の研修所でありました。

当時の記録にも明らかでありますように、この中央研修所の制度は「神職が生涯に亘って研修して行くのを指導、管理して行くシステム」であり、「従来、本庁なり、神社庁なりが必要に応じて実施して来た各種の研修会、講習会を整備し体系的に行い、且つその結果を記録管理して行こう」（昭和五十年十月一日「月刊若木第三二〇号」というものでありました。

そして、それら研修のうち神社本庁が直轄するものについては、多くを伊勢の神宮道場で開催して参りました。開所以来二十七年目を迎え、神社庁研修所と共に神職の生涯教育の一翼を担って来たのが神宮道場であるといえましょう。

私などは、学生の頃《ころ》―といっても昭和三十二年、のことでありますが、前向いの祭主様の御宿泊所の祭主職舎に寝泊りして四十日に亘りこの地に実習をした事を覚えております。その当時この場所に神宮司庁がありました。

さて、その神宮道場も手狭になり機能的に衰えが目立ち始めましたところから、その機能を更に充実させるため、また時代が要請する神職の研修にも対応出来るよう神宮御当局の御高配を戴いて進めておりました神宮道場の改築工事が、本年五月十三日に完成し、竣工式が行われ、六月分の明階基礎研修を皮切りに本日から指導者神職研修会もこの新築なった神宮道場で開催されることとなったのであります。

神宮道場概要

この建物は、明治三十六年、神宮司庁の旧庁舎として建設されまして、設計は、当時の建築界の第一人者であった、東京帝国大学助教授の伊東忠太博士によって手掛けられたものであります。

本館の建物部分は、銅板葺唐破風屋根の庫裏を設けた玄関棟とその両端に繋がる南北翼棟及び、玄関棟背面の中庭を隔てて南・北翼棟と繋がる東棟《ひがしむね》とによって構成されていますが、建物の各所に配されました欄干付上下窓や玄関に備え付けられた双折《ふたつおり》ガラス戸等の造作から見まして、その建物が和式の中に洋式を取り入れて造られた所謂、和洋折衷式の建物であることが判ります。

関東、神宮に関わる全ての業務はこの旧庁舎に於いて統括《とうかつ》し総監督《そうかんとく》されて来ました。

また明治三十八年十一月の明治天皇御親拝の折には明治天皇の行在所に充てられたところであり、以後、しばしば行幸啓の御駐泊所に使われたという洵い有難い貴い建物なのであります。従ってこの部屋の上りも菊の御紋章がついておりますのもその意味がよくお判りになられると存じます。

そして昭和四十八年、現在の神宮司庁舎が内宮域内に、京大の西山卯三博士の設計で新たに建設されるに及び、旧庁舎は神宮の格別の御高配を戴いて神職の養成及び研修の教場として改めて活用されることとなりました。

そして昭和五十一年には第一回の明階基礎研修が開講され、これを皮切りに神職の生涯学習としての中堅神職研修・指導神職研修や階位取得を目的とした正階・明階の各基礎研修、及び神宮実習が開催されるようになり、神宮道場は初任神職育成の為の教場として神職養成の発展に不可欠であった人材育成の一翼を担って参ったのであります。

しかるに受講者の増加傾向や、時宜に応じて養成されます研修の要望に対応出来ますよう、道場の教場を中心とした施設の拡充と整備を行う事が喫緊《きっきん》の課題であり、今回は庁舎の改築と新館の新築とを合せた一つの研修施設として全体的な整備がなされ、講義室の充実祭式教室の新設、収容定員の増加など、神職研修、神職養成の更なる向上に資する施設となって、新しく増改築されたのであります。

したがって指導神職研修や正階・明階の基礎研修や神宮実習等この充実した道場に於て実のりある講義を受講され充実した研修となりますよう祈念いたしまして、主催者の挨拶といたします。

（平成十四年七月九日）

「宗教新聞」年頭挨拶

明けましておめでとうございます。

本年はいよいよ第六十二回神宮式年遷宮の盛儀完遂の決意を胸に、奉賛活動に邁進する秋を迎えます。神社人は一致団結して国運の隆昌と発展を祈念し、「皇室第一の重儀、神宮無双の大営」の達成に向け、最善の努力を尽くし、わが国の文化伝統を伝えて行かねばなりません。全国の皆様方の御奉賛を切にお願い申し上げます。

さて私が奉仕する生田神社の御祭神は、稚日女尊と申し上げ、日本書紀に記された稚く瑞々しい太陽の如き女神様であります。神代の昔、忌機殿《いみはたどの》で自ら機《はた》をお織りになられた大神の故事により、庶民の生業に御心を注がれ庶民の生活が安楽になるよう家庭生活をお守り下さる御神徳が深く崇敬されております。また、神功皇后の玉躰を御守りされた神様として健康長寿の守護神として広く古今の崇敬を集め、同時に家運繁盛、円満和楽の御神護を仰ぎまつる縁結びの神としても著名であります。昨年陣内智則さんと藤原紀香さんが神前結婚式を行ったことから、全国のマスメディアによって広く報道され、爾来連日若いカップルが縁結びの御神徳を得ようと参拝に列をなし、神戸の名所となっております。また阪神・淡路大震災に遭遇し甚大な被害を蒙りながらも、逸早く立派に復興した「甦《よみがえ》りの社《やしろ》」として、現代若者の共感を呼び、若者達から厚い信仰を受けています。本年も賑々しく御来社、御参拝をお待ち申し上げております。

（「宗教新聞」・平成二十年（二〇〇八年）一月五・二十日　合併号）

神社新報創刊三〇〇〇号特集・「古きよき教育を」

神社新報が創刊されてより、このたび三千号を迎へるといふ。父鋑次郎が社長を務めさせていただき、私も論説委員に関はったことから、これまで神社新報の神社界に果たしてきた役割や過程を思ひ、深い感慨を覚える。

過日、宮内庁侍従職御用掛の渡邊允氏の「天皇皇后両陛下にお仕へして」といふ講演を拝聴した。天皇陛下の一年といふのは元日朝五時半の四方拝、それに引き続く歳旦祭に御始まりになるといふことである。一年の御活動そのものを、この二つの祭祀でお始めになる。

陛下は年三十回、賢所で祭祀を執りおこなってをられる。明治時代の皇室祭祀令に定められた四方拝、歳旦祭から始まって春季皇霊祭、祈年祭、神嘗祭、新嘗祭、その他、時によっては歴代天皇の式年祭がいくつかおありである。これは百年以上お経ちになった方は百年ごとにおこなはれる。また、外国に御訪問になられる時は、その前後に賢所に参拝される。その外に今までは旬祭を毎月朔に御親拝なさっておられたという。

省みて我々神職たる者、天皇陛下御即位二十年の佳節に当たり、大御心を拝し、深く心に抱くとともに、陛下の祭祀の厳修のお姿を肝に銘じて神明に奉仕しなければならぬと感じ入ったのである。さらにこの間、全国四七都道府県をくまなく御訪問になり、また前の大戦で災禍を被った方々にも深い慈しみの大御心を寄せてこられた。とりわけ、災害を被った地域の人々には御親ら現地に赴かれ、生きる勇気と希望を与へてこられた。

かように天皇陛下と国民の絆こそ社会発展の原動力であり、日々「私」なく国民への慈しみとその幸せを願はれ、また慰霊に御身を捧げてこられた大御心を体して、諸事業がおこなはれる社会の構築を目指すといふ意識を共有していくことが、現代における我々神職の務めの第一であると渡邊氏の講演を聴きながら思ったことである。

最近とくに感じるのは、ＩＴ革命によるインターネットやパソコン、携帯電話など、手先の技術だけで何でも成し遂げられる社会の功罪である。今、若者のマナーの悪さが各所で指摘されてゐる。かつて男女とも「稽古事」と称して、武道、謡曲、茶道、華道など、習ひ事をする風習があり、企業や学校でもこれを推め実施してゐた。そこではおのずから礼儀作法が知らず知らずのうちに教へられていた。

今、かうしたマナーを教へる人や機会がなくなって、他人に迷惑をかけることが多くなってゐる。しかし一方では神社や寺院に参拝する若者も増えつつある。ただ、お参りの作法や仕方が判らないのである。神職自らが手水の仕方、参拝の方法を教へ示してやることが大切である。

東京・神田神社では、神に仕へる本当の巫女さんの姿と心を知ってもらおうと年一回夏に「巫女さん入門講座」を開いてゐる。入門書まで発行されたのは、時宜に適ったことだと思ふ。岸川雅範権禰宜が「女の子たちに、日本の文化や行事作法を教へて貰へないかと、町の方々から相談を受け、四年前から始めた」と語ってゐたが、受講生は四十人、高校生から二十二歳までの未婚女性が中心で白衣に緋袴を着け、茶髪脱色やピアスは禁止し、大祓詞を奏上。神社の歴史や文化、行事作法を学ぶうちに身や心が清められていくのか、この講座に参加した女性は、みんな巫女らしい清楚な雰囲気が出てくるといふ。かうした講座はこれから神社界でどしどし広めていくべきであらう。

現代は物が豊かで心は貧困な時代。便利なインターネット、パソコン、携帯電話の利用に反比例して、とりわけ、少年・幼児の努力・辛抱・集中・持続の欠如が叫ばれてゐる。いまの学校の主流は「カウンセリング・マインド」であり、叱らず褒める教育。生徒の目線に立って共感し理解するといふ教育である。

かうしたなか、ある日、私は同僚神職の昇給祝ひに福島県会津を訪れた。ついでに旧会津藩の藩校「日新館」を見学した。見学していて「什の掟」といふ日新館の教育方針に目が止まり、ある種の感動を覚えた。

旧会津藩の藩士は、子弟が十歳になると藩校「日新館」に入学させた。入学する前の遊び仲間である六歳から九歳までの子供は、毎日午後に集合、遊びの前に話し合ふ自治的な制裁である。十歳の日新館入学後の童子訓による学校教育の前提となるもので、礼儀作法など武士の子としての心構へを学びながら藩校入学に備へた。

グループは十人一組を意味する「什」と呼ばれ、その中で守るべき規則を「掟」と呼んだ。その「什の掟」とは、一、年長者の言ふことに背いてはなりませぬ。一、年長者にはお辞儀をしなければなりませぬ。一、虚言《うそ》を言ふことはなりませぬ。一、卑怯な振舞をしてはなりませぬ。一、弱い者をいじめてはなりませぬ。一、戸外で物を食べてはなりませぬ。一、戸外で婦《おん》人と言葉を交へてはなりませぬ。そして最後に「ならぬことはならぬものです」と締めくくられてゐる。

什《な》を率いていたのは「什長」といはれるリーダーで、身分や家柄に関係なく、年長の者が務めてゐた。子供たちは、什長に続いて毎日「什の掟」を一條づつ大声で読みあげ、全員でお辞儀をし、その後、掟を破った子供を什長が厳しく叱責したといふ。

いま、社会・学校・家庭或いは神社界でさへも「モラル」や「躾」の教育が低下してゐる。今こそ日本の教育の歴史を考へ、かうした古きよき伝統を見直すべきではないかと思ふ今日このごろである。

神社新報創刊三〇〇〇号（特集号　平成二十一年十一月九日）

熊野　──神仏霊場　巡拝の道によせて

わが国は自然の中に神や仏の聖地が数多くあります。山川林野に神は鎮まられ、仏は宿られます。聖地はまさに神と仏の出合いの場所であり、古来人々は神や仏を求めて山岳や辺地に修行し、神社や寺院に参拝してきました。

西国三十三観音霊場巡礼の第一番の札所は熊野《くまの》の青岸渡寺《せいがんとじ》です。この聖なる地「熊野」は他界・異郷・常世《とこよ》への出入口であり、日本第一の霊場といわれています。熊野信仰は、黒潮信仰の海の彼方から漂着する稀人神《まれびとかみ》の観想の上に成立したものであり、熊野は海の彼方の常世との接点の地として、常世・漂着信仰を生んだのです。かくして、この熊野に、伊弉諾尊《いざなぎのみこと》の葬送伝承が語られ、少彦名命《すくなひこなのみこと》の常世行きが伝えられたのです。

熊野信仰には、自然環境が大きな影響を及ぼしたことは明白で、家津美御子大神《けつみみこのおおかみ》を主神とする熊野本宮大社の鎮座地は、熊野川・音無川・岩田川の合流する巴ケ淵《ともえがふち》の辺りにある幽邃《ゆうすい》の地であり、本宮の神の山神的性格を物語るにふさわしい地です。修験道の聖地の大峰・吉野《よしの》へ通ずる入口・参詣道《さんけいみち》が近世繁栄したのも自然環境ゆえであります。

速玉之男神《はやたまのおのかみ》を主神として祀《まつ》られる熊野速玉大社・新宮は、熊野川が海に注がんとする所の両岸にあり、以前は黒潮洗う太平洋に臨んでいました。その上、神武《じんむ》天皇の故事や御燈《おとう》祭で名高い神倉山《かみくらやま》の屹立《きつりつ》していたことは霊場たるにふさわしい地であります。特にこの地は海岸に接していたため、海外よりの渡来者が多く、常世伝説が残っており、この地の海洋性、並びに縁起等による熊野神の回遊性、さらに新宮に伝わる特殊神事「御船《みふね》祭」等の性格を思うとき、新宮の神そのものに「寄り来る神」的性格の存在を感じます。

夫須美《ふすみ》大神を主神とする熊野那智《なち》大社は、祭神組織が成立する以前から世にも美しい那智の滝で名高く、この瀑布《ばくふ》を神体と仰ぐ信仰を根源として発達したことは明白であります。

修験道の発展によって、本宮と大峰修行・新宮と神倉修行・那智と滝本《たきもと》修行という風に修験道の霊場と仰がれる由来は、熊野三山の自然環境がキーワードです。そして、平安時代から始まる狂おしいまでの熊野詣《もうで》には、当時の末法思想が大きく影響してきます。平安末期になると神の本体は仏で、神は仏が仮の姿で現れたのだとする本地垂迹《すいじゃく》説が登場してきます。熊野は阿弥陀仏《あみだぶつ》（家津美御子の本地仏）のおわす現世浄土の世界であり、また常世との境の国、即ち補陀洛《ふだらく》渡海の信仰の地であり、浄土への往生を求めて人々はひたすら熊野を目指したのです。

やがて京師《みやこ》における院・宮・権門《けんもん》・勢家《せいけ》の信仰を惹《ひ》き、その参詣を促しましたが、ついでこの風潮は四方に及び、「日本第一霊場」とも称《たた》えられる熊野三山は、武家をはじめあまねく庶民の末々までをも風靡《ふうび》し、「蟻《あり》の熊野詣」とまでいわれるようになりました。霊場「熊野」は熊野本宮大社、熊野那智大社、熊野速玉大社、青岸渡寺、補陀洛山寺の三社二寺で構成されているのです。

「神仏霊場　巡拝の道」は、この「日本第一霊験」の地から巡拝がはじまるのも、意義あることと思います。

「神仏霊場　巡礼の道　公式ガイドブック」『神と仏の道を歩く』（二〇〇八年九月十日発行）

伊勢田史郎著『日本人の原郷・熊野を歩く』

序「熊野——神々と祭祀」

熊野へ参るには、紀路と伊勢路のどれ近し、どれ遠し、広大慈悲の道なれば、紀路も伊勢路も遠からず（『梁塵秘抄』）

この歌は、後白河上皇の撰による我が国の庶民歌謡集『梁塵秘抄』に見える。熊野詣についての上皇の御心も同じであったろう。熊野は遠い。紀州路を通っても、伊勢路を通っても遠い。しかし、広大慈悲の道、つまり一切衆生を救うという広大な熊野権現の慈悲の道であるから、紀州路も伊勢路も遠くないというのである。おそらくこれが、たびたび熊野詣をされた後白河上皇の偽らざるお気持ではなかったかと拝察する。広大慈悲の道だから遠くはないと思いつつ、遠い熊野詣をされたのであろう。

白河上皇・鳥羽上皇・後白河上皇、後鳥羽上皇の、院政四代にわたり、約百年間に百回近い「熊野御幸」が挙行された。上皇の参詣は、回数だけでなく、その規模も大きく、一行の数は千名に及ぶこともあり、例えば、白河上皇の元永二年（一一一九）の御幸では総人員八百十四人、伝馬八十五匹、中辺路の尾根道を一列になって続いたといい、この姿は「蟻の熊野詣」と称された。平安・鎌倉時代を通じて上皇の熊野御幸は、巡拝所と宿泊施設がある「九十九王子」を訪ねながら中辺路を経由して本宮に達した。

時には熊野川を船で新宮に足を伸ばし、那智へは新宮から大辺路を南下して浜宮王子に出、大門坂を登って那智へ、那智から大雲取・小雲取を越えて本宮に戻るコースをとった。都から三所山巡拝の総行程七百キロの大旅行で、その往復には一か月近くかかった。

紀伊国牟婁三郡にわたる地域は往古の熊野国であるが、そこに熊野本宮大社（熊野坐神社＝本宮）、熊野速玉大社（熊野速玉神社＝新宮）、熊野那智大社（熊野夫須美神社＝那智）の三大社が鎮座している。これらを総称して、熊野三山または三所権現と呼ぶ。「日本第一大霊験」とも称される熊野三山は、やがて京師における院・宮・権門・勢家の信仰を惹き、その参詣を促したが、尋いでこの風は四方に及び、武家をはじめ、あまねく庶民の末々にまでも風靡した。「伊勢に七度、熊野に三度」といわれるように、中世から近世にわたって庶民の念願のひとつであった熊野詣。平安時代から始まるくるおしいまでの熊野詣には、当時の末法思想が大きく影響していた。熊野は阿弥陀仏（家津美御子の本地仏）のおわす現世浄土世界であり、また常世との境の国であった（補陀落渡海信仰）。浄土への往生を求めて人々はひたすら熊野を目指したのである。

こうした熊野への参詣道は大きく五つあった。大坂から紀路を経て新宮へ出る大辺路、紀路を田辺から山路に入り近露を経て本宮へ向かう中辺路、高野山から果無山脈を越えて本宮に至り、本宮から熊野川を船または徒歩で新宮に至る小辺路。また伊勢松坂から伊勢路を滝原・荷坂峠などを経て新宮に至る東熊野街道。そして吉野上市から、上北山、下北山を経て新宮に至る北山街道。このほか大和五条から玉置山を越え、本宮に至る行者道などがあった。

この歴史のいっぱいつまった紀州熊野路をこよなく愛し、自らの脚で歩き、現代の秘境に点在する伝説をひろい集め、「日本人の原郷・熊野を歩く」と題して、私が会長を勤める「神戸史談会」の会誌「神戸史談」に九回に亘って連載された。歴史民俗学者であり、詩人でもある伊勢田史郎氏が、このほど一本に纏められる事になったのは洵に有難くうれしい限りである。

さて、熊野信仰が世に栄え始めたのが神仏習合の度の相当進んだ時に始まるが故に、多くの僧徒の手に依って熊野信仰が成熟せしめられ、流布された。しかしながら、この熊野信仰の源流を辿って行くと、ムスビ・タマ・ケツミコの古代信仰に帰着する。

長寛勘文の中に引用されてある熊野権現御垂迹縁起の中に「始結玉家津美御子登申二字社也」とあり、古代は熊野の神が結玉という相殿《あいどの》一社と家津美御子という一社より成り立っていた事である。ムスビ（産霊）とタマ（霊魂）というのは、古代に於ける神観念の最も一般的な形であった。今でも熊野の神の主神は、熊野夫須美大神、熊野速玉大神、熊野家津美子大神の三神とせられている。熊野夫須美神がクマノムスビ神である事は早くから先賢により説かれているところであり、速玉大神は言うまでもなく、その名が示す如く、タマを表すものである。タマとは神の本躰を表すものであり、ムスビはそのタマの有する働きを示すに外ならない。故にムスビとタマとは元来不二のものであり、共に相関連して発生し、それが後に分離して二つの神格を成立せしめたものと考えられる。これよりして熊野御垂迹縁起が結玉を一つの神格として取扱っている事は意味のある事であり、且つまた相当古い形が残存しているものと解される。

このようにムスビ・タマの観念は原始信仰に於いて最も一般的、根源的なものであった。ムスビとは生成化育の力に対する日本民族の根本的信仰で、ムスとは見えないものが目につくように発生する作用であり、また見えない力の発動する作用をいうのであって、現象界ないしは宇宙間に於ける霊妙なる力を名付けたものであろう。結局、熊野地方に於けるあらゆる生産の作用を意味するものが熊野のムスビの神であった。

これに対してタマは神の本躰そのものを示す言葉であった。折口信夫博士によると、人間の身躰の中へ霊魂《タマ》を容れる技術が産霊《ムスビ》であって、古代人の信仰を見ると、ムスブという作用は水を掬ぶということに関係を有し、水を掬んで飲むように人間の身躰の中へ霊魂を容れ結合させる作用であるといわれている。その作用によって人間が非常な威力を発揮してくるものであると信じられてきた。これら、古代人共通の観念がムスビ・タマの信仰であった。

551 伊勢田史郎著『日本人の原郷・熊野を歩く』
序「熊野——神々と祭祀」

これに対して、家津美御子大神とはその名が示すごとく、ミケツノカミ、すなわち食の神の事である。古代に於ける人間生活にとって最も重要なる穀物を司る神であった。しかも、このケツミコは、ムスビやタマに緊密なる関係を有する事はいうまでもない。すなわち、タマの働きであるムスビの力によって穀物が育成されると信じられていたからである。目に見えてない物によって支配されているという信仰は極めて古い起源をもつものであった。

このように熊野信仰は古代に於ける最も一般的な信仰であったムスビ・タマ・ケツミコの神々の信仰により発生し、次第に発達して行ったものと考えられる。

さて、本稿を書いている本日七月十四日は、熊野那智大社の例大祭である。この例大祭の主な行事は、那智田楽、扇《おうぎみ》神輿《こし》の渡御、那智の火祭がある。この一連の祭りは一体何を意味するのか考察してみたい。

私はかつてこの例大祭に参列して次の歌を詠んでいる。

つゆ明けのあつき日盛り火まつりの松明をとる瀧つぼ近く

普通一般には、この祭りに行われる扇会式・火祭は、神武天皇の熊野上陸の故事を儀礼化したもので、扇の組は天つ神、松明の組は先住民の丹敷戸畔《にしきとべ》の一族を指すと説明している。しかし、この那智大社の祭りは古来の固有信仰の外に修験道、仏教の信仰などが混淆しているように、色々な要素が複合して複雑な祭りの形態をとっているように思われる。

私はこの那智の一連の祭りは、伊勢田史郎氏の説く「日本人の原郷」からみると、農業神事を表すものであるとみなしたい。那智の火祭に扇を使用するのは如何なる意味をもつのか、また扇神輿の前に五本ぼねの大きな扇を押し立て、しかも扇に馬の繪が描かれているのは一体如何なる意味をなすのか、注意すべきである。

『古語拾遺』（八〇七年・斎部広成撰）を繙くと古代には「五穀に虫が付いた時には、烏扇《からすおうぎ》で煽ぎ男茎《ヲハセ》の形を作って蝗《いなご》を駆除した」という土俗の伝承のあった事を記している。那智大社に蔵する『熊野那智神社祭神及御調書（上）』の中にも「扇神輿ノ前ニ五本ホネノ大ナ扇ヲ押立テテ、是ニ画クニ馬ヲ以テスルモ古伝アリト老者ノ向キヨリ申シ伝フルニモ上代ハ五穀ニ虫ノツキタルトキ男茎ノ形ヲ作リテ蝗《イナゴ》ヲ掃除スル事アリ」という記事があり、これを以てみると、那智の例大祭の先頭に立つ五本ぼねの馬の繪は、古代に於いては『古語拾遺』の記事のように、男茎を描いたものと考えられる。それが時代が経つとともにその形のおかしく人に見せるのを憚《はばか》るところから、改めて馬の繪を描くに至ったものと思われる。

『古語拾遺』に言う烏扇というのは、現在は和名ヒオウギで知られるあやめ科の多年生草本。山野に自生し、高さ一メートル内外、葉は広い剣状で密に互生し、檜扇《ひおうぎ》を開いた形に似るのでこの名がある。黒く艶のある丸い実（烏羽玉《うばたま》）をつけるところから、現在も一名烏扇と呼ばれ

553　伊勢田史郎著『日本人の原郷・熊野を歩く』序「熊野——神々と祭祀」

ている。この扇を使って害虫を田より押し出す風習が古来あったものであろう。そうすると、この十二躰の扇神輿にもこうした意味を込めて五穀豊穣を祈念したものとみなすことが出来る。

さて、熊野三山の祭りと祭神について一言しておきたい。

熊野坐神社（熊野本宮）の現在残っている祭祀の中で最も盛大に行われるものは、四月十五日の御田祭である。特に神輿渡御の行列には笠花棒を付けたエブリ、早苗持、早乙女、五十串、鋤という諸役が参列するのは、この祭が農業神事である事を物語っている。

この地の古老の話によると、これに加えて七月十四日に行われる那智の火祭、十月十五・六日に行われる速玉大社の御船祭の三つの大祭がいずれも農業に関係ある祭りだとしている事である。なるほど、右の三大祭をよく考えてみると、四月十五日の祭りを田植神事、七月十四日の那智の火祭を虫送り、十月十五日の速玉大社の祭りが刈り入れを祝う豊年祭りと、一連の農業神事とみなされるからである。

而して、この土地の人が言うように、右の三つの固有の神事は農業祭り、五穀豊穣を祈る祭りと見るのは妥当と思われる。即ち本宮の御田植神事は申す迄もなく、那智の火祭は、火を焚き、烏《からす》扇や馬扇を出す事により害虫の退散を願い、大年の神としての烏《からす》神事を修して豊饒を祈る祭りと考えられ、この祭りの神賑いとして古い形の田楽が行われるのも五穀の豊饒を祝福し、兼ねて鼓笛や、ササラをもって面白い演技《わざおぎ》を演じ、農民の苦労を慰めるが為の農業神事と解する事が出来る。

速玉大社の十月十六日の御船祭の神幸船に旧大島村権現島から萱の穂を魚味と共に納められるのも農業に関係のある事を示すものと言えよう。尚、この前日神輿渡御祭に「おみたま」という玄米を焚いて作った直径四、五分位の団子を供えるが、この「おみたま」は古代に於いては、やはり神霊及びその眷属の霊代《みたましろ》と考えて神聖視されていたものと思われる。

また、毎年十一月十五日に行われる新嘗祭にも次のような田植神事がある。その式は同夜子《ね》の刻《こく》、中御前（速玉大神）の霊を拝する式が終わって鐘を撞く時、神官禰宜が南桜門を出て二手に分かれ、一は直ちに阿須賀《あすか》社に到り、一は御船島へ行って神供を献じ、祝詞を奏し、諸手《もろて》船《ぶね》に乗って阿須賀社の後岸へ着く。この時鍋割島という岩の上で鍋土器を割り、それから社前で牛を呼び来たって耕す仕草や籾を蒔く仕種を行う。これは明らかに田植神事である。

このように見てくると熊野三山に伝わる祭祀は、いずれも農業神事とみなす事が出来よう。

○

このたび、畏友伊勢田史郎氏が『日本の原郷・熊野を歩く』を刊行されるに当たり、拙文を献じ言寿ぐものである。

（「日本人《にほんじん》の原郷《げんきょう》・熊野《くまの》を歩《ある》く」二〇〇八年三月）

「摂播歴史研究」序文

摂播歴史研究会が結成されてより、本年で二十五年になる。もともと、本会は昭和四十九年七月に発足した式内社研究会の播磨国調査班を母胎とする。

播磨班は班長に関西学院大学の武藤誠教授、副班長に関西大学の横田健一教授が就任して、調査員には地元の学究的な神職、郷土史家、教諭などが任命された。その後、各員の熱心な実地調査と研究により、五十二年十二月にはすべて原稿が出揃い、その成果は五十五年二月に出版された『式内社調査報告第二十二巻　山陽道』の「播磨国」として完成し、播磨班の任務は終わったのである。

しかし、このまま班を解散するよりは、新しい研究団体の会として継続してはどうかという幹事の廣瀬明正氏の強い要望があり、有志と協議した結果、「摂播歴史研究会」と名づけて活動を推進することとなった。そして、その発会式が五十七年九月に生田神社会館で開催され、会長に西宮神社の吉井良隆氏、副会長に私が選ばれたのである。

本会の活動としては、当初は研究発表会を中心に行なったが、近年は『播磨国風土記』・『峰相記』などの勉強会を開催し、それに関連した史跡見学会も実施している。

また、六十一年四月に会報「摂播歴史研究」を創刊し、平成十八年三月までに第四十四号を発行しているが、このたびは二十五周年を記念して特集号を出すことにした。

昨年から運営委員長の熊谷保孝氏らが企画し、準備を進めてきたが、本会の顧問である田中卓先生をはじめ会員諸兄の寄稿により、ここに特集号を上梓できることは喜びにたえない。会長として、厚く感謝の意を表する次第である。

神ながらの道を歩《あゆ》める友輩《ともがら》が集ひて明かす歴史の謎を
摂播の正しき歴史伝へんと現地調査も押し進めゆく
摂津播磨の歴史究めて一すぢに二十五年《はたまりいつとせ》経《へ》ぬるこの書《ふみ》

（「摂播歴史研究」特集号・平成十九年八月）

三峯神社を拝み奉りて　――新春に思うこと――

敬宮愛子内親王殿下御誕生の新春を迎え、三峯山の正月はさぞや喜びに満ち溢れていることでしょう。

私は三峯山に魅せられて一昨年にひきつづき、昨年九月に再び三峯神社に参拝し、午前六時の朝拝に参列して次の歌を詠みました。

霧深きみつミ祢山の境内に
清《すが》しき朝を迎へぬるかも

本殿《みあらか》の左《ひだり》みぎりに坐しませる
犬神様の赤き大口

朝拝の大祓詞の揃ひたる
重く厳《いか》しき神職《かむつかさ》の声

私が訪れた三峯の朝は雨と霧に覆われ身も心も救われて、一層清々しい気に打たれ、周辺の山々も幽玄の世界を醸し出していました。

三峯より下山して都会の喧騒にさらされるたびに現実に戻り、つい神社と環境問題や日本の現状を考えてしまうのです。

科学技術が著しく進み、生産活動は巨大化し、それに伴って各種の公害が大きくなって来ました。即ち人間活動の巨大化が地球的規模で、神々の生み出した自然界に大きな影響を及ぼす時代となりました。人類の明日を脅かす砂漠化、大気汚染、地球の温暖化、オゾン層の破壊、有害廃棄物、酸性雨、野生生物の減少、地下水の汚染、あふれるゴミ等、地球を傷つける問題が山積し、このまま放置されると地球は瀕死の状態に陥ってしまうでしょう。このように現在、世界が直面している地球環境の悪化に伴う人類生存の危機に対してこれからの神社界は、その特性を充分に生かして、現在に於ける独自の教学的役目を果さねばならない時期が来ていると思うのです。

神社神道では自然は兄弟のように見ています。伊弉諾尊・伊弉冊尊という男女二柱の神からこの国土や山川が生まれたと考えられています。同じ神からまた諸氏族の祖先となった多くの神々も生まれております。即ち自然は我々と兄弟であったはずであります。神社はこんもりとした森に囲まれていなければなりません。森は神々の住み給う場所なのであります。日本の心の故郷《ふるさと》、神宮の杜《もり》は、日本人全体の鎮守の森でもあります。したがって、緑化をはじめとする環境保全の出発点は神社の杜とすべきであります。自然との一体感の中で神社の祭祀の本質と啓発とその厳修は、地球環境の保全意識の昂揚のために教学的課題の第一歩にあげるべきでありましょう。そして、鎮守の森の護持と整備の必要性を訴えながら、鎮守の森の積極的活動を推進していく事に、むしろ神社神道の現代的意義を見出すことが出来るといえます。とりわけ、昭和天皇をはじめ今上陛下の御聖蹟の一つである植樹祭は、世界にも類を見ない国土緑化運動であり、この有難い御聖蹟を教化することによって、皇室の尊厳を護る事にも繋っていくものと思考されます。

神社神道では神々が生み、はぐくまれた美しい自然の秩序や田園をうるおす水の流れや、古代からの聖地を踏みにじって荒しまわるような事はしてはいけないと戒められています。そうした行為は神道に於ける究極の罪、天津罪にあたります。かつて日本人は自然を畏敬し、自然と調和して生きる事を念願としていました。伝統的な価値が喪失されて行く時代といわれる時代に、このままで果して人類の本当の平和と地球の共存が続いていくのでしょうか。人類と地球が共存していくためには、ささやかではあっても神社神道の伝統的自然観を現代に大いにアピールする事を教学的課題の一つにおくべきであります。

神社神道には「人は神の子」という信仰があって、人間の生命は神から戴いたものと信じられています。神から戴いた生命を持ち、その本質を受け継いでいるがために、人は神聖で清らかな存在とされています。この事は自分自身がそうであるだけでなく、周囲のいかなる人もすべて同様であるとします。とすれば自己と他者の双方の生命と人格を互いに尊重しなければならなくなります。神社神道は個性を保ちながら全体の調和を強調しますが、これは神道だけの問題ではなく、日本文化全体の理想の一つであります。神の恵みのもとに生かされてゐる人間が、個性的にも集団的にも互いに調和して健やかに国際的にも世界的にも共存共栄する事が大切であります。

一方、「日本には世界のあらゆるものがある。しかし日本には日本がない」——これは現代のイギリスの一文学者の直言であります。このことは独自の固有性をかなぐり捨てて、伝統のアイデンティティーを見失ってしまった現在の日本人のある姿を外国人が見てとったのであります。そしてそのイギリス人は「世界で最も反日的国民は日本人である」とまで決めつけています。外国に於ける反日感情どころか、いま我国に蔓延しているのは「日本人の反日感情である」といわれています。したがって、神社神道においては、今こそ我が歴史と伝統に基く主体性のある日本人、とりわけ青少年を育成する運動を進めて行かねばなりません。

今の日本の平和主義は、一人の児童が木から落ちて怪我《けが》をしたから「校庭の木をみな伐り倒してしまいましょう」という現代の歪《いびつ》な教育ママの発想から出て、今日の反戦、平和イデオロギーを築いているといわれています。しかし、本当は少々怪我人が出ても、何百人の子供が木登りを覚えることが、何年に一度、何十年に一度の割合で多数の人命を救うことになるのだ。——こうした点を教化して行く必要がありましょう。かつて石堂淑朗氏が「国家は悪、日本国は悪といって、外国の日本侵略の準備をしている亡国の民なのである。彼等は日露戦争の立役者東郷平八郎の名を子供に教えることすら拒否する。明治百年の歴史をこれ悉く侵略の歴史として拒否するのだ。——亡国の民は当然のことながら、国歌を拒否し国旗を軽蔑するのが大好きである」と皮肉をこめて、現在の日本人の反日感情を指摘し、警告を発しています。

このような折柄、神社神道に於て今こそ歴史と伝統に則った主体性のある日本人を育成する運動を展開することを年頭に当り痛感しています。

「朝にゃあさ霧夕にゃ狭ぎり秩父三峰霧の中」——野口雨情が三峯山に登拝した折りに作られたこの歌を反芻しつつ、いま新春の三峯に思いを馳せているのです。

（みつみ祢山　第一七五号・平成十四年一月）

弔辞・誄詞・偲び草

荒尾親成さんのおもかげを偲びて

「神戸の生き字引」と云われ、神戸ゆかりの文人墨客、幕末、明治の名士や志士たちの写真・遺墨・絵画など、神戸を知る貴重な史料の蒐集家として知られた荒尾親成さんが、本年二月十日帰幽された。享年九十七歳であった。

荒尾さんは、明治三十六年四月二十五日、土佐の高知市でお生まれになった。したがって郷土の勤王の志士坂本龍馬や中岡慎太郎等を崇拝し、後年、吉田松陰や西郷隆盛、乃木希典等の遺跡を蒐集し、筆跡鑑定でも著名であったのは、御出身の土佐の血が流れていることに起因するのであろうか。

幼少の頃、神戸に移住され、神戸市立第一商業を卒業。大正十五年に神戸市役所税務課に勤務。軍事援護課長、復興本部総務課長、港都局総務課長、兵庫区長を経て、昭和三十年神戸市立美術館館長となられた。同四十年神戸市立南蛮美術館の改称ののちも館長をつとめ、その間、すぐれた運営手腕をいかんなく発揮され、港神戸の美術館としての声価を高められ、昭和四十一年退職後は神戸史話の解説や写真集の出版などを通して、郷土史の普及と啓蒙に尽力されたことは夙に知られるところである。

荒尾さんは、人生の大半を神戸の下町で呼吸をし、庶民と共に生きて来られた神戸っ子の代表ともいえる人であり、博学であり乍ら学者ぶらない学者として著名であった。とりわけ、記憶力が抜群、話術の達人で、明治・大正・昭和の神戸の歴史が荒尾さんの口から語られると、ついつい話に引き込まれて行くのであった。例えば、活弁華やかなりし頃の新開地のことを、大正七、八年ともなりますと、映画館なるものの大流行と共に活弁サンの黄金時代、爾来昭和六年のトーキー出現までの間、幾多の名弁士が輩出し、満都の子女を熱狂せしめました。私もたしかにその一人でした。新開地に出来た初期の活動小屋には、電気館・敷島倶楽部・桂座・錦座・朝日館・帝国館すこしおくれて、松竹座・相生座・聚楽館・二葉館・キネマ倶楽部・栄館・松本座・菊水館・第二朝日館・有楽館が出現しました。……と、当時の新開地の活動小屋の名前がスラ〳〵と口をついて出てくるのに唖然として聞き入ったものでした。あるいは、あの懐かしい新開地の聚楽館のことについても、

現在の聚楽館は二代目で、昭和八年に改築されたものであります。大正二年九月の初代聚楽館のこけら落しには名優松本幸四郎、尾上梅幸によって名狂言「茨木」が上演されて大変な人気を呼び、つづいて松井須磨子、沢田正二郎等芸術座のカチューシャ、又、大正八年五月には梅蘭芳による「天女散花」「酔楊妃」等、東西、内外の名優による歴史的な上演が相ついで行なわれました。とりわけ私の眼に残っているものとしては、大正十三年三

月十九日、十五才の少女水谷八重子のメーテルリンク作「青い鳥」の上演であります。彼女の父はかつて神戸三菱造船所長だった関係で一団と人気を呼びましたが、今日の大をなすひらめきは既にここの舞台で見せていました。

という風に神戸の芸能史にも詳しく、芸能人との交流が深く、曽我廼家十吾、橘圓都、西條凡児、ジェリー藤尾等と親しく、近藤正臣とは親戚筋に当たるということで古今の俳優と親交があった。私も先代中村鴈治郎、先代片岡仁左衛門さんや漫才作家の秋田実さん等荒尾さんと御一緒に生田神社会館で芸談の集いを開催し、楽しく有意義な話に花が咲いたことどもが思い出される。とりわけ、永六輔さんは神戸の芸能史研究のため来神され、荒尾さんに密着取材、その時永さんとお目にかかって話が弾みました。荒尾さんの出版された「明治大正神戸のおもかげ集」の序文に永さんは、

僕が知っている神戸についての知識は全部、荒尾サンに教えていただいたものばかりです。美術館長時代のクッキーの香りに満ちた館長室で伺ったお話がこうして写真集になることを嬉しく思います。クッキーの香りとは隣りのユーハイム・コンフェクトの工場から匂ってくるのでした。この写真集にもきっとあのなつかしい匂いがするでしょう。

と荒尾さんを讃えておられます。その博学多識な荒尾さんが、前記の神戸のおもかげ集のあとがきに次のように記し、荒尾さんの郷土史家として、またコレクターとしての心情をよく表し

ておられる遺言とも思われる一文である。

世の中は、十年にして小変し、百年にして大変するといわれているが、全くその通りで神戸の町は戦後すっかり変わってしまった。いや、まだまだ変わりつゝある。日進月歩、文化の向上、生活形態の変化、交通戦争に対応する必然性からも神戸の町は、いまなお大きくゆれ動き、現に裏山は切り取られチヌの浦曲《うらわ》は島となりつつあるのではないか。そして明治・大正の神戸の町は茫としてオールド神戸人の瞼に明滅しているに過ぎない。市民生活の向上発展の上からはそれでよいのである。然しまた一面、その発展的解消のあとをしきりになつかしみ、夢の跡を静かに回想して楽しむ人々もいる。私には子供のころからヘンな懐古癖があって古い神戸の写真や版画、幕末・明治の文献等を漁り集めるクセがある。

……

と。

しかし、荒尾さんが今まで蒐集された写真や版画は単なる懐古とか低徊趣味といったものでなく、神戸になくてはならぬ貴重な文献の数々であり、阪神・淡路大震災で各地で消失してしまった資料を思う時、今更ながら荒尾さんの残された業績の偉大さに深い敬意を表するのである。

神戸を舞台にした歴史や小説を書かれる学者や作家が、神戸の頭脳とし、また案内者として、まず訪ねられるのが荒尾先生であった。司馬遼太郎さんの「竜馬がゆく」をはじめ、山崎豊子さんの「華麗なる一族」、新田次郎さんの「新田義貞」、NHK連続テレビ小説「風見鶏」などみな荒尾さんの資料の提供や神戸案内により生まれた作品である。生田神社に新田次郎さんや山崎豊子さんを連れて来られ、これらの作家と直接お目にかかって話を伺う事の出来たのも荒尾さんの仲介によるものであった。

その神戸の歴史や芸術文化に熟知された先達たる荒尾親成先生が、今年二月神去りました。痛恨の極みである。荒尾さんの御葬儀は神戸市東灘区住吉宮町の平安祭典会館に於て神式で行われ、兵庫の和田神社奥田伴夫宮司の斎主により、しめやかに執り行われたが、喪主の和成氏が、出棺の折に「御会葬の皆さんにお願いがあります。父の出棺の際には拍手で賑やかに送ってやって下さい」という言葉が印象的で、私共は神戸の人間国宝荒尾親成大人命《うしのみこと》に惜しみない拍手で幽世《かくりよ》へとお見送りしたのである。

今頃は幽界で、神戸で活躍された荒尾さんと親しかった政・財界はもとより芸能界の方々と清談を楽しんでおられることであろう。

(「半どん」第一三五・一三六号・二〇〇〇年八月)

高円宮殿下薨去を御偲び奉る

高円宮憲仁殿下が薨去、斂葬の儀がしめやかに斎行され、豊島岡墓地に永遠の眠りにつかれました。今なほ、悲しみ深く、国民斉しくその御遺徳をお偲びし、宮様への敬慕の念がつのるばかりであります。

本年二月の太宰府天満宮御神忌千百年祭にも妃殿下と共に台臨され、祭典終了後、博多の日航ホテルで開催された直会の席にもお出ましになられました。その席上、私が御挨拶に参りましたら優しくお言葉をかけて下さり、神政連海外研修旅行のお話や、カナダ・バフィン島でのお話や、神戸で開催された阪神・淡路大震災復興の千人のチェロコンサートのことなど話がはづみました。

高円宮殿下と初めて拝眉の栄に浴しましたのは平成六年春、芦屋市大原町にあるカナダ総領事の公邸でありました。

私は昭和五十二年から神戸カナダ友好会の会長を務めてをり、平素よりカナダ大使や総領事と親しくお付き合ひをさせて戴いてゐたことから、当時総領事をしてをられたマーガレット・ヒューバー女史（現チェコ大使）から連絡を受け、高円宮殿下を芦屋の公邸にお招きしてゐるので、私共夫婦に是非いらっしゃいとの御招待を戴き、夕食を共にさせて戴きました。

ヒューバーさんとは英語で話され、日本とカナダの交流について興味深いお話はつきませんでした。とりわけカナダと日本の環境問題について詳しく述べられ、その時のお話で印象深かったのは、「カナダの山林では、ロッジポールパインという木が多く、この木は火事が起って焼けると、その実が地面に落ち、蠟状に固められた殻が熱で溶け、新しい芽を出す。だから山火事で親木が滅びても次々と新木が育ち、自然が守られてゆく、自然の摂理の見事さ、カナダの森林が不滅なのはかうしたことがあるからだ」といふお話を解明深く聞き入ったのでした。

また、カナダでは野生の動物には絶対に餌をやらないさうで、餌をやると罰金を科せられる。それは「野生の動物は自然のままに育ててこそ意味があり、そこに自然保護の精神があるのですね」といふお話を伺ひながら、我国もカナダの環境問題に取り組む姿勢を学ばなければと殿下から教へられたものです。

平成十一年七月に神政連の第十三回海外研修先にカナダを選び、その年誕生したばかりのヌナブット準州の州都イカルイットを訪問し、現地のイヌイットとの懇談を通じて自然と人間の共生について考へてみようとの研修目的で実施されることになりました。

ところがバフィン島について知ってゐる人はなく困ってゐた所、洵に有難いことに高円宮殿下が御教示下さることになりカナダ大使館へお出まし下さって、御自身がお撮りになった映画を見せて戴きながらのバフィン島とイヌイットの現状についての御講義に、会員一同感激致しました。

研修旅行中、オタワでは、高円宮殿下の御紹介により、我々未知の者が困らぬやう現地のすばらしい通訳ポールインさんを御指名戴き、お陰でイヌイットのふるさとバフィン島での研修旅行を無事成功裡に終へることが出来ました。そのお心遣ひに感謝をするばかりであります。

平成十年十一月二十九日に神戸のワールド記念ホールで、阪神・淡路大震災の復興と世界平和を祈念して国の内外からチェリスト千人が参加しチェロコンサートが開催されました。高円宮殿下は震災に遭遇した人達をお励ましなされんとして、御来臨されました。

そしてチェロ奏者としても名高き宮様は、承子様、典子様、絢子様の三人のお子様と共に千人のチェリストに交じって、パブロ・カザルスの「鳥の歌」「白鳥」「荒城の月」を演奏され、喝采を浴びられたことも思ひ出深く、震災に打ちひしがれた神戸市民に高円宮家をあげてのお励ましにどんなに復興への意欲を湧きたたせて戴いたことか、筆舌に尽くしがたいことでありました。

この時の演奏会のCDは妃殿下の御好意により御柩にお入れ下さったと漏れ承ってをります。

慈にありし日の高円宮殿下のお姿や御心を偲びつつ、心からなる御霊の御平安をお祈り申し上げてやみません。

（「神社新報」第二六七六号・平成十四年十二月）

小林武雄さん語録を偲びて

昨年十一月八日に県民会館に於て、兵庫県芸術文化協会創立三十五周年を記念する座談会が催された。テーマは「兵庫の文化をふりかえり、未来を考える」というもので、川邊曉美さんの司会により、小林武雄、岡澤薫郎、中野はる、河内厚郎氏と私とが参加した。その時の座談会を振り返ってみると、小林さんの発言には洵に時宜を得た卓見が述べられていたし、また兵庫県の芸術文化振興に対する隠された情熱が伺えた。いま、あらゆるものがワープロやＥメールにばかりになって寂しくなったことを嘆く話が出た時、小林さんは、『僕は雑誌を出すのに六百通自分で全部葉書を書くんです。「すまんけど原稿書いてくれませんか」と書くことで「しんどいのに小林さんやっとんねんな」と認めてもらえる。そういう心の交流は何十年もやってきた。古いようだけども、そういうものが人間同志に伝わってこそ文化が広がっていく。』

多年、半どんの会を主宰され、県下の芸術文化関係者や団体をものの見事に纏められ、兵庫県の芸術文化の振興に寄与された小林武雄さんの功績は筆舌に尽くしがたい。その一端は右の座談会の言葉にもよくあらわれている。更に今後の県芸文の活動については『文化のためのプロジェクトを決定して、せめて月に一回くらいは「あれはどうや、これはどうや」という委員会を設立してほしい。評議員も若い人を入れて意見を戦わしてもらわないと。』と希望を述べられている。

私も小林さんから原稿依頼をされた時の一枚の葉書を持っている。この葉書は、平成六年十二月二十五日の日付がある。『拝呈　師走も大詰めが参りました。お元気ですか。〝スサノオ〟で何かとご多忙の由、承りましたが、興業成績もなかなかのものとか、おめでとう〝生田神社〟会館、その他でもお眼にかかれず残念していますが、〝ご令閨〟には拝顔して何かとお世話になっています。よろしくご鶴声下さると幸いです。さて、平成七年、地球もややこしいが、わがニッポン、ニッポンジンも知恵者《チエ》が争鳴、しかし、戦後五十年の成果と思えば楽しい限り。〝お宮〟ではおはらいをしますが、〝スサノオ〟の初舞台には〝神祭り〟しましたか。――ご多用の処、洵に恐縮乍ら〝スサノオ〟について随想一篇、何枚でも可。正月末までにご恵稿下さるようお願いします。よろしくよろしく。敬具』

このペン書きの葉書は、私がプロデューサーとなり神社界の若手神職の集り永職会の主宰で「オリジナル・ミュージカル・スサノオ」を脚本杉山義法、演出壌晴彦、振付山田卓、作曲青島広志、衣装人形辻村ジュサブロー等のスタッフとスサノオ役の忍者の正木慎也、遠藤直人、柳沢超、アマテラス役に鳳蘭、アメノウズメ役に喜屋武マリー等の豪華キャストにより、七月東京池袋サンシャイン劇場、八月名古屋中日劇場、九月京都南座で三ケ月に亘り公演した事に対する雑誌「半どん」への原稿依頼状である。小林さんの熱意と愛情が伝わってくる一枚の葉書であり、今も大切に保存している。

小林さんは、これまで私が学術書を出版してもあまり関心を示さず、逢うと「加藤君、神主は祝詞《のりと》の本を出さなあかんで」とよく言われた。私はこの言葉に発奮して、国書刊行会から「現代諸祭祝詞大宝典」と平成版「諸祭祝詞例文集成」の二冊を刊行した。これも実学を重んずる小林さんのお陰と深く感謝している。小林さんは「神道」に関心を持ち、ご自分も信仰しておられたので、最近「熊野三山信仰事典」を出版したのでそれを差し上げたところ「仲々えーもんを出してくれたなあ。わしも前から熊野に関心をもっとったんや。君の案内で、杖をつき乍ら熊野古道をボチぼち歩いてみたいなあ」といわれ、「承知しました。近いうちに計画を立て、小林さんを御案内しましょう」と約束し乍ら果せぬまま、突如幽世に赴かれたのは、かえすがえすも心残りである。心から御霊《みたま》の平安をお祈りするものである。

神社本庁長老・湊川神社名誉宮司　吉田智朗大人命葬儀告別式　祭詞

阿波礼言はまくも悲しく、御名を呼ぶも慕はしき、故神社本庁長老・湊川神社名誉宮司、吉田智朗大人命の御霊の御前に、兵庫県神社庁長・生田神社宮司加藤隆久、謹み敬ひも白さく。

阿波礼汝命や、鎌倉に桜咲き揃ふのを待ち兼ねるが如く、去し卯月十三日にお指数へて御齢九十五歳を一世の限りと身退り岩隠れ給ひしかば、家内の者寄り集ひて神葬の式を彼の地で執り行ひしも、汝命が五十年が間この神戸の町に遺し給へる著き御功績を仰ぎ称へむ数多の人の、神戸で御別れの式をとの望みの声も在り、吉田の家の後継てふ茂穂い又湊川神社の宮司継ぐ栃尾泰治郎い相議り、今日しも斯く御祭仕奉らむとす。

そや汝命や、明治四十一年五月十二日、山口県熊毛郡平生町尾国なる戦国大名大内氏の流れを汲む旧家に、「をみな四代嗣き来し家にをの子われ生まれて曾祖母の大き慶び」と家人の喜びの裡に生れ出で給ひ、後に「山口の地にしみとほる感傷ありわれに大内の血伝ふれば」と詠み給ひしが、まさに勤皇に励み文化を尊ぶ長州人の高き誇りと熱き心を生れましながら身に添ひまして、大正十五年に山口県立柳井中学校を卒へ、第五高等学校に進み給ふも、肺に翳りのみ病を得て学舎を退き給ひ、四年に亘り病に打ち克たむ強き心もて、只管氏神の社に詣で、本つ健やけき身に立返へることを乞祈み奉りし甲斐も著く、病癒へて昭和の七年、東京の皇典講究所神職養成所へ入らせ給ひ、翌る八年、学術優秀により総裁・閑院宮賞を授けられて世に出でて、長野県の官幣大社諏訪大社に勤め給ひぬ。この頃に詠ひ給ひしに「注連張れる大杉の下を通るとき真幸くぞおもふ吾が宮仕へ」「神によりて生かされたりと知るときしいよよ生命を崇ばむとす」とあるも、明け暮れ神仕へし給ふが中に志を立てて勉学に勤み給ひて昭和の十四年、神職高等試験の高き階を昇り給ひ、十六年には、東京府祭務官補、十七年十月には宮幣大社橿原神宮にと移り給ひぬ。この年、四月十五日には御子茂穂の君を挙げさせ給ひしも、十六年暮れには先の大聖戦の起こりしが、日毎に不意も戦況悪しくなり、十九年の末には汝命も戦場に召され給ひぬ。

「戦ひはゆゆしきかなや虚弱なるこの吾さへも洩らし給はず」「益荒男といでたつ吾に挙手の礼をあ子はおくれり母にだかれて」と詠ませ給ひしが、二十年の八月に戦敗れ、九月に復員、翌る二十一年に橿原神宮の禰宜、御齢三十九の二十二年に権宮司と進み、かくて二十三年七月に戦災復興に立ち上がらむとする湊川神社に仕へ給ふることとは成りぬ。

斯く仕へ奉りし御社は、悉く戦火に焼き曝さへてその往古を偲ぶよすがとてなく、萬の物質に事欠く中、時の藤巻正之宮司を助けつつ、先づは御社殿の御復興に力を注ぎ給ひ、昭和二十五年、権宮司に任けられ、二十七年には今の御社の佇まひに整へ修め給ひ、四十八を数ふる三十一年に、遂に宮司に就かせ給ひぬ。

然は在れ、御垣内西南の隅、四百坪の境内地を戦の後、已む無く他に貸し与へて在りしが、そが場所に銀行のビルが建つてふ噂の出で来て、これを憂れたみ、同郷の、時の総理大臣岸信介氏、大蔵大臣佐藤栄作氏の力を得て、神社への土地返還の話を進め、塩田組・塩田富造社長に心の限りを尽して御社の尊厳護持を申し述べ、遂には昭和三十六年、塩田氏が財を捧げて御社に戻すと共に大楠公に御縁深き品々を納める宝物館を建て設けしはげに著き御功績にこそ。

更には、昭和四十一年には御鎮座百年を期して楠公会館と能楽殿を、又、五十九年の大楠公六百五十年祭の記念と社務所を夫々新たに建て築き、御垣内の装ひを美はしく厳しく整へ給ひぬ。

神社界に在りては、昭和四十九年より三期九年を神社庁長として県内神社を取り総ね、五十二年には神社本庁の理事にも選ばれて在りければ、昭和六十一年に神職としての最高の名誉なる長老の敬称を授けられ、御社の誉れ名を高々に挙げしめ給ひき。

斯く申すは、神仕への道の御功績に有れど、汝命は、年久しく読書を好み絵画を賞で、和歌作りに励み給ひて保田與重郎、三島由紀夫、志賀直哉、吉川英治、司馬遼太郎らと交誼を重ね、絵は棟方志功、ピカソ、モディリアニ、ビュッフェらを美しとされ、和歌は前川佐美雄に習ひ、歌集『蒼い星』を編み、これらが人々の書を蒐めては『琅玕の道』なる書物をも著はし給ふも又、神職は社会の師表たるべし、との固き信念に拠る所ならむ。然は在るに、御齢八十路を数ふる頃より、後に続く者に道譲るべく、志高く御社の事を託するに相応しき人をと、心を配り探し求め給ひしが、漸々に平成六年に神社本庁事務局長を務めゐし、栃尾氏を迎へ一先づは御心安く成り給ひし僅かに二十日ばかり後の平成七年一月十七日、あの忘らえ難き阪神・淡路大震災の起こりて、御社も大き被害を受け、その御復興の目処も立ちし米寿の歳、平成八年の三月の末、御社を退き給ひて六月に名誉宮司に就かせ給ひ、新神戸駅に程近き熊内に家居を移して、「幸ひにも糟糠の妻とともににあり残りの生を大切にすべし」と老いの坂を御妻薫子刀自と何時までも健やけくあらむと思ひ坐せしも、日に月に身体優れ給はず成り行き給ひ、鎌倉の鶴岡八幡宮の宮司として仕へる御子の予てよりの誘ひに応へ給ひて、平成十一年の夏、茅ヶ崎に移り住み、「死ななくても済むかと感じゐる我の青春の夢を年老いて見ぬ」と、なほも意気軒昂の日々を送り給ひしが、如何なる枉神の枉事にや、先つ頃より御病の床に臥り給ひ、遂に去し卯月の十三日と言ふに命の炎燃え尽きて、逝きて還らぬ高天原の神の廷に隠ろひ給ひしは、口惜しくとも口惜しく、悲しとも悲しき事の極みにこそ。今は只、汝命が処世訓として常に言の葉に上らせ給ひし宮本武蔵が言ふ「われ事に後悔せず」の一世を違ふことなく送り給ひしを称へ奉るばかりなる。

御子に恵まれ給ひし折、「これの世に生命を受けて生れし子よ汝が人生はすばらしくあれ」と慶びの歌を詠ませしが、茂穂いには皇子の君を迎へて一博いを挙げさせ、今は明治神宮に仕へてあると聞くに、まさに「すばらしく」子孫の後継が行くは、これも御功績の一つなり、御社に在りても去年には十七年振りに賑はしく大楠公行列を執り行ふなど、汝命の蒔き育み給ひし種は、愈々雄雄しく立栄え行くを幽界ながらも阿奈嬉し阿奈喜ばしとこそ聞食せ。

今日しも、永久の御別れ告げ奉らむと、心尽しの味物献奉り、遠方近方より参き拝む諸人等の悲しみの心々の仲執り以ちて、拙き歌

長州の訛り懐かし大人偲ぶ芸術文化語る言の葉

この一首を添へて謹み敬ひも白す。

（平成十二年五月）

和田邦平先生を偲びまつりて

昭和二十八年四月、甲南大学に入学した私は、高校時代の暗黒の学生生活から解放され古都の美術を探索して心の安らぎを得ようと古美術研究会に入会した。

最初に見学したのが京都の西芳寺、龍安寺の庭園と広隆寺の仏像であった。その時、古美術

の見学よりも、付添として参加して下さっていた顧問の和田邦平助教授という明るく、爽やかで、真摯なしかも思いやりのある今までの学生生活で接した事のなかった先生との出会いであった。

早速この先生の授業を受けてみようと「日本文化史―鎌倉時代の肖像彫刻―」の講義を受講する事にした。爾来、先生の学究態度やお人柄にぞっこん心酔し、甲南大学では和田先生との生活が大半を占めたように思う。

夏休みの合宿には薬師寺で「凡智先生」と肩を組んで歌を唄ったり、ゼミ旅行では、和田先生の奥様の尾道の御実家に泊めて頂いたり、お宅で食事をご馳走になったり、先生というより親しい友人のようにして過ごさせて頂いた。

私は甲南大学国文学科を卒業後、國學院大学大学院に進み、大学院修了後、甲南中学・高校の国語科教諭として招かれ甲南で教鞭をとる事になったものの大学国文学科講師の道は閉ざされていた。

それを知られて、何とか大学講師に引きあげたいとの和田先生のお心遣いがあって、先生が主任を勤めておられた社会学科の民俗学担当の講師として推薦して下さり、私はそのお陰で甲南大学社会学科講師になる事が出来たのである。今もって感謝の念で一杯である。

和田先生は「日本文化史―美術と歴史―」の著書を著わされ歴史学者として有名であられた

が、甲南大学文学部長を退かれた頃から兵庫県文化財専門委員として、兵庫県民俗調査主任として活躍され、「上生野」「小代」「沼島」「千種」「但馬海岸」「丹波の窯業」などの民俗資料緊急調査で名を挙げられ、兵庫県下に於ける民俗調査研究の第一人者として「日本の民俗—兵庫—」を纏められた。

晩年は兵庫県立歴史博物館館長として毎日神戸から姫路へ通われ、兵庫県の芸術文化の振興にも寄与された。先生はお若い頃、蒲柳の質で、お体が弱かったようだが、甲南大学古美術研究会の顧問として社寺を研究見学に歩かれ、また民俗資料の採訪に全国を廻られる中、強健な体となられ、私などいつも和田先生の心身共に活力あるお元気なお姿に舌をまいていた。

私が生田神社に奉職して以来、毎年欠かさず除夜の太鼓と同時に初詣での一番乗りが、和田邦平先生と奥様の方子様であった。従って正月元旦は和田先生の明るい「新年おめでとう」という張りのあるお声の御挨拶を聞くのが、その年の始まりであった。

しかるに、歴史博物館館長を退任された頃からそれまでの過労が積み重なったのか体調を崩され、大学でも、古美術ＯＢ会でも、兵庫県文化協会でも、あのお元気なお姿に接する事が出来ず自宅に引き籠られ、人に会う事も厭われておられる事を聞き及び、私もお目にかかりたいとは思い乍ら御遠慮申し上げたまま、先生との永遠の別れとなってしまったのは、かえすがえすも残念でならない。

今はただ御生前に賜った和田先生の学恩に感謝すると共に、ありし日を偲び、幽界では、先生の刎頸の友、薬師寺高田好胤元管長と親しく語っておられるお姿を想像しながら、心から御冥福をお祈り申し上げる。

（「甲窓」第四十六号・平成十五年十月）

上田賢治先生を偲びまつりて

昭和三十二年春、國學院大學大学院修士課程神道学専攻に入学した折、上田賢治さんは安津素彦教授の助手をしておられた。懐しい関西弁にひかれ、お話を伺っていると、兵庫県立神戸第二中学校の御出身で、実家が湊川神社近くの上田尚美堂という有名な書画骨董屋さんである事を知った。爾来、同郷の誼で或時は兄の如く、或時は師と仰ぎ、或時は神学者と思い兄事して来た。

当時大学院生は、助手の方々と一緒に机を並べて河野省三、岸本英夫、竹岡勝也、堀一郎先生の講義を聞いていた。大学院修了後、私は生田神社に勤めながら、神戸の私立高校の教諭更には女子大の講師をも兼職していて、上田先生とは久しくお目にかゝれなかったが、ＷＣＲＰ（世界宗教者平和会議）の世界大会が、ベルギー国のルーベンで開催される事となり、そこで上田賢治さんと御一緒になった。私はＷＣＲＰ日本委員会青年部会の副幹事長をしていたので、選ばれて神社神道を代表して神宮の幡掛正浩さんとルーベン会議に出席する事となり、当時ドイツのボン大学に客員教授として出向中の上田先生が、現地からルーベンに応援に駆けつけて下さったのである。たった二人の神社神道代表に強力な助っ人の参加でどんなにうれしく心強く思った事か。ルーベンカトリック大学のマリアテレサカレッジの開会式は神社神道が祭典を受けもつ事になり、四十才になったばかりの私が烏帽子に浄衣白衣白袴を着けて、世界各国の宗教者の見守る中、世界平和の祝詞を奏上した。幡掛さんが典儀をして下さり、上田先生がしっかりと後見をして下さった。世界の宗教者を相手に冒頭の厳粛な式典に、若僧の私が神式で奉仕し、ルーベンの新聞にも大きく取りあげられて報道されたのも上田先生の力強い御支援があっての事であった。

上田先生はボン大学より帰国されてから、國學院大學日本文化研究所の所長となられ、そこで、また私は研究嘱託員として御指導を頂く事となり、「神葬祭」をテーマに研究するよう上田先生から御教示御交誼をいただくことになったのである。上田先生の鋭い学究態度や正論を通される神学者の言動に、恐い先生というイメージを持つ向きもあったが、私には大へん優しい同郷の兄のような存在であった。お会いすると「加藤君、お茶飲みに行こか」といって、喫茶店でよく、コーヒーを御馳走になった。私はコーヒーは苦手であったが、上田先生の好物はコーヒーとタバコであったので、渋々コーヒーを飲まねばならなかった。そこで神社界の事、大学の事、学会の事など独自の関西弁でじっくりお話を伺う事が多かった。上田先生は國學院大學の学部の頃から権田直助や大国隆正、渡辺重石丸等幕末の国学者の研究をされ、数々の論文を発表されると共に、小野祖教先生亡きあと、神道神学者として神社界にはなくてはならぬ先生であられ、河野省三先生以来の神道学出身の國學院大學学長として行学一致の政治的手腕をも発揮され、名学長として神職界に於ても尊敬されていた。

学長を退任されたあとも、神道文化会の常務理事として、神道文化会をよく纏められ、次々と新機軸を出され、会の運営を軌道に乗せられた。私にも会誌「神道文化」に執筆するよう求められた。また神道文化座談会シリーズの第二回目を「日本文化と和歌」をテーマにあげあられ、私に司会を依頼された。私は岡野弘彦先生と中世和歌史の権威である甲南大学の濱口博章教授を座談会のお相手に選び、上田先生の見守る中、東京大神宮で無事座談会を終える事が出来た。これも上田先生の有難いお心遣いであった。

上田先生は、宗教心理学や神道神学のほか、私が研究を進めていた幕末の国学や和歌にも造詣が深かったので、私の学位論文の主査には上田先生をおいて外にないと心に決め、二十五年かかって研究を続けて纏めた「神道津和野教学の研究」を出版し、これを学位論文として國學院大學に提出しようと心に決めていた。早速、主査を上田先生にお願いに参上したところ、快くお引き受け下さった。あとは副査の先生をお願いせねばと思っていた矢先き、岩本徳一先生に呼ばれ、「君、今度学位論文を出すんだって、それなら僕が主査になって見てあげよう」と頭ごなしに申し渡された。さあ困った事になった。私はすでに上田先生にお願いしてある。しかし、あの岩本先生の御好意、学恩にも背くわけにはいかない。叱られる事は当然と思いながら、恐る恐る上田先生に密かにその経緯を話に行った。するといつも正論を吐かれ、自説を曲げられない先生が、「加藤君、岩本先生がいわれるようにしなさい。君にとってその方が良いのではないか」というお答えであった。私はその時の上田先生の何とも言えぬ恩情に隠れて泣いた。ただこの件は、岩本先生は一切御存知なく帰幽されたのである。そして、岩本先生の主査、森田康之助、宮崎道生両先生の副査により、昭和六十一年三月五日、乙文第七十九号「神道津和野教学の研究」で、國學院大學から文学博士の学位を受領する事が出来たのである。これも上田賢治先生の蔭の御指示御支援があったればこそと、一生涯この御恩は忘れる事が出来ない。

その後折にふれ御厚誼、御教導を頂いて来たが、平成九年に戎光祥出版から私に「神葬祭大事典」を編纂してほしいとの依頼があり、その最も重要な日本人の死生観についての研究論文を上田先生にお願いしたところ超御多忙中にも拘らず御執筆賜わり、「日本人本来の死生観〝美しく生きる〟伝統」の論文で花を添えて下さった。お蔭でこれも立派に編纂刊行することが出来た。

かくのごとく、私にとっての心の恩師は上田賢治先生においてほかにない。茲に改めて、これまでに蒙った上田先生の数々の学恩に深く感謝申し上げると共に、いまはただ御霊の御平安を祈るばかりである。

（「しのび草　上田賢治先生の思い出」・平成十六年八月）

田澤康三郎先生を偲び奉りて

田澤康三郎先生に最初にお目にかかったのは、今から三十七年前、私がWCRP青年部会の時である。当時田澤先生はWCRP日本委員会のメンバーであられ、大柄で白髪まじりの温容にして気品溢れるお姿であった。

WCRPの第二回世界大会がベルギー国、ルーベン・カトリック大学で開催され、私も田澤康三郎先生と御令嬢田澤順子さんと、先生のお姉さま田澤都美子さんの御養子田澤豊弘氏と御一緒に参加させて頂いた。

田澤先生は、私が國學院大学の大学院で教えを受けた岸本英夫先生のお弟子さんであり、当時國學院大の助教授で宗教学を教えておられた戸田義雄先生と東大の同窓であられる事を知り、余計に親近感を覚えた。話をされると、東北弁訛りであるが、大へん説得力があり、いつも静かに聞いておられたが、最後に実に貴重な御意見を提案されるお方であった。田澤先生は、学者タイプの方であったので、所謂世にいう〝宗教家らしさ〟のない方であった。その先生が、青森県の著名な松緑神道大和山という地域社会に大きな影響力を持つ宗教教団の教主さまと聞いて驚いたのである。そのうち、「一椀を捧げて、世の貧しい人を救おう」と率先して呼びかけられる大キャンペーンを張られ、宗教界に大きな貢献をなされた。

後継者の田澤豊弘さんは、WCRP青年部会で御一緒になり、朴訥ではあったが積極的に宗教協力活動を展開されるエネルギッシュな活動家であられた。ご令嬢の順子さんもルーベン会議の余暇を割いてフランスのルルドの聖地へお参りに行かれるという活動的な方であった。そこに、平素より熱心で真摯な宗教御一家のお姿をも垣間見ることが出来た。田澤康三郎先生は、当時新日本宗教団体連合会の常任理事をしておられた。

さて、田澤先生がWCRPで活躍された最初のお姿に接したのは、一九七〇年十月、国立京都国際会館において、日本宗教連盟の主催にかかる「世界宗教者平和会議」が開催され、世界の各宗教を代表される方々が多数集まられて、宗教者として平和に寄与するための色々な意見が開陳され、熱心に討議が行われた時のことである。私も三十五歳の青年であったが、京都国際会議場で世界の著名な宗教者の謦咳に接し、平和のための宗教協力に向っての諸宗教間の真剣な対話に耳を傾けることが出来た。この時は、私などオブザーバーであり、私の父、生田神社宮司加藤鋑次郎は、日本代表五十八名の神道からの代表の一人として名を連ねていた。会議は講演・分科会・宗教別グループ討議・青年集会等が行われたが、その中の宗教別グループ討議で、田澤先生は活躍されていた。

宗教別グループ討議の「日本の諸教」のグループでは、天理教表統領の中山慶一郎師が議長となられ、田沢康三郎先生がレポーターをつとめておられた。その時の田澤レポーターの記録を左に記しておこう。

宗教別グループ討議において、「世界会議に寄せる我等の期待」として、「日本の諸教グループ」は自由にして活発な討議のすえ、次の諸点を結論とする合意に達した。

即ち、

一、宗教者は各自の宗教心を互いに尊重する態度を堅持することを特に強調する。

二、この会議は、現在の世界状勢においては、その意味するところ、もたらすところが実に大きい。したがって、こうした会合が、今回のみで終わることなく、今後も継続して開かれる体制の確立を事後委員会の討議に期待したい。

三、今回の会議を機として、世界平和の実現に近づくために、

① 共通の祈りの言葉を創案制定したい。

② 世界平和祈願の日と時を定め、各教団一斉に実施することを申し合せ、これを通して

信徒間にその意義を昂めると同時に世論の喚起を図りたい。

③ 世界平和実現の署名運動を定期的に実施し、事後委員会の機構を通じて各国の政府および国連に提出し、世論の喚起を図りたい。

四、交通公害、薬害処理問題に対し、各教団の教化活動を通じてその実効を挙げるよう工夫をすると共に、全体的な具体策を事後委員会に期待したい。

五、宗教家は、政治家を督励し、また話し合いの場をもつ工夫をなし、諸問題処理の実効を挙げたい。

と述べられ、適確なレポーターとしてお役を全うされておられたのが印象的であった。

その後、私は、阪神淡路大震災に遭遇して、神戸の町と共に私が奉仕している生田神社の御社殿が倒壊し、甚大な被害を蒙り、その復興に取りかかったため、WCRP日本委員会の評議員になってはいるものの会議には欠席しがちであった。しかし、その後、神社本庁常務理事となり、青森から初めての神社本庁総長に選出された青森県西津軽郡車力村に鎮座する高山稲荷神社宮司工藤伊豆さんにお仕えする事になった。工藤さんは実に人格者であると共に大へん行動力のある宗教家で、東北人特有の粘り強く、信念の持ち主であられた。平素は謙虚で居られるが、一旦緩急あれば千万人といえども吾往かんの決断と実行力のある、実に立派な神道家であり、田澤康三郎先生と何処かよく似ているところがあって、青森県人の模範的なタイプの人と、この御両人を尊敬してやまないものである。

工藤総長の車力村へ何度も伺い、いずれ敬愛する田澤康三郎先生の松緑神道大和山へお参りしなければならないと思いながら、国際ロータリーのガバナーをお引き受けして、東奔西走していて、未だお参りも出来ず誠に申し訳なく思っている。そのうち、是非、あの高潔で学識高くすばらしいお人柄に接して感銘を受けた大宗教家田澤康三郎先生の奥都城に額きたいと思っている。


（『田澤康三郎―その思想と人となり―』平成十九年十月）

神社神道と高田好胤先生

生田神社の応接室に高田好胤先生の染筆になる「友　よき友は心の花の添え木かな」の書が掲げられている。この書は黛敏郎さんとお二人で「まほろばの会」の講演に来られた時書いて頂いたものである。

好胤先生とのお付き合いは、今から四十五年前に遡る。その時のいきさつは、高田先生が私のエッセイ集の推薦文に次のように書いて下さっている。「たしか昭和二十九年、加藤君が甲南大学の二年生の時以来の付き合いである。それは彼がリーダーの一人となって、甲南大学の古美術研究会のメンバーを七、八十名引き連れて私ども薬師寺で夏期の合宿をしたことがあった。とてもそんな大人数は無理だと引き受けかねていたのに、加藤君の粘りと強引に屈して畳の部屋全部を明渡さねばならぬ破目になって、とても迷惑を受けたことがあった。好胤が強引に屈したのであった」とある。その頃先生は修学旅行生に心の種蒔きを始められていた。爾来、神社界に入ってからも何かと御高誼を賜ってきた。

佛教者でありながら神社神道に最も理解深く、「遠い御先祖は神様、近い御先祖は佛様」と大衆に神仏関係を平易に説いてこられた。そして、日本国民の最高の象徴として伊勢神宮を尊崇され、同時に日本民族の主食とする稲には稲魂と呼ばれる民族の生命源が宿るとして信仰され、「いのちの根」として「お米」を尊ばれた。従って伊勢神宮の神嘗祭には毎年、薬師寺の信徒の方々と参拝され、十月十五日午後十時に斎行される豊受大神宮の由貴夕大御饌《ゆきのゆうべのおおみけ》に参列され、多賀宮《たかのみや》の庭上で浄闇の中、神嘗祭を拝されたのである。新米は皇大神宮の神様が召し上がる聖なる米であるとして、新嘗祭が済むまでは絶対口にされず、古米を専ら食べておられた。私がこの事について冗談半分に「先生、神様にお供えしたあと新米をすぐ炊いて食べてごらんなさい、こんな美味しいものはありませんよ」と言ったら「君は本当の神主か」と一喝された。こんな信念の人であり、真の宗教家であられた。

また、戦の為、国の御楯となって亡くなられた戦没者の慰霊に心を尽くされ、靖国神社をよく参拝された。平成七年九月二十一日には薬師寺の信徒百五十人を引率され大東亜戦争戦没者五十年忌法要を靖国神社で執行され、昇殿参拝されて英霊に鎮魂の誠を捧げられた。

今も靖国神社の遊就館には、高田管長の書「心」が展示されてあり、その文字を拝するたびに何かしら胸を打たれるのである。心から御冥福をお祈り申し上げます。

（『探題大僧正好胤大和上勧進行脚の記録「永遠なるもの」』・平成十二年六月）

弔　辞—三木宣通名誉宮司を偲ぶ—

故《もとの》広畑天満宮名誉宮司三木宣通《のりみち》様の御霊前に慎んで弔辞を申し上げます。

今年七月二日、三木さんより播州そうめん「揖保の糸」が送られて来ました。いつもながらのお心遣いに感謝しつつ、お元気でお過しの事とばかり思っていましたところ、一昨日那智勝浦に於ける友人宮司の祝賀会に出席のため、和歌山への旅の途中、携帯電話が入り、あなたの訃報を知り、愕然《がくぜん》としました。

三木名誉宮司さんは、昭和十三年皇典講究所教習科を修了され、ただちに姫路市広畑天満宮社司となられ、昭和二十年には兵庫県飾磨地方神社整備委員、昭和二十一年には広畑天満宮の宮司となられました。爾来六十年近く、御令息に宮司を譲られ名誉宮司になられるまで、神明奉仕をなされました。

その間昭和二十八年兵庫県神社庁支部幹事、三十四年神社庁教化委員、四十九年神社庁監事、五十五年神社庁姫路支部長、同年兵庫県神社庁理事となられ、平成四年不肖私と共に神社庁副庁長に選任され、岡田庁長の片腕となって共に兵庫県神社庁の庁務に当って参りました。

若かりし頃野球部で活躍された恰幅のよい御体格で日本人ばなれした端正なお顔立ちで、おだやかに諄諄と惟神の道を説かれるお姿に、兵庫県の神社界の人達の衆望を荷なって来られました。

とりわけ、西播東播但馬地区の神社界をよく纏められ、この地区は姫路の三木さんでなければ纏まらないとまでいわれていました。

神道教化活動にも御熱心でいち早く、神社庁姫路市支部で独自の「姫路神祇」なる支部広報誌を出され、常に西播の神道教化のパイオニアとして御活躍になられました。特に「神社神道は宗教にあらず、惟神の道である」との主張で終世変らぬ信念をもっておられました。

直会の席では、日本酒の冷酒を好まれ、お神酒が入ると談論風発、斗酒なお辞せずで、兵庫県神社界きっての酒豪でもあられました。

しかし、晩年、内臓を患らわれてから、おみきの量も昔より減少されたのは、傍からみてやや淋しい思いを致しておりました。副庁長退任後は、兵庫県神社庁の参与として後身の指導に当って来られましたが、とりわけ、御令息の通嗣《みちつぐ》さんは、御尊父の指導よろしく皇学館大学の祭式教授として、また兵庫県神社庁祭式主任講師として、更には兵庫県神社庁協議員会議長として、現在活躍中であり、これも三木宣通名誉宮司が神社界に残された最高の贈り物ではないかと思っています。

通嗣さんは神社界随一の祭式教師として名高かった長谷晴男先生の高弟で、祭式教師として御活躍なさっているのは、御尊父のあなたの正しい教育のしからしむるところと存じます。またお孫さんも熱田神宮で修業され、いま広畑天満宮で神明奉仕され、三木名誉宮司さんにとって何ら後顧の憂えなく旅立たれたものと存じます。

しかし、まだ〳〵兵庫県神社界の重鎮として御指導願わなければならないと思っておりました時に、御逝去になられ痛恨の極みであります。

この上はどうか幽世から広畑天満宮の御社頭をはじめ、兵庫県神社庁の行く末をお見守り下さる様お願い申しあげます。

最後に私の拙い偲び歌を申し上げお別れの言葉といたします。

神ながら道一筋《ひとすじ》に勤め来《こ》し
大人の功績《いさをし》偲びまつらん

日本酒を好みて笑みをたたへつつ
神道を説く大人の面影

（平成十七年七月三日）

「神戸まつり」生みの親小野富次さんを偲ぶ

神戸はまもなく初夏の風物詩である「神戸まつり」がやって来る。私は神戸まつり実行委員長として目下まつりの準備に大童である。

この「神戸まつり」が盛大にとり行われている基礎を築かれたのが、小野富次さんであった。昭和四十二年（一九六七）神戸開港百年祭を契機に神戸の街を活性化しようと、当時毎日新聞神戸支局長であった小野さんが「神戸カーニバル」を発案され実行されたのである。

神戸カーニバルは、戦前から続いていた「みなと祭」が中断され、神戸に活力が失われ町全体が沈滞していたところから「見て楽しい、参加して楽しいというまつり本来の楽しみ方を満喫できるパレードにしたい」という小野さんの呼びかけによって始まり、神戸らしさを盛り込んだ世代を問わず、参加できる祭りがあれば――との発想で、国際性と市民を巻き込んだ祭りを目指して、行政や各団体を動かして、毎日新聞の一支局で実現させたのである。

参加団体も婦人会、商店街をはじめデパート、会社、在神外国人グループなどの中央会場と、東灘・灘・葺合・兵庫・生田・長田・須磨・垂水の八区の会場を合せて約百団体、七千名にのぼり、豪華な花自動車から小学生の鼓笛隊まで、「市民の神戸カーニバルを成功させるために挙って参加しよう」と毎日新聞神戸支局が呼びかけたのである。

爾来、昭和四十六年まで盛大華麗な「神戸カーニバル」がとり行われたが、発展的に解消され、現在の「神戸まつり」に引継がれたのである。したがって、今日の「神戸まつり」は小野富次さんの発想を受け継ぎ、継承してとり行われているところが多く、「神戸まつり」生みの親といっても過言ではない。

その後、東京での活躍を了えられ、神戸に帰って来られてからの小野さんは好好爺として、奥様共々に余生を神戸で過され、生田神社の祭りや茶華道の会に出席されたり、私が会長をしている郷土史を語る神戸史談会に出席され地域の歴史の研究にも余念がなかった。

ある時、小野さんに現在の神戸に活力を見出す方法はないものかとお尋ねすると、「いまだからこそ古い神戸を再発見してみるのも面白いのではないか」という答えが返って来た。「ミナト神戸の原点は、平清盛が宋との貿易に活用した大輪田ノ泊、幕末には勝海舟が海軍操練所を開き、坂本竜馬らを育て、海運界の基を築いた。身近なものでは、街中で牛肉を食べたのも、マッチを国産したのも神戸が日本で初めて。こういう記念ポイントを紹介して巡回するツアーなどをやれば、そこから新しい思いつきがでるのでは」と示唆された。八十才を越えられても地域社会のために瑞瑞しい発想で、神戸の将来や活性化を考えておられた小野富次さんの御逝去を悼み、心から御冥福をお祈りする次第である。

神戸まつり地域文化の向上に尽せし
大人うしのおもかげ偲ぶ

（先見之明―小野富次さんを偲ぶ―平成二十一年一月）

弔　辞―飯尾精パストガバナーを偲ぶ―

千種川の堤の桜も散り果て、赤穂の楠の落葉に変って新緑の目立つ季節を迎えましたが、何となく物悲しさを覚える本日、国際ロータリー第二六八〇地区パストガバナー飯尾精大人の命の御霊前に慎んで弔辞を申し上げます。

四月六日の夕刻、ガバナーの私を囲む「ガバナー補佐の集い―生田えびら会」が神戸の東天閣で、西播第二グループガバナー補佐飯尾義明さんをはじめ十一名のガバナー補佐の皆さんが催して下さり、会の途中で飯尾義明さんのみ、「遠方だから」とすばらしいスピーチをされたあと、一足先に赤穂へと帰って行かれました。飯尾義明ガバナー補佐に、虫が知らせたのでしょうか、その日の深夜、御尊父の飯尾精パストガバナーは、御自分で救急車を呼ばれ、病院に赴かれたまま、神去りましたのであります。

七日早朝、現在、私の神社に奉職していますお飯尾パストガバナーのお孫さんの真幸君から訃報を聞き、私は驚愕致しました。その日の午後、地区協議会リーダー会議がポートピアホテルで開催され、その会議場で研修リーダー・講師・アドバイザーとして御参加のパストガバナー達にこの訃報を私がお知らせ致しましたところ、一様に驚かれ、皆さん残念な面持ちで悲しまれていました。

飯尾精大人に最後にお目にかかったのは、三月十日、十一日に神戸のポートピアホテルでビチャイ・ラタクルＲＩ会長代理をお迎えしての第二六八〇地区の地区大会の席上でした。その時は御夫妻でとてもお元気そうにお見受けしました。しかし、地区大会では私は壇上に居る事が多く飯尾パストガバナーとゆっくりお話も出来ず、四月二十九日に開かれます次年度地区協議会に於て、神社界から出られたガバナーとして公私共に御指導御厚誼を頂いている飯尾パストガバナーから地区大会の感想やロータリーの現状など忌憚のないお話を伺えるものと楽しみにしていました矢先きに、このような悲しい訃報に接するとは夢にも思いませんでした。

飯尾精大人のロータリー歴を拝見しますと一九六三年四月に赤穂ロータリークラブに入会され、幹事・副会長を経て、一九六九〜七〇年度、赤穂ロータリークラブ第十六代の会長となられ、一九七〇〜七一年に西播分区代理に、そして一九八九—九〇年度、国際ロータリー第二六八〇地区ガバナーとなられました。爾来、一九九〇年からガバナー諮問委員として、地区米山奨学会委員、ロータリー財団創立七十五周年特別委員会委員、会員増強委員、ロータリー情報委員、指名委員長、地区の国際奉仕、クラブ奉仕、職業奉仕アドバイザー等をおつとめになり、常に国際ロータリー二六八〇地区のパストガバナーとしてロータリアンの指導に当って来られました。

飯尾大人は、神明奉仕と赤穂義士の研究のかたわら、ロータリーをこよなく愛され、ロータリー活動に誠心誠意お勤めになられました。御令息で現ガバナー補佐・大石神社宮司の義明さんによりますと、晩年、体調を崩されて、平素横になっておられる日が多かったものの、ロータリーの会合の日を迎えられるとシャンとされ、「何処に病気があるのかと思うくらいで、不思議な人です」と語っておられました。それ程ロータリーに情熱を燃やしておられたのでしょう。

私は飯尾精さん御夫妻と御一緒に海外旅行をした時の印象が強く残っております。それはベルリンの壁が崩壊する三ヶ月前、落書だらけの西ベルリンの壁から東ベルリンの真白な壁を見てポツダムを見学、東ドイツのドレスデンからエルベ川沿いに汽車でチェコのプラハに入り、ハンガリーのブダペストを見学、飯尾さんとソ連邦崩壊の末期的な模様を共に感じ、ドナウ川を船で遊覧してウィーンの町を散策した東欧の旅が、今まざ〳〵と思い出されます。

飯尾精大人と私はロータリアンとしては勿論の事、飯尾家とは個人的に深い御縁があります。飯尾パストガバナーの御尊父巌夫《いつお》大人は、若き頃生田神社にも奉職されたお方です。今お孫さんの真幸君は昨年春から生田神社権称宜として活躍して頂いております。

いずれ御令息の義明ガバナー補佐についでお孫さんの真幸君も祖父精パストガバナーの御遺志を継がれ、立派なロータリアンになられるものと期待しております。

ここに思い出は尽きませんが、御霊の安らかならん事をお祈り申し上げ、飯尾精大人を偲ぶ扶輪短歌一首を捧げます。


赤穂城の花は散れども大人《うし》の説く義士魂は永遠《とわ》にとどまる

白鳳

（平成十九年四月二十四日）

篠田康雄大人を偲びて

惟神《かむながら》 道ひとすぢを歩まれし大人《うし》のいさをし讃へ偲ばむ
皇學のまなびの館《やかた》 興されし教への子等は健《すこ》やかにして

盃をとりかはしつつ語られし心に残る大人の言《こと》の葉《は》
外《と》つ国《くに》を共に旅せし数々の景色かの山ありありとして
藤里の町に籠りて行末を思ひし大人の姿偲ばむ

白鳳

（『追想』「篠田康雄大人命を偲ぶ会」・平成二十一年二月）

悼　歌　―実兄知衞逝く―

妻と娘と嫁に看取られおだやかに実兄《あに》幽世《かくりよ》に逝きゆきたまふ
世の中のたった一人の兄なれば口惜しきかな涙こぼるる
あの人もこの人もまたかの人も大人の葬儀に参《ま》ひ来《き》集へる
白骨と化したる空しき石台《だい》の上に竹の箸もて骨拾ふとは
毀誉褒貶くさぐさありし兄なれど教へられしこと指をり数ふ
九期二十七年兄の尽せる神ながら道尊けれいさをし思ふ
ひとすじの道ただひたすらに歩み来し八十一年の一生《ひとよ》を偲ぶ

（『ひとすじのみち』（加藤知衞大人の歩みと思い出）・平成十八年三月）

巨星堕つ　——櫻井勝之進大人命——

「巨星堕つ」とはまさにこのことか。行学兼ね備へた斯界の泰斗櫻井勝之進先生の訃報に接したのは年末も押し詰まった二十五日の朝であった。痛恨の極みである。

昨年夏、学生社より出版した拙著『生田神社』を懇切丁寧にお読み下さり、ありがたいお言葉と激励を賜ると共に、拙著の中の「大日孁貴」の解釈に異議のあることを指摘され、例の達筆な封書を頂戴したのが最後となった。その少し前、レオ・バスカーリア原作、みらいな訳の『葉っぱのフレディー』が舞台化されたミュージカルを、「友人の日野原重明氏の企画・出演で、神戸で上演するから是非支援協力してやってほしい」と先生直々の御指示があった。私は早速これの手配に奔走した。

御令息の治男さんが、密葬の挨拶で勝之進先生を評して「学び、信じ、行動する人」と述べてゐたが、九十六歳の今はの際まで頭脳明晰にして且つ瑞々しく柔軟性に富み、神社神道の根本精神は全く揺るぎのない、神宮学の碩学であられた。学術博士の学位論文「伊勢神宮の祖型と展開」をはじめ数々の著書を刊行されると共に、短歌は蒼山、俳句は蒼生子と号して秀で、筆を執っては書家を凌駕する達人でもあられた。

昭和四十年に櫻井先生はじめ全国の神道人二十二人が四十日に亙って、はじめて世界一周の旅をしたが、私もその末席で同行した。その際、米国クレアモント大学で第一回の国際神道会議が開かれ、テーマは「神社神道の持続と変化」であった。とりわけロス教授、ウッダード氏等が注目し渇望してゐたのは櫻井先生の伊勢神宮に関する研究発表であった。さらにハーバード大学では、ベラ教授が待ちうけ、やはり櫻井先生の講話が話題の中心であった。外国でも神道学者の第一人者と評され、受けとめられてゐたのである。

第六十回式年遷宮では神宮禰宜・総務部長として御遷宮を取り仕切られ、私も神青協前会長の役目により臨時出仕として松明所役を奉仕させていただいたが、その時の櫻井先生の凛々しい御装束姿が今も目に焼きついてゐる。

多賀大社は父が若き頃奉職した神社であるが、神宮禰宜から先生は多賀大社の権宮司、さらに宮司となられた。多賀ではかつての禰宜職舎であった古い質素な官舎に住まはれ、「加藤家の過ごされた家に今住んでゐるのよ」といはれたのも簡素な生活を好まれた先生の生き方である。

先生は島根県の社家の御出身であられたので、私のライフワーク津和野教学の研究に関心をもたれてゐた。二十五年の成果として出版した千八百頁に及ぶ『神道津和野教学の研究』の書評を厚かましくもお願ひした。快くお引受け下さり、当時本庁副総長で且つ芦屋大学教授であられた超多忙な中にも拘らず、東京と芦屋往復の車中に重い本を抱へながら、綿密細心に亙って読破して下さり、六十年九月三日号の中外日報に二頁に亙って長文のすばらしい書評を書いて下さった。この書評で評価され、私は國學院大學から文学博士の学位を得ることができた。今もって感謝の念で一杯である。

今、最も尊敬してゐた行学一致の師を失ひ、痛惜の念に堪へない。心から御霊の平安をお祈り申し上げる。

風寒き　伊勢の宮居の　柏葉の
　落ちて知りたる　大きいさをし

（「神社新報」二八二〇号・平成十八年一月二十三日）

嶋津正三長老を偲ぶ

桜咲き初める頃、神社本庁長老・元和歌山県神社庁長の熊野那智大社名誉宮司、嶋津正三大人が九十五歳の天寿を全うされ帰幽された。ここに御霊の平安を祈りつつ、嶋津長老の面影を偲びたい。

嶋津長老は神社本庁に入庁されるきっかけのエピソードを、私の父鋑次郎の追悼記「ひとすぢのみち」で次のやうに記してをられる。

「昭和三七年十二月、私は古屋総長先生から、再三神社本庁入りをお奨め頂いたのを御辞退申し上げるべく神社本庁へ参上した。処が遂に加藤鋑次郎先生につかまり、あの雰囲気に引きこまれ、その魅力の虜になって、財務部長をお受けすることになった。それがやがて第六十回神宮式年遷宮に御奉仕させて頂く機縁となり、更には現職への繋がりとなった」と。

爾来嶋津長老は、神社本庁で八面六臂の活躍をされることとなる。まづ昭和三十八年神社本庁財務部長に任ぜられ、昭和三十二年の事件以来、沈滞してゐた本庁の財政を副総長であった私の父の指揮を受けられ、建直しに努められた。ことに第六十回式年遷宮に当り、財団法人伊勢神宮式年遷宮奉賛会第一業務部長となられて全国地区を担当され、さらに神社本庁神宮奉賛部長として募財事務を担当、目標額二〇〇パーセント以上を達成されたのは今も語り種となってゐる。また財団法人日本船舶振興会の補助事業として御遷宮記録映画の第一部から第五部と総集編の製作を担当され、各府県へ配布された。そして更に日本船舶振興会補助事業として、神宮文化殿、現在の参集殿の建設にも尽力され、第六十回式年遷宮に際しては、遷宮祭事務局総務部副部長・接伴部副部長として、当時の塙総長、白井副総長のもとで、懸命に奉仕され、成功に導かれたのである。

熊野那智大社宮司となられてからは、摂社飛瀧神社の拝所の建設、第一本殿及び第二本殿の御屋根替、参拝者休憩所「長生殿」の建設、本殿・拝殿その他境内諸建物修復塗替など、那智大社の御社殿の修復に努められた。さらにまた平成三年の御大典記念事業として、斎館の改築、参道敷石舗設、第二本殿、第三本殿御神宝奉製に尽くされ、その甲斐あって、平成七年には、御本殿六棟・御県彦社・鈴門七棟・透塀などが重要文化財に指定されることとなり、那智大社宮司としての嶋津長老の御功績は偉大なものがあった。時折テレビなどで、烏帽子・狩衣姿で清められた那智牛王宝印を自ら調製されているお姿を拝見することがあった。

嶋津長老は頭脳明晰にして緻密な行動をとられる神職であられたが、その頭脳の詰まった頭に戴く冠のサイズは特大であったと伺ってゐる。

その間神社本庁理事・監事・評議員会常任委員などを歴任。平成元年から九年まで和歌山県神社庁長を務められ、平成十年にはその功績が称へられ神社本庁長老の称号と鳩杖を受けられた。同年那智大社宮司を退任され、名誉宮司の称号を受け、ふるさとの神戸市兵庫区永沢町に帰られてからは、静かに余生を送ってをられた。兵庫・厳島神社は女婿の幹二宮司が継承奉仕され、お孫さんの宣史氏も神宮奉仕ののち、本庁総合研究部研究課長を務め、祖父である長老縁りの職務に就かれてゐるので、何ら思ひ残されることなく、惟神の道一筋に天寿を全うされたといふべきであらう。

神ながらの道ひたすらに歩まれし大人のいさをし讃へ偲ばむ

（「神社新報」第二九七三号・平成二十一年四月）

不言実行の歌人　―黒岩龍彦大人を偲びまつりて―

黒岩大人のお姿で思い出されるのは、春夏秋冬いかなる時も、黒の略礼服を身に着けてあらゆる会合に、真面目に出席されていた御様子である。私の兄と同時期、神社本庁常務理事をしておられたので、お目にかかるといつも「あんちゃん元気か」といって尋ねて下さった。

私が黒岩大人と同席の会合で、黒岩さんの発言されるのはあまり聞いた事はなかったが、国家の基本にかかわる本旨については、絶対に主張はまげられない、即ち「ブレない」信念の持主であられた。大人の略歴を拝見すると葦津珍彦先生や幡掛正浩先生がおられ、両先生から訓導を受けておられたので、その信念や神道の根本精神を受け継がれた純臣無垢の神職であられたと思う。

いつも何やら考えごとをしておられるので何だろうと思っていると、時折手帳を出してメモをとっておられた。あとで判ったことだが、黒岩大人は秀れた歌詠みであられたのだ。のちに数々の秀歌を拝見して驚いた。

私は大人と個人的に馬が合ったのか、いつもにこにこして、私に話しかけるのだが、話の内容はあまりよく判らなかった。しかし常に神社人は真面目に生きる事が大切であるという事を説いておられたように思う。

私は下戸で飲めないが、反面、全国の銘酒を集めるのが趣味である。ある時、宮崎県の銘酒黒木酒造の焼酎「百年の孤独」が仲々手に入らないことを申し上げたところ、「わしが送ってあげるよ」とひとこと言われ、律儀にも毎年、一ダース入りの箱で、高価で貴重な「百年の孤独」や「野うさぎの走り」を送って下さった。漏れ承るところによると、何でもこの焼酎は、皇太子殿下と東園前統理様と私とに格別の思し召しで送って下さっていたようである。

かくのごとく、平素はあまりお話にならないが一旦言葉に出されたら必ず実行されるという、所謂「不言実行」の大人物であられた。結びに大人を偲ぶ拙詠を記し、御霊の平安を祈念申し上げる。

にこやかに惟神《かんながら》の道歌に詠み語りし大人のみ姿偲ぶ
年毎に名高き百年の孤独てふ酒届けくれし大人のやさしさ

（黒岩龍彦大人命追悼集『塒《ねぐら》定むる』・平成二十一年四月）

第七章　生田の社を語る座談会

パネルディスカッション『平家物語』をめぐって
―平家の魅力を神戸から―

パネリスト
ドナルド・キーン（コロンビア大学名誉教授）
鳥越　文蔵（元早稲田大学演劇博物館館長）
髙橋　昌明（本学大学院非常勤講師・神戸大学名誉教授）
アン・ケーリ（本学文学部神戸国際教養学科教授）
阪口　弘之（本学文学部教授・古典芸能研究センター長）

コーディネーター
加藤　隆久（本学名誉教授・生田神社宮司）

加藤　本日は待望久しかったドナルド・キーン先生のお話を直に聞くことが出来まして本当に幸せでした。キーン先生は海外におきます日本文学研究の先駆者であります。後に続く研究者を国内外において育ててこられた初めての外国人文化勲章受賞者であられるわけです。本日は『平家物語』と日本文学に関する深い、極めて示唆に富んだ話を伺ったわけでございます。また先ほどは、この平家興隆から滅亡までの歴史を叙事詩的な国民的文学にまで昇華させた立役者は、なんといっても琵琶法師であるともいわれていますが、琵琶法師に代わって今日は美しい筑前琵琶の上原まりさんがその一節を語っていただきました。上原まりさんは本年の神戸市文化賞の受賞者であります。またホールの入口には源平合戦屛風が飾られておりまして、平家と神戸のファンの方々のお集まりであると思うのでありますが、これから平家物語をめぐってパネルディスカッションを始めたいと思います。

神戸という土地は、平家に特別な感情をいだいてきました。「おごれる平家」と蔑まれ、世間では、源平いずれかといいますと、源氏を「善玉」、平家を「悪玉」というのが通り相場となっている中で、神戸市民の大多数は平家一門に深い愛着を未だ抱いているようであります。神戸市役所が一九二五年に発行しました神戸市民読本には、「平清盛の不忠不義な点はどこまでも鼓を鳴らして攻めなければならぬ。しかし彼が先見の明に富み、勇断進取にしてあくまでも積極的に物事をやりとおすという点については、大いに吾人の学ばなければならぬところである。何といっても平清盛は、神戸市の発展の歴史と切り離せない大人物であった。」とこう記しているのであります。

神戸女子大学の在る須磨や三宮の周辺を見ましても源平に関する遺跡が沢山残っています。今私が住んでおります生田の森は寿永三年二月七日の源平合戦の矢合わせの時に平知盛を大将にその弟の重衡、子供の知章がその陣屋を構えておりました。生田の森の東、今フラワーロードになっているところに流れていた生田川に、逆茂木、今でいうバリケードを築いて、源範頼の軍勢を迎え撃ったと言われておりまして、その時に一番乗りをして討死にした、河原太郎・次郎兄弟は三宮神社の境内に河原霊社として祀られております。あれやこれやの源平遺跡の伝説がそれこそ手に取るように残っているのでありまして、神戸に於ける平家哀惜の情というのは祈りに似たものがありまして、日本人の心の奥深く繋がっているように思うのであります。そこで平家の魅力を神戸から解きほぐしていただこうかと思うのであります。まず初めに、最近『平家の群像　物語から史実へ』という素晴らしい本を岩波書店から出されました髙橋昌明先生、『平清盛　福原の夢』といった本もあるのですが、平家と神戸について、その最も注目すべき点をお話いただけないでしょうか。

髙橋　髙橋でございます。加藤先生から神戸と平家の関係について説明せよ、というお言葉がございました。それで第一に申し上げたいことは、平清盛は一一六九年の三月ごろから、神戸にずっと住んでおりまして十一年間ほとんど神戸の福原で暮らしていたということです。その間、都では自分の息子たちが貴族社会の中で頑張っているのですが、本人自身は神戸に住んでおりました。そして必要なとき都に出て行くわけです。私の調べた限りでは十一年間の間に二〇回くらいでしょうか。それも行って用件を済ますとすぐに帰ってきますので、これを称して私は、清盛は本籍は京都にあったが、住民票は神戸にあったのだと言うことにしています。単に神戸と関係が深いというのではなく、実際に神戸に一〇年以上住んでいた。これが大変重要な点であり、そのなかでご承知のとおり、現在の兵庫港、神戸港の一番西のあたりにありました大輪田泊という港を大いに整備して、私が平安版ポートアイランドと名づけております。経ケ島という人工島を造りました。こういう点でも現在の神戸市の先駆といいますか、先を行ったことになります。ここに中国の船を迎え入れて貿易をすすめようとした、そういう意味では先進的な、開明的な人物であったわけです。当時、外国船は九州の博多どまりで、瀬戸内海に入ってくることは認められておりませんでした。だからこれは相当な抵抗を排して実現させたということになります。

もうひとつは一一八〇年の六月からこの地に新しい都造りを始めた。実際には約一七〇日間、安徳天皇と高倉上皇、後白河法皇が一七〇日間居ただけといえば居ただけなのですが、平安京は四〇〇年も続いた都でありまして、四〇〇年も続いた都を遷すということになれば、どれだけの抵抗があるか、知事さん含めて猛反対があるでしょう。それと同じで、当時の普通の貴族や政治の担当者ではとても思いつかないことを、思い切ってやろうとした。当然反対もありまして、都造りのその最中に頼朝が伊豆で挙兵をしたり、木曾義仲が信濃で挙兵したりします。それがまたたくうちに全国的な内乱に発展していきます。それでやむなく京都に戻りますが、実際に都遷しをやろうとした、抵抗を排してやろうとしたことが重要な点かと思います。

三つ目は一旦都落ちをした平家が勢力を盛り返して、都を奪い返そうとして、この神戸の地に陣を布いているところを源範頼と義経の軍によって破られたということです。平家の軍事力は、この一の谷の戦いで、その中核部分が壊滅する。それによって、平家のその後の運命が決まってしまいます。一の谷戦の直前にはもう一度都を奪い返すことが既定の事実のように思われていた平家ですが、残念ながら、一の谷で大敗することによって、滅亡が決定づけられてしまいました。そういう意味で、日本で京都に並ぶ、いや京都以上にこの地は、清盛や平家にとって重要な土地であっただろうと思っております。

加藤　これについては後ほどディスカッションしたいと思うわけでありますが、平家物語と日本の美意識について平家が何を描いたのかといったことで、特に鳥越さんの専攻分野が近世の芸能でいらっしゃいますので、浄瑠璃とか歌舞伎を通して、『平家物語』は合戦物語か仏教文学なのか、男の物語か女の物語かということについてお考えをお聞かせ頂きたいと思います。

近世の芸能が観客に訴えかけるものとして情というものが重視されていますし、武将たちの情ももちろん見るべきものがあるけれども、彼らを支えたのは女性たちの心情である、これに魅力を感じるという風に仰しゃっていらっしゃる鳥越さん、これについてもちょっとご説明をしていただきましょう。

鳥越　その前に、お断りをしておきますと、わたしは平家の専門家でもなんでもないのに、この壇上に上がっている言い訳を先にさせていただきたいと思います。先ほどの説明にもありましたが去年、近松をテーマにして、近松というのは近松門左衛門ですね、近松門左衛門をテーマにして、こういうシンポジウムが開かれたわけですが、そのときにキーンさんにも出ていただきたいとお願いしたのです。キーンさんは私がお願いすると、だいたい聞いてくださるのですが、去年だけは源氏物語で忙しいから勘弁してくださいとのことでした。それで去年は駄目だったのですが、今年『平家物語』で、この神戸で平家をテーマにして出ていただけるようになったので、却って去年は出ていただかなくてよかったのかなぁと思っているのです。キーンさんに出ていただくときは、いつも私が口聞き役みたいなことをしていて、平家のことでというのをお願いしたついでに鳥越も出ろということになったのだと思います。私は専門ではありませんので平家については全くの無知な者が素っ頓狂なことを言うと思いますが、それもご愛敬だと思ってお聞きください。私が女性を考えるというのは、もちろん『平家物語』は軍記物ですから武将たちのことが表に書かれているのは当然ですけれど、その武将たちを支えている女性たちは必ず居るわけで、生き残った四十余人、四十数人の女性たちのどういう生き方をしたのかというのはよくわかっておりませんけれども、たとえば一人だけ名前をあげますと、清盛の妻であった二位尼なんてのは、本当に栄華を極めた夫に引きづられて最後は入水するという、本当に栄華を極めた後の悲劇を身をもって実行しているという人たちが描かれているわけですから、女性に目を向けたいということをプログラムに書いたわけです。やはり私は自分の専門が近世なので、たとえば浄瑠璃を考えてみても、浄瑠璃姫物語という義経の恋人ですね、その浄瑠璃が主人公になって、今の浄瑠璃が文楽という形で伝えられている。歌舞伎をみても出雲阿国という女性が歌舞伎を興したということになっていて、平曲に限っては今日は女性が語ってくださいましたが、平曲というのは本来、琵琶法師という男が語っていて、近世の浄瑠璃になりますと女性の創始者といいましょうか、女性によって始められた芸能、しかもその中で女性をどう扱っているかという、そういうことで『平家物語』の中でも女性に目を向けて見たいなと言うつもりで、そんなことで何か話しができるかなと思って出てきたわけです。

加藤　ありがとうございました。アン・ケーリさんは、高校時代は神戸に関係のある神戸のカナディアンアカデミーで学ばれまして、現在は本学の須磨キャンパス、まさに須磨、一の谷の源平合戦の所で教鞭をとっておられるということでございまして、アン・ケーリさんは『平家物語』のゆかりの地に、縁のある方ですけれど、特に今回ドナルド・キーン先生をお招きするにあたっては、鳥越先生とともに大変ご尽力をいただいたということでありまして、最初にドナルド・キーン先生との関係をお話しいただきまして、そのあと『平家物語』が人間の生き様を描いているといっていますので、そのあたりの事をお聞かせ頂きたいと思います。とにかく人は昔も今も争いと和解、愛と憎しみ、悲劇と喜びの中に生きているということで、この点、『平家物語』から学ぶことが多いというわけでございまして、先ほどキーン先生は、世界的に見て戦争文学の『平家物語』は傑作であるという話もございましたけれど、その点でも源平合戦と現代の日本を重ねてですね、ケーリさんひとつ話をしていただきましょう。

ケーリ　今、加藤さんがおっしゃったようなことを話す立場の人間ではないのですけれども、私が今ここの席に座らせていただいているのは、神戸女子大学の一教員である、そして今が七十周年の年である、そして今年七十周年の年に私が所属しています、神戸国際教養学科の初めての卒業生を出すことにあります。国際教養という名前がついている学科ですので、そこは大いに平家の背景をふまえてのことを論ずることもできるのではないかと思いますが、今加藤先生から聞かれましたキーン先生との関係は、私の生まれる前からキーン先生は私を知ってくださっているといっても過言ではないと思います。キーン先生と父はアメリカの海軍日本語学校で日本語の特訓を受けて、後にはハワイの真珠湾の捕虜収容所、日本人捕虜の収容所で翻訳や通訳の仕事を一緒にしたのが二人です。その後は私の幼い頃から、キーン先生は京都の私たちの自宅にも立ち寄ってくださり、お泊りになり、家族旅行もいろいろ一緒にしております。そういう仲で、今回またお会いできるのは大変嬉しいです。

加藤 そこで早速ですけれど、ドナルド・キーン先生にですね、昨年は源氏物語千年紀で先生もひっぱりだこで大変御多忙でございましたが、この神戸というところでの『平家物語』の関わりでございますが、世界的な視座から見た『平家物語』の評価といいますか、源氏物語と対比してですね、どのようにお考えになっておられますでしょうか。

キーン 『源氏物語』の場合は、人間の心と言いましょうか、人間と人間との関係があって、またたとえば女性が、男性は何を考えているか、どう答えていいか、いろいろ私たち共通の問題があります。『源氏物語』は平安時代のものでもちろん今とは違うのです。『源氏物語』が時々歌舞伎になることもありますが、現代風で『源氏物語』をやることは不可能だろうと思います。でも一番大事なこと、人間と人間の関係、人はどうして愛するか愛さないかとか、そういう問題は、万国共通ですし、どんなに時間が経っても変わらないと思います。

『源氏物語』の英訳が初めて出るようになったのがだいたい八十年前です。翻訳はアーサー・ウェイリーという英国人でしたが、彼は独学で日本語を学んで、大変苦労したと思いますが、とにかく『源氏物語』の全訳を発表しました。全訳が出るまでに七年くらいかかりました。しかし出たときに読んだ人たち、読んだ外国人は大変驚きました。つまり日本にもこういう物語があったとか、『源氏物語』は十一世紀の作品ですが、十一世紀のヨーロッパの文学にはそんな素晴らしいものがひとつもないからです。似たような作品さえもなく、『源氏物語』に驚いて褒めていました。それ以来、翻訳が続いています。現在英訳は三種類あります。四種類目が来年あたり発行される予定です。それほど人間が人間と話しているという感じの作品です。

『平家物語』の場合は文学に違いないのですが、根底は歴史的な事実です。いくら事情を変えても清盛という人物がこんな暴君だったとか、義経は本当に頭のいい軍人だったとか、そういうことは根本的に変えないのですけれど、しかし人間と人間の関係はあまり書かれていないのです。つまり、『平家物語』を読みますと頼朝と義経の関係がどうであったか、そういうことが知りたくなるのです。あるいは義経がどうして突然現れるのか、彼は若い時どういう教育を受けたかとか色々なことを知りたいけれどろくに書かれていないのです。我々が『平家物語』を読むと、目立つような人物よりはちょっとした短いエピソードに描かれた事件が忘れられない点、それが一番の魅力です。しかしそれは別として全体を読む場合は戦争文学なのです。『平家物語』というのは物語であると解釈するのが大事です。『源平盛衰記』はありますが、『平家記』はなく、これは物語です。そして物語というのは事実をいじるのです。完全に変えることは出来ないけれども、弄ること、黙殺することがあります。例えば、清盛が若い時にどれほどひどい人だったか、いつからそうなったかとか、いくら丁寧に読んでみても出てきません。『源氏物語』の場合は光源氏が生まれた頃から知っていますが、義経あるいは清盛の場合は突然出てきます。たいへん立派なことをする義経と悪いことをする清盛と。それが物語です。私たちは本当にはわからないのです。確かに一の谷とか壇の浦、屋島で義経が勝者であったのは間違いない。しかし彼がどういう人物だったか顔だったか、よく書かれるのが、出っ歯だったとか、彼は背の低い男だったということは書いてありますが、人との会話、ごく普通の会話は聞かせないのです。そういう風に私たちはちょっと違う目で読みます。どちらも素晴らしい作品ですが、スタイルが違います。『源氏物語』を読む場合は、人情といいましょうか、人の気持ち、人と人との関係が知りたい。『平家物語』を読む場合は、英雄の時代、私たちとは違う素晴らしい、立派な人物があった時代。そして彼らが活躍していた時代に、有名ではない横笛とか、そういう人たちが居たというのが、特に面白い点です。

加藤　ありがとうございます。キーン先生は、まぁ失礼ですが八十七歳というご高齢ですが、まだまだお元気でございまして、まだコロンビア大学で教壇にも立っていらっしゃるということを、ある新聞で見たのですが、キーン先生に「老い」という事はないのですか、との問いに、キーン先生は「ありません。私は自分のことをまだ未熟だと思っています」と言っておられて感心しました。先日私は東京にいって昨日帰ってきたのですが、それは天皇陛下御即位二十年のお祝いの会が東京でございまして、参列したのですが、キーン先生は両陛下のお茶会に招かれていらっしゃったと伺いました。キーン先生は今の天皇陛下が皇太子のころにエリザベス女王の戴冠式に行かれた時に、キーン先生がご案内されたということで、今も天皇皇后両陛下と大変お親しくされていらっしゃるという事を伺いました。こないだもキーン先生は天皇陛下御即位二十年の茶会に御招きになられて舞楽を見てよかったとおっしゃっていました。私も同じ時に東京に行ったのですが、私の方は三万人の観衆と一緒でですね、舞楽と違って私はエグザイルという人気グループの「太陽の国」というロック調の音楽を聴いて帰ってきたわけでございます。とにかく大変お元気で、これだけの研究をずっと続けておられるのは感服するほかないのでございます。さて、今、神戸女子大学には古典芸能研究センターが開設されていますが、そのセンター長として学園の充実を図ってこられて、この度のパネルディスカッションの影の主催者でもある、阪口先生には語り物の原点としての平家についてお話いただけますでしょうか。

阪口　今、キーン先生から『源氏』と『平家』を対峙して、『平家』は歴史の物語化であるというお話をいただいたかと思いますが、私も基調報告の後半では、歴史と伝承、あるいはその物語化という点でやや専門的なことを申し上げましたので若干補足させて頂きたいと思います。須磨や生田というところは先ほど申し上げましたとおり、『平家物語』の巻九とか巻十あたりの舞台として登場してくるのですが、その巻十に生田で生け捕りにされた重衡が鎌倉へ護送される際、法然の戒文が出てきます。ああいうことでも分かりますように、『平家物語』では法然の思想というものが前面に押し出されています。南都を焼き討ちした重衡がこの一の谷の合戦で生け捕りにされ、鎌倉へ護送される際、法然が十戒を授けたのは歴史的な事実だと思うのですが、—高橋先生そのように考えてよろしいですよね—、私はそのような事実がですね、『平家物語』に盛り込まれていく所を見定めることが肝要であろうと考えております。つまり誰がどういう主張のもとにその事実の物語化を図ったかということです。そこにはこの種の場合、例えば法然の教えが前面に出てきてるような場合は、必ずや宗教的な意図が確かな横たわりを見せていると思います。

『平家物語』では重衡が斬られた後、その構成を見ますと、「横笛」、「高野巻」、「維盛出家」

と続きますが、「横笛」の巻は、最初にも申し上げましたように融通念仏に染まった高野聖によって生み出された物語で、その中心に法然の弟子で滝口寺の開祖であります良鎮《りょうちん》がいますが、彼は先ほども述べましたように、高野と都を行き来した高野聖です。ですから、この物語はこの後、高野山の荘厳さを述べる「高野巻」と続いて、さらに屋島の戦線を離脱した維盛が、横笛の想い人であった滝口入道の案内で、紀伊から高野、熊野を廻って、那智の沖で入水するまでを描くという構成となっているわけです。この時、維盛の従者の一人に石童丸がいます。その名前は説教の『かるかや』を直ちに思い起こせるというように、明らかにこの物語の生成には高野聖が関与していると思われます。横笛への想いを懸命に断ち切りまして、出家し、道心堅固であらんとする滝口入道は高野聖そのものであるというのは誰もが気付くことです。尤も滝口は、権中納言経房の日記『吉記』に年十八歳で法輪寺で出家したとありますから、この人は実在した人であろうと思いますが、しかしそれでも多分に虚構化されているところがあると思うのです。そうしますと、「維盛出家」から「熊野参詣」、「維盛入水」と続く一連の維盛譚は、事実が踏まえられているとしても、高野聖たちの思いが相当盛り込められていると思うのです。研究者が実在を信じてきた横笛が、実は高野聖が生み出した女性だということになりますと、これまでも歴史的事実について疑問を抱く向きのありました維盛説話というものは、やはりその観点からの見直しが必要なように思います。『平家物語』は、そこをあたかも事実のように語りますが、それは高野の有難さ、或いは空海の教えの素晴らしさを唱え、その布教に携わった高野聖たちが聴衆をそこへ招き寄せるといいましょうか、そういうことで聴衆からいいますと嵌められてしまうということになるんだろうと思います。

『平家物語』は、今までのお話にありますように、誰も歴史そのままであるとは思っていません。物語でありますから歴史を虚構化して物語が成立している。これはもう誰もが承知していることでありますが、例えば森鷗外の「歴史そのまま」とか、「歴史離れ」とか、そういったことがこの作品でも考えられるのですが、わたしは「ちょっと待てよ」という感じになるのです。塗り込められた虚構というものを、ちょうど竹の子の皮をはがしていくように一枚一枚剝いていきますと、では歴史的真実が見えてくるのかというとどうもそうではない。例えば横笛の実像を求めて、その文学的装いをいくら取り除いていっても、結局横笛という人はいなかったということになるのではないかと。横笛の姿は見えずに、実はその中心にあったのは、高野の教えの素晴らしさを説く宗教的主張なのですね。私はそれが語り物だと思うのです。ですから、歴史事実を文学的表現で装って、物語があるだけではない。そこには源平の戦いという乱世の中で揺るぎのない宗教的な信仰に生きた人々の主張が実は隠されているというのがしばしばなのですね。それももちろん広い意味では歴史的事実の中に包摂されると言えますが、私はそういう主張をもちあわせたところに語り物という『平家物語』の魅力があると思うのです。

史実を物語化するだけではなく、もちろんそういう部分もあるのでしょうけど、史実をよそおった宗教的なら宗教的な、政治的なら政治的主張の物語化というところをどう捕らえるかが肝要だと思うのです。そのいわば構想論上に『平家物語』の生成論、作者論というものがはじめて出てくるのではないかと思うのです。語り物という立場からいいますと、『平家物語』は、そういうものではないかと私は思っております。

加藤　神戸の地を考えますのに、なんといっても、神戸の地に新たな都を作って東アジアに開けた海洋国家を構築しようとした平家の壮大な試みは見るべきものがあり、特に平清盛が日宋貿易をやろうと考えて、経ヶ島を開削したという構想を考えてみれば、これこそ髙橋さんが言われる平安版ポートアイランドということがいえるかもしれないのではありますけれども、それらの日宋貿易について、先生のお考えをお聞かせください。

髙橋　平安時代の前半に遣唐使が廃止されます。菅原道真という人がそろそろやめようやないかと提言して以降、国家が本格的に中国に対して使いを送って先進文化を学ぶというやり方は途絶えます。ただし、民間の貿易船が向こうからやってきて舶来の上等な品を持ちこんで、それを京都の貴族や天皇がありがたがるということはあったわけです。それはあくまで私の貿易ということであって、国家や政府が国際交流を本格的にやるというのではなくって、非常に内向きの姿勢にとどまっていました。外国の舶来品をありがたがるのと国際化は全然別のことなのです。そういう状態がずっと続いておりました。

それに対して清盛は都を反対を覚悟の上でわざわざこの神戸の地に移そうとした。これは単に自分が十年来住んでいる、自分の住民票のあるところに都を遷すというだけではなく、相当の決意をもっていたのではないかと思います。いろいろな史料をつき合わせて見ますと、中国との間に国交を開こうとすると、最初は中国側は日本とつきあってもいいのだけれど、博多や瀬戸内海のあたりには海賊が出るではないか、この海賊を取り締まってくれないと危なくておつきあいは出来ないという主張をしたようです。清盛は当時全国の軍事警察権を握っておりますから、海賊統制はお手の物です。そもそも彼の家来たちの中にはもとは海賊だったような連中もおり、これを組織したという面もあります。こういうわけで、まず海の安全を保障した。そして次に港を整備する。そして最後は港を中核として新しい都をつくる、天皇以下がそこにやってくるというところまでいくわけですね。それは先ほども申しましたとおり国のあり方の一大転換であったと思っております。

その頃の日本、つまり平安時代の中頃以降ですが、銭（貨幣）が商品の交換手段としては使われていなかった。では何だったかというと、米や絹・布など織物が貨幣の代わりをしていたのです。十二世紀の中頃、ちょうど平家が権力を握る頃から国内での輸入中国銭の使用が始まります。この銭は中国船が日本にやってくるときに大量に船の底に入れます。バラストといっていますが、航海の時、船の底に重たい荷物を入れておかないと船がひっくり返るわけですね。銭はバラストの役割も果たしてたようです。中国銭が一旦日本に入ってくるとそれが日本の通貨として使われ始めます。それまで途絶えていた銭が使われるようになると、一種の経済的な混乱が起こってきます。これに対し、古い伝統的な貴族は、こんな怪しげなものが出回っていると反発する。ところが平家は銭の流通を肯定しようとした。積極的に奨励したとまではいえないかもしれませんが、少なくとも銭の流通に対して否定的な態度はとらなかった。そういう点から考えましても、平家のとった政策の経済社会に与えた影響は大きかった。もし清盛の政策がそのまま実現されてゆけば、東アジアに開かれた日本というのが早期に出来上がって、その後の歴史的展開は大きく変わったのではないかと思われます。

ついでですけれども、清盛は次期天皇になる孫の安徳天皇に『太平御覧』という、中国の皇帝が作らせた一種の百科事典のような書物を献上しています。普通は舶来の珍しい本を皇太子に献上したという風に言われておりますけれども、実はそれまで同じようなことをした人に、藤原道長という平安時代中頃の有名な権力政治家がおります。彼が次期天皇、自分の孫でもある皇太子に献上したのは『文選』とか『白氏文集』という漢詩文集、文学書です。それに対し清盛は、同じく次期天皇である皇太子に東アジア世界全般の知識情報を満載した百科事典を贈るわけです。これにはどういう天皇になって欲しいのか、道長の場合は文に秀でた天皇になって欲しい、清盛の場合ですと東アジア世界の万般に開かれた、広い心と積極的に新しい知識を求める、そういう天皇に育ってほしいという思い、メッセージがこめられていたと理解できます。不幸にして平家の政権は短命に終わってしまいますので、これは可能性に過ぎなかったわけです。可能性なら何とでも言えるということにもなりますが、こういう歴史がありえた、それがこの神戸においてだったと考えるのは、楽しいことです。

加藤 日宋貿易といいますとね、宋銭の大量輸入とか、日本からは金とか真珠とか漆器とかの輸出の他にですね、清盛が改修した大輪田の港はひとつの貿易港であったとのことですね。その中で、輸出品目のひとつに硫黄というものがあって、それを中心に研究しておられるのが、神戸女子大学の准教授の山内晋次さんなのでありますが、この方が最近『日宋貿易と硫黄の道』という本を出されまして、日宋貿易というだけでは漠然としかわからないが、硫黄という具体的なものを見つめるとですね。日宋貿易に活力が感じられます。九州の硫黄島と西アジアが火薬原料を必要とする宋への硫黄輸出を担うということに繋がっていくのが見えてくるといったことを言っておられるのですが、鬼界ヶ島も硫黄の島ではなかったかという話でございます。これについて髙橋さんなにかコメントございますでしょうか。

髙橋　硫黄に注目した山内さんのお仕事はとても面白いものです。中国は西と北の民族と長い間緊張関係がありました。当時中国の軍隊というのは非常に弱い。ですから、兵員の多さで対抗する、装備の近代化、火器化は後れをとっていたといわれますが、ともかく火砲には火薬が必要なわけです。火薬は黒色火薬、マッチなどに使うような火薬ですけども、そういうものを求めており、その最大の供給源が日本。『平家物語』のなかで俊寛が鬼界ヶ島に流されたときに硫黄の採掘をやっているという場面が出てくる。これは輸出用の硫黄の採掘をやっていたのです。私は山内さんのお仕事に賛成です。

もうひとつの輸出品は材木です。中国も昔は緑濃き大地でありましたが、長い歴史の中でどんどん森林を伐採してゆきまして、現在我々が知っているような黄土色の世界になってしまいます。だから材木が非常に貴重になり、石炭を燃料として使うようになる。中国の北のほうでは陶磁器を焼くために石炭を使う、そのため独特の釉薬の色あいもでてくるわけです。そんなわけで日本からの輸出品のもうひとつの柱が材木です。これは中国の人が木材一般を必要としているということもありますが、主には人が亡くなったときのお棺の材料が求められていたのです。中国は父祖を大事にしますから立派な葬式を出す。その時の棺材に必要な材木を輸出する。それから中国の皇帝も日本産の杉材の木肌の美しさを愛でて、宮殿の中にそれで建物を建てたという史料があります。硫黄と材木の二つ、つまり主には第一次産品を輸出した。これを運ぶのは中国の貿易船で、その帰りの荷物という形で輸出した。入ってくるのは高度な文明ですので中国と日本の文化・国力の格差はかなり大きいわけですが、これを続けていけば日本も国力を蓄え、文化的な発信も実際の歴史よりもっと早く可能になったのではないかと思っています。

加藤 キーン先生の講演のなかにも、平家物語は大和言葉と儒教を中心とした中国の言葉、そういうものが組み合わされているというお話が基調講演の中で出ていましたが、これと日宋貿易とどう組み合わせていくのか、また文学と歴史の狭間と情についてキーン先生のお考えはいかがでしょうか？

キーン 『平家物語』は叙事詩として大変めずらしいです。ヨーロッパの場合、多くは中心人物がいまして、その人のことだけを書くことがありますが、例外としてホメロスのイリアスがあります。その中に大勢の人物が出ますが、やはり私たちは一人、アキレスのことを一番大事に思っています。『平家物語』の場合、大きな謎は、平家の人物、清盛をはじめとして彼らを私たちは特別愛していないのです。清盛も大変悪い人で、重盛は良い人だったけれど、彼はいつもお父さんのやることを抑えて、特別に魅力的な人物ではないのです。そして間もなく亡くなります。重衡も実際悪いことをしています。お父さんの命令だったでしょうけど、奈良を燃やしたのは良いことではない。平家の人物は色々出てきますが、私たちが同情することはない。けれども全体として同情しています。一人一人は嫌な人だと思っていても、つまらない人だと思っていても、平家の没落は悲しいのです。平安朝の人たちと違って、彼らは軍人です。しかし、そういう人たちが亡くなったこと、平家が滅んだことがなんとなく悲しいのです。私たちは源氏が勝ったとはいえ、特別喜ばないのです。最後に残るのは平家に対する同情です。平家の人が皆駄目だと言っても、平家に対して私たちは味方しています。平家がどうなったか知りたい。今でもどこそこの村に平家の人たちが住んで居ると話を聞くと嫌だということはない、可哀想と思ってしまうのが日本的です。つまり、『平家物語』は大体において清盛の非常に悪い政権、これは悪人ですが、しかし、だんだん下り坂になって完全な敗北となります。そして私たちは大変残念だと感じるのです。それはどうしてかというと文学として存在するからです。もし事実だけを言いましたら、何年に清盛がこうしたとか、何年に重衡が奈良を焼いたとか、それだけでは誰も同情もしない。けれども文学のオマジナイで、読んで最後に残る気持ちは、平家は悲しい、平家に同情する気分です。

加藤　神戸で『平家物語』を語るとき、郷土史家の間でいつも論争になるのが「逆落し」の場所が何処であったのかということなのですね。つまり、今、この事に関心をいだく客席の方から拍手もありましたが。一の谷の合戦の時に『平家物語』では「一の谷の後ろ鵯越」ということが書いてあります。しかし、一の谷と鵯越の距離はかなり離れているわけなんですね。そこで、逆落しは須磨のほうではないか、いや東の鵯越だ、といろいろ論争になるのですが、ケーリさんは、須磨におられてあの逆落しの場所をどう思われますかね。

ケーリ　まことに申し訳ございません。その質問に対してよく分かっておりませんけれども、須磨キャンパスの周りにはその場所が多くあって、私の同僚たちはよく知っています。私はよくわかっておりません。どうぞ教えてください。

加藤　これについてですね、『平家の群像』にもお書きでございますけれども、このことに関して髙橋さんのお考えを披瀝していただけないでしょうか。今日は須磨説派と鵯越説派の論争の二つの派が来ておられると思うのですが。

高橋　この件は人の非難を買いそうですから、ほんとは喋りたくないのですが、ご承知のとおり、鵯越という場所については、須磨の方と、福原の近くのひよどり展望公園の周辺という二つの説があって、対立しております。先ほど加藤さんがご紹介になりましたように、『平家物語』や『吾妻鏡』といった鎌倉幕府自身が作った幕府についての歴史書の中に、鵯越について、「一谷の後山」とあって、鵯越と一の谷はすぐ近くだという説明があります。それで、須磨のほうが文献的には優勢のように見えます。ただ、『平家物語』はあくまでも文学ですので、相当フィクションがあります。『吾妻鏡』は『平家物語』を史料源にして一の谷の合戦を描いており、ほとんど独自の材料を持っていなかったことが明らかになっています。一番あてになるのは、『玉葉』という上流貴族の書いた日記ですが、これによると一の谷を義経が攻める。そして生田の森の方を範頼が攻める。そして「山手」から多田行綱という地元の摂津の武士が攻撃をして、これで勝負がついたという記事があります。史料的にはこれが一番信用できる。「山手」はひよどり展望公園のあたりになりますから、鵯越は、そこになる。そして勝利の立役者も、義経ではなくて多田行綱という地元の武士であったという、義経ファンにはまことに申し訳ないことになります。義経は搦め手方面、つまり京都を出発して丹波を通って播磨のほうから大きく一の谷に廻りこんだ。彼は搦め手軍、本隊ではなく別動軍の大将です。本隊の方は兄貴の範頼、そして、戦さの正面は生田森です。多田行綱は別動軍からさらに分かれた別部隊であったようで、そういう意味では大きくは義経軍の配下の者が鵯越の攻撃を行ったということになりますね。義経という人は源平の内乱が終わりましてしばらく京都に駐留しています。そのため彼には貴族だとか有名な坊さんなど知り合いが結構ありまして、一の谷の合戦について語る機会がたくさんあったんだと思います。その時最初は我軍の配下の者が鵯越から攻撃をして平家にダメージを与えたのだという話をしていたのが、いつの間にか、彼自身は私がとは言わなかったかもしれないけれども、彼自身の行動と理解されて、義経の鵯越の逆落しということになっていく。これで一の谷と鵯越がごっちゃになっていったのではないか。この説は私が前に勤めていた神戸大学の出身で、今日本大学の先生をしておりますす川合康さんという、気鋭の研究者が最初に主張しまして、わたしは同じ研究仲間だという親しさもあって、それが正しいと考え支持しています。文学伝承の世界と歴史的事実との間には共通部分もありますが、大きな差もありますので、歴史的事実はどうか、といわれたらそういう風に答えざるをえないのです。ただ義経の活躍を大切なものと思っている人たちの思いは思いとして尊重したいと思いますので、どちらかに決めてしまって、あとはまったく顧みないというつもりはありません。

加藤　ありがとうございます。なんでも解決してしまっているのは面白くないのでございまして、須磨説派と鵯越説派が史料や伝承を出して今後も大いに論戦を戦わせていただければと思っているのであります。さてドナルド・キーン先生は、私が調べましたところ博士論文が「国姓爺合戦について」であるというように承ったのですが、近松についての研究も数多くされまして、先生は近松が大好きと仰しゃっています。また謡曲や能についても造詣深く、先生は能のほうも教鞭をとっておられる頃に、学生と一緒に謡曲を読まれるということが割合あったようでありまして、「謡曲というものは日本文学の中で最高のものだと思う」とこう仰しゃっています。「謡曲は一番見事な表現であってこれより良い文学はちょっと見当たらないと思います」とこうも述べておられます。そして毎年学生さんと「松風」を読んでおられるのでありまして、そのすばらしいことを感じない学生がいたら「教室から出て行ってください」と戒めたと言っておられるエピソードが『日本人の心の旅』という本（山折哲雄対談集）に記されていたのを読んだことがありますが、「松風」の舞台は神戸の須磨でございます。まぁ『平家物語』の伝承部分には中世の後期の芸能である「能」というものが重要な役割をしているのでありまして、『平家物語』や『源平盛衰記』などは能に数多くの題材を提供した文学作品であるわけでございますけれども、またキーン先生は近松も大好きである。でも謡曲と比べると完成度は高くないと思う。しかし「私は近松の悪口は絶対に言いたくありません」とこのようにも言っておられますが、今日は歌舞伎の研究家でもいらっしゃって、近松等の研究を数多く発表されている鳥越さん、ひとつこの芸能と平家のお話をしていただきましょう。

鳥越　先ほどもちょっと言いましたけれどこの近松に関するシンポジウム、キーンさんと同席することが多いのですが。ある会で人形遣いが一人出ていられまして近松の男はだらしない、女はしっかりしているというような話をすると、近松の作品にも立派な男性がいますよとキーンさんが反論してくださったことがあるのですが。たぶん人形遣いの人は世話物ばかりを考えて女性優位と発言なさったのだと思いますが、博士論文にもなさった「国姓爺合戦」なんかを見るとやはり立派な男性が出てくる。国姓爺だけではないですけれどね。でも先ほどから私は女性にこだわっているのです。私の早稲田の後輩で軍記物の研究をしている日下力というのがおります。彼の書いたものをぱらぱら見ておりましたら、結局平家、先ほど四十数人の人たちが生き残って戻ってきてというのを言いましたが、それ以外にもやはり平家の血脈を継いだ女性たちがいまして、だんだん勢力を復活させていく時代になったらしいんですね、日下君の本によりますと、それで平家物語の成立は宮中を中心にそうした一門の栄華を懐かしむ気分が社会的広がりを見る中で成し遂げられたのであったというふうに結論しています。それが一二四〇年から一二五〇年くらいのことだそうです。ですからそういう意味で平家一門の女性が『平家物語』の成立にも力を貸したということではないかと思います。それとこれは繋がらないと思うのですが、山口県の長門は近松門左衛門が生まれたという出生伝説が残っている土地なんですね。それで近松のことを調べてまわってバスに乗っていると天皇という停留所があるんですよ。びっくりして飛び降りてみたら、結局は安徳天皇の碑がある場所で今でも天皇というバス停がありますけれど、ちゃんと宮内庁が管理しているんです。そういう『平家物語』で、もちろん歴史上亡くなった人を殺したくないというのは、例えば義経が蒙古に逃げたというのと同じようなことかもしれません。そして山口、長門の近くには楊貴妃が渡って来たという場所もあって、お墓もあるんですね。それは『平家物語』ゆかりの地を探訪しているグループがいまして、その人たちに言わせますと楊貴妃ではなくて平家の落人であろうというふうに考えるのですね。そういう地方の山里に平家一門といいましょうか、女性が来るとやはり天下の楊貴妃のように見えたのではないでしょうか。自分たちの里の女性とは全然違う顔立ちをしていたのではないか、色も白く。ですから、どこまでそういうのが事実かはわかりませんが、そういうのをたどっていくと平家の落人部落というのはあちこちにありますけれど、男性だけではなく女性も落人部落で苦しい生活をした人たちがいっぱい居たのだろうなと思います。やっぱり戦争というのは厳しいもんですね。それで本題といいますか芸能に移らないといけないのですが、例えば安徳天皇は山口ではバス停のそばにありますが、鬼界ヶ島にも安徳天皇が生き残ったという伝説もあるようですね。鬼界ヶ島というのは『平家物語』にとっては俊寛も流されたし、終わってみれば安徳天皇も生き残っているというので面白い島だと思います。浄瑠璃の話をしますと「平家女護島」という作品が今は俊寛が流されている鬼界ヶ島の一幕しか出ませんけれども、鬼界ヶ島で東屋という自分の女房が清盛に言い寄られて、それを拒否して死んだということを知るのですね。愛妻が待ってくれているというので都に戻りたい一心だったのですけれども愛妻が死んだというのを聞いて、もう自分は島に残っていいと考えるというのが浄瑠璃の俊寛の描き方です。『平家物語』では北の方のほうが戻ってくるという俊寛が一人だけ残されて、戻って来なかったということを聞いて生きていられなくなって死ぬという形ですので、全く扱い方が違うわけですね。それとその「平家女護島」には義経たちの母親である常盤というのが出てくるのですけれども、常盤というのはやはり清盛に言い寄られます。そして妾になりますが。東屋という俊寛の奥さんは同じように清盛に言い寄られて自ら命をたったのに、おまえさんはずっと清盛にかわいがられてと貶すと、その時に常盤はなんて言ったかというと、自分ひとりの為ならば東屋のように死ぬことも簡単だったが、自分は源氏の再興を目論んで生き残っているのだということで行動を起こしているのだと。そういう常盤の描き方がされていて、『平家物語』と浄瑠璃とはだいぶ違うなと思います。

常々、阪口さんは「近松は『平家物語』を乗り越えられたのか」という大きな課題を追求していられます。簡単に結論の出せる問題ではありませんが、近松や浄瑠璃の作品が大分明らかになってきましたので、後輩たちの成果に乗っかって数値を挙げてみます。私たちが作った岩波書店の近松全集には一一五点の浄瑠璃作品を収めています。今や全世界の浄瑠璃本を追っかけております神津武男君の調査によりますと、浄瑠璃本を約六〇〇点と数えています。また、伊藤りさ君の「源平物リスト」によれば、近松は十八、浄瑠璃は一一三の数を挙げております。近松は六分の一、浄瑠璃は五分の一位の源平物があることがわかってきました。

加藤　ありがとうございます。ともあれ能とか歌舞伎に大変造詣の深いドナルド・キーン先生は如何でしょうか。

キーン　『平家物語』は数々のお能に描かれています。おそらく現在一番人気のあるお能は「船弁慶」でしょう。何回も海外で上演しています。ある時、ワシントンでお能が上演されることになって、ひとつだけお願いがありました。何かというと「船弁慶」はやらないでくださいと、みんな何回も見たからです。しかし何を上演したかというと「船弁慶」でした。つまり「船弁慶」は頭の悪い外国人にもわかるのだろうと、そういう考えがあったのでしょう。それは別として、お能になったものはだいたい『平家物語』に忠実です。世阿弥は『平家物語』を種にするときどうしても原作に忠実であるべきだと言いました。ともかく世阿弥が書いたお能の場合はそうです。浄瑠璃となるともっと自由になります。なんでもいいから、色々考えたのでしょうが。例えば義経は大変頭が良いのですが、どうして頭が良かったかとなりますと、彼は天狗から色々教えられたのです。鞍馬山で天狗から大事なことを教わったから、彼は立派になった。義経が自分の特別な技、刀をどう使えるとかを、どういう場所ではじめて見せたかというと、五条の大橋で弁慶と戦ってという風に、原文の『平家物語』に無いものを補ったわけです。どうしても人は義経という人物が知りたいから、そういう伝説が生まれたのです。そしてひとつ非常に大事なことは、彼は頼朝に嫌われて、逃げているときにある女性に会います。彼女は浄瑠璃姫というのですが、彼と浄瑠璃姫の関係は大変熱くなりますけれども。この話は人形浄瑠璃の初めにあります。浄瑠璃は彼女の名前でしたが、今は文楽を代表するような人形芝居のひとつです。そういうふうに色々新しい話ができたのです。『平家物語』だけだったらあまりわからないことや色々な謎が残っていますが、後世の人が新しい伝説で空白を埋めたのです。義経は確かに軍人として偉かったけれど、それに笛も上手でした。笛があったから浄瑠璃姫と親しくなったとか。そしてその後、別れに際して彼は彼女以上にがっかりしましたが、どうしても逃げなければならない。逃げた先はどこだったかというと、鳥越先生が仰ったように満州だったとか。いろいろあります。そういう「質問」が残っているから、人は答えを作ることになったのです。

加藤　ドナルド・キーン先生は、なんでも詳しいのですが、先日もニュースになっていましたのが新潟の柏崎で幻の古浄瑠璃を復活させた上原誠己さんという方の新聞の記事です。それは「越後国・柏崎弘知法印御伝記」という幻の人形浄瑠璃をぜひともこれを復活したいと思うのだが上演許可の術がわからなかった。そこで、著作の上演の許可を得ようと思って、ふっと気がついたのがドナルド・キーン先生だったということです。そしてキーン先生をたずねられました。面識も無かったが、その直談判から交流が始まって、この伝記をですね、キーン先生から紹介された。これは熊や狼やら天狗とか魔王が入り乱れての奇想天外の筋書きで、これなら現代人にうけるだろうと思い、これを地元の人形浄瑠璃の越後猿八座というグループで旗揚げしてですね、佐渡に伝わる文弥節の曲節を参考にして公演することが出来たというのです。これもキーン先生の紹介によってこれが出来たということですね。我々日本人は先生の恩恵をいろいろうけているのですが、そこでアン・ケーリさん、『平家物語』から学ばれることありますか。

ケーリ　今日は『平家物語』のことでずっとお話を聞いていますが、キーン先生のお話、或いは他の先生たちのお話も含めてですが、とにかく『平家物語』、去年は源氏で盛り上がったのですが、『平家物語』も日本の色んな文学、或いは今言われました様々な古典芸能、音楽の土台になっているもので、フィクションではあるけれども事実に基づいているが為に好きなように、繕っていけるような側面があり、土台或いはベースを持っているようなものと感じるのです。私も『平家物語』を少しは英訳で読んでおりますが、これからもっと読んでいきたいと思います。せっかく今日はキーン先生がいらしてくださってますので、『平家物語』に出てきます、最初におっしゃった無常やもののあはれと言いましょうか、そういう心の趣き、感情というのは、先生は日本文学に最初に出会ったと仰しゃったのがアーサー・ウェイリー先生の翻訳を通してであったと。そして大学時代にアジアの言語、中国語、日本語を勉強なさって、大学生の時に太平洋戦争が始まって海軍日本語学校にいかれたと。何箇所かに書いておられますが、戦争が無かったならば日本文学にこれほど進むこともなかったかもしれないと仰しゃってます。先生或いは私の父がそういう経験をしたのは正に今の大学生の年齢ですから、二十代の若い時です。そして戦争中に捕虜や亡くなった兵士の日記など、或いは捕虜たちとの話合い、質問、或いは捕虜が持ってきた、軍が回収した書類の翻訳をなさったということです。いわゆる捕虜という経験をなさった人たちのなかにはその無常というような感情がどういう風な側面をもっていたか、あったかどうか、そしてそういうことを経験なさって、キーン先生はアメリカ人として見てどういったことを感じられたか、そのようなことに私はたいへん関心があります。

加藤　神戸というところはですね、源氏も平家も両方応援するという土地柄であります。その証拠として長田に源平勇士の碑というのがありますが、これは一の谷合戦の時に生田の森の大手を守っていた父の平知盛の危急を救って自ら戦死をした平知章の塚印がですね、元は長田の奥の明泉寺のほとりにあったのでありますが、享保年間には『摂津志』の著者の並河誠所がこんな孝行息子の墓は人目の付き易いところに移して世の手本としたいということで、西国街道の道筋のちょうど今の村野工業高等学校の南手にあった夫婦池の傍に碑を建てた。頼山陽がこの街道を往復してですね、「摂路所感」と題して詩を詠んでおります。知章の碑は付近の土地の変遷で転々としたのでありますが、現在のところはですね、その付近で亡くなったという平通盛とか源氏方の、先ほども忠盛のところで話の出てきた猪俣小平六、木村源三則綱、木村源吾重章の碑とともに、敵味方を交えて建てられている。また知章の家来の監物頼方ですね。この人の碑は長田区四番町八丁目の一区画にあります。監物さんといって膝を打たれて立てなくなったというので、足腰の悪い人がこの碑を信仰しています。兵庫区の鎮守稲荷神社の境内にある平経俊の墓は夜泣きを直す神様とかですね。いろいろ源平遺跡にはひとつの信仰が結びついて神戸に現存しているので、源平に魅力を感じた人々によって源平の史跡が守られてきているのではないかと、このように思っているのであります。また阪神淡路大震災によって被災地では歴史遺物の消失というのが非常に進んでいる。震災により歴史資料が消滅して、この地域の多彩な歴史とか平家遺跡というものが失われました。大分前ですが栄光教会のところに「二度の魁石」というのがありましたが、震災後持ち去られて無くなってしまっているのです。この地域は平安版ポートアイランドといわれているように、新築のビルとか住宅が建てられて、どんどん新しい街となっていくわけです。しかし人が人らしく生きていて街をつくろうとする時に私たちは自分を含めた人々が生きてきた神戸という街とか社会をもう一度見つめなおすということが重要ではないかと思います。地域社会の持つ重層的な、歴史やその代表的なものとして「平家物語と神戸」という、歴史・文学・心情を考察しながら、街の復興とか活性化を考える、そのことが今我々に求められているのではないか。来年は神戸女子大学は創立七十周年を迎えるということでございますが、平家遺跡の真只中に創立された学園が、本日、「平家の魅力を神戸から」と題しまして神戸の歴史や文学を考えますとともに、神戸女子大学の果たす地域社会への貢献なども合わせまして、本日のパネルディスカッションの〆の言葉と致したいと思います。長時間にわたりまして熱心にご聴講くださいましたご参集のみなさま方に厚く御礼を申し上げ、本会の御開きとさせていただきます。ありがとうございました。（了）

本稿は、行吉学園創立七〇周年記念神戸女子大学古典芸能研究センター特別講演会「平家の魅力を神戸から―ドナルド・キーン先生をお迎えして―」中のパネルディスカッション「『平家物語』をめぐって」に拠る。

日時　平成二十一年十一月十四日一五時三五分―一七時

場所　ポートピアホール。

（「神戸女子大学古典芸能研究センター紀要」三号・二〇一〇年三月三一日発行）

日本の文化を語る——日本文化と和歌——

岡野　弘彦（國學院大学教授）
濱口　博章（甲南大学名誉教授）
加藤　隆久（神戸女子大学名誉教授・生田神社宮司）

加藤　時候が非常によくなって、日本人の最も好む桜の花がいよいよ咲き始めまして、何となく歌心が湧いてくるというような、今日この頃なんでございますけれども、本日「日本文化と和歌」というテーマで、岡野、濱口両先生にお話を伺いたいと思います。

岡野先生は大学で日本文学を講義していらっしゃるとともに、歌人としても著名でいらっしゃいますし、数々の素晴らしい歌をお詠みになって、宮中歌会始の選者をお勤めでいらっしゃいます。また、濱口先生は、中古、中世の物語、特に和歌文学、とりわけ中世和歌の研究家として著名でいらっしゃいます。

そこで一つお得意の分野で、お気軽に日本文化と和歌について語っていただきたいと思います。芳賀矢一先生の『文学史十講』の中で、「日本の文学はすべて和歌が骨子となっておる」と、こういうふうに述べられておりますけれど、歴史的に見ましても、長い長い間日本人はこの非常に短い形の叙情詩の中に、その時代、時代の人々によって、思いの丈をその中に歌い込んでいるわけなんでありまして、この伝統から申しますと、和歌というものは日本文化の重要な要素の一つであろうと、思います。

私の友人で先日も外国に長く住んでいたある学者が、東西の発想の違いとしまして、こんなことを言っていましたね。つまり、思考の上からは日本は非常に調和的、情緒的であるのに対して、欧米は対決的、論理的であること。また表現の上からは、日本は、曖昧、間接的、含蓄深いといったものに対して、欧米は、明確、直接的、ストレートであること。行動の上からは、日本は、組織、グループ中心であるのに対して、欧米は、個人中心である。闘争についても、日本は、負けた者、敗者に同情的であるのに対して、欧米では勝者を好むといったようなことを指摘しておったわけですけれども、どうも和歌についても欧米の文学なんかと比較して、こうしたようなことが言えるのではないかと思うのです。

つい最近、これは非常に俗なことになるかもしれませんが、『題名のない音楽会』という、テレビ番組を見ました。その中で、日本、ドイツ、アメリカ、フランスのそれぞれ国の詩を、違った国のメロディーに合わせてやるとどうなるのかという実験を行っていました。謡曲のお囃子とか、シャンソンとか、ジャズとか、あるいはドイツ歌曲といいますか、そういうメロディーをベースにして、異国の言葉で詩を読むと全く合わない。そういうことがわかったわけですが、やはりその国々の言葉とか、詩とか、歌には、その国独自のリズムとか、メロディーとかいうようなものがあるんじゃないかと、こういうふうに思うわけです。従って和歌のいわゆる「五・七・五・七・七」というリズムも日本独特のものではないかと思うのですけど。

そこで両先生に、ご紹介の意味も兼ねて、和歌との出会いといいますか、先生がはじめて和歌との出会いをもったのはいつ頃かといったことから、一つお話を願ったらと存じますが、岡野先生どうでしょうか。

和歌との出会い

岡野 それではご指名で、私の方から先に歌との所縁を話させていただきますが、私は中学が伊勢の神宮皇學館の普通科（中学部）を出ております。あそこでは三年生になった頃から作歌の時間がありました。やがてそこを卒業して、國學院大學の予科へ入ってみましたら、國學院大學の予科にも作歌の時間というのがありまして、そこでまた歌を作らせられました。

その伊勢の皇學館では、一年に二度歌を非常に晴れの形で発表してもらう時がありまして、一度は本居宣長さんの山室山のお墓に、命日に桜の苗木を持って行きまして、そして墓参をしてあそこに桜を植えるんです。教えてくだすったのは、金剛幸之介《こうのすけ》という伊勢の佐々木信綱門下の先生でしたけれども、歌を作らされて、クラスで一人宣長さんの墓の前で、朗詠してもらえるわけです。

それからもう一つ秋に、名月の夜、観月会というのがありまして、これはやはり選んだ歌を冷泉流の朗詠で披講してくださるわけです。子供ですからそういう晴れの場で自分の詠んだ歌が選ばれて、皆さんの前で朗詠せられるというのは、非常に励みでして、その頃初めて歌に対する目が開かれたわけです。ただ、今から考えますとその先生少し、近代の短歌の中では草分けの頃の歌風だったと思いますね。ですから落合直文の、

乙女らが泳ぎしあとの遠浅に
　浮き輪のごとき月浮かびきぬ

「ええじゃろう、乙女ら泳いだあと浮き輪のごとき月浮かびきぬ、ええじゃろう」というふうな言い方で、まずご自分が感動なすってしまう。しかし今から考えれば僕はそれで良かったんだと思うのです。先生があんなに「ええじゃろう、ええじゃろう」と言われるから、あの歌いいんだろうなと思って……。

しかし今から考えますと、落合直文なんかの、鉄幹よりも子規よりも先に、いわば新派短歌

の第一歩を開いてくれた人の、割合に若々しい感情を詠んだ歌を教えてくだすったというのは、われわれに最初の歌の興味を引き出すのには、大変ありがたかったと思うのです。その辺からだんだんと歌に引き寄せられて行ったわけです。國學院へ入りまして、釈迢空、折口信夫先生の教えを受けて、それからは本気になって歌を作るようになりましたが、最初はそんなことです。

加藤　岡野先生がご本の中に、五歳ころに何か若水を汲みに行かれてお父様から教えられたとなえごとを、暗誦されたのが短歌を暗誦されたはじまりというような、エピソードが出てましたですね。

岡野　今ではそういう面が非常にわれわれおろそかになっていたり、あるいはわれわれの考える日常の日本人の現代の文化というふうなものから、疎外されてしまっているんですけれども、歌というのは日本人にとって、まず文学以前の生活の中のいわば祈りの言葉であったわけですね。天皇国見の場での歌とか、あるいは春の若菜摘みの場で求婚なさる雄略天皇の歌なんかというものは、一つの典型ですね。生活の中での力あるマジカルな、呪的な霊力の籠っている言葉の典型として、ああいう古典の最初の辺りに置かれているわけなんですけれども、そういう歌の持っているマジカルな力というものが、まだ現代でも残っている部分がありますね。そういうのを迷信とかっていうふうな言葉で、単純に疎外してしまっているんですけれど、神主の家というのは割合にそういうのが残っているところがありまして、私なんか五つになって初めて、父に代わって若水を汲みに行かせられたんです。その時に父から唱える言葉を教えられるわけです。それが、

今朝汲む水は、福汲む水汲む宝汲む、
命永くの水を汲むかな

この言葉を上流に向かって三遍唱える。雲出川《くもず》の一番上流のところです。言い間違えてはいかんというから、一生懸命覚えましてね。そのほか神主の家にはどうしても短歌と縁の深い生活がありますから、それは子供心に染み付いていたと思いますね。

加藤　私の父親の年譜みたいなものを見ましたら、やはり四、五歳の頃から、母親から『小倉百人一首』を、口ずさみつつ教えられて、それを暗誦したという事が書かれていますね。また祖父が、祖父の作になるところの「手習教本」というのがありまして、『四季近郷集《しききんごう》』というのがある、それを学んでそれを暗誦したとありますが。どうも昔の人は『百人一首』とか、あるいは唱えごととか、そういうものを口伝えに、祖父母とか父母とかからなんとなく教えられて、歌心といいますか、日本的リズムというのか、そういうものを覚えたようですね。

私なんか小学校の頃、疎開先の小学校では、食事の前に必ず唱えごとをしないと食べさせて貰えない。それは今でも覚えているのは、「箸取らば天地御世《あめつちみよ》の御恵《おんめぐ》み、祖先や父母の恩を味

わい―頂きます」、それ考えてみたらちゃんと歌になってるんですね。

また朝礼の時には校長先生が、戦時中でしたからうやうやしく「明治天皇御製」と言って、

朝みどり澄み渡りたる大空の広きを己が心ともがな

それをみんなわれわれあんまり意味もわからずに、しかし何となく晴々しい気持で朝礼の時間に唱えておったというようなことがあって、今でも犬養孝さんなんかは万葉旅行へ行かれても、必ず節を付けて歌われるようですけど、何かやっぱりああいうリズムというのは、日本的なものなんですかね。濱口先生はいかがですか、先生は和歌の研究家でいらっしゃるわけですけれど、そういう和歌との出会いといいますか、先生は沢潟久孝先生のお弟子さんとうかがっていますが。

濱口　そういうふうに水を向けられますと、司会の加藤宮司さんのご存じない面を、私話さなくてはならんことになってくるんで。

加藤　はい、それはぜひお願いします。

濱口　私は五島茂・美代子先生の「立春」に属してたんです、ご存じないでしょう。

加藤　いや、それは全然知りませんでした。

濱口　今初めて告白するようなことでして、(笑) 中学校の頃。それは一つは、いま岡野先生も中学校の先生の感化ということをおっしゃってられましたけれど、私中学校は甲子園にあ

った甲陽中学校ですが、この学校は一年生からずっとクラス変えがないんです、クラス担任も変わらないんです。ただクラス担任は四年の時に大阪府立北野中学校へ移られたんですけれども、藤田福夫先生と言って、いま歌誌「日本海」を主催なさってます。前は名古屋の椙山女学園大学にいらっしゃいまして、その前は金沢大学でしたけど。その藤田先生が四年間クラス担任でした。ですから私が国文というようなことになったのも、やっぱり藤田先生とか、その先輩になられる亡くなられました北村善一先生という方とかが、京都帝大の国文の卒業でして。何となくそういうふうな影響があったかと思います。

しかし藤田先生は「帚木」であり、「水甕」に所属しておられまして、私がどうして「立春」に入ったのかよくわからないんですけれども、何となく中学二年か三年の頃に「立春」の誌友になりました。それから私も投稿してたんです。今定年をひかえて甲南大学の研究室を片付けていますと、その時分の雑誌が出てきまして、作品一、二、三、四、五とランクがあります。その作品三というところにあることはあるんです。

それでじゃあなんで中学校の頃のそういうふうなことしてて、あと全然しないかと、何となく自分で限界感じたものですから、もう歌の別れじゃないんですけれど、十代のお終いと一緒に短歌作ることあきらめました。

何で和歌の研究するようになったかと、これは多少、私研究会のメンバーの席でもそういう話が出たんですけれども、研究会のメンバー何人か短歌をお作りになっています。作られる方から言わせると、短歌を作りもしないで和歌の研究はできない、歌の心はわからないとおっしゃいますし、短歌を作れない連中は、いや実作と研究とは別だと、いつまでいっても平行線で結論出ませんけれども、何となく私は、同じ短い詩の形といっても、俳句苦手なんですね。どうも一つは私の受けた教育が悪かったと思いますけれど、俳句というものは必ず季語があって、その季語が何か理屈に合わんような、例えば、火事と言われるとその季節だと、そんなの火事なんて別に季節関係ないじゃないかなんて言うと、あれは駄目なんでして、それで俳句は駄目と。物語の方にものめり込んだことあったんですけど、何となく体質的になんて偉そうなこと言いましたら、腰折の一つも作れないで駄目なんですけども、消していったら結局和歌が残ったわけなんです。ですから甚だ動機としては、あんまり高尚な動機じゃないんですけど。(笑)

ついでに、じゃあ何で中世和歌をしたかというと、これも『源氏物語』をしようと思ったら、玉上さんのような方がいらっしゃいますし、上方文学で西鶴とかいうと、頴原先生のような恐ろしい方がいらっしゃいますし。学生時分先輩が余りなさっていないところというと、中世の和歌だったんで。それと、何となく『夫木和歌抄』との出会いというと、これまた中学校の時に、京大の国史の助手をなさってた奥浦義一先生が、中学校の国史の担当でした。その先生が「郷土史」の編纂などをなさってまして、その先生の準備室へ行きますと、国書刊行会本の

『夫木和歌抄』が置いてあるんですね。ご存じのように表紙は濃い緑で、背中は金文字ですから、子供心に随分すごい本だと思いました。それを先生が出してきて、鳴尾や長洲のことなんかはこの歌集に出ているんや、これはなあ、いろいろなことを教えてくれる本やと、そう言われて中学校の時分に『夫木和歌抄』というのを触らせてもらってたんです。それを後で、もう少なくなってたんですけど、大阪の「そごう」、そのころは戦争中でデパートでは売るものがなくなって、古本屋さんがデパートへ入ってました。その時に『夫木和歌抄』がショーウインドにちゃんと飾ってあったんですね。それで何とかあれを買いたいと思って、父にねだって買ってもらった、それが『夫木和歌抄』との出会いです。だから余り高尚な出会いじゃないんですけども、それを引っくり返して見てるうちに、『夫木和歌抄』というのは何だか余り研究されてない、だけど便利なありがたい本というのを子供心に聞かされていましたから、これは一体どんな本なのだろうと思いまして、次第に和歌文学の研究など偉そうなことはよう申しませんけれども、そういう方面に入って行ったわけです。ですから何となく私、和歌とのつながりというのは、あったと言えるかと思いますけど、これは全然宮司さんご存じない話なんです。（笑）

玉葉・風雅と折口信夫

加藤　それは初めて伺ったんですが、それで先生はまた『玉葉・風雅集』の研究をなさっていらっしゃいますが、ちょっとお伺いしますと、『玉葉・風雅集』を世の中に出されたのは折口信夫先生だったと言われているのですけれども、それは岡野先生その辺のご事情は何か御存知でしょうか。

岡野　これは先生の先輩になられます京都大学を出られた加藤順三さん、つまり折口信夫の二番目のお兄さんの天王寺中学の同級生で加藤順三さんという方がいられて、京都大学の方へ進まれて古典の研究の専門家になられた方です。その方と中学生の頃から、つまり兄さんの友達なもんですから折口先生は親しかったわけです。時々お互いに訪ねて来たりして、古典の話、文学の話なんかしていられたわけでしょう。そして折口先生が國學院へ入ってまだ学生の頃、『国歌大観』というのが出たわけですね。それを夏休みに買って持って帰って、大阪の家で夏休みの間蔵の中でずうっと読み通したというんですね。

『国歌大観』なんてわれわれ引くものだと思っているんですけど、あんなものを一冊全部読んだわけですね。そして夏休みの終り頃蔵の中から青い顔して出て来て、加藤さんがちょうど訪ねて行かれたら、「日本の歌の表現の一番行き着いたところは、結局『玉葉集』『風雅集』でっせ」と、加藤さんに言ったというんです。

それは後に、『玉葉集』『風雅集』は確かに価値が認められてくるわけですけれど、まだ、そういう真価が認められるよりも、三十年も早い頃に折口君は『二十一代集』を通読して、そしてそういうことを言ったんだと言って、これは『全集』の月報に加藤さん書いてくだすって、われわれ初めて知ったことです。

加藤　濱口先生はご研究の間に、折口先生が『玉葉集』『風雅集』を世に出されたということをお知りになったのですか。

濱口　それは土岐善麿さんの『作者別万葉以後』、あれの解題に折口さんが、「短歌本質成立の時代」というのをお書きになりました。私加藤先生のお話は初めて伺いましたんですけど、一応活字になったものでは、土岐さんの本にお書きになったのが最初であり、またそれ以前には『玉葉集』『風雅集』を認めた人は、江戸時代にもありますけれども、正当な評価というものとはちょっと違いますね、言葉の使い方が珍しいとかいうふうなことで。逆に、「集のうちに風体わろきは風雅集、歌のわろきは玉葉集」というふうな、それが一般的でしたが、そんな風潮がある時に、今初めて「国歌大観」を通読なさったことを承りましたが、『玉葉集』『風雅集』というのを正当に評価なさる萌芽がそこにあったわけですね。

岡野　そうですね、それは後に土岐さんの本の解説に書くような、そんな緻密な形ではもちろんなかったでしょうけれども、勘の鋭い人ですからちゃんと見抜いたんですね。

濱口　いや直観的にそれをというふうに言われたのは、やっぱり感性の鋭さ、ですね。

岡野　だと思いますね。その『玉葉集』『風雅集』の一つ前に、やはりそういう良さが少しずつ出てきてるのは、『新古今和歌集』だと思います。けれども、『新古今和歌集』の良さの中では、結局定家流のいわゆる揉揉《もみもみ》と歌っていくような歌ではなくて、後鳥羽院風な、後に至尊《しそん》風《ふう》という言葉で後鳥羽院の歌風を言いますけれども、ああいう天皇だけが持っていられる朧朧《ろうろう》とした、しかも骨格の太い歌と、それからあの頃のいわば今様風の芸謡を巧みに短歌の中に取り込んだ、非常に華麗な歌と、この二つの歌風を折口は高く評価します。

それともう一つは、これも後鳥羽院なんかのお側にいた影響が一つあるだろうと思いますけれど、摂政・太政大臣藤原良経などの非常に透明な、叙景風な歌ですね。ああいう歌の価値を結局『新古今和歌集』の中で発見して、それが本当に繊細に表現として完成せられてくるのが、『玉葉』『風雅』だというふうに折口は見ていったんだろうと。それは濱口先生からまた伺わせていただければ。

濱口　確かにおっしゃる通りだと思います。結局『新古今和歌集』というのは『古今』の昔に帰れというところから『新古今』という集の名になりましたし、『万葉』から『古今』『新古今』その流れをはっきり受け止めているのは『玉葉』の為兼であり、伏見院であり、永福門院じゃないかと思うのですけれど。

日本文化の核

加藤 今、お話は『玉葉』『風雅』という風に中世の和歌の方へ入っており、今もちょっと後鳥羽院のお話が出たわけですけれど、年来日本文化というようなものについて、考えを巡らしている間に、そもそも日本を日本たらしめているものこそ、日本文化の核、コア（Core）と認められなくてはならんとすると、やはりそれはほかならぬ天皇の御存在なのではないかというふうに思い至ります。

そこで日本文化の核ともいうべき、天皇あるいは皇室と和歌という問題について、先生方からお話をお伺いしたいと思います。非常に大きな問題ですけど、岡野先生これいかがなものでしょうね。

岡野 日本人が感情にしろ、思想にしろ、自分たちの思いを言葉で表現するときに、昔から表現の二つの形というのがありまして、一つは歌であり、もう一つは物語という、この二つの表現の様式が、日本人の表現の一番核になっていると思うのです。

言ってみれば、結局歌と物語。物語というのは叙事詩と言っていいわけですけれども、この二つが絡み合って、さまざまな変化を示しながら、百年余り前までの日本文学をずうっと形成してきたんです。それは江戸時代になって随分変わったようですけれども、私はまだ江戸時代もその伝統の中に、日本の文学はあると思うのです。これはまた後で、もう少し時代の下ったところへ話が及んだ時に申し上げてもいいと思うのですが。その叙事詩（物語）と歌と、この二つのうちでも核になるのはやっぱり歌であって、記・紀の場合にはもちろん、短歌定型以前の古代歌謡というふうなところから、考えなければなりません。

私は、今でも自分の表現や、あるいは現代の歌人たちの表現を文学作品として評価する時に、いったいわれわれ文学の表現の究極の目的は何だろうと考えますと、結局は力ある表現、力ある歌というところへ考えがいくんです。文学の究極の目的を美とか真とか善とかいうふうなところにおいて考えてみましても、どうもすっきりしない。人間の文学表現の究極の目的は何かという風に考えていくと、どうも美とか善とか真とかいうふうなものを立てていくと、途中で危なくなってしまう。結局力、つまり自分の中にある衝魄、情熱の根源のようなものを、どう他者に伝えて衝撃を与えるかという、その時の力ある言葉としての伝達が、文学の核になっていくんです。

そういうことを考えると、日本人にとって歌の表現というのは実に大きな問題です。折口信夫の「客人神《まれびとがみ》」、古代の村々へ訪れて来て、新しい年、新しいエネルギーをもたらしてくれる、魂の故郷の遠い海の彼方、天空の彼方からの来訪者としての客人神《まれびとがみ》が、エネルギーを与えていくのは、何によって与えるかというと、結局言葉なんですね。ですからそれが歌の核になっていき、それから客人神《まれびとがみ》に対して村人たちが、年の初めに、あるいは事あるごとに祈りをささげ、願い事をする、あるいは感謝を捧げる、その言葉による対話の形のものが、歌の原型になっていく。そして、いつどこで、どういう時にこういう歌による対話がなされたのか、そしてその結果どうなったのかという由来を解く部分が、物語になっていくというふうに考えれば、いいんだろうと思うのです。

この歌と物語の緻密な絡み合いが神話を形成し、それがやがて奈良朝から平安朝に、中国の新しい文学の刺激を受けながら、文学として素晴らしい花を開いていく。そしてその一番骨組みになっていくのが、宮廷の中で育っていくあの「勅撰和歌集」の流れですね。そしてそれが近世のヨーロッパ文学が、全くわれわれの文学とは違った文学概念の範疇の中のものとして滔々と入ってきて、この百二十年ほど、目を洗われるような感じでそこへ引き寄せられていったんですけれども、その百二十年以前は脈々としてそういう形だった。それだけではなく、近・現代の文学の根底にも、実はそれが本当は生きていると思いますけれど、そこのところは、近・現代の文学史の上では片隅に追いやられている問題になるわけです。そんなふうに私は、非常に大づかみですけれど考えています。そういう意味で日本文化、日本の文学の根源に、和歌、それから物語を据えたいと思うのです。先生いかがでしょう。

濱口　まさに日本文学という時に、歌と物語、私、韻文と散文の二つの柱ということを、いつもやかましく言っておりますけれど、今おっしゃって下さる通りだと思います。そして近・現代は確かに顕在化はしてませんけれども、日本人の体質的なものとして、それはどこかにいつもあるんじゃないでしょうか。ですから短歌というような形を取ることができない人でも、ものの見方というのはいつでも、そういうところで和歌という言葉を使うと「短歌」の方から叱られるんですけれども、（笑）和歌的な発想が常につきまとっていると思います。

岡野　これは先生が、現代化人としても短歌もお作りになっていらっしゃるから、今歌人たちには和歌と言うと叱られるんだけれどもとおっしゃったんですけど、これは歌人たちに少し視野の狭いところがありまして、われわれの作っているのは現代短歌だと、あるいは戦後こそ短歌なんだ、それ以前は和歌なんだとかいう変なセクト主義があって。

加藤　そうですね、大体短歌というのは明治四十年ぐらいから、「和歌」にかわって「短歌」の語が普通に用いられるようになりましたね。与謝野鉄幹や正岡子規なんかが「和歌」をやめて「短歌」をもっぱら用いるようになって短歌になってきたというようなことを言いますね。

岡野　ところが僕はそんなのは視野狭窄でして、つまりもう『万葉』の分類の中で和歌という言葉ももちろんあるけれども、同時に長歌に対しての短歌という独立した呼び方があるわけですから、大きな短歌史の視野から言えば、別に短歌と言ったからといって新しい、和歌と言ったからと古風だという感じでは、全くないんですよね。

漢詩との出会い

加藤　先ほど岡野先生がおっしゃったように平安初期は前代の『万葉集』によって勃興した和歌が著しく衰退して漢文学が栄えた時期ですね。例えば、中国への遣唐使が廃止されたり、あるいは日本の鎖国のような状態になって、『懐風藻』とか、『凌雲集』とか『文華秀麗集』とか、そういう漢詩なんかが非常に盛んになってきた頃から、日本の和歌というのも一時は衰えたかに見える。しかし、それはいわゆる和歌史なんかの上で言うと、公的な晴の和歌であって、私的な日常的な褻《け》の方の和歌というのは逆に非常に水面下で盛んになっている。あるいは中央で衰えてきた和歌が、地方で盛んになったとか沈潜していた和歌を復興させている。そういったような和歌のいろいろ根強さというものはあるんでしょうね。

岡野　確かに晴の表立った場での第一文学というのは、それは漢詩、漢文になったわけで、それだからこそあれだけ「勅撰漢詩集」が「勅撰和歌集」の出る前に、重んじられたわけでしょうね。けれども、そうは言うものの実際の宮廷を中心とした、貴族たちの生活の上の現実、社交生活の上の、広い意味での相聞ですね、狭い意味の恋歌の相聞じゃなくて、広い意味での相聞の面では、やっぱり短歌が第一の役割をしてたんだろうと思います。

それからもう一つ、具体的には漢詩が入ってきますと、「五言絶句」「七言絶句」というのは、文字の数で言うと二十字とか二十八字ですね。つまり短歌を万葉仮名の一字一音で表記したとすれば三十一字になりますが、それよりも少ない字数でありながら、しかも「五言絶句」にしても「七言絶句」にしても、漢詩一首で短歌一首の二倍から三倍の表現力を持っているわけですね。それは僕らが最近の一世紀に、ヨーロッパの散文文学や、あるいはヨーロッパの自由律の詩に触れた、その驚きと匹敵するというよりは、その驚きよりも何倍か大きな驚きだったと思うのです。

そういう中で例えば、在原業平という人の歌見ますと、

月やあらぬ春や昔の春ならぬ
　　我が身ひとつはもとの身にして

一首の言葉が終ったあとに、なお言い切ってしまえないでかなり大きな含みを残していますね。業平の歌はいつも、漢詩の影響を受けて、少しでもたくさんの内容を一首の中へおしこめて表してやろうとしています。あの頃は『新撰万葉集』のように歌一首と、漢詩一首を、並べて鑑

賞しますからね。やがて『和漢朗詠集』のように半分の対句と比べるようになりますけれども。そうすると同じ一首の定型詩でありながら、どうして短歌はこれだけ漢詩よりも、狭い内容でまとまってしまうんだろう。もう少し大きなことが言えないのかというのが、ああいう業平の歌のような苦しみになり、それから「本歌取」の技法なんて、あるいは縁語、掛け言葉というふうなものによって、少しでも歌の内容を膨らまそうとする努力をするのだと思うのです。漢詩の影響を受けて、少なくとも二・三世紀の間はそういう努力を、非常に無理をしながらつづけて、短歌の表現を広げていったのだと思います。

そのことを考えますと、われわれヨーロッパ文学に触れて百二十年、もうそろそろ、西洋の詩の影響を積極的に取り込んだ上での、新しいあるべき短歌の表現というものが、生まれつつあるんだろうと思います。結局私は、日本人は日本語を使っている限り、そういう努力を生まれ代わり死に代わりしていくだろうと思います。

加藤 日本は確かにその辺がうまいというのか、例えば、中国の漢詩というようなものが盛んになってきたら、『白氏文集』なんかの漢詩の詩句の中から、うまくそれをまた材料を取り入れて、内容を大きくして、和歌に仕立て上げてるんじゃないですか。

岡野 それはもう大変な影響力ですね。濱口先生、中古、中世の歌の上では、それは大変な大きな変化でございましょう。

濱口　今、漢詩、漢文の話が出ましたけれど、『白氏文集』が出ましたが、結局あれ日本人が『白氏文集』を喜んだのは、白居易が第一に考えた諷喩詩でもなければ閑適詩でもない、感傷詩ばっかりですからね。あの感傷詩を人々が暗じたというのは、やっぱり向こうの方でこういう表現をしてる、日本だったらこうだと、常に置き換えのようなものを考えていたんじゃないでしょうか。古筆切の中に『和漢朗詠集』の断簡が多いのも、いかに『和漢朗詠集』を珍重したかを物語っていますね。

書紀竟宴のこと

加藤　私は岡野先生のお書きになったものでちょっと読んだことがあるんですが、折口先生は歌会の前に何か古典の講義をされる、つまり、『日本書紀』なんかの「神代巻」の講義をされて、その中に出て来る地名とか神名《しんめい》ですね、それを籤引きでお弟子さんのそれぞれに当てさせて、そしてそれを題にして歌を作られ、そういう歌会をするというお話を読んだことがあるんですけど、神名といいますと、神戸にいた詩人で、これは岡野先生の先輩に当る方で神宮皇學館出身で、五年前に亡くなりましたけど、足立巻一という人がいます。『やちまた』という小説を書いて話題になった人ですけど、この人が色紙に好んで書くことばは、「日本の詩は神名に始まる」ということばなんです。折口先生の歌会のことから足立さんのそういったようなことを思い出したんですけど、歌に神名を入れて詠むという、それは折口先生どういう意図があったんですか。

岡野　『日本書紀』の講義が一巻終わりますと、『日本書紀』竟宴というのをやりまして、それはもともと『日本書紀』ができて間もなくから、宮中の中で、宮廷を中心とした廷臣たちの間で、あれは政治の手本ですから、研究会が行われるわけです。それで博士なんかの『日本書紀』の講義を聴いて、「神代巻」の一つ講義が終わると、そうすると『日本書紀』竟宴という宴会をしたわけです。その宴会の場で、その聴いた講義の中に出てくる神様の名前、あるいは特別な固有名詞を、それぞれ一人一人が引き当てて、そして即興で歌を詠んだ。

それを戦後折口信夫は、慶應と國學院との学生、あるいはOBのために、ほんの少数でしたけど十人足らずを相手にして何年か講義して下さったんです。一巻終わると竟宴やるわけです。そして早速その場で竟宴歌を作らせられる。ある時、私は「諏訪の海」という題が当った。諏訪湖ですね、そんなの十分ぐらいで作らせるわけです。

この湖《うみ》の蒼きに向きて一生《ひとよ》経む
　　父さへ波に沈み果てにし

本当は浪に沈んだのは兄の事代主なんですけれども、とっさのことでそんな歌を作りました。

敗戦後の一人の若者の気持が天つ神に破れた建御名方神の無念さとかさなりあって、多少とも感じ取っていただければ幸です。先生は、それをわかってくれたんでしょうか。「今の若い者らしい気持は出ているね」と、まあ、ほめてくれました。その時折口先生は「磤馭盧島《おのころじま》」ということを引き当てたわけです。そうしたら、

足指も磤馭盧島《おのころじま》を離れねば
　　　わが思ふことはおほよそむなし

という歌を即座に作ったんです。先生さすがだなと何となくその時も思いましたけれど、後になってだんだんこの歌はすごい歌だという気がしてくるんですね。つまり「磤馭盧島《おのころじま》」とか「天の浮橋」とか、神話の中の言葉でしてね、地球儀の上のどの島というんじゃない。それだけに日本人の心の中に、いつも非常に鮮烈に生き続けている神話の島ですよね。その磤馭盧島《おのころじま》、敗戦の後の心ですからね、あの頃僕よりもちょっと年上の、今前衛派の代表的な歌人ですけど、塚本邦雄という歌人は、

日本脱出したし皇帝ペンギンも
　　　皇帝ペンギン飼育係りも

という有名な歌を作ってるのです。あの頃天皇がマッカーサーと握手なさった写真なんか、われわれに非常に大きなショックを与えた。何かもうこの日本列島から逃れ去って行きたいとい

うような思いを、日本人全体が切実な気持ちで持っていた頃ですね。そういう中で、

足指も磤馭盧島《おのころじま》を離れねば

わが思ふことおほよそむなし

という形でそういうやるせない思いを歌っている。足指一本われわれの心の中の日本列島から、離れ去ることはできないんじゃないか、その心の虚しさの中で生きるよりしょうがないじゃないか、と言ってるわけですね。これはやっぱりすごい歌だと思うのです。しかも、そういう歌を即興ですらりと作れるというのは、すごいと思うのですね。古典の心がなま身の感情として、生きているんです。折口信夫は敗戦後、そういうことをわれわれに教えてくれたんです。そういう時の歌の力というのは、あなたのおっしゃった神の名を詠みこむところから始まるんだという、それは非常に大事なことでして、神の名前とか土地の名前というのは、折口はライフ・インデックスと言いますけれども、「生命の指標」なんですね、日本人にとっては。まさしくエネルギーの根源を指標しているものであって、だから恐らく短歌の上で一番大事なのは、今もそうだと思いますけれども、地名を本当に力ある形で一首の歌の中に定着させて歌えるかどうかということなんですね。これは俳句でも固有名詞ももちろん大事ですし、殊に地名は大事だと思いますけれども、とくに短歌は、本当に地名を一首の中で生かした形で詠み込めるかということが、大事なんですね。

私の体験で言いますと、何度か韓国から中国を旅行しまして、やはり漢字文化圏の中の地名は、日本の地名と同じじゃないけれども、日本の地名を歌に詠むほどにはなかなか濃密には内容を持たせられないんですけれど、それでも漢字文化圏の土地の名前は、韓国の名前、中国の地名、それぞれ詠み込めるんです。そころが片仮名で表記しなければならないヨーロッパなどの地名になりますと、非常に難しくなるんです。それは斎藤茂吉がドイツへ足掛け四年間留学して、大変な力《ちから》わざで西ドイツ初めヨーロッパを二冊の歌集に詠みました。大変な力わざだと思うけれども、でもやっぱり斎藤茂吉でも、日本の地名を、日本の土地の生活の中で詠むのと比べると、非常に稀薄になるわけです。先程濱口先生が早くから短歌の方が自分の心にかなっていたんだとおっしゃいました。私も俳句と短歌との間は、兄弟のような従兄弟のような関係にありますけれど、結局短歌の抒情の方が遙かに日本人の細胞の中に染み込んでいるようなところがありまして、俳句はそこのところが短歌ほどは密着度が切実ではないと思います。

だから割合にアメリカですとかフランスで、もちろんごく少数ですけれど、俳句が受け入れられているんですね。中国でも俳句が興味もたれるんです。たった五、七、五というこんな小さな形の小定型で、小宇宙を表現するというのは面白いじゃないかって、非常に興味を持たれるんですが、短歌はそう簡単にいかない。それほど短歌は、日本の心情に密着しているんです。それは特に短歌の下の句の、七、七の部にあらわれます。

皇室と和歌

加藤　最近のことですけれど、私もよく存じ上げてる稲畑汀子さんという、「ホトトギス」を主宰している俳人で、虚子のお孫さんに当たる方ですが、ドイツ語訳を、試みられて大へん好評だったと伺っています。俳句は、割合外国人にわかるんですね。その辺が非常に短歌と俳句との違いかもしれませんけれども。

濱口先生、話はちょっとえらい古い方へいっちゃったわけですけれども、皇室と和歌という問題で、特に中世から天皇さんで非常に熱心に、素晴らしい和歌をお詠みになった方々が出て来られてるんですけれど、その辺のところをお話願えますでしょうか。

濱口　さっき岡野先生から「勅撰和歌集」ということが出ましたけども、和歌の歴史の上では「勅撰集」というのが非常に大きなウエイトを占めています。『万葉集』の一部は勅撰であったという説が根強いですけれども、「古万葉」とか「古集」とか言われる『万葉集』、あの存在があったので、『古今集』もはじめは『続万葉』と名付けようとした。後では、「いにしへを仰ぎて今を恋ひざらめかも」として『古今和歌集』となりましたが、あの『万葉集』を二十巻にしたのはいったいだれなのか、これは非常に難しい問題ですけれど、あの『万葉集』二十巻、これがちゃんと『古今和歌集』に二十巻という形で、継承されている。部立は『万葉』と『古今』とは確かに違いますけれども。『古今集』における部立が、ずうっとそのまま受け継がれてますね、『金葉集』『千載集』を除きまして、全部二十巻ですし、四季、恋、雑、という三つの大きな分類、あれをああいうふうな形にされたその根源は、『万葉』の四季（雑）・相聞・挽歌でしょうか。『古今集』のことが先程出ましたが。

『古今集』の場合、今まで、色好みの家に埋れ木の半ば人知れぬこととなっていた「大和歌《やまとうた》」を、正式なものとして晴れの場に取り上げられた、これは非常に大きなことだと思います。四角い文字で書かれたものが、第一級の文学であると思われていた時代に、仮名で書く「やまとうた」が、漢詩漢文と肩をならべるわけですから。

そして『新古今』になりますと、先程出ました後鳥羽院のお力が随分大きいですし、「勅撰和歌集」が撰進されるということは、その天皇の御代がいかに素晴らしいものであったかということを象徴するもので、後世から見て聖代であったことのしるしですから、文化の伝統というのを和歌を中心にしてあんまり考えてはいけないかもしれませんけれども、脈々として伝統が継承されておりますし、その根本が先程言った「勅撰和歌集」じゃないかと思います。だから伏見天皇がご自分の御代に「勅撰和歌集」を作ろうと計画されて、皇統の争いの犠牲といってよいでしょうか、「勅撰和歌集」が始めの時はできませんでした。大変残念がってらっしゃいまして、『増鏡』にも書かれておりますし、『新後撰集』に撰入された「わが世には集めぬ和歌の浦千鳥むなしき名をやあとに残さん」のお歌も残していらっしゃいます。「永仁勅撰」を計画なさった方としては、御自分の治世の時に「勅撰和歌集」ができなかったというのは、辛い思いではなかったかと思います。

一つはそういうふうな挫折という表現は適当でないかもしれませんが、それがあったからこそ余計に『玉葉集』において、大きく花開いたんじゃないでしょうか。

岡野　私、濱口先生にお考え一つ聴かせていただきたいと思っていることがありまして、それは例の後鳥羽院が隠岐へ流されてから書かれた評論集、『後鳥羽院御口伝』の中の、定家に対する批評の部分なんですけれども、もちろん定家の歌の力というのは、後鳥羽院は知り過ぎるほど知っていられたに違いない。ですから高く評価していられると、同時に非常にきびしい批判を加えていられるわけです。褒めるところは褒めておきながら、具体的なところで定家の歌の態度を批判していらっしゃいますね。例の、「惣じて彼の卿（定家）が歌存知の趣、いささかも事により折によるという事なし。」とあるところですね。定家は歌の価値を考える時に、「いささかもことにより、折りによるということなし」という言葉で批判していられます。歌の価値を考えるのに、その歌のできた背景の事がらや、場合のことをあわせ考えるというのは、恐らくさっき私が申しました、歌と物語の絡み合いというふうに言い換えてもいいと思うのですが、歌の背景にある物語的なゆかりですね、それを歌の価値と考える時に定家はほとんど考えない者だ。歌の評価は独立した一首だけでしか考えない者だという非難ですね。僕はこれは現代短歌の価値を考える時の、現代の歌人たちの考え方とそっくりだと思うのです。

実は歌の伝統というのは、その歌がどういう時に、だれとどういう心の関わりの中で、どういう気持で歌われて、そしてその歌はどういう影響を示したのかというふうなことを含めて、日本の歌の評価というものはあったと思うのです。それを後鳥羽院は伝統的に自分の心の中で守っていられるんだけれど、定家はそれを無視した奴で、揉揉とした歌ばっかり作って、自分のいい歌と思う歌以外は、絶対に認めない奴だとこう言っていられて、具体的に例を出して、ある時の花の宴に、定家はやはり近衛の少将として招かれていた、彼の位は全然二十年間も上らないわけですね。それでその思いを、

年を経て御幸《みゆき》になるる花のかげ
　古りぬる身をもあはれとや思ふ

というふうに述懐の歌として詠んだ。これはもう事柄といい、その場面といい、そして歌の心といい、じつに見事な折りにつけ時につけての歌としての面目を保っている。ところが定家はその歌を全く自賛歌として認めない。それで例の摂政太政大臣良経のことを、その反対の例として引き合いに出されて、良経はそういう折りにつけ時につけての歌の良さというものをちゃ

んと分かっている者だと、いうふうに言っていられるわけです。あそこを非常に小さく解釈して、それは後鳥羽院の権力を、定家は家隆のようには素直に受け入れなかった。そのことを後鳥羽院が憎んで、しかも隠岐へ流されて、承久の乱に破れて後の不遇な後鳥羽院だから、定家に非常に厳しく当たっておられるんだという解き方をなさる研究家もありますけれども、後鳥羽院のスケールというのはもっと大きいのだと思います。後鳥羽院という方は、白拍子なんかに打ち込まれたり、あらゆる文化をとりこんで、剣まで自分で打とうとせられたりした方ですから、日本文化の一番根底の魂というのを知っていられた。定家のあの歌の作り方というものは、当時として言ってみれば非常に前衛的だと思うのです。

濱口　でしょうね、達磨歌の。定家自身「新儀非拠達磨歌」として憎まれたと書いていますが、まさに前衛的な新風だったのでしょうね。

岡野　そうですね、そしていわゆる背景とぶった切っちゃう、物語とのふくよかなつながりをぶった切っちゃって、一首だけで独立させて問おうとする。だけども後鳥羽院はそれをああいう形で批判していられるので、そこのところが私は非常に大事な問題をはらんでいると思います。日本文化の本質を身に染みて知っている後鳥羽院と、定家という名人芸の歌人との違いじゃないかという感じがするんですけれども、こんな私の考えは当っておりましょうか。

濱口　やっぱり後鳥羽院の場合も、天皇のお歌ですね。ですからおっしゃるように後鳥羽院という方、随分気性も激しいお方のようですけれども、一方では大変包容力のある、もっとスケールの大きい、定家とは全然格が違う、そういう方のように思います。

定家は定家としての言い分はあるでしょうけれど、『明月記』を読んでいますと、自分の位が上がったりしたことを、素直に喜んでいますし、一方、「貧窮形に現れる」と、もうこんな格好の悪いことはないというようなことも露わに言うんですから、だから素直な人なんでしょうけれども、一方ではかなり偏屈な。そうなりますと今おっしゃったような、『後鳥羽院御口伝』にありますような批判、後鳥羽院から御覧になれば、確かに定家というのはすごいと、すごいけどもどうもあれはやっぱりあれだけの器量しかないなというふうに、一段と高いところから見てらっしゃるように思いますけども。

岡野　三月十三日の毎日新聞に論説委員で、岡本健一さんという人が、「稲作儀礼と天皇の歌」という題で書いてるコラムなんですけれど、ふと読みましたらなかなか面白いことが書いてありました。昭和天皇がお亡くなりになる前の年、那須の御用邸でお作りになったお歌で、新聞に出まして皆さんよく知っていられるお歌なんですけれど、最後に近いお歌と言ってもいい。今年の二月六日に昭和天皇を偲ぶ歌会がありまして、その時のお歌が一番最後のお歌なんですけれども、その少し前のお歌なんです。

あかげらの叩く音する朝まだき

音絶えて寂しうつりしならん

発表なさる前ご相談があって、その時拝見した時から、ああこれは調べのいいお歌だと思いましたけれど。そうしたらそのお歌のことについて岡本さんが、不思議に歌が心に残る。考えているうちに、『万葉集』の中の舒明天皇の歌だとも言い、雄略天皇の歌だとも伝える、

夕されば小倉の山に鳴く鹿は
今宵《こよい》は鳴かずにい寝《ね》にけらしも

あの歌と何か似ているような気がしてしょうがいないと言うんですね。調べの上でなるほど何となく似ていると言えば似ている、鹿とそのあかげらとは非常にちがいますが。

同志社大学の辰巳和弘さんという考古学の先生の書かれたもので、『高殿の古代学』という本にはあの舒明天皇の「夕されば」の歌の鹿は、今までの普通の解釈では妻恋の鹿で、鹿に託されたいわば相聞の歌だろうというふうに、解かれているのが普通なんだけれども、そうじゃない。つまり高殿というのは天皇のいわば国見をなさる場所であって、鹿の声にその年の穀物の豊凶の前兆を感じて天子は読んでいられたんだという説が、書いてあるんだそうです。三重大学の日本古代史・神話学の岡田精司さんの説も引用して、鹿と国見の問題を考えている。そんなことを考え合せて、岡本さんは、ひょっとすると昭和天皇は、アカゲラの声にその年の秋の穀物の実りの前兆をお感じになったのではないかと言っているんです。

万葉集の本歌取のおつもりで、「夕されば」とお詠みになったんじゃないかと、岡本さんは言っているんです。僕は恐らく昭和天皇にそんなにはっきりとしたお気持があって、秋の収穫をアカゲラの声で判じようとか、あるいは「夕されば」の鹿の歌を本歌にして、アカゲラの歌を詠んでみようとお思いになったというようなことだとは思わないんです。

ただ、この御製には格別のしらべと内容は感じます。やっぱり天皇の身に付いてるものなんですね。七年間ほど御用係りとして、昭和天皇のお歌を拝見していてそう思いました。僕たちがこの百二十年の間にヨーロッパの文学にふれて、文学とはああいうふうなものであって、われわれの伝統文学というのは、やはり文学として少しずれてるんだ。あるいは第二芸術なんだというふうな形で考えてきました。それがオーソドックスな考え方だということに今はなってるんですけれど、これはもう少し広い視野で考えていかないと、日本文学の大切なところを歪めることになるんじゃないかという感じがするんですね。

大嘗会の和歌

加藤　昭和天皇様というのは、本当にお歌をよくお詠みになったらしいですね。私は北白川女官長から直接お伺いしたんですけど、しょっちゅうお歌をお詠みになってメモに取っておられたというお話を伺いましたけどね。

今稲作のことがちょうど出たわけですけれど、今年はいわゆる御大典の年ということで、大嘗祭が行われるという意義ある年なんですけれど、これは昨年ですか、『神道大系』の文学篇の中に、「神道和歌」という一冊が出ましたね。これの内容はいわゆる神道思想を和歌に詠んだ近世の神道和歌と違って、わが国の神名は和歌を賞美する信仰ということに基づいて、これに歌を奉納して、もって加護を祈念しようとして詠んだという、「法楽和歌」に属するものを集めたものですが、いわゆる平安後期の女流歌人の相模が、「奉納和歌」というのを走湯権現に奉納した百首が最も古いというふうに言われておりますね。

大嘗会の和歌といった、いわゆる一世一度天皇の御即位に際して行われるところの大嘗祭の饗宴、大嘗会のために悠紀、主基両斎国から詠進される和歌というのは、古くから行われてきたようなんですけれど、これについてはいかがなんでしょうね。大嘗会の和歌というのは、大学頭・文章博士をはじめとする儒者が割合に関連をしているというようなことなんですけれど。あの大嘗会の和歌というのは、ほとんど斎国の地名が読み込まれているものなんでしょうか。

岡野　つまりその国の歌枕が入るわけですね。大体、悠紀・主基に当てられることの多かったのは、近江とか備中とかいうふうな国が多いんですね。つまりそれらの地方の穀霊を宿した稲を、日本全国の稲の代表のような形で神に差し上げる。それが一番大嘗祭の重要な米の意義になっていく。その時に、マジカルな力をこめている歌でもって、悠紀・主基の国の地名を詠み込んで、それと重ねて差し上げる。これは「東歌」の古い信仰と習俗の名残をとどめているんでしょうね。

それが今度はうんと範囲が広げられて、遠い秋田県と大分県ですか、悠紀、主基が定められたというのは、いかにも新しい日本の新しい在り方、平成の大嘗祭の在り方らしいような感じがしますね。ただ、日本文学の伝統の上では、やっぱり畿内の国々に古い歌枕が多いですね。ことに近江というところは、私も近江の地名にとっつかれたようなもので、何遍も何遍も近江をたずねて、歌に詠みました。もちろん大和へ一番たくさん行ってますけれど、その次が近江だろう、それと熊野ですね。近江の地名というのは不思議に、何か力があるんですね。それは壬申の乱がありまして、人麻呂や黒人が壬申の乱をあんなふうに悼んで詠んでいる。そしてその土地そのものに悼みの心を託して詠んでますね。

淡海《あふみ》の海《うみ》夕波千鳥汝《な》が鳴けば情《こころ》もしのに古《いにしへ》思ほゆ
ささなみの志賀の辛崎《からさき》幸《さき》くあれど大宮人《おほみやびと》の船待ちかねつ
ささなみの志賀の大わだ淀《よど》むとも昔の人にまたも逢はめ

もう、これでもかこれでもかというほど、近江の地名と壬申の乱の悼みを歌うわけです。しかしそれだけじゃないですね、あの鏡の山だとか、額田郷とか、近江の地名というのは何か不

思議な力がありまして、それがあるから芭蕉は、

行春《ゆく》を近江の人とおしみける

という句を詠んだんですね。膳所にいる門弟の尚白が、いくら芭蕉さまの句でもあの句は言葉の動く句だ、「行く年を丹波の人とおしみける」と言ったって、ちっとも差支えないじゃないかと言うもんだから、芭蕉は怒るわけですね。

ああいう芭蕉の心意気というのは、非常に僕はよくわかる気がするんです。芭蕉という人の俳句は、非常に短歌的なところが日本人好みなんですね。蕪村の方が派手で楽しいんだけれども、やっぱり芭蕉の短歌的な叙情が好まれる。それだけに俳句の方では、正岡子規なんか蕪村の方をむしろ高く買ってるのは、俳人の評価としてはよくわかると思うのです。そういう土地にからむ長い思いが、結局大嘗祭のああいう、悠紀の歌、主基の歌というふうなものにも、ずうっと集約せられてきているんだろうと思いますけれどもね。

司会　大嘗会の「風俗歌」、「屏風歌」とも、悠紀、主基、両国の名所地名に寄せて詠まれるんですけれど、当然いわゆる賀の歌ですね。賀がそこにこめられているわけで、「屏風」の場合にはそこに一年の十二ヶ月の行事とか、あるいは風物といったものが組み入れられて詠まれるという、特殊な条件の下に作られておるわけですけれど。従ってこれはいわゆる儀式の場における儀礼の歌だと思うのですけれど、有名な歌人がいろいろ作者に選ばれて詠まれています

ね。それと共に濱口先生、これからは「勅撰集」の賀の部なんかにも、かなり取り入れられているんじゃないでしょうか。

濱口　そうです。今「勅撰集」の賀の部が出ましたけど、「勅撰集」の部立は集によってそれぞれの特徴がありますけれど、どの「勅撰集」を取っても、賀の部は必ずあるわけです。それが「勅撰集」の特色で、「勅撰集」だから当然賀の部は欠かしてはならないんだと思いますけど。

今の悠紀、主基の場合、これは賀の部の一番おしまいのところに並ぶのが多いのですが。で、また同じ人が何度か選ばれてますけれども、この歌を詠むのは難しいでしょうね。賀というので一つ大きな枠をはめられて、しかも悠紀、あるいは主基、必ず詠まねばならない。今先生のおっしゃった穀霊の、それが入ってないと駄目ですから、単にいい歌ですねといわれる、それじゃ駄目ですから、祈りをこめるという制約があり、しかも、あとになると屛風の絵を伴いますから詠み人も自ずから制限されてきたのではないかと思いますけれど。

悠紀、主基の歌だけの研究というのは案外少ないんですね。何年に何があってということは記録の上から割にわかるのですが、以前にほかのことで調べかけたことがあるんですけれど、案外わからないんです。「勅撰集」に入ってる歌を集めたのはありますが。その入集歌以外にもっとあったと思いますが、先生そういうのございますか。悠紀、主基のそれぞれの時、入集歌だけが奉られたんではなかろうと思うのですけれど。

岡野　「屏風絵」が描かれまして、その図柄をまた歌に読みこむわけでしょう。ですから歌作る制約の上から言えば二重三重の制約があって、非常に詠みにくい限定をさせられるんだろうと思いますけれども。

歌会始のこと

加藤　『大嘗会和歌の世界』という書物を書いて、今、八木意知男という人が、こればっかり研究していますが、この問題は八木さんの著書を参考にすることにして。そこでどうなんでしょうね、岡野先生は御歌会始にもずっと出ていらっしゃるんですけれど、われわれはまだ出たことないんで、御歌会始の様子といったようなものについてお話いただけますか。

岡野　最近は御歌会始がほとんど完全にテレビ放映せられるようになりましたから、ご覧になればよくわかると思うのですが、まだいくらかご存じない方があるのは、歌会始というのは、宮中で月々、月次《つきなみ》の歌会、——月次という言葉は後には月次調などと軽蔑的な意味になるんだけれども、本来月次ということは月次祭など、毎月毎月の意でいい言葉なんです——その月次の歌会があるわけです。その最初だから歌会始というのです。今も一月から十二月までと、皇太后、天皇、皇后のそれぞれの御誕生月の歌、それに明治天皇にちなんで文化の日の歌会がありますから一年に十六回になりますが、歌会があります。皇族方や、侍従職をはじめとする歌を詠まれる人がみな詠むわけですけど。

そしてその年の初めての歌会だから歌会始なんです。その時だけは明治になってから広く国民から詠進を募《つの》られるようになったわけです。昭和二十年までは宮中に御歌所というのがありまして、そこでそういうことをやってたわけです。そして天皇のお歌や、皇族方のお歌のご相談役も、そういう御歌所派と言われる、いわゆる旧派の人々がつとめていた。ところが昭和二十一年から、佐々木信綱、それから斎藤茂吉、窪田空穂の三人が民間から撰者に入りまして、題もそれまでは「松上の鶴」とか、「社頭の曙」とかいう漢詩風の題だったんです。非常に詠みにくかったと思うのです。当然、ああいう題で詠めば、旧派的な表現しかできなくなりますね。それを二十一年から「曙」という題に変わりまして、その年にロサンゼルスの二世の高柳さんという人が、

曙の大地しっかと踏みしめて

我は呼ばんとす祖国よ立てと

という歌を寄せてこられたんです。斎藤茂吉はその頃まだ敗戦直後で自由に旅行もできなくて、しかも健康を害して山形県の疎開先で療養してた頃なんですが。私は選者として第一次選、二

次選はいたしましたけれど、最後の選の会議には出られません。だから選定はほかの選者の方にお任せします。ただこの一首だけは斎藤茂吉が命にかけて取った一首ですから、落とさないでいただきたいという手紙をよこしたというのです。この話は入江相政さんからうかがいました。いかにも茂吉らしいし、戦後の気持が出ていて、いい話ですね。

そういう頃から現代短歌の歌風に変わったんですね、それで非常にみんな詠進しやすくなったわけです。大体三万首が毎年詠進せられてくるわけですけど、九月の初めから十二月半ば頃までかかって、その三万首を選ぶわけですね。

加藤　外地に住んでおられる人なんかも、かなりきてますね。

岡野　外地からもきてます。それで毎年大体一人くらい外地の方も選歌に入りますね。そういう歌会始を中心とした歌の伝統が宮廷にあるわけです。昭和天皇があんなふうに健康をだんだん悪くしていかれると国民が宮城前へ記帳に集まったり、雨に濡れた砂に座ってご健康の回復を祈ったりする姿がありますね。そういうのを見て、割合にそういう雰囲気を持ってるイギリス人でも、イギリスの王室と国民との間にはこういう心の通《かよ》いあいはない。日本人は不思議な人種だというふうな言い方をするわけです。

そういう時私は一つ、外国人も日本人も考え落としているものがあると思うのです。それは昭和天皇なんか明治天皇ほどではないけれど、かなりの数の歌をお作りになっています。発表せられたのはほんのわずかですけれど、それでも正月の頃大体七首新聞に発表になる。新聞によって三首に削ってしまったり、四首に削ってしまったりするんです。陛下はそういうとこ正直な方なもんだから、「入江、七首発表したではないか、なぜ三首しか出ていないんだ」とこうおっしゃるんだそうですよ。それでこの頃少し減らすようになったんですけどね、そういうふうに正月に七首ぐらい発表なさる。それから歌会始の御製は当然あんなふうにして広く行き渡る。

それから植樹祭と国民体育祭に地方へ行かれたら、必ずその県で二、三首の歌を、その県の地名を詠んだ歌を発表なさるんです。それはその地方の新聞に必ず出るんです。そういうものを通じて、あの圧縮せられた伝統的な短歌の表現で、一年でとにかく十首超えるくらいのお歌に国民は触れているわけです。お歌を通して天皇の文学的な、文化的な、凝縮せられたお心を知る。そして自分たちのところへ来られて、自分たちのところの地名を詠んでくだすった歌に触れてるわけです。

丸谷才一さんという小説家が『日本文学史はやわかり』という本を書いた。それを一口で言えば、日本文化というものは「勅撰集」を通して見ると、日本文学史というものが自ずからすーっとわかってくるんだということがあの本の趣旨です。これは実に名論です。その丸谷才一氏が山形県の生まれなんですね。そうすると大正十五年の歌会始にまだ皇太子だった昭和天皇

がお詠みになったのが、

広き野を流れ行けども最上川

海に入るまで濁らざりけり

という、非常に柄の大きな調べのゆったりした歌なんですね。それを山形県では作曲して、小学生や中学生が歌ったというんです。それは子供心に非常に日本の伝統的な詩の美しさとして残っているというんです。彼は斎藤茂吉の、

最上川さかしら波の立つまでに

吹雪く夕べとなりにけるかも

これも名歌だろう、名歌であるということは認める、しかし、あの昭和天皇のまだ皇太子の時の歌の方が悠々としてるじゃないか、と言うんです。

古典としての『百人一首』

加藤 いいお話ですね。だいぶ時間が経ってきましたが、濱口先生には、『日本のかるた』という著書がおありですけれど、私はどうも日本のかるた『百人一首』というものが、割合和歌と日本文化を伝承するのに大きな作用をなしたんじゃないかと、こう思うのですけどもいか

がでしょうか。私らでも子供の頃に正月がくると、非常に楽しみのひとつで『百人一首』でよくかるた取りをしました。一枚札なんかであれば「むすめふさほせ」ですか、自分の得意の、

天つ風雲の通ひ路吹き閉ぢよをとめの姿しばしとどめむ

村雨の露もまだひぬまきの葉に霧たちのぼる秋の夕暮

あしびきの山鳥の尾のしだり尾の
　長々し夜をひとりかも寝む

といったような、そういうのを取られまいとしていろいろ頑張ったわけですけど。かなり濃厚な恋の歌でも、その本当の意味はよくわからないけれども、やはりこの「五、七、五、七、七」の快いリズムといいますか、そういう美しい言葉を子供心にも魅力的に感じたわけです。やはりこの種類の「かるた」なんていうのは、外国に無い日本独自のものなんじゃないでしょうか。

濱口　ああいう形のはあるいは外国に無いのかもしれません。もっとも、向こうではトランプとかそのあたりのが多いですから。ただ私いつも言うのは、古典というのは人々の生活に染み込んでいなくてはならないと。神棚に祭り上げておく、あがめまつるのが古典じゃないと言っておりますが、『百人一首』こそ本当の古典ではないかと思います。

今の学生は割に『百人一首』の歌というのは覚えてないんですが、それでも聞きますと中学

校の頃に暗誦していますね。それより前の時代でしたら、本当に、無学なと言うと大変失礼ですが、目に一丁字なき人々でも知らず知らずのうちに『百人一首』の幾つか、またそれのもじりみたいなものは、ちゃんと何か言葉の端々に出てきますね。そういう意味で私は、一番国民の間で生きてると言うんですが。

それから、これは私の時代で終わったと思いますけれど、今「かるた」を取るというと、味もそっけもない活字体の取り札ですが、私の小さい時はまだ筆写体のそれを、そうすると「人」という字だけ一番大きく書いてありますから、よくお手付きをして、さながら「歌がるた人という字に手が五つ」という川柳そのままでした。何となく小さい間から『百人一首』というとああいうふうな、それは印刷した物ですけれど、筆写体の物で取っておりました。そんなことで自然小さい間から『百人一首』の歌というのを覚えますし、それから字というのもやっぱり覚えていったのではないでしょうか。

明治・大正・昭和

加藤　俗な話になりますけれど、宝塚のスターの芸名なども、むかしは「天津乙女」とか、「霧立のぼる」とか、「百人一首」の和歌の言葉からとられておったんですけど、今はそんな優雅な名前も変っていくのでしょうね。

将来の短歌はどのようになって行くのでしょうか。問題は非常にむつかしく大きすぎるかも知れませんが、短く言って、岡野先生これからの和歌というのはどういうふうになっていくんでしょうね。

岡野 その前にちょっと『百人一首』がせっかく出ましたから、『百人一首』のつまり百首の歌の最初に置かれる歌というのは、例の天智天皇の、

秋の田のかりほの庵の苫《とま》をあらみ
わが衣手は露にぬれつつ

あれとよく似たような歌は『万葉集』にあるけれども、どっから出てきたのか、本当に天智天皇の御製なのかということはわからないんですが、しかしあの歌を天智天皇の御製として『百人一首』の最初の一番の歌に据えたということは、やっぱり非常に象徴的だと思うのです。そして「秋のかりほ」というのは、稲の耕作の一番中心の場であって、それが天智天皇がまるでかり庵に来て、自ら露に濡れていられるような感じがあの歌に出ていて、それを天智天皇の御製として『百人一首』の一番トップに据えているということ。ああいうところから宮廷文化と、それから地方の文化とが交流し合ってゆく。その媒体にいつでも短歌というものが非常に見事な役割を果たしてるということがあると思うのです。

これも世間ではほとんど知られていないことなんですけれども、現代でも天皇の歌を心に持って歌を作っているというふうなことを、しばしば名も無き人たちはやってるわけですね。その著しい例で、昭和三年のことなんですけれど、折口信夫の歌集の中に「王道」という題の一首の歌があります。明治天皇の、

年々に思ひやれども山水《やまみづ》を汲みて遊ばん夏なかりけり

という、これは日露戦争の最中にお詠みになったお歌なんです。それを小さく引きまして、そして、

大君は遊ばずありき彷彿《おもかげ》に夏山川を見つつなげけり

という歌を一首「王道」という題を出しているんです。僕は、ああ折口は明治二十年の生まれだから、明治天皇に深い敬愛の心を持ってて、明治天皇ですらまつりごとに非常に心を労していられて、夏の涼しい山川を心に持ちながら、実際にそこで避暑をなさるなんていうことはなかったんだという、その思いでこんなふうに、しかもそれが天子の道なんだというふうに言ってるんだなと思ってたんです。

これはほんの最近までそうとしか僕は思い至らなくて、そんな注釈も付けてたんです。ところが昭和天皇がお亡くなりになって、ふっと気がついた。昭和二年は喪の年ですから歌会ないわけです。三年の「歌会始」の題が、「山色新なり」という題なんですね。そして、

山々の色は新たに見ゆれどもわが政《まつりごと》いかにかあるらん

という歌を歌会始に出していられる。恐らくそれを見て折口は、この若き天子にお応えしなければと思って、昭和三年に「王道」の歌を作って夏発表してるんですね。

つまり日本の歌の一番生きた場面というのはそういうやり取り、雄略天皇と赤猪子のやり取りのような、ああいう気持がずうっと僕は生きてきたことにあると思うのです。歌によってやる時に、一番素直に、心の誠、あるいは感情の「あはれ」というふうなものが、すーっと通じ合った。そういう広い意味の相聞というのが、日本の和歌の伝統の一番大事なことだったと思う。しかもそれは今でも生きてる。いわゆる知識人の中には、こんなものは第二芸術だと思っている人もあるかもしれないけれども、村々の人たちの心の中には、生きてるところがあると思うのです。これはもう少し僕たち考えてみる必要がある。

そんなことを考えながら、三代の天皇の御集をこの頃拝見していて、大正天皇の御製が非常に詩人的な感覚では冴えているんです。恐らく僕は近代三代の天皇の中で、大正天皇が一番詩人的な才能としては、豊かな方ではないかと思うのです。昭和天皇や明治天皇歌は皆さん大体知っていられるから、大正天皇の、例えば、

いづくより渡りきにけんものすごき荒磯崎に立てる大鷲

尾白鷲か何かご覧になったんですね。あるいは、

這ひし跡さやかに見せて蝸牛《かたつむり》
　　いづこにいまはかげをひそむる
蝸牛の這った跡、銀色に光っているあれを詠んでいられる。
　　村雀ねぐら争ふ竹むらの奥まで赤く夕日さすなり
『玉葉集』の歌風そっくりですね。こういう歌を詠まれた大正天皇の時代が大正十五年間、明治と昭和の間にあるということ。日本の都会人たちの文化が爛熟し過ぎて乱れた時代のように言われるけれども、僕は平成に至るまでの近・現代三代の中で、大正十五年間というものが、大きな意味を持つだろうと思うのです。

そういう問題を考える時に明治天皇の御製とか、大正天皇、昭和天皇の御製というものが、その時代の文化の一つのめどとして考えられなければならない。そういう視点を持った文学史が、一世紀後には、本当の文学史を書く人によって書かれるだろうと思う。今は、何かそういうものは我々の文学と別物だみたいに考えているけれども、僕はそうじゃないと思うのです。そういうものが本当の透徹した文学史の史観であるだろうというふうに思うのです。

それと今、中学生、高校生たちの間に、俵万智ブームなんていうものじゃなくて、もっと広い地盤で短歌定型を口語で満たすという情熱が割合に盛り上がってきているんです。いい歌の何首か僕今でもそらで覚えています。なぜこういうふうになったかと言いますと、一番大きな原因は、昭和二十一年、二年頃、『第二芸術論』というのが、桑原武夫さんや臼井吉見さん、あるいは小野十三郎さんなんかによって提出された。非常に厳しい伝統定型詩批判論です。僕なんか半分それに共鳴し、同時に心の半分では、こんな単純な合理論や、こんな感傷的な理論で短歌を葬り去ろうとするのは、ひどいじゃないかという思いが、かえって短歌への執着になっていったんです。しかし僕たちの年代の、ことに知識階級がそれに非常に影響せられたわけです。中でも高校や中学校の国語の先生が臼井吉見や桑原武夫の論に強く共感した。あの第二次世界大戦の戦没学徒兵の手記のように、自分の生きる第一義を論理濃やかに追求すべきであるのに、こんなもの悲しい叙情によって、自分たちの最後の思いを表現した、いかにも悲しいではないか、こんな日本的な叙情を再び次の世代に与えまいというふうな言い方は、非常に僕たちの心にも響きました。

でも僕は幸いに、もう少し深く古典をその時にすでに読んでましたから、そう単純には第二芸術論に全面的に傾きませんでした。だが、国語教科書に短歌単元があっても、飛ばして教えない先生が多かったんです。それは僕よく国語の先生の研究会なんかに呼ばれて行くと、必ず一人ぐらいそういう先生がいまして、「もう短歌などの日本的叙情を若者たちに与えません」とおっしゃる。それは先生独断に過ぎるでしょう。与えられて彼等の選択に任せたらどうですか、その時に先生の意見をおっしゃるのはいいけれど、全く与えないというのはひどいでしょう、飛ばしちゃうというのはひどいでしょうと私は言うけれど、そういう先生必ずいましたよ。だけどそういう先生が停年になられ、世相もまた短歌に抵抗感がなくなったんですね。僕は若い人は文語でかならずしも短歌的定型を満たさなくたっていいと思う。もう言文一致体が発明せられてから百年たってるわけですから、短歌定型が口語をも併合しはじめたと僕は思っているわけです。少し楽観的すぎるかもしれないけど、日本人が日本語を使う限り、短歌定型は滅びないと思いますね。

加藤　只今は岡野先生が現代短歌の新しい動きまでお話いただいて、古代から現代短歌に至るまで、非常に短時間の間ですけど、大変重要な「日本文化と和歌」についてのお話が軌道に乗って出てきたわけですけど。要するに長い歴史は、治乱興亡の狭間を、日本文化の一つの核として生きてきた和歌というのは、やはりしたたかな文学であって、衰亡が叫ばれると盛り返したというような、こういう歴史事実の証明から、これからのハイテク時代にあっても、三十一文字の中に叙情を押し込めて、詠み続けられて行くでありましょうし、むしろ今何か長文のものが嫌われていく時代になって、この短詩型の短い文学がかえって好まれ、三十一文字の中に凝縮した心をこめて詠まれる歌というようなものが、かえって盛んになって行くのじゃないかというようなことも思うわけでございます。今日は岡野、濱口両先生、どうもありがとうございました。

鼎談『生田と「求塚」伝承』

波田　重熙（神戸女子大学学長）
加藤　隆久（神戸女子大学名誉教授・生田神社宮司）
武藤美也子（神戸女子短期大学教授）

センター長　鼎談「生田と「求塚」伝承」と題して、御三方の先生方に特別講師としてご参集いただきました。私から先生方を紹介させていただきます。中央にいらっしゃいますのは加藤隆久先生でございます。加藤先生は本学の理事・名誉教授で、ご承知の方も多いかと思いますが、生田神社の宮司さんでいらっしゃいます。先生は、また神道研究・歴史民俗学研究の第一人者で、御著書もたくさんございます。神戸史談会の会長も務めていらっしゃいますが、そのかたわら、日本神戸民俗芸能団の団長として数多くの海外公演を成功させてこられ、国際交流の貢献等により、昭和六十一年度には兵庫県の文化功労、平成九年には神戸市文化賞、平成十一年には兵庫県文化賞を受賞されています。本日は、「生田の伝承」ということで、生田を語るには先生をおいて他にないと思い、ご無理をお願いしましたところご快諾を賜りました。

その隣が本学学長の波田重熙先生です。波田先生は、大阪市立自然科学博物館にご勤務の後、高知大学、神戸大学の教授を務められ、神戸女子大学においでになりました。先生の研究分野は、地球環境を地質学という立場から研究するというスケールの大きなものです。さらに地すべりとか地質構造の特性を解明することで、斜面災害の防災あるいは減災に役立てようと、そのような研究もなされています。これは素人の私見ですが、生田の伝承とは、生田川の暴れ川ということが基底にあると思うのですね。そこで、六甲山系と生田川の関係というものを、ひとまず芸能を離れて、ぜひ先生にお話して頂きたいとお願いしましたところ、こちらもお忙しい中を快諾いただきました。今日は歴史民俗学と地質学それぞれの立場からこの生田伝承についてお話いただきます。

鼎談の司会を務めていただくのは、本学の武藤美也子教授であります。武藤先生は上代文学をご研究ですが、一方で沖縄祭祀につきまして大変詳しく、古典芸能研究センターでは先生が甲南大学学長の高阪先生とともに調査された結果を「沖縄祭祀データベース」として構築発信しております。このデータベースは大変な注目を集めまして、一昨年そのシンポジウムをセンターでさせていただきました。今日はお二人の先生方からどんなお話を、引っ張り出してくださるでしょうか。それではよろしくお願いします。

武藤　それでは、さっそく始めさせていただきます。

今までの四回の講座では文学的な内容の面からのアプローチが主でしたが、菟原処女《うなひをとめ》伝説は、ある三基の古墳によって生まれた物語で、その古墳はこの神戸の地に現存しております。その古墳自体の考察抜きでこの伝説を語るのは片手落ちではないかと考えます。そこで今回は、地質学の権威の波田先生と、生田の中心ライン、神戸の地についての研究者でもあり生田神社の宮司でもある加藤氏のお二人に来ていただきました。今までとは異なった方面、古墳を中心にした観点からお話を伺いたいと思います。私・武藤は文献的に菟原処女伝説を説明することにより、お二人の話を補助していきたいと思います。どうぞよろしくお願いいたします。

今日の話は、三人三様のアプローチでの菟原処女伝説（生田川伝説）についての話になると思います。

古墳のある土地とはどのような地質の上にあるのか、また生田という土地が神戸においていかなる土地であったのか、文献の中にはどのように表現されているのか等をみていくことにより、三基の古墳から如何にして伝説が成立し、菟原処女伝説と言われていたもの

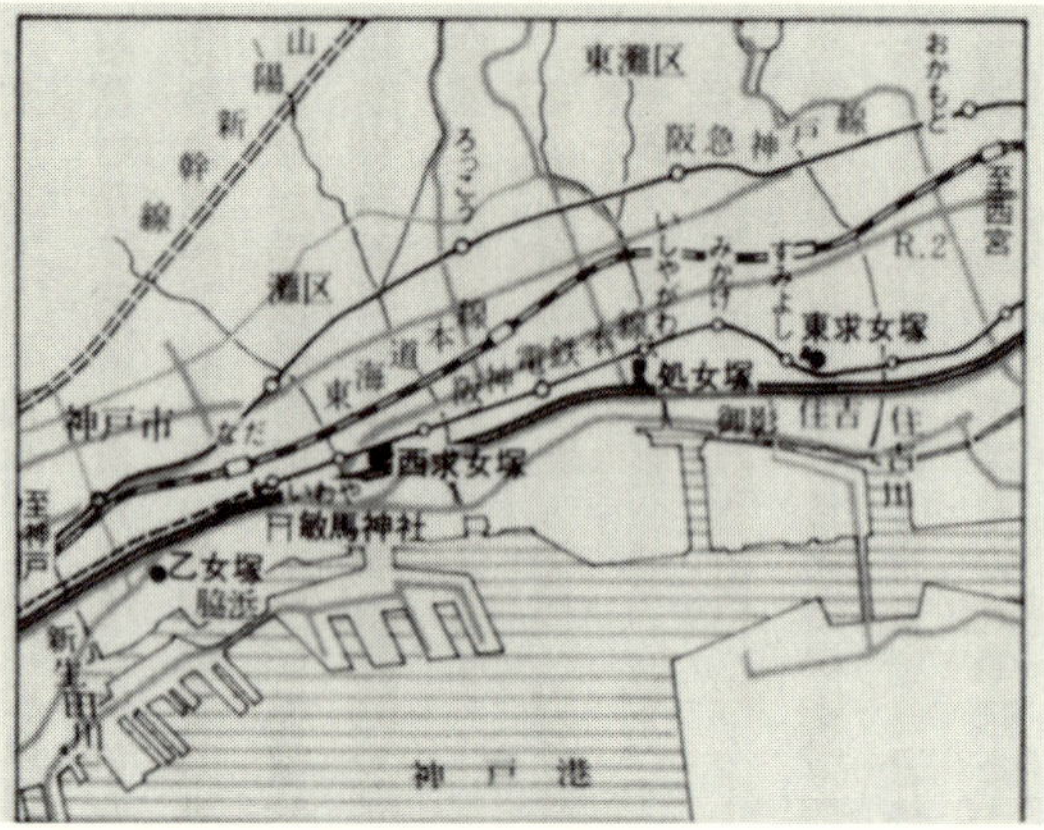

図１　菟原地方

が生田川伝説となっていったのか。今までの講座とは異なる観点からみることにより、この菟原処女伝説について多方面からのアプローチをしていただければと思います。

それでは、三つの古墳がどこにあるかというところから、話を進めていきます。図１は神戸市の灘区、東灘区の地図です。この図の真ん中あたりにある処女塚、これが菟原処女のお墓とされています。そしてその右の住吉の所にあるのが東求女塚で、茅渟壮士《ちぬをとこ》の墓とされております。そして西灘、岩屋の少し西、ここに西求女塚があり、菟原壮士の墓ということになっています。そしてもう一つ乙女塚というのが神戸にはございまして、脇浜の所にございます。またこの図１において敏馬神社と新生田川の位置も確認しておいていただきたいと思います。

それでは、実際に処女塚がどのような状況であるかを写真でご覧いただきます。図２が

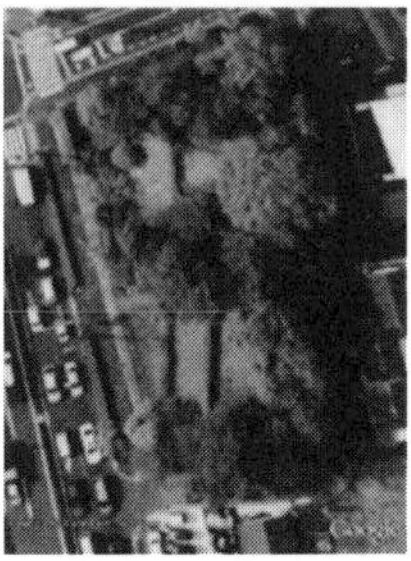

図2　処女塚古墳

図3　東求塚古墳

図4　西求塚古墳

図5　脇浜の乙女塚

処女塚です。この古墳は、前方後方墳で、大正十一年に国の史跡指定になっております。次に図3が東灘区の住吉にある東求女塚、茅渟壮士の古墳とされております。これは前方後円墳です。今はここに幼稚園が建っておりまして、そのためにほとんど埋め戻されております。図4は西灘にある西求女塚、菟原壮士のお墓とされております。前方後円墳と思われていましたが、ここも発掘調査がなされ、前方後方墳であるということがわかりました。平成十六年にこれも国の史跡に指定されました。ここは公園になっております。そのままの形として残っているのは処女塚だけでして、後は一部形が残っている感じです。そしてもう一つ脇浜に乙女塚というものがございます（図5）。ちょうど脇浜海浜線、今はこの引き込み線がなくなりつつありますが、その下にございます。昭和八年に作られております。これは古墳の跡も何もないので、菟原処女伝説が生田川伝説となった後に作られたものであろうと考えられます。この塚の横にはお地蔵様があり、今もこの地域の方が、毎日ここをお掃除して祀っていらっしゃるということです。以上がこの神戸に残っている処女塚に関係する古墳の現在の姿であります。

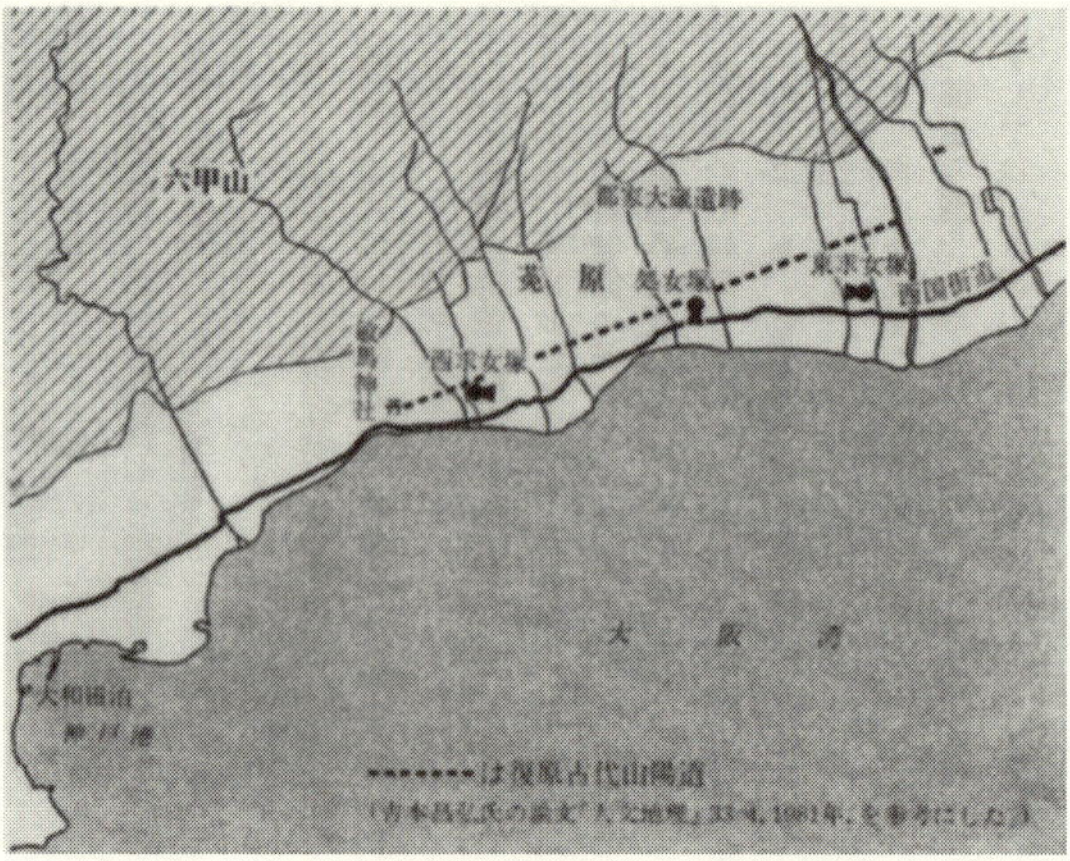

図6　三古墳の位置と敏馬
（森浩一編（1984）『万葉集の考古学』より）

この三基の古墳の位置を図6の古代山陽道が復元されている地図でご覧になってください。ご覧の通り、真中に処女塚がありまして、海の方を向いております。そして東求女塚西求女塚両方の古墳が、この処女塚の方を向いて作られています。これも菟原処女伝説の謂われの一つになります。この後この海岸線と古代街道について注目し、波田先生にお話しいただこうと思っております。

その前に菟原処女伝説の初出の文献『万葉集』から、古墳についての描写をおさえておきたいと思います。

まず高橋連虫麻呂の歌です。彼は万葉第三期の初めぐらいの歌人です。虫麻呂の歌一八〇九番には「葦屋の菟原娘子」とあります。その歌の後半には、「娘子墓　中に造り置き壮士墓　このもかのもに　造りおける」と、真中に娘子墓があり両側に壮士墓を造ったと書かれております。その反歌一八一〇番にも娘子は「葦屋の菟原娘子」と書かれております。そして「奥城を　行き来と見れば　哭のみし泣かゆ」奥城とはお墓のことで、このお墓を「行き来と見れば」というわけですから、往来に見ることができる。すなわち街道近く、往来の頻繁だった所にこのお墓があったということがわかります。

そして、田辺史福麻呂、十年ぐらい虫麻呂より後の人になります。ここ一八〇一番でも「葦屋の処女」と表現されています。そして、「玉桙の　道の辺近く　岩構へ　造れる塚」

とあり、これも街道近くにこの古墳があった。それも岩を積み重ねて作られた塚であったと詠まれています。その次「この道を　行く人ごとに　行き寄りて　い立ち嘆かひ」とありまして、この歌からも古墳の側の街道は頻繁に人が往来する街道であったということがわかります。

そして四二一一番。これは家持の歌です。七五〇年の五月六日に作られた歌ということになっております。これには「海辺に出で立ち」「惜しき命を　露霜の　過ぎましにけれ奥城を　ここと定めて」と詠われており、彼女は海へ入水した。海へ飛び込んで亡くなったと家持は書いております。以上、万葉集に菟原処女伝説がどのように描かれているか、また古墳に関してどういう描写があるかということをご説明いたしました。

それでは、波田先生のお話を地理的方面から聞いてみたいと思います。

波田　菟原乙女伝説にまつわる三古墳の位置ということで、私の方から古地理的なお話をさせていただきたいと思います。今、武藤先生の方からお話がありましたように処女塚をはさんで両側に、西側二㎞ぐらい、そして東側が一・六㎞ぐらいのほぼ等間隔に向き合うような形で古墳が作られているわけです（図6）。昭和十年ごろの地形図に三古墳の位置を入れてみても、非常に海岸に近い所にあったということで、古代、家も何も建っていなければ沖を行き交う船からよく見えたであろうことが、容易に想像できます。

この三古墳の位置を旧街道との関係で見ると三古墳ともに、西国街道に密接するように作られていたことがわかります。交通の要所であり人の往来が激しくて、古代から三古墳というのが人々の関心を集めてきたというところから伝説がだんだん広がっていったのだろうと考えられます。

図７　縄文海岸線と古墳の位置
（岩見義男著（1994）『神戸の地盤と地誌』より）

実はこの西国街道は浜街道であって、縄文時代の前期の海岸の位置にほぼ一致してるんですね。三古墳は、その海岸の砂浜から陸側のより高くなる所に三つとも作られているわけです。その縄文海岸、これは資料に入っておりますが（図７）、そこのところをちょっと詳しくお話させていただきたいと思います。図７の赤い線が縄文時代前期の海岸線を示しています。大体今から五千年〜六千年前ごろの海岸線はこの赤線の位置

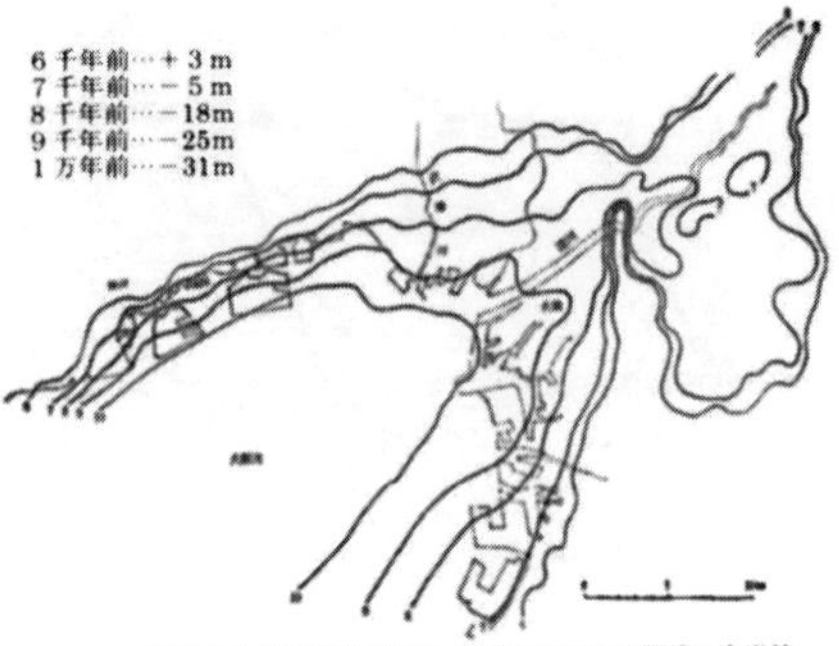

注）完新世前期（縄文早期～前期）における大阪湾の海岸線
等値線は10^3年前を示す

図8　縄文海進　前田・久後（1980）

になります。少しさかのぼりまして図8には各々一万年前、それから九、八、七、六千年前の海岸線が示されています。大阪湾がどのような変遷を経て現在の形になったかを、おわかりいただけると思います。海は約六千年前ぐらいに最も陸の中まで入り込みまして、その頃には大阪城のある上町台地は半島状に伸びていて、その背後に現在の河内平野が内湾の状態になっていたということがわかります。そういう最も海が入り込んだ状態を縄文海進と呼んでおりまして、最終氷期終了後に起きた世界的温暖化による海水面の上昇に対応した世界的な現象なんです。最新の研究に基づくと、縄文時代前期の大阪、神戸の辺りですと、今から五千三百年~五千五百年ぐらい前に海進がピークを迎え、最も海水面が高くなったことが明らかになってきました。神戸の五千年前の海水面は現在よりも四m程高かったとみなされ、赤線で示した縄文海岸が当時の海岸で、そこから内側が陸地であり、一段高くなりますので、そういう小高い所に古墳は位置しているの

図10　敏馬神社西側

図９　敏馬神社

です。図８には二千年前の海岸の位置も示されています。この二千年前ごろには再び海が後退し始め、海は平らな土地を〝造成〟しながら、現在の海岸線まで後退していきました。従って古墳が作られたころには、海岸の近くの一段高いところに古墳があり、その下に広がる平坦になった辺に道路も作られていたということになるわけですね。

縄文時代前期の海進のときの海岸の痕跡というのが、神戸市内では方々に残っております。最も典型的なのが西求女塚のさらに一キロメートルぐらい西側の敏馬神社ですね（図９）。本殿に上るところのレベルが四メートルです。そこから急な坂になっていて階段になっているわけですが、かつてここまで波が押し寄せていて、上に平な段丘がありまして、そこの所を波が削っていた波食崖あるいは海食崖といいますがその跡なんですね。こういうものがあるということによって、かつて縄文海進ではここまで海が来ていたということがわかります。図10の写真は敏馬神社すぐ西側の写真で、東西に道路が走っているのが標高四メートルなんです。そこから北方向に坂になって一段高い面に上がっておりますが、東西の道路の部分が、かつて波が打ち寄せていて砂浜になっていて、そこからだらだらと高くなった上が陸地になっていたということがわかるわけですね。

武藤　はい、ありがとうございます。

今の話で現在の古墳のある環境が、万葉集で虫麻呂や福麻呂が歌ったときとは随分違うのだということがおわかりになったと思います。『万葉集』に「行き来とみれば」とか「この道を　行く人ごとに」とか「道の辺近く　岩構へ　造れる塚を」とか詠まれていた理由が、今の波田先生の「当時の幹線（西国街道）が古墳の南を通っていた」という説明でよくおわかりになったのではないでしょうか。

それともう一つは、非常に海に近かったということ。今の私たちは自動車で道を行く、それ以外は歩くというイメージですけれども、昔は、船での移動が普通で盛んだった。瀬戸内海というのは非常に頻繁な航路で、難波の港から出まして、武庫の泊そして敏馬の泊ということで、「神の御代より　百船の　はつる泊と　八島国　百船人の　定めてし　敏馬の浦は…」（万葉集一〇六五）といわれていたわけで、その敏馬の泊に着くと、そこからすぐ向こうの方に西求女塚が見え、その向こうに処女塚が見えるという状況であったのではないかと思います。

菟原処女伝説が、今は生田川伝説ともいわれております。どうしてこの菟原処女伝説が生田川伝説となったのでしょうか。それは、『大和物語』の百四十七段に生田川という段がありまして、そこにこの菟原処女伝説が出てまいります。「むかし　津の国にすむ女ありけり」ということで、これが摂津の国ということですね。内容は皆さんも何回もお聞きになっていると思いますので、略します。そこの「生田の川のつらに、女、平張をうちてゐにけり」とありまして、ここで初めて生田という地名が出てまいります。『大和物語』によりますと、この女は生田川の傍に家を建て、その側に住んでいたということになります。

『万葉集』においては、家持は「海辺に出で立ち」と詠っておりました。ですが、この平安時代の中頃成立の『大和物語』においては、生田の川の傍に住んでいた。そしてそこで水鳥を射させる競争を二人の男にさせるわけです。その後、彼女は「すみわびぬ　わが身投げてむ　津の国の　生田の川は名のみなりけり」という歌を残し、この生田川に身を投げたということになります。このあたりからこの伝説は生田川伝説と呼ばれていくわけです。どうして生田の村、生田というのが元の菟原を包括していくのか、そのあたりのところを加藤宮司にお話していただきたいと思います。どうぞよろしくお願いします。

加藤　加藤でございます。神戸という地名は、大同元年（八〇四）牒の「神封部《しんぷ》」によりますと、「生田神四十四戸」とあり、すなわち、生田の神を守っていく家四十四軒賜ったんですね。それで神戸村《かんべ》というのができて、カンべ、コンべ、コウべというふうになって、ですから神戸という地名は、実に生田神社の神戸のあった所から出た、神戸市の発祥の地でもあるわけなんです。さて、処女塚古墳を考えますのに、背後に武庫の山並があり、前方海岸沿いに三基の前方後円墳がそれぞれ間隔をあけて築かれていて、中央に海に前方部を向けた処女塚が、東方に東求女塚と西方には西求女塚が、共に前方部を処女塚に向けている。真中の古墳に対して両方が向かい合っているというような不思議な形ですね。これはちょうど大和三山の「香具山は　畝火ををしと　耳梨と相あらそひき」（万葉集一九）という伝説が生まれたように、海の方から見ると中央の一基を前方部を向けあった二基の古墳がはさむような何か不思議な古墳があったということをまず考えていただいたらいいんじゃないかと思うわけですね。

　ここで重要なのが菟原《うなひ》処女それから菟原《うなひ》壮士、茅渟《ちぬ》壮士と、この菟原《うなひ》という地名が出てくるわけですけども。処女の名前、壮士の名前の菟原《うなひ》というのは海に関係があるという意味ですね。ウナヒヲトメは海辺《うなひ》のヲトメだったと思います。それから処女というのは、神に仕える女性といいますか、そうゆうのが処女であったと思うわけです。

そこで処女塚からちょうど東の求女塚ですね、この距離は約一・五kmほどです。それから処女塚から西の求女塚これが約二km、ちょっと遠いんですよ。そこで『万葉集』巻九の高橋虫麻呂の長歌のあとの反歌に「墓の上の　木の枝靡けり聞きしごと　茅渟壮士にし寄りにけらしも」つまり処女の墓は茅渟壮士のほうになびいとるんですね。処女塚と茅渟壮士の東の塚、その方が距離が近いんです。そっちの方になびいとるということになります。これが、また私はおもしろいと思うんであります。といいますのは、処女塚の処女は菟原《うなひ》娘子なんです。菟原《うなひ》娘子っていうのは、結婚するときには菟原《うなひ》壮士と結婚しなきゃいけないという一つの宿命があるんです。それが茅渟《ちぬ》壮士になびくわけですね。そうするとこれは、昔の女性の貞操観念からしたら、宗教的な罪を犯すことになるわけでありますから、死ななきゃいかんという宿命があって死を選んだのではないかとこういうふうに考えますと、この伝説が生きてくる。そして、それは古代の生死観というものにも発展をしてくるということになりますね。

そこへもってきて、この生田川という川ですね。生田川のそば、三古墳より西方の現在の中央区脇浜町にも、乙女塚というのがあって、その生田、生きる。そこでですね「すみわびぬ　わが身投げてむ　津の国の　生田の川は　名のみなりけり」(『大和物語』)つまり生田というのは、「生きた」、「生まれた」「田を生む」と縁起の良い名前なんですね。ところがその生田川に飛び込んで亡くなるわけですから、これは生田というのは名前のみなりけり、こういうふうになってくるわけです。

現在は変わりますが戦争中、生田神社の祭神は稚日女尊《わかひるめのみこと》、天照大御神の和魂《にぎみたま》とも妹神とも言われ、大日霊貴に対して稚日女尊、太陽のような女神さん。神功皇后が三韓征伐から帰って来られて、ちょうど難波の津に入ってゆこうと思うときに、船が動かなくなった。そこで、引き返してきて武庫の港で占いをさせたところ、「我を生田の長峡《ながを》の国に祀れ」ということで生田神社は祀られたということですね。それで昔から「生きた」とか「生まれた」とかいって健康長寿縁結の神として信仰されてきました。戦争中も女の神さんであるにも関わらず、みんな生田神社に武運長久に参りにくるんです。なぜか、「生きた生きた」というふうに信じて、生きて帰れると言ってお参りされました。戦後は生まれた生まれたと読み、それで縁結びの神さんなんて言うて、藤原紀香さんや朝原宣治さんと奥野史子さんの結婚式にまで発展するわけでありますが。

それはともかくとして、ここへお祀りされたのは海上五十狭茅《うながみのいさち》という人物によって生田の神は祀られたと『日本書紀』に記載されています。海の上、海上。ここの土着の海を領《うしは》く部族が神功皇后の三韓から帰ってこられるときに、海上五十狭茅をして生田の地にお祀りされたとあるわけです。したがって海に関係がある。それから菟原娘子これも海に関係がある。ですから、おそらく古墳も海の方から見て真ん中に処女の塚があり、東の方に茅渟壮士、西の方に菟原壮士ですね。こうゆうようなことで、海を領《うしは》くところの関係ということを忘れてはいけないと、こう思うんです。

そして、神功皇后さんがこの地にこられて、生田川を遡ったところにですね、砂山と書いてイサゴヤマというこんもりした円錐形の山がありますが、そこにお祀りをされておった。ところが六甲山系というのは昔から御影石で砂地で水に弱く水害が起り易く、しょっちゅう鉄砲水が起こった。私が経験したのは、四つのときですが、阪神大水害。昭和十三年に起こって大変だった。昔から水害は度々起こってるんですね。それで生田神社の伝承も、最初は生田川を遡ったところ今の新幹線の新神戸駅の後のこんもりした山、円錐形の、これが砂山、ここにお祀りされたと伝えられていました。ところが水害によって、松が倒れましてね、祠が壊された。そこで、刀祢七太夫という神主が、ご神体を背負ってあちこちさまよってですね、一番安全な、ちょうど小高い森があった。この森は昔から非常に有名であって、すでに清少納言の『枕草子』にも「森は生田の森　信太の森　糺の森」とこんなふうに記されてあり、当時から有名だった、その安全な所に移って来られた。

それから、松の木が倒れて社殿が壊されたということから、生田さんは松がお嫌いだといわれ、今でも境内に松の木が一本もない。お正月の門松も松を使わないで、杉盛りという杉を使うんですね。戦災で焼ける前には能楽堂があったんですが、その能楽堂の鏡板に、何が描いてあったかというと、生田さんだけ松が描いてあるんじゃなくて杉が描いてあったのです。杉の描いてある能楽堂として、能楽師の間で有名だった。橋がかりがありまして、普通は一の松、二の松、三の松ですが、ここは一の杉、二の杉、三の杉と、杉を立てるわけですすね。今でも古いことを知ってる方は、生田神社では生花に松を生けない。今、考えてみたら、ここの神さんは先見の明があって、今はどこも松くい虫にやられて、松が枯れている。松が衰退期なのですね。そこで早くから松を植えるなと伝承されて来たのは、これは先見の明があったというようなことをいうんですけども。

　このあたりの地形を見ますと、非常に古いのは、今フラワーロードがある所、あそこに生田川が流れておったんですね。ちょうど今のミント神戸のあたりに雲井遺跡という縄文時代の遺跡が出てくる。これが神戸で最も古い。それが生田神社はひじょうに古く、千八百年ほど前に祀られたといわれているにも関わらず、まったくこのあたりからは遺物が出てこなかった。ところが、昭和六十三年一月、生田神社西側のホテル建設予定地を発掘していた神戸市教育委員会は、五世紀前半から六世紀後半のものと推定される住居跡を発見しました。この遺跡は古代に生田神社を祀っていた豪族の館跡と推定され、「生田遺跡」と名づけられました。この遺跡からは、柱建物六棟と竪穴式住居跡二棟かまどの跡、その他祭祀具や土器類が出土しており、兵庫県下でも古い遺跡の一つといわれています。この生田遺跡の発見によりやっと生田さんの近くに集落があったことが判明しました。つまり、生田さんの集落があったのは、神社よりも西にあったということです。さらに今度は生田神社の西、トアロードの西の所を発掘しました。なんとそこからは縄文時代の縄文土器が出てきた。そんなことで、生田さんの集落は神社の西にある。まさに神戸女子大の古典研究センターは、その中心にあるということです。だからここの所で発掘したら意外なものが出てくるかもわからん。そこで求女塚の研究をされるということは、研究テーマとしてふさわしいことだと思うわけです。

重要なのは、生田の河口の、生田川という名前が生きるとか死ぬとかいう名前だったんですが、たまたま生田川の東の流域の脇浜のところにも乙女塚というのがあって、東の方の処女塚古墳の伝説がこちらの乙女塚古墳の伝説によって、生田川伝説といったものができてきたんではないのか、こういうふうに思うわけです。

もう一つ重要なのは、先ほど波田先生が言われた敏馬《みぬめ》。今の神戸の地域には、武庫郡と八部郡《やたべ》があるんですけども。生田川の東側であるにも拘わらず、敏馬神社は八部郡に入ってるんです。どうしてわかるかというと、平安時代に延喜式というのがありまして、延喜式内社に敏馬神社と生田神社と長田神社の三つの神社が八部郡に登載されている。八部郡には三つしか神社がないんです。だから敏馬さんは古いんですよ。そして敏馬崎というのはとっても重要な所でありまして、神功皇后が生田川を遡って円錐形の山にまず神様を祀られた。そのときすでに、海上五十狭茅を中心とする海の部族、つまり、船を操ったり、釣りをしたり漁師をしたりした部族が、この生田の周辺に住んでいて集落があったと思うんです。そこへ日女神《ひるめ》という太陽神を奉斎する文化の高い部族が来て、それが土着の部族を征服して主宰の神に生田の稚日女尊《わかひるめのみこと》を祀られた。生田さんに最後まで残ったのが大海神社という猿田彦の神様を祀る海洋族の神様です。これがいわゆる海上《うなかみ》伝説の先祖の地主神なんです。元々土着の神として生田さんを祀っていたのが海上五十狭茅という氏族です。しかもですね、敏売《みぬめ》崎の浦というのは、古墳時代から奈良時代頃まで重要視されていた所です。『万葉集』一〇六五の歌に「八千ほこの　神の御世より　百船の　はつる泊と　八島国　百船人の　定めてし　敏馬の浦は」と詠まれるような重要な港であり、そこから西求女塚古墳は指呼の間に眺められたと思われます。

敏馬の浦は、生田神社と酒造についても関係があるのですよ。延喜式の玄蕃寮に、新羅《しらぎ》の客人《まろうど》が来朝したとき、つまり新羅からの使者に対する神酒《みき》支給の規定があります。大和国の片岡神社、摂津国西宮の広田神社、同じく神戸の長田神社と生田神社は各々稲束五十束ずつを生田神社へ送り、稲束二百束にして、生田神社の境内で、生田の神主が酒を醸し、その酒を「敏売崎《みぬめ》」で新羅から来た客人に振舞った、という記述が「延喜式」の玄番寮二一にあります。つまり生田神社は灘・神戸における酒造の発祥の地でもあるわけです。そして敏馬の泊りは、海上から畿内へ入り、その中枢地へ到る直前の要地でもあったことがわかります。そして敏売崎で新羅から来た要人に酒をふるまったというのが、灘に於ける一番古い酒造りの歴史なんです。

その酒は新羅から来た要人、つまり外国から来た人に対して神社でのお祓いの意味があったということと、もう一つ検疫の意味があったと思われます。しかも敏売崎でそれをふるまった。しかも万葉集に処女塚の歌を詠んだ歌人に田辺福麻呂という人がいますね。その田辺福麻呂はおもしろいことに、お酒の造酒をした人物なんですね。この人の職業が酒造りなんですよ。『万葉集』に、「天平二十年の春の三月の二十三日に、左大臣橘家の使者、造酒司令史《みきのつかさのさかん》田辺史福麻呂に、守《かみ》大伴宿祢家持が館にして饗《あ》へき」（巻十八四〇三二題詞）とあって、天平二十年（七四八）には田辺福麻呂は造酒司令史の地位にあった事が判ります。そうすると「葦屋の処女が墓を過ぐる時に作る歌」をはじめ、田辺福麻呂が詠んだ二十一首の旅の目的は、新羅使節に敏馬の崎で酒を給するため、あるいはその準備として造酒に関係した造酒司としてこの地に来たのではないかと推察されるわけですね。都からやって来て、敏売崎から、あの古墳を見てこの歌を詠んでいるといったようなことがわかるわけです。

　もう一つですね、この高橋虫麻呂の歌にある処女というのは、本来は神に仕える資格をもった女性という言葉であって、つまり、それは、常乙女《とこをとめ》といい、神に仕える処女だと思います。そこで処女が茅渟壮士に心を寄せていたという。墓の上の木の枝がなびいていると詠んでいますが、家持四二一一の歌には、その木は処女の黄楊小櫛《つげのをぐし》であると書いてあるんです。黄楊の小櫛をさした、つまり処女の黄楊小櫛を墓の上にさしたものが根付いたものと伝えています。櫛というのは本来、神霊の宿るしるしでありまして。櫛を立てたという説は、その主人公の素性を示唆するものであると思います。

　そこで、菟原娘子というのは、まだ一人前にならないころから振分髪に髪をあげるまで、人前に顔を出さずにこもっていたと言われますし、母親に告げて死を選ぶという特殊な生活をした女性であったと考えられて、これは民俗学的な発想でありますがね、そうすると処女は、本来は菟原の海辺の処女であった。あるいは海上、海の神様の処女であった。黄楊の櫛というものも考えてみる事が大切です。櫛というのは本来神霊を占めたもうものを他と区別するしるしであったのです。そういう黄楊の小櫛をさしたという宗教生活者の死というのは母親でも阻止することができない。そこで、菟原娘子はその名からして菟原壮士に嫁ぐべき宿命であったにもかかわらず、茅渟壮士になびいたので、宗教的な犯しがあって死を選んだんではないかというようなことが考えられます。この「敏売崎」というのは、非常に重要な所であります。さらに生田川というこの川も重要な川である。しかもその流れが生きた、死ぬという宗教的生死観を表わす名前が、これらの話に結び付いてきたんではないかということであります。

武藤　どうもありがとうございました。本当に加藤宮司は、研究者でもあり郷土史家でもあり、おもしろく話がどんどん広がっていくわけですが、ここで加藤宮司がおっしゃったことを文献等でおさえておきたいと思います。

　生田神社は、『摂津名所図会』の巻八の八部郡のところ、そこに生田神社が出ております。生田神社は生田の宮村にありました。そして「延喜式に曰く、古は生田川の水上《みなかみ》砂《いさご》山《やま》にあり」と、先ほどお話にあった砂山が出ております。そして「地名を生田長峡国《ながをのくに》と称す」これは現在は長狭通りとなって地名として残っています。祭神は「祭神稚日女尊《わかひめのみこと》、俗に天照大神の御妹とす。なほ神秘あり」ということで、この稚日女尊については色々の説がありますが、天照大神と深い関係にある神様だということはわかります。

　それから神功皇后のお話がでましたが、この神功皇后の話は『日本書紀』の神功皇后摂政元年二月の項にでております。神功皇后が新羅を征討に行かれたその帰りの記事であります。「直に難波を指す。時に、皇后の船、海中に廻りて、進むこと能はず。更に務《む》古《この》水門《みなと》に還りましてトふ。是に、天照大神、誨へまつりて曰はく、『我が荒魂をば、皇后に近づくべからず。當に御心を廣田国に居らしむべし』とのたまふ。」そして「即ち山背根子が女葉山媛を以て祭はしむ」これが廣田神社です。その次「亦稚日女尊、誨へまつりて曰く『吾は活田長峡国《ながをのくに》に居らむとす』とのたまふ。因りて海上五十狭茅を以て祭はしむ」ということで、これが生田神社です。祭神は稚日女尊、それを海上五十狭茅がこれを祀るということであります。その次に「吾をば御心の長田国に祀れ」と書いてありまして、長田神社です。以上この三社は式内社ということです。

それでは生田川についての話に移ります。この生田川は暴れ川と言いまして、とてもよく氾濫をする。それによって生田川の川筋がしばしば変わった可能性がある。菟原郡と八部郡の境界線は生田川ということに大体なっておりまして、生田川より東がこの菟原郡で、西が八部郡ということです。その生田川が氾濫を起こして川筋が変わりますので、それによって八部郡、菟原郡の境界線、強いては八部郡の中にあるべき生田村、というのが色々と混乱してくるというわけです。

加納町の三丁目に旧生田川の碑というのがあります。今は加納町三丁目の陸橋の下にあり、交通が激しいため側に寄れませんので、バスに乗って通過するときに窓の外を覗いてご覧になれば見ることができます。ここを旧生田川が流れていたということになっております。今は新神戸駅からまっすぐ南に流れておりまして、これを新生田川と呼んでいます。ですが、この旧生田川よりもっと古い生田川の流れがあったのではないか。それは布引の山に源を発し、それが旧生田川のように西に曲がっていくのではなく、そのまま真っ直ぐ今の新生田川になっているところ、それが古い生田川であったのではないか、と言われたりしています。

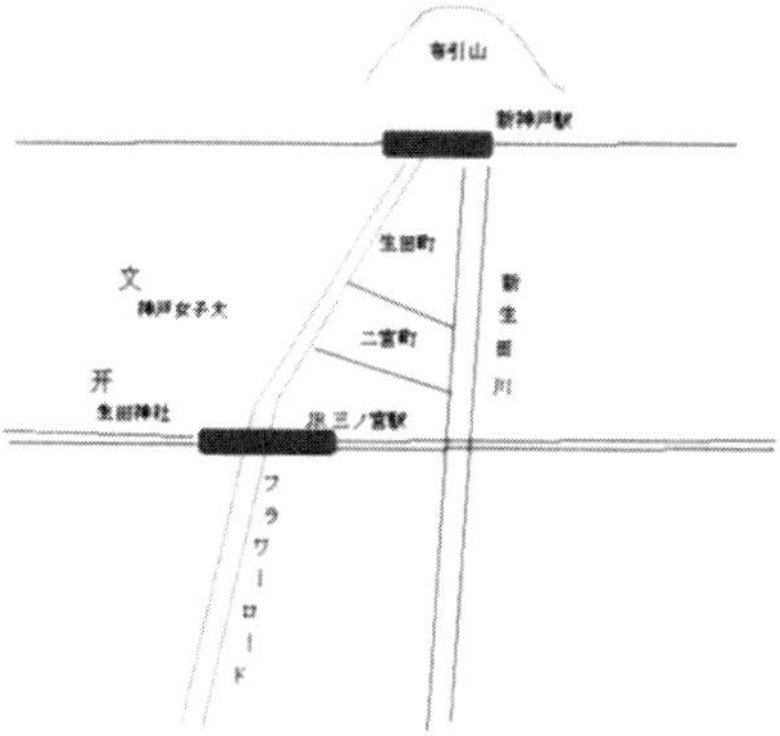

図11　神戸市地図

図11の現代の地図をご覧になっていただくと、生田町という町名があります。これは旧生田川より東になっております。生田という地名は古いもので、『摂津名所図絵』によりますと生田神社は「生田宮村」にあるとあり、八部郡にある。生田町もやはり八部郡に属していたと考えるのが穏当でしょう。八部郡の東は菟原郡で、その境界線は生田川であった。そうすると旧生田川より古い生田川の流れがあり、それは生田町の東の端、今の新生田川の流れに近いものであったと考えられます。

（『地名にみる生活史』落合重信著神戸新報社　110頁）このように生田川は再三流れを変えてきた川で、ここに菟原処女伝説が生田川伝説に包含されていった理由であるのではないでしょうか。

そこでこの生田川について波田学長の方から、お話を聞きたいと思います。

波田　それでは生田川についてお話しさせていただきます。生田川の源流は六甲山中にあるわけですが、武藤先生のお話にあったように、かつては現在のフラワーロードの位置を流れていて、加納町三丁目にそれを示す石柱が建っております（求塚の項参照）。元々はここを流れていたことは確かです。それをトンネルを付けてまっすぐに流れるように現在の生田川（新生田川）に付け替えているわけです。

六甲山というのは、地形的にみると非常に直線的な北東—南西方向に伸びる線状の構造があって、それを境に高さが変わってきており、六甲山頂の面、それから奥池の面、そして上ヶ原の面になりますが、すべてその間に断層が発達しているのですね。断層によって規定されていて、さらに大阪湾自体も断層によって落ち込んでできているわけです（図12）。ほぼ生田川の位置で南北断面を取ったのが図12の下図で、神戸の市街地と山地の傾斜が全然違うのがおわかりだと思います。こんなふうに、急斜面から一気に水が出てきて平野部に流れ込んでいるのが、神戸市の川なのですね。

したがって山から平野への川の出口には、必ず扇状地が発達します。旧生田川には非常に広い扇状地が発達しています。現在は付け替えて三面張りの川となって流れていても、昔は暴れ川で色んな川筋で流れていた可能性があるわけですね。扇状地堆積物は非常に粗い礫とか、もっと大きな岩塊とかを含むような地層ですので、旧の川筋がどこであったかというのは、非常にわかりにくいんです。調べることは難しいんですが、少なくともこうゆう扇状地の堆積物があるということで、暴れ川で色んな所を流路をひんぱんに替えながら流れていたことは確かです。そのような地質条件のところに遺跡が作られるとは考えられません。実は今、加藤先生のお話を聞いてわかったわけですが、西側には定位段丘という扇状地より古い時代の地盤でできている部分が広がっています。たぶん、遺跡というのは段丘の所から縄文の遺跡とかそういうものも出てきてるんではないかと考えます。ですから生田川より東側には遺跡は見つからないのですね。

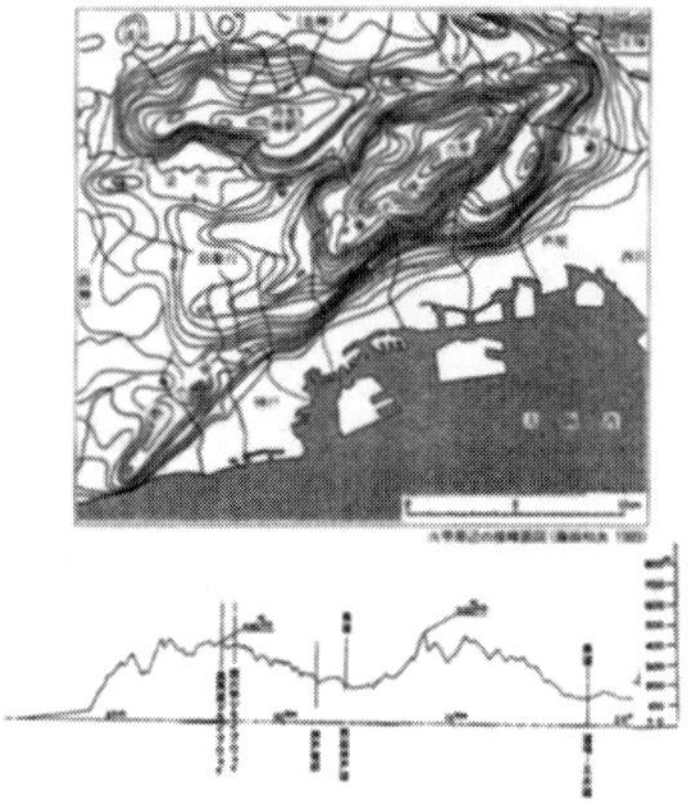

図12　上：接峰面図（Huzita et al.（1971）及び岩見義男（1994））
下：断面図（縦横比は約5.5倍）

図13　都賀川に流出した大量の岩石
（大場他編（1995）日本の自然5
『近畿』より）

神戸市の川は非常に急な山中から断層によって境されてはき出されるように平野に流れて来るということで、度々、神戸は水害に襲われています。先ほど加藤宮司のお話にあった昭和十三年大水害の際の都賀川の様子を図13に示しましたが、こんなに土砂が一気に平野部に流れ込んで来ているわけですね。そのときの非浸水地域はごくわずかで、神戸市のほとんどが水をかぶったことが知られています。背後に山があって、前面には海があるという地形が宿命的にこういうことを引き起こしているのです。さらに、これも加藤宮司の話にありましたけども、六甲山は花崗岩でできており、花崗岩は地殻内で東西方向の圧縮力が働く中で形成されており、非常に割れ目とか断層がたくさん発達しています。大小の断層がありますし、割れ目がたくさんあるので、非常に崩れやすいわけです。さらに花崗岩というものは、そのものが風化に対して非常に弱い岩石であるわけですね。したがって斜面あるいは谷筋には、この花崗岩からもたらされた岩の塊とか土砂が常に溜まる状態になってるわけですね。したがってそこで三十年あるいは五十年に一度発生すると言われている豪雨がやってくると、一気に土石が土石流となって、市内に氾濫して大水害を起こすと、こういうことになるわけですね。

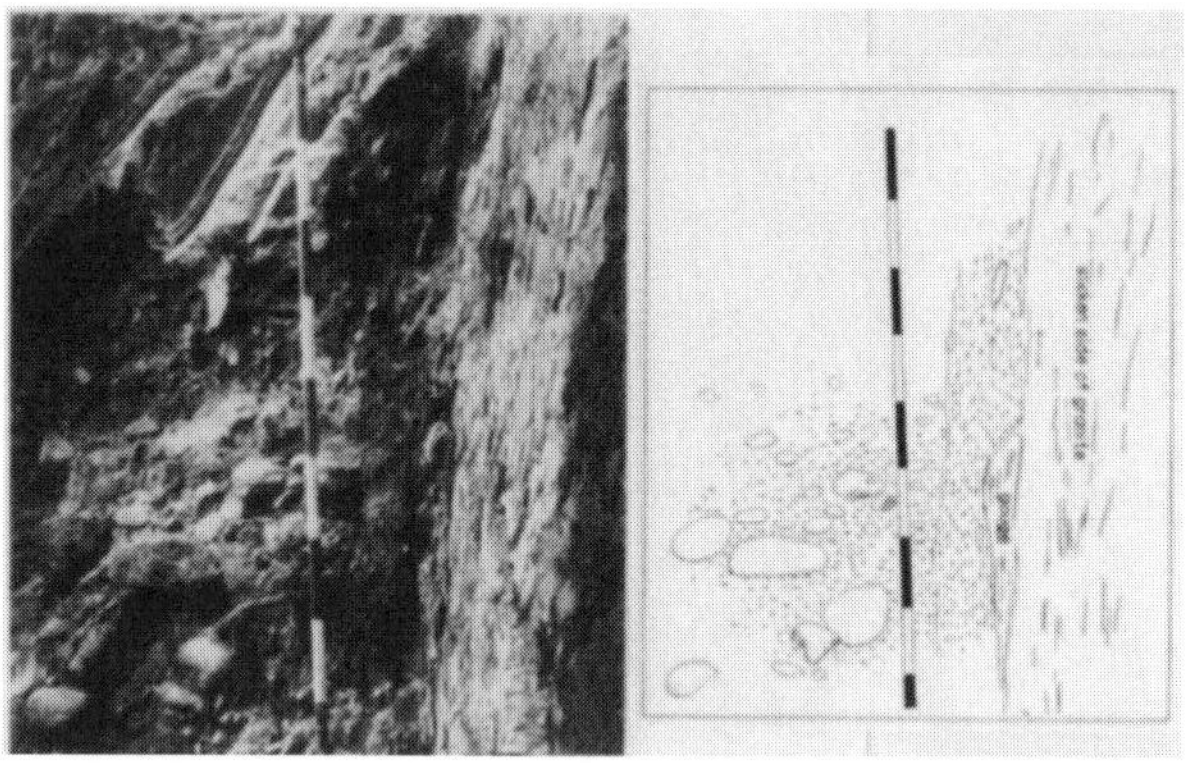

図14　神戸の市街地と山間部を境する諏訪山断層
（Huzita et al.（1971）より）

加藤宮司が色々昔からの話に関わって美しい話をされたんですけど、たぶんいろんな方が水害の度に亡くなって、そういう水害によって亡くなった方を偲んで語られた話が語り継がれる中で、だんだんと菟原処女伝説の形となって生まれてきたんではないかというふうに、私は勝手に考えております。

それから後、かって生田神社がおかれていたとされる砂山のことが出てきました。砂山の南側に直接して新幹線の新神戸駅を作るときに、見事な断層が出てきました。図14がその断層の露頭の写真でありまして、右側（北）が花崗岩ですね、左側（南）が旧生田川の扇状地の堆積物です。扇状地堆積物は大きな岩塊がいっぱい入った地層なんですね。より古い時代（中生代白亜紀末）に地下深部で形成された花崗岩がより新しい時代（新生代第四紀）に形成された堆積層が、写真のように接しているのです。そして、それは断層運動によってより古い花崗岩が下から突き上げるようにかたちで上がってくることによって、より新しい扇状地堆積物と接するようになったことを意味しています。

七九九年、大水害が起きたときに砂山にあった生田神社は、ご神体を移さざるをえなくなったという話ですけども、断層運動の関わりで砂山も非常に脆い状態の岩盤でできておりますから、ここに大きな地滑りが起きるとか斜面崩壊が起きるとか、そういうことが起きて、危険を感じて、たぶん移されたんだというふうに考えられます。大水害も生田の森への遷宮も大きな原因はその活断層にあると、そういうへんまでをお話させていただきました。

武藤　続けて加藤宮司お願いします。

加藤　さっきあなたの参考にされた地図を映して下さい。

武藤　図11ですね。

加藤　この地図で今はフラワーロードになっていますが、明治の始めまで生田川が流れていたのです。なぜ東側の新神戸駅近くを流れる新生田川に付け替えられたかということですが、それは神戸の港は古来非常に良港だった。函館とか横浜とか長崎とかですね、その中で神戸は開港したのが一番遅い。天皇が京都にいらっしゃいましたから慶応三年の十二月七日にやっと神戸港は開港しました。開港致しましたら、条約で居留地を作らなければなりません。居留地をどこへ持っていくかということで、議論がありました。そのころ兵庫は住民が三万人ぐらいいたんですよ。兵庫は外国人の居留地をもっていくことを拒否したんです。それでは大輪田の港の方に持っていこうかと。ところがあまりにも中心から遠い。そのときに生田神社の社家の後神《ごこう》という神主がおったんですね。その後神さんというのは、非常に進取にとんでた人です。それじゃ生田の門前でもええやないかということになって、保守的な神主がそれを許したんです。そして生田の門前のとこに二百六十四区画ほど造成して、そこに居留地ができた。

そして居留地ができまして、どっと新しい外来文化が入ってきた。ゴルフだっていま、石川遼とか宮里藍とか言うて日本で人気があるけれども、日本で一番最初にゴルフがプレイされたのは神戸です。神戸の六甲でアーサー・H・グルームが、最初四ホールから九ホールでゴルフをやったんです。競馬も生田さんの東門の辺りでおこなったのですね、明治四年に生田川と生田神社の間で、あそこでポニーみたいな馬の競馬でしたけど、競馬も最初に始まる。洋服、洋菓子、洋家具、マッチ、ゴム製品、ラムネ、コーヒー、紅茶、サッカー、バレーボール、ボート、ボクシング、マラソン、クリケットからパーマネント機など、これ皆神戸ではじめて創られたんです。そして、病気もですよペストが一番に神戸に入ってきた。そうかと思っていたら今年は新型インフルエンザ、これも神戸。なんでも流行の先端を行くのは神戸ですよ。

明治の始めの生田川ですが、外国人の居留地のそばを川が流れていました。ところがこの生田川がよく氾濫して居留地に流れ込みました。居留地の外国人はこれに困って神戸の役所に度々抗議を申し入れた。役所はやむなく、生田川を居留地から離れた所に付け替えることにしました。その付け替え土木を命ぜられたのが加納宗七という人物でした。現在も地名となっている加納町という名前は、加納宗七の功績を讃えて加納町という名前がついています。そういうことで、なぜ生田川が付け替えられたかということは、外人のクレームによってこちらの方へ付け替えられたとのことですね。これは新しい話ですけど、一寸そのことを申し上げておきます。

武藤　ありがとうございました。それでは波田学長、阪神淡路大震災後の古墳についてのお話を最後にしていただければと思います。よろしくお願いします。

波田　神戸市の教育委員会によって西求女塚が発掘され、古墳の石室が大崩壊をしているということが明らかにされました。どこが崩れたかというと、南東側部分が地すべりを起こして石室も崩壊していたわけです（図15）。西求女塚古墳は大部分が扇状地堆積層の、礫質の地層の上に造られていますが、それから海浜の砂に移り変わる位置に土を盛って、そして入念に締め固めて築造しているんですね。その南側の部分が砂の層、海浜砂の部分にかかっていたために液状化を起こして、土台が足元をすくわれたために上がすべった、ということが明らかにされています。

図15　西求塚古墳で検出された石室の地滑り跡
（神戸市教育委員会発掘）

　その地すべりした土塊はですね、耕作地の方にのし上げておりまして。その耕作地には十六世紀後半の備前焼が含まれていました。そういうことから、これは一五九六年の慶長伏見地震の際に崩壊したとみなされたわけです。秀吉が作った伏見城が、作ってすぐに崩壊してしまったのは、この一五九六年に有馬高槻構造線断層系が、地震を起こしたためなんですね。そのときの地震はマグニチュード八クラスでありまして、非常に大きなもので、先ほどちょっとお話したような砂山の断層も含めて、六甲断層系も地震の活動に関わったと考えられております。したがって近畿一円の非常に広い地域から地震の痕跡が見つかっています。

図16　六甲断層系（前田保夫（1989）より）

図16の写真のように六甲山中の直線的な谷の部分が六甲断層系で、その先は高槻の方へとのび山地と平野部を境するところに、有馬高槻構造線が走っているわけです。こうゆう地形的にも非常によくわかる地形を形成しているということは非常に新しい時代にも動いているということですね。それで一五九六年にも動いて、慶長伏見大地震を起こしたわけですが、そのときに色んな所で地震の痕跡が残っていて、それが西求女塚でも確認されたというわけです。その後に阪神淡路大震災が、この六甲断層を震源とする地震が起きたということになるわけですね。ただ阪神淡路大震災のときには、処女塚などの古墳はほとんど地震の影響は受けませんでした。すでに過去の地震で安定化している所が多いわけですから、影響は受けてなかったということであります。

武藤　ありがとうございました。神戸には百年間地震はなかったのだから、絶対に地震はこないと言っていたのに、あのひどい阪神淡路大震災がありました。今、波田学長の話を聞きますと、神戸はもろに断層の上にある土地だということがよくわかって、あのような大震災が起こるのはなるほどと納得できるわけです。

日頃は私たちがまったく聞けないような方面からのお話、それをお二方の先生からしていただきました。伝説は、その土地にまつわって語り伝えられるものであります。加藤宮司がおっしゃったような、色々な生田神社の歴史とか、それから波田学長がおっしゃっているような地質学的な方面からと、その中に人々の生活があって、そこに文学が生まれてきてということ、それが伝説の根強い魅力だと思います。

谷川健一の「地名は大地に刻まれた歴史」という、ひじょうに有名な言葉があります。本当にその通りで、大地に名前というものがあって、その地名をもつ娘子、菟原娘子と菟原壮士は、結婚するべく約束された二人であったのではないか。またこの第一回目の講義のときに河田先生からは、この娘子は特別な娘子であって農耕をしているような普通の生活をしている娘子ではなかったというお話がありました。やはり地名を持つ、それを冠した娘子ということで、彼女については色々のことが考えられるんじゃないかと思います。加藤宮司もおっしゃったのですが、虫麻呂の歌に「母に語らく　黄泉に待たむ」とあります。母親もその死を止めることができなかった。そして四二一一番、家持の歌ですね。「黄楊小櫛　しか刺しけらし　生ひて靡けり」「娘子らが　後の標と　黄楊小櫛　生ひ変り

生ひて　靡きけらしも」という歌があります。一旦、死んで櫛になった植物がもう一度、そこで根付き、そして芽を出し成長している。そういう特別な力をもっていた娘子であったのではないかということが、やはりこの歌からも考えられると思います。

このように菟原乙女伝説については、中々魅力ある種々の方面からのアプローチが出来ます。多方面からこの伝説について考え調べていくことが、まだまだできるのではないかと思います。

それでは予定の時間を過ぎてしまいました。どうも皆さん熱心に聞いていていただきありがとうございました。それでは今日の講座は終わりにしたいと思います。（文責　武藤）

本文中の引用は以下の通りである。
『万葉集』の引用は新潮日本古典文学集成『万葉集』。
『大和物語』の引用は小学館日本文学全集八。
『日本書紀』の引用は岩波古典文学大系『日本書紀上下』。

文明開化と神道文化

パネリスト

加藤　隆久（生田神社宮司）

矢野　憲一（ＮＰＯ法人五十鈴塾塾長）

佐野　和史（瀬戸神社宮司）

コーディネーター

阪本　是丸（國學院大学教授）

オブザーバー

森　悟朗（國學院大学研究開発推進センター助教）

嶋津　宣史（神社本庁教学研究所教学課長）

藤本　頼生（神社本庁教学研究所録事）

はじめに

阪本　本日は、生田神社の加藤隆久宮司、元神宮禰宜で、現在、ＮＰＯ法人「五十鈴塾」の矢野憲一塾長、瀬戸神社の佐野和史宮司、そして私、阪本（國學院大學教授）、また國學院大學研究開発推進センターの森悟朗教授、事務局の嶋津宣史、藤本頼生両氏にオブザーバーとして加わって戴き、「文明開化と神道文化」というタイトルで座談会を始めたいと思います。

堅苦しいのはここまでと致しまして、今回は「文明開化と神道文化」と申しましても単に明治維新から二十年代までの文物を対象とするのではなく、幕末維新期から昭和初期まで広く、近代を対象として座談会ができればと考えています。

本日は幕末の開港地(1)の一つである神戸から加藤宮司、横浜から佐野宮司、また神都でもある伊勢から矢野塾長にお話をお伺いしつつ、港に無事着けるかどうかわかりませんが、小生も水先案内役の一人として加わった次第です。文明開化の当時は今のようにジェット機や新幹線もありませんでしたから、港が海外文化を届けた最初の地でもあったわけで、本日はそれぞれ各先生方から港に関わる話も沢山あろうかと思います。

手元の資料にもありますように、有名な建築家のフランク・ロイド・ライトが今から一〇二年前の明治三十八年（一九〇五）年に神戸を訪れた際に生田神社にも訪れ、神社にガス灯が取り付けられていた写真を撮影していたという秘話を加藤宮司が『ＫＯＢＥＣＣＯ』（月刊神戸っ子）の昨年の八月号（№539）に「建築家ライトと生田神社　百年前の生田神社のガス燈」という小論で紹介されています。

神戸といえば、日本の近代化、文明開化の上でも、横浜とともに象徴的な都市ですが、最初に神道文化に関わる部分として、また広く皇室、あるいは明治天皇に関わる部分で申し上げますと御承知の通り、明治天皇は明治元年十月、東京奠都の後、いったん京都に還幸され、その際に海路で神宮御参拝の予定でしたが御招艦が整わなかったのでお取り止めになり、その後、再度京都から東京へ行幸された際の明治二年三月十二日に伊勢の神宮を初めて親しく参拝あそばされます。その後、天皇はずっと東京にいらっしゃるようになりまして、京都からは離れたわけですが、続いて二度目は明治五年五月にも伊勢へ海路軍艦にて行幸、同二十五日に鳥羽港へ入港、その後第二丁卯艦に移られ大湊へ入り、さらに端艇にて勢田川筋を遡上、伊勢神田久志本村の二軒茶屋に上陸、度会県権参事下山尚（当時県令は欠員）を先導に外宮へ入御され、翌五月二十六日に神宮へ参拝になられます。その後、明治十年の畿内行幸で西の方へ行かれるというときに、御召船の汽船高尾丸で一旦、鳥羽港に立ち寄られた後、神戸港へ入港あそばされます。

この巡幸は一八八日に亙る長期巡幸で神戸港へお着きになられて、開通したばかりの京都―神戸間の鉄道列車に乗って京都へ還幸あそばされました。これは本日資料として事務局の方から種々の書籍をお持ち戴いていますが、『写真集　明治の記憶』（吉川弘文館）という学習院大学資料館の編んだ書籍にも詳しく掲載されています。(2)そこに神戸に明治天皇が御着になられた当時の神戸港の写真が載せられています。

その意味で神戸というのは要衝で、当時はまだ陸路はあまり整備されていませんので、一番整備されていたと思われる東海道でも陸路では時間がかかり過ぎますし、鉄道に至っては、明治二（一八六九）年に新橋―横浜間の鉄道建設が決定、翌三年三月に着工、同五年九月十二日に開通しました。とはいっても新橋―横浜間のみで、新橋―神戸間の東海道本線が全開通するのは明治二十二（一八八八）年ですので、幕末に開港した港湾が一番交通事情としては良好で整備されていますので、神戸港に蒸気船で着き、上陸するわけです。(3)

次に鉄道は、当時全て開通していませんが、明治九年に、今で言うところの国道が一等から三等に分けられて、開港地である横浜に向けて、日本橋から横浜に国道一号線が開通致します。当時は横浜のみならず神戸など個々の開港地に向けて道路・鉄道網が整備されていきます。交通一つとってみても実はそのような経緯があるわけです。

横浜については、後々佐野宮司からお話を伺うことにして、まずは神戸と文明開化について、生田神社をも含めた広い意味での神道文化との関わりについて、加藤宮司からお話を伺いたいと思います。

神戸はじめて物語

加藤　阪本先生からタイミング良く、お話を向けて戴きました。今年は神戸開港一四〇年ということで、昨日もちょうど「海の日」[4]で、台風一過の後でしたが「メリケンパーク」で神戸港開港一四〇年記念式典の大変盛大なイベントが行われました。神戸は慶應三（一八六七）年の十二月七日に開港しました。

神戸は横浜や函館など、他の同時期の開港地に比較すると大輪田泊、兵庫津に始まる古くからの良港にもかかわらず朝廷の反対にあったこともあって開港が遅かった。それは京都に孝明天皇がいらっしゃったからで、安政五（一八五八）年、日米修好通商条約により文久三（一八六三）一月一日に兵庫港として開港が定められていた神戸は開港が決定した五年後の慶応三（一八六八）年に開港しました。その点では横浜から遅れること十年です。

しかし、条約によって同じく慶応三年に外国人居留地ができてからは、区画化された街路、街路樹、公園、街灯、下水道などインフラ面の整備はともかくとして西欧からいろいろな文物が入ってきました。ゆえに近代の様々な文物は神戸が発信地となったものが非常に多いわけです。

その点では「神戸はじめて物語」といわれるように、例えば、今では日本もゴルフをやる方が非常に多いわけですが、ゴルフが日本で最初に行われたのは神戸の地です。これは近代六甲山開発の祖とされるアーサー・H・グルームというイギリス人の貿易商が六甲山に四ホールの私設コースを設けてゴルフをやったのが最初で、それが九ホールに拡充され明治三十六（一九〇三）年五月二十四日の日本初のゴルフ倶楽部「神戸ゴルフ倶楽部」の発足へと繋がるわけです。

それから、西洋理髪の発祥は横浜ですが(5)、美容院になりますと、いわゆる「パーマ」、「パーマネント」が最初に流入してきたのは大正十二（一九二三）年に、神戸の三宮で外国人向けの美容院を経営した紺野寿美子さんが、アメリカのパーマネント用の機械を購入して使用したのが最初です。また日本では媒介するネズミの種類がいなかったので流行しませんでしたが、伝染病のペスト菌が日本に初めて入ったのも神戸です。近代競馬の発祥も横浜が万延元（一八六〇）年でしたが、明治二（一八六九）年に神戸居留地の北、生田神社のすぐ森の横から生田川との間で神戸競馬場（三宮競馬場とも）が開設され、廃止となる明治八（一八七五）年頃までポニーによる競馬が行われていたと伝えられています。これは本年出版した『生田神社史』にも一部掲載していますが、「摂州神戸山手取開図」、「摂州神戸西洋人馬駆之図」という絵図に、生田神社のすぐ横の居留地競馬の様子が描かれており、その往時を窺うことができます。

本日、私は一つ神社と文明開化に関連した話として、一昨年、「国際ロータリー」の世界大会がシカゴで開催され私も参加しましたが、シカゴのオークパークにはあの帝国ホテルなどを建築したフランク・ロイド・ライトの記念館があります。[6] 記念館に参りましたら明治三十八(一九〇五)年にライトが訪日していることもあって、記念館で訪日して百年を記念して「フランク・ロイド・ライト訪日百周年(ライト・イン・ジャパン・センテニアル・フェスティバル)」というポスターが貼りだされてイベントとなっていました。

生田神社のガス灯

加藤 ライトの建築作品の研究者として著名な日本大学工学部の谷川正巳という建築学の教授が、以前シカゴに行って、ライトが訪日した際の写真五十五枚を調査致しました。

実はこの写真はライト訪日百周年を記念して日本名で『ライトの日本五十景』という書名でアルバム化されて出版されているのですが、出版化される前に谷川正巳さんから、「写真の中に神社の写真があり、どうも神戸で撮った神社や寺の写真らしい。加藤宮司さん、どこの神社か、一つ見てくれないか」と。それで拝見しましたら、その五枚の写真の一枚は、これは「兵庫大仏」という能福寺の大仏さん、これは戦争で供出され、今は二代目が建立されていますが、それが一枚。あとの四枚は実は生田神社の写真でした。

そのような経緯があって、シカゴに行った際には是非、ライトの記念館に行きたいと思っていました。ちょうどライト訪日百周年の年にシカゴの記念館に行きましたら、先ほど申し上げました「ライトの日本五十景」というアルバムを発行していまして、購入致しました。実はこれが五十五枚の写真のアルバムです。そのアルバムにライトが撮影した五十五枚が全部写っています。

彼は明治三十八年にこのシカゴのオークパークから、はるばる来日してきたわけです。あの頃はバンクーバーまで行かなければ日本行きの船が出なかった。バンクーバー港から船に乗って横浜に着きまして、そして、横浜から、箱根、名古屋、京都、神戸、岡山、高松と五十三日間の旅です。そして再び横浜へ戻って、今度は日光へ行って、五十五枚の写真を撮影しています。

この写真集を見まして非常に面白いと思ったのは、先ほど阪本先生からも紹介のあったように「生田神社のガス灯」の話です。生田神社の本殿を移した写真の中に「ガス灯」が写っています。左右両方向から撮影されていますが、両方ともに神社の本殿附近にガス灯が付設されて

ライトの撮影した生田神社（左端にあるのがガス灯）

いたことがわかる写真がありました。

私はこの写真を見て、明治三十八（一九〇五）年当時、御本殿の前にガス灯がついた神社があるかと思い、種々の近代の写真資料を調べてみましたが官国幣社では恐らくないと思います。湯島天満宮の境内にガス灯がついていたと伺っていますが、堂々と本殿の前に近代化の象徴のようなガス灯がついていたというのは生田神社以外にないと思います。

ちなみに神戸でガス灯が設置されていたのは、生田神社にガス灯があった頃から遡ること約三十年、明治七（一八七四）年です。しかも、先ほども競馬場がすぐ隣にあったという話をしましたが、生田神社のすぐ南側には神戸居留地がありました。

当時、兵庫という地域は二万人を越す人口があり、古くからの港町でもあったので新たに居留地を作る土地もなく、その方針自体にも反対があって結局、神戸より東の方へ建設することとなり、兵庫から離れること三・五キロ先の神戸の元町・三宮を中心としての約七万八千坪の土地を造成し神戸居留地（旧居留地）が建設されることになります。

その頃、どうも生田神社の後神《ごこう》秀熙祠官（明治初年当時は生田神社は縣社であったので宮司を祠官と呼称）というのは非常に進取の気風があったのか[7]、神社の境内近くにフランス領事館を設けさせるとともに、神社の門前である神戸の地に一二六区画の居留地を設けさせることをOKしたんですね。

そうした経緯があって神戸居留地を中心に明治・大正と外国の近代文明が関西へと流入してきて、東京であっても、横浜や神戸から発信された西洋文化が伝播してきたものが多いわけです。実は開港当初、神戸沖を通る船は生田神社の高灯籠が灯台の役割を果たしていましたから、神戸港に入る外国船はこの灯籠を目標にして入港したことが知られています。神戸沖を航行する日本の帆船は当時、生田神社の高灯籠が見えると、帆を降ろして生田神社に航海の安全を祈る慣わしがありましたから、事実であったと考えられます。

それはともかく、ライトが撮影した五十五枚の写真は、大抵は寺院です。しかも、神社のように写っているものでも、寺院の境内にある神仏習合時代の頃の名残のようないわゆる末社、小社が多い。ライトは「プライベート・シントウ・シュライン」というふうに訳していますが、神社が写っているのは実は生田神社だけです。あとは東本願寺の別院、醍醐寺などの寺院ばかりです。あとは華厳の滝が割合多く撮影されています。

私の神社にも勿論、戦前の写真がありますが、ガス灯のついている写真は、ライトの撮った写真を見つけたことによって初めて明らかになったわけです。ガス灯のはじまりは横浜で明治五年でしたが、明治七年に東京と神戸にガス灯がついた後(8)、明治二十年には東京に次いで全国で二晩目の電力会社、「神戸電灯」という会社が元町通六丁目に設立、栄町通六丁目に火力発電所を設けて、翌年の明治二十一年に元町通西側の湊川神社から相生橋に街灯をはじめて設置し点灯します(9)。

再び「神戸はじめて物語」になりますが、この神戸電灯(のちに神戸電気鉄道と合併、神戸電気となる。神戸市電気局の前身)という会社は、初の女性社員を雇用しました。その意味ではOL、オフィスレディーの始まりは神戸ということがいえるわけですが、話は変わって神社において、今日は佐野宮司もいらっしゃるわけで、横浜にもそういうところはあるのかもしれませんが、とにかく世界的な建築家のライトが横浜から高松まで行っている間に、海道筋を通ったついでに立ち寄っただけなのかもしれませんが、生田神社を撮影していたということは非常に興味深い事実だと私は思ったわけです。

阪本　今、加藤宮司さんから、ライトの写真をめぐって神戸の文明開化発信に因む話を幾つかお聞きしましたが、神戸と並ぶ開港地で、先ほど申し上げました国道、鉄道にしても、最も東京から近いということで文明開化のはじまりは何かと一番最初は横浜が多いわけで、佐野宮司から、横浜についてのお話を何か戴ければと思います。

神戸と異なる横浜の開港事情

佐野　加藤宮司がお話されたような続きのような話は難しいですが、先ほど加藤宮司から神戸が開港一四〇年で横浜より十年遅れたと仰っていましたが、横浜港は、安政五（一八五八）年に現在の関内地区にあたる横浜村に開港されました。

現在、横浜市の方でも、神戸と同様で再来年に開港一五〇年になるというので、民間団体や市当局を中心に色々とイベントの企画・準備を進めています。しかし、私自身は横浜のど真ん中に住んでいるわけではなくて、同じ横浜市域ですが昭和十一年に横浜市磯子区に併合され、後に金沢区となった金沢八景、金沢文庫のあるあたりの瀬戸神社ですから、中世では金沢郷は海路の要衝として栄えていた地域とはいえ、いわゆる近代以降のハイカラな「横浜」の文化というのは、私とは若干イメージの合わないというか、身に染みて肌で感じていないところがあります。

そうは言っても少しばかりは歴史も勉強してきましたので、鎌倉や横浜など中世から近現代に至るまでの神奈川の歴史を見ていて、神戸と横浜の港が開かれていく中での差異というのは、神戸という町は、いわば神功皇后の時代からの町としての歴史があって、平安時代末期の治承四（一一八〇）年に福原京が築かれ首都でもあった時代もあり、さらには港町としては、平清盛によって日宋貿易で栄えた大輪田泊、鎌倉時代には重源によって港を修造して国内第一の港となった兵庫津の時代、さらには室町時代には日明貿易で栄えた時代もあるし、港町として常に長いスパンの歴史を育んできた地ということがまず挙げられるわけです。

それに対して横浜の方は、近くの鎌倉に幕府も置かれ中世の政治の中心として栄えていたわけですが、横浜の街自体にはあまり関係なく、その歴史も郷土史は別としても日本史の通史としての記述の中では、近世以前はほとんどこれといって特記されるようなものはありません。横浜は鎌倉にやや近い半農半漁の一寒村であったわけです。いざ幕末になって幕府が港を開こうという際にも、当初、条約では神奈川宿に港を開けというのを、神奈川というのは東海道五十三次筋の宿場で、安全を保つような建物もなく、また開国反対派が外国人を殺傷するような動きが少なくなかったため、江戸へ往来する日本人の通行が多いということで幕府が反対し、今の横浜駅のあたりは大きな入り江になっていましたので、神奈川宿から入り江を挟んだ反対側の今の大桟橋から山下公園のある辺りの横浜村（現在の横浜市中区あたり）に開港したわけです。

つまり神奈川宿から横浜村の方を、ここも神奈川の内に入ると強引にいって開港したのが、横浜港のはじまりで、築港された場所は当時、ほとんど住民もいないような新開地でした。この横浜村の後背地では江戸時代に吉田勘兵衛という人が大規模な新田開発をやり、「吉田新田」という造成地となっていて、そのちょうど先端部分を開港場として決定し土木工事をやりながら、全く新開地として港を築いていったという経緯があります。

そういう経緯から何がわかるかというと、どちらかといえば、神戸のように古い歴史や伝統がある中で新しく入ってきた文化との融合というようなことよりも、何事もストレートに新しい文化、文物をそこに定着させてしまうというのが横浜の特徴であるといえます。ですから、横浜居留地(10)を設けるにしても、もともと何もない空き地に道路を引いて居留地を造成するという要素が強かったので、近くに生田神社のような古来からの歴史がある神社の近くにあった神戸居留地とは違います。何か神戸と横浜にはその辺の違いがあるのではないかと思います。

横浜の地元の書店に行けば神戸と同じように横浜はじめて物語の本がいろいろありまして、そんな書を紐解けば、神戸と横浜どっちが早いかという自慢話、競争のような話は沢山できると思います。横浜は当然、場所的なものもあって神戸よりもむしろ早くから入ってきたものもありますが、港町としてのそもそもの歴史自体に大きな違いがあると思います。

横浜は神戸と違って埋立地にどんどん造成しながら西洋文明を導入していきました。鉄道も、新橋―横浜間の鉄道建設のため、今の横浜駅の周辺は今のみなとみらい地区のように大規模な埋立地だったところを、鉄道用の土手をずっと造成して、今の桜木町のあたりまでレールを引いて駅の横浜側の終点は、本来であれば、ほとんど海の中に沈んでしまうような場所、つまり言ってみれば、横浜駅や桜木町駅は、今でいえば、神戸に新しくできた神戸空港がある場所に駅を設けたという感覚です。当時の感覚を現代に直して考えれば、そのような感じでできた駅だったと思うんですね。

例えば、先ほどからガス灯の話が出ていますが、横浜でガス灯が灯ったのが明治五（一八七二）年のことです(11)。このガス灯建設事業を推進したのが高島嘉右衛門という人物です。江戸の材木商のせがれですが、時代の動きに敏感な商才の持主であったようで、現代ならさしずめベンチャー企業家かも知れませんが、神奈川と横浜の間の埋め立てをして、鉄道用地を政府に献上することでその他の用地をもらいうけます。これが横浜駅と桜木町駅のあたりの高島町です。この嘉右衛門がガス事業の免許を獲得して、今日の伊勢山皇大神宮の麓のところにある本町小学校のあたりにガス発生炉とタンクを建設し、この工場からのガスによって本町通りや馬車道にガス灯がともされたわけです。埋め立てや開発事業と文明開化が密接なエピソードのひとつでしょう。ちなみに嘉右衛門は高島易断の祖としても知られる人物ですが、若い頃に幕府禁制の小判取引で入牢した時に易経を読みふけったのがその始まりといわれています。文明開化ベンチャーの風雲児が、易断の開祖というのもどこかで今日のテーマとつながるのかも知れません。

ビールについては横浜開港当初から輸入されていたようで、文久元（一八六一）年十一月に横浜の外国人居留地では既に欧州から輸入ビールが飲まれていたことが知られており、キリンビールの発祥は横浜です。またアイスクリームについても咸臨丸で渡米した勝海舟が食べたというのは知られていますが、彼に私淑した町田房蔵が明治二年六月に横浜馬車道通り（常磐町五丁目）に開いた「氷水屋」において日本で最初のアイスクリーム「あいすくりん」の製造販売を始めたのが始まりとされています。

加藤　今、佐野宮司がいわれたように、神戸はそれこそ神功皇后の昔から、町があり、また平安時代末期、平清盛がこの港を開削して日宋貿易をやろうとしたわけです。神戸にはそういう歴史があり、かつ京都や大阪が近く、天皇さまも京都御所にいらっしゃいましたから、尊皇攘夷の時代にあって開港への抵抗が非常に大きく、横浜より開港が遅れたということでしょう。

佐野　加藤宮司のお話を聞いていて、横浜は神戸とは、まず歴史が違うなと感じました。横浜という場所は、江戸時代には東海道を品川宿から西に川崎宿、神奈川宿があり、保土ヶ谷宿があり、戸塚宿がありそこが盛り場で、それ以外にもその周辺に昔から、封建制の時代からいろいろな村々はあったわけですが、横浜の地元埋立地という歴史の無い空白地対的な場所をわざわざ選んで、むしろ江戸に近い場所での開港を最初にしたという、そんな雰囲気が感じられますね。

神社と開港地とのかかわりをめぐって

阪本　それでは神社との関係みたいなものは何か見つかりませんか。

佐野　横浜は大規模な埋立地を使っての開港でしたので、もちろん、競馬場や居留地も作られたわけですが、神戸のように生田神社と競馬場、居留地のような関係はなかなか見つからない。どちらかというと、横浜自体がそれまで小さな村でしたので、港周辺にある神社自体も小規模な神社ばかりでした。開港当時の絵図を見ると、必ず出てくるのは、港の真ん中に弁天社が一つ出てきていまして、今でも関内あたりでちょっと夜遊びしようと思うと「弁天通り」と言っただけでタクシーが何もいわずに行ってくれる通りがありますが、そのような意味で神社といえば弁天社との関係があるぐらいだと思います。勿論、元町や石川町あたりは古くからの陸地ですから厳島神社や諏訪神社がありますし、さらにその周囲を広く見れば、式内社でもある杉山神社が多数分布していたり、神戸《ごうど》の神明社が鎮座していたりもするのですが、それらとは少々離れた埋立地が開港場となっていったといえます。

加藤　その点でいえば、横浜は港町としての歴史がまだ浅かったということでしょうか。フランク・ロイド・ライトも、最初に日本に着いたのは横浜港であったわけですが、実際、横浜では何も写真を撮ってない（笑）。

佐野　横浜で写真といえば、フェリーチェ・ベアトという写真家が文久三（一八六三）年の来日から明治十七（一八八四）年に離日するまでの二十一年間にわたって国内で多くの写真を撮影していまして、その写真集が『F・ベアト写真集1・2』として二冊、横浜開港資料館編で明石書店から出版されています。確か『写真集1』の方が風景画で『写真集2』の方が風俗画だったと思います。本日資料として事務局から持参戴いてますね。

F・ベアトも滞在期間が長期にわたったこともあり、横浜だけではなく、かなり全国的に旅行をしていますし、鎌倉や金沢八景など近在の名所の写真も残しています。横浜の居留地の風景は、例えば野毛の山の上の方から撮影したものがありますが、要するに横浜居留地があって、長崎の出島のように掘割の向こう側に洋館の並ぶ居留地を造成している。いわば埋立地を作って巨大な出島を作った。長崎の出島ではないですが、そのような形で近代横浜の歴史が始まっていきます。その後生糸貿易がどんどん盛んになってきて、日本人商人の街も拡大していったわけです。神戸では領事館が神社の境内の近くに置かれるという話がありましたが、横浜では、安全上の理由を主として最も近い神奈川宿地域にあった多くの寺院に諸外国の公館が置かれていました。安政六（一八五九）年七月四日には神奈川宿の浄滝寺にイギリス領事館、本覚寺にはアメリカ領事館が、フランス領事館は甚行寺や慶運寺、オランダ領事館は長延寺に公館を開設しています。

神社についていえば、領事館等に境内を提供できるような規模のものはなく横浜には元々小さな神社しかありませんでした。開港当時はまず野毛山に開港場を取り締まるために外国奉行所（のちに神奈川奉行所）が設けられましたが、急速に進む欧化の流れを防ぎキリスト教への対策の一環として明治四年に伊勢山皇大神宮が創立されます。この鎮座によって時を同じくして野毛山も伊勢山と改称されますが、大きめの神社はこれが最初でしょう。結局、社会的な背景としては今、例えば、晴海や豊洲から先の東京湾の埋立地の方へ行って古い神社がないのと同じような状況、事情というのも一つあったんだと思います。ベアトが野毛山の上から写真を撮っている手前の山の高台あたりには、神社の森が見えており、海岸辺りに古い神社が点在しています。

加藤　ベアトの写真の手前に見える森はどうも弁天社の森ですね。

佐野　そうですね。確認するために私も横浜の昔の絵図・錦絵を少し持ってくればよかったのですが。

阪本　先ほど佐野宮司より、横浜の伊勢山皇大神宮のお話が出ましたが実はこの時期に府県庁や開港場への神宮遥拝所の建設が時を同じくして行われるようになります。

例えば、『神宮・明治百年史』に詳しく書かれていますが、後に神宮少宮司となる浦田長民は明治四年八月から五年三月までの神祇省出仕中の間に「府県庁并開港場へ神宮遥拝所ヲ建ン事ヲ乞フノ儀[12]」というのを献白して府県庁所在地、開港場に皇大神宮の遥拝所を建設することを進言していますが、このことは伊勢山皇大神宮の現在地への鎮座と時をほぼ同じくしてあった動きの一つであろうといえます。また伊勢山以前には、明治元年十一月に開港した新潟港に大神宮を建設せんとの建議が明治三年二月にありますが、このように明治初期にお伊勢さんを全国に勧請するといった政策も始まっているわけです。

伊勢山皇大神宮の創祀についてもう少し詳しく述べておくと、明治に入って当時神奈川県知事であった井関盛良が旧戸部村の伊勢の森にあった小祠を遷座して、港都である横浜総鎮守として祀る伺書を明治三年十一月二十四日に弁官（太政官）に提出したことから、四年九月五日に神祇省から「其県管内伊勢山大神宮ノ義ニ付、過日御伺ノ趣致承知候。右神社ハ元伊勢神宮勧請ノ儀ニ付、官幣國幣社等外別格ニ処シ可有之…」と定められ、そのため神奈川県は告諭書で「伊勢山ニ皇祖ノ御社ヲ勧請アレバ、高麗ノ宮殿ヲ創立シ、国家ノ鎮護ヲ祈リ、人民ヲシテ崇敬胆仰セシメントス」と布告し、明治四年四月十五日に社殿が完成し、遷座して伊勢山皇神宮（のち伊勢山皇大神宮と称す）が鎮座、明治八年には県社に列せられ、これが地方に建設された大神宮遥拝殿の一つの典型となったわけです。

話はかわって明治天皇の行幸の話に戻りますが、先ほど申し上げましたように、鳥羽港に明治天皇がお着きになって、伊勢の大湊を経由して、現在の二軒茶屋餅があるあたりから神宮へ御成りになりました。伊勢は港町というわけではありませんが、伊勢の宗廟ということで、道路網の整備は最初に伊勢の宗廟へ国道を通してゆくというのが一つの目標になるようなことがありました。その点でいえば神都、伊勢の神宮を中心とした一種の文明開化と言いますか、幕末維新から明治二十年代ぐらいの間に、神都である伊勢も随分その街並みから何から変わっていくと思いますが、その辺を神宮禰宜でもいらっしゃいました矢野塾長から、文字通り、神道文化との関わりでお話を願えればと思います。

文明開化と神都伊勢

矢野　伊勢の場合、明治維新、さらには明治四年の太政官布告で神社が「国家ノ宗祀」ということになって、神宮も御改正され、神宮自体が大変革をされていきますから、町の人々も非常に動揺していたわけなんですよね。江戸期には隆盛を極めた御師の制度が廃止されますし、さらには政府の施策として神職の世襲から廃止されたのですから、伊勢の市民の三分の一が失業者というぐらいの動揺がおきます。そして、内宮の宇治橋の中にあった御師の館、大きな建物が皆、廃墟と化してぼろぼろになっていきました。ちなみに伊勢では意外とガス灯の導入は非常に早い。倉田正邦の『宇治山田明治年代記』には「神宮職員等、宮域内へ瓦斯等を献設す」として明治八年四月とあります。神戸と変わらない時期ですね。横浜と比べてもさほど遅くない。

加藤　神戸と同じですね。

矢野　明治七年の冬にガス灯の点いた銀座に遅れること約四カ月ですから、神都伊勢へのガス灯の導入は早かったんですね。それは何故かというと、どうしても神宮に明かりが必要だったからと思います。つまり神宮では年間の祭典が他の神社と比べて多く、さらには夜の祭典が多いので真っ暗闇の中で行うことが多いわけです。宇治橋の内の宇治館町の御師などの民家は、明治の神宮御改正で皆廃墟になってきてボロボロになっているので、明かりが灯っている家などはない。神宮の常夜灯は、節分（豆撒き）の日と除夜の日と、祭りがある時は高張提灯を角々に臨時に点けますが、それ以外は全くないわけですから。

そのため、今は夜間参拝停止なんてことをやっていますが、かつては参拝者が夜間に参拝しますと、森の中に紛れて行方不明というのが何遍もあるわけです。だからといって蠟燭を立てるというのも抵抗があるわけです。植物油ならいいですが、動物油になると種々の事情で使えません。それで、神宮では松明《たいまつ》を焚きます。それと小さい篝火を角、角で、祭りの時など設置しました。

幸いに祭りは旧暦では十五日、十七日ですから、天気さえよければお月さんが出て非常に明るかったんです。だけど闇夜は非常に困ったと思います。だから、どうしても明かりが欲しいということで、まず、ガス灯を導入したわけです。職員が全員で寄付して設置したという話ですが。

加藤 それはどのあたりに設置したのですか。

矢野 一つ。参道の曲がり角ぐらいでしょうか。

加藤 内宮の？

矢野 場所はわかりませんが、参道に一つ。ところがデザインが悪いということで、恐らく二年ぐらいで撤去して神域にマッチした新製品に換えていますね。明治十一年には『神宮司庁沿革略叙（稿本）』に「両宮域内瓦斯灯形常灯を撤去し更に常夜灯を設く」とあるので間違いない(13)。生田神社の写真のデザインとしては古いですね。

加藤　生田神社のガス灯も設置後しばらくして撤去されているんですね。矢野さんの仰るように余りにもデザインが似つかわしくなかったのか、どういう理由かわかりませんが生田神社でも撤去されています。(14)

矢野　それで今度は、ちょっと時代は下りますが、明治二十八年頃に電気会社ができて、そして電気が通るようになるわけですが、今度は伊勢市民が電気は火災が起こるから危ないと言って大反対します。

私の祖父が明治九（一八七六）年生まれで、父が明治四十一年（一九〇八）生まれですが、その父が子どもの頃に伊勢で電気を初めて点いたのを見に行ったというのを聞いたことがあります。外宮前に電気が点いたというのですが、旧師職で宇仁館という旅館業を営む西田貞助さんの家ですが、それが世義寺屋敷といわれるほどの大邸宅で、旅館ですが、そこへ自家発電で電気が点いて、物凄く電気が明るかったという話を聞いたことがあります。(15)

それで市民が皆で見に行ったというのが、私の子どもの頃、よく聞きましたが、今の外宮の奥にある山田工作場の入口あたりです。

その後、伊勢ではすぐに電気が普及します。電気は便利なもので危険ではないというのがわかってきて、しかも、電線を地中に埋めたのです。電柱がないので電気が通っている様子が全然見えないので、反対していた連中も知らないうちに常夜灯ができました。

電球も見えると駄目だというので、覆い、囲いを電球に触れないようにして、今の常夜灯は、随分参道にもありますが、火除橋の外までは支柱が石です。これは割に誰も気がついていませんが、火除橋の外までは石。火除橋を一歩入ると木です。区別しています。あれはよく考えてやったと思うのですが、木と石と使い分けをしています。火除橋の外は明治維新までは市街地の一部でしたから。

加藤　神戸の居留地にガス灯がついたのは明治七年でしたが、明治二十一年に「神戸電灯会社」というのがアーク灯街灯を設置しました。アーク灯によりだんだんハイカラになっていったわけです。そして、また明治三年には「神戸電信局」が電話の電信局を開設しました。その頃の歌に「風の便りに聞いた昔、今は針金、ものを言う」というのがあり、針金がもの言うというようなことが伝わったという風刺がありましたね。お伊勢さんにガス灯が灯ったのが早かったというのは驚きです。

矢野　ガス灯は早かった。必要に迫られてやったと思いますが、神宮は最初は何でも新しいものを受け入れるのは嫌がる性質があります。現在でもそうですが。

加藤　そうでしょうねえ。

矢野　しかし、一旦新しいものを受け入れると、どんどん取り入れてゆくのが伊勢の良い所でもあります（笑）。

開化論と国学者

佐野　これはお伊勢さんだけではなくて、むしろ、阪本先生にも御意見を聞こうと思いますが、いわゆる文明開化という中でいえば、典型的なものが天文学や動物学の分野でいう「地動説」「と「進化論」の受容についてです。この二つを日本人はアレルギーなしに受け入れているのではないかと思います。

アメリカでは今でも一部の教会で進化論は教えないというところがあるようですが、地動説と進化論に対する強烈なアレルギーがないのが日本の文化なわけで、ここに神道文化というものが、既にどこかに関わりがあるのではないかと私は考えています。ここに神道的な思考方法、思考回路と日本人との関係があるのではないかと思う時がありますが、いかがでしょうか。

阪本　幕末の仏教界では地動説に反対し、仏教天文学を主唱した熊本の浄土真宗の僧侶、佐田介石がまさにその典型的な事例ですね。(16) 佐田のように一部の仏教界の地動説どころか、地球が丸いということ自体が受け入れがたいというような、そういうアレルギーを示していたのが仏教側にはありますね。地動説や進化論の受容ということに関していえば、国学、神社神道には、アレルギーが非常に少なかったと思います。逆をいえば、だから我が国は明治維新で欧米の文化を日本的に受容し、急速に普及することが可能であったと思います。

佐野　国学の中で黄泉国のことを理解する際に、日球、地球、月球という言い方で、正確な天文学にはないですが説明しているような江戸時代の国学者がいますね。

加えて、渋川春海の暦法にしても、彼も広い意味では国学者、神道者の一人ですよね。非常に科学的な天文学というのを江戸時代に既に取り入れているし、関孝和にしろ、伊能忠敬にしろ、国学者や神道家の分類には入らないかもしれませんが、文明開化の前提として、近世の日本人は非常に先進科学を進んで取り入れるような思考回路があって、その辺を考えれば、神社がガス灯や電球を受け入れていくということに、何か共通性があるのではないかと思うんですね。

阪本　今のお話を聞いていて、それこそ加藤宮司の御専門である幕末期からの津和野派の国学者というのが維新期の開明派官僚として活躍しました。伊勢にも関わるようなことで言えば、例えば、神祇大副や元老院議官を務めた福羽美静はかなりの開化論者で、明治七年二月に『文明開化真面目』という文明開化についての本まで出版していますし、先ほど申し上げました明治天皇が東京へ二回目の行幸をされた際には、鳥居が倒れたというので大騒ぎになったことがありますが、福羽は「建てたものはいずれ倒れるのが当たり前だ」といって周囲の心配を一蹴したという有名な話があります。神道文化という点でいえば、福羽美静のような明らかな国学者、神道家のうちには開明的な立場をとる人物から、そんなものは罷りならんとして全く反対していた国学者まで非常に振幅がありました。そういう中で神社、あるいは神道というものが一種、悪くいえばもみくちゃにされながら、近代化を乗り切っていかなければならなかったという事情があります。

その際にかなり合理的な、今、佐野宮司さんが仰ったように、日本人の志向と言いますか、古代から文物を受け入れて取捨選択していくという、ちょっと手前味噌な話になりますが、國學院大學で本年三月まで文部科学省に採択されて実施していた「神道と日本文化の国学的研究の研究発信の拠点形成」のCOEプログラムというのは、まさに現代の文明開化への対応という訳ではないですが、一種の主体性を持って外国のものを取捨選択して、また神道的な新たな文化をつくり出していくための発信というようなものを考えてやってきました。あまり目にははっきり見えませんが、COEでの研究成果の一端としては、近代でも現代でも、新しい文化をうまく取捨選択しながら日本的に受容していくということが、日本人の生き方あるいは文化としてあったということを示すものでした。

幕末維新期というのは、もろに文明開化というものに神社がどう対応していくのか、あるいは、神道がどう対応していくのかということが試された時代で、仏教とは違った意味で、今まで経験したことがないような大変革が起った時代でもありました。まさに一大改革がなされて

います し、先ほど明治初めの種々の写真のお話がでましたが、幕末維新期に横浜に来た外国人は大体鎌倉などの写真を写すわけですが、鶴岡八幡宮を比較してみると、全く境内の様相も変化していることがわかるわけです。

また伊勢の神宮も、先ほど矢野塾長が仰っていましたが、明治維新までは、宇治橋を渡っても、火除橋の辺りまでは、御師の邸宅をはじめ一種の民家が密集しており、時には火災があったこともあり、御改正を契機としてきちんとした対応ができるような設備、苑内、境内にしていかなければならないということで整備がなされていくわけです。

神宮の改革がなされた当時、古いものといっても、いつからが古いのか、あるいは、明治維新といってもその契機とする時代を一体どこに求めるのか、戻すのか、復古といっても、そこのせめぎ合いみたいなものが文明開化とぶつかって、広い意味での神道文化というものを鍛え上げていったのが明治維新からの近代化の時代であったというふうに私などは一種、抽象的ではありますがそのように思っています。

特にお伊勢さんの変革と言いますか、私の父、阪本健一も明治神道史を専門としていましたが、お伊勢さんの変わったものと、変わらないもの、それはまさに文明開化の時代、明治四年の改革はまさに最たるものでしょうし、御遷宮も、これは明治二年までの御遷宮とそれから二十年後の明治二十二年、四十二年の御遷宮というのは全然違います。

おかげ参りなども、ちょうど明治二十三年が明治に入ってからの最初のおかげ参りの周期に入ったわけですが、その時も全く幕末までとは違ったものになっていった。例えば汽船で秋田から伊勢まで船でおかげ参りをした記録がありますが、新年正月のことは明治二十三年の資料が残っていますけれども、そういった意味で、明治の初めから二十年代ぐらいまで、神宮を中心とした伊勢の変化について、何を受け入れて、何を残したのか、何か象徴的なお話でも矢野塾長の方からお伺いできればと思いますが。

矢野　私も専門外の部分でもあり、なかなか申し上げにくいところもあるのですが、どうも、お上、つまり天皇陛下がお決めになられたことを、人々がそれに逆らわずにやってきたということが一つ挙げられますね。例えば、「牛肉を食べてもOK」になったことなどは端的な例ですね。「牛肉を食べてからでも神宮への参拝は苦しからず」ということになりましたから、辞めた御師連中など御改正前の当時の神宮の旧祠職、職員としては物凄く抵抗があったと思うんですよね。

でも、町の人は皆お上がやっているといって、旧祠職の人たちも地元の人達にすぐ押し切られるということになります。何よりも文明開化で西洋のものを取り入れるというよりも、仏教色を無くすという責任の方が強くて、内宮附近の宇治地区にも、二十二ヵ寺の小さいお寺があったとされています。神仏分離、廃仏毀釈の流れの中で、宇治にあった寺を皆取り壊したり、見えないところへ移転したりしています。当時の地元の人々や神職は仏教色をなくすということに一生懸命で、特に文明開化というようなことを意識しなかったと思うんですけれどもね。

佐野　牛肉の食としての受容という点では、本日は松坂牛と神戸牛の産地からの方々がお揃いな訳ですね（笑）。横浜牛というのはあまり聞かないですが（笑）。

阪本　先ほどの話をお聞きして、文明開化に繋がる部分では、宮中の改革が明治三年から四年に実施されていきますが、先ほどの牛肉、あるいは、牛乳も明治天皇さまが最初にお飲みになったことで庶民にも広がるようになります。

先ほど佐野宮司が仰った国学と文明開化との繋がりでいえば、神道の側でも割合ハイカラというより、むしろ復古的といいますか、仏教に対する反発というのがありました。

そうした反発に対する一例としては、歌人としても著名な近藤芳樹という明治八年から十二年まで宮内庁文学御用掛などを務め、明治天皇のお側にお仕えし、八年の東北巡幸に供奉した国学者、歌人がいます。彼は、明治五年七月に『牛乳考・屠畜考』という書を著し、牛乳というのは別に大昔からあって、仏教が日本に流入するようになってから、仏教思想が大きく影響して日本人は飲食しなくなったけれども、古来の日本では牛乳も作っていたし、飲んでいたということを国学者として、きちんとした事実に基づいた考証をするわけです。

そこは近藤も国学者として昔にあった事実を史実に基づいてきちんと調べ、考証を行います。

元々、日本人は牛乳を飲まなかったなんてことはいわなかったとか、あるいは肉を食べても別段におかしくないというようなことを考証することで、一種の国学者や神道側からの啓蒙、今までの仏教というのは殺生だとか、四つ足を忌んできたのは、それは日本の古来のものではないというような深層的な意識にあったものを、もう一遍事実に基づいて調べて啓蒙していくというような、一種の新しい形での国学が、神道思想、神道文化というものを一種の違和感なく広げていく。それが一見、国学者というと頑迷固陋なイメージに見えますが、そうではない部分があったということです。

そういう意味での近現代の国学者の最たるものが本日お見えの加藤隆久宮司さんじゃないかと思いますが（笑）。

どうも、もう一遍考え直してみますと、存外、近現代では仏教に比べて、むしろ神道の方が文明開化に適応したといいますか、矢野塾長がいわれたように、確かに「お上のいうことだから」ということで受け入れたものも多々あったわけですが、逆に余り抵抗もなく、お上の言うことをそのまま受け入れるだけの素地が、日本文化の中にあったというその背景は何だろうと。

そこに広い意味での神道文化といっていいかどうかわかりませんが、何かの素地があったと。それに拍車をかけたのが明治維新政府の一種の開化政策で、それに乗っていた人たちが多かったからだとは思いますが、ただ無理やり神道文化との関連性にくっつけて論じるのもどうかなあという気もしています。

佐野　確かにかなり苦しいとは思いますが。

シーボルトのみた生田神社

加藤　そのことについては、先ほど阪本先生が福羽美静の話を出していましたが、福羽に関連して、ちょっと飛躍しますが、即位礼でも、孝明天皇さま迄は、いわゆる中国の天子の衣冠、礼服である袞冕十二章の服装をして、お香を焚いていたりしました。

その礼式を改めてきちんとしたものにしようと福羽や矢野玄道が考証作業を行って、明治天皇の即位式では束帯に変更して、幢幡に真榊を用いるようになって、しかも、お香のかわりに地球儀を持って来られて、それを日本のある箇所に左右左と天皇がお沓を当てられるように変わったわけです。

しかも、中国的なものから、いわゆる神武創業に還れという話がこの時期にあります。福羽ら国学者は新しい文化を取り入れながら、古代から続いてきたものを再び調べ直して、またきちんと礼式として取り入れようという考えは持っておられたと思いますが。

そこで実は、先ほどから神道と仏教の話が出て来ますが、本日は事務局の方から資料としてアーネスト・サトウであるとか、シュリーマンの旅行など、お雇い外国人の旅行記に関する書籍や分類資料を持参して戴いていますが、ここにないので私がコピーをしてきましたのは、シーボルトが『江戸参府紀行』というのを書いているわけです。

ご存知のようにシーボルトは長崎出島のオランダ商館付医師でありますが、それがこの文政六年二月十五日に出島を出て、七月七日に出島に帰るまでの旅の様子を記しているのが『江戸参府紀行』なのですが、その際に実はシーボルトは生田神社に立ち寄っているんですね。

この生田神社に立ち寄る辺りの話は非常に面白いので紹介しますと、

（楠木正成公の墓所参拝後）それからわれわれは心地よい森につつまれた生田明神(Ikuta Mijozin) を訪れたが、その森の中にサクラやアンズの木の並木道が通じていて、その間には同じ間隔を置いて石灯籠が立っている。神社は一般には簡素を特徴としている。その主目的は、英雄・偉人及び一般の福祉に貢献した人々を追憶し続けることである。この祖国的な原始的神事は、こうした尊敬の仕方のうちにはっきりと現われていて、神と崇められた先祖の功績が、その土地のものの心に深く刻みつけられればつけられるほど、そうした神事はますます鮮やかに先祖の墓の上に花を咲かせるのである。そして、その功績は今なお先祖たちの運命に寄せる同情や彼らに関係のあるすべてのものをよびもどすのである。それ故に、武器・絵画・詩歌・松の古木、要するに、このような人々にゆかりのあるいっさいのものが、これらの神社における驚異や崇敬の対象となり、誉れとなるのであるが、仏教徒にあっては、一連の奇形な仏像や数えきれないほどの他の品々を、形而上のものの具象化のために並べたて、印度の仏事を行なう幸をまばゆく人目につく色彩で飾るのである。私は帝の御所のある土地に近づくにつれて、後年支那から伝来した仏教の寺院が少なくなっていくのに気づいた。上に述べた神道祭祀に根ざす種々の理由から、この生田明神でも名将の馬が実物大の石に刻まれて残っている。大きな神社の傍になおいくつかの小さい祠があり、各々の社には人気のある偉大な英雄を祭り、種々の機会にその名を呼び、拝み、供え物をする。

私はここで、枝という枝に小さい紙切れを結びつけたいわゆるフジの木をみつけた。この小さい紙の紐を人々は好きな木の枝に結び、しかもわざわざ左手でするのは、むずかしいやり方で、いっそう大きいご利益を得ようとするためである。また、女性は幸福な結婚生活を願って、こういう紙の小さい帯をフジの小枝に結ぶということであるが、つぼみが短い花房となるか長い花房を咲かせるかで、運命を占うのである。われわれは海岸と岡本山の間を進み続けたが、大阪湾を望むそのあたりの景色はすばらしかった。

とシーボルトは『江戸参府紀行』に記していまして(17)、彼の感じた神道と仏教の違いもちょっと理解できるような気がします。先ほど述べたようなことをシーボルトは来日して実感したので体験記として書いているわけです。シーボルトだけでなく、来日した外国人たちの個々の旅行記には色々なことが出てくるとは思いますが、ここに書いていないことで参考までに申し上げました。

阪本　先ほど、シーボルトが出てきましたが、幕末の開港後に外国人が沢山来日するようになって、当然、外国人が来ると、神社へも参拝するようになって特に伊勢の神宮なども外国人の参拝の問題が明治初年ごろから問題になってくるわけですが、矢野塾長さん、外国人の伊勢神宮参拝ということで何か面白いお話はありますか。

神宮とお雇い外国人の参拝

矢野　最初に外国人が神宮を正式参拝したのは、明治五（一八七二）年十一月一日に大隈重信が連れてきたお雇い外国人とされていますが(18)、これは英国の公使の書記官で明治三年に再度の来日したアーネスト・サトウ他六名です。しかし、神宮はこの時、外国人の参拝にどのような対処をしていいか、非常に困ったとされています。

例えばまず勲章を持っているかどうか、というようなことで、連れてきた大隈重信には関していえば、彼は現在でいうところの国務大臣にあたる参議という役職でしたから、これは勅任で御垣内参拝にあたって全く問題がない。では外国人はどうなのだというので右往左往したわけです。結果として御垣内は駄目だと、御垣内の特別参拝ではなく、一般と同じく外玉垣御門外の拝所で参拝せよということで、日本人は皆それぞれ特別参拝していますが、連れてきた外国人は一般と同様の参拝をしています。

神宮司庁もしくは神宮文庫に当時の祭典課の日誌が残っていると思いますが、七時に外宮を参拝して、九時に内宮、十一時に退出とあります。日誌では参集所で接待したという記録も残っていますが、以後も外国人が何人も参拝に来るわけです。灯台の機械を取りつけにきた外国人とか、著名な外国人も含め、割合と記録は残っています。

そういう関係で、伊勢では明治六年に「宮崎語学校」という英語学校が設置され、サンデマンという英語の先生を月給一五〇円で雇っています。

阪本　当時の一五〇円と言ったらすごい金額ですね。

矢野　高かったんでしょうねえ。

阪本　神宮の大宮司の給料が、その頃、三〇円か三五円ぐらいですからね。

改暦と神社祭礼の変化

阪本　先ほど矢野塾長から大隈重信の話が出まして、彼は当時としては非常にハイカラな人物でしたから、お雇い外国人を連れて神宮へ参拝したわけですが、大隈が関わった維新期の文化政策の一つとしては、神道文化全般、神社の祭りにも最も大きな影響を与えたいわゆる改暦が挙げられます。改暦は明治五年十一月九日に大隈暦施行の詔と太政官布告が出され(19)、明治五年十二月三日が明治六年一月一日になって太陰太陽暦からグレゴリウス暦、つまり太陽暦を採用します。福澤諭吉もそうですが、この改暦の政策は文明開化の最たるもので、政府首脳であった岩倉具視や大久保利通が外遊中に留守政府を預かっていた大蔵卿の大隈重信が改暦を断行しました。その一年前の明治四年七月には、御師による神宮大麻の頒布も廃止しましたから、大隈は佐賀にいる母親から「今年は神宮大麻が来ないようだけれども、お前みたいな文明開化論者があんなものは迷信だからやめてしまったんではないだろうか」といわれて、大隈は母親に、「そんな畏れ多いことはないんだ」というようなことを述べた、と高山昇翁が回顧されていますが、神宮大麻の頒布に関しても、御師の頒布から神宮から神社を通じての頒布ということに変化する。神宮大麻一つとってみても同時期に行なわれた改暦とともに大きく変化してい

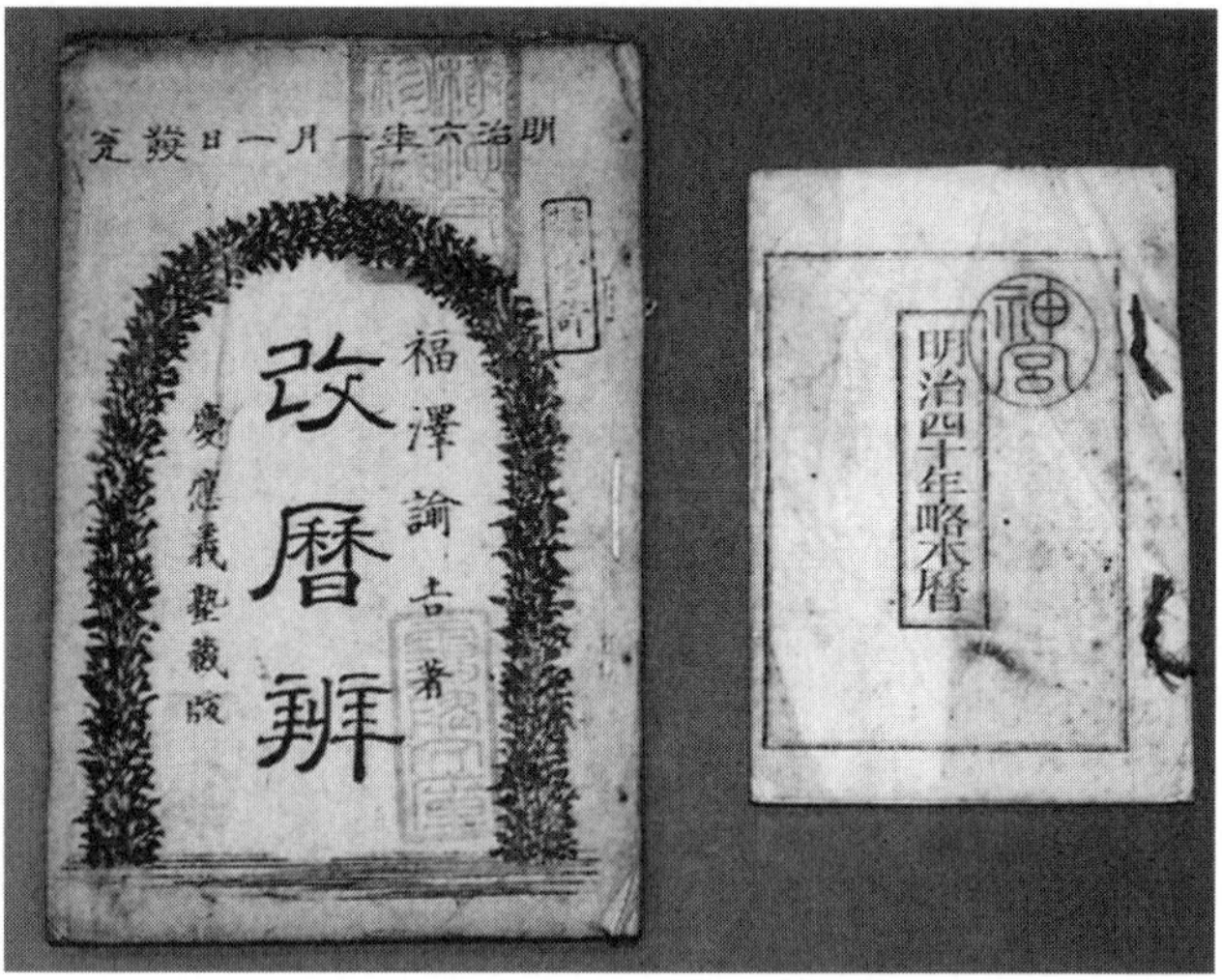

福沢諭吉著『改暦辨』と神宮『略歴暦』

きます。

また、改暦は特に神社の祭祀や祭礼に大きな影響を及ぼしており、伊勢の神宮の神嘗祭にしてもこの影響を受けて、最終的には明治十年代には今の十月十七日という形になるわけですが、当時の日本人の生活の一番の根幹、生活意識の中に根付いていたものが太陰太陽暦で、これが全く西洋的な太陽暦になってしまった。結果として明治四十年ぐらいまでは太陽暦と旧暦との併用をしていましたが、最終的には国の方針として太陽暦で祭日を適用するということになった。しかし、あまりにもおかしいので個々の神社で後に変更されていきますが。

神社だけでなく、歴代天皇の年祭なども全て新暦に換算し直して、紀元節も天長節も勿論、旧暦から新暦に変更されたこともあって今の祭日では全く季節感が感じられなくなってしまった。近世まで人々が感じていた祭りの実感と今の人が抱く祭りの季節感には統一性がなくなってしまったということがあります。

文明開化の一番象徴的なものである暦の問題と、神宮も含めた広い意味での神社あるいは神道的な文化の変容、お伊勢さんのお祭りでも、新暦が採用されたため、夏にあった祭りが変更になったり、旧暦と祭日とがうまく連動していたものが変わってきたり、祭式の形式も神宮の明治祭式ができることによって、今までの祭りとは違うものが創出されてゆく。あるいは、御師や社家の廃止等、広い意味での文明開化にどうしても遭遇して適応せざるを得なかったのが当時の神社、民衆でもあるわけです。

当時の人の日記を見てみると、急激な変化に戸惑いがあることは事実なんですね。有名な話ですが旧暦でずっと日記を書き続けていて十五日になったけれども、月も出ないのに十五日だというので、真っ暗闇の十五日ということで書いてある日記もあります。

一番典型的なのは、八幡宮のお祭りですと旧暦と新暦の八月十五日では季節感も違い、祭の在り様もまったく違ったものになってくるわけです。一ヶ月祭日が遅れるだけでもう全然違ったものになってくる。祭日の変化というのは大問題です。祈年祭にしてもそうで、これは今も大事な問題だと思いますが、日本人の生き方、生活実感のようなものを変えてしまった面もありますし、太陽暦の採用に従って、いわゆる五節句であるとか、八朔であるとか、明治維新までの庶民階級までも含めた節句などが廃止されて、新しい祝日あるいは祭日が創出されてくるわけです。

これを神道文化といっていいか、あるいは、近代の新しい神社、神道に対する政策の結果といっていいのか、なかなかその評価は難しいと思いますが、いずれにしても古い行事は残っていますが、旧暦の行事が新暦の採用によって一種、ちぐはぐになってしまった。ちょうど今は七月でお盆の時期にあたるわけですが、地方によっては、お盆を今の時期にやる地域、月遅れや、旧暦のままでやる地域、一ヶ月後のもの、あるいは新暦で今頃やっているという地域もある。わかりやすいお盆ですら何通りにも分かれてしまった。

そういった民衆の民間行事、民俗行事も含めて、例えば、神戸や伊勢あるいは横浜等で、先生方が何か御自身の目で見られて、あるいは歴史的に見られていた文明開化といいますか、近代化がもたらした光と影のようなところをお聞きしたい。

今までの話の中では、どちらかというと進取の気風ということで、光の部分と言いますか、ある意味では一種仕方がなかったという面もありますが、何か失ったもの、今は残っているが、何かちぐはぐになっているという、ちょっと七夕のときなども、梅雨で天の川は当然、見えませんし、笹の葉も雨にずぶ濡れというような、だから仙台の七夕まつり、阿佐ヶ谷の七夕祭りなどでも一ヶ月遅れで、ほぼ立秋に開催している。

七夕一つとってみても、単なる文明開化だけでは推し量れない庶民の、民衆の生き方のようなものもあると思いますが、そこには仏教的、神道的な様々な長い歴史の中で培われてきた文化というのがまだ要素として残っていると思いますが。

加藤　先ほどの暦についてのお話から思ったのですが、神社の祭日も色々日時が変化しています。例えば、今、生田神社なんかで、例祭は四月十五日ですが、それが古くは、一の祭りといって八月二十五日に行われていました。後に七月の晦日と改められて、兵庫の和田岬に神輿の渡御があったとされています。

この和田岬というのは、社伝によると、太古に神功皇后が凱旋のときに上陸されたという場所で、昔から聖地とされていた場所です。それがいつかその祭りも四月三日となって、明治十八年に生田神社が官幣小社に昇格しますと、例祭日が四月十五日と定められて、国から幣帛が供進され、四月十六日に神輿渡御が行われるようになります。

考えてみると確かに夏の暑い時期の八月では祭りをするにも確かに大変だったと思います。それで陽気の一番いい四月に変わっていったのかなと考えるのですが、それ以外にも何らかの理由があったんではないかと思いますが、神社の例祭日もそうやって変わっていくということはいえますね。

阪本　改暦の影響としては神宮の場合はどうでしょうか。

矢野　まず伊勢暦が手に入らなくなって各地の人々が困ったという話がありますね。それでどこかで暦を発行しなければならないが民間では頼りないから、神宮司庁でやるということになるんですが、一般の人々は困ったと思いますよ。伊勢暦はかなり流通していましたから。それと神宮の主要な祭りの大半が真夜中のお祭りですから、真っ暗闇の夜もお祭りをしなくてはいけなくなって、本当に困ったと思います。

阪本　そうですね。明治五年の新暦の採用というのは、人々の生活に大きな影響を与えましたし、なおかつ今でも日曜日が休みというのは、西洋のモノマネ以外の何ものでもないわけです。

佐野　暦に関していえば神宮祭祀には、十二支に関わるものはなかったのでしょうか。

矢野　そんなにないですね。

佐野　他の神社では例えば十一月の卯の日というのがありますね。

矢野　明治維新以前は正月初めの卯の日に卯杖の神事とか二月の子の日に鍬山神事とかありましたね。

佐野　その類だと新暦以降は月例とは全く関係ない、ずれた祭祀になりますね。

矢野　確かに。

佐野　その点でいえば祭日は必ずしも満月だったり新月だったり、またちょっとずれてくるとは思いますが。

ところで、さきほどガス灯の話をしましたが、十月三十一日は「ガスの日」なのだそうです。横浜の本町通り等にガス灯がついたのは旧暦の九月二十九日だそうで、これを新暦に直して記念日として馬車道の商店会などで毎年イベントを催しています。

阪本　暦だけでなく文明開化の影響、近代化の影響というものをさらに神社に身近な話題の中で考えてみたいと思いますが。

近代神社制度の整備と氏子区域の変更

藤本　改暦もそうですが、先ほどの神宮の御改革の話にもあったように明治維新以降の神社制度が制定されてゆく中での神社での変化、そして受容、例えば氏子区域というのも明治四年七月の郷社定則、大小神社氏子取調規則やそれに伴う氏子札の作成などが制度として定められて、実施されていくわけですが、確か以前、別格官幣社として湊川神社が創祀される際に生田神社と湊川神社との間でいわゆる氏子引分がなされ、氏子区域の一部が湊川神社の氏子区域になったというような話を加藤宮司からお聴きしたことがあったのですが、近代化の波の中で、慣習的な氏子区域というものが制度としてきっちり定められていく中で、明治五年になって生田神社の氏子区域の中に新しく別格官幣社湊川神社というのが創祀されて、その点でいえば氏子区域を変更するといった問題なども生じてくるわけですね。地元の人々を含め、神社としてもその変化をどのように受容してゆくのか、その点について少しお伺いしたいのですが、結局は湊川神社と生田神社の二重氏子という区域があるわけでしょうか。

加藤　生田神社は旧八部《やたべ》郡に属していて、延喜式に登載された八部郡はもともと生田、長田、敏馬《みぬめ》神社と三社しかなかったわけです。その後、八部郡内にも神社がどんどん増えてくるわけですが、例えば、生田神社の氏子は非常に広い。やっぱり神戸の氏神さんですから。

神戸という地名も大同元（八〇六）年に『新抄格勅符抄』所蔵の「神封部」に「広田神四十一戸、長田神四十一戸、生田神四十四戸、摂津国」とあって四十四戸を賜ったとあり、公地公民制の時代、国家から封戸が神社に寄進された場合、これを「神戸《かんべ》」、「神封《しんぷ》」と呼んでいましたので、神戸が四十四戸あったことが地名の由来です。だから、今の伊賀市の「伊賀神戸《かんべ》」なんかは同様な考え方の地名です。神戸の地名の発祥がまさに生田神社なわけですが、その神戸の地が中世の湊川合戦で大楠公、楠木正成公が神戸でお亡くなりになられて、その地に梅と松が植えられ、水戸光圀公によって「嗚呼忠臣楠子之墓」として、お墓として崇められたわけです。しかし、明治天皇さまの御沙汰によって、ここはお墓だけではもったいないから、湊川神社を創祀するようにということで、明治五年に別格官幣社の第一号として湊川神社が建てられるんですね。

ところが、神社は建てても氏子はなかったわけです。それはそもそもは崇敬神社ということで、大楠公の崇敬者だけでいいわけですが、やっぱり神社をお守りする、氏子区域というものが必要だということで、湊川神社のある地は生田神社のエリアで生田さんの氏子であるわけですから、それで生田さんの氏子を一つ楠公さんの方に差し上げるということになって、そして、今はない地名で「湊東区」と称する新開地以東、宇治川以西の湊東区という区域を楠公さん、湊川神社に氏子として差し上げようということで、氏子を引分したわけです。確かにもともとは生田さんの氏子区域ですね。

但し、その湊東区の奥平野村という区域は湊川神社が創建される当初は、湊川神社の氏子区域に編入されようとしたのですが、地元の氏子が反対して、明治四年八月から氏子区域復帰嘆願書というのを兵庫県に三度も提出して、最終的には湊川神社と生田神社両方の氏子となることで決着しました。

それから、逆にお聞きしたいのですが、生田神社に氏子札が残されていますが、他の神社でも結構残されていますか。

矢野　伊勢にもありました。古市町の久田家で見せていただいたこともあります。

藤本　結構残されていますね。例えば長野県の伊那郡や愛知県の知多郡、熊本県のそれぞれの氏子札を見たことがあります。形式も「産土神社氏子」と書いてあるものや「〇〇神社氏子何某」などとあるものなどそれぞれ若干違っています。戸籍法と併せてやったのですが、種々の事情で結局はうまくいかなかった。

加藤　そうですか。生田神社の氏子札の一例が昭和十五年の社報で紹介されていますが、表には「産土神　生田社」という記載と「産土生田神社神印」という丸印が押されてあって、そして、裏面には、兵庫県下神戸下組八幡町印の角印があって、それから、明治八年「兵庫県管下、摂州八部郡、神戸下組八幡町・安川文治郎　妻　こう　未二十八歳」とあります。総代家であった安川家の氏子証明書であったことがわかるものです。

森　氏子区域の変遷に関連して例えば、明治五年以降、湊川神社のお祭りと生田神社のお祭りをするときに、何か齟齬をきたしたとか、そういうことはなかったのでしょうか。

加藤　そういうことはないですね。ただ、むしろ、生田神社はちょっと特殊な歴史的経緯があり、古来、生田神社の末社とされてきた「裔神八社」と称する、一宮神社から八宮神社がある。御旅所は別にありますが、神戸市の旧葺合区、旧生田区、兵庫区という非常に広い地域が生田さんの氏子地域で、全国的に見ても氏子区域としては非常に広い。その八社には天照大神と素戔嗚尊の誓約のときに生まれ給うた五男・三女神、八神がそれぞれに祭ってあります。

だから、生田神社は、一宮神社、二宮神社、三宮神社というように八宮神社まである裔神八社と称した神社が氏子区域内にありますが、それらの神社と歴史的な関係があり、それら八社ごとに生田神社と氏子区域が重なりあっているわけです。普通、一宮というのは国司が参向する神社で何々の国の一宮とかいいますが、生田神社と裔神八社のような例は他にあまりない。

森　湊川神社の鎮座地は裔神八社のうちのどの神社の区域に該当していたんですか。

加藤　あれは六宮神社が鎮座していた区域になります。楠寺という地区で明治四十二年十二月に楠高等小学校の建設に伴って現在は八宮神社に合祀されていますが。

森　今も氏子区域は変わらないわけですか。

加藤　歴史的にも二重三重の氏子区域になっていて、近世では争議まで起ったりしたわけです。昔はもともと八部郡に神社は三社しかなかったわけで、そこへ裔神八社などの神社が鎮座するようになる。最初は生田神社の神職が兼務のような形でやっていたが、現在では個々の独立した神社になっているわけですから、ゆえに今はあまり「裔神八社」、「裔神」というような言葉は使いませんし、それぞれが独立した神社としてやっているわけです。

森　地名や駅の「三宮」も三宮神社の「三宮」なわけですね。

加藤　そうです。摂津国の三宮ということではない。これは余談ですが、皇太子さまが神戸に行啓されて、その際に三宮駅長に「これはどういう意味だろう」と言ってお聞きなって、駅長がわからなくて困ったという話があります。それで三宮駅長が私の所へ、その意味を聞きにきて、駅のコンコースで乗降客に教えて、一宮から八宮のお社について説明をしたことがありますね。天照大神と素戔嗚尊が誓約をした際の五男・三女神が、氏子区域に祭られているところはあまりないんじゃないかと思いますね。これは特殊な形だと思いますね。

藤本 同じく近代化の中で神戸での神社に関する制度的な一つの事例として、先ほど申し上げたような湊川神社の創立と別格官幣社への列格、その中で生田神社からの氏子区域を引き分ける形で湊川神社が創立する事実が一つ挙げられる訳ですが、神戸においても横浜と似た事例として、神戸港でも生田神社の境内末社の小祠を砂子山に遷座して大神宮を創立したいとするような建言があったという記録も『太政類典』などに記されています[20]。しかしながら、例えば、横浜の方に話を移してみると、明治三年に新潟港に設けられた大神宮の次に伊勢山大神宮（伊勢山皇大神宮）が設立されて、開港場、個々の地方における総鎮守的な役割が大神宮となって現代へと続いていくわけですが、横浜の伊勢山皇大神宮の場合は明治四年ですが、それは崇敬社みたいな形になるわけですか。先ほども阪本先生から補足がありましたが、少し佐野宮司にもお尋ねしたいのですが。

佐野 伊勢山皇大神宮という神社は、きちんとした神社史が著されていないこともあって、詳細が公開されていないので歴史的、制度的にきちんとした話がしにくいですね。恐らく伊勢山という地を横浜の町の中の共同の神社のようにして、神職界全体でもって管理していくというような時代があったようです。

それで個々の小さい神社の氏神は氏神として、二重氏子みたいな状態で、横浜の総鎮守みたいな感じの祭り方が基本で本来の固有の氏子はもたない神社で、そこへ、かつ先ほど言ったように、居留地にしろ何にしろみんな埋立地だった。逆に言うと、もともと氏子でも何でもない土地がどんどん発展してまた氏子意識も薄いまま市内の人口が増えたこともあるものですから、氏子区域の概念が曖昧なまま年月が過ぎたところがあり、さらに近年になって近在の宮司不在社を境内社化したり兼務したりした複雑な経過もあり、あまり正確な話が述べにくくなっていると思いますね。

文明開化と華僑、神社との関係

加藤　文明開化と外国人ということに繋がる話としては、神戸の在日中国人の八割近くが参るという神社があります。これは神戸市中央区の諏訪神社という神社で、神戸の華僑が皆参る社です。中国人の好む赤に配慮したわけではないでしょうが真っ赤な鳥居や赤い総門があって、扁額が中国語です。神社の中には赤い文字で一族の名を記した提灯をはじめ、「答謝神恩」「恵我華僑」と書いた赤い板、「民国十四年―」という書き込みもあり、中国的なものが沢山ある神社です。

この諏訪神社は参拝をするお賽銭箱のところに中国式の参拝をする「跪拝座」があるのが特徴です。つまり、中国人は足を折ってお参りするわけですね。跪拝座は台湾に行ったらレザーが張ってありますが、諏訪神社はやはり日本的で畳表が張ってあります。また境内には紙銭を焼く「金亭」も設置されてある。これはどうも明治の初めの長崎と神戸の華僑の関係です。

佐野　明治に長崎から華僑が神戸に来たのがルーツとは。

加藤　そこで面白いと思ってルーツを調べてみました。なぜここへ中国人がお参りに来るかといったら、これは実は長崎にルーツがある。長崎には出島以来の中国との貿易の関係で華僑がいまして、神戸華僑歴史博物館の藍璞館長によれば、「どちらも海を一望できる山上に社殿があって華僑は貿易関係者が多かったから、航海の安全を祈ったのではないか」としており、華僑がお諏訪さん、鎮西諏訪神社へよくお参りしていたわけです(21)。

近代になって、確かに貿易港としては日本屈指の神戸に移住してきた華僑が多かったわけで、移ってきた華僑も非常に信仰心が強いので、非常にロケーションの似た神戸の諏訪神社にお参りするようになったのではないかと考えます。神戸の諏訪神社は兵庫県庁から相楽園の西側をずっと北に行って石段になった参道、神戸の真ん中にある諏訪山に神社があるのですが大体、華僑の人は割合朝散歩するので、一〇八段の石段を上がったところに諏訪神社があります。

長崎でお諏訪さんを参っていた華僑が神戸へ移住して、同じ諏訪神社に参拝することが定着したのを、陳舜臣氏が「神社におけるコロニアルスタイルではないか」と言っていますが、これを道教研究の第一人者東京大学名誉教授の窪徳忠さんにお話したところ、非常に興味を持たれて、私は案内したことがあります。神社には中国人が掲げた額が沢山掲げられていて、賽銭箱の隣に跪拝座があって、しかも、その座には畳が敷いてあるというのが非常に日本的でね。中国の人は紙銭をレンガで造った「金亭」という炉で焼く。最初は焼却炉かと思いましたら、そこへ紙銭を入れて拝むものだと知って驚きました。長崎から来た華僑の風習が、今でもそれがずっと定着しているわけです。

もう一つは、これは先ほど少し申し上げましたが文明開化の所産かと思いますが、アーサー・H・グルームという、日本最初のゴルフ場、オリエンタルホテルなどをつくった社長ですけれども、彼が六甲山に上がるのに、籠かきで六甲山へ上がったわけ。そこでゴルフをやっていたわけです。

その時にキツネが六甲山によく出てきたので、グルームは稲荷さんを設けた。六甲山にあるお稲荷さんはグルームがつくった祠のお稲荷さんです。これも非常におもしろい文明開化の所産ではないかと思いますね。

藤本　神戸の諏訪神社もそうですが、先ほどの話は文明開化や近代化のまさに一つの所産といえますね。

森　例えば、華僑の方が諏訪神社にお参りする際に協力した日本人や、神職、媒介した方がいるのでしょうか。

加藤　今、諏訪神社というのは私の一番上の姉が嫁いでいるところですが、その主人だった安部鷹男は亡くなって、今は安部千之氏が宮司ですが、その祖父にあたる安部荘之助宮司が、非常に熱心で中国人に何かと神社信仰を定着させたいということで一生懸命教化活動をしていたわけです。だから、荘之助宮司は年にもかかわらず、英語や中国語を勉強していたという話を聞きますね。

今でも諏訪神社の赤い鳥居の奉納者は、全部、陳さんや劉さんや鄭さんといった名前でわかるように全部中国の人が奉納していて、作家の陳舜臣氏も、神戸にきた際はあそこに必ず参拝されるといいます。それで本人自身も「神戸ものがたり」(平凡社ライブラリー)という本に「諏訪神社を華僑が拝むのは、信仰面にあらわれたコロニアルスタイル」とかいっていますね。

もう一つ面白い話の一つとしてかつて沖縄の基地でも、日本を象徴するシンボルマークとして、鳥居を書いているのが多いですが、三宮には「トアロード」という道があります。神戸で一番センスのある道路を「トアロード」と言っていますが、そこの山手の道路の一番上にホテルがあって、「トアホテル」というホテルがあったんですよ。そこのシンボルマークは鳥居だったんですよ。

それからその「トアロード」をずっと下がっていった、今は大丸デパートがあるあたり、さきほど申し上げた裔神八社の一つの三宮神社があります。この神社は西国街道沿いでかつて神戸事件が起こるんですが、そこに三宮神社の鳥居がある。

それで神戸の外国人は「トリイ（TORII）ロード」といっていた。その「I」が抜けて、ドイツ語の門を意味する「TOR」ということで、それで「トアロード」となったといわれています。

だから、トアホテルの外人さんが泊まっているホテルは、鳥居がシンボルで、ざーっと下った一番最後のところに三宮神社の鳥居があって、鳥居と鳥居を結ぶトリイロードが、トアロード、今はトアロードと呼称されています。

ところが、それが戦争中は敵性語というので、「東亜道路」というふうに書かれていた時代もあったわけです。

鉄道・道路網の整備と神宮

藤本 ロードで思い出したのですが、矢野塾長さんにお伺いしたいのは、皇學館大学沿いの御成街道、御幸道路は昔は国道一号線だったという話を聞いたことがありますが、国道一号線の終点は、神宮だったということでしょうか。

矢野 国道一号線は最初、皇居二重橋から宇治橋までと私は思っていたんですよ。確かに戦前はそうだったのですが、もっと古くは一の鳥居、火除橋が終点でした。終点が火除橋というのは当然です。あそこまでが館町で、内宮の入口の町の中でしたからね。そこが終点であってもおかしくない。

藤本 確かに。

矢野 町中でしたからね。

藤本 それはどこかに何かに根拠になるものがあるわけでしょうか。

矢野 神宮司庁の管財課で地図を持っています。私は実際見ていませんでしが、以前神宮禰宜を務めていた時期に財産管理の責任者から聞きました。

それの名残は、さっきガス灯でお話した常夜灯の支柱が国道は石で神域が木製と区別してある違いでもわかります。
あの館町の御師の館、民家があった付近が伊勢の文明開化の一番象徴的なものなんですよ。今は庭園になっている所、あの庭は日本庭園だと皆さん思っていますが、あれは西洋庭園です。当時は西洋庭園だったんです。芝生を張ったでしょ。それから、ツツジの木なんかも全部刈り込んで、四角く角に刈り込んでありますが、あんなのは日本にはなかったんですからね。

藤本　それは逆に宇治橋の内側のいわゆる御師の館、宇治館町の街の建物がなくなった中に、実は西洋的なものがぐんと入り込んできた一つの象徴になるわけですね。

矢野　当時の人は、そこに西洋を感じたんでしょうねえ。何だかごちゃ混ぜのような感じがしますが、和洋折衷です。

藤本　昔の伊勢の風景写真を見ますと、神宮教院なんかも非常に大きな建物で、今でいうと伊勢市中村町の方から見て宇治の神宮教院本教館の建物が聳え立つように写っているような写真を見たことがありますが、その意味では、非常に伊勢は文明開化の最先端の地の一つであったという感じも致しますし、道路についても後で阪本先生に補足を戴きたいと思いますが、国道でも各起点となる都市の、文化的な拠点となる場所の近くを必ず通っていたりするわけで、道路網の整備というものは、神社においても文明開化の一つになっていくのかなと。
鉄道の伸長や道路の伸長というものはきちんと整備されてきて、その中で近代の観光産業、観光文化というのも勃興してきますし、先ほどの華僑の話ではないですが、例えば、京都で明治二十八年に「第四回内国勧業博覧会」が開催されますが、実はそこに既に亡くなってはいましたが岩倉具視の建議が大きくて、現在の裁判官の服装であるとか、そういったものも黒川真頼という工部省、それから、内務省にもいた国学者が非常に関与しているわけです。現在の様々な文物、服飾や音楽についても国学者が関わってきますし、その意味では、一つの神道との関わりという部分にもなりますし、その点でいえば一番近代の国学者に詳しい阪本先生に国道の話なども含めて少し補足を戴ければと思います。

阪本　国道、道路の話だと、道路の場合は現在では、自動車というものがないと成り立ちませんが、物資の輸送については、当時は自動車が発達していませんから、海運や鉄道からです。交通についてはそこから日本の近代化ははじまっているわけです。

最初、鉄道が中心になって、交通網が全国に張りめぐらされていきますが、神社仏閣を初めとして整備の過程が違いますので、まず道路から述べますと、法的にこれが道路だというものが決定したのは、先ほども申し上げましたが明治九（一八七六）年六月に太政官で「道路分類等級」が決定したのが最初ですが、その際に道路を国道・県道・里道の三種類に分けて、それぞれの道路を一等から三等に分類して、道幅を国道は一等が七間、二等が六間、三等が五間と決定しました。例えば東海道や伊勢街道がこの時点で国道と決められたわけです。

そして明治十八年に国道を一号線、二号線と決定していくわけですが、その一号線の起点は日本橋です。今でもよく国道では日本橋まで何キロと書いてありますが、日本橋が起点になっていて終点がある。東京駅と同じで、全部下りしかないわけです。上りは日本橋へ向けてです。

その一号線からが最初は日本橋から横浜までです。次に二号線が名古屋まで行きます。その後一号線がずっと京都の方まで延伸して行きますので、それが今の国道一号線になります。そして、大正九（一九二〇）年四月に今の道路法の原型にあたる旧道路法が施行され、第八条で道路は国道・府県道・郡道・市道・町村道の五種類に区分されました。『大正九年三重県統計書』には、国道として二路線の記載がありますが、このときから国道は伊勢街道とか出雲街道とかいった街道名を使わずに番号で呼ぶようにして変化してゆくわけです。三重県では東海道と伊勢街道が一号国道、二号国道とされ、旧道路法の第十条で国道の路線は、「一　東京市ヨリ神宮、府県庁所在地、師団司令部所在地、鎮守府所在地又ハ枢要ノ開港ニ達スル路線、二主トシテ軍事ノ目的ヲ有スル路線」と定められ、一号国道は東京から伊勢の神宮まで、二号国道が今の国道一号線にあたる路線です。つまりここで日本橋から伊勢の神宮に至る国道が国道一号線とされたわけです。先ほどの矢野さんの話はこの時点での話になるわけです。さらに京都から山陰を通る国道九号線というのが下関までと決まりました。それとは別に三号線、四号線が東北の方へ向かって行くわけです(22)。しかし、昭和二十七年に旧道路法は廃止され、国道一号線は国道二三号となり、旧東海道に沿って京都まで国道一号線が新たに設定されたわけです。旧道路法では国道の路線として「東京市ヨリ神宮」とあるようにお伊勢さん、伊勢の宗廟を目指すというのが第一に考えられていて、その意味で、ある種お伊勢さんが第一に考えられていたわけです。あとは、名古屋、広島、熊本といった鎮台で海軍・陸軍の軍事要所が考えられていましたが。

そういった道路の整備と同時に、鉄道の整備によって神社仏閣がお参りするのが昔よりも増加してくるということで、これは矢野塾長の方が御専門でしょうが、先ほど申し上げましたように、あれは参宮急行線ができるのが明治二十年代、三十年代のことですね。

矢野　御幸道路、いわゆる御成街道が完成したのが明治四十三年ですからね。この時点で明治天皇がお通りになるということでできた「御成街道」ですから、先ほどの話も併せて考えれば、その後、国道一号線の終点が宇治橋だったのではないでしょうか。

藤本　先ほどの阪本先生の話から思い出したのは、伊勢に国鉄以外の何社もの鉄道が走っていたという事実です。

現在のように旧国鉄、鉄道省の路線であったＪＲと大阪電気軌道の子会社の参宮急行鉄道の路線にあたる今の近鉄大阪線（名古屋線）だけではなくて、昔は神都線と呼ばれた東京や大阪より早い日本で七番目にできた路面電車もあり、他にも参宮急行鉄道に合併された伊勢電気鉄道というのがあって、もう一線、外宮前の今のNTT伊勢志摩局の場所に大神宮前駅があり桑名や松坂から直通していましたし、それだけでも今では考えられないような路線数で、路面電車も約七~十五分間隔で通っていたという事実もあります。また二見にも国鉄以外に路面電車が延びていましたし、二軒茶屋には中山線というのもあった。朝熊山の方にも朝熊登山鉄道線とケーブルカーが運転していて、戦時中に休止させられたという話もありあますし、戦前には二見浦にもロープウェイがあったと聞きます。さらには伊勢の路面電車は単線ではなくて伊勢市駅から宇治山田駅までは一部複線でしたから、その意味では、文明開化後の鉄道の整備、発展というのはお伊勢参りとともに発展してきたということもあって、伊勢の鉄道整備は非常にお伊勢さんと深い関わりがあると思ったのですが、その辺のことも矢野塾長に少しお伺いできればと思いますが。

矢野　明治五年に天皇が伊勢行幸の際、船参宮で鳥羽へ来られ、その際にバッテラという端艇、つまり小型の船に乗って二軒茶屋まで来られています。バッテラというのはバッテラ寿司というのがありますが、ポルトガル語でボートという意味のようで、寿司がボートの形に似ているということで、京都大学の学生がバッテラといい出したので、そう呼ばれたらしいのですが、明治天皇さまにしても船から馬車での来勢に変わっていきます。特に御成街道ができていくのはその象徴です。今思えば路面電車は残しておけば良かったのですが、私が高校時代までは実際に乗っていました。路面電車自体は神宮の参詣者を運ぶ目的よりも宮川での水力発電の余剰電力を使うということだったようで、路面電車の架線は一般家庭への電柱も兼ねていたようです。

阪本　伊勢の路面電車はいつ頃まであったんでしょうか。昭和三十年代ぐらいまでしょうか。

矢野　昭和三十六年の一月に廃止されました。

阪本　京都にも路面電車がありましたが、これが日本初の路面電車です。京都では先ほど藤本さんが述べていた京都で開催された第四回内国勧業博覧会の開催に併せて、明治二十八（一八五九）年の二月一日に開業しましたが、全廃されたのは昭和五十三（一九七八）年でしたね。

佐野　路面電車は横浜にも確か明治三十七（一九〇四）年に開業していましたが、やはり戦後のモータリゼーションの波で、昭和四十七年に廃止されました。近くの川崎をはじめ京都、名古屋でも路面電車は結局、車の増加に併せ、皆バスや地下鉄に変わってしまった。先ほどの伊勢の路面電車の話で思いましたが、近代化と観光という面でみれば、小田原や熱海、それから箱根など観光地、温泉地に登場してくるんですよね。

阪本　日光へ向かう路線がある東武鉄道もそうですよね。

加藤　路面電車が再び見直されて、松山や広島や函館、富山など残っているところがありますが、京都にも是非あったらいいと思うときがありますね。

というのは、観光地では全然車が動かなくなる。京都はバスが便利ですが、とにかく渋滞が酷い。やっぱり路面電車がええじゃないかというので、是非とも京都に路面電車復活をという運動を起こしている団体もありますね。これだけ自動車が多くなって交通麻痺、渋滞をすると、逆にあの路面電車がよかったんじゃないか、といったようなことを思ったりする人も多いと思います。お伊勢さんの路面電車はかつて私も乗ったことがありますが、「今あったらなあ」と思ったりします。

藤本　確かに伊勢の路面電車については、国道二十三号線のバイパスの通り沿いに昔、ここに駅があったという話を調査をした際に聞いたことがありました。楠部町のジャスコがある辺りですが、地元の人にも「あの辺にあったんだよ」という話を聞いた際には非常に面白いなあという記憶がありましたので。

佐野　小規模な路線でいえば、今でも人気がある路面電車の類としては江ノ電ぐらいかな。

江ノ島の観光と近代

藤本　江ノ島の観光と近代のことについては森さんが詳しいですね。

森　私は江ノ島の観光と現代、近代の様相を研究していますが、広く近世、近代、現代にかけての社寺参詣の変化というものに元々関心があり、近世は御師、もしくは山伏と呼ばれる人が、神社に参詣に連れて行ったりということが多かったわけですが、近代以降、神社、神職に関する制度が整備される中で、御師もいなくなり、どちらかというとお金儲けのようなことは良くないということで見直されて、宗教者と観光との関係が下火になってしまいます。

しかし、近代化の波の中で、御師のような職がなくなり、社寺への参詣のために人々を連れて行くということが、昔のようにはできなくなる中にあって、江ノ島の場合は、近代に海水浴が行われるようになって、神社参詣とは別の意味での夏の観光シーズンが勃興することで、観光客をうまく取り込んでいきながら近代では江ノ島の街が再生していくわけです。

私はそういう町の在り様に関心がありまして、そこで交通網の変化が如実に江ノ島の場合ですと関係してくるわけです。最初は島に橋が架かっていなかったので、船や人の肩に乗って島へ渡ったりしていましたし、勿論、鉄道ができるまでは東京から徒歩です。徒歩か、あるいは河川があるので船もありました。そのうちに人力車になって、馬車になって、鉄道が開通して、江ノ電も開業する。そうすると江ノ島へ観光客が行きやすくなって、先ほど阪本先生が仰られたように、一種近代、明治の後期や大正時代には江島神社への参詣がまた盛り返してきて、観光として非常に活況を呈してくるというような動きがあります。

そのあたりの文明開化以降の社寺参詣の変化、「神社参詣から観光へ」といったらいいのか、そういった点で神社との関わりで話を伺えればと思うのですが、近代化や文明開化にも広く関わる部分でもありますので。

文明開化と神社参詣

藤本　森さんの先ほどの話に関連するものとして、阪本先生に鉄道省が出版した、『神もうで』、『寺まいり』の話を少しお聞かせ戴けると有難いのですが。

阪本　やはり、鉄道にしても、先ほどの路面電車にしても、京都が東京奠都の影響で都市機能が疲弊したこともあって、槇村正直知事の後を受けた北垣国道知事が産業振興の一環として、琵琶湖疏水で水力発電を行い、その電力を使って明治二十八年に日本初となる伏見—南禅寺間に路面電車を走らせたわけです。京都の人々は天皇さまが東京に行ってしまったことから、いい方としては何ですが「京都を第二の平城京にしてはいけない」というので頑張ったわけです。大阪や東京、伊勢の神都線などの路面電車が整備されるのは、いずれも明治三十年代の後半ですね。神都線は明治三十六年だったと思いますし、伊勢の参宮鉄道線は確か、津から山田（伊勢市）駅までが明治三十（一八九七）年に開業したと記憶しています。

話は変わりますが、今日は、明治三十六年に出版された池辺（小中村）義象[23]という国学者の

『摂河泉名勝』という書を持参しましたが、この書は池辺が関西に行った際に大阪と神戸をめぐって、大阪に着いたときの話が書いてあるものです。鉄道は既に明治二十二年七月に東海道本線が新橋—神戸間で全通していまして、梅田に着いて大阪市中に入る際に、まだ大阪は電車のことを「電汽車」といっていて、電汽車も馬車もなくて、人力車しかないという話が書かれています。これからしばらく後に大阪に電車ができるんですね。

まず鉄道網の整備によって非常に人々の往来が便利になって、明治三十年代に出た紀行文だとか、江戸時代の名勝図絵みたいなものも多数出版されるようになります。神戸については、最初は明治三十（一八九七）年に鍋島直身という人が編じた『神戸名勝案内記』という書が出版されています。この書には生田神社も登場しますし、嶋津さんの御実家の兵庫の厳島神社も記載されていますが、これが神戸に関しては本格的な観光書の一つですね。素人が書いたものなら幾らでもあると思いますが、『摂河泉名勝』の場合、池辺義象という偉い国学者が書いた書で、この中でも生田神社や湊川神社のことなどが登場します。

こういった一種の袖珍本《しゅうちんぼん》[22]みたいなもので、今でいうと『るるぶ』の小型のガイドブックや旅雑誌を持って旅行にいくように、『摂河泉名勝』のような小さい書籍を手に持って旅に出て、それで観光地をめぐるというスタイルが明治三十年代のこの時期からできあがってくるわけですね。私の持っているこの『摂河泉名勝』は今は国立国会図書館にしかない本ですが。

ですから、この明治三十年代以降、鉄道網の整備によって、観光産業が盛んになってくるわけです。例えばお伊勢さんでも、まさに参宮鉄道、関西急行鉄道と国鉄、つまり官営鉄道とが料金や路線の争いをして、さらに値下げ競争して、弁当をつくったり、特に年末年始などは値下げ競争をするんですよね。

それで「お伊勢さんに行こう」だとか、宣伝チラシやポスターに赤福を使ったりして、そして実際に観光客が伊勢に降り立つと、当然、先ほどの話のように、歩いていくのも不便だというので、路面電車が非常に便利なので、たとえわずかの一キロでも二キロでも走らせるようになってくるわけです。

広い意味での、鉄道、路面電車は鉄道には入らないわけですが、鉄道の伸長というものは特に関東、関西の私鉄が、関西急行鉄道にしても、今の近鉄の前身の会社ですね。あるいは南海にしても高野山との観光、参詣との関係であるとか、近鉄は特に奈良や吉野の神社仏閣をめがけて鉄道網が整備されるようになりますね。

そういった鉄道網の整備が大体、明治三十年代後半ぐらいにほぼ完成して、大正に入ると、ほとんど全国に開通してゆくようになると、今日持参してきた昔の国鉄にあたる役所であらゆる鉄道院（のちの鉄道省）が『神もうで』を出版します。今日持ってきた『神もうで』については、同書が大正から昭和初めにかけて何回も出版されていく中で、一番古い版のものですが、官制の鉄道院として大正八年に出版したものです。

この本を後に当時の出版社としては、日本で一番大手の博文館が版権を取得して出版するようになります。そして版を改版したものを鉄道省が再度出して、また博文館から出版するという形をとるようになります。

それと今のＪＴＢ、昔の交通公社ですね。いわゆる官の側でのツーリストビューローにあたる日本交通公社が大正年間になってから、『神もうで』、『寺まいり』を出版するようになります。

佐野　博文館は明治に印刷業、出版業で活躍した大橋新太郎さんのところですね。

阪本　そうです。

佐野　大橋新太郎は私の住んでいる金沢ともゆかりの深い人物でして、彼は称名寺近くの井伊直安邸を買いとり別荘にしています。それ以降、周辺の土地を買収し、工場誘致などの一方で観光開発や景観保護にも気をつかいます。称名寺の持っていた金沢文庫の保存のために鉄筋コンクリートの建物を建設し、県にかけあって、県の御大典記念事業として「県立金沢文庫」としてこれを維持運営させるとともに、さらに研究を進める端緒を開いた人です。

藤本　博文館の書籍は近代の本としては、よくみかけるものですが、そういう関係があったわけですか。

阪本　だから、何かこういった鉄道網の発展と、それからいろいろな神社仏閣めぐりというようなことが、実は出版活動にも大きく影響している。広い意味での文化の一つですね。出版によって文化をより広く行き渡らせる効果があったわけで、その旗振り役となったのが明治時代であれば「金港堂」という出版社、明治から大正、昭和の初め頃にかけては「博文館」という出版社が色々なものを出版していくわけです。

藤本　これは私が持参したものですが、鉄道省が出版した『鉄道旅行案内』という書物です。これは先ほど阪本先生が仰ったようにやはり、本の末尾には、但し書として「本社は東京市小石川区戸崎町博文館に翻刻、発売させることといたしましたから、御利用の方は同館または一般書店にお求めください」として出版されたことが書かれていて、『神もうで』や『寺まいり』などと同様に絵図が掲載されています。この本は大正十三年の出版なので小田急が箱根〜新宿間に鉄道が開業する昭和二年以前ですから、私鉄でも小田急などは載ってはいませんが、春日大社や出雲大社の絵が載っていたりして当時の人が全国を旅するには非常に面白い書籍ですね。同じように『日本案内記』というのも昭和の初めに鉄道省から出版されています。

佐野　私がいつも乗っているのは京浜急行ですが、京浜急行も幾つかの会社が合併して今のような会社になったわけだけれども、会社の元々の最初のものは、川崎駅から川崎大師までの今の大師線にあたるところに明治三十二年に開業した大師電気鉄道です。これは、日本で三番目、関東では、最初の電鉄会社だそうですが、やはり社寺参詣から鉄道網の整備が始まっていった。そして大橋新太郎が金沢文庫を建設している昭和のはじめころに、横須賀方面へ延びていって昭和八年に品川〜浦賀の直通運転が開始しています。

森　川崎大師のところは人力車の車夫たちが猛烈な反対運動を起こしたという記録があり、江ノ電ができるときも、地主さんのところに、度々抗議運動に行ったという話がありますね。

阪本　鉄道が物見遊山や参詣なんかで名勝の地などへ延伸してゆくというのは、京福電鉄の京都の嵐山線にしても、叡山線にしてもそうだし、全部そういった観光地と、それにまつわる神社仏閣との関係がある。この点、『鉄道日本文化史考』の宇田正さんなど観光文化史的なところから、最近研究している人が増えてきていますね。

森　旅館についても、先ほど述べたように、御師などが転業してなっている場合も多いと思います。江島神社で言うと、そういう旅館も勿論多い上に、例えば岩本院が「岩本楼」という旅館になって、近代では神職と旅館経営を兼ねてやっていたりというのもありますので、日本交通公社のＪＴＢが成立する背景には、恐らくそういう門前町の旅館のネットワークみたいなものというものも何かしらあったと思っています。

藤本　現在は観光地のホテルや旅館といえば、政府登録〇〇観光旅館という名称でＪＴＢとかの旅行社の看板がかかっている旅館という感じがしますね（笑）。

矢野　鉄道網の延伸についていえば、かつては内宮前まで汽車が開通する計画がありました。ところが、内宮の地元の町民が大反対するわけです。当時よく流布した話で全くの迷信なのですが、汽車が来ると病人がやって来るとか、伝染病がはやるとか。それから、煙を出すので皇大神宮を汚すと、それで反対してなかなか進まない。今だったら内宮のすぐ近くまでＪＲや近鉄が伸びていれば全然違うわけですが。

阪本　それは今の参宮線の方ですか。

矢野　参宮線の方です。

阪本　近鉄ではないですよね。

矢野　はい。

藤本　例えば伊勢のお隣の松坂の場合、松坂城の付近が街の中心部で盛えている地域でしたから、最初はそういう市街地の中を突っ切る形で鉄道を通そうという計画だったのか、地元の人が汽車は煙を吐くというので、色んな迷信、風評が流れて煙をもくもくと吐くのは駄目だというので、当時としてはお城から離れたところに線路を持ってきたというような話を地元の人に伺ったことがありますね。

佐野　近鉄と呼称されるのはいつ頃ですか。昭和ぐらいですか。私鉄はどこも昭和に入ってから現在の名称になりますね。

藤本　近鉄の旧社名は関西急行ですが、これは大阪電気軌道とも呼ばれていましたね。確か、昭和十九年ですね。

矢野　神宮の場合は、遷宮を迎える度に交通網がどんどん発達してきましたしね。

藤本　そうですね。前回の遷宮のときにはちょうど伊勢自動車道が開通しましたし、サンアリーナも建設されて「まつり博三重」というのもありました。その前だと賢島への近鉄の延長や三重国体などもありましたね。

矢野　建物もできたりしてね。みんな遷宮の度に整備されていきます。昭和四年の遷宮に併せて神都博覧会の跡地にできた近鉄の宇治山田駅も大正ロマンを残したモダンな駅舎ができましたしね。

佐野　今の宇治山田駅ですね。

矢野　そうですね。実際は博覧会が終わった後ですので遷宮から少し遅れて昭和六年のことですが、東武浅草駅の設計者でもある鉄道省の建築技師であった久野節の設計で、三階建ての洋風建築の高架駅ですから「伊勢でも電車は高天原に着く」と揶揄されるほどに当時としてはモダンな建物でした。

加藤　しかし、矢野塾長、伊勢で皆からよくいわれるのは、御成街道にある石灯籠の星のマークについて、日本人とユダヤ人との関係に引っ付けていろいろという人がいますね。

佐野　ダビデの星とかいわれますが……。

加藤　あれはどういう経緯ですか。

矢野　あれは単に西宮の石屋さんのマークですね。

加藤　石屋のマークですか。

矢野　ええ、日と月と星を組み合わせた石屋のマークです。

阪本　当初石灯籠については内宮、外宮と、伊雑宮までやる計画だったらしいですね。マークについては単純な話なんですけれどもね（笑）。

矢野　今上陛下の御成婚を記念として石灯籠を造ったのですから。それまで石灯籠は御成街道にはなかった。

藤本　シンボルマークでいえば、伊勢にちなんで福助とかの大手の会社のマークが文明開化の時期以降に決められたという話があり、特に伊勢に関係するものも多いという話もお伺いしたことがありますが。

矢野　足袋のメーカーの福助の創業者がお伊勢参りに来たら、土産物屋で骨董の福助を売っていたんだそうです。それを買って帰って、これは縁起がいいというので。会社のマークにしたという話を聞いたことがありますね。

佐野　宇治橋に一番近い土産物屋か。あそこに福助みたいな人形が置いてあるね。

矢野　それは「岩戸屋」です。あれは新しい。福助の場合はたまたま伊勢参りの際に買ったのがきっかけといいますね。

藤本　以前、明治の頃に創業した会社の多くのラベル、会社の社章・マークに関する書籍を見ていたら、伊勢にちなむ会社が多いという話があり、福助もそうなんですが、いすゞ自動車もそうだという話を知りましたので。

森　話は変わりますが、最近の伊勢講は、どういう形態でしょうか。私は以前、山形の方に調査に行っていましたが、そこでも伊勢講が今だに幾つもある。先年のように愛知万博があったりすると、そういった大きなイベント、行事に引っかけて代参を出したり、代参ではなく実際に全員で旅行に行ったりするわけです。現代の伊勢講というのは、様々な交通手段を使えるようになっているわけで、実際どのような形で行われているんでしょうか。

佐野　伊勢講についてはまさしく今でもかなり残っているんですよね。実態というか量を把握していないだけで。

矢野　特別参拝や神楽殿で御神楽を挙げたりして継続している伊勢講は全部チェックしていますが、やはり減りつつありますね。残念なのは解散しましたといってお参りにくる講です。非常に残念です。

加藤　今、乗り物の話が出たことで、それに併せて一つの事例として述べておきたいのは、以前、国鉄などではお座敷列車というのがあったんですね。実は、このお座敷列車に因む生田神社の生田講の講社が一つあります。それも神戸から随分離れた東北、秋田県に。何故秋田にというと、ちょうど昭和三十四年に生田神社は戦災復興して神社の御遷座祭を行います。

その前に、実はお座敷列車で秋田に行く際に市内に土崎港というのがあり、秋田の次の駅である土崎という駅の近くにあります。そこに今はＪＲですが国鉄の操車場があったわけです。昔は全国各地へ行くのにお座敷列車に乗っていっていたのですが、土崎の操車場でお座敷列車が停まって車両点検整備を受けるわけですね。実はその列車に神社のお札が張ってあったんです。それでその土崎操車場の国鉄の職員が、列車に生田神社のお札が張ってあると気付いて「これは何かのご縁や」と。

秋田というところは、土地柄なのか誰かれかまわず、集まったら「酒、酒」という感じのところがあり、「爛漫」や「両関」や「高清水」といった酒どころ、日本酒の旨い所です。その職員がお座敷列車のある一車輛に張ってあった神社の神札をみて「これも何かの御縁や」と生田神社というお札が張ってあったから、「どこのお宮さんかわからないけれども、これを土崎港の職員寮の床の間にお供えしてそれを話題に皆で一杯やるか」と。一杯やるかというのを、秋田では「もっきり」というらしいので、「もっきりやるか」といって、それでお酒を出して、職員仲間と乾杯をする。それが講じて「もっきりこう（講）」、というのができて職員仲間が仕事終わりにいつも一杯やる会にしていたようです。

そうしたら昭和三十四年に生田神社が戦災から復興の「遷座祭」を行うということで読売新聞にこの生田神社の遷座祭の記事が大々的に掲載されたわけです。それが秋田の方にもその記事が配信されていた。

そこで「もっきり講」の人たちは、これは今まで何処の神社のことか、サッパリわからなかったのが生田神社という神戸にあるお宮さんだということがわかったので、その代表が神社の方へ照会してきた訳です。だから、「もっきり」というので、漢字を充てて「盛桐講」という名の生田神社の講が秋田にできたんです。これは不思議なご縁だから、秋田の国鉄の土崎の職員の方々を是非お呼びしようということで遷座祭にお招きしたわけです。

それから神社とのご縁ができて、生田神社の「もっきり講」という秋田の土崎の国鉄職員内でできた生田講へ一度ご挨拶に行こうというので職員旅行として土崎へ行くこととなったわけです。土崎へ行った際には生田神社から来たというので大歓迎を受けて、男鹿半島に土崎の職員方々は一升瓶をみんなで持ちよって、そこでコップ酒をガーッとやって、また休んでと、いう感じで豪快な方との凄まじい旅になったわけですが、それもお座敷列車の中に張ってあったお札が取り持った不思議なご縁な訳です。

藤本　お札は神棚にお祀りするようになったんでしょうか。

加藤　そうですね。その後はきちんとお祀りされているようです。

近代技術文明の流入と神々への畏敬

藤本　先ほどのはたまたまお座敷列車の中にあった生田神社のお神札がきっかけで講まで発展したというお話でしたが、ちょうど文明開化によっていろいろ新しい文明の利器というのか、例えば、上下水道なんかも整備されたり、文明開化で鉄道や道路網なども整備されてきますね。そういう中で、文明開化以前から自然に対しての畏怖、恩恵に感謝するという意味で引き続いているものとして考えられるものの一つに、後々戦後になっては問題になるわけですが、例えば、鉄道の駅の中に列車の安全運行にと、神棚を置いて祈願するとか、上水道であれば、浄水場のところに水神さんの祠を設けて龍神さんや貴船のお神札をお祀りしたりということが起きるようになります。浄水場などは、かつては井戸に対して井戸の神様にお供えや感謝の念を捧げるための民俗行事というのがありますが、その意味で新たな文明が流入して来る中で、一つの近代の技術文明に対する恐れというのか、畏怖の念が小祠とか神棚という形で繋がってくるのではないかということを感じるわけです。実は、その近代の技術文明とそれを畏怖、畏敬することが神祀りと関係するようになる原点がどこになるのかなあということも感じるわけですが、その意味では、先ほどの加藤宮司のお話は参考になるようなお話だったような気もします。

加藤　神戸の三宮駅では必ず駅長以下が毎月一日に生田神社へお参りします。これは戦前からで、今でも続いています。

藤本　安全祈願の一環という形ですか。

加藤　そうです。これは交通安全や業務繁栄ということで、必ず毎月一日に月次祭に合わせてですね。三宮駅と今は元町駅も必ずお参りにきますね。

阪本　交通安全のお札やお守りが一般化するようになったのはいつ頃からなんでしょうか。どうでしょうか。昔、お札や護符文化のことについて座談会を神道文化会で開催しましたが、(25)護符や神符守札については御専門の嶋津さんからは何か一つどうですか。

嶋津　交通安全については古いものはあまりありませんね。鉄道なり、自動車が普及してくる過程で交通安全のお守りというのが増加しているように思いますが。

森　交通安全のためのお札は、古いものは見あたらないと思いますね。

嶋津　そもそも旅行が大衆化したのも近世後期なので、近世でも道中安全というお守りは見たことがないですね。

藤本　近代化と神社のお札というのは、それだけでも一つの大きなテーマだという感じもしますね。

佐野　私がよく神道教化に引っ掛けていう「授与品神道」になってしまうから（笑）。

嶋津　そもそもは「御守」というだけで、本当は色々な願いを全部含めていたものだったんですよね。それが「学業成就」だとか、「交通安全」だとかといたように、現在ではどんどん細分化されていくわけです。

佐野　その点でいくと交通安全と学業成就の御守はどっちが先になるのかという点も気になりますね。

藤本　生田神社では旅行安全御守がありますね。少し話が逸れてきているような気もしますので、佐野宮司さんにもう少しお伺いしたかったのは、横浜と神戸のはじめて物語ではないですが、先ほど座談会の最初の方で横浜と神戸どっちが先だとか、というお話があったかと思いますが、そこで先ほど佐野宮司からキリンビールの発祥が横浜であるという話があったと思いますが、キリンビールに因む神社というお話をもう少しお話戴ければと思いますが。

日本のビールの発祥と神社

佐野　話をする程の由緒があるわけではないのですが、横浜市中区西之谷町にある皇太神宮

（北方の皇太神宮）の松崎宮司にも聞いてみました。北方の皇太神宮自体は、昔はもともと北方村の泉谷、現在の千代崎町という地に鎮座していて、その千代崎町の氏神さまでもありますが、山手の地で山からは湧水が出ていたそうで、その湧き水を使って明治五年に米国人のコープランドがビールを醸造したのが日本のビールの最初、「天沼のビアザケ」であったということだけです。[26] そのため、キリンビールは当初千代崎町（天沼）に工場がありました。その後、皇太神宮自体も横浜開港後の慶応二年から四年までの間に居留地が整備されてゆく過程で社地が外国人居留地に編入されることになってしまい、明治三年にやや南の現在の社地へ遷座することになってしまったため、互いが繋がるような由緒といえば実はそれぐらいしかない。その後、キリンビールがそうした由緒から大正二年八月に神社へ灯籠を奉納したというぐらいで、工場跡は現在、キリン公園という公園になっていて「麒麟麦酒発祥の地」という顕彰碑と隣接する小学校の中にビール醸造に使った二つの井戸が今も残されているだけです。小学校と公園のあった場所がキリンビールの工場のあった場所で、附近には英国陸軍音楽長であったフェントンが滞在し、薩摩藩士たちに吹奏楽を伝授し、「君が代」を演奏したとされる「君が代」の発祥地という妙香寺があります。日本吹奏楽の発祥の地ともいわれますが。

藤本　横浜の山手がビールや君が代の発祥地であるというのは私も聞いたことがあり、確か、輸入ビールは五〇本で一〇ドルであったという記録もありますよね。ビールの醸造は『横浜市

史稿　産業編』によれば、明治五年にアメリカ人のコープランドという人が山手天沼に開設したスプリング・ヴァレー・ブルワリーが最初であったとされていました。それ以前に山手四六番地にジャパン・ヨコハマ・ブルワリーという醸造所があったという記録もあり、開業は明治二（一八六九）年でしたが、明治七年には廃業してしまい、結果的にコープランドの醸造所が明治十八（一八八五）年に創設されたジャパン・ブルワリーに引き継がれ、この会社が現在のキリンビールの起源だといわれています。品川でも明治二年に土佐藩邸の一画でビールが醸造されていたという記録がありますが、試飲用で製造販売ではなかったようで、その点では日本のビールの発祥は横浜です。山手の湧水が良かったようでビールの醸造に適する硬水が出る場所だということでビールの醸造が始まったといわれています。

確か、明治二十（一八八七）年に洋式水道が横浜にできますが[27]、横浜の水が芳醇で赤道を越えても腐敗しないので外国船に珍重され、その水を「黄金の水（金水）」、港が「金港（ゴールデンポート）」といわれ、神戸の水も良質で水質の硬度が六甲山の花崗岩から湧き出るので高く、酒の醸造に適するというので、横浜の「金水」に対して「銀水」、港も「銀港（シルバーポート）」と呼ばれていたといいますね。

佐野　横浜開港資料館や神奈川県立博物館で企画展示をやっていたと思いますが、私は展示を見に行けなかったのでよく存じていない部分がありますが、確か去年の夏に日本のビールの発祥に関する展覧会をやっていたと記憶しています。その資料を手元に持っていないので詳しくはお話できないですが。横浜都市発展記念館でも展示をやるみたいですね。

加藤 ビールに関係があるかどうか、同じ炭酸水ということでいえばラムネというのは、神戸が発祥ですね。日本初のラムネは「布引サイダー」というもので、六甲のおいしい水ではないですが、神戸は割合、昔から良質の水が出る地で六甲山系から良質の水が湧く。だから、灘の酒というのは、宮水といって六甲山系の硬水が非常に醸造に適していたんですよね。

それで日本三大神滝とも呼ばれる布引の滝がある場所から、水を汲みだして炭酸水に砂糖を入れて、それをあのラムネの玉を考えて、ラムネを売り出した。あれは最初レモネードといっていて、レモンの味がするものから、レモネード。それがラムネと呼ぶように変わっていったわけです。

だから、ラムネというのは、玉が中に入っていたから、あれはレモネードがラムネになった。そして、最初日本人は、あれを神戸の方で「ポン水」といっていた。ポーンとやってそれで飲んだからポン水といっていて、ラムネというのは神戸から起こったんですね。つまり、外人がレモネードといっていたのがラムネに変化したわけです。

藤本 レモネードが変化してラムネという話から思い出しましたが、ローマ字のヘボン式を作った明治学院大学の創設者のヘボンさんというのは、横浜にも関係深い宣教医で翻訳者ですが、ヘボンさんというのは、本当の発音や綴りではなくて、さっきのラムネとレモネードの関係と同じように「ヘイブンス」さんだと聞いたことがあります。ヘイブンスさんが日本式になまって「ヘボン」なんですね。

阪本　ヘイブンスともいいますが、もう一つ別の読み方をすると、ヘップバーンさんですね。

加藤　そうですね、ヘップバーンともいいますね。オードリー・ヘップバーンというのは、日本式にするとあればヘボンとなりますね。

藤本　オードリー・ヘップバーンもその意味ではオードリー・ヘボンさんですね（笑）。ちょっと話が逸れましたが。

阪本　しかし、文明開化と神道文化という括りは余りに広いテーマなので、なかなか難しい。神道文化と言っても、日本人の生き方、文化そのものですから。

加藤　誰がこんなテーマを選んだのか（笑）。

佐野　神戸と横浜と伊勢という地の対比としては面白い。

近代化と神社神道の未来

阪本　最後にお一方ずつ、近代化と神道と言いますか、あるいは、神道を中心とした文化で、何かこれだけはお話ししておきたいというようなことがあれば、是非最後にお伺いしたいのですが、最後に加藤宮司からどうでしょうか。

加藤　神道文化という考え方からいけば、世にいう国際交流は文化交流の一つとして考えられますね。例えば、神功皇后が三韓遠征からお帰りになられた際に、生田神社が創建されたとされていますが、例えば神戸は酒造りで著名な地ですね。今は灘が有名ですが、これは既に平安時代の延喜式の巻第二十一の「玄蕃寮」という外来の仏教や外交をあつかう文書の規定の中に、新羅の使者がきたら「敏売崎」と「難波館」で神酒を賜れという記事があり、大和の片岡神社、広田神社、長田神社、生田神社から、米の稲束を五十束ずづ集め二百束にして、そして、生田神社の神主が生田の境内で酒を醸したものを敏売崎で新羅からの来た使者に振る舞ったんですよ。

これは一つには、お祓いの意味もありますが、そうではなくて、生田神社で酒を醸して、新羅から来た要人に酒を振る舞いもてなしたという事実も大事です。神社も関わった国際交流というのか、そういうものが古代からあって、神戸はそういった土地柄なので近代になっても神戸で神社のすぐ門前に居留地を開いたということにも繋がるわけですね。

そういう種々の事例があったわけですし、それから、先ほども少し触れましたが生田神社にはかつては高灯籠があって、それをシルビア号という船に乗っていた外国人が絵を書いていいますが、生田神社の高灯籠をまず書いて、これが世に外国船が来たりするのに目立って灯台の役目をしたというようなことを書いているわけです。先ほどのシーボルトあるいはフランク・ロイド・ライトもそうですが、外国の文化を受け入れてうまく消化してゆく素地というものが神社、神道にはある。だから、何か神道というのは、保守的な頑迷なものだけではなくて、国際交流にも昔からそういうものがあったし、非常に門戸の広いものがあったということを、私はつくづく感じるわけですね。

阪本 どうもありがとうございました。矢野塾長から。

矢野 本年春に百日間の地球一周の長旅から帰ってきまして、皆から「感想を」と、よく尋ねられるのですが、聞かれてもその感想というのがなかなかいえないのは、私が歳をとり過ぎたのか、それとも感動が薄かったからなのか、自分の本当の心情として滲み出るような言葉が全然湧いてこないからなんです。

戦後初めてハワイへ行った方が帰国して来て、同じように皆から感想を聞かれたんです。そうしたら、「向こうには外車がいっぱい走っていた」といったそうですが、私も世界一周から帰ってきて思ったのは、当たり前のように確かに日本の車がどこへ行っても走っていたということですね。しかも日本車はなかなか故障しない（笑）。

さらにはその旅行中に「日本人はまじめな民族だな」と、ケニアの青年が私にいいましたが、それは「神様が見てござる」という精神でもって、伊勢の御神宝を作るような気持ちでもって手抜きせずにやるという、そういう日本人のモノづくりに対するクラフトマンシップが生きているからだと思ったことです。

それと、明治維新では海外からの様々な文化、文明を取り入れましたが、それをそっくりそのまま向こうのものを取り入れることをしたわけではなく、日本の風土に合わせたものにうまく作り替えていることが挙げられるのではないかと思います。

その一例が、私が伊勢の倉田山の神宮農業館の建物だと思います。十年ほど前に再建されたわけですが、農業館は西洋の小屋と宇治の平等院の鳳凰堂をミックスさせて、日本的な建物にしている。また徴古館は東京の迎賓館と同じに設計された西洋式の建物ですが、元の赤坂離宮の建物といっても、それなりに日本の文化に合わせて建てたところがまさに日本の風土に合わせたのではないでしょうか。

内宮の宇治橋を渡ってからの庭園もそうですが、西洋式庭園であっても、松の木を庭に添えることによって、何だか日本的なものを醸し出しています。神宮の境内の中の庭ですから、風土に合わせて神道精神を忘れずにかたくなに守ったんだと思いますが。

阪本　最後に佐野宮司からどうぞ。

佐野　あえて先ほど地動説と進化論といいましたが、それと同じ構造の中に、利息をとるという概念、金を貸したら利息をもらうという、これは今でもイスラムでは利息は罪だという大前提があるんだそうですね。

シェークスピアのベニスの商人にしても、利息をとるのがユダヤ人の悪徳だという一方で、利息をとるということは、さざれ石も巌になるという精神と必ずどこかで繋がっているのではないでしょうか。元々、日本が島国で離島という問題もありますが、歴史的には、つまり、物事が生成発展していくということを肯定的に認めている精神といいますか、そのような思考形態が日本人の古来の中にはあって、その精神を背景にして、文明開化というものもうまく消化していく力の一番大本になっていると思うんです。

ただし、一方で、物事は何でも発展していくんだと、拡大再生産優先だという考え方だけでは、今の環境問題や人権問題等の中では通らない部分も出てきている中で、二十一世紀の神道文化のあり方というようなものを、難しいけれども整理していくような、そういう時期が来ているのかなということを、最後だからといって訳のわからない話にしておきます（笑）。

加藤　私はつい最近までちょっとアメリカに行っていましたが、アメリカでも日本車は本当に故障しないし、製品がいい。だから、車は日本がトップになっているわけですが、これは世界のいろいろなよいところ、よいもの、そういうものを模倣しながら最高のものをつくっていく。

しかも、それはどこでも誠実に、本当にすばらしい技術を持って、異国から入ってきたものを同化して、それを最高のものにしていく。これは日本の私は素晴らしい特色だろうと思うわけです。

雅楽舞楽にしても外国から日本に入ってきた文化の中でも色々な文化が皆、原点である国では失われてしまったものが多い中にあって、日本がちょうど文化の掃き溜めみたいになって、それが最後、花咲き結実されて残っているということが大事ですね。さらにいえば茶道にしても、海外から流入してきたわけですし、種々の芸能にしても、文明開化の後にも残っているというのは、これはある意味日本文化の良さじゃないかと思います。

阪本　最後に日本文化の良さと未来に向けて神道文化をどう形成していくかというような話でしたが、ふつつかな司会で、また加藤宮司、矢野塾長、佐野宮司のお三方とも、それぞれ親しいということもありまして、何かざっくばらんな話になってしまいました。本日は加藤先生も矢野先生も遠いところから御足労を願いまして、長時間ありがとうございました。

日　時　平成十九年七月十七日（火）
場　所　國學院大學若木タワー8階　神道文化学部神道資料室分室

註

（1）幕末の開港地については、日米和親条約の締結により安政元（一八五四）年に下田、函館が開港され、英・露なども次々に条約を締結した。次に安政五（一八五八）年に日米修好通商条約が締結され、蘭・仏・英・露とともに締結。この際に既に開港していた函館（箱館）以外に神奈川（実際は横浜）、長崎、新潟、兵庫（神戸）が開港することとなった。この際に下田を閉鎖した。神戸港の開港は実際には慶応三（一八六七）年五月に勅許がおり、同十二月七日に開港した。当初は兵庫港と称したが明治二十五年に勅命により正式に神戸港となる。神戸港は日本三大旅客港の一つ。横浜港は日本三大貿易港の一つと呼ばれている。

（2）他に明治維新～十年頃の我が国の諸風景を映した写真としては、式部敏夫・中村一紀編『明治の日本　宮内庁書陵部所蔵写真』（吉川弘文館、平成十二年十一月）がある。

（3）鉄道の敷設については、明治政府が明治二年に鉄道建設を決定、同三年三月に新橋―横浜間が着工、同五年（一八七二）五月七日に品川―横浜間が仮開業し、同年九月十二日に新橋―横浜間が開業、明治天皇も行幸した。明治七（一八七四）年に大阪―神戸、明治十年には大阪―京都間が開業した。新橋―神戸間の東海道本線が全て開通したのは、明治二十二年（一八八九）年七月一日であった。中央本線の名古屋開通は明治四十四年、東北本線の青森開通は明治二十四年であったから、明治十年当時はまだまだ鉄道は未整備であったといえよう。

（4）明治九年七月二十日、明治天皇が東北巡幸より灯台視察船「明治丸」にて函館経由で横浜に着御。「海の日」の由来。

（5）理髪店の発祥は元治元（一八六四）年に横浜ホテルで開業した外国人ファーガスンのヘアサロン「ヘアー・ドレッシング・アンド・シェイヴィング・サロン」が最初であり、日本人では明治元年に西洋理髪のハサミの使い方を学んだ小倉虎吉、松本定吉によって開業したのが最初といわれている。これは明治四年の断髪令の前であった（「特集横浜中華街」『NHK　知るを楽しむなんでも好奇心』二〇〇五年四月―五月号）

（6）フランク・ロイド・ライト（Frank Lloyd Wright・慶応三（一八六七）年六月八日～昭和三十四（一九五九）年四月九日）は、アメリカ・ウィスコンシン州生まれの建築家。特徴的な設計形式からその作品はプレイリースタイルとして知られる。近代建築、都市計画などで名を馳せたル・コルビュジエ、ミース・ファン・デル・ローエらと共に近代建築では三大巨匠と呼ばれており、日本での設計作品には帝國ホテル本館（現在明治村に移築）、自由学園明白館、山邑邸の作品がある。

（7）生田神社は明治五年に縣社に列せられ、明治十八年二月十日に官幣中社に列せられた。明治七年には祠官が後神秀熈から後神秀運へと交替しており、明治十八年五月の官幣中社列格に伴い、同社禰宜となった後、四十四年六月から大正三年七月まで宮司を務めた。後神家は生田神社のいわゆる社家であった。

（8）明治七年にガス灯がついたのは神戸では居留地のみであって、神戸で一般家庭にガス灯が灯ったのは、ガスが居留地以外に供給されるようになった明治三十四年のことであった。一般家庭ではむしろ明治二十一年に神戸電灯会社により開始された電灯が一般家庭には普及していた。フランク・ロイド・ライトの来日は明治三十八年のことなので、その点でも整合性がある。

(9)「元町点描」『毎日新聞』平成十三(二〇〇一)年四月二十八日。

(10)居留地は一番地から一〇九番地までが文久二(一八六二)年までに外国人に貸与された原居留地と、現在の中華街にあたる市域、つまり横浜新田を埋め立てた一一二番地から一七三番地までの旧埋立居留地と、明治になって造成された新埋立居留地(現在の横浜公園を含む)の三区域に分けられていたことが明らかとなっている。この点がフランス人技師のF・クリペが慶応元(一八六五)年三月に作成した『横浜絵図面』にも明らかである。横浜の「関内」という地名は居留地が長崎の出島のように水に囲まれ隔離されていたこともあり、その出入りを監視する関所が設けられたこともあり、関所の内側という意味で「関内」という地名が生まれたと伝えられている(横浜開港資料館編『横浜・歴史の街かど』一八〜一九頁)。

(11)横浜にガス灯が点ったのは明治五(一八七二)年九月二十九日、神奈川県庁と大江橋の近くから馬車道の本町通りにかけて十数基のガス灯が点ったとされる。このガス灯を設置したのはのちに高島易断で著名な高島嘉右衛門ら日本社中であった。明治三年九月にドイツのシュルツェ＝ライス商会がドイツ代理公使の後押しで神奈川県にガス灯新設の免許申請を行っているが、その際に高島嘉右衛門はガス灯建設の権益が外国人の手に渡ると国益が損われるというので、ガス灯建設を日本人の手によって行おうとした(持田鋼一郎『高島易断を創った男』)。

(12)神宮司庁蔵浦田長民史料「府県並開港場へ神宮遥拝所ヲ建ン事ヲ乞フ儀」によると(『神宮・明治百年史』)

府県並開港場へ神宮遥拝所ヲ建ン事ヲ乞フ儀

府県庁並諸開港場ニ新ニ神宮ノ遥拝所ヲ造営シ社格ハ県社トス地方長官郡吏ヲ率テ之ニ奉仕シ、地方創新ノ御布令、其余重大事件ハ之ヲ神前ニ於テシ、務テ鄭重ニ存シ、下民ニ祭政ノ一ナルヲ示ス。是方今最第一ノ要件ニシテ、此風一タビ開ケバ、下民ノ方向大ニ定リ、宣教ノ御趣旨モ自ラ貫徹シ、労セズシテ外教ヲ防ニ足ルベシ。是省中同日夜御討論、敢テ之ヲ録シ廟議ヲ乞フ

とある。浦田長民は明治五年七月に神宮少宮司に任じられるとともに近代化に伴う種々の変化のなか神宮の信仰護持のため様々な施策を実施した。

(13) 神宮司庁編『神宮史年表』(戎光祥出版、平成十七年三月)。

(14) 神社にガス灯や電気灯を設置することについては明治四十年代頃に既に各官國幣社で行われていたことが『神社協会雑誌』の記事でも明らかとなっており、京都の八坂神社でも三基のガス灯が明治四十五年には取り付けられていたことが知られている(後掲資料)。またこの瓦斯灯や電気灯の設置については議論があり、電気灯を氏子寄付で沢山設置していた諏訪大社の森村正俊宮司が弁明をしている。神社局側としては神社は歴史や伝統を重んじるのであるから、建築の調和なども含め、古式に即り文明の利器を利用しない方がよいという意見が塚本参事官(のち神社局長)、荻野沖三郎嘱託から示されている。確定はできないが、こうした議論も影響して、後に官國幣社、諸社に設置されたガス灯の撤去に繋がっていったのではないかとも推測される。以下関係箇所を紹介しておきたい。

『神社協会雑誌』大正二年二月十五日、三月十五日　第十二年第二号、第三号

「宮司談合会會速記録（三）・（四）」（抄）明治四十五年六月七日（金）午前九時二十分〜午後六時二十五分

○塚本（参事官）　神社の建築に付ては、御承知の伊東工學博士が熱心に研究して御居でになるので、それで彼の神社協会雑誌で御覧の方も多からうと思ひますが、博士は明治の理想的神社建築を考へて居らる、趣である、神社建築のことは余程専門學者の研究に待たなければならぬだらうと思ひますが、私共専門の知識を持たないものとしても、唯今御尋ねのやうな、社殿に電気燈を附けるとか、或は御屋根を銅葺にすると云ふやうなことは、余り體裁の良いものではあるまいかと思つて居るのであります。銅葺のことは萬巳むを得ずとして、又招魂社の如き既に銅葺で出來て居るものもありませうし、改に當つても色々な關係で元の形を存しなければならぬと云ふこともありませうけれども、避け得べくんば銅葺は避けたいと思つて居る。電気燈も先般何でも信州の諏訪ですか、電気燈で拜殿に「イルミネーション」をやつたと云ふ話を聞いて居りますが、事實の如何は保證し兼ねますが、兎も角もさう云ふ話もある是の如きは最も「ハイカラ」で、社殿に似合はしからぬことに考へて居ります。電気燈の如き文明の利器を利用しないと云ふことは如何にも時勢遅れの考のやうでありますけれども、御社殿に於ては最も古式を貴び、如何にも古式を帯びて、昔が偲ばる、と云ふのであつてこそ、始めて神々しいのであらうと思ふ。文明の利器を利用しないと云ふことは、神社にあつては遅れた考でなからうと思ふ。先づ電気燈の如きは私共の考へとしては適應しない、調和を得ないものと信じて居ります。之に付ても御社殿に或は姿鏡を置くのがあつたと云ふことも聞いて居ります。或は柱時計の大きなのを懸けてあるのもあると云ふこと、是も参拝者の姿勢を正し、参拝した時に装飾の如何を知ると云ふことに便宜はないではなからうかと思ひますけれども、社殿の全體の調和の上に宜しきを得ないものかと思つて居ります。(中略)
○保科宮司(八坂) 只今電気燈の意見がございましたけれども、或は境内の模様に依つたならば、附けた方は宜いと云ふ考もあるので、現に私共の方で瓦斯燈を三基程附けて居ります。私の方は随分末社も沢山あつて、賽銭箱を盗まれたことなどがあります。のみならず甚しきになりますと花柳街が近いから男女の密會をやると云ふやうなことをやつて居る。それだから不夜城のやうに夜も晝も明るいやうにして置く方が、神社に取つては宜いと云ふこともありますから、其處は御承知を願ひます。
○森村宮司(諏訪) 私は各事項に付きまして書面に付て總て申上ぐる積りで、今日は何も申上げぬ積りでございましたが、只今塚本参事官から、私の方で電気燈を附けて居ると云ふ御話でございましたから、一應辯明いたして置きます。私が昨日轉任の當時行つて見ますると云ふと、總ての鳥居には残らず鳥居の中央に電気燈《(ママ)》が附けてあります。それから拝殿と云ふことでございましたが、拝殿ではございませぬ、拝殿の前に神楽殿がございまして大きな建物、此破風に持つて行つて、電気燈が十何箇附けてあつて「イルミネーション」になつて居ります。其他拝殿に接近した建物に附いて居りました。甚だ神社として不似合のことだと認めまして、直ちに撤去しやうと思ひましたが、是は神社が一箇でやつたのではございませぬ、それは寄附者が沢山ございまして、それと神社と交渉して、神社が承認を與へて拵へたものでございますから、神社一箇で撤去することが出來ませぬ、それから段々交渉いたしました所が、何しろ多数でございましたから面倒でございましだか、(ママ)紛擾も醸さずして撤去いたしました。併し是は當時許しました當局者が宜しくない、他の人民はさう云ふことが気が附きませぬ、唯神社を賑かにしたい、又夜間明るくしいいたと(ママ)思ふからしました。そこで撤去は致しましたが、それに代へてするに直ちに電柱を立てまして、場所を變へまして矢張り電柱を立て丶、電気燈を附けて居ります。是は文明の利器で、決して神社には電燈を附けてはならぬと云ふやうな、そんな問題はなからうと存じます。唯建物などに直ちに附けると云ふことが宜しくないと思ひますので、只今は電柱を立て丶、暗い所には所々相變らず附けて居ります。ちょつと其事を申上げます。

(15) 矢野憲一『伊勢神宮の衣食住』、(東京諸席、一九九二年十二月) 二九二～二九三頁。

(16) 佐田介石(さた　かいせき [文政元(一八一八)年四月八日～明治十五(一八八二)年十二月九日]) は幕末・明治初期の浄土真宗本願寺の僧侶で晩年は天台宗の僧侶。攘夷運動・梵暦運動の指導者で、肥後国八代郡種山村(現熊本県八代市)の浄立寺住職・広瀬慈博の子として出生。後に飽田郡正泉寺住職であった佐田氏の養子となる。仏教天文学の研究を行い、地動説は仏教経典にある宇宙観、秩序に反するとして、『槌地球略説』、『星学疑問』『天地論征論』などを著した。維新後は『栽培経済論』を表して文明開化を痛烈に批判、農本主義・鎖国体制の堅持・国産品推奨、外国製品排斥を主張、「ランプ亡国論」「鉄道亡国論」「牛乳大害論」「太陽暦排斥論」などを主張した。

(17) シーボルト著・斉藤信訳『江戸参府紀行』平凡社(東洋文庫) 昭和四十二年、一五二～一五三頁。

(18) 大隈重信がお雇い外国人を連れて神宮を参拝したことは実際大隈自身も内務大臣時代に地方長官に対する訓示の中で述べている。当時大隈は太政官制度の下では太政大臣、左右大臣に継ぐ地位である参議の職にあった。この際連れていった外国人は太政官のお雇い外国人とアーネスト・サトウら、英国公使館の外国人であり、この点については、「大正三年五月十六日、大隈重信内務大臣演述」(内務省神社局編『神社法令輯覧』、大正十五年四月、帝國地方行政学会、附録一〜三頁)に記載がある。

(19) 大隈暦施行の詔(明治五年十一月九日)

朕惟フニ、我邦通行ノ暦タル、太陰ノ朔望ヲ以テ月ヲ立テ、太陽ノ躔度ニ合ス。故ニ二三年間、必ス閏月ヲ置カサルヲ得ス。置閏ノ前後、時ニ季候ノ早晩アリ。終ニ推歩ノ差ヲ生スルニ至ル。殊ニ中下段ニ掲ル所ノ如キハ、率ネ妄誕無稽ニ属シ、人智ノ開達ヲ妨ルモノ少シトセス。蓋シ太陽暦ハ、太陽ノ躔度ニ従ツテ、月ヲ立ツ。日子多少ノ異アリト雖モ、季候早晩ノ変ナク、四歳毎ニ一日ノ閏ヲ置キ、七千年ノ後、僅ニ一日ノ差ヲ生スルニ過キス。之ヲ太陰暦ニ比スレハ、最モ精密ニシテ、其便不便モ、固ヨリ論ヲ俟タサルナリ。依テ自今舊暦ヲ廃シ、太陽暦ヲ用ヒ、天下永世、之ヲ遵行セシメン。百官有司、其レ斯ノ旨ヲ體セヨ。(明治五年「太政官日誌」九十七)

太政官布告第三百三十七号(明治五年十一月九日)

一今般太陰暦ヲ廃シ太陽暦御頒行相成候ニ付来ル十二月三日ヲ以テ明治六年一月一日ト被定候事
但新暦鍍板出来次第頒布候事

一一ケ年三百六十五日十二ケ月ニ分チ四年毎ニ一日ノ閏ヲ置候事
一時刻ノ儀是迄昼夜長短ニ随ヒ十二時ニ相分チ候処今後改テ時辰儀時刻昼夜平分二十四時ニ定メ
子刻ヨリ午刻迄ニ十二時ニ分チ午前幾時ト称シ午刻ヨリ子刻迄ヲ十二時ニ分チ午後幾時ト称候事
一時鐘ノ儀来ル一月一日ヨリ右時刻ニ可改事
但是迄時辰儀時刻ヲ何次ト唱来候処以後何時ト可称事
一諸祭典等旧暦月日ヲ新暦月日ニ相当シ施行可致事

太陽暦　一年三百六十五日　閏年三百六十六日四年毎ニ置之

一月大　三十一日　其一日　即旧暦壬申　十二月三日
二月小　二十八日閏年二十九日　其一日　同　癸酉　正月四日
三月大　三十一日　其一日　同　二月三日
四月小　三十日　其一日　同　三月五日
五月大　三十一日　其一日　同　四月五日
六月小　三十日　其一日　同　五月七日
七月大　三十一日　其一日　同　六月七日
八月大　三十一日　其一日　同　閏六月九日
九月小　三十日　其一日　同　七月十日
十月大　三十一日　其一日　同　八月十日
十一月小　三十日　其一日　同　九月十二日

十二月大　三十一日　其一日　同　十月十二日
大小毎年替ル　ナシ
　時刻表［略］
右之通被定候事

（20）新潟、横浜、長崎の開港とともに神戸についても外教防止、神意昂揚の目的をもって神戸港に大神宮を創祀するよう神戸在住の商館主らが連署して外務省に願い出たことが記録としてある。但し願い出は受理、認可されたが結果としてどうなったのかは不明である。この点について岡田米夫「大神宮崇敬の地方的発展」『神宮・明治百年史』神宮司庁、昭和六十二年、六三八～六四〇頁。

（21）「社寺巡礼　諏訪神社　港望む楼門華僑ら集う」『神戸新聞』平成十九年四月二日。

（22）この点については「街道名と「道路法」」『三重県史』Q&A—52に詳しい。http://www.pref.mie.jp/BUNKA/TANBO/Q_A52.htm（平成十九年九月十四日アクセス）。

（23）池辺義象（いけべよしかた）文久元（一八六一）年～大正十二（一九二三）年は、明治、大正期の国学者、国文学者で法制史学にも通じていた。第一高等中学、女子高等師範学校、京都帝大講師や國學院大學の講師も務めた。国史学の荻野由之や国文学の落合直文らとともに『日本文学全集』を編纂したことでも著名。一時期国学者の小中村清矩の養子となり小中村を称した時期もある。落合直文とは神宮教院、東大古典講習科以来の同窓、友人で近代の国学者を語る上では欠かせない人物の一人である。

（24）着物の袖に入るサイズの小型本のこと。

（25）『神道文化』第十四号（平成十五年二月）、座談会「日本の護符文化をめぐって」、嶋津宣史「日本の護符文化・解説」を参照。

（26）『角川日本地名大辞典』によれば、横浜の山手町の地は明治初期にフランス人ジェラールが山手の地に湧く湧き水を使って船舶用の飲料水として販売していたこともあり、その意味では既に硬度の高い良水の出る地として知られていたことが明らかである。

（27）洋式水道の発祥としては明治二十（一八八七）年にイギリス人H・S・パーマーにより、日本初の大規模洋式水道が横浜に建設されたとされる。当初、パーマーは横浜市内の水を用いたが急激な人口増加のため、供給量が追いつかず相模川の支流である道志川から導水している。

剪画・とみさわかよの

〔著者略歴〕

昭和九年、岡山市出生。昭和三十四年、國學院大學大学院神道学専攻修士課程修了。國學院大學文学部講師、甲南大学文学部講師、生田神社権宮司、神戸女子大学教授、兵庫県神社庁長、神社本庁常務理事を経て、現在生田神社宮司、神社本庁長老、兵庫県神社庁顧問、神戸女子大学名誉教授、神戸芸術文化会議議長、神戸史談会会長、神仏霊場会会長。文学博士。

著書は『神道津和野教学の研究』『神社の史的研究』『神道文化研究の諸相』『岡熊臣集　上下』。編著に『神葬祭大事典』ほか。

生田の森―神と人との出会い―　ISBN978-4-336-05286-5

平成22年 8 月 1 日　印刷
平成22年 8 月28日　発行

著　書　加《か》藤《とう》隆《たか》久《ひさ》
発行者　佐藤今朝夫

〒174-0056 東京都板橋区志村 1 -13-15
発行所　株式会社　国書刊行会
TEL.03(5970)7421(代表) FAX.03(5970)7427
http://www.kokusyo.co.jp

落丁本・乱丁本はお取替いたします。
印刷・(株) シナノパブリッシングプレス　製本・(株) ブックアート